广西基础教育学校教学改革项目成果丛书

聚焦有效的设计
保障有效的课堂

——广西基础教育学校教学改革项目

教案探索集

主　编　韦昌勇

副主编　罗海峰　张巧文　梁艳春

GUANGXI NORMAL UNIVERSITY PRESS

广西师范大学出版社

·桂林·

图书在版编目（CIP）数据

聚焦有效的设计　保障有效的课堂：广西基础教育学校教学改革项目教案探索集 / 韦昌勇主编. —桂林：广西师范大学出版社，2017. 10
（广西基础教育学校教学改革项目成果丛书）
ISBN 978-7-5495-9901-1

Ⅰ. ①聚… Ⅱ. ①韦… Ⅲ. ①基础教育－课堂教学－教案(教育)－广西－文集 Ⅳ. ①G632.421-53

中国版本图书馆 CIP 数据核字（2017）第 148584 号

广西师范大学出版社出版发行
（广西桂林市中华路 22 号　邮政编码：541001
网址：http://www.bbtpress.com）
出版人：张艺兵
全国新华书店经销
桂林日报印刷厂印刷
（广西桂林市八桂路 1 号　邮政编码：541001）
开本：787 mm × 1 092 mm　1/16
印张：30.5　　　字数：546 千字
2017 年 10 月第 1 版　　2017 年 10 月第 1 次印刷
定价：65.00 元

编者的话

2010年起，广西在全区范围内开展了“广西基础教育学校教学改革项目”实践。这场改革实践以孟照彬先生创始的“MS-EEPO有效教育体系”为基本依据，该体系力图在宏观的教育发展规划、教育管理、课程与教程、学校管理和课堂形态等方面进行系统化、结构性的调整。这一宏大的改革构想在广西落地生根的时候，我们选择把课堂教学改革作为突破口。“MS-EEPO有效教育”走进广西实验区的中小学课堂之后，就像一阵春风，一股暖流，让学生远离了禁锢学习热情的寒冬，敞开了无限活跃的思维大门。

“MS-EEPO有效教育”的课堂不是单纯的传授知识，而是以开发学生思维、提升学生整体素质、关注学生生命成长为目标。在这样的理念指引下的教改课堂上，学生有了更多的自主学习的时间，他们自由表达，擅于合作，乐于分享。教师在这种张力勃发的过程中，也不再满足和停留于就教材教教材，开始向创造性地运用教材教学生的境界前行。

在课堂日益活跃起来的时候，应更加彰显教师的导引作用。因此，“MS-EEPO有效教育”加强了对教师备课方法的研究实验和学习培训，要求实验区的教师的教学设计要根据课程标准梳理、总结教学的关键项，要根据教学关键项选择适合的方法、策略展开教学。教师不仅要写教案，而且要将教案写成用于课堂之上的执行案，即备课不仅要备知识要点，还要备教学思路；不仅要备教材、备学生，还要备教与学的方法策略。同时，其还要求教案设计有严谨的时间分配与调控管理方法，并对关键知识点的强化次数和强化方法进行周密的考虑。所有这些具体而有操作性的要求，都是为了让教师在教学之前、课堂之上胸有成竹、游刃有余，助推学生在课堂上展开飞翔的双翼。

孟照彬先生指出，管住了教案，就管住了课堂。为了展示广西各地实验区教师在初步学习“MS-EEPO有效教育”之后管控课堂能力的提升程度，我们选择了部分具有代表性的教案汇集成此书。全书收录的108篇教案，包括“MS-EEPO有效教育”备课方式中的图文结构式和板块结构式等方式，这些教案的作者全部是来自广西教育教学改革的一线教师。每一篇教案均由三个部分组成：第一部分为“教案原稿”，尽量呈现一线教师所撰写的教案原貌。第二部分为“教案总评”，由项目专家按照“MS-EEPO有效教育”备课方式的要求，从“概况”“亮点”“不足及建议”等方面进行点评，目的是以教案为教学设计学习、培训的具体素材，由点评引发读者的学习与思考。第三部分为“教案点评修改稿”，一部分教案由项目专家进行批注式点评，目的是让读者更直观、具体地阅读教案原稿及点评内容；更多的教案呈现的是项目专家的修改稿，有的是对在“教案总评”中提到的不足之处进行的改进，有的则是为读者提供另一种教学设计的思路。

特别说明，本书是一种实践成果的汇集与体现，所选教案仅仅是一线教师在初步学习MS-EEPO体系之后的习作，教案点评也仅仅是点评者自身的学习体会和对该体系的初步理解，因此这些教案可能还达不到孟照彬先生提出的标准，甚至达不到基本变式的水平。尽管我们力争学习不走样、实践不走样，但本书所展示的仅仅是广西当前条件下的一种实践变式，而变式的推广与传播只有在有限范围内才有意义，因为变式一旦离开了它所产生的环境和条件就会变形，引起反作用，容易让人对原型内容产生误读、误解、误判。因此，本书更适用于广西实验区同道者之间的交流，并不提倡此改革区域之外的同行将其当作标准式和基本变式的参照，有志于MS-EEPO的人应当寻找原型内容加以学习。

借此机会，感谢多年来对“广西基础教育学校教学改革项目”予以悉心指导的孟照彬先生，正是由于孟先生对标准式和基本变式的指导和培训，才产生了广西的变式。

多年来，广西教育厅对此项目给予了十分有利的支持，从厅领导到牵头执行的基础教育处、广西教育科学研究院、广西教师培训中心及各有关处室的领导，都以各自的方式关心呵护着改革的前行。因此，本书的面世，可谓对各级领导多年支持的一种回报。

教改路上，我们携手前行。

《聚焦有效的设计 保障有效的课堂——

广西基础教育学校教学改革项目教案探索集》编写组

2016年10月2日

目 录

小学部分

初中部分

高中部分

小学部分

语文《一个小村庄的故事》

教案（原稿）

教学素材	复习导入	感受山村的美	探究消失原因	迁移与运用	拓展延伸
教材：S 版语文三年级上册《一个小村庄的故事》 学校：玉林市大北小学 执教者 : 朱红梅 班级：三年级 (1) 班 日期：2014 年 5 月 15 日	检测学生对生字词的掌握情况，为顺利学习文章打下基础。 第 5 分钟	2. 读是学习语文的第一法，通过多种形式的朗读，让学生读中学、读中悟，体现了学生学习的主体性。 第 15 分钟	1.1 和 1.3 体现了主动权的下放，尊重学生的独特感受，不把老师的体会强加给学生。 1.2 有梯度地引导学生理解重点词语，从而让学生悟情明理。 第 28 分钟	2. 读写结合，写法迁移，扎实提高学生的语言表达能力。 第 38 分钟	基于文本，跳出课堂，拓展视野，注意培养学生的思维品质，发展学生的个性和提高学生的人文素养。 第 40 分钟
[双目标] 1. 大目标：在积极主动的思维和情感活动中，对课文加深理解和体验，有所感悟和思考，受到情感熏陶，获得思想启迪，渗透环保意识。 2. 小目标： 2.1 能说出重点词语、句子的意思。 2.2 能说出小村庄毁灭的原因。 2.3 会用对比的方法进行写作。 [教学重点] 了解小山村毁灭的原因。 [教学难点] 初步了解对比的写作方法。 [课型方式] 要素组合方式。 [课时形态] 标准课。	1. 检测生字。 （听 + 做） 1.1 在微卡上听写生字。 1.2 多媒体展示正确答案，学生自改。 1.3 肢体语言检测正确率。 （班级文化约定：手势表示） 2. 复习提问本课的主要内容。 （讲 + 听） 3. 课件出示学习目标。	1. 学习第一自然段 。 （想 + 看 + 小动） 1.1 边默读边思考：这段话主要写了什么内容? 1.2 二人小组交流，提问 3 个人。（3 分钟） （班级文化约定：击掌停止交流） 2. 多种形式读，再次体会小山村的美。(4 分钟) （讲 + 听 + 小动） 2.1 个人读。 2.2 分男女生站立读。 2.3 指名读。 2.4 齐读。 2.5 全班配乐读。	1. 探究小村庄消失的原因。 （想 + 做 + 讲 + 小动） 1.1 个人默读第 2~6 自然段，边读边画出描写小山村消失的句子。 1.2 二人小组交流。 1.3 多媒体出示，学生自由读自己感受最深的句子。 2. 理解重点词句意思。 （想 + 讲 + 小动） 2.1 个人思考。 2.2 四人小组交流写在小卡上。 （学科文化约定：小组活动停止） 2.3 小组汇报。 2.4 集体品读。	1.感受对比的写作方法。 （想 + 讲 + 做） 1.1 出示描写美丽的小村庄和消失后小村庄的段落和句子，分男女生读。 1.2 感受对比的写作方法。 1.3 回忆分享课内外对比写法的文章或段落。 2. 写法迁移小练笔。（5 分钟） （想 + 做 + 听） 2.1 个人在微卡上用对比的方法写 100 字左右的文字。 2.2 指 3~5 名学生朗读自己的作品。	拓展（预留项）。 （讲 + 听 + 大动） 和好朋友交流、分享环保知识和方法，争做环保小卫士。

总评：运用有效教育要素组合方式中的“看、听、讲、想、做、动、静”七要素，在课堂中轮换、组合着用，提高课堂的教学效率，同时注意把学习的主动权交给学生。

教案总评

【概况】

本文是小学语文三年级上册的一篇精读课文。课文讲述了一个美丽的山村由于村民不加节制地砍伐而最终消失的故事，教育大家要爱护大自然，否则必受大自然的惩罚。

【亮点】

执教者运用了 MS-EEPO 图文结构Ⅰ型备课方式进行教案设计。教案学习方式中的单元组、板卡、约定、表达呈现、合作都得到训练与运用，教学重点“了解小山村毁灭的原因”得到突出，教学难点“初步了解对比的写作方法”得到突破。整个教学环节共设计了三次小动和一次大动的环节。第一次动静转换是二人小组交流第一段话主要写了什么内容，第二次动静转换是二人小组交流描写小山村消失的句子，第三次动静转换是四人小组交流写自己感受最深的句子，课堂安排的一次大动是“和好朋友交流、分享环保知识和方法，争做环保小卫士”，从时间、次数及学习内容上看，这样安排是合理的。

【不足及建议】

从村庄的美到村庄的消失，对文本的读、感悟、迁移没有呈现具体的教学设计，建议呈现具体的句子和具体的指导路线。

（点评人：防城港市港口区教研室　谢仲玲）

教案(点评修改稿)

点评修改人：陈娴

教材：S 版语文三年级上册 《一个小村庄的故事》 学校：玉林市大北小学 执教者：朱红梅 班级：三年级(1)班 日期：2014 年 5 月 15 日	检测学生对生字词的掌握情况，为顺利学习文章打下基础。	2. 读是学习语文的第一法，通过多种形式的朗读，让学生在读中学，在读中悟，体现了学生学习的主体性。	1.1 和 1.3 体现了主动权的下放，尊重学生的独特感受，不把老师的体会强加给学生。 2. 有梯度地引导学生理解重点词语，从而让学生悟情明理。	2. 读写结合，写法迁移，扎实提高学生的语言表达能力。	基于文本，跳出课堂，拓展视野，注意培养学生的思维品质，发展学生的个性和提高学生的人文素养。
	第 5 分钟	第 15 分钟	第 28 分钟	第 38 分钟	第 40 分钟
教学素材	复习导入	感受山村的美	探究消失原因	迁移与运用	拓展延伸
[双目标] 1. 大目标：在积极主动的思维和情感活动中，对课文加深理解和体验，有所感悟和思考，受到情感熏陶，获得思想启迪，渗透环保意识。 2. 小目标 （1）能说出重点词语、句子的意思。 （2）能说出小村庄毁灭的原因。 （3）会用对比的方法进行写作。 [教学重点]了解小山村毁灭的原因。 [教学难点]初步了解对比的写作方法。 [课型方式]要素组合方式。 [课时形态]标准课。	1. 检测生字。 流程性检测：前测。快速了解学生对生字的掌握情况，减轻批改作业的负担 （听 + 做） 1.1 在微卡上听写生字。 1.2 多媒体展示正确答案，学生自改 1.3 肢体语言检测正确率。 （班级文化约定：手势表示） 2. 复习提问本课的主要内容。 （讲 + 听） 3.课件出示学习目标。	1. 学习第一自然段。 （想 + 看 + 小动） 1.1 边默读边思考：这段话主要写了什么内容？ 1.2 二人小组交流 + 提问 3 人。（3 分钟） （班级文化约定：击掌停止交流） 2. 多种形式读，再次体会小山村的美。(4 分钟) 具体内容是什么？关键项要呈现 （讲 + 听 + 小动） 2.1 个人读。 2.2 分男女生站立读。 2.3 指名读。 2.4 齐读。 2.5 全班配乐读。	1. 探究小村庄消失的原因。 （想 + 做 + 讲 + 小动） 1.1 个人默读第 2~6 自然段，边读边画出描写小山村消失的句子。 1.2 二人小组交流。 1.3 多媒体出示，学生自由读自己感受最深的句子。 2. 理解重点词句意思。 （想 + 讲 + 小动） 2.1 个人思考。 2.2 四人小组交流写在小卡上。 （学科文化约定：小组活动停止） 2.3 小组汇报。 2.4 集体品读。	1. 感受对比的写作方法。 这部分是教学的重点，学生合作探究的效果、结果如何？建议教师增设检测和点评的环节 （想 + 讲 + 做） 1.1 出示描写美丽的小村庄和消失后小村庄的段落和句子，分男女生读。 1.2 感受对比的写作方法。 1.3 回忆分享课内外对比写法的文章或段落。 2. 写法迁移小练笔。（5 分钟） （想 + 做 + 听） 2.1 个人在微卡上用对比的方法写 100 字左右的文字。 2.2 指 3~5 名学生朗读自己作品。	拓展（预留项）。 （讲 + 听 + 大动） 和好朋友交流、分享环保知识和方法，争做环保小卫士。 教师在这之前让学生通过读、回忆等方式感受“对比”写法，然后再进行小练笔，符合学生的认知规律，使难点得以突破。但时间的安排有些牵强

总评：运用有效教育要素组合方式中的“看、听、讲、想、做、动、静”七要素，在课堂中轮换、组合着用，提高课堂的教学效率，同时注意把学习的主动权交给学生。

语文《穷人》

教案（原稿）

学科：小学语文 学校：兴宁区五塘镇中心学校 执教者：李文婳 班级：六年级(3)班 日期：2013年9月25日	设计意图： 以作者简介为载体，让学生自主获取作家的相关信息，既打破了传统“一言堂”的介绍方式，又可以对学生进行阅读速度、记忆速度的训练。 第8分钟	围绕“抓住重点词句，感受贫穷”这个关键项组织学习，并通过学生自学、小组交流、全班交互，教师评点、追问、补充、朗读等形式强化关键项。教学中，注重让学生在做中学、动中学，充分运用检测与反检测掌握学情。 第28分钟	围绕“总结课文描写‘穷’的方法，模仿写一段话”这个关键项组织课堂，并通过总结、书写、交流、串文、浏览、欣赏、评点等多种形式强化关键项。大动浏览时有任务，浏览后注意检测与反检测。 第36分钟	检测本节课的收获。 第40分钟
教学要素	**导入**	**感受“贫穷”**	**写法迁移**	**总结**
[教学目标] 1. 学生能抓住重点词句，感受桑娜一家人的穷苦生活，总结课文描写“穷”的方法，并模仿写一段话。 2. 学生初步感受到世界经典著作的艺术魅力，激发学生向经典学习的欲望与创作动机。 [教学重点]抓住重点词句，感受桑娜一家人的贫穷生活。 [教学难点]总结课文描写“穷”的方法，并模仿写一段话。 [课型方式]要素组合方式。 [课时形态]标准课。	一、谈话导入，简介作者 1.《穷人》这篇课文的作者是谁？我们读过他写的什么文章？（听） 2. PPT出示列夫·托尔斯泰的简介，学生30秒快速阅读，获取并记忆信息，反馈记忆的信息。(看+听) 3. 小结，出示课题。（听） 二、检查预习：课文讲了一个什么故事？ 1. 同桌互说。（想+讲+听+小动，学科文化约定，1分钟） 2. 检测：你的同桌是怎么说的？指名2人复述。(讲+听)	抓住重点词句，感受桑娜一家人的穷苦生活。 1. 快速阅读课文，圈出“穷”字。(看+做，2分钟) 2. 检测2人：你们找到了几个“穷”字？(讲+听) 3. 再读课文，思考：你们从哪些词语或句子中体会到了“穷”？在书上画一画，写一写。(看+想+做，3分钟) 4. 四人小组交流，记下别人的精彩发言。（讲+小动，学科文化约定，2分钟） 5. 小组交流时谁的发言最精彩？请他代表小组进行汇报。3组代表发言，3人复述，多种方式感受“穷”： （1）从屋内装饰感受“穷”。（讲+听） （2）从吃、穿感受“穷”。（讲+听+看） （3）从恶劣的环境感受“穷”。（想+讲+听+做） （4）从夫妻忙碌的生活感受“穷”。(讲+听) 6. 有感情地朗读。（讲）	一、总结课文描写“穷”的方法 1. 课文是怎么表现“穷”的？指名2人说，2人补充。（想+听） 2. 小结：作者通过具体的描述来表现穷人生活的“穷”。（听） 二、仿写 以“我们的生活多么幸福啊！”为主题写一个小片段。 1.独立在小卡上写一段话。(想+做，2分钟) 2. 团队交流，选出2~4个片段串联成小短文，并用自己喜欢的方式呈现在大卡上。(想+做+小动，学校文化约定，3分钟) 3. 展示大卡，带上小卡浏览3~5个作品，记下有创意的内容。（看+做+大动，班级文化约定，3分钟） 4. 检测2人的浏览效果，请2组代表汇报。（听） 5. 能动性激励。（讲+听）	谈谈这节课的收获。（讲）

注释 & 总评：本节课紧跟关键项进行学习，学生是学习的主体，拥有学习的主动权。学生通过自主、合作、探究学习，感受到了穷人生活的“贫穷”，并体会到了课文的写作方法，最后读写结合，不断强化关键项，达到了一定的强化次数。

教案总评

【概况】

这是人教版小学语文六年级上册的一篇讲读课文，是俄国著名作家列夫·托尔斯泰的精品力作，讲述了家境贫寒的渔人之妻桑娜，在自己家已有五个孩子的情况下，毅然收养死去的邻居西蒙的两个可怜孩子的故事，其字里行间无不透露着深沉的情感基调，令人的心随着行文而波涛起伏。这是一篇对学生进行人文启迪的力作，能让学生在充满深情的情境中学习语言、运用语言，在字里行间理解穷人“虽家贫，但心富”的思想境界，从桑娜与渔夫的故事中受到人文的启迪，这也是本文教学的重点目标所在。

【亮点】

本教案设计的是《穷人》的第一课时，使用的是 MS–EEPO 图文结构Ⅰ型备课方式，课型为要素组合方式。5J 中的“约定”有班级文化约定、学科文化约定、学校文化约定。前 5 分钟安排了一次同桌互说文章主要内容的小动。第 25 分钟前安排了四人小组交流文章哪些地方体现了“穷”，层层深入让学生体会穷人的“穷”：（1）从屋内装饰感受“穷”（讲＋听），（2）从吃、穿感受“穷”（讲＋听＋看），（3）从恶劣的环境感受“穷”（想＋讲＋听＋做），（4）从夫妻忙碌的生活感受“穷”（讲＋听），多种要素组合着用、轮换着用。再以画句子、批注、读、写等多种形式让学生理解文本，体会人物品质。关键项设定非常准确，强化次数得到落实，为下节课体会穷人不穷做好铺垫。第 38 分钟前安排了一次小动“团队交流，选出 2~4 个片段串联成小短文，并用自己喜欢的方式呈现在大卡上”，然后大动浏览 3~5 个作品。整节课教学思路清晰，结构严谨，读写结合，动静相宜。

【不足及建议】

1. 读的方式不多；2. 读的次数不多；3. 读的指导不到位；4. 读的层次没体现。

（点评人：防城港市港口区教研室　谢仲玲）

教案（点评修改稿）

点评修改人：谢仲玲

教学要素	导入 第 8 分钟	感受“贫穷” 第 28 分钟	写法迁移 第 16 分钟	总结 第 40 分钟
学科：小学语文 学校：兴宁区五塘镇中心学校 执教者：李文嫦 班级：六年级 (3) 班 日期：2013 年 9 月 25 日	设计意图： 以作者简介为载体，让学生自主获取作家的相关信息,既打破了传统“一言堂”的介绍方式，又可以对学生进行阅读速度、记忆速度的训练。	围绕“抓住重点词句，感受贫穷”这个关键项组织学习，并通过学生自学、小组交流、全班交互，教师评点、追问、补充、朗读等形式强化关键项。教学中，注重让学生在做中学、动中学，充分运用检测与反检测掌握学情。	围绕“总结课文描写‘穷’的方法，模仿写一段话”这个关键项组织课堂，通过总结、书写、交流、串文、浏览、欣赏、评点等多种形式强化关键项。大动浏览时有任务，浏览后注意检测与反检测。	检测本节课的收获。
[教学目标] 1. 能抓住重点词句，感受桑娜一家人的穷苦生活，总结课文描写“穷”的方法，并模仿写话。 2. 学生初步感受到世界经典著作的艺术魅力，激发学生向经典学习的欲望与创作动机。 [教学重点]抓住重点词句，感受桑娜一家人的贫穷生活，体会桑娜关心他人的品质。 [教学难点]总结课文描写“穷”的方法，并模仿写一段话。 [课型方式]要素组合方式。 [课时形态]标准课。	一、谈话导入，简介作者 1.《穷人》这篇课文的作者是谁？我们读过他写的什么文章？（听） 2. PPT 出示列夫·托尔斯泰的简介，学生 30 秒快速阅读，获取并记忆信息，反馈记忆的信息。（看 + 听） 3. 小结，出示课题。（听） 二、检查预习：课文讲了一个什么故事？ 1. 同桌互说。（想 + 讲 + 听 + 小动，学科文化约定，1 分钟） 2. 检测：你的同桌是怎么说的？指名 2 人复述。（讲 + 听）	抓住重点词句，感受桑娜一家人的穷苦生活 1. 快速阅读课文，圈出“穷”字。（看 + 做 2 分钟） 2. 检测 2 人：你们找到了几个“穷”字？（讲 + 听） 3. 再读课文，思考：你们从哪些词语或句子中体会到了“穷”？在书上画一画，写一写。（看 + 想 + 做，3 分钟） 4. 四人小组交流，记下别人的精彩发言。（讲 + 小动，学科文化约定，2 分钟） 5. 小组交流时谁的发言最精彩？请他代表小组进行汇报。3 组代表发言，3 人复述，多种方式感受“穷”： （1）从屋内装饰感受“穷”。（讲 + 听） （2）从吃、穿感受“穷”。（讲 + 听 + 看） （3）从恶劣的环境感受“穷”。（想 + 讲 + 听 + 做） （4）从夫妻忙碌的生活感受“穷”。（讲 + 听） 6. 有感情地朗读。（讲）	一、总结课文描写“穷”的方法 1. 课文是怎么表现“穷”的？指名 2 人说，2 人补充。（想 + 听） 2. 小结：作者通过具体的描述来表现穷人生活的“穷”。（听） 二、仿写 以“我们的生活多么幸福啊！”为主题写一个小片段。 1. 独立在小卡上写话。（想 + 做，2 分钟） 2. 团队交流，选出 2~4 个片段串联成小短文，并用自己喜欢的方式呈现在大卡上。（想 + 做 + 小动，学校文化约定，3 分钟） 3. 展示大卡，带上小卡浏览 3~5 个作品，记下有创意的内容。（看 + 做 + 大动，班级文化约定，3 分钟） 4. 检测 2 人的浏览效果，请 2 组代表汇报。（听） 5. 能动性激励。（讲 + 听）	谈谈这节课的收获。（讲）

语文《燕子》

教案（原稿）

燕子	导入	整体感知	研读课文	积累提高	小结
课题：燕子 学段：三年级 执教：陈娴 学校：南宁市澳华小学 班级：××班 时间：××年××月××日	1. 激趣导入。	2. 通过不同的读的形式强化学生对课文内容的熟悉程度，为后续环节做铺垫。 1.1 使用板卡，防空讲。	3. 以学生合作交流的形式，加深对课文的理解。 2 和 3 使用板卡，防空讲。	1. 设置问题引起思考，指导学生掌握写作技法。	1. 了解学生的学习情况。
	4 分钟	10 分钟	16 分钟	7 分钟	3 分钟
[大目标] 感受燕子的活泼可爱和春天生气勃勃的景象，培养学生热爱大自然的情感。 [小目标] 1. 有感情地朗读课文，抓住重点词、句、段，了解燕子的特点。 2. 学习按一定的顺序和抓住事物的特点进行观察的方法。 [教学重点]抓住重点词、句、段，了解燕子的特点。 [教学难点]学习按一定的顺序和抓住事物的特点进行观察的方法。 [课型方式]要素组合方式。 [课时形态]标准课。	（看＋讲） 1. 播放背景音乐《小燕子》，呈现小燕子的画面。 2. 提问学生2~3人：谁能介绍一下有关燕子的情况? 3. 引出课题，出示学习目标。	（做＋讲＋小动） 1. 学习生字词。（5 分钟） 1.1 学生快速阅读课文，在课本中圈出不懂的生字词，抄写在微卡上。 1.2 同桌二人互相解疑。 1.3 教师 PPT 出示重点词语，抽查学生的掌握情况。 1.4 教师点评。 1.5 开火车读、分男女生读、全班齐读。 2. 朗读课文，初步感知课文内容。（5 分钟） 2.1 教师示范朗读，学生注意教师朗读课文时的感情。 2.2 学生个人读，画出喜欢的句子。 2.3 同桌二人互读自己喜欢的句子。 2.4 全班齐读。 2.5 小结朗读技巧。	（想＋做＋小动） 1. 教师出示问题。 1.1 课文描写了燕子的什么特点？试从外形、飞行特点、停歇等方面找出关键词和句子。 1.2 文章抓住哪些事物描绘了“光彩夺目”的春天？它们都有哪些特点？ 2. 学生根据问题自主阅读课文并思考，找出关键词句，写在小卡上。（5 分） 3. 四人小组交流讨论，在小卡上做补充修改。（5 分） 4. 小组代表发言、补充。 5. 提问学生对重点词语的理解。 6. 全班有感情地朗读课文。	（想＋讲） 1. 思考：文章按照什么顺序和方法描写燕子的特点? 2. 点 2~3 名学生回答。 3. 教师总结。 顺序：燕子的外形—燕子出现时的春光美景—飞行的动态—停歇的姿势。 修辞手法：比喻、拟人。 4. 分段朗读，再次体会燕子的可爱和生机勃勃的景色。	1. 学完这篇课文，哪些地方值得你学习?谈谈你的感受和收获。 2. 教师小结课文内容和作者的情感。

教案总评

【概况】

《燕子》是语文出版社S版三年级上册的课文，是一篇文质兼美的写景状物散文。作者通过对燕子的外形、飞行特点及停歇姿势等进行描写，表达了对燕子的喜爱之情。这篇课文是学生进行朗读训练的好材料，也是学生按一定的顺序和抓住事物的特点进行观察、培养观察能力的好范例。

【亮点】

1. 本教案运用MS–EEPO图文结构Ⅰ型备课方式备课。从格式上看，概况、时间段、内容提要 & 方法策略、反思 & 评价等各项目都比较完整地呈现出来了，符合书写要求。

2. 教学目标明确，各个教学环节和教学流程思路清晰，能紧密围绕教学目标组织学生开展教学活动，且重点突出。如“整体感知”环节，安排教师示范朗读、学生个人读、同桌二人互读、全班齐读等不同的形式来强化学生阅读课文的力度，既有效避免了千篇一律的全班齐读造成的强化疲劳，又能让学生加深对课文的理解，符合语文学科的特点。

3. 在“研读课文”环节，紧紧抓住“了解燕子的特点”这项重点内容开展教学组织活动，先是让学生独立思考，然后做笔记，通过小组交流来强化知识点，教学设计有梯度，符合学生的认知规律。

4. 七个要素组合着用、轮换着用，有3次动静转换，2次二人小组活动、1次四人小组活动，安排合理，有效地调节了学生的精力。

5. 教学过程中适时使用了微卡和小卡，有效防止了学生在交流活动中空讲。

【不足及建议】

在突破难点“学习按一定的顺序和抓住事物的特点进行观察的方法”时，方法与策略上略显不足，可增设练笔和组间交流等环节。

（点评人：玉林市玉州区教研室 卢婕妤）

教案（点评修改稿）

点评修改人：张巧文

课题：燕子 学段：三年级 执教：陈娴 学校：南宁市澳华小学 班级：×× 班 时间：×× 年 ×× 月 ×× 日	1. 激趣导入。 4 分钟	2. 通过不同的读的形式强化学生对课文内容的熟悉，为后续环节做铺垫。 1.1 使用板卡，防空讲 10 分钟	3. 以学生合作交流的形式，加深对课文的理解。 2 和 3 使用板卡，防空讲。 16 分钟	1. 设置问题引起思考，指导学生掌握写作技法。 7 分钟	1. 了解学生的学习情况。 3 分钟
燕子	导入	整体感知	研读课文	积累提高	小结
[大目标] 感受燕子的活泼可爱和春天生气勃勃的景象，培养热爱大自然的情感。 [小目标] 1. 有感情地朗读课文，抓住重点词、句、段，了解燕子的特点。 2. 学习按一定的顺序和抓住事物的特点进行观察的方法。 [教学重点] 抓住重点词、句、段，了解燕子的特点。 [教学难点] 学习按一定的顺序和抓住事物的特点进行观察的方法。 [课型主试] 要素组合方式。 [课时型态] 标准课。	1. 播放背景音乐《小燕子》，呈现小燕子的画面。(听 + 看) 2. 提问学生 2~3 人：谁能介绍一下有关燕子的情况？(听) 3. 引出课题，出示学习目标。(看)	1. 学习生字词。（看 + 想 + 做 + 讲 + 小动）（5 分钟） 1.1 学生快速阅读课文，在课本中圈出不懂的生字词，抄写在微卡上。 1.2 同桌二人互相解疑。 1.3 教师 PPT 出示重点词语，抽查学生的掌握情况。 1.4 教师点评。 1.5 开火车读、分男女生读、全班齐读。 2. 朗读课文，初步感知课文内容。（5 分钟）（听 + 做 + 小动） 2.1 教师示范朗读，学生注意教师朗读课文时的感情。 2.2 学生个人读，画出喜欢的句子。 2.3 同桌二人互读自己喜欢的句子。 2.4 全班齐读。 2.5 小结朗读技巧。	1. 教师出示问题。(看) 1.1 课文描写了燕子的什么特点？试从外貌、飞行特点、停歇等方面找出关键词和句子。 1.2 文章抓住哪些事物描绘了“光彩夺目”的春天？它们都有哪些特点？ 2. 学生根据问题自主阅读课文并思考，找出关键词句，写在小卡上。(5 分)(看 + 想 + 做) 3. 四人小组交流讨论，在小卡上做补充修改。（5 分） 4. 小组代表发言、补充。 5. 提问学生对重点词语的理解。 6. 全班有感情地朗读课文。	1. 思考：文章按照什么顺序和方法描写燕子的特点？(想) 2. 点 2~3 名学生回答。 3. 教师总结。(听) 顺序：燕子的外形—燕子出现时的春光美景—飞行的动态—停歇的姿势。 修辞手法：比喻、拟人。 4. 分段朗读，再次体会燕子的可爱和生机勃勃的景色。(看 + 想)	1. 交流收获：学完这篇课文，哪些地方值得你学习？谈谈你的感受和收获。 2. 教师小结：课文内容和作者的情感。(想 + 听)
注释或总评：					

语文《白鹅》

教案（原稿）

执教者：罗超萍 学校：来宾市忻城县实验小学 学科：语文 学段：四年级 课题：白鹅 课型方式：要素组合方式 课时形态：标准课 课时：第1课时 时间：2013年9月10日	2. 播放有关鹅的各种神态及活动的录像，展示课文中的白鹅图，同时为学习下文观察白鹅的叫声、步态、吃相做好铺垫。 1. 以谈话的形式导入，激起学生的学习兴趣。	4. 生生互动，使学生整体把握文章内容。 3. 让学生养成整体阅读的习惯和与他人合作的能力。 2. 运用圈画法，培养学生善于发现、解决问题的习惯。 1. 检测生字词的认读情况。	3. 引导学生边读边勾画词语，通过四人小组交互来理解重点句子，让学生在语言学习中了解课文的结构特点，体会作者的思想感情。 2. 小组合作，动静转换，多要素组合。 1. 把主动权交给学生，培养学生勤于思考、善于与他人合作的能力。	3. 通过六人小组交流及教师的点拨，学生初步学会文章的表达方法。 2. 通过品读精彩的句子或语段，学生加深对白鹅“高傲”的特点的理解。 1. 了解作者是如何具体描写白鹅的特点的，培养发散思维。	通过“小练笔”，把课堂知识延伸到课外，及时对知识点进行了检测和强化，并激发了学生的能动效应。
白鹅	导入揭题	初读学词	再读理序	精读悟情	精读悟情
[大目标] 培养学生的阅读、理解能力，激发学生热爱小动物的情感。 [小目标] 1. 认识8个生字，会写“脾、颈”等字，会正确读写“高傲、局促不安、侍候、供养不周”等词语。 2. 朗读课文，初步了解白鹅的特点，了解课文的结构特点。 3. 学习第3、4自然段，体会白鹅叫声和步态的高傲。	1.（想＋说）师：同学们，你们最喜欢哪种小动物呢？你们能用一句话描述自己喜欢的小动物吗？ 2.（听＋看）师：动物是人类的好朋友，古今中外，许多作家妙笔生花，为他们所喜欢的动物写下了一篇篇生动的文章。	1.（讲＋听）检测生字词认读情况，齐读一个别读一快速读。 出示生字词：窥伺、大模大样、供养不周、净角、脾气、厉声叫嚣、引吭大叫、左顾右盼。 2. 重点指导读好“模、供、角”字，写好“脾”字。 3.（想＋讲＋听）了解“净角”的意思。 4.（听＋想）指名读全文，让其他同学边听边想：这只白鹅给你们留下了什么印象？ 5.（讲＋听）二人小组交流。	1.（做＋想＋讲＋做＋动静转换）四人小组活动：快速默读课文，想一想课文是从哪几个方面描写白鹅的高傲的？把你们找到的词句用横线画出来。（4分钟） 2.（讲＋听＋想）小组交流，教师讲解、点评。（相机板书：叫声、步态、吃相） 3. 课件出示练习题填空：课文从____、____、____三个方面描写了白鹅的高傲。（检测） 4.（讲＋听）你们是怎么又快又准确地找到作者描写白鹅的这几个方面的特点的？	1.（讲＋想＋做）仔细默读第1~4自然段，画出作者具体描写白鹅高傲的句子，认真体会。 2.（想＋讲＋做）学生交流。 2.1 读第1自然段，感受初见白鹅时其姿态的高傲（课件出示）：“它伸长了头颈，左顾右盼……” ·学生说说感受。 ·谁能给“左顾右盼”换个词？白鹅是在什么情况下右顾右盼的？	1.（讲＋听）用自己有特色的读法，把精彩的片段读给全班同学听。 2.（想＋讲＋听＋做＋动静转换）再读第3自然段，想想假如这鹅会说话，看到生客进来，它会说些什么呢？写在学习小卡

续表

[教学重点]初步了解白鹅的特点，学习第3、4自然段，体会白鹅叫声和步态的高傲。 [教学难点]了解课文的结构特点，体会文章的表达方法。	今天，我们就走进丰子恺先生所写的《白鹅》去看看。 3.（看+想+讲）师：你们看，这就是丰子恺先生的白鹅。（出示白鹅动态课件）在你们的第一印象里，你们觉得这是一只怎样的白鹅？ （板书课题：白鹅） 4.（想+讲）指名回答。 5.师：你们觉得应该怎样来读这个课题呢？（二人小组互练） 6.读课题。	6.指名汇报。 7.（想+做+动静转换）师：文中有一句话告诉我们这是一只怎样的白鹅，请你们和同桌合作快速找一找，并圈画出相应的句子。 8.指名回答。 9.指名复述。（检测倾听） 10.根据学生的回答，出示句子：好一只高傲的动物。 11.（想+讲+做）师：应该带着怎样的感情读这句话？同桌二人试着读一读。	5.（讲+听）同桌互相交流，然后在全班说。 6.学习第2自然段，了解过渡段的作用。 7.（想+讲）师生小结：作者从鹅的姿态、叫声、步态和吃相中感受到了它的高傲，然后将其仔细地写下来。 （读+看+动+说）	·感受白鹅的高傲，读出感情。 2.2学习第3、4自然段，感受白鹅叫声、步态的高傲。 ·（想+讲）读这两个自然段时，哪些词、句子让你们仿佛听到了鹅的叫声？能用书中的词语说一说吗？ ·出示“厉声呵斥、厉声叫嚣、引吭大叫”几个词并提问：知道这三个词的意思吗？ ·（想+讲）从字面上看，这三个词都是形容白鹅的叫声很凶，那么运用在这里是因为作者讨厌鹅吗？ ·（想+做）“大模大样”是怎样的？谁来演一演？作者把鹅的步态比作京剧里的净角，你们见过净角出场吗？（播放课件） ·（想+讲+做+动静转换）六人小组合作学习：作者在写鹅的同时为什么还写了鸭？这样写有什么好处？说说理由。 3.有感情地朗读第3、4自然段。	上，并与同学交流。

教案总评

【概况】

《白鹅》一文是人教版小学语文第七册第四单元的第一篇精读课文。选编这篇课文的目的，一是引导学生体会动物的有趣、可爱，感受作者对动物的关爱和对生活的热爱；二是让学生在阅读中体会作者抓住特点写作的方法，感受作者幽默风趣的语言风格。本课的教学重点是引导学生了解白鹅高傲的特点，教学难点是了解课文的结构特点，从那些看似贬义的词语中体会作者对白鹅的喜爱之情。

【亮点】

1. 采用 MS–EEPO 图文结构Ⅰ型备课方式备课，格式规范，概况、时间段、内容提要 / 方法策略、反思 / 评价、备注 / 总评标注清楚，项目完整。

2. 注重动静转换，将“动”与学习任务结合。

3. 关注学生的“想”和“做”，抛出问题后注意给学生思考和交流的机会；安排了 4 次“做”。

4. 教学流程清晰，操作策略较具体，各环节的时间段安排较合理。

5. 从整体到部分进行教学，重点学习第 3、4 自然段，体会白鹅叫声和步态的高傲，了解白鹅的特点。注重以读为主，在读中品悟，突出了语文学科的特点。

【不足及建议】

1. 学习方式 5J 太少，只有 2 项，标注不显著。建议把 5J 放进去 8 项以上。

2.40 分钟安排了 8 次小动，“动”得多了。“动”的时机应该 7~13 分钟一次，建议合理安排动静转换，3~5 次为佳。

3. 语言表述不够简洁，如第一个环节“导入揭题”可以这样表达：“1. 讲：用一句话描述你们喜欢的小动物（二人互讲 + 指名讲）。2. 看（屏幕）：丰子恺先生的白鹅。3. 讲：你们觉得这是一只怎样的白鹅？（二人互讲 + 指名讲）” 建议提炼语言，尽量简明扼要地把意思表达清楚。

4. 有些环节标注的要素有罗列之嫌，如“再读理序”这个环节的第一个操作点标注了“做 + 想 + 讲 + 做 + 动静转换”，建议改为“看 + 做 + 小动”；再如第一个“精读悟情”环节中的“（想 + 讲 + 做 + 动静转换）六人小组合作学习：作者在写鹅的同时为什么还写了鸭？这样写有什么好处？说说理由”，建议要素改为“讲 + 小动”。

（点评人：玉林市玉州区教研室　卢婕妤）

教案（点评修改稿）

点评修改人：卢婕妤

执教者：罗超萍 学校：来宾市忻城县实验小学 学科：语文 学段：四年级 课题：白鹅 课型方式：要素组合方式 课时形态：标准课 课时：第1课时 时间：2013年9月10日	2. 通过播放有关鹅的各种神态及活动的录像，展示课文中的白鹅图，同时为学下文观察白鹅的叫声、步态、吃相做好铺垫。 1. 以谈话的形式导人，激起学生的学习兴趣。	4. 生生互动，使学生整体把握文章内容。 3. 让学生养成整体阅读的习惯和与他人合作的能力。 2. 运用圈画法，培养学生善于发现、解决问题的习惯。 1. 检测生字词的认读情况。	3. 引导学生边读边勾画词语，通过四人小组交互来理解重点句子，让学生在语言学习中了解课文的结构特点，体会作者的思想感情。 2. 小组合作，动静转换，多要素组合。 1. 把主动权交给学生，培养学生勤于思考、善于与他人合作的能力。	3. 通过六人小组交流及教师的点拨，学生初步学会文章的表达方法。 2. 通过品读精彩的句子或语段，加深对白鹅“高傲”的特点的理解。 1. 了解作者是如何具体描写白鹅的特点的，培养学生的发散思维。	通过小练笔训练，把课堂知识延伸到课外，及时对知识点进行了检测和强化，并激发了学生的能动效应。
白鹅	导入揭题	初读学词	再读理序	精读悟情	精读悟情
[大目标] 培养阅读、理解能力，激发热爱小动物的情感。 [小目标] 1. 认识8个生字，会写“脾、颈”等字，会正确读写“高傲、局促不安、侍候、供养不周”等词语。 2. 朗读课文，初步了解白鹅的特点，了解课文的结构特点。 3. 学习第3、4自然段，体会白鹅叫声和步态的高傲。 [教学重点]初步了解白鹅的特点，学习3、4自然段，体会白鹅叫声和步态的高傲。	1.（想+说）师：同学们，你们最喜欢哪种小动物呢？你们能用一句话描述自己喜欢的小动物吗？ 2.（听+看）师：动物是人类的好朋友，古今中外，许多作家妙笔生花，为他们所喜欢的动物写下了一篇篇生动的文章。今天，我们就走进丰子恺先生所写的《白鹅》去看看。	1.（讲+听）检测生字词认读情况，齐读一个别读一快速读。出示生字词：窥伺、大模大样、供养不周、净角、脾气、厉声叫嚣、引吭大叫、左顾右盼。 2. 重点指导读好“模、供、角”字，写好“脾”字。 3.（想+讲+听）了解“净角”的意思。 4.（听+想）指名读全文，让其他同学边听边想：这只白鹅给你们留下了什么印象？ 5.（讲+听）二人小组交流。	1.（看+做+小动）四人小组活动：快速默读课文，想想课文是从哪几个方面描写白鹅的高傲的？把你们找到的词句用横线画出来。（4分钟） 2.（讲+听+想）小组交流，教师讲解、点评。（相机板书：叫声、步态、吃相） 3. 课件出示练习题填空：课文从____、____、____三个方面描写了白鹅的高傲。（检测） 4.（讲+听）你们是怎么又快又准确地找到作者描写白鹅的这几个方面的特点的？ 5.（讲+听）同桌互相交流，然后在全班说。	1.（讲+想+做）仔细默读第1~4自然段，画出作者具体描写白鹅高傲的句子，认真体会。 2.（想+讲+做）学生交流。 2.1 读第1自然段，感受初见白鹅时其姿态的高傲（课件出示）：“它伸长了头颈，左顾右盼……” ·学生说说感受。 ·谁能给“左顾右盼”换个词？白鹅是在什么情况下右顾右盼的？ ·感受白鹅的高傲，读	1.（讲+听）用自己有特色的读法，把精彩的片段读给全班同学听。 2.（想+讲+听+做+动静转换）再读第3自然段，想想假如这鹅会说话，看到生客进来，它会说些什么呢？写在学习小卡上，并与同学交流。

续表

[教学难点]了解课文的结构特点，体会文章的表达方法。	3.(看＋想＋讲)师：你们看，这就是丰子恺先生的白鹅。（出示白鹅动态课件）在你们的第一印象里，你们觉得这是一只怎样的白鹅呢？(板书课题：白鹅） 4.（想＋讲）指名回答。 5. 师：你们觉得应该怎样来读这个课题呢？（二人小组互练） 6. 读课题。	6. 指名汇报。 7.（想＋做＋动静转换）师：文中有一句话告诉我们这是一只怎样的白鹅，请你们和同桌合作快速找一找，并圈画出相应的句子。 8. 指名回答。 9. 指名复述。(检测倾听) 10. 根据学生的回答，出示句子：好一只高傲的动物。 11.（想＋讲＋做）师：应该带着怎样的感情读这句话？同桌二人试着读一读。	6. 学习第2自然段，了解过渡段的作用。 7.（想＋讲）师生小结：作者从鹅的姿态、叫声、步态和吃相中感受到了它的高傲，然后将其仔细地写下来。 （读＋看＋动＋说）	出感情。 2.2 学习第3、4自然段，感受白鹅叫声、步态的高傲。 ·（想＋讲）读这两个自然段时，哪些词、句子让你们仿佛听到了鹅的叫声？能用书中的词语说一说吗？ ·出示“厉声呵斥、厉声叫嚣、引吭大叫”几个词并提问：知道这三个词的意思吗？ ·(想＋讲)从字面上看，这三个词都是形容白鹅的叫声很凶，那么运用在这里是因为作者讨厌鹅吗？ ·(想＋做)“大模大样”是怎样的？谁来演一演？作者把鹅的步态比作京剧里的净角，你们见过净角出场吗？（播放课件） ·（讲＋小动）六人小组合作学习：作者在写鹅的同时为什么还写了鸭？这样写有什么好处？说说理由。 3. 有感情地朗读第3、4自然段。	

语文《父亲、树林和鸟》

教案（原稿）

基本情况	快乐激趣	认真读文，感知概况	直奔主题，赏析	以读悟情	欣赏，拓展
学校：北流市南园明德小学 姓名：覃华 年级：三年级 教学素材：26. 父亲、树林和鸟	以谈话轻松导入，并伴着有节奏的击掌读课题，激起学生的学习兴趣。通过听写生字词，检查学生的学习效果并做出评价。	1. 学生用心读课文，粗略感知课文内容。 2. 带着快乐的心情读课文，感悟课文内容。 3. 通过读、找、画加深对课文内容的理解。	1. 具体内容具体分析，抓住重点，突破难点。 2. 通过品读、导读、欣赏、表演活跃课堂气氛，使学生深刻感受理解文章的精彩内容。	1. 四人小组合作、探究、交流，加强团队精神。 2. 通过观察鸟快活的图片，使学生产生爱鸟的思想。 3. 品读父子之间的对话，体会父子俩爱鸟、自觉保护鸟的思想感情。	归纳课文主题，弄清课文的结构。通过写标语，增强学生爱鸟、护鸟的意识。
	3 分钟	8 分钟	15 分钟	12 分钟	2 分钟
[教学目标] 能有感情地朗读课文，理解课文内容。 [教学重难点] 1. 有感情地朗读课文。（重点） 2. 找出文章的中心句，感悟文章内容。（难点） 3. 找出父亲爱鸟、熟悉鸟的习性的句子。（重点） 4. 指导朗读。 5. 理解"茫然、凝神静气、兀立、惊愕、舒畅、	一、导入，听写生字词 1. 同学们，大海是鱼儿的家，池塘是青蛙的家，明德小学是我们的家，那树林是谁的家？（想） 2. 我们一起读课题："26. 父亲、树林和鸟。" （×× ××××）（约定）伴着有节奏的击掌读课题。 3. 听写生字词。（写）（听写完后出示投影，同桌对照互相更正，师生评价） 4. 指名读生字词。 5. 小组读生字词。（单元组）	二、略读课文，感知课文内容 1. 画出文章的中心句。（做） 2. 指导朗读，读出喜欢之情。（投影出示句子：父亲一生最喜欢树林和唱歌的鸟） A. 指名读，B. 小组读，C. 全体读。（表达呈现） 三、仔细阅读课文，以读悟情，思考问题。（多要素转换） 1. 父亲是如何爱鸟、熟	四、品读重点段落 1. 文中哪个自然段描写了林中鸟的可爱？（想） 2. 观察 2 张鸟的图片。（看） 3. 出示第 10 自然段。 （1）指名读。（读＋听＋想） （2）解释"焐"。 师示范动作，学生全体起立，跟着表演。（表达呈现） （3）观察小鸟的图片（抖动、张嘴，舒畅地呼吸，深深地呼吸），学生跟	五、续读课文，继续学习 1. 学习第 2~9 自然段，找出时间、地点、人物和父亲闻、知鸟味的词语、句子。 （1）四人小组合作。（单元组＋合作） （2）表格形式呈现合作内容。（小卡呈现） （3）评一评，议一议。（防假合作） （4）小组品读相关句子。（单元组＋合作） 2. 默读第 11~17 自然段。 （1）找出鸟最快活的句子并	六、总结全文 1. 欣赏一首写鸟的诗并读一读。（看＋读） 2. 出示几条保护鸟类的标语并读一读。 （1）保护鸟类，人人有责。 （2）鸟是人类的朋友，请不要伤害它。 （3）小手勿乱动，小鸟叫喳喳。

续表

舒畅、幽深”等词语。（难点） [课时形态]标准课。	6. 全班齐读生字词。（单元组＋表达呈现） 7. 师生评议(声音洪亮、正确、流利、精神集中)。 （动＋写＋读＋动静转换）	悉鸟的？找出相关句子并做好批注。（做） 2. 边读边画出不理解的词语。 3. 写好课后的“词语花篮”。（做） 4. 根据上下文理解不懂的词语的意思。(讲) 5. 出示含有意思的词语。（读） 6. 小组读，开火车读，齐读词语。 （看＋读＋想＋写）	随图片表演动作。(表达呈现) （4）出示相关的句子，全体起立，分角色表演朗读，加深对课文内容的理解。(表达呈现＋合作) （4）用“舒畅”说一句话。（说） （5）齐读第 10 自然段。 4. 概括本段的内容。 （读＋看＋动＋说）	品读。（读） （2）观察一张鸟飞离树木的快活情景的图片。（看） （3）为什么说鸟最快活的时刻，也是最容易受到伤害、被猎人打中的时刻？你们觉得父亲是一个怎样的人？(想) （4）“我”听了父亲的话，心里为什么如此“沉重”，但又感到高兴？（想） （5）分男女角色朗读父子之间的对话。 （防形式单一＋看＋想＋动＋读）	3. 根据板书概括全文。 （听＋读＋说）
板书设计	26. 父亲、树林和鸟 父亲一生｛1.喜欢树林；2.喜欢唱歌的鸟 望、看——发现鸟｝爱鸟 闻——知鸟味 鸟快活 自己也快活｝护鸟		教学反思	让学生反复读课文，把课文中的长句子读好，运用“多读多想”的方法，自读自悟，了解“父亲”一生最喜欢树林和唱歌的鸟的故事，激发学生爱鸟、护鸟的思想感情。学习词语时引导学生联系上下文，查阅词典理解词句的意思，朗读时感情上轻松、快活并带着几分庄重。在朗读时，学生出现了唱读、感情不到位的情况，今后会加强对这方面的训练。	

教案总评

【概况】

这是S版小学语文三年级上册第六单元“环保专题”中的一篇阅读课文，是本单元教学的重点课文。课文通过描写“父亲”认真观察树林中鸟的过程和与“我”的对话，体现“父亲”爱鸟的情感，感受鸟与人类、人类与自然的和谐，增强学生的环保意识。

【亮点】

本教案按MS-EEPO第一套备课方式进行撰写。第一套的构成要素是“要素组合+5J+图文结构Ⅰ+动静转换”。核心是动静转换：第一次动静转换是执教者在“快乐激趣”环节安排的一次二人组小动“同桌互改听写的生字”（前3分钟）；第二次动静转换是在“认真读文，感知概况”环节安排的“小组读、开火车读”（第11分钟内）；第三次动静转换是在“直奔主题，赏析”环节安排的“边做动作边朗读”和“边看图片边做动作”的活动（第26分钟内）；第四次动静转换是在“以读悟情”环节安排的“学习第2~9自然段，找出时间、地点、人物和父亲闻、知鸟味的词语、句子”（第38分钟内）。其中，第一次、第二次、第三次是小动，第四次是大动，基本符合动静转换在时间和次数上的要求，且时机和内容比较合理。多种要素轮换着用、组合着用，能充分调动学生学习的积极性。

教学从识字教学入手，让学生理解、感悟文章的内容及情感，并通过“边批注边读”“边做动作边读”“边读边感悟”等多种形式的读让学生感受“父亲”对鸟的热爱，从而培养学生的环保意识。

【不足及建议】

对朗读的指导比较粗糙，读中悟情、读中悟理的层次较浮浅。只关注学生对知识点的理解，较少关注培养学生的语感及学习语文的思维和方法。具体修改建议详见点评修改稿。

（点评人：防城港市港口区教研室　谢仲玲）

教案（点评修改稿）

点评修改人：谢仲玲

基本情况	快乐激趣	认真读文，感知概况	直奔主题，赏析	以读悟情	欣赏，拓展
学校：北流市南园明德小学 姓名：覃华 年级：三年级 教学素材：26. 父亲、树林和鸟	以谈话轻松导入，并伴着有节奏的击掌读课题，激起学生的学习兴趣。通过听写生字词，检查学生的学习效果并做出评价。	1. 学生用心读课文，粗略感知课文内容。 2. 带着快乐的心情读课文，感悟课文内容。 3. 通过读、找、画加深对课文内容的理解。	1. 具体内容具体分析，抓住重点，突破难点。 2. 通过品读、导读、欣赏、表演活跃课堂气氛，使学生深刻感受理解文章的精彩内容。	1. 四人小组合作、探究、交流，加强团队精神。 2. 通过观察鸟快活的图片，使学生产生爱鸟的思想。 3. 品读父子之间的对话，体会父子俩爱鸟、自觉保护鸟的思想感情。	归纳课文主题，弄清课文的结构。通过写标语，增强学生爱鸟、护鸟的意识。
	3 分钟	8 分钟	15 分钟	12 分钟	2 分钟
[教学目标] 1. 能有感情地朗读课文，理解课文内容。 2. 培养学生的环保意识。 [教学重难点] 1. 有感情地朗读课文。（重点） 2. 找出文章的中心句，感悟文章内容。（难点） 3. 找出父亲爱鸟、熟悉鸟的习性的句子。（重点） 4. 指导朗读。 5. 理解“茫然、凝神静气、兀立、惊愕、	一、导入，听写生字词 1. 同学们，大海是鱼儿的家，池塘是青蛙的家，明德小学是我们的家，那树林是谁的家？（想） 2. 我们一起读课题：“26. 父亲、树林和鸟。”（×× ××××）（约定）伴着有节奏的击掌读课题。 3. 听写生字词。（写）（听写完后出示投影对照，同桌互相更正。师生评价） 4. 指名读生字词。 5. 小组读生字词。（单元组） 6. 全班齐读生字词。（单元组＋表达呈现）	二、略读课文，感知课文内容 1. 画出文章的中心句。（做） 2. 指导朗读，读出喜欢之情。（投影出示句子：父亲一生最喜欢树林和唱歌的鸟） A. 指名读，B. 小组读，C. 全体读。（表达呈现） 三、仔细阅读课文，以读悟情，思考问题。（多要素转换） 1. 父亲是如何爱鸟、熟悉鸟的？找出相关句子并做好批注。（做）	四、品读重点段落 1. 文中哪个自然段描写了林中鸟的可爱？（想） 2. 观察 2 张鸟的图片。（看） 3. 出示第 10 自然段。 （1）指名读。（读＋听＋想） （2）解释“焐”。 老师示范动作，学生全体起立，跟着表演。（表达呈现） （3）观察小鸟的图片（抖动、张嘴，舒畅地呼吸，深深地呼吸），学生跟随图片表演动作。（表达呈现）	五、续读课文，继续学习 1. 学习第 2~9 自然段，找出时间、地点、人物和父亲闻、知鸟味的词语、句子。 （1）四人小组合作。（单元组＋合作） （2）表格形式呈现合作内容。（小卡呈现） （3）评一评，议一议。（防假合作） （4）小组品读相关句子。（单元组＋合作） 2. 默读第 11~17 自然段。 （1）找出鸟最快活的句子并品读。（读）	六、总结全文 1. 欣赏一首写鸟的诗并读一读。（看＋读） 2. 出示几条保护鸟类的标语并读一读。 （1）保护鸟类，人人有责。 （2）鸟是人类的朋友，请不要伤害它。 （3）小手勿乱动，小鸟叫喳喳。 3. 根据板书概括

舒畅、幽深”等词语。（难点） [课型方式]要素组合方式。 [课时形态]标准课。	7. 师生评议(声音洪亮、正确、流利、精神集中)。	2. 边读边画出不理解的词语。 3. 写好课后的“词语花篮”。（做） 4. 根据上下文理解不懂的词语的意思。(讲) 5. 出示含有意思的词语（读） 6. 小组读，开火车读，齐读词语。 （看+读+想+写）	（4）出示相关的句子，全体起立，分角色表演朗读，加深对课文内容的理解。(表达呈现+合作) （5）用“舒畅”说一句话。（说） （6）齐读第10自然段。 4. 概括本段的内容。 （读+看+动+说）	（2）观察一张鸟飞离树木的快活情景的图片。（看） （3）为什么说鸟最快活的时刻，也是最容易受到伤害、被猎人打中的时刻？你们觉得父亲是个怎样的人?(想) （4）“我”听了父亲的话，心里为什么如此“沉重”，但又感到高兴？（想） （5）分男女角色朗读父子之间的对话。 （防形式单一+看+想+动+读）	全文。 （听+读+说）
板书设计	26. 父亲、树林和鸟 父亲一生 { 1.喜欢树林 2.喜欢唱歌的鸟 望、看——发现鸟 } 爱鸟 闻——知鸟味 鸟快活 自己也快活 } 护鸟 父亲 看鸟 闻鸟 听鸟 知鸟 惜鸟 爱鸟		总评	让学生反复读课文，把课文中的长句子读好，运用“多读多想”的方法，自读自悟，了解“父亲”一生最喜欢树林和唱歌的鸟的故事，激发学生爱鸟、护鸟的思想感情。学习词语时引导学生联系上下文，查阅词典理解词句的意思，朗读时感情上轻松、快活并带着几分庄重。在朗读时，学生出现了唱读、感情不到位情况，今后会加强对这方面的训练。	

语文《鲸》

教案（原稿）

学校：港口区企沙镇中心小学 授课人：马桂青 时间：2014 年 6 月 30 日 班级：四年级（1）班 学科：语文 课题：鲸	反思与评价			
教学要素	激趣导入（3 分钟）	初读课文（11 分钟）	精读课文（20 分钟）	拓展运用（6 分钟）
[教学目标] 1. 读懂课文，了解鲸的特点和生活习性。 2. 初步认识列数字、举例子、作比较、打比方的说明方法。 3. 激发学生学科学、爱科学的感情。 [教学重点] 了解鲸的种类和生活习性。 [教学难点] 掌握列数字、举例子、作比较、打比方等说明方法。 [课型方式] 要素组合。 [课时形态] 标准课（40 分钟）	激趣导入，揭示文本。	1. 随文自学生字、新词。 2. 整体感知课文内容，说说课文从哪几个方面介绍了鲸的特点。	1. 选择自己最感兴趣的一个方面的内容进行探究性学习。 2. 说说作者是怎样说明鲸的特点的，体会这些说明方法的好处。	1. 进一步了解写作方法。 2. 拓展延伸，了解鲸的特点。
	1.1 教师讲鱼类开运动会，鲸想参加而不得参加的故事。（想 + 讲） 1.2 学生听完故事后谈感想。（听 + 想 + 讲） 1.3 出示课题“鲸”，学生齐读。（看 + 讲）	1. 课件出示生字，同桌之间互相检查。（看 + 讲 + 防空讲） 2.1 自学课文，初步了解课文内容，把关键词写在微卡上，二人组交流。（想 + 做 + 小动 3 分钟 + 防泡沫） 2.2 四人小组合作完成学习卡，以小卡呈现。（想 + 做 + 小动 4 分钟 + 防单一 + 防空讲） 2.3 汇报 + 教师补讲鲸的特点。（听 + 看 + 想）	1.1 课件出示展示鲸特点的图片，学生边观看边选择一个方面进行学习。（看 + 想 + 防泡） 1.2 四人小组完成中卡。（想 + 做 + 小动 4 分钟 + 防单一 + 防空讲） 1.3 汇报 + 师生质疑补讲。 2.1 齐读 + 找说明方法 + 感悟读。（讲 + 想 + 做） 2.2 师总结。（听）	1.1 运用 1~2 种说明方法，在微卡上写一句话。（想 + 做） 1.2 全班汇报 + 互评。（听 + 想 + 讲） 2. 上网查阅资料，了解更多关于鲸的知识。（看 + 想）
总评：				

教案总评

【概况】

《鲸》是人教版小学语文五年级上册的一篇科普性文章。课文介绍了鲸的形体特点、种类和生活习性等方面的知识，运用了列数字、作比较、举例子、打比方等多种说明方法，对鲸的特点作了通俗的说明。此外，用词准确、描述形象是本文在表达上的一大特点。

本课的重点是了解课文介绍的关于鲸的知识，体会文章中运用的多种说明方法。鲸的进化过程是学生理解的难点。

【亮点】

1. 基本格式符合要求。一是内容提要、方法策略表述准确，位置正确；二是5J、5F标注清楚，能具体到二级指标；三是设计通过“看、听、讲、想、做”等要素的轮换、组合运用来调控课堂；四是动静转换安排合理；五是“想”和“做”要素在第二、第三环节有专门的设计和操作。

2. 采用了2次四人组学习，充分利用学生的人力资源进行自主学习，培养他们的自学能力，落实了教学目标1。

3. 教案设计中能体现对知识技能的掌握，有较强的操作性。

【不足及建议】

1. 教学目标2“初步认识列数字、举例子、作比较、打比方的说明方法”，能在教学流程中标注关键项的时间会更好。

2. 如果能对教学目标2进行流程性检测就更好了。

（点评人：玉林市玉州区教研室　辜朝刚）

教案（点评修改稿）

点评修改人：张巧文

<table>
<tr><td>学校：港口区企沙镇中心小学
授课人：马桂青
时间：2014 年 6 月 30 日
班级：四年级（1）班
学科：语文
课题：鲸</td><td colspan="4">反思与评价</td></tr>
<tr><td>教学要素</td><td>激趣导入　3 分钟</td><td>初读课文　11 分钟</td><td>精读课文　20 分钟</td><td>拓展运用　6 分钟</td></tr>
<tr><td rowspan="2">[教学目标]
1. 读懂课文，了解鲸的特点和生活习性。
2. 初步认识列数字、举例子、作比较、打比方的说明方法。
3. 激发学科学、爱科学的感情。
[教学重点] 了解鲸的种类和生活习性。
[教学难点] 学习列数字、举例子、作比较、打比方等说明方法。
[课型方式] 要素组合方式。
[课时形态] 标准课（40 分钟）。</td><td>激趣导入，揭示文本。</td><td>1. 随文自学生字、新词。
2. 整体感知课文内容，说说课文从哪几个方面介绍了鲸的特点。</td><td>1. 选择自己最感兴趣的一个方面的内容进行探究性学习。
2. 说说作者是怎样说明鲸的特点的，体会这些说明方法的好处。</td><td>1. 进一步了解写作方法。
2. 拓展延伸，了解鲸的特点。</td></tr>
<tr><td>1.1 师讲鱼类开运动会，鲸想参加而不能参加的故事。（想 + 讲）
1.2 学生听完故事后谈感想。（听 + 想 + 讲）
1.3 出示课题“鲸”，学生齐读。（看 + 讲）</td><td>1. 课件出示生字，同桌之间互相检查。（看 + 讲 + 防空讲 + 防泡沫）
2.1 自学课文，初步了解课文内容，把鲸的特点的关键词写在微卡上，同桌交流。（想 + 做 + 小动 + 防空）
2.2 组成四人小组，合作学习：围绕鲸的特点的关键词再次读课文，找出相关词句，小卡呈现。（看 + 想 + 做 + 小动 + 防空讲）
2.3 小组汇报 + 教师补讲鲸的特点。（听 + 想）</td><td>1.1 课件出示鲸的图片，学生观看了解鲸的特点。（看 + 想 + 防空）
1.2 组成四人小组，选择鲸的一个特点进行学习，思考：文章用了什么说明方法？有什么作用？把答案写到中卡上。（想 + 做 + 小动 + 防空）
1.3 小组汇报交流，学生质疑，教师补讲。（听 + 想）
2.1 齐读文段，体会说明方法的好处。（讲 + 想）
2.2 师总结。（听）</td><td>1.1 运用 1~2 种说明方法写一句话，微卡呈现。（想 + 做）
1.2 全班汇报 + 互评。（听 + 想 + 讲）
2. 拓展上网查阅资料，了解更多关于鲸的知识。（看 + 想）</td></tr>
<tr><td colspan="5">总评：</td></tr>
</table>

语文《出色的老师》

第一课时教案（原稿）

教材：S 版小学语文六年级下册 班级：六年级（1）班 装备：普通装备 时间：2014 年 7 月 学校：玉州区东环小学 执教者：龙玉洁	反思与评价			
第一课时	名言导入 4 分钟	学习生字 6~8 分钟	理清脉络 16~18 分钟	拓展延伸 8~10 分钟
[目标] 1. 会读并正确书写四个新字，理解词语的意思。 2. 能自己理清文章脉络，并独立归纳出课文内容。 3. 能用自己的话简单复述故事。 [教学重（难）点] 能自己理清文章脉络，独立归纳出课文内容。 [课型方式] 要素组合方式。 [课时形态] 标准课（第一课时）。	1. 出示尊师的名言：①学贵得师，亦贵得友。——唐甄 ②三人行，必有我师焉；择其善者而从之，其不善者而改之。——孔子 2. 检查学生预习课文的情况。 3. 本节课的学习目标。	学习生字词：揣测、拾金不昧、抽屉、和蔼可亲等。	1. 课文的体裁是什么？写了一件什么事？ 2. 教师小结。	1. 复述故事。 2. 课外作业。 ①抄写生字词和“读读写写”中的词语。 ②继续练习复述故事。
	讲 + 看 1.PPT 出示 / 齐读一次。（防空讲） 想 + 讲 2. 随机点名提问。（防泡沫：假想、假做、假看）	讲 + 看 + 小动 1.1 PPT 出示生字词，二人小组互读。（防空讲+校级文化: 校训） 讲 1.2 开火车检测字音。（防泡沫：假说、假交流）	做 + 想 1.1 默读课文，写在微卡上。（防空想） 想 + 讲 1.2 指名回答。（预设 2 人 + 防泡沫：假想、假做）	讲 + 看 + 小动 1.1 四人小组合作，再读课文，借助中卡练习用自己的话讲故事的梗概，时间：3

续表

	讲 + 看 3.PPT 出示 / 齐读一次。	想 + 讲 + 小动 1.3 四人小组合作理解字义，重点：揣测、幡然醒悟。（防单 + 班级文化：击掌） 听 + 讲 1.4 指名学生说其他词语的意思和理解词语意思的方法。（防泡沫：假交流）	做 + 小动 1.3 四人小组合作：再读课文，用简洁的语言将故事的起因、经过、结果用喜欢的方式（气泡……）呈现在中卡上，时间：5 分钟。（班级文化：倒数数 + 普装） 讲 + 看 1.4 悬挂中卡，小组代表汇报。（预设 3 组 + 防泡沫） 看 + 大动 1.5 大动浏览，顺时针浏览中卡，提出建议。（学科文化：名言约定 + 防泡沫：空看、空转） 讲 2. 教师小结：丢失手表—寻找手表—找到手表—受到处罚—得到教育。	分钟。（防空讲 + 班级文化：击掌） 听 + 讲 1.2 预留项：指名一个小组讲故事。(防泡沫:假说） 看 2.PPT 出示。
板书设计： 8. 出色的老师 丢表→找表→得表→受罚→明理				

第二课时教案（原稿）

教材：S 版小学语文六年级下册 班级：六年级（1）班 装备：普通装备 时间：2014 年 7 月 学校：玉州区东环小学 执教者：龙玉洁	反思与评价			
第二课时	复习导入 4 分钟	品读课文 20~25 分钟	理解课题 8~10 分钟	课外作业 1 分钟
[目标] 大目标：培养学生的语文素养，引导学生钻研文本，加深理解和体验，有所感悟和思考，受到情感熏陶，获得思想启迪，享受审美乐趣。 小目标： 1. 品读重点词句，能说出“我”的情感与认识变化及其原因。 2. 能说出自己对“出色的老师”的理解。 3. 知道公德的重要性，愿意守公德。	1. 课文的主要内容。 2. 本课的学习目标。	构建标准性平台。 关键项：“我”的情感变化及其原因。 向度 1：丢失手表；向度 2：寻找手表；向度 3：找到手表；向度 4：受到处罚；向度 5：得到教育。	用自己的话说说对“出色的老师”的理解。	作业：展开想象，假设“我”再次遇到黑人同学，会怎么说，怎么做?
	讲 + 想 1. 随机指名检测。（预设：3 人） 讲 + 看 2.PPT 出示，齐读一次。（防空看）	1.1 PPT 出示标准性平台。 1.2 自由读课文，个人思考，在课本上画出相关句子，标注自己的见解。（防空想） 1.3 团队任意选择 1~3 个向度，把描写“我”的感情的语句及其原因用自己喜欢的方式（逻辑框架图、鱼状图……）呈现在大卡上，并写上小组成员的感受，时间：7 分钟。（防空：空讲 + 班级文化） 1.4 小组代表汇报。（预设：4 组 + 防泡沫：假合作）	做 + 看 + 小动 1.1 读一读课文，在微卡上写出黑人同学的优秀品质。（防空想） 1.2 四人小组交流，写在小卡上。时间：5 分钟。（防空：假说、假做 + 学科文化：名言） 1.3 小组代表汇报。（预设 3	讲 + 看 PPT 出示作业，二人小组交流，用“对话”的形式写在作文本上，注意加上提示语。

[教学重点]小目标1。 [教学难点]小目标2。 [课型方式]平台＋要素。 [课时形态]标准课（第二课时）。		1.5 教师精讲、补讲，指导朗读。①可以想象“我”当时是多么伤心，就像丢了自己的魂魄一般。（注：读出伤心）理解“魂魄”。②我高兴得眼泪都要掉下来了。（注：读出高兴）…… 1.6 预留项：顺时针大动浏览，做好笔记，时间：5分钟。（防泡沫：空看、空转）	人＋防泡沫：假做、假合作） 预设：①拾金不昧、爱护环境、遵守公德、遵守规矩…… ②生活的老师、道德的老师、灵魂的老师……	

板书设计：

8. 出色的老师

丢表→找表→得表→受罚

黑人大哥：送表→举报→解释

我：感激→困惑→醒悟

遵守公德维护校规

教案总评

【概况】

《出色的老师》是语文出版社 S 版小学语文六年级下册第二单元的一篇课文。本单元的主题是公平与规则，重点是让学生了解公平与规则，培养学生的公平正义意识与规则意识。

【亮点】

1. 教学目标明确。综合目标体现了“三性合一”，在落实知识目标的同时设计了小目标 2“能说出自己对‘出色的老师’的理解”，创设了让学生说的情景，展现了学生的个性。3 个小目标的描述具体、可检测。 标注目标中的小目标 1 和小目标 2 为关键项，有教学重点、难点。

2. 格式符合要求。能清楚地标注时间、单位、执教者、学段、学科、目标、课型方式、课时形态等内容。每个教学环节均标明了时间，关键项的操作也标注了时间。内容提要、方法策略表述准确，位置正确。 5J、5F 清楚标注 , 其中 5J 能标注到二级指标，并且有预设。

3. 流程设计清晰，可操作性强。如教学流程 2“品读课文”和流程 3“理解课题”体现了突破教学重点、难点的方法，有利于达成教学目标的要求。

4. 教学内容的设计体现了以人为本。在“品读课文”环节中，教师设计了一个标准性平台，让学生从 5 个向度中选择 1~3 个向度进行个性化学习，整个过程中，教师注意防空、防泡沫，让学生学得更扎实。在精讲、补讲环节，教师指导朗读，让学生体会文本的情感并用声音表达情感，这个环节是根据学生的个性特点进行设计的。

5. 课型方式的标注明确。本课的课型方式是平台 + 要素，以平台为主，要素为辅。在运用要素组合方式的环节，每一个操作策略都标明了对要素的组合和轮换的使用。“品读课文”环节采用了平台互动方式，标准性平台的设计和操作流程规范，平台的向度设计达到了相对平行的要求，交互方式有大动浏览、小组汇报，每一个学生都能真正参与其中。

【不足及建议】

1. 该教案的标准性平台的关键项是“‘我’的情感变化及其原因”，但一个平台有一个关键项就可以了，建议修改关键项为“‘我’的情感变化”。

2. 教学目标的设计。目标的主体是学生，在大目标中，建议删去“培养学生”“引导学生”等描述，改为：提高语文素养，钻研文本，加深理解和体验，有所感悟和思考，受到情感熏陶，获得思想启迪，享受审美乐趣。

3. 操作方法和策略欠缺具体性。“小组汇报学习成果”的教学策略“在汇报成果的同时指导品读”缺少对品读方法和方式的指导，缺少对操作策略的引导，建议改为“个人圈、画、批注式”的自主品读或“小组合作式”的品读。

（点评人：玉林市玉州区教研室　辜朝刚）

第二课时教案（点评修改稿）

点评修改人：辜朝刚

教材：S版小学语文六年级下册 班级：六年级（1）班 装备：普通装备 时间：2014年7月 学校：玉州区东环小学 执教者：龙玉洁	反思与评价			
第二课时	复习导入 4分钟	品读课文 20~25分钟	理解课题 8~10分钟	课外作业 1分钟
[目标] 大目标：提高语文素养，钻研文本，加深理解和体验，有所感悟和思考，受到情感熏陶，获得思想启迪，享受审美乐趣。 小目标： 1. 品读重点词句，能说出"我"的情感与认识变化及其原因。 2. 能说出自己对"出色的老师"的理解。 3. 知道公德的重要性，愿意守公德。 [教学重点]小目标1。 [教学难点]小目标2。	1. 课文的主要内容。 2. 本课的学习目标。	构建标准性平台。 关键项："我"的情感变化。 向度1：丢失手表；向度2：寻找手表；向度3：找到手表；向度4：受到处罚；向度5：得到教育。	用自己的话说说对"出色的老师"的理解。	作业：展开想象，假设"我"再次遇到黑人同学，会怎么说，怎么做?
	讲+想 1. 随机指名检测。（预设：3人） 讲+看 2.PPT出示，齐读一次。（防假看）	1.1 PPT出示标准性平台。 1.2 自由读课文，个人思考，在课本上画出相关句子，标注自己的见解。（防空想） 1.3 团队任意选择1~3个向度，把描写"我"的感情的语句及其原因用自己喜欢的方式（逻辑框架图、鱼状图……）呈现在大卡上，并写上小组成员的感受，时间：7分钟。（防空：空讲+班级文化） 1.4 小组代表汇报。（预设：4组+防泡沫：假合作） 1.5 教师精讲、补讲，指导朗读。①可以想象"我"当时是多么伤心，就像丢了自己的魂魄一般。（注：	做+看+小动 1.1 读一读课文，在微卡上写出黑人同学的优秀品质。 1.2 四人小组交流，写在小卡上。时间：5分钟。（防空：假说、假做+学科文化：名言） 1.3 小组代表汇报。（预设：3人+防泡沫：假做、假合作） 预设：①拾金不昧、爱护环境、遵守公德、遵守规矩……	讲+看 PPT出示作业，二人小组交流，用"对话"的形式写在作文本上，注意加上提示语。

续表

[课型方式]平台+要素。 [课时形态]标准课（第二课时）。		读出伤心）理解“魂魄”。②我高兴得眼泪都要掉下来了。（注：读出高兴）…… 1.6 预留项：顺时钟大动浏览，做好笔记，时间：5分钟。（防泡沫）	②生活的老师、道德的老师、灵魂的老师……	
板书设计： 8. 出色的老师 丢表→找表→得表→受罚 黑人大哥：送表→举报→解释 我：感激→困惑→醒悟 遵守公德维护校规				

语文《难忘的八个字》

教案（原稿）

<table>
<tr><td>概况</td><td colspan="4">内容：S 版小学语文《难忘的八个字》　学段：三年级　学科：语文　课型方式：平台互动方式
课时形态：标准课　学校：× ×　执教者：× ×　时间：2014 年 7 月</td></tr>
<tr><td rowspan="2">目标</td><td colspan="3" rowspan="2">1. 感悟人与人之间关爱的美好，形成关爱他人的意识。
2. 学会从不同的角度理解和把握课文内容，掌握自主学习课文的方法。
3. 认识 7 个会认字，会写 14 个会写字。</td><td>教学重点：1. 学会本课的会写字和会认字。2. 通过课文感悟人与人之间关爱的美好。</td></tr>
<tr><td>教学难点：从不同角度理解和把握课文内容。</td></tr>
<tr><td>反思 / 评价</td><td>内容提要</td><td>时间</td><td>方法 & 策略</td><td>反思 / 评价</td></tr>
<tr><td></td><td>一、谈话导入</td><td>3 分钟</td><td>一、谈话导入
1. 师提问：你最难忘的一句话是什么？为什么难忘？
2.1 二人小组交流。（班级文化约定：师击掌三下，坐好）
2.2 学生发言，教师相机引入课题。
3. 课件出示本课的学习目标、要求。</td><td></td></tr>
<tr><td></td><td>二、初读课文，学习新字
学习 7 个会认字和 14 个会写字。</td><td>5 分钟</td><td>二、初读课文，学习新字
1. 全班默读课文，画出生字、新词。师巡堂检查默读情况。（防空 + 防泡沫）
2.1 课件出示本课字词，全班读字词。（防形式单一：全班读、小组读、男女分开读）
2.2 师指导学生书写难写字。学生在练习本上跟写，同桌互检。（防空）</td><td></td></tr>
<tr><td></td><td>三、品读课文，理解课文（构建倒置性平台）
关键项：可以从哪些角度去理解和把握课文内容？</td><td>25 分钟</td><td>三、品读课文，理解课文（构建倒置性平台）
1. 师出示开放性问题：我们可以从哪些角度理解和把握课文内容？
2.1 四人小组寻找理解课文的不同角度，并用自己喜欢的方式将结果呈现在微卡上。小组汇报。（板卡 + 表达呈现 + 学科文化约定：师生背古人名句，坐好）</td><td></td></tr>
</table>

续表

	向度：  		2.2 师归类整理学生理解课文的不同角度，预设向度。（预设向度：8 个） 3.1 四至五人团队选择 1~2 个向度学习课文，并把学习结果用多样化表达呈现方式呈现在中卡上，师巡堂指导。（板卡 + 表达呈现 + 防空 + 防与学生为敌 + 学科文化约定：念古诗，返回位置）（用时：15 分钟） 3.2 交互：①组际交互：相邻团队交换浏览已呈现成果的中卡。②全班交互：设置展示台展出各团队的中卡，要求每人浏览 2~3 个其他团队的成果。（简单装备：挂钩、挂线 + 防泡沫 + 班级文化约定：倒数 10 个数，回位）（用时：7 分钟） 4. 师据流程性评价的具体情况精讲补救，强调人与人之间关爱的美好。	
	四、拓展延伸，升华课文主题 现实生活中，我们应如何关爱他人？ A. 对人微笑。 B. 不嘲笑他人。 C. 给需要鼓励的人鼓励。 D. 在他人需要帮助时，给予力所能及的帮助。 ……	5 分钟	四、拓展延伸，升华课文主题 1. 全班有感情朗地读课文。 2.1 课件出示问题：现实生活中，我们应如何关爱他人？ 2.2 六人小组讨论。（班级文化约定：击掌三下，坐好并安静） 2.3 小组汇报，全班交互：各小组代表发言，其他小组同学评价。（防泡沫） 2.4 师整理归纳其中有代表性的发言，总结强调要学会关爱他人。 3.（预留项）设置情境“在公车上遇到残疾人”，学生分角色演示如何关爱弱势群体。	
	五、小结	2 分钟	五、小结 1. 小结课文。 2. 课件出示作业：模拟“我”的心理，对给予“我”关爱的伦纳德老师写一段话。	
注释或总评：语文教学要教内容，更要教方法。引导学生学会自主阅读，是阅读教学的最终目标。我们要把学习的主动权交给学生，相信学生完全有能力完成学习任务，同时也要懂得为学生提供有效平台，让他们有机会去实践和摸索语文阅读的方法，本课的教学正是朝着这个方向在努力。				

板书设计

17. 难忘的八个字

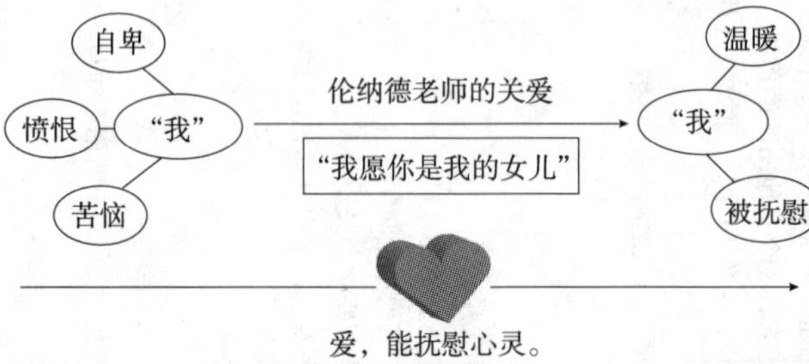

教案总评

【概况】

《难忘的八个字》是义务教育课程标准实验教科书 S 版小学语文第六册第五单元中的一篇精读课文。本文讲述了一个感人的故事："我"由于长相与众不同，而且左耳先天失聪，一直得不到关爱，因此感到自卑、失望。然而，在一次耳语测验中，伦纳德老师充满关爱的一句话改变了"我"的人生态度。课文文质兼美，富有儿童情趣，其主旨是伦纳德老师说的八个字"我愿你是我的女儿"对"我"所产生的深远影响。

【亮点】

该教案为 MS-EEPO 板块结构 I 型教案，主要课型是平台互动课型。该教案敢于交出主动权，鼓励学生从不同的角度理解课文内容；平台的操作流程较为规范、完整，关键项的确定准确；学习方式 5J、5F 标注清楚，运用恰当；较好地体现了知识性和个性。本课属于九年义务教育语文第二学段的阅读教学的内容，设计的教案能够从识字教学入手，重点是理解、把握课文内容，体会文章表达的思想感情，并创造机会让学生与同伴交流自己的阅读感受，流程清晰，内容设计恰当，符合课标的要求。

【不足及建议】

平台的向度设计不符合"三原则"，向度的数量不够；交互不够充分，影响了强化次数的攀升；创造性思维的训练不够；缺少整体感知课文的环节；自主学习的时候教师的引导不到位。

（点评人：南宁市兴宁区教研室　罗海峰）

教案（点评修改稿）

点评修改人：罗海峰

概况	内容：S 版小学语文《难忘的八个字》 学段：三年级 学科：语文 课型方式：平台互动方式 课时形态：标准课 学校：× × 执教者：× × 时间：2014 年 7 月			
目标	1. 感悟人与人之间关爱的美好，形成关爱他人的意识。 2. 学会从不同的角度去理解和把握课文内容，掌握自主学习课文的方法。 3. 认识 7 个会认字，会写 14 个会写字。		教学重点：1. 学会本课的会写字和会认字。2. 通过课文感悟人与人之间关爱的美好。 教学难点：从不同角度理解和把握课文内容。	
反思 / 评价	内容提要	时间	方法 & 策略	反思 / 评价
	一、谈话导入	3 分钟	一、谈话导入 1. 师提问：你最难忘的一句话是什么？为什么难忘？ 2.1 二人小组交流。（班级文化约定：师击掌三下，坐好） 2.2 学生发言，教师相机引入课题。 3. 课件出示本课的学习目标、要求。	
	二、初读课文，学习新字 学习 7 个会认字和 14 个会写字。	5 分钟	二、初读课文，学习新字 1. 全班默读课文，画出生字、新词。师巡堂检查默读情况。（防空 + 防泡沫） 2.1 课件出示本课字词，全班读字词。（防形式单一：全班读、小组读、男女分开读） 2.2 师指导学生书写难写字。学生在练习本上跟写，同桌互检。（防空）	
	三、品读课文，理解课文（构建倒置性平台） 关键项：可以从哪些角度去理解和把握课文内容？	25 分钟	三、品读课文，理解课文（构建倒置性平台） 1. 师出示开放性问题：我们可以从哪些角度理解和把握课文？ 2.1 四人小组寻找理解课文的不同角度，并用自己喜欢的方式将结果呈现在微卡上。小组汇报。（板卡 + 表达呈现 + 学科文化约定：师生背古人名句，坐好）	

续表

	向度： 		2.2 师归类整理学生理解课文的不同角度，预设向度。（预设向度：8 个） 3.1 四至五人团队选择 1~2 个向度学习课文，并把学习结果用多样化表达呈现方式呈现在中卡上，师巡堂指导。（板卡 + 表达呈现 + 防空 + 防与学生为敌 + 学科文化约定：念古诗，返回位置）（用时：15 分钟） 3.2 交互：①组际交互：相邻团队交换浏览已呈现成果的中卡。②全班交互：设置展示台展出各团队的中卡，要求每人浏览 2~3 个其他团队的成果。（简单装备：挂钩、挂线 + 防泡沫 + 班级文化约定：倒数 10 个数，回位）（用时：7 分钟） 4. 师据流程性评价的具体情况精讲补救，强调人与人之间关爱的美好。	
	四、拓展延伸，升华课文主题 现实生活中，我们应如何关爱他人？ A. 对人微笑。 B. 不嘲笑他人。 C. 给需要鼓励的人鼓励。 D. 在他人需要帮助时，给予力所能及的帮助。 ……	5 分钟	四、拓展延伸，升华课文主题 1. 全班有感情地朗读课文。 2.1 课件出示问题：现实生活中，我们应如何关爱他人？ 2.2 六人小组讨论。（班级文化约定：击掌三下，坐好并安静） 2.3 小组汇报，全班交互：各小组代表发言，其他小组同学进行评价发言。（防泡沫） 2.4 师整理归纳其中有代表性的发言，总结强调：学会关爱他人。 3.（预留项）设置情境“在公车上遇到残疾人”，学生分角色演示如何关爱弱势群体。	
	五、小结	2 分钟	五、小结 1. 小结课文。 2. 课件出示作业：模拟“我”的心理，对给予“我”关爱的伦纳德老师写一段话。	
注释或总评：语文教学要教内容，更要教方法。引导学生学会自主阅读，是阅读教学的最终目标。我们要把学习的主动权交给学生，相信学生完全有能力完成学习任务，同时也要懂得为学生提供有效平台，让他们有机会去实践和摸索语文阅读的方法，本课的教学正是朝着这个方向在努力。				

语文《西风胡杨》

教案（原稿）

概况	课题：西风胡杨　课型：以平台互动为主，要素为辅　年级：五年级　课时：标准课（第二课时） 学校：××　授课教师：翁科惠　普通装备：学习卡、PPT			
目标	1. 学生品读课文，能用关键词语概括胡杨的特点。 2. 学生能用自己的话说出自己对胡杨精神的理解。			
反思 / 评价	内容提要	时间	方法 & 策略	反思 / 评价
	1. 复习生字词：摧肝裂胆、滋润、坚韧等。	2 分钟	1.1 PPT 出示生字词。 1.2 开火车读生字词。	
		1~2 分钟	1.3 全班读生字词。	
	2. 复习主要内容。		2. PPT 出示图片，老师随机指名学生说课文的主要内容。	
	3. 本节课的学习目标。	1 分钟	3.1 PPT 出示学习目标。 3.2 学生齐读学习目标。	
	4. 平台一：（标准性平台）。 第一步，关键项：理解胡杨的特点。 第二步，预设向度： ①胡杨，秋天最美的树； ②胡杨，最坚韧的树； ③胡杨，最无私的树； ④胡杨，最悲壮的树； ⑤胡杨，哭的原因。	17 分钟	4.1 PPT 出示标准性平台（关键项、向度）。 4.2 个人选 1~2 个向度，默读课文并思考，在课文做批注或写在小卡上。（防空想） 4.3 六人团队交流，并选择最喜欢的 1 个向度进行探究，在大卡上用简洁的语言和喜欢的方式表达呈现。时间：8~10 分钟。（防空讲 + 简单装备，班级文化约定：班训＋击掌。老师检测是否 5 个向度均有团队选择进行学习） 4.4 全班大动，至少浏览 2 个团队的学习成果，在微卡上记录自己的收获。（防空看 + 防空转，班级文化约定 + 击掌调控）	

续表

			4.5 指名团队汇报。 4.6 老师精讲补救，并指导学生做好笔记。（防空听）	
	5. 平台二（倒置性平台）。 第一步，关键项：体会胡杨的精神内涵。 第二步，预设向度： ①人（英雄、母亲、战士……）； ②植物（松树、梅花、竹……）； ③动物（骆驼、蚂蚁、牛、蚕）。	16 分钟	5.1 PPT 出示开放式教学素材：你们由胡杨想到了什么？ 5.2 个人思考，把你们想到的写在小卡上。（防空想） 5.3 四人小组交流。时间：1~2 分钟。（防泡沫） 5.4 学生代表汇报。 5.5 老师汇集成标准性平台。 5.6 选择自己喜欢的 1 个向度写在微型卡上。（防空想） 5.7 八人团队交流。时间：5~6 分钟。（防泡沫，学科文化约定：念古诗） 5.8 学生自由发表看法。	
	6. 作业。	1~2 分钟	6.1 PPT 出示作业：如果你们是“上游的人们”，你们会怎么做呢？请同学们用简短的文字写出来。	
注释或总评：				

教案总评

【概况】

《西风胡杨》是S版小学语文五年级上册的一篇精读课文。作者以充满激情和哲理的语言，描述了胡杨的高贵品格，抒发了对胡杨深切的爱、对胡杨命运的同情以及对胡杨品格的赞美，表达了作者对环境保护事业的关注。

【亮点】

该教案是该课文的第二课时。目标有两个：1. 学生品读课文，能用关键词语概括胡杨的特点。2. 学生能用自己的话说出自己对胡杨精神的理解。为了落实教学目标，教师在教学设计中将主动权交给学生，让学生通过自主思考、合作学习、交流讨论等形式理解胡杨的特点，体会胡杨的精神内涵。该教案围绕教学目标设计教学活动，设计思路清晰，结构完整，可操作性强。

教案按照MS–EEPO板块结构I型备课方式的要求撰写，平台互动课型是主要课型。设计的两个平台符合格式要求，落实了平台“三原则”。标准性平台的关键项是“理解胡杨的特点”，让学生从不同的角度理解课文内容；倒置性平台的关键项为“体会胡杨的精神内涵”，从开放性问题入手，引导学生进行思维发散，设计比较合理。平台的操作流程较为规范完整，学习方式5J、5F在教案中标注清楚，运用恰当，尤其是5 F的运用，起到了提高课堂效率的效果。

【不足及建议】

1. 读得不够。本文是一篇状物散文，语言优美，充满激情，散文之魂“情”动其间，因此应该以读为主，在读中想象，在读中感悟，让学生在饱含各种情感的读中理解课文内容，领略胡杨精神，与作者产生情感共鸣。建议在团队合作、交流汇报、师生点评的过程中穿插多次不同形式的读，达到“以读为主，在读中想象，在读中感悟”的目的。

2. 教师的精讲、补讲预设不足，倒置性平台的操作步骤还应进一步完善。

（点评人：南宁市兴宁区教研室　罗海峰）

教案（点评修改稿）

点评修改人：罗海峰

概况	课题：西风胡杨 学校：× ×	课型：以平台互动为主，要素为辅 授课教师：翁科惠	年级：五年级 课时：标准课（第二课时） 普通装备：学习卡、PPT	
目标	1. 学生品读课文，能用关键词语概括胡杨的特点。 2. 学生能用自己的话说出自己对胡杨精神的理解。			
反思 / 评价	内容提要	时间	方法 & 策略	反思 / 评价
	1. 复习生字词：摧肝裂胆、滋润、坚韧等。	2 分钟	1.1 PPT 出示生字词。 1.2 开火车读生字词。 1.3 全班读生字词。	
	2. 复习主要内容。	1~2 分钟	2. PPT 出示图片，老师随机指名学生说课文的主要内容。	
	3. 本节课的学习目标。	1 分钟	3.1 PPT 出示学习目标。 3.2 学生齐读学习目标。	
	4. 平台一（标准性平台）。 第一步，关键项：理解胡杨的特点。 第二步，预设向度： ①胡杨，秋天最美的树； ②胡杨，最坚韧的树； ③胡杨，最无私的树； ④胡杨，最悲壮的树； ⑤胡杨，哭的原因。	17 分钟	4.1 PPT 出示标准性平台（关键项、向度）。 4.2 个人选 1~2 个向度，默读课文并思考，在课文做批注或写在小卡上。（防空） 4.3 六人团队交流，并选择最喜欢的 1 个向度进行探究，在大卡上用简洁的语言和喜欢的方式表达呈现。时间：8~10 分钟。（防空，班级文化约定：班训＋击掌。老师检测是否 5 个向度均有团队选择进行学习） 4.4 全班大动，至少浏览 2 个团队的学习成果，在微卡上记录自己的收获。（防空，班级文化约定 + 击掌调控） 4.5 指名团队汇报。 4.6 老师精讲补救，并指导学生做好笔记。	

续表

	5. 平台二（倒置性平台） 第一步，关键项：体会胡杨的精神内涵。 第二步，预设向度： ①人（英雄、母亲、战士……）； ②植物（松树、梅花、竹……）； ③动物（骆驼、蚂蚁、牛、蚕）。	16 分钟	5.1 师生共同提炼、概括胡杨的精神神内涵。PPT 出示开放式教学素材：你们由胡杨想到了什么？ 5.2 个人思考，把你们想到的写在小卡上。（防空） 5.3 四人小组交流。时间：1~2 分钟。(防泡沫) 5.4 学生代表汇报。 5.5 老师汇集成标准性平台。 5.6 选择自己喜欢的 1 个向度写在微型卡上。（防空） 5.7 八人团队交流。时间：5~6 分钟。（防泡沫，学科文化约定：念古诗） 5.8 学生自由发表看法。	
	6. 作业。	1~2 分钟	6. PPT 出示作业：如果你们是“上游的人们”，你们会怎么做呢？请同学们用简短的文字写出来。	
注释或总评：				

语文《七嘴八舌说环保》

教案（原稿）

概况	时间：2014年6月28日　执教者：唐艳辉　单位：柳州市和平路小学 内容：《七嘴八舌说环保》（口语交际）　学科：语文　学段：五年级 课型方式：平台互动方式　课时形态：标准课（35分钟）			
目标	1. 能清楚明白地讲述自己的见闻，说出自己的感受、想法。 2. 了解家乡的环境状况，明白环保的重要性，并对家乡环保工作提出自己的建议。			
反思／评价	内容提要	时间	方法 & 策略	反思／评价
	一、谈话导入	2分钟	一、出示环境污染的图片，创设情境，谈话引入	
	二、平台一：环境污染原因（标）		二、搭建标准性平台	
		1分钟	1. 出示关键项：环境污染的原因。	
		2分钟	2. 呈现多向度：	

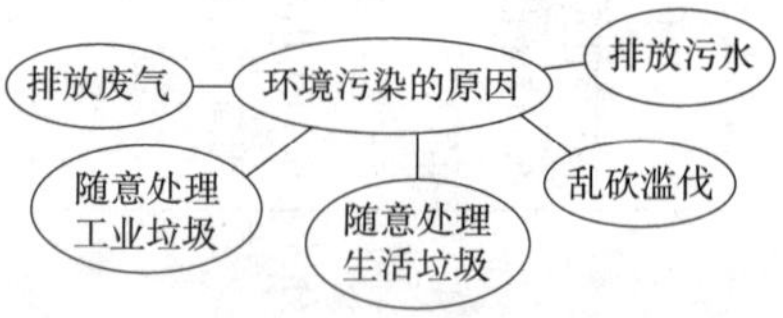

反思／评价	内容提要	时间	方法 & 策略	反思／评价
		5分钟	3. 学生选取其中1~2个向度汇报课前调查了解到的学校或居住小区的环境状况。(防花架子、防泡沫)	
	三、平台二：保护环境（倒）		三、搭建倒置性平台	
		1分钟	1. 怎样建立美丽家园？学生提出关键项：保护环境。	
		5分钟	2. 学生进行思维扩张，写在微卡上。（预设向度：用布袋购物、乘坐公共汽车出行、节约粮食、一水多用、不用一次性筷子、在房前屋后栽树……）	
		10分钟	3. 交互、共享。（防空讲、防与学生为敌） （1）交互一：六人小组交流，完成小卡。 （2）交互二：十二人大组交互，补充完成大卡。 （3）交互三：单元组汇报。(防泡沫、防花架子)	

	四、倡议环保	2分钟 5+2分钟 2分钟	4. 教师补充小结。 四、倡议环保 1. 创设情境，做“环保小卫士”，向家人和朋友倡议环保。 （1）思考：如何向家人和朋友倡议环保？ （2）同桌交流。 （3）指名汇报同桌的环保倡议。（防假听） 2. 教师补讲总结。	
注释或总评：				

教案总评

【概况】

《七嘴八舌说环保》是九年义务教育苏教版小学语文五年级下册练习7“口语交际”的训练内容，是围绕该单元的主题“人与自然”安排的一个教学内容，以本单元的阅读课文《灰椋鸟》《水》为重要的知识背景，是阅读课文的自然延伸，很好地体现了教材的编排意图。

【亮点】

这是采用MS-EEP板块结构I型备课方式备课的教案，格式规范，学习方式5F标注清楚。作者设计了一个标准性平台和一个倒置性平台，让学生结合自己的见闻，说出自己的感受、想法，了解家乡的环境状况，明白环保的重要性，并对家乡环保工作提出自己的建议。这样的设计很自然地把学习的主动权交给了学生，激发了学生交流的积极性。

【不足及建议】

平台互动课型的操作流程不够规范，且没有完整地呈现，比如第一个平台只写到了第三步，但接下来的交互与强化次数、教师的精讲点讲尤为关键，这些操作不好，平台互动就没有“神”了，教学效果也大打折扣，而这些在教案中都没有体现。另外，这节课只有35分钟，却安排设计了两个平台，时间上是不够用的，建议把其中的一些环节作为预设项或者直接删减。

（点评人：广西教育学院　张旭）

教案（点评修改稿）

点评修改人：张巧文、张旭

<table>
<tr><td>概况</td><td colspan="4">时间：2014 年 6 月 28 日　执教者：唐艳辉　单位：柳州市和平路小学
内容：《七嘴八舌说环保》（口语交际）　学科：语文　学段：五年级
课型方式：平台互动方式　课时形态：标准课（35 分钟）</td></tr>
<tr><td>目标</td><td colspan="4">1. 能够清楚明白地讲述自己的见闻，说出自己的感受、想法。
2. 了解家乡的环境状况，明白环保的重要性，并对家乡环保工作提出自己的建议。</td></tr>
<tr><td>反思 / 评价</td><td>内容提要</td><td>时间</td><td>方法 & 策略</td><td>反思 / 评价</td></tr>
<tr><td></td><td>一、谈话导入
二、环境污染原因（标）

三、环境保护的方法</td><td>2 分钟

25 分钟

13 分钟</td><td>一、出示环境污染的图片，创设情境，谈话引入
二、搭建标准性平台
1. 出示关键项：环境污染原因。
2. 呈现多向度：
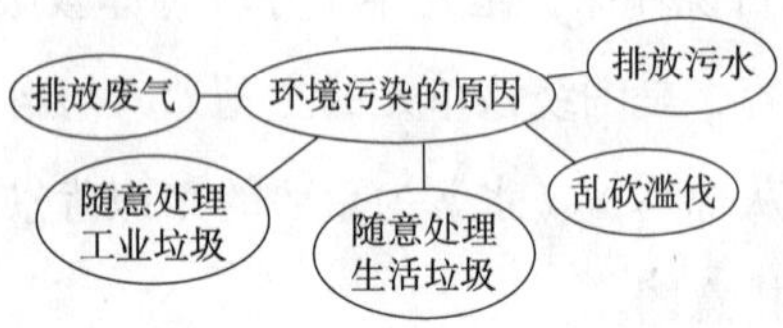

3. 学生选取其中 1~2 个向度汇报课前调查了解到的学校或居住小区的环境状况。(5 分钟)(防花架子、防泡沫)
4. 组成 5~6 人团队交互传阅微卡，从中选出 1~2 个环境状况以及原因进行讨论和修改，形成环境分析报告，用大卡抄写，自选表达呈现方式。（7 分钟）（防空讲）
5. 全班大动交互浏览。要求：每人至少看 3 个团队的环境分析报告，用微卡记录感兴趣的要点，并推荐 1 个好的报告，画上“△”标志。（5 分钟）（防空看）
6. 分享好的环境分析报告：“△”较多的环境分析报告派代表汇报交流。教师点讲。（5 分钟）（防泡沫）
三、倡议环保，为建设美丽家园出谋献策
1. 提出开放性问题：要建立美丽家园，我们需要如何保护环境？
2. 学生进行思维扩张，提出环保方法，形成多向度平台：用布袋购物、乘坐公共汽车出行、节约粮食、一水多用、不用一次性筷子、在房前屋后栽树……
3. 创设情境，做“环保小卫士”向家人和朋友倡议环保。
4. 同桌角色扮演。
5. 指名汇报交流，教师补讲总结。</td><td></td></tr>
<tr><td colspan="5">注释或总评：</td></tr>
</table>

语文《卫星比武》

教案（原稿）

概况		内容：S版小学语文四年级下册第九课《卫星比武》　学段：小学　年级：四年级　学科：语文 课型方式：平台互动方式　课时形态：标准课　学校：天峨县第四小学　执教者：周能庆　时间：2014年6月26日			
目标		大目标：培养学生从小爱科学、学科学、探索科学的兴趣。 小目标：1. 能说出文中介绍了哪几种卫星，其特点和功能分别是什么。（重点） 2. 能用气泡图等方式表达呈现人造卫星的相关知识。（难点）			
检测		内容提要	时间	方法 & 策略	反思 / 评价
前测	1. 检测学生对“人造地球卫星”概念的认知情况。	一、“人造地球卫星”的概念 人们发射的绕地球飞行的航天器，从地球用肉眼看就像“星星”。	2 分钟	一、复习旧知，揭示新课 1. 以二年级课文《星星的新朋友》为话题，复习“人造地球卫星”的概念。 2. 导入新课，引导质疑并揭示板书课题。（防与生为敌）	
中测	三、4 通过卡的展示、情景表演等方式检测学生对五种卫星的特点和功能的了解情况。	二、课文介绍的五种卫星的种类 侦察卫星、气象卫星、导航卫星、通信卫星、资源卫星。	3 分钟 2 分钟 2 分钟	二、读课文，理解内容 1. 学生默读课文，边读边画出课文中卫星的名称及相关语句。（全文 1000 字左右，按 350 字 / 分钟的速度读，预设用时 3 分钟） 2. 同桌交流。（防泡沫）（讲的速度 150 字 / 分钟，预设用时 2 分钟） 3. 指名汇报，教师相机以气泡图板书卫星的名称。（防空讲）	
		三、文中介绍的五种卫星的特点和功能  	13 分钟	三、平台一：构建标准性平台 1. 以“功能与特点”为关键项。 2. 以课文介绍的五种卫星为向度，构建标准性平台。 3. 师生交流，示范学习方法，六人小组根据学习能力自由选择至少 1 个向度进行合作学习，在中卡上用喜欢的方式呈现学习结果。以“古诗对口令”的约定调控。（7 分钟）（小组、学科文化约定、防形式单一、防与生为敌）	

续表

中测	四、5 教师随机抽查学生的记录，了解学生的学习结果。			4. 各小组在原位展示中卡，并进行全班性的“比武”情景表演。(防泡沫)（讲的速度 150 字 / 分钟，五种卫星预设用时 4 分钟） 5. 教师点讲、补讲（预设）：学生可能只照搬课文句子，对此，教师可利用巡视引导学生抓关键词，也可结合板书进行补讲，特别是对于“资源卫星”等有难度的向度，教师可特别关注。（防与生为敌）	
		四、未来卫星的设想  	17 分钟	四、平台二：拓展，构建倒置性平台 1. 提出“设计未来卫星”，并出示关键项“未来卫星”。 2. 团队讨论，派代表在黑板上书写想设计的卫星名称，并以此作为向度。（4 分钟） 3. 团队自由选择至少 1 个向度，讨论所选向度的特点与功能，在大卡上用喜欢的方式写出设计结果。(防花架子、防与生为敌)(讲的速度 150 字 / 分钟，写的速度 20 字 / 分钟，预设用时 5 分钟） 4. 展示成果，大动交互：各团队将大卡挂出来，一名解说员留守，其余成员大动浏览，带上微型卡与笔将浏览收获记录下来。(防泡沫)（5 分钟） 5. 汇报反馈：先团队内交流收获，再教师随机点名发言、抽查记录。（防泡沫）	
后测	两个平台互动使关键内容的强化次数不断攀升，可达 12~14 次，预设课后布置能动性的实践作业。	五、小结，课外实践	1 分钟	五、教师谈话小结，布置能动性课后作业：用自己喜欢的方式把想设计的未来卫星写在小卡上。（防与生为敌）	
注释或总评：					

教案总评

【概况】

《卫星比武》是S版小学语文四年级下册的第九课。这是一篇文艺性说明文，属于精讲课文，通过叙写学生观看《卫星比武》的电影，生动形象地介绍了几种人造地球卫星的特点和功能。文章采用拟人的修辞手法，向学生介绍科学知识，在教学中培养学生阅读科普文的能力，激发学生从小爱科学、学科学的兴趣。语言生动有趣，通俗易懂。

【亮点】

本教案格式规范，结构完整，符合MS-EEPO板块结构II型备课方式的要求。教学方法或策略的设计及表述具有一定的可操作性，比如在主要的操作步骤后面均比较清晰地标明了学习方式的项目，并且较规范地标注了5J、5S、5L的二级指标；每个教学环节和重要的操作步骤都有具体的时间安排；能够根据标准性平台和倒置性平台的要求将操作流程交代清楚，围绕关键项构建的平台符合多向度、自由度、相对平行三原则；能用“三测”了解学生的学习基础和课堂学习情况，并根据中测的情况调整教学策略的预留项（详见教案“方法 & 策略”第三环节的第5点），符合“三测”的要求。

教案中既有单元组活动的设计，又有团队活动的运用，并让学生用自己喜欢的方式探究文本，培养了学生的自主阅读能力。交出主动权，让学生有了充分展示自己和张扬自己个性的机会，进而培养了学生的合作意识与合作精神。让学生以单元组的形式进行全班性的“比武”情景表演，在比赛竞争中更为自由地交流，这样的生与生之间的互动，调动了全员参与交流的积极性，使学生会说、敢说、爱说，有利于群体间的互动合作。“设计未来卫星”这一倒置性平台，让学生的思维能力和创造性得到了训练。

【不足及建议】

1. 关键目标（详见原文小目标1）的描述虽注重对文章主要内容的理解，但缺乏让学生学会品味语言的内容。品味语言是语文教学的真谛，只有重视引导学生品味语言的魅力，学习和运用语言文字，才能使我们的语文课堂充满浓郁的语文味。《卫星比武》是一篇文艺性说明文，自然段的结构基本相同，采用了拟人的手法，使文章生动活泼，通俗易懂。因此，学生除了要了解卫星的特点和功能外，还应学会作者用词准确、表达生动形象的写作方法。建议这一目标修改为：“1. 学生能说出侦察卫星、气象卫星、导航卫星、通信卫星、资源卫星五种卫星的特点和功能。2. 能有感情地朗读课文，学会作者用词准确、表达生动形象的写作方法。”

2. 教案中缺乏对学生朗读的指导。建议在学生交流不同的卫星的特点和功能时，教师抓住机会对学生进行朗读渗透，比如让学生模拟解说员阿姨这个角色的语调对课文进行解说和朗读，在提示语中体会朗读的语气，了解提示语的作用，体会作者用词的准确性。

（点评人：南宁市兴宁区教研室　顾瑾）

教案（点评修改稿）

点评修改人：顾瑾

<table>
<tr><td colspan="2">概况</td><td colspan="4">内容：S 版小学语文四年级下册第 9 课《卫星比武》　学段：小学　年级：四年级　学科：语文
课型方式：平台互动方式　课时形态：标准课　学校：天峨县第四小学　执教者：周能庆　时间：2014 年 6 月 26 日</td></tr>
<tr><td colspan="2">目标</td><td colspan="4">大目标：培养从小爱科学、学科学、探索科学的兴趣。
小目标：1. 学生能说出侦察卫星、气象卫星、导航卫星、通信卫星、资源卫星五种卫星的特点和功能。（重点）
2. 能有感情地朗读课文，学会作者用词准确、表达生动形象的写作方法。（难点）</td></tr>
<tr><td colspan="2">检测</td><td>内容提要</td><td>时间</td><td>方法 & 策略</td><td>反思 / 评价</td></tr>
<tr><td>前测</td><td>1. 检测学生对“人造地球卫星”概念的认知情况。</td><td rowspan="2">一、“人造地球卫星”的概念
人们发射的绕地球飞行的航天器，从地球用肉眼看就像“星星”。

二、课文介绍的五种卫星的种类
侦察卫星、气象卫星、导航卫星、通信卫星、资源卫星。

三、文中介绍的五种卫星的特点和功能
</td><td rowspan="2">2 分钟

3 分钟

2 分钟
2 分钟

13 分钟</td><td rowspan="2">一、复习旧知，揭示新课
1. 以二年级课文《星星的新朋友》为话题，复习“人造地球卫星”的概念。
2. 导入新课，引导质疑并揭示板书课题。（防与生为敌）

二、读课文，理解内容
1. 学生默读课文，边读边画出课文中卫星的名称及相关语句。（全文 1000 字左右，按 350 字 / 分钟的速度读，预设用时 3 分钟）
2. 同桌交流。（防泡沫）（讲的速度 150 字 / 分钟，预设用时 2 分钟）
3. 指名汇报，教师相机以气泡图板书卫星的名称。（防空讲）

三、平台一：构建标准性平台
1. 以“功能与特点”为关键项。
2. 以课文介绍的五种卫星为向度，构建标准性平台。
3. 师生交流，示范学习方法，六人小组根据学习能力自由选择至少 1 个向度进行合作学习，在中卡上用喜欢的方式呈现学习结果。以“古诗对口令”的约定调控。（7 分钟）（小组、学科文化约定、防形式单一、防与生为敌）</td><td rowspan="2"></td></tr>
<tr><td>中测</td><td>三、4 通过卡的展示、情景表演等方式检测学生对五种卫星的特点和功能的了解情况。</td></tr>
</table>

续表

中测	四、5 教师随机抽查学生的记录，了解学生的学习结果。	四、未来卫星的设想  	17 分钟	4. 各小组在原位展示中卡，并进行全班性的“比武”情景表演。(防泡沫)（讲的速度 150 字 / 分，五种卫星预设用时 4 分钟） 5. 教师点讲、补讲（预设）：学生可能只会照搬课文句子，对此教师可利用巡视引导学生抓关键词，也可结合板书进行补讲，特别是对于“资源卫星”等有难度的向度，教师可特别关注。（防与生为敌） 四、平台二：拓展，构建倒置性平台 1. 提出“设计未来卫星”，并出示关键项“未来卫星”。 2. 团队讨论，派代表在黑板上书写想设计的卫星名称，并以此作为向度。（4 分钟） 3. 团队自由选择至少 1 个向度，讨论所选向度的特点与功能，在大卡上用喜欢的方式写出设计结果。(防花架子、防与生为敌)(讲的速度 150 字 / 分钟，写的速度 20 字 / 分，预设用时 5 分钟) 4. 展示成果，大动交互：各团队将大卡挂出来，一名解说员留守，其余成员大动浏览，带上微型卡与笔将浏览收获记录下来。(防泡沫)(5 分钟) 5. 汇报反馈：先团队内交流收获，再教师随机点名发言、抽查记录。（防泡沫）	
后测	两个平台互动使关键内容的强化次数不断攀升，可达 12~14 次，预设课后布置能动性的实践作业。	五、小结，课外实践	1 分钟	五、教师谈话小结，布置能动性课后作业：用自己喜欢的方式把想设计的未来卫星写在小卡上。（防与生为敌）	
注释或总评：					

语文《青山处处埋忠骨》

教案（原稿）

概况	时间：2013 年 11 月 5 日　　执教：罗海峰 单位：南宁市兴宁区教育局教研室　　班级：五年级 × 班 学科：语文（五年级上册）　　内容：27. 青山处处埋忠骨 课型方式：平台互动方式　　课时形态：标准课
目标	教学目标：1. 会认读“拟”“赴”等 8 个生字，能正确、流利地朗读课文。（小） 2. 通过品读课文描写人物的句段，能说出自己体会到的毛泽东同志的普通人的情感和伟人的胸怀。（小） 3. 会运用本课描写人物的方法进行个性化写作，为文章填补空白。（小） 4. 在对课文的再创作中培养想象力，拓宽思维空间。（大） 教学重点：进一步学习描写人物的方法。 教学难点：体会毛泽东丧子后极度悲伤的心情和常人难有的宽广胸怀。

检测		内容提要	时间	方法 & 策略	反思 / 评价
前测	检测学生对课文写作背景的了解程度。课前已布置预习，必要时教师补讲。跟学生相约本节课的学科文化约定。（详见环节一 2.1）	一、导入 1. 简单了解抗美援朝的背景、经过、结果、意义，了解毛岸英其人及其赴朝的缘由、牺牲时的情景等。 2. 引出课题——青山处处埋忠骨。 3. 了解学习目标。	3 分钟 7 分钟	1.1 随机提问，师生交流。 1.2 师补讲（机动项）。 2.1 师板书课题。 2.2 用本课课题的相关诗句“青山处处埋忠骨，何须马革裹尸还”作为学生合作学习停止活动时的回归约定。（学科文化约定） 3. PPT 呈现，生边看边读。 1.1 圈出生字，根据拼音独立认读。 1.2 鼓励学生用图文结合以及情景故事的方法识记生字。（记忆速度：图文结构增加 30%~60%，情景故事增加 0.6~6 倍） 1.3 师检测认读生字情况。（防空）	
中测	对本节课的关键内容“认读生字”的把握状况的检测详见环节二 1.3。	二、初读课文，整体把握文意 1. 认读生字词。 2. 初读课文，概括课文主要内容。 （体会爱子毛岸英在抗美援朝战争中光荣牺牲后，毛泽东听闻这个噩耗时极度悲痛和对毛岸英遗体是否归葬的抉择过程的心情）	18 分钟	2.1 生自读课文。（小学生的阅读速度 200~400 字 / 分钟，全文约 730 字，初读一遍约 2 分钟） 2.2 生独立概括课文主要内容。 2.3 指名汇报。 （师注意观察本班学生口语表达时的面相和音量问题，相机点评、训练） 平台一（标准性平台） 1. 第一步：出示关键项“品读句子，体会情感”。 2. 第二步：同时呈现多向度平台。 3. 第三步：六人团队从 5 个向度中自由选择 1~2 个向度进行合作探究（时间 8 分钟）。	

中测	对学生“品读句子，体会情感”这个关键项的把握状况进行流程性检测，详见平台一第五步。 根据中测的情况调整教学策略的预留项，详见平台一第五步。	三、品读句子，体会情感 平台向度： A. 描写人物语言的句子 B. 描写人物动作的句子 C. 描写人物神态的句子 D. 描写人物心理活动的句子 E. 描写与人物相关物品的句子		3.1 个人快速阅读课文，在文中勾画出相关的句子并品读，然后把自己体会到的人物感情写在微卡上。 （阅读速度：经过训练后，有目的的快速阅读可达 400 字 / 分钟，此处用时约 2 分钟；写的速度：小学生 20 字 / 分钟，用时 2 分钟，能写 40~50 字） 3.2 团队内部共享。在团队内部汇报个人的学习成果，并进行咨询、质疑。用班级文化的约定——三击掌调控动静转换。（讲的速度：150~180 字 / 分钟，6 人交流用时约 2 分钟）（防泡沫） 3.3 形成团队成果，并将达成共识的团队成果用中卡呈现。（防空） 4. 第四步：交互 + 攀升强化次数。 4.1 各团队张贴、悬挂中卡。 4.2 全班大动浏览中卡（至少看 4 个团队的），用学科文化约定收队。（阅读速度 200~400 字 / 分钟）。 4.3 用提问、抽查的方法检测学生的浏览情况。（防泡沫） 4.4 自荐 / 推优 2 个团队汇报，其他人质疑补充。 4.5 用提问 + 复述的办法进行流程性监测。（防泡沫） 5. 第五步：教师点讲、补讲 + 流程性检测。（机动时间 3 分钟） 对“品读句子，体会情感”这个关键项进行流程性检测。 预设：如果 50% 以上的学生不能表达出核心内容，则教师补讲；如果学生掌握情况良好，则将机动时间用于第六步的朗读训练。 6. 第六步：朗读练习，师范读—个人读—分组读，将自己体会到的人物情感通过朗读表现出来。（防形式单一）	
	对学生“用人物描写的方法进行个性化写作”这个关键项的把握状况进行检测，详见平台二第四、第五步。	四、读写结合，为文章合理补白 平台向度： A. 动作描写 B. 语言描写 C. 神态描写 D. 心理描写 E. 其他方面描写 以“那个漫漫长夜”为题，运用本课对人物进行动作描写、语言描写、神态描写、心理描写等的方法，想象毛主席从收到电报到做出艰难抉择的那一夜的情景，进行一个小练笔。	10 分钟	平台二（标准性平台） 1. 第一步：出示关键项小练笔“那个漫漫长夜”。 2. 第二步：同时呈现多向度平台。 3. 第三步：个人任选一种或几种写法对课文的略写部分进行创作补白，小卡呈现。（5 分钟）（写的速度：小学生 20 字 / 分钟，5 分钟能写 100 字左右） 4. 第四步：交互 + 攀升强化次数。 4.1 四人小组交互，补充。 评价要点：描写人物方法的运用情况，想象的合理性。（防花架子） 4.2 推选本组中的优秀习作，并在全班展示。（展示 2 个组）。 5. 第五步：教师点评，提修改建议。 评价要点：描写人物方法的运用情况，表达呈现方式是否丰富多样。（防形式单一）	
后测	对关键项“进一步学习描写人物的方法”强化次数约 14 次（含部分不完全强化的次数），原则上可不布置课后作业。	五、小结	2 分钟	师生共同小结本节课的收获 。	
备注或总评：					

教案总评

【概况】

《青山处处埋忠骨》是人教版小学语文五年级上册第八单元的一篇略读课文。文章主要讲述了爱子毛岸英在抗美援朝战争中光荣牺牲，毛泽东惊悉这个噩耗后极度痛苦的心情以及对毛岸英遗体是否归葬做出抉择的过程，表现了毛泽东普通人的情感和伟人的胸怀。

【亮点】

本教案是MS–EEPO板块结构Ⅱ型备课方式的规范教案。目标表述的主体是学生，具体描述了学生的学习结果，并清晰地标注了关键项。教学流程清晰、完整，可操作性强，学习方式（5J、5F、5S、5L）的运用规范、合理、有效。两个标准性平台的搭建均符合平台判定三原则，交互面广，照顾到了全班学生，交互方法让每一位学生都真正参与，无边缘人产生。关键项的强化次数达到了基本量，强化方式有针对性，有效地提高了课堂效率。能熟练运用“三测”了解学生的学习基础和课堂学习情况，前测、中测和后测测什么、怎么测表述准确清晰，一目了然，符合要求。

新课标指出：“阅读是学生的个性化行为，不应以教师的分析来代替学生的阅读实践。”因此，在语文教学中，学生是阅读的主体，教师必须尊重学生的个性化阅读，不可越俎代庖。该教学设计注重挖掘文本，首先，让学生在初读时整体感知课文大意，在细读时果断地交出主动权，并构建了一个品词析句、体会情感的标准性平台，让学生自主探究，在文中勾画出相关的句子并品读，然后把自己体会到的人物感情呈现在板卡上。这样由独立思考到团队合作，给了学生足够的时间走进文本、与文本充分对话。其次，通过各种形式的交互学习，使学生学会抓住重点词语来体会句子的含义，比如在师与生、生与生的互相交流碰撞、相互启迪中，使学生体会句子的内涵，使伟人的形象屹立在学生心中。在碰撞中产生智慧，在交流中生成知识，在互惠中提升能力，促进了学生思维品质的发展。最后，平台二（课堂小练笔）的教学设计是对文本的拓展延伸，比如让学生展开想象，体会毛主席是如何渡过这个难眠之夜的。在这里，学生抓住人物的语言、动作、心理活动，体会到了毛主席那撕心裂肺、肝肠寸断般的痛。这一环节学生学以致用，不仅再次强化了关键目标，还创造性地理解了文本。

【不足及建议】

本教案设计的容量很大，在实际教学中是否能操作完成有待商榷。建议在平台二（课堂小练笔）的操作环节中加入一项因时间不足而调整教学策略的预留项的设计。

（点评人：南宁市兴宁区教研室　顾瑾）

教案（点评修改稿）

点评修改人：顾瑾

概况	时间：2013 年 11 月 5 日　　执 教：罗海峰 单 位：南宁市兴宁区教育局教研室　　班 级：五年级（ ）班 学 科：语文（五年级上册）　　内容：27. 青山处处埋忠骨 课型方式：平台互动方式　　课时形态：标准课
目标	教学目标：1. 会认读“拟”“赴”等 8 个生字，能正确、流利地朗读课文。（小） 2. 通过品读课文描写人物的句段，能说出自己体会到的毛泽东同志的普通人的情感和伟人的胸怀。（小） 3. 会运用本课描写人物的方法进行个性化写作，为文章填补空白。（小） 4. 在对课文的再创作中培养想象力，拓宽思维空间。（大） 教学重点：进一步学习描写人物的方法。 教学难点：体会毛泽东丧子后极度悲伤的心情和常人难有的宽广胸怀。

检测		内容提要	时间	方法 & 策略	反思 / 评价
前测	检测学生对课文写作背景的了解程度。课前已布置预习，必要时教师补讲。 跟学生相约本节课的学科文化约定。（详见环节一 2.1）	一、导入 1. 简单了解抗美援朝的背景、经过、结果、意义，了解毛岸英其人及其赴朝的缘由、牺牲时的情景等。 2. 引出课题——青山处处埋忠骨。 3. 了解学习目标。	3 分钟	一、导入 1.1 随机提问，师生交流。 1.2 师补讲（机动项）。 2.1 师板书课题。 2.2 用本课课题的相关诗句“青山处处埋忠骨，何须马革裹尸还”作为学生合作学习停止活动时的回归约定。（学科文化约定） 3. PPT 呈现，生边看边读。	
中测	对本节课的关键内容“认读生字”的把握状况的检测详见环节二 1.3	二、初读课文，整体把握文意 1. 认读生字词。 2. 初读课文，概括课文主要内容。 （体会爱子毛岸英在抗美援朝战争中光荣牺牲后，毛泽东听闻这个噩耗极度悲痛和对毛岸英遗体是否归葬的抉择过程的心情） 三、品读句子，体会情感 平台向度： A. 描写人物语言的句子 B. 描写人物动作的句子	7 分钟 18 分钟	二、初读课文，整体把握 1.1 圈出生字，根据拼音独立认读。 1.2 鼓励学生用图文结合以及情景故事的方法识记生字。（记忆速度：加图文结构增加 30%~60%；情景故事增加 0.6~6 倍） 1.3 师检测认读生字情况。（防空） 2.1 生自读课文。（小学生的阅读速度 200~400 字 / 分钟，全文约 730 字，初读一遍约 2 分钟） 2.2 生独立概括课文主要内容。 2.3 指名汇报。 （师注意观察本班学生口语表达时的面相和音量问题，相机点评、训练） 三、品读句子，体会情感 平台一（标准性平台） 1. 第一步：出示关键项“品读句子，体会情感”。 2. 第二步：同时呈现多向度平台。 3. 第三步：六人团队从 5 个向度中自由选择 1~2 个向度进行合作探究。（时间 8 分钟）	

中测	对学生“品读句子，体会情感”这个关键项的把握状况进行流程性检测，详见平台一的第五步。 根据中测的情况调整教学策略的预留项，详见平台一第五步。 对“用人物描写的方法进行个性化写作”这个关键项的把握状况进行检测，详见平台二第四、第五步。	C. 描写人物神态的句子 D. 描写人物心理活动的句子 E. 描写与人物相关物品的句子		3.1 个人快速阅读课文，在文中勾画出相关的句子并品读，然后把自己体会到的人物感情写在微卡上。 （阅读速度：经过训练后，有目的的快速阅读可达 400 字 / 分钟，此处用时约 2 分钟；写的速度：小学生 20 字 / 分钟，用时 2 分钟，能写 40~50 字） 3.2 团队内部共享。在团队内部汇报个人的学习成果，并进行咨询、质疑。用班级文化约定——三击掌调控动静转换。（讲的速度：150~180 字 / 分钟，6 人交流用时约 2 分钟）（防泡沫） 3.3 形成团队成果，并将达成共识的团队成果用中卡呈现。（防空） 4. 第四步：交互 + 攀升强化次数。 4.1 各团队张贴、悬挂中卡。 4.2 全班大动浏览中卡（至少看 4 个团队的），用学科文化约定收队。（阅读速度 200~400 字 / 分钟）。 4.3 用提问、抽查的方法检测学生的浏览情况。（防泡沫） 4.4 自荐 / 推优 2 个团队汇报，其他人质疑补充。 4.5 用提问 + 复述的办法进行流程性监测。（防泡沫） 5. 第五步：教师点讲、补讲 + 流程性检测。（机动时间 3 分钟） 对“品读句子，体会情感”这个关键项进行流程性检测。 预设：如果 50% 以上的学生不能表达出核心内容，则教师补讲；如果学生掌握情况良好，则将机动时间用于第六步的朗读训练。 6. 第六步：朗读练习，师范读—个人读—分组读，将自己体会到的人物情感通过朗读表现出来。（防形式单一）	
后测	对关键项“进一步学习描写人物的方法”强化次数约 14 次（含部分不完全强化的次数），原则上可不布置课后作业。	四、读写结合，为文章合理补白 平台向度： A. 动作描写 B. 语言描写 C. 神态描写 D. 心理描写 F. 其他方面描写 以“那个漫漫长夜”为题，运用本课对人物进行动作描写、语言描写、神态描写、心理描写等的方法，想象毛主席从收到电报到做出艰难抉择的那一夜的情景，进行一个小练笔。	10 分钟	四、读写结合，为文章合理补白 平台二（标准性平台） 1. 第一步：出示关键项小练笔“那个漫漫长夜” 2. 第二步：同时呈现多向度平台。 3. 第三步：个人任选一种或几种写法对课文的略写部分进行创作补白，小卡呈现。（5 分钟）（写的速度：小学生 20 字 / 分钟，5 分钟能写 100 字左右） 4. 第四步：交互 + 攀升强化次数 4.1 四人小组交互，补充。 评价要点：描写人物方法的运用情况，想象的合理性。（防花架子） 4.2 推选本组中的优秀习作，并在全班展示。（展示 2 个组）。 5. 第五步：教师点评，提修改建议。 评价要点：描写人物方法的运用情况，表达呈现方式是否丰富多样。（防形式单一）	
		五、小结	2 分钟	五、小结 师生共同小结本节课收获。	
备注或总评：					

语文《舟过安仁》

教案（原稿）

<table>
<tr><td>概况</td><td colspan="4">学校：南宁市兴宁区虎邱小学　　学科：语文　　内容：古诗《舟过安仁》
授课人：卢梦娴　　班级：五年级（1）班
课型形态：标准课　　课型方式：平台互动方式</td></tr>
<tr><td>目标</td><td colspan="4">目标 1：体会诗人眷恋童年生活的情感。
目标 2：学习生字，了解诗意，能有感情地朗读古诗并创造性地学习古诗，展示个性。
重难点：体会诗意，能创造性地学习古诗。</td></tr>
<tr><td>反思 / 评价</td><td>内容提要</td><td>时间</td><td>方法 & 策略</td><td>反思 / 评价</td></tr>
<tr><td rowspan="3">检测课前布置的预习作业，了解学生对作者及写作背景的掌握程度，为接下来学习古诗、体会作者的情感打下坚实的基础。</td><td>一、导入新课，了解作者及写作背景。</td><td>5 分钟</td><td>一、导入揭题
1. 揭示课题，学生读课题。
2. 全班交流：根据课前收集的资料，谈谈自己对作者的了解以及这首古诗的写作背景。（防泡沫）</td><td></td></tr>
<tr><td>二、学习生字，借助课文注释理解诗意，体会情感，并有感情地朗读。通过平台搭建，拓展延伸并引导学生创造性学习古诗。</td><td>19 分钟

15 分钟</td><td>二、学习古诗
1. 自读古诗，读准字音。（2 分钟）
2. 多种形式检查学生认读生字及朗读古诗的情况。（3 分钟）
3. 四人小组学习：了解古诗的意思，把不懂的问题记录在微卡上。（6 分钟）
4. 全班交流：解决小组不懂的问题。（6 分钟）
5. 体会情感，多种形式感悟和朗读古诗。
6. 构建标准性平台。
第一步：出示关键项：创造性地学习古诗。
第二步：呈现多向度平台。
向度（1）：给古诗配一幅画。向度（2）：给古诗编一个小故事。向度（3）：把古诗编成一首歌曲。向度（4）：根据诗意进行情景表演。向度（5）：收集描写童年生活的诗词或共同赏析作者所写的诗词。
第三步：四人小组合作，选择 1~2 个向度共同学习。（防与生为敌 + 防空讲，5 分钟）指名小组汇报，教师检测小组自学情况，为交互作示范。
第四步：交互 + 强化次数。
（1）指名小组汇报，教师引导学生评价，提出改进建议。（防与生为敌 + 防泡沫，4 分钟）
（2）全班多种形式交互（浏览、观摩），浏览或观摩至少 3 个组的学习成果。（强化次数预计约 6 次，10 分钟）（防空讲 + 防泡沫 + 防形式单一）
第五步：教师根据实际情况精讲点评。</td><td>通过自学、小组互学，全班交流解决问题，帮助学生理解诗意，借助平台，最大程度地发挥学生的特长，激发他们学习古诗的兴趣，从而强化知识点。</td></tr>
<tr><td>三、课外延伸，编写绘本书。</td><td>1 分钟</td><td>三、课后作业
根据古诗内容编写绘本书。</td><td></td></tr>
</table>

注释或总评：本节课所确立的关键项紧扣教学知识点，设计的五个向度给学生提供了广阔的学习天地，能更好地让学生根据自己所长，自由地进行选择性学习，交互形式丰富多样。学生通过互教互学，不断攀升强化次数，并能恰当地使用 5J、5F 来组织、调控课堂，提高了学习效率。

教案总评

【概况】

《舟过安仁》是人教版小学语文五年级下册第二单元的课文。它以新奇的角度描写了渔童行舟过江，以伞作帆，张伞驶风时天真、活泼的情景。这首诗浅白如话，充满情趣，直接把目光聚焦到儿童身上，生动地描写了儿童的稚气行为，既展现了两个小渔童无忧无虑、充满童稚和爱奇思妙想的形象，又使诗人对儿童的喜爱之情溢于言表，而对两个小童子玩耍中透出的聪明伶俐的赞赏，也流露出诗人的童心未泯。

学习本诗，一是培养学生边读边想象诗中情景，感知诗词大意，从而体会诗中有画、诗中有情的能力；二是激发学生学习古诗词的兴趣，感受童年生活的情趣和快乐。

【亮点】

这是一份采用板块结构 I 型备课方式编写的平台互动课型教案，结构完整，内容具体，反思 / 评价、内容提要、时间、关键项、方法 & 策略等均能较清晰地呈现。

教案中构建的标准性平台，以“创造性地学习古诗”为关键项，呈现了五个向度：（1）给古诗配一幅画，（2）给古诗编一个小故事，（3）把古诗编成一首歌曲，（4）根据诗意进行情景表演，（5）收集描写童年生活的诗词或共同赏析作者所写的诗词，符合平台构建三原则，照顾了大多数学生，让擅长画画的、擅长编故事的和擅长表演的学生都得到发展。

【不足及建议】

教案设计容量偏少，建议在教学环节二增加机动项，如出示另一首古诗，让学生运用该方法自学。

（点评人：广西教育学院　张旭）

教案（点评修改稿）

点评修改人：张旭

概况	学校：南宁市兴宁区虎邱小学　　学科：语文　　内容：古诗《舟过安仁》 授课人：卢梦娴　　班级：五年级（1）班 课型形态：标准课　　课型方式：平台互动方式
目标	目标 1：体会诗人眷恋童年生活的情感。 目标 2：学习生字，了解诗意，能有感情地朗读古诗并创造性地学习古诗，展示个性。 重难点：体会诗意，能创造性地学习古诗。

反思 / 评价	内容提要	时间	方法 & 策略	反思 / 评价
检测课前布置的预习作业，了解学生对作者及写作背景的掌握程度，为接下来学习古诗、体会作者的情感打下坚实的基础。	一、导入新课，了解作者及写作背景。	5 分钟	一、导入揭题 1. 揭示课题，学生读课题。 2. 全班交流：根据课前收集的资料，谈谈自己对作者的了解以及这首古诗的写作背景。（防泡沫）	
	二、学习生字，借助课文注释理解诗意，体会情感，并有感情地朗读。通过平台搭建，拓展延伸并引导学生创造性学习古诗。	19 分钟 15 分钟	二、学习古诗 1. 自读古诗，读准字音。（2 分钟） 2. 多种形式检查学生认读生字及朗读古诗的情况。（3 分钟） 3. 四人小组学习：了解古诗的意思，把不懂的问题记录在微卡上。（6 分钟） 4. 全班交流：解决小组不懂的问题。（6 分钟） 5. 体会情感，多种形式感悟和朗读古诗。 6. 构建标准性平台。 第一步：出示关键项：创造性地学习古诗。 第二步：呈现多向度平台。 向度（1）：给古诗配一幅画。向度（2）：给古诗编一个小故事。向度（3）：把古诗编成一首歌曲。向度（4）：根据诗意进行情景表演。向度（5）：收集描写童年生活的诗词或共同赏析作者所写的诗词。 第三步：四人小组合作，选择 1~2 个向度共同学习。（防与生为敌 + 防空讲，5 分钟）指名小组汇报，教师检测小组自学情况，为交互作示范。 第四步：交互 + 强化次数。 （1）指名小组汇报，教师引导学生评价，提出改进建议。（防与生为敌 + 防泡沫，4 分钟） （2）全班多种形式交互（浏览、观摩），浏览或观摩至少 3 个组的学习成果。（强化次数预计约 6 次，10 分钟）（防空讲 + 防泡沫 + 防形式单一） 第五步：教师根据实际情况精讲点评。 7. 方法迁移，实践体验。	通过自学、小组互学，全班交流解决问题，帮助学生理解诗意，借助平台，最大程度地发挥学生的特长，激发他们学习古诗的兴趣，从而强化知识点。
	三、课外延伸，编写绘本书。	1 分钟	三、课后作业 根据古诗内容编写绘本书。	
注释 & 总评：本节课所确立的关键项紧扣教学知识点，设计的五个向度给学生提供了广阔的学习天地，能更好地让学生能根据自己的特长自由地进行选择性学习。交互形式丰富多样，学生通过互教互学，不断攀升强化次数，并能恰当地使用 5J、5F 来组织、调控课堂，提高了学习效率。				

容量太少，建议增加学习内容。让学生运用学到的方法学习其他诗作。

语文《鲸》

教案（原稿）

<table>
<tr><td>概况</td><td colspan="5">课题：鲸　学段：五年级　学科：语文　设计人：卢婕妤　课时形态：40+5 分钟　课型方式：平台互动方式　时间：2014 年 6 月</td></tr>
<tr><td rowspan="2">目标</td><td>目标 1</td><td colspan="2">通过学习本文，激发学生热爱动物、探索动物世界的兴趣。</td><td colspan="2" rowspan="2">教学重点：了解课文通过列数字、举例子、作比较、打比方等多种方法来说明的鲸的形体特点、进化过程、种类和生活习性等方面的特点。
教学难点：体会作者使用的说明方法，并学习运用到自己的习作实践中。</td></tr>
<tr><td>目标 2
（关键目标）</td><td colspan="2">1. 学习作者用列数字、举例子、作比较、打比方等多种方法说明事物特点的表达方法。
2. 理解课文内容，了解鲸的形体特点、进化过程、种类和生活习性等方面的特点。
本节课的关键项是“学习基本的说明方法”。</td></tr>
<tr><td colspan="6">第二课时</td></tr>
<tr><td></td><td>检测</td><td>内容提要</td><td>时间</td><td>方法 & 策略</td><td>反思 / 评价</td></tr>
<tr><td>前测</td><td>测的内容：有哪些说明方法？
在方法策略一的 3.1 至 3.4 中进行检测。</td><td>一、复习导入 + 前测
1. 导入课题：鲸。
2. 检测复习：“宽敞、哺乳动物、又矮又粗、判断、胎生”五个词；课文主要内容、脉络。
3. 有哪些说明方法？
第 4、5 点为预留项，点讲小学中常用的五种说明方法。</td><td>8 分钟</td><td>一、复习导入 + 前测
1. 利用图片导入，继续学习课文《鲸》。
2. PPT 出示五个生词，随机抽检学生读或说课文的主要内容及脉络。
3.1《鲸》是一篇说明文，想一想，你知道哪些说明方法？个人写在微卡上。（1 分钟左右）。（防空 + 时控）
3.2 教师用 PPT 出示小学常用的几种说明方法。
3.3 二人小组交互微卡，对照教师出示的说明方法互检。（防泡）
3.4 通过肢体语言快速流程性检测：能写出几种说明方法？请用手势表示。（防泡沫）
（预设：在前测中，如果 70%~80% 的学生了解了常用的几种说明方法，就</td><td></td></tr>
</table>

续表

中测	测的内容：在练笔时运用若干项说明方法。 在方法策略三的第3、4点进行检测。	二、平台一（标准性） 关键项：说明方法 向度：  	14分钟	从下面第6点开始操作，直接进入对课文的学习；如果没达到70%~80%的学生知道常用的几种说明方法，老师就要点讲，从下面第4、5点开始操作） 4. 老师点讲小学中常用的几种说明方法：列数字、作比较、举例子、打比方、分类别。强调学生记忆：记关键词、用气泡图记录……（记忆速度训练） 5. 快速流程性检测：听明白这几种说明方法的请用OK手势表示。 二、平台一（标准性平台） 1. 出示主题词：说明方法。 2. 在黑板上用气泡图呈现多向度，如列数字、作比较、举例子、打比方、分类别。（板 + 表达呈现） 3. 学生个人选择2~5个向度学习。自读课文，并在文中画出相应的说明方法的语句。想一想其分别介绍了鲸的什么特点？做批注。（时控：4.5分钟）（看的速度：全文500多字，2.5分钟） 4. 六人小组交互，传阅画出的语句及相关批注。（时控：3分钟） 5. 老师随机点号四个人汇报 / 师生点评 + 品读相关的句子。（防泡沫） 6. 师生小结：鲸的特点（形体特点、进化过程、种类和生活习性等）+ 说明方法。	
后测	强化次数20次左右，不用布置课外作业。	三、平台二（标准性平台） 1. 关键项：从多角度介绍鲸 2. 向度： ◆为海洋馆写一两段关于鲸的解说词 ◆保护鲸的倡议书 ◆以“我不是鱼”为题写短文 ◆白鲸的自我介绍 ◆蓝鲸的自我介绍 ◆介绍鲸的手抄报	18分钟 2分钟 3分钟	三、平台二（标准性平台） 1. 出示关键项：从多角度介绍鲸。 2. 用中卡呈现多向度。（防空） 3. 学生个人选择1个向度在小卡上练笔，要运用刚才学过的若干项说明方法。写得快的可以换向度再写。（8+2分钟）（教师巡堂检测） 4. 写好后，把小卡挂在教室四周。学生顺时针大动浏览，重点看5~7个，并给自己喜欢的作品画“正”字。老师浏览检测。（时控：5分钟）（预设：如果没达到70%~80%的学生基本会运用，用2~3个学生的范例点讲，强化基本的说明方法） 5. 推荐3~5篇作品在全班朗读。（强调讲的速度） 6. 老师用2~3个学生的范例点讲，强化基本的说明方法。（预留） 四、小结 （预留时间）	
注释或总评：					

教案总评

【概况】

这是人教版小学语文五年级上册的一篇科普知识的说明文。课文通过列数字、举例子、作比较、打比方等多种方法说明了鲸的形体特点、进化过程、种类和生活习性等方面的特点。让学生学习、体会作者的说明方法，并运用到自己的习作实践中，是本课的教学难点。

执教者将本节课的关键项定位为“学习基本的说明方法”。

【亮点】

1. 采用 MS–EEPO 板块结构Ⅱ型备课方式备课，格式规范。概况、时间段、内容提要 / 方法策略、“三测”、反思 / 评价、备注 / 总评标注清楚，项目完整。

2. 把学习方式 5J 放进去 8 项左右，5L 也合理地放进去，并能显著地标注出来。

3. “三测”标注具体、清楚，并且前测、中测有预设。

4. 构建了两个标准性平台，符合平台构建三原则（多向度、自由度、相对平行），平台的操作流程规范，操作策略较具体。

5. 各环节、关键操作点的时间安排较合理。

【不足及建议】

1. 在组的操作上只有一般的小组活动，体现不出难度系数。如果在“推荐 3~5 篇作品在全班朗读”的环节时组建一次随机分组，或在大动浏览时组建一次超大组，那么关键点和难度系数就体现出来了。

2. 前测、中测有预设，但后测没有预设，建议后测也安排预设。

3. 读的训练少了些，建议加上一些读的操作点，突出语文学科的特点。

（点评人：孙美丽、谢仲玲、党雪妮）

教案（点评修改稿）

点评修改人：孙美丽

<table>
<tr><td>概况</td><td colspan="5">课题：鲸　学段：五年级　学科：语文　设计人：卢婕妤　课时形态：40+5 分钟　课型方式：平台互动方式　时间：2014 年 6 月</td></tr>
<tr><td rowspan="2">目标</td><td>目标 1</td><td colspan="2">通过学习本文，激发学生热爱动物、探索动物世界的兴趣。</td><td colspan="2" rowspan="2">教学重点：了解课文通过列数字、举例子、作比较、打比方等多种方法来说明的鲸的形体特点、进化过程、种类和生活习性等方面的特点。
教学难点：体会作者使用的说明方法，并学习运用到自己的习作实践中。</td></tr>
<tr><td>目标 2
（关键目标）</td><td colspan="2">1. 学习作者用列数字、举例子、作比较、打比方等多种方法说明事物特点的表达方法。
2. 理解课文内容，了解鲸的形体特点、进化过程、种类和生活习性等方面的特点。</td></tr>
<tr><td colspan="6">第二课时</td></tr>
<tr><td colspan="2">检测</td><td>内容提要</td><td>时间</td><td>方法 & 策略</td><td>反思 / 评价</td></tr>
<tr><td>前测</td><td>测的内容：有哪些说明方法？
在方法策略一的 3.1 至 3.4 进行检测。</td><td>一、复习导入 + 前测
1. 导入课题：鲸。
2. 检测复习：“宽敞、哺乳动物、又矮又粗、判断、胎生”五个词；课文主要内容、脉络。
3. 有哪些说明方法？
第 4、5 点为预留项，点讲小学中常用的五种说明方法。

二、平台一（标准性平台）
关键项：说明方法</td><td>8 分钟

14 分钟</td><td>一、复习导入 + 前测
1. 利用图片导入，继续学习课文《鲸》。
2. PPT 出示五个生词，随机抽检学生读或说课文的主要内容及脉络。
3.1《鲸》是一篇说明文，想一想，你知道哪些说明方法？个人写在微卡上。（1 分钟左右）（防空 + 时控）
3.2 教师用 PPT 出示小学常用的几种说明方法。
3.3 二人小组交互微卡，对照教师出示的说明方法互检。（防泡）
3.4 通过肢体语言快速流程性检测：能写出几种等说明方法？请用手势表示。（防泡沫）
4. 老师点讲小学常用的几种说明方法：列数字、作比较、举例子、打比方、分类别。强调学生记忆：记关键词、用气泡图记录……（记忆速度训练）
5. 快速流程性检测：听明白这几种说明方法的请用 OK 手势表示。
二、平台一（标准性平台）
1. 出示主题词：说明方法。</td><td></td></tr>
</table>

<table>
<tr><td>中测</td><td>测的内容：在练笔时运用若干项说明方法。在方法策略三的第3、4点进行检测。</td><td>向度：
</td><td></td><td>2. 在黑板上用气泡图呈现多向度，如列数字、作比较、举例子、打比方、分类别。（板 + 表达呈现）
3. 学生个人选择 2~5 个向度学习。自读课文，并在文中画出相应的说明方法的语句。想一想其分别介绍了鲸的什么特点？做批注。（5 分钟）（看的速度：全文 500 多字，2.5 分钟）
4. 六人小组交互，传阅画出的语句及相关批注。（3 分钟）
5. 老师随机点号四个人汇报 / 师生点评 + 品读相关的句子。[防泡沫 + 防形式单一（不同形式的汇报）]
6. 师生小结：鲸的特点（形体特点、进化过程、种类和生活习性等）+ 说明方法。</td><td></td></tr>
<tr><td>后测</td><td>关键项：基本的说明方法。
强化次数 20 次左右，不用布置课外作业。</td><td>三、平台二（标准性平台）
1. 关键项：从多角度介绍鲸
2. 向度：
◆为海洋馆写一两段关于鲸的解说词
◆保护鲸的倡议书
◆以“我不是鱼”为题写短文
◆白鲸的自我介绍
◆蓝鲸的自我介绍
◆介绍鲸的手抄报

四、小结</td><td>18 分钟

1 分钟</td><td>三、平台二（标准性平台）
1. 出示关键项：多角度介绍鲸。
2. 用中卡呈现多向度。（防空）
3. 学生个人选择 1 个向度在小卡上练笔，要运用刚才学过的若干项说明方法。写得快的可以换向度再写。（8+2 分钟）（教师巡堂检测）
4. 写好后，把小卡挂在教室四周。学生顺时针大动浏览，重点看 5~7 个，并给自己喜欢的作品画“正”字。同时老师浏览检测。（5 分钟）
（预设：如果没达到 70%~80% 的学生基本会运用，用 2~3 个学生的范例点讲，强化基本的说明方法）
5. 推荐 3~5 篇作品在全班朗读。（强调讲的速度：150~180 字 / 分钟）
6. 教师用 2~3 个学生的范例点讲，强化基本的说明方法。（预留）
四、小结
1. 回顾：鲸的特点 + 说明方法。
2. 本节课学情。</td><td></td></tr>
<tr><td colspan="6">注释或总评：</td></tr>
</table>

语文《牧场之国》

教案（原稿）

概况	学科：语文　　课题：牧场之国　　单位：忻城县古蓬镇中心小学 课型形态：平台互动方式　　课时形态：标准课　　时间：2013年4月　　执教者：蓝以蓬				
目标	目标1	感受荷兰独特的风情，培养学生热爱大自然的情怀。			
	目标2	1. 认识生字词，能书写“镶”“嵌”等生字。2. 有感情地朗读课文，感知荷兰是牧场之国。（重点）3. 初步感悟文章的表达特点，并迁移练习。（难点）			
检测		内容提要	时间	方法 & 策略	反思 / 评价
前测	课文内容及学习方法的检测，1.2。	一. 导入 + 前测 1. 被称为牧场之国的荷兰给你留下了怎样的印象呢？ 2. 检查学案（预习卡）。 2.1 生字读音、字形比较。 2.2 结合工具书理解词义。 2.3 出示句子，选择修辞手法。	5分钟	一、导入 + 前测 1.1 板书课题（记忆的训练）。 1.2 提问检测。（1分钟） 2.1 屏幕出示词语，小老师领读，开火车读，提问。（讲 + 听 + 防假听）（1分钟） 2.2 抽查个别学生，师生评议，指导书写。（讲 + 听 + 防空讲）（1分钟） 2.3 小组比赛抢答，手势判断。（讲 + 听 + 检测学习方式）（1分钟）	1. 学案的设计合理，充分发挥了学生的自主性、能动性，并根据文本的特点，设计了修辞手法检测一题，为教学环节3做铺垫。 2. 倾听学生的质疑，从中提炼有价值、有共性的问题，达到以学定教。 3. 紧扣学生实际搭
中测	1. 观察学生的学习卡，即“平台一”中的“3.1”“3.3”和“平台二”中的“3.1”“3.2”。	二、出示平台一（标准性平台） 1. 主题词：感知文章的内容。 2. 向度：①标题，②段首，③段尾，④看图，⑤结尾，⑥开头，⑦整体，⑧段落。 3. 学生自由选择向度探究学习。 4. 小组代表汇报，师点讲、补救。	7分钟	二、出示平台一（标准性平台） 1. 出示幻灯片，投影主题词。 2. 出示幻灯片，呈现关键项的8个向度。（1分钟） 3.1 学生默读课文，个人选择感兴趣的1~2个角度思考，写在预习卡上。（看 + 想 + 做 + 防空讲）（看、写的速度）（2分钟） 3.2 二人小组相互交流。（讲 + 听 + 看 + 微型卡 + 防单一）（1分钟） 3.3 四人组轮流说，完善预习卡，试着用简练的语言概括牧场之	

续表

中测	2. 检测学生是否会多种方法概括课文内容，即“平台一”中的“5”。 3. 检测学生归纳文章表达方法和进行说话练习的情况，即“平台二”中的“5.1”“5.2”。	5. 中测。 三、平台二（倒置性平台） 主题词：精品赏读、仿说练习。 1. 出示开放性的素材（课前发给学生预习学案）。 2. 汇编整理成标准性平台： 牧场之国： 白天（辽阔和谐）：草原、花牛、黑猪、绵羊、…… 夜晚（静谧神秘）：晚霞、挤奶人、灯光、…… 3. 学生个人选择 N~M 个向度独立思考。 4. 展示成果，大动浏览，汇报。 5. 精讲、小结。	25 分钟	国所描写的场景。（要素组合 + 小卡 + 防花架子、防泡沫）（说、写的速度）（学科文化约定） 4. 小组代表汇报，师点讲、归纳。（3 分钟） 5. 中测。提问：在刚才的学习中，同学们一共用了多少种方法（角度）概括课文内容？用得最多的是哪一种？） 三、平台二（倒置性平台） 1. 课件出示开放性的素材：为什么称荷兰是牧场之国呢？画线并归纳有关的语句（景物）。读一读、想一想，作者又是怎样表达的？（1 分钟） 2. 让学生充分说，预设向度并归纳，老师板书。（强调思维、说的速度）（2 分钟） 3.1 学生选择向度独立思考（个人利用学习卡，选择喜欢的方法学习）。（3 分钟） 3.2 团队 5~8 人把学习成果汇集于大卡上，并用大家喜欢的方式呈现出来。（看、写的速度）（6 分钟） 4.1 各团队把学习成果展示在教室的四周。（1 分钟） 4.2 全班大动浏览（带上课本并做好记录，每人浏览 3~5 个团队的成果）。（收集信息的速度）（1 分钟） 4.3 团队代表汇报学习成果。（要素组合 +5 防）（3 分钟） 5.1 根据展示情况精讲，归纳的文章表达方法，老师指导朗读，进行说话训练（说的训练）。（4 分钟） 5.2 中测（提问几个学生后，快速进行流程性检测）。（1 分钟）	建平台，照顾到了不同层次的学生，学生能主动学习。 4. 搭建“探究学习平台”，教师先教给学生读书方法，让学生在探究学习中能“有的放矢”，从而学会学习。在“合作学习平台”和“问题探究平台”中，学生通过互相学习、提出问题共同进步。大动浏览、精读、精讲中强化了关键项的落实。 5. 紧扣单元目标延伸课外阅读、摘抄佳句好段、进行写法迁移训练，这些都是提高表达能力常用的训练方法。
后测	关键项： 强化次数：20 次。	四、写法延伸，后续作业 1.1 摘抄佳句好段。 1.2 提问。 2. 课外阅读有关异国风情的文章。	3 分钟	四、写法延伸，后续作业 1.1 三人组或二人组交流、互读。（看 + 想 + 做 + 讲 + 听 + 评 + 小动 + 小卡）（2 分钟） 1.2 提问：你有什么收获？后测（统计强化次数）。（1 分钟）	
总评	这是一节较成功的平台互动课，既符合平台课型操作的流程，又符合平台构建三原则：多向度、自由度、相对平行。课堂教学能真正地诠释新课标的理念：阅读是让学生搜集处理信息、认识世界、发展思维、获得审美体验的重要途径。每个环节都注意渗透对“5 防”的运用：①个人学习时预习卡（课本）的运用和小组合作时板卡的运用，汇报时很好地防空讲；②选择合适的合作时机，综合的多向度学习做到了防花架子，既照顾了善于听、看、想、讲、做的学生，又照顾了学得慢的学生。不足：运用 5S、5L 组织调控课堂还不到位。				

教案总评

【概况】

《牧场之国》是人教版小学语文四年级下册的一篇写景文，属于略读课文。文中描写了荷兰牧场和运河交错的独特地形，展现了一幅动物与人和谐相处的动人画面。从时间上看，文中有两幅图——白天，家禽家畜的自由王国图；傍晚，宁静的牧场图。从自然段看，有四幅图——花牛的家园、骏马的王国、家禽家畜的天堂、动物歇息时晚霞满天的牧场。文章采用了拟人、比喻等修辞方法，语言生动，句式优美，意境开阔，适合学生朗读和进行语言积累。

【亮点】

1. 教学设计基本符合平台互动课型的操作流程，符合平台搭构三原则：多向度、自由度、相对平行。

2. 每个环节都注意渗透 5F 的理念：①个人学习时运用预习卡（课本），小组合作时合理运用板卡，汇报时很好地防空讲；②选择的合作时机恰当，综合的多向度学习做到了防花架子，既照顾了善于听、看、想、讲、做的学生，又照顾了学得慢的学生，保证了教学的有效性。

3. 阅读过程中，教师注重让学生搜集并处理信息，使学生发展了思维，获得了审美体验。

【不足及建议】

1. 运用5S、5L组织调控课堂不到位，如出示课题和进行记忆训练时没有方法策略。

2. 平台互动的表达不够规范。平台互动课型与要素组合课型的标示混在一起，课型特点不够明显，如倒置性平台的搭建等。

3. 小学中年级的语文重在以段为主的阅读，本课中在进行重点段落的阅读、结合课型进行文本对话等方面，都有待加强。

（点评人：南宁市兴宁区第一初级中学　周初宁）

教案（点评修改稿）

点评修改人：周初宁

<table>
<tr><td>概况</td><td colspan="5">学科：语文　课题：牧场之国　单位：忻城县古蓬镇中心小学
课型形态：平台互动方式　课时形态：标准课　时间：2013 年 4 月　执教者：蓝以蓬</td></tr>
<tr><td rowspan="2">目标</td><td>目标 1</td><td colspan="4">感受荷兰独特的风情，培养学生热爱大自然的情怀。</td></tr>
<tr><td>目标 2</td><td colspan="4">1. 认识生字词，能书写“镶”“嵌”等生字。2. 有感情地朗读课文，感知荷兰是牧场之国。（重点）3. 初步感悟文章的表达特点，并迁移练习。（难点）</td></tr>
<tr><td colspan="2">检测</td><td>内容提要</td><td>时间</td><td>方法 & 策略</td><td>反思 / 评价</td></tr>
<tr><td>前测</td><td>课文内容及学习方法的检测，1.2。</td><td rowspan="2">一、导入 + 前测
1. 被称为牧场之国的荷兰给你留下了怎样的印象呢?
2. 检查学案（预习卡）
2.1 生字读音、字形比较。
2.2 结合工具书理解词义。
2.3 出示句子，选择修辞手法。

二、出示平台一（标准性平台）
1. 主题词：感知文章的内容。
2. 向度：①标题，②段首，③段尾，④看图，⑤结尾，⑥开头，⑦整体，⑧段落。
3. 学生自由选择向度探究学习。</td><td>5 分钟</td><td>一、导入 + 前测
1.1 板书课题（记忆的训练）。
1.2 提问检测。（1 分钟）
2.1 屏幕出示词语，小老师领读，开火车读，提问。（讲 + 听 + 防假听）（1 分钟）
2.2 抽查个别学生，师生评议，指导书写。（讲 + 听 + 防空讲）（2 分钟）
2.3 小组比赛抢答，手势判断。（讲 + 听 + 检测学习方式）（1 分钟）</td><td rowspan="2">1. 学案的设计合理，充分发挥了学生的自主性、能动性，并根据文本的特点，设计了修辞手法检测一题，为教学环节 3 做铺垫。
2. 倾听学生的质疑，从中提炼有价值、有共性的问题，达到以学定教。
3. 紧扣学生实际</td></tr>
<tr><td>中测</td><td>1. 观察学生的学习卡，即“平台一”中的“3.1”“3.3”和“平台二”中的“3.1”“3.2”。</td><td>7 分钟</td><td>二、出示平台一（标准性平台）
1. 出示幻灯片，投影主题词。
2. 出示幻灯片，呈现关键项的 8 个向度。（1 分钟）
3.1 学生默读课文，个人选择感兴趣的 1~2 个角度思考，写在预习卡上。（看 + 想 + 做 + 防空讲）（看、写的速度）（2 分钟）
3.2 二人小组相互交流。（讲 + 听 + 看 + 微型卡 + 防单一）（1 分）</td></tr>
</table>

中测	2. 检测学生是否会多种方法概括课文内容，即“平台一”中的“5”。 3. 检测学生归纳文章表达方法和进行说话练习的情况，即“平台二”中的“5.1”“5.2”。	4. 小组代表汇报，师点讲、补救。 5. 中测。 三、平台二（倒置性平台） 主题词：精品赏读、仿说练习。 1. 出示开放性的素材（课前发给学生预习学案）。 2. 汇编整理成标准性平台： 牧场之国：白天（辽阔和谐）——草原、花牛、黑猪、绵羊、……；夜晚（静谧神秘）——晚霞、挤奶人、灯光、…… 3. 学生个人选择 N~M 个向度独立思考。 4. 展示成果，大动浏览，汇报 5. 精讲、小结	25 分钟	3.3 四人组轮流说，完善预习卡，试着用简练的语言概括牧场之国所描写的场景。（要素组合 + 小卡 + 防花架子、防泡沫）（说、写的速度）（学科文化约定） 4. 小组代表汇报，师点讲、归纳。（3 分钟） 5. 中测。提问：在刚才的学习中，同学们一共用了多少种方法（角度）概括课文内容？用得最多的是哪一种？ 三、平台二（倒置性平台） 1. 课件出示开放性的素材：为什么称荷兰是牧场之国呢？画线并归纳有关的语句（景物）。读一读、想一想，作者又是怎样表达的？（1 分钟） 2. 让学生充分说，预设向度并归纳，老师板书。（强调思维、说的速度）（2 分钟） 3.1 学生选择向度独立思考（个人利用学习卡，选择喜欢的方法学习）。（3 分钟） 3.2 团队 5~8 人把学习成果汇集于大卡上，并用大家喜欢的方式呈现出来。（看、写的速度）（6 分钟） 4.1 各团队把学习成果展示在教室的四周。（1 分钟） 4.2 全班大动浏览（带上课本并做好记录，每人浏览 3~5 个团队的成果）（收集信息的速度）（3 分钟） 4.3 团队代表汇报学习成果（要素组合 +5 防）（3 分钟） 5.1 根据展示情况精讲，归纳文章表达方法，指导朗读，进行说话训练（说的训练）（4 分钟） 5.2 中测（提问几个学生后，快速进行流程性检测）。（1 分钟）	搭建平台，照顾到了不同层次的学生，学生能主动学习。 4. 搭建“探究学习平台”，教师先教给学生读书方法，让学生在探究学习中能“有的放矢”，从而学会学习。在“合作学习平台”和“问题探究平台”中，学生通过互相学习、提出问题共同进步。大动浏览、精读、精讲中强化了关键项的落实。 5. 紧扣单元目标延伸课外阅读、摘抄佳句好段、进行写法迁移训练，这些都是提高表达能力常用的训练方法。
后测	关键项： 强化次数：20。	四、写法延伸，后续作业 1.1 摘抄佳句好段。 1.2 提问。 2 课外阅读有关异国风情的文章。	3 分钟	四、写法延伸，后续作业 1.1 三人组或二人组交流、互读。（看 + 想 + 做 + 讲 + 听 + 评 + 小动 + 小卡）（2 分钟） 1.2 提问：你有什么收获？后测（统计强化次数）。（1 分钟）	
总评					

语文《彩色的非洲》

教案（原稿）

概况	学校：南宁市兴宁区教研室 课型方式：平台互动方式	授课人：党雪妮 课时形态：标准课	学科：语文 内容：人教版五年级上册《彩色的非洲》		
目标	目标 1：能有感情地朗读课文，了解课文从哪几个方面来展示非洲的多姿多彩。 目标 2：激发探索异域风情文化的热情和欲望，体会作者对非洲的喜爱与赞美之情。 学习重难点：感受非洲风情，积累课文中的优美语言。				
流程性检测		内容提要	时间	方法 & 策略	反思 / 评价
前测	检测读的速度以及单元组学习情况： 人力资源 + 肢体语言。	一、导入新课，整体感知课文内容。	10 分钟	一、导入 1. 默读课文，画出文章的中心句，四人小组交流。（阅读速度前测，没有经过训练 200 字 / 分钟） 2. 课件出示生字词，正音，检测。（防空讲） 3. 再读课文，画出文章中的好词好句，同桌交流，教师计时并检测。（教师给出阅读速度目标，400 字 / 分钟，肢体语言检测，防泡沫）	这是一篇略读课文，文章比较长，因此采取默读的方法，通过浏览获取信息，通过目标效应训练学生的阅读速度。
中测	检测关键内容“彩色非洲”： 单元组学习 + 分享汇报 + 质疑补充 + 朗读背诵 + 人力资源。	二、自主阅读探究，了解课文从事物的哪几个方面来展示非洲的多姿多彩。	18 分钟	二、平台一（倒置性平台） 第一步：出示开放性素材：彩色的非洲表现在哪些方面？ 第二步：六人小组讨论，用中卡呈现。（2 分钟） 第三步：汇集整理成标准形态的平台。（2 分钟） 向度 1：彩色的植物世界。 向度 2：彩色的动物世界。 向度 3：彩色的日常生活。 向度 4：彩色的艺术。	培养学生自主阅读的能力，交主动权，让学生用自己喜欢的方式探究文本，在汇报过程中教师要注意引导学生有感情地朗读，积累优美的词句，为下一步的学习做铺垫。

<table>
<tr>
<td></td>
<td>检测关键内容心目中的“彩色非洲”：单元组学习＋分享汇报＋朗读背诵＋人力资源。</td>
<td>三、拓展运用。用自己喜欢的方式展示心目中的“彩色非洲”：摘词语、写诗歌、写解说词、换歌词、诵读、写感受、配图……</td>
<td>17 分钟</td>
<td rowspan="2">向度 5：彩色的自然景观。
……
第四步：六人小组自选 1~2 个向度进行阅读探究，抓住重点词句深入领会，用中卡呈现。（小动＋中卡，防与生为敌＋防泡沫，6 分钟）（注意训练写的速度，经过训练后可达到 30 字 / 分钟）
第五步：中卡展示，全班浏览全部中卡，自荐或推优汇报，其他同学质疑补充。（防空讲＋大动，8 分钟）（浏览速度，经过训练后可达到 400 字 / 分钟；给出讲的速度目标：150~180 字 / 分钟）
第六步：教师根据实际情况点讲、补讲。（防泡沫，1 分钟）
三、平台二（标准性平台）
第一步：关键项为心目中的“彩色非洲”。
第二步：教师同时出示多向度平台。

第三步：四人小组结合课文内容，选择一个向度进行创造性学习，用大卡呈现。（小动＋大卡，防形式单一，6 分钟）
第四步：全班浏览大卡，每人浏览 6 张，选择其中最有创意的 5 张在全班展示、分享。（防空讲，8 分钟）（分享时训练讲的速度：150~180 字 / 分钟）
第五步：教师结合创意表达进行点讲、补讲，并选出最佳创意作品。（2 分钟）
四、小结
推荐阅读：《非洲地理杂志》《非洲之旅》等。</td>
<td>个性化阅读和创造性阅读不仅可以培养学生的阅读能力，而且能训练学生的思维能力和创造性。教师在点讲时要注意引导学生读原文，多读，且有些片段要熟读。</td>
</tr>
<tr>
<td>后测</td>
<td>强化次数约 13 次，原则上不布置课后作业。</td>
<td>四、总结，拓展阅读。</td>
<td>2 分钟</td>
<td>如果有时间，可以补充一些视频资料，让学生更直观、更直接地感受“彩色非洲”。</td>
</tr>
<tr>
<td colspan="6">备注或总评：这是一篇略读课文，主要培养学生的自主阅读能力。本案设计了两个平台，通过 5J、5F、5L 等学习方式，让学生在平台互动中读书、交流、写作、画画，多要素学习，因而学生的听、说、读、写、思等能力得到了很好的训练与培植。</td>
</tr>
</table>

教案总评

【概况】

《彩色的非洲》是人教版小学语文第十册的一篇自主阅读课文。作者采用“总—分—总”的写法，以饱满的热情描述了非洲的骄阳蓝天、植物世界、动物世界、人们的日常生活以及艺术风采，从多个方面展示了非洲的自然风光和异域文化，突出表现了作者的真切感受——非洲真是一个色彩斑斓的世界，让人读后大开眼界，十分向往。

【亮点】

1. 本教案设计了两个平台：一个是标准性平台，一个是倒置性平台。本教案最大的亮点在于融入了 5S 和 5L，体现出了平台互动课型高速度、高容量、高难度的特点，而这也是教案的重要管理调控点。

2. “三测”比较精准到位，能很好地把控课堂关键项。教案设计的强化次数达到 13 次，所以布置的作业主要是拓展阅读。

3. 能根据略读课文的特点，交出主动权，培养学生的自主阅读能力，让学生个性阅读。

【不足及建议】

如果能在教案中设计机动项和机动时间会更好。

（点评人：南宁市兴宁区第一初级中学　周初宁）

教案（点评修改稿）

点评修改人：周初宁

概况	学校：南宁市兴宁区教研室 课型方式：平台互动方式		授课人：党雪妮 课时形态：标准课	学科：语文 内容：人教版五年级上册《彩色的非洲》	
目标	目标1：能有感情地朗读课文，了解课文从哪几个方面来展示非洲的多姿多彩。 目标2：激发探索异域风情文化的热情和欲望，体会作者对非洲的喜爱与赞美之情。 学习重难点：感受非洲风情，积累课文中的优美语言。				
流程性检测		内容提要	时间	方法 & 策略	反思 / 评价
前测	检测读的速度以及单元组学习情况： 人力资源 + 肢体语言。	一、导入新课，整体感知课文内容。	10 分钟	一、导入 1. 默读课文，画出文章的中心句，四人小组交流。（阅读速度前测，没有经过训练 200 字 / 分钟） 2. 课件出示生字词，正音，检测。（防空讲） 3. 再读课文，画出文章中的好词好句，同桌交流，教师计时并检测。（教师给出阅读速度目标，400 字 / 分钟，肢体语言检测，防泡沫）	这是一篇略读课文，文章比较长，因此采取默读的方法，通过浏览获取信息，通过目标效应训练学生的阅读速度。
中测	检测关键内容“彩色非洲”： 单元组学习 + 分享汇报 + 质疑补充 + 朗读背诵 + 人力资源。	二、自主阅读探究，了解课文从事物的哪几个方面来展示非洲的多姿多彩。	18 分钟	二、平台一（倒置性平台） 第一步：出示开放性素材：彩色的非洲表现在哪些方面？ 第二步：六人小组讨论，用中卡呈现。（2 分钟） 第三步：汇集整理成标准形态的平台（2 分钟） 向度 1：彩色的植物世界。 向度 2：彩色的动物世界。 向度 3：彩色的日常生活。 向度 4：彩色的艺术。 向度 5：彩色的自然景观。	培养学生自主阅读的能力，交主动权，让学生用自己喜欢的方式探究文本，在汇报过程中教师要注意引导学生有感情地朗读，积累优美的词句，为下一步的学习做铺垫。

续表

	检测关键内容心目中的“彩色非洲”：单元组学习＋分享汇报＋朗读背诵＋人力资源。	三、(机动项)拓展运用。用自己喜欢的方式展示心目中的“彩色非洲”：摘词语、写诗歌、写解说词、换歌词、诵读、写感受、配图……	17 分钟	…… 第四步：六人小组自选 1~2 个向度进行阅读探究，抓住重点词句深入领会，用中卡呈现。（小动＋中卡，防与生为敌＋防泡沫，6 分钟）(注意训练写的速度，经过训练后可达到 30 字 / 分钟) 第五步：中卡展示，全班浏览全部中卡，自荐或推优汇报，其他同学质疑补充。(防空讲＋大动，8 分钟)(浏览速度，经过训练后可达到 400 字 / 分钟；给出讲的速度目标：150~180 字 / 分钟) 第六步：教师根据实际情况点讲、补讲。（防泡沫，1 分钟） 三、(机动项)平台二（标准性平台） 第一步：关键项为心目中的“彩色非洲”。 第二步：教师同时出示多向度平台。 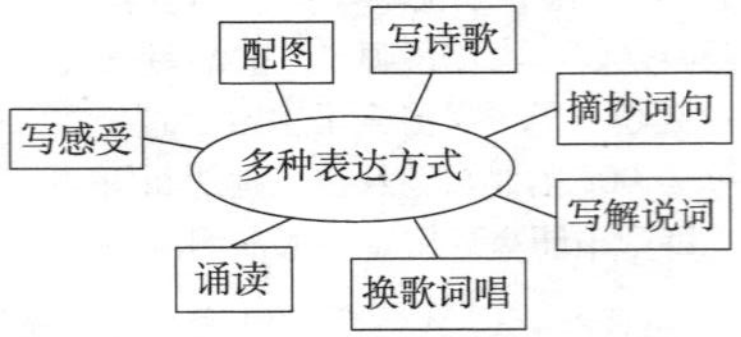 第三步：四人小组结合课文内容，选择一个向度进行创造性学习，用大卡呈现。(小动＋大卡，防形式单一，6 分钟) 第四步：全班浏览大卡，每人浏览 6 张，选择其中最有创意的 5 张在全班展示、分享。（大动＋大卡防空讲，8 分钟）(分享时训练讲的速度：150~180 字 / 分钟) 第五步：教师结合创意表达进行点讲、补讲，并选出最佳创意作品。（2 分钟）	个性化阅读和创造性阅读不仅可以培养学生的阅读能力，而且能训练学生的思维能力和创造性。教师在点讲时要注意引导学生读原文，多读，且有些片段要熟读。
后测	强化次数约 13 次，原则上不布置课后作业。	四、总结，拓展阅读。	2 分钟	四、小结 推荐阅读：《非洲地理杂志》《非洲之旅》等。	如果有时间，可以补充一些视频资料，让学生更直观、更直接地感受“彩色非洲”。
备注或总评：这是一篇略读课文，主要培养学生的自主阅读能力。本案设计了两个平台，通过 5J、5F、5L 等学习方式，让学生在平台互动中读书、交流、写作、画画，多要素学习，因而学生的听、说、读、写、思等能力得到了很好的训练与培植。					

语文《奇异的植物世界》

教案（原稿）

教材：小学语文S版三年级下册 班级：三年级(2)班 执教者：×× 课题：奇异的植物世界（第二课时）	5. 小结学习方法，为学习下文打基础。 3. 巩固图文结构表达呈现，为后面使用大卡学习做准备。 1和2，“想＋看＋做＋讲”结合，理解文段内容，防空看和假看。 10分钟	4. 强化朗读，体现学科性，防与学生为敌。 2. 防空看、假看、假合作。 1. 单元组训练，培养小组合作学习的精神，训练表达呈现及大卡的使用。释放主动权，让学生学会阅读。 18分钟	4. 延伸到课外，积累课外知识，扩大阅读量。 2和3，强化单元组训练，强化表达呈现和卡的使用。张扬个性，提高学生的语言表达能力。 1. 激发学生的学习兴趣。 12分钟
[双目标] 1. 理解课文内容，懂得植物的奇异之处。 2. 落实5J、5F，重点训练单元组，加强防泡沫和防单一。 [课型方式] 要素组合方式。 [课时形态] 标准课（40分钟）。	学习第一种奇异的植物。	小组合作学习另外5种奇异的植物。	拓展，延伸课外。
	1. 自由读第2自然段。 （1）思考：这段写了哪种植物？这种植物有哪些？作者是从哪些角度去写的？（想＋看） （2）在文中用“__”“__”“＝”分别画出它的名称、奇异之处及写作角度。（做，防空看＋防假看） 2. 同桌交流。（讲＋小动） 3. 指名汇报，师用气泡图、树状图板书。（听＋看，防空讲） 4. 朗读指导，加深理解。（讲，防敌） 5. 小结学法：读→想→找→画→说→读。（想＋讲，防敌）	1. 四人小组用刚才的学法学习第3~7自然段中的一二段，并用喜欢的方式将植物的名称及特点呈现在大卡上。（看＋想＋做＋小动，防空＋防泡沫） 2. 小组汇报。（听＋讲，防泡沫） 3. 进行相应的安全教育：不要乱“尝”野果。（听＋讲） 4. 朗读指导，使学生加深理解。（讲，防敌）	1. 教师讲课外了解到的一种奇异的植物。（听） 2. 四人小组互说生活中自己知道的奇异植物，并用喜欢的方式将植物的名称及特点呈现在大卡上。（想＋讲＋做＋听＋小动） 3. 全班交流：将本小组的大卡挂上，选一名讲解员讲解，其他同学到别组观看，用小卡记录喜欢的植物及特点。（大动，防泡沫） 4. 课后收集奇异的植物。（看＋做）
总评	根据中年级阅读教学特点及本班学生的实际情况，在本节课中，教师立足于学生，倡导自主与小组合作学习相结合。采用“先扶后放”的教学方法，即先引导学生以“读→想→找→画→说→读”为主线的方法去阅读课文前面的内容，然后放手让学生以四人小组的学习方式，用之前的学法学习后面同样结构的文段，并用自己喜欢的表达形式在大卡上呈现学习成果，最后拓展延伸到课外。教学过程中充分将七要素组合、轮换着使用，释放了主动权，注重5J的训练，并运用5F来调控管理课堂；安排了3次小动和1次大动，充分调动了学生的学习情趣，学生学习积极性高，学习效果好，达到了动中学的目标。		

教案总评

【概况】

《奇异的植物世界》是 S 版小学语文三年级下册第四单元第三篇阅读课文。这是一篇参观记，写了小星和同学们在向导李叔叔的带领下参观植物园的过程，展示了一个奇异的植物世界。全文共 8 个自然段，是按“总—分—总”的结构来写的，可分为三部分。其中第二部分，也就是第 2~7 自然段描写的是整个参观的过程，一个自然段写一种植物，一步一景，这种写法又称移步换景法，使得课文脉络清晰，前后衔接自然。全文通过小星的看、听、尝、摸和向导李叔叔的介绍，描写了每一种植物的特点，充分展示了每一种植物的奇异之处。在教学过程中，应着重引导学生体会植物世界的奇异，激发学生探索植物世界奥秘、热爱大自然的思想感情。

【优点】

1. 该教案基本符合 MS–EEPO 图文结构 II 型备课方式的要求，能把内容和方法策略分开写。

2. 教学流程基本清晰、完整；能把 5J、5F 放进去，其中 5J 能标注到二级指标；要素能轮换组合使用。

3. 能有意识地把学习的主动权交给学生。

4. 能够根据学科特点进行教学。

【不足及建议】

1. 该教案的教学目标不够明确，即不明确到底是上学科教学课还是上以学科知识为载体的学习方式训练课；没有标注目标中的关键项，即教学重点和教学难点，也没有描述大目标。

2. 格式不够规范，不完全符合图文结构 II 型备课方式的要求，没有标注每个教学环节，关键项的操作也没有标注时间。

3. 所设计的教学活动不能较好地促进教学目标 2 的达成。

4. 各教学环节主流要素分不清楚，有罗列之嫌，形式也较单一，如第二环节中的第一教学步骤和第三环节的第二个步骤。

5.5F 的操点作与实际的教学要求部分不相符。

6. 少部分内容表述不够准确精炼，如“课型”表述不准确，“内容概况”表述不够精炼。

7. 没有根据学科和年级特点进行学法指导。

在 MS–EEPO 有效教育实践的初期，部分初学者容易出现以上操作不规范的问题，因此我们选取这份有所不足的教案作为典型教案和各位读者交流、探讨和分享。

（点评人：玉林市玉州区大北小学　朱红梅）

教案（点评修改稿）

点评修改人：朱红梅

教材：小学语文S版三年级下册 班级：三年级(2)班 执教者： 课题：奇异的植物世界（第二课时）	反思 & 评价 10分钟	18分钟	12分钟
教学素材	学习第1~2自然段	学习第3~7自然段	拓展延伸
[双目标] 1. 学生通过理解课文内容，懂得植物的奇异之处，激发起探索、热爱大自然的思想感情。 2. 学习作者细致观察的方法，指导学生有感情地朗读课文。 [教学重点]学习作者细致的观察方法，懂得植物的奇异之处。 [教学难点]学习本文移步换景的写作方法。 [课型方式]要素组合方式。 [课时形态]标准课。	学习第一种奇异的植物。 重点阅读第2自然段，思考：这段话写了哪种植物？这种植物有哪些奇异的地方？作者是从哪些角度去写的？了解它的名称、奇异之处及写作角度。	1. 学习另外5种奇异的植物。 2. 小结写作方法。	1. 了解更多奇异的植物。 2. 写法迁移
	1. 自由读，用横线画出主要内容。（想+做+看+防空） 2. 同桌二人小组交流。（讲+小动） 3. 指名汇报，师用气泡图相机板书，生边听边在课本上修改。（讲+听+做，防空） 4. 朗读指导，个人读+男女读。（讲+听+防单） 5. 小结学法：读→想→找→画→说→读。（想+讲）	1.1 个人用刚才的学法，自由选择至少2段进行自学。（想+看）（2分钟） 1.2 四人小组交流，并用喜欢的方式将植物的名称及特点呈现在大卡上。（做+想+讲+小动+防空）（5分钟） 1.3 大动浏览，带上笔记本至少看3个小组作品。（做+看+防空+防泡）（3分钟） 1.4 小组汇报。（讲+听）（4分钟） 1.5 朗读指导，使学生加深理解。 2. 教师小结写法：移步换景。（讲+听）	1.1 师讲生听。 1.2 四人小组互说生活中自己知道的奇异植物，并用喜欢的表达方式将植物的名称及特点呈现在中卡上。（做+讲+小动） 1.3 各小组顺时针交换中卡，互相浏览学习。（看+讲+大动+防单一） 2. 写法迁移。预留项：运用移步换景的写法写一篇游记或一次参观的经过。（做+想）
总评	能根据课标要求、学科特点和学生特点确定教学目标，教学流程清晰、完整、可操作性强。从设计上看，七要素轮换、组合着使用，注意培养学生自主探究合作的能力；能用5J、5F调控课堂，把学习的主动权下放给学生，充分调动了学生的学习积极性，学习效果好。		

数学《可能性的大小》

教案(原稿)

课题：可能性的大小 班级：三年级 执教者：林柱仙 学校：梧州市藤县教学研究室 日期：2014年5月	用活了教材。根据学生已有的生活经验，在尊重教材的基础上进行了合理改编，精心地创设了到“森林王国”去游玩的教学情境，学生在观察、思考与交流中找准了新知识的切入点。 5分钟	注重知识形成的过程和思维能力的培养。创设一些与生活联系的情境，让学生玩“摸球游戏”“笨象求助”，在观察、实验、交流和反思体验中形成共识：数量多，可能性大；数量少，可能性小；可能性与物体数量的多少有关。学生经历了探索的全过程，使得知识的形成、方法的获得有序、有效，这印证了波利亚所说的：“学习任何知识的最佳途径是自己去发现，因为这种发现理解最深。” 17分钟	重视知识的应用。在学生对“可能性的大小”有了一定的感受之后，根据学生之间的个体差异性，特意创设了“抽奖活动”“摆放水果” 等有层次的、开放的生活情景，引导学生利用已有的生活经验，把学到的知识应用到生活中去，解决身边的数学问题，体会学习数学的价值。同时，也体现了“不同的人在数学上得到不同的发展”的课程理念。 15分钟	通过反思，学生对知识有一个系统的回顾，提高了学生的归纳概括能力。 3分钟
教学过程	联系生活，激趣导入	创设情境，探究新知	实践体验，拓展应用	总结
[教学目标] 大目标：结合具体情境，通过活动，能直观感受到事情发生的不确定性以及事件的可能性是有大有小的。 小目标：进行初步的猜测和推理，能对一些事件可能性的大小进行定性描述。 [教学重点]在具体的情境中，对事件可能性的大小进行定性描述。 [教学难点]利用事件发生的可能性的知识解决实际问题。 [课型方式]要素组合+图文结构。 [课时形态]标准课。 [课时]1课时。	1. 多媒体课件播放森林画面，学生观察。（看+听） 2. 学生观察出现的物品，出主意。 3. 提取信息—独立思考—回答问题。（想+看+讲） （学生判断，用约定手势评价） 4. 小结：带物品也存在可能性。	1. 活动一：入门考试。 1.1 课件出示：①号袋——6个黄球；②号袋——3个白球3个蓝球。思考：从每个口袋里任意摸出一个球，一定是黄球吗？（想+看+讲） 1.2 板书课题：可能性的大小。 2. 活动二：摸球游戏。 2.1 课件显示另外两个口袋，思考：猜一猜，任意摸出一个球，可能会摸到什么球？摸到哪种球的可能性会大些呢？（想+看+讲） 2.2 四人小组做“摸球游戏”，填写报告单①。（想+做+看+约定+小动） 2.3 展示小组报告单，小组汇报实验情况。（表达呈现+看+听+讲） 小结：可能性的大小与物体数量的多少有关。 2.4 总结学法“猜想—实践—验证”。 2.5 按照刚才的方法继续做游戏。（学生摸②号袋——5个白球1个蓝球，填写报告单②）（做+看+约定+小动） 2.6 小组展示汇报。（看+约定评价） 总结规律：数量多，可能性大；数量少，可能性小。 3. 活动三：笨象求助。 独立完成课本第85页“练一练”第1题；汇报，全班判断。（想+做+讲+约定+表达呈现）	4. 活动四：抽奖活动。 课件显示三个红色区域大小不同的转盘，学生自主选择，并说说理由。（想+看+讲） 5. 活动五：摆放水果。 5.1 问题：有三位小朋友的口味与众不同（课件显示小朋友的要求）。 明明：我喜欢吃苹果。 强强：我不想吃苹果。 芳芳：我最喜欢草莓。 5.2 四人小组摆水果，展示交流，集体评价。（想+做+听+看+小动） 6. 活动六：放眼生活。 6.1 课件显示生活中实例的图片和文字，学生判断说话。（想+看+讲） 6.2 师：用词语来写一写生活中的事情。（课件显示词语：一定、可能性大、可能性小、经常、偶尔、不可能、很少） 六人小组用自己喜欢的方式在中卡上呈现。（时间：3分钟）（想+做+板卡+小动） 6.3 展示作品并评价。（表达呈现+看+说+约定）	说一说你在知识上的收获，以及在方法、情感上的收获。 1.1 指名复述。（想+讲+听） 1.2 教师总结、评价。（想+听）
总评：				

教案总评

【概况】

《可能性的大小》是人教版小学数学三年级上册第八单元的教学内容。这节课通过玩一玩、猜一猜、说一说的学习活动，让学生初步体验现实世界中事情发生可能性的大小。在探索事件发生的可能性大小的过程中，让学生初步感受随机现象的统计规律性，体会数学学习与现实的联系，进一步培养学生的求实态度和科学精神，以形成利用事件发生的可能性的知识解决实际问题的能力，并在活动交流中培养合作学习的意识和能力。

【亮点】

本教案是采用 MS-EEPO 图文结构 I 型备课方式进行编写的，并较好地体现了 MS-EEPO 图文结构 I 型备课方式的要求。

1. 从教学目标的角度看，教案能根据课标精神、学科特点和学生实际确定教学目标。本教案的大目标是“结合具体情境，通过活动，能直观感受到事情发生的不确定性以及事件的可能性是有大有小的”，这是需要多次情境体验和感受才能实现的目标。小目标是“进行初步的猜测和推理，能对一些事件可能性的大小进行定性描述”，这是本节课要实现的关键目标，比较具体，可以在课堂进行检测。

2. 从基本格式的角度看，《可能性的大小》教案符合 MS-EEPO 图文结构 I 型备课方式格式上的基本要求，能够清楚地标注执教者的姓名和单位、时间、学科、教学内容、课时形态、课型形态和教学环节等内容。

3. 从教学基本流程的角度看，教学流程清晰完整，教学环节和时间安排清楚，而且时间分配与教学目标、重点、难点密切相关，分配合理。“创设情境，探究新知”和“实践体验，拓展应用”两个教学环节共耗时 32 分钟，目的是突出和突破本节课的重点和难点。教学流程描述较详细清楚，教学思路清晰，操作性和逻辑性较强，符合学生的学习规律和认知特点。关键项&方法策略的设计及描述具有一定的可视性、可操作性和针对性。

4. 从课型方式的角度看，本教案较好地体现了要素组合方式课型的要求，“听、看、讲、想、做、动、静”七个要素轮换、组合着用，标注清楚，同时适时落实了动静转换，安排了 4 次小动，体现了要素组合课型的基本理念和特点。

5. 从学习方式运用的角度看，运用了 5J 组织调控课堂，具有引导学生开展合作学习活动的意识。教案设计运用了单元组、约定、板卡和表达呈现等学习方式，而且标注到了二级指标。整个教学设计突出了学生是学习的主体，关注学生个性发展，把课堂还给学生的教育理念。

【不足及建议】

1.“课型方式”部分写“要素组合＋图文结构”是不准确的，“图文结构”是备课方式，应改为“要素组合方式”。“课时形态”写了“标准课”就不必要再写“课时：1 课时”了。

2. 教学过程中七个要素的标注有罗列之嫌疑，只能标注主流要素。比如，“6.1 课件显示生活中实例的图片和文字，学生判断说话。（想＋看＋讲）”，要素改为“想＋看”即可。

3. 在重要的教学环节中，具体操作过程应该标出时间分配。

（点评人：广西师范学院　张巧文）

教案（点评修改稿）

点评修改人：张巧文、黎茂昌

课题：可能性的大小 班级：三年级 执教者：林柱仙 学校：梧州市藤县教学研究室 日期：2014 年 5 月	用活了教材。根据学生已有的生活经验，在尊重教材的基础上进行了合理改编，精心地创设了到“森林王国”去游玩的教学情境，学生在观察、思考与交流中找准了新知识的切入点。 5 分钟	注重知识形成的过程和思维能力的培养。创设一些与生活联系的情境，让学生玩“摸球游戏”“笨象求助”，在观察、实验、交流和反思体验，形成共识：数量多，可能性大；数量少，可能性小；可能性的大小与物体数量的多少有关。学生经历了探索的全过程，使得知识的形成、方法的获得有序、有效，这印证了波利亚所说的：“学习任何知识的最佳途径是自己去发现，因为这种发现理解最深”。 17 分钟	重视知识的应用。在学生对“可能性的大小”有了一定的感受之后，根据学生之间的个体差异性，特意创设了“抽奖活动”“摆放水果”等有层次的、开放的生活情景，引导学生利用已有的生活经验，把学到的知识应用到生活中去，解决身边的数学问题，体会学习数学的价值。同时，也体现了“不同的人在数学上得到不同的发展”的课程理念。 15 分钟	通过反思，学生对知识有一个系统的回顾，提高了学生的归纳概括能力。 3 分钟
教学过程	联系生活，激趣导入	创设情境，探究新知	实践体验，拓展应用	总结
[教学目标] 大目标：结合具体情境，通过活动，能直观感受到事情发生的不确定性以及事件的可能性是有大有小的。 小目标：进行初步的猜测和推理，能对一些事件可能性的大小进行定性描述。 [教学重点] 在具体的情境中，对事件可能性的大小进行定性描述。 [教学难点] 利用事件发生的可能性的知识解决实际问题。 [课型方式] 要素组合方式。 [课时形态] 标准课。	1. 多媒体课件播放森林画面，学生观察。【看 + 听】 2. 学生观察出现的物品，出主意。 3. 提取信息—独立思考—回答问题。【想 + 看 + 讲】（学生判断，用约定手势评价） 4. 小结：带物品也存在可能性。	1. 活动一：入门考试。 1.1 课件出示：①号袋——6 个黄球；②号袋——3 个白球 3 个蓝球。思考：从每个口袋里任意摸出一个球，一定是黄球吗？【想 + 看 + 讲】 1.2 板书课题：可能性的大小 2. 活动二：摸球游戏。 2.1 课件显示另外两个口袋，思考：猜一猜，任意摸出一个球，可能会摸到什么球？摸到哪种球的可能性会大些呢？【想 + 看 + 讲】 2.2 四人小组做“摸球游戏”，填写报告单①。【想 + 做 + 看 + 约定 + 小动】 2.3 展示小组报告单，小组汇报实验情况。【表达呈现 + 看 + 听】 2.4 小结：可能性的大小与物体数量的多少有关。 2.5 总结学法“猜想—实践—验证”。 2.6 按照刚才的方法继续做游戏。（学生摸②号袋——5 个白球 1 个蓝球，填写报告单②）【(做 + 看 + 约定 + 小动】 2.7 小组展示汇报。【看 + 听 + 约定】 2.8 总结规律：数量多，可能性大；数量少，可能性小。 3. 活动三：笨象求助。 独立完成课本第 85 页“练一练”第 1 题；汇报，全班判断。【想 + 做 + 讲 + 约定 + 表达呈现】	1. 活动四：抽奖活动。 课件显示三个红色区域大小不同的转盘，学生自主选择，并说说理由。【想 + 看 + 听】 2. 活动五：摆放水果。 2.1 课件显示小朋友的要求。问题：有三位小朋友的口味与众不同。明明：我喜欢吃苹果。强强：我不想吃苹果。芳芳：我最喜欢草莓。 2.2 四人小组摆水果，展示交流，集体评价。【想 + 做 + 看 + 小动】 3. 活动六：放眼生活。 3.1 课件显示生活中实例的图片和文字，学生判断说话。【想 + 看】 3.2 师课件显示词语：一定、可能性大、可能性小、经常、偶尔、不可能、很少，要求学生用这些词语来写一写生活中的事情。 3.3 六人小组用自己喜欢的方式在中卡上呈现。（时间：3 分钟）【想 + 做 + 板卡 + 小动】 3.4 展示作品并评价。【表达呈现 + 看 + 约定】	说一说你在知识、方法和情感上的收获。 1.1 指名复述。【想 + 听】 1.2 教师总结评价。【想 + 听】
总评：				

数学《平行四边形的面积》

教案（原稿）

教材：人教版数学五年级上册 课题：平行四边形的面积 执教者：天等县城关小学王杰琳 课型方式：要素组合方式 课时：1课时	引起好奇心，营造良好的学习氛围，培养学生参与学习活动的兴趣。	通过想、讲、听、看、做、动静转换等，让学生在自主合作探究的环境中学习推导平行四边形面积的计算公式，学生学得轻松愉快而且有效。	练习设计针对性强且缓冲度好，有一定梯度，强化了知识点。	培养学生的总结概括能力，再次强化和落实目标。
教学素材	创设情境　导入新课	猜想验证　探究新知	巩固应用　拓展延伸	课堂小结　不断提升
[教学目标] 1. 使学生在探究活动中深刻体验和感悟平行四边形面积计算公式的推导过程，掌握公式并正确计算平行四边形面积。 2. 在探究过程中学习猜想、验证、得出结论的探究方法和“转化”的教学思想方法，培养学生动手实践、合作交流的意识和能力。 [教学重点]通过发现平行四边形与长方形的联系，自主探究平行四边形面积计算公式的推导过程，激发学生学习数学的兴趣。 [教学难点]将平行四边形转化成长方形来推导平行四边形面积计算公式。	1. 教师出示长方形框架：这是什么？关于长方形你们知道些什么？（看+想+讲） 2. 教师拉动长方形框架，使之变成一个平行边形：这又是什么？关于平行四边形，你们又知道些什么？（看+想+讲） 3. 同桌交流。分别指出自己手上平行四边形的底和高，长边和短边。（看+讲+听+小动）	1. 猜想：长方形面积 = 长 × 宽，那平行四边形的面积等于什么呢？为什么这样猜想？（预设：①平行四边形面积 = 长边 × 短边；②平行四边形面积 = 底 × 高）（想+讲+听） 2. 验证：通过大家的大胆猜想，得出了两个答案，但哪个是正确的呢？（想+讲+听+看+做+动静转换） （1）介绍学具，并提出小组合作要求。 （2）四人小组合作探究，师巡视参与。 （3）汇报、展示验证结果。 分别请三个小组汇报展示结果，师及时引导、评价，得出结论。 3. 课件演示，突出剪、移、拼的过程，渗透“转化”的教学思想方法。（听+看+想+讲） 4. 同桌利用学具，边拼边说平行四边形的推导过程。（听+讲+小动）	1. 用字母公式表示。 2. 流程性检测。（想+讲+做+听） （1）判断题。 （2）抢答题。 （3）计算下面平行四边形的面积（写在微卡上）。 3. 数学医院。（想+讲+做+听） 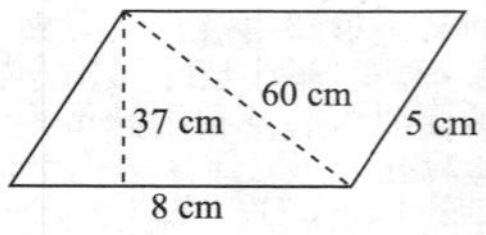 （1）$8 \times 5=40$（cm^2） （2）$3 \times 5=15$（cm^2）	1. 这节课我们一起研究了平行四边形的面积计算，回顾一下，我们是怎么提出平行四边形的面积计算公式的？（想+讲+听） 2. 还有什么疑问吗？刚上课时我们把长方形框架拉成平行四边形时，什么变了？什么没变？（想+讲+听） 3. 通过剪拼，我们把平行四边形转化成长方形，这时什么变了？什么没变？（想+讲+听） 4. 师生相互评价。（讲+听）

教案总评

【概况】

《平行四边形的面积》是人教版九年义务教育六年制小学数学第九册的教学内容。本教学设计依据《义务教育数学课程标准》的要求，让学生在理解的基础上掌握平行四边形的面积计算公式。学生通过操作和对图形的观察、比较，发展了空间观念，初步知道了转化的思想方法在研究平行四边形面积时的应用，培养了学生的分析、综合、抽象、概括和解决实际问题的能力。通过观察、测量、拼摆等实践活动，将知识学习与生活实际结合起来，使学生感受到学习的乐趣，发展创新思维和求异思维，培养了积极的情感态度。

【亮点】

1. 教案的格式符合 MS-EEPO 图文结构 I 型备课方式的格式，教学内容及各设计环节较清晰、翔实，有梯度。

2. 教学目标符合新课标要求，具有学科特点，使学生能充分利用已有知识和经验去探索新知识，注重培养学生的迁移意识和动手实践能力。

3. 体现了思维的培养过程，课型符合要素组合的简单式要求，能体现教师在课堂上灵活使用七要素组合调控课堂、组织教学的过程。

4. 体现了下放学习主动权，将课堂还给学生的教学理念。5J 中板卡和单元组的使用达到指标，动静转换的时间较合理。

【不足及建议】

1. 部分环节不够完整，如目标没有分大目标和小目标，课型方式和课时形态没有标明，教案的每个板块（环节）没有时间节点。

2. 目标的对象应是学生而不是教师，建议小目标删掉“使学生”三个字，直截了当。

3. 七要素罗列没有区分主流要素，比如环节一中的“3. 同桌交流。分别指出自己手上平行四边形的底和高……”用到了四个要素（看 + 讲 + 听 + 小动），有些只是罗列，改成“讲 + 小动”即可。又例如环节二中的“2. 验证：通过大家的大胆猜想，得出了两个答案，但哪个是正确的呢？（想 + 讲 + 听 + 看 + 做 + 动静转换）”，七个要素全都罗列完了，分不清哪个是主流要素，应改成 “做 + 小动” 。

4. 教学方法、手段、策略体现得不够，教师问得多，学生学习探究解决的方式方法少，流程性检测少，因此看不出学生掌握知识的程度。

（点评人：崔育媚、陈苏梅、张英）

教案（点评修改稿）

点评修改人：张英、陈苏梅、张巧文

教材：人教版数学五年级上册 课题：平行四边形的面积 执教者：天等县城关小学王杰琳 课型方式：要素组合方式 课时：1课时	引起好奇心，营造良好的学习氛围，培养学生参与学习活动的兴趣。	通过想、讲、听、看、做、动静转换等，让学生在自主合作探究的环境中学习推导平行四边形面积的计算公式，学生学得轻松愉快而且有效。	练习设计针对性强，且缓冲度好，有一定梯度，强化了知识点。	培养学生的总结概括能力，再次强化和落实目标。
教学素材	创设情境　导入新课	猜想验证　探究新知	巩固应用　拓展延伸	课堂小结　不断提升
[教学目标] 小目标：在探究活动中深刻体验和感悟平行四边形面积计算公式的推导过程，掌握公式并解正确计算平行四边形面积。 大目标：在探究过程中学习猜想、验证、得出结论的探究方法和“转化”的教学思想方法，培养动手实践、合作交流的意识和能力。 [教学重点]通过发现平行四边形与长方形的联系，自主探究平行四边形面积计算公式的推导过程，激发学习数学的兴趣。 [教学难点]将平行四边形转化成长方形，来推导平行四边形面积计算公式。	1. 教师出示长方形框架：这是什么？关于长方形你们知道些什么？（看+想+讲） 2. 教师拉动长方形框架，使之变成一个平行边形：这又是什么？关于平行四边形，你们又知道些什么？（看+想+讲） 3. 同桌交流。分别指出自己手上平行四边形的底和高，长边和短边。（讲+小动）	1. 猜想：长方形面积＝长 × 宽，那平行四边形的面积等于什么呢？为什么这样猜想？（预设：①平行四边形面积＝长边 × 短边；②平行四边形面积＝底 × 高）（想＋讲＋听） 2. 验证：通过大家的大胆猜想，得出了两个答案，但哪个是正确的呢？（做＋小动） （1）介绍学具，并提出小组合作要求。 （2）四人小组合作探究，师巡视参与。 （3）汇报、展示验证结果。 分别请三个学习小组汇报展示验证结果，师及时引导、评价，得出结论。 3. 教师用课件演示正确的推导过程，突出剪、移、拼的过程，渗透“转化”的教学思想方法。（听＋看＋想＋讲） 4. 同桌利用学具，边拼边说平行四边形的推导过程。（听＋讲＋小动）	1. 用字母公式表示。 2. 流程性检测。（想＋讲＋做＋听） （1）判断题。 （2）抢答题。 （3）计算下面平行四边形的面积（写在微卡上） 3. 数学医院。（想＋讲＋做＋听） 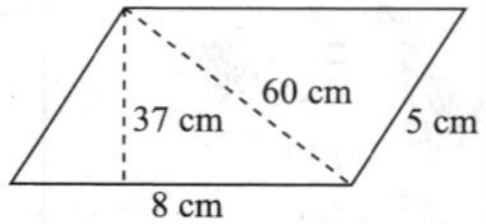 （1）$8\times5=40$（cm^2） （2）$3\times5=15$（cm^2）	1. 这节课我们一起研究了平行四边形的面积计算，回顾一下，我们是怎么提出平行四边形的面积计算公式的？（想＋讲＋听） 2. 还有什么疑问吗？刚上课时我们把长方形框架拉成平行四边形时，什么变了？什么没变？（想＋讲＋听） 3. 通过剪拼，我们把平行四边形转化成长方形，这时什么变了？什么没变？（想＋讲＋听） 4. 师生相互评价。（讲＋听）

数学《百分数的意义和读写法》

教案（原稿）

教学要素	创设情景	自主探究	巩固深化	总结
学校：兴宁区五塘镇中心校 执教者：陆丽平 班级：六年级（3）班 内容：人教版小学数学六年级上册《百分数的意义和读写法》 日期：2013年11月18日	设计意图： 以校运会的获奖情况导入，激发学生学习兴趣，让学生在解决问题的过程中初步感知百分数的意义和百分数的应用。	设计意图： 4. 百分数的读写比较容易，六年级学生已有自学能力，因此放手让学生自学并互检。 3. 让学生体会百分数不能表示一个具体数量，只能表示两个数量之间的倍比关系。 2. 交流课前收集的百分数，让学生既了解更多的百分数，又加深对所学知识的理解。 1. 联系生活实际，使学生理解百分数的意义，体会百分数在生活中的广泛运用。	设计意图： 练习有梯度，让学生在动脑动手的过程中，进一步加深对百分数的理解。	设计意图： 表扬激励加检测。
	3分钟	26分钟	10分钟	1分钟
[教学目标] 1. 学生能理解百分数的意义，弄清百分数与分数的联系和区别，并正确地读写百分数。 2. 学生亲历知识的形成过程，培养收集和整理信息的能力。 [教学重点]理解百分数的意义。 [教学难点]弄清百分数与分数的联系和区别。 [课型方式]要素组合。	（课前布置学生收集生活中的百分数，整理好写在小卡上） PPT出示：今年校运会，六年级共设个人奖40个，其中我班学生获奖占年级奖项总数的30%，1班占25%，2班占20%，4班占25%。 (1)引出百分数这里面出现了哪些数字，你们认识吗？	1. 理解百分数的意义。 ① PPT出示课本中图1的百分数，想想这些百分数表示什么？在四人小组里交流。（想+讲+听+小动，班级文化约定，3分钟） ②请3组代表汇报，2人复述。（听，3分钟） ③总结百分数的意义：表示一个数是另一个数的百分之几。（听） ④ PPT出示，全班齐读百分数的意义。（讲） 2. 强化百分数的意义。 ①四人小组交流课前收集整理好的百分数的意义。（讲+听+小动，学科文化约定，3分钟） ②请2组代表投影汇报，1人复述，点评。（听，3分钟） 3. 辨析百分数、分数的联系与区别。 一桶油，第一次用去1/4千克，第二次用去它的1/4。 ①读题思考：哪个分数能用百分数表示，哪个不能？为什么？	1. 填空。 45%、150%、98%、75/100 ①一本书已看了全书的（　　），还剩下全书的55%。 ②一根铁丝长（　　）米。 ③一辆汽车严重超载，装的货物是限载重的（　　）。 独立思考按序号把答案写在小卡上。（想+做，1分钟） 指名3人汇报，学生手势判断对错。（听，2分钟） 2. 练习十八第3题。 独立思考并写在课文上，同桌互	总结：今天我们认识了百分数，我们班同学表现得都很棒，你们能用百分数来表达老师这句话的意思吗？ 指名1人回答，手势判断对错。（想+听）

续表

[课时形态]标准课。	指名回答。（看+想+听） （2）出示课题，齐读。 （看+讲）	二人小组交流。（讲+想+小动，班级文化约定，3分钟） ②指名2人汇报，1人复述，点评。（听，2分钟） 4. 自学课本第78页百分数的读写，教师检测自学情况： ①卡片出示百分数，全班齐读。（看+讲） ②独立完成课本上“做一做”第1题，同桌互批，投影展示典型作业，点评。检查学生做对的情况。（想+做+看+听+小动，校园文化约定，5分钟）	检，请2组代表投影汇报，点评。（想+做+小动，学科文化约定，4分钟） 3. 游戏。同桌相互玩“剪刀、石头、布”十次，想一想：你赢了对方几次？你赢的次数占总数的百分之几？输的呢？指名2人汇报。（想+做，3分钟）	
注释或总评：本节课中，教师紧紧围绕百分数的意义这个关键项组织课堂教学，把学习的主动权交给学生，让学生在单元组学习中不断交互、强化关键项，同时运用流程性检测的方法使强化次数得到攀升。				

教案总评

【概况】

《百分数的意义和读写法》是人教版九年义务教育六年制小学数学第十一册的教学内容。本教学设计依据《义务教育数学课程标准》的要求，让学生在现实的情境中初步理解百分数的意义，会正确地读、写百分数。学生经历了百分数的探索过程，理解了百分数与分数、比的联系与区别，进一步积累了数学活动经验，发展了良好的数感。学生在用百分数描述和解释生活现象的过程中，体会了百分数与生活的密切联系，增强了自主探索与合作交流的意识和学好数学的信心。

【亮点】

1. 教案的撰写格式符合 MS-EEPO 图文结构 I 型备课方式的要求，概况、内容及各个教学环节翔实，教学设计环节清晰。

2. 目标明确，重难点突出，教学环节的安排既考虑了数学学科的特点，也根据学生的认知规律和年龄特点，将数学与生活紧密结合。

3. 恰当使用流程性检测。要素组合课型中七要素组合灵活，突出了“想”和“做”，动静转换 4 次，时间合理。

4. 5J 中的约定、单元组、板卡在教案中明显体现，关键环节能标清时间，方法策略的可操作性强。

【不足及建议】

1. 教学目标没有分大目标和小目标，小目标应以学生为对象，应修改为：“小目标：理解百分数的意义……大目标：亲历知识的形成过程，培养收集和整理信息的能力。”

2. 练习的梯度不够，建议增加一两道拓展题，并进行反检测，对不同学生掌握知识的程度做到心中有数。

3. 出现多要素罗列现象，如“① PPT 出示课本中图 1 的百分数……在四人小组里交流”用到了四个要素（想 + 讲 + 听 + 小动），建议修改为主流要素“想 + 讲 + 小动”。

（点评人：张英、崔育媚、陈苏梅）

教案（点评修改稿）

点评修改人：张英、陈苏梅

学校：兴宁区五塘镇中心校 执教者：陆丽平 班级：六年级（3）班 内容：人教版小学数学六年级上册《百分数的意义和读写法》 日期：2013年11月18日	设计意图： 以校运会的获奖情况导入，激发学生学习兴趣，让学生在解决问题的过程中初步感知百分数的意义和百分数的应用。	设计意图： 4. 百分数的读写比较容易，六年级学生已有自学能力，因此放手让学生自学并互检。 3. 让学生体会百分数不能表示一个具体数量，只能表示两个数量之间的倍比关系。 2. 交流课前收集的百分数，让学生既了解更多的百分数，又加深对所学知识的理解。 1. 联系生活实际，使学生理解百分数的意义，体会百分数在生活中的广泛运用。	设计意图： 练习有梯度，让学生在动脑动手的过程中，进一步加深对百分数的理解。	设计意图： 表扬激励加检测。
教学要素	创设情景 3分钟	自主探究 26分钟	巩固深化 10分钟	总结 1分钟
[教学目标] 小目标：理解百分数的意义，弄清百分数与分数的联系和区别，能正确地读写百分数。 大目标：亲历知识的形成过程，培养收集和整理信息的能力。 [教学重点]理解百分数的意义。 [教学难点]弄清百分数与分数的联系和区别。 [课型方式]要素组合。	（课前布置学生收集生活中的百分数，整理好写在小卡上） 1.PPT 出示：今年校运会，六年级共设个人奖40个，其中我班学生获奖占年级奖项总数的30%，1班占25%，2班占20%，4班占25%。 2. 引出百分数：这里面出现了哪些数字，你们认识吗?	1. 理解百分数的意义。 ① PPT 出示课本中图1的百分数，想想这些百分数表示什么？在四人小组里交流。（想 + 讲 + 小动，班级文化约定，3分钟） ②请3组代表汇报，2人复述。（听，3分钟） ③总结百分数的意义：表示一个数是另一个数的百分之几。（听） ④ PPT 出示，全班齐读百分数的意义。（讲） 2. 强化百分数的意义。 ①四人小组交流课前收集整理好的百分数的意义。（讲 + 听 + 小动，学科文化约定，3分钟） ②请2组代表投影汇报，1人复述，点评。（听 ,3分钟） 3. 辨析百分数、分数的联系与区别。 一桶油，第一次用去1/4千克，第二次用去它的1/4。 ①读题思考：哪个分数能用百分数表示，哪个不能？为什么？二	1. 填空。 45%、150%、98%、75/100 ①一本书已看了全书的(　　)，还剩下全书的55%。 ②一根铁丝长(　　)米。 ③一辆汽车严重超载，装的货物是限载重的(　　)。 独立思考按序号把答案写在小卡上。（想 + 做，1分钟） 指名3人汇报，学生手势判断对错。（听，2分钟） 2. 练习十八第3题。 独立思考写在课本上。同桌互检，	总结：今天我们认识了百分数，我们班同学表现得都很棒，你们能用百分数来表达老师这句话的意思吗? 指名1人回答，手势判断对错。（想 + 听）

续表

[课时形态]标准课。	3. 指名回答。（看+想+听） 4. 出示课题，齐读。（看+讲）	人小组交流。（讲+想+小动，班级文化约定，3分钟） ②指名2人汇报，1人复述，点评。（听，2分钟） 4. 自学课本第78页百分数的读写，教师检测自学情况： ①卡片出示百分数，全班齐读。（看+讲） ②独立完成课本上“做一做”第1题，同桌互批，投影展示典型作业，点评。检查学生做对的情况。（想+做+看+听+小动，校园文化约定，5分钟）	请2组代表投影汇报，点评。（想+做+小动，学科文化约定，4分钟） 3. 游戏 。同桌相互玩“剪刀、石头、布”十次，想一想：你赢了对方几次？你赢的次数占总数的百分之几？输的呢？指名2人汇报。（想+做，3分钟）	
注释或总评：本节课中，教师紧紧围绕百分数的意义这个关键项组织课堂教学，把学习的主动权交给学生，让学生在单元组学习中不断交互、强化关键项，同时运用流程性检测的方法使强化次数得到攀升。				

数学《比例的意义》

教案（原稿）

教学素材	预习检测（3 分钟）	新知探究（20 分钟）	新知巩固（10 分钟）	后续作业（7 分钟）
内容：比例的意义 学校：忻城县实验小学 年级：六年级 执教者：莫小英 学科：数学 学段：小学	1.1 让学生知道数学就在身边。 1.3 体现数学来源于生活，用于生活。	2.1 让学生经历知识的形成过程，这样学生才能更深地理解比例的意义。 2.3 让学生写出其他比例的式子，强化知识的形成过程。 3.1 通过讨论，进一步理解比例的意义。 4. 通过观察发现，培养学生的辩别能力。	让学生计算和判断，再次强化比例的形成过程。 2.1 通过判断，让学生灵活地运用本节课的知识去解决问题。	1. 让学生回顾本节课的知识，加深对知识的认识。 3. 通过创造比例的活动，体现人人参与、个个学到知识的目标。
[大目标]通过学习比例的意义，培养学生在实际生活中发现数学和感受数学趣味的能力，提高学生学习数学的积极性。 [小目标]1. 使学生理解比例的意义，能应用比例的意义判断两个比能否构成比例。 2. 通过动手、动脑、观察、计算、讨论等方式，使学生自主获取知识，全面参与教学活动。 [教学重点]比例的意义，应用比例的意义判断两个比是否能构成比例。 [教学难点]应用比例的意义判断两个比是否能构成比例。 [课型方式]要素组合方式。 [课时形态]标准课(40分钟)。	一、谈话设疑，感受比例在生活中的应用 1.1（想＋讲＋听）检测预习：人的胸围与身高之比大约是多少？脚的长度与身高的比大约又是多少？（防空讲） 1.2（想＋讲＋听）指名回答。 1.3（想＋听）小结揭示课题，板书课题：比例的意义。	二、以求比值为引线，感知比例的意义 1.（看＋想＋做＋动静转换）课件出示 4 面不同大小的国旗，算一算它们各自长与宽的比值是多少？（防泡沫） （看＋想＋讲＋听＋动静转换）二人小组对照结果。 2.（看＋想＋讲＋听＋动静转换）同桌观察讨论：各个比的比值一样，可以用等号连起来，如 2.4 ∶ 1.6 ＝ 60 ∶ 40。（防泡沫） 2.1（想＋讲＋听）指名学生说出用等号连起来的式子，教师板书。（防空讲） 2.2（想＋讲）小结：像这样表示两个比相等的式子叫做比例。 3. 合作探究，理解比例。 3.1（想＋讲＋动静转换）四人小组讨论：要组成比例必须具备哪些条件？然后汇报。（防泡沫） 3.2（想＋做）寻找比例，让学生写出其他组成比例的式子，并记录在微型卡上。（防空讲） 4. 区别比和比例。 （想＋讲）二人小组观察并说出自己的发现。	三、自主尝试，巩固比例 1. 应用比例的意义判断以下各组的两个比是否能构成比例： 6 ∶ 10 和 9 ∶ 15 20 ∶ 5 和 1 ∶ 4 $\frac{1}{2}:\frac{1}{3}$和 6 ∶ 4 0.6 ∶ 0.2 和 $\frac{3}{4}:\frac{1}{4}$ （看＋想＋做＋动静转换）写学习卡，全班讲评。（防空讲） 2. 听题判断。 2.1（听＋想＋做＋动静转换）用“√”“×”手势判断。 2.2(想＋讲)完成一题讲评一题。(防花架子) 3.(听＋想＋做＋讲)某罪犯作案后逃离现场，只留下一个长 25 厘米的脚印。已知脚的长度与人体身高之比是 1 ∶ 7，你能推测罪犯的身高是多少吗？（独立写在学习卡上，再交流汇报）	四、课后作业 1. 谈本节课的收获。指名说说。 2. 指名说出构成比例的条件。 3. 同桌分工合作，看谁写得准确。 创造比例（一人先出一个比，另一人看后也出一个，要求这两个比能组成比例）。(防单一)

教案总评

【概况】

《比例的意义》是苏教版九年义务教育六年制小学数学第十二册的教学内容。本教学设计依据《义务教育数学课程标准》的要求，通过谈话交流，让学生感受比例在生活中的应用，激发学生学习兴趣。在求比值或化简比的活动中，让学生发现两个比相等可以写成一个等式，初步建立比例的概念。引导学生参与知识的形成过程、发现过程和运用过程，体验在实践中学习的方法，感受数学知识与日常生活的密切联系，培养其分析概括能力。让学生在区别比和比例的意义、判断两个比是否能构成比例的辩析中，体会事物间的相对联系，培养其探究精神。

【亮点】

1. 格式规范。格式符合 MS-EEPO 有效教育图文结构 I 型备课方式的要求，概况的介绍、目标的确定、教学的重难点、课型方式和课时形态表述简明，教学环节、内容、方法和策略、教学反思等元素的安排合理，做到了教学内容、方法和策略表述在教学环节的下方，教学反思写在教学环节的上方。

2. 教学目标的设计起到了统帅的作用。教学环节、方法和策略的确定是为实施教学目标服务的。如 “预习检测”的环节设计是实施大目标的有效策略和途径；“新知探究”环节中的“以求比值为引线，感知比例的意义”和“新知巩固”环节中的“自主尝试，巩固比例”等是实现小目标 1 的策略和方法等，体现的都是形式为内容服务的思想和理念。

3. 方法和策略具体且可操作，学习方式的运用合理。方法和策略中标注了学习方式 5J 和 5F 的运用，运用是合理的。

4. 要素的标示明确。每一个教学环节的内容和策略前都表明了课型方式（要素组合方式）的各个要素的组合和轮换使用，体现了思维的培养过程；课型符合要素组合的简单式要求，在课堂上能灵活使用七要素组合调控课堂，体现了组织教学的过程。5J 中板卡和单元组的使用达到指标，动静转换的时间较合理。

【不足及建议】

1. 部分环节不够完整，如概况中缺少上课时间和使用的班级，教案的关键环节无时间节点。

2. 教学目标表述有误，没有突出学生的主体地位。小目标 2 描述的应该是结果性的内容，但实际是过程性的内容。

3. 文中所标注的 5F 的具体方法策略没有体现，应该标出 5F 的具体策略。如“预习检测”中第 1.1 项的“防空讲”应表明用什么方法防空讲，应改为“PPT 防空讲”。

（点评人：百色市教科所　陈苏梅）

教案（点评修改稿）

点评修改人：陈苏梅、张英

教学素材	预习检测	新知探究	新知巩固	后续作业
内容：比例的意义 学校：忻城县实验小学 年级：六年级 执教者：莫小英 学科：数学 学段：小学 时间：2015 年 4 月 16 日	1.1 让学生知道数学就在身边。 1.3 体现数学来源于生活，用于生活。	2.1 让学生经历知识的形成过程，这样学生才能更深地理解比例的意义。 2.3 让学生写出其他比例的式子，强化知识的形成过程。 3.1 通过讨论，进一步理解比例的意义。 4. 通过观察发现，培养学生的辩别能力。	1 通过让学生计算和判断，再次强化比例的形成过程。 2.1 通过判断，让学生灵活地运用本节课的知识去解决问题。	1. 让学生回顾本节课的知识，加深对知识的认识。 3. 通过创造比例的活动，体现人人参与、个个学到知识的目标。
	3 分钟	20 分钟	10 分钟	7 分钟
[大目标]通过学习比例的意义，培养在实际生活中发现数学和感受数学趣味的能力，提高学习数学的积极性。 [小目标]1. 理解比例的意义，能应用比例的意义判断两个比能否构成比例。2. 通过动手、动脑、观察、计算、讨论等方式，自主获取知识，全面参与教学活动。 [教学重点]比例的意义，应用比例的意义判断两个比是否能构成比例。 [教学难点]应用比例的意义判断两个比是否能构成比例。 [课型方式]要素组合方式。 [课时形态]标准课。	一、谈话设疑，感受比例在生活中的应用 1.1 PPT 呈现，检测预习：人的胸围与身高之比大约是多少？脚的长度与身高的比大约又是多少？ 【想+讲+听】 【PPT防空讲】 1.2指名回答。 【想＋听】 1.3 小结揭示课题，板书课题：比例的意义。【想＋听】	二、以求比值为引线，感知比例的意义 1. 课件出示 4 面不同大小的国旗，算一算它们各自长与宽的比值是多少？【看＋想＋做＋动静转换】【防泡沫】 二人小组对照结果。【看＋想＋动静转换】 2. 同桌观察讨论：各个比的比值一样，可以用等号连起来，如 $2.4:1.6=60:40$。【看＋想＋讲＋听＋动静转换】【防泡沫】 2.1 指名学生说出用等号连起来的式子，教师板书。【想＋听】【防空讲】 2.2 小结：像这样表示两个比相等的式子叫做比例。【想＋听】 3. 合作探究，理解比例。 3.1　四人小组讨论：要组成比例必须具备哪些条件？然后汇报。【想＋讲＋动静转换】【防泡沫】 3.2 寻找比例，写出其他组成比例的式子，并记录在微型卡上。【防空讲】 4. 区别比和比例。 二人小组观察并说出自己的发现。【看＋想＋听】	三、自主尝试，巩固比例 1. 应用比例的意义判断以下各组的两个比是否能构成比例： $6:10$ 和 $9:15$ $20:5$ 和 $1:4$ $\frac{1}{2}:\frac{1}{3}$ 和 $6:4$ $0.6:0.2$ 和 $\frac{3}{4}:\frac{1}{4}$ 写学习卡，全班讲评。【看＋想＋做＋动静转换】【防空讲】 2. 听题判断。 2.1 用“√”“×”手势判断。【听＋想＋做＋动静转换】 2.2完成一题讲评一题。【想＋听】【防花架子】 3. 某罪犯作案后逃离现场，只留下一个长 25 厘米的脚印。已知脚的长度与人体身高之比是 $1:7$，你能推测罪犯身高是多少吗？独立写在学习卡上，再交流汇报。【想＋听＋做＋讲】	四、课后作业 1. 谈本节课的收获。指名说说。 【想＋听】 2. 指名说出构成比例的条件。 3. 同桌分工合作，看谁写得准确。 创造比例：一人先出一个比，另一人看后也出一个，要求这两个比能组成比例）。 【防单一】

数学《乘法运算定律》

教案（原稿）

学校：东环小学 执教者：梁佳妮 学科：数学 学段：四年级下册 内容：乘法运算定律 时间：2014 年 10 月	反思 & 评价			
乘法运算定律	引旧探新 3 分钟	合作探究 22 分钟	应用提高 13 分钟	小结全课 2 分钟
[目标] 大目标：培养学生大胆猜想、积极验证、观察、分析、合作、交流的能力。 小目标： 1. 学生会利用知识的迁移和类比等方法推导出乘法交换律和乘法结合律。 2. 学生懂得运用乘法交换律和乘法结合律计算有关计算题及解决实际问题。 [教学重点] 乘法交换律和乘法结合律的推导。 [教学难点] 会用乘法交	1. 听算并总结方法。 2. 猜想乘法有哪些运算定律。 3. 明确本节课学习目标。	1. 出示主题图，指名说信息，提问题，列式解答。 2. 探究乘法交换律和乘法结合律。 3. 归纳定律的异同点。	1. 完成学习卡的 10 道判断题。（强化次数：10 次） 2. 完成课本第 35 页第 2 题及第 37 页第 2 题。（强化次数：12 次） 3. 自编题目互相检测。（强化次数：10 次）	学生交流学习收获。
	【听 + 想 + 讲】 1.1 学生听算 4 道题并抢答。 ① 158+42　② 42+158 ③ 70+62+30　④ 26+50+24 1.2 指名汇报口算既快又对的方法：运用加法运算定律可以使计算更简便。 【想 + 讲】 2. 学生大胆猜想乘法有哪些运算定律。	1.【看 + 讲 + 做 + 小卡】（5 分钟） 学生观察主题图，提出问题并列式解答在小卡上。 ① 25 × 4=100　② 4 × 25=100　③ 25 × 4=4 × 25 【想 + 做 + 讲 + 听 + 看 + 小动 + 微（小、中）卡 + 表达呈现 +5F】（17 分钟） 2.1 学生观察等式，独立思考：你发现了什么？ 2.2 二人小组交流发现，引导学生说出乘法交换律。 2.3 用自己喜欢的方式举例表示乘法交换律，并写在微卡上。（防与学生为敌）	1.【想 + 做 + 讲 + 听 + 班级文化约定】（3 分钟）（强化次数：10 次） 学生先独立完成学习卡的题目（至少要完成 1~6 道，快的学生可以全部完成），再个人回答，并用对与错的肢体语言进行流程性检测。 2.【想 + 做 + 小动】（5 分钟）（强化次数：12 次） 先独立完成课本第 35 页第 2 题及第 37 页第 2 题，再二人小组交换检查。	【想 + 讲 + 听】 畅所欲言，互谈收获。

续表

换律和乘法结合律解决实际问题。 [课型方式] 要素组合方式。 [课时形态] 标准课。	【看】 3.PPT 出示本节课的学习目标，学生自行浏览。	2.4 四人小组汇集微卡上的例子，用喜欢的表达呈现方式写在中卡上，再就近与 2 个小组交互，互相看一看。（防空、防花架子、防单一形式） 2.5 指名汇报并引导小结乘法交换律的通用字母表达式：a × b=b × a。 2.6 指名联系实际说说乘法交换律的应用并适当举例，如验算等。（防泡沫） 2.7 出示问题，列式解答，把算式写在小卡上。 ① 25 × 5 × 2 ② 25 ×（5 × 2） 2.8 个人想算理。 2.9 汇报算理，比较异同及简便算法。 2.10 用自己喜欢的方式列举相同的例子，并验证和概括乘法结合律：(a × b) × c=a × (b × c) 。（防与学生为敌） 3. 先个人观察和思考两个乘法运算定律及其与已学的加法运算定律的异同点，再全班汇报、总结。（防与学生为敌、防泡沫）	3.【想 + 做 + 小卡 + 大动 + 学科文化的约定】（5 分钟）（强化次数：10 次）运用今天学的知识自编 3~5 道题，写在小卡上，再走出位置与 2~3 个同伴互相考一考，学生倒数 10 个数回位置。抽考 2 名学生，同时用对与错的肢体语言进行流程性检测。	

学习卡

下面算式运用了哪些运算定律？

131+602+69=131+69+602 （ ）

356+72+128=356+（72+128） （ ）

125 × 37 × 8=125 × 8 × 37 （ ）

96 × 4 × 25=96 ×（4 × 25） （ ）

4 × 8 × 25 × 125=（4 × 25）×（8 × 125） （ ）

教案总评

【概况】

《乘法运算定律》是人教版九年义务教育六年制小学数学第八册的教学内容。主题图以植树为背景，展示了植树过程中学生挖坑、种树、抬水、浇树等活动的情境。例1是在主题图的基础上提出问题“负责挖坑种树的一共有多少人？”解答这个问题所需要的条件都在主题图中。例2仍然是利用主题图提出问题“一共要浇多少桶水？”从解决这个问题的两种算法中，可以得到乘法结合律的一个实例。在此基础上，引导学生观察、比较、概括得出乘法结合律。在教学中，应让学生自主探索、发现规律、理解规律，并通过猜测—验证，引导和启发学生发现规律，积极、主动地参与到知识的形成过程中。

【亮点】

教案使用MS-EEPO图文结构Ⅱ型备课方式进行备课。依据《义务教育数学课程标准》的要求，充分考虑到了“以学生的发展为本”的目标，并通过教学目标体现了“三性合一”，知识性、个性体现明显，创造性的课堂生成能在个性化的强化练习中体现出来。小目标的描述具体，可观察含义单一的学生行为。教学关键知识点“乘法交换律和乘法结合律”时，采用了自主探究的方法，流程具体、清晰，有梯度，可操作性强。由个人思考到二人组交流、四人组汇集、交互看2个组的中卡、指名汇报，引出了小结：乘法交换律的通用字母表达式为$a\times b=b\times a$，整个流程循序渐进、水到渠成，学生在积极、主动的参与中学习。“应用提高”环节采用学习卡、课本练习题、学生自编题目互相检测等多种形式的强化练习来巩固本课的关键知识点，体现了数学学科多练的特点，在练习中强化。时间的预设分大环节时间和教学小环节时间呈现，便于思考、反思和实践。5J、5F的运用恰当、清楚，标注到了二级指标。能恰当地使用微卡、小卡、中卡进行交互学习。

【不足及建议】

“应用提高”环节的学习卡应补充够10题，这样才能达到预设的强化次数。方法策略与内容提要有点混淆不清，建议分开。

（点评人：辜朝刚、崔育媚、陈苏梅）

教案（点评修改稿）

点评修改人：辜朝刚、崔育媚、陈苏梅

学校：玉林市玉州区东环小学 执教者：梁佳妮 学科：数学 学段：四年级下册 内容：乘法运算定律 时间：2014 年 10 月	反思 & 评价			
乘法运算定律	引旧探新 3 分钟	合作探究 22 分钟	应用提高 13 分钟	小结全课 2 分钟
[目标] 大目标：培养大胆猜想、积极验证、观察、分析、合作、交流的能力。 小目标： 1. 学生会利用知识的迁移和类比等方法推导出乘法交换律和乘法结合律。 2. 学生懂得运用乘法交换律和乘法结合律计算有关计算题及解决实际问题。 [教学重点] 乘法交换律和乘法结合律的推导。 [教学难点] 会用乘法交换律和乘法结合律解决	1. 听算并总结方法。 2. 猜想乘法有哪些运算定律。 3. 明确本节课学习目标。	1. 出示主题图，指名说信息，提问题，列式解答。 2. 探究乘法交换律和乘法结合律。 3. 归纳定律的异同点。	1. 完成学习卡的 10 道判断题。（强化次数：10 次） 2. 完成课本第 35 页第 2 题及第 37 页第 2 题。（强化次数：12 次） 3. 自编题目互相检测。（强化次数：10 次）	学生交流学习收获。
	【听 + 想 + 讲】 1.1 学生听算 4 道题并抢答。 ① 158+42 ② 42+158 ③ 70+62+30 ④ 26+50+24 1.2 指名汇报口算既快又对的方法：运用加法运算定律可以使计算更简便。 【看】 3.PPT 出示本节课的学习目标，学生自行浏览。	1.【看 + 讲 + 做 + 小卡】（5 分钟） 学生观察主题图，提出问题并列式解答在小卡上。 ① 25 × 4=100 ② 4 × 25=100 ③ 25 × 4=4 × 25 【想 + 做 + 讲 + 听 + 看 + 小动 + 微（小、中）卡 + 表达呈现 +5F】（17 分钟） 2.1 学生观察等式，独立思考：你发现了什么？ 2.2 二人小组交流发现，引导学生说出乘法交换律。 2.3 用自己喜欢的方式举例表示乘法交换律，并写在微卡上。（防与学生为敌） 2.4 四人小组汇集微卡上的例子，用喜欢的表达呈现方式写在中卡上，再就近与 2 个小组交互，	1.【想 + 做 + 讲 + 听 + 班级文化约定】（3 分钟）（强化次数：10 次） 学生先独立完成学习卡的题目（至少要完成 1~6 道，快的学生可以全部完成），再个人回答，并用对与错的肢体语言进行流程性检测。 2.【想 + 做 + 小动】（5 分钟）（强化次数：12 次） 先独立完成课本第 35 页第 2 题及第 37 页第 2 题，再二人小组交换检查。 3.【想 + 做 + 小卡 + 大动 + 学科文	【想 + 讲 + 听】 畅所欲言，互谈收获。

实际问题。 [课型方式]要素组合方式 [课时形态]标准课。		互相看一看。（防空、防花架子、防单一形式） 2.5 指名汇报并引导小结乘法交换律的通用字母表达式：$a \times b=b \times a$。 2.6 指名联系实际说说乘法交换律的应用并适当举例，如验算等。（防泡沫） 2.7 出示问题，列式解答，把算式写在小卡上。 ① 25×5×2　② 25×（5×2） 2.8 个人想算理。 2.9 汇报算理，比较异同及简便算法。 2.10 用自己喜欢的方式列举相同的例子，并验证和概括乘法结合律：$(a \times b) \times c=a \times (b \times c)$。（防与学生为敌） 3. 先个人观察和思考两个乘法运算定律及其与已学的加法运算定律的异同点，再全班汇报、总结。（防与学生为敌、防泡沫）	化的约定】（5 分钟）（强化次数：10 次） 运用今天学的知识自编 3~5 道题，写在小卡上，再走出位置与 2~3 个同伴互相考一考，学生倒数 10 个数回位置。抽考 2 名学生，同时用对与错的肢体语言进行流程性检测。	

学习卡

下面算式运用了哪些运算定律？

131+602+69=131+69+602　　（　　　）

356+72+128=356+（72+128）　　（　　　）

125×37×8=125×8×37　　（　　　）

96×4×25=96×（4×25）　　（　　　）

4×8×25×125=（4×25）×（8×125）　　（　　　）

数学《通分》

教案（原稿）

学校：港口区公车镇中心校 执教者：何婷 学科：数学 班级：五年级 内容：通分 时间：2014 年 6 月 28 日	通过回忆、练习已学过的同分母、同分子分数的大小比较，找两个数的最小公倍数，复习分数的基本性质，为本节课所学习的通分做好过渡。 8 分钟	1.3 让学生理解题意，解决问题，并从学习中获取生活经验。 4.5 让学生学会观察、思考，自主地去寻求解决方法。 6.7 精讲、补讲。 10 分钟	形式多样的习题方式，既能充分调动学生的学习热情，又能巩固知识点。 15 分钟	1. 通过想一想，让学生悟出通分的数理。 3. 通过课堂作业，及时了解学生对知识的掌握情况，为下节课做好授课计划。 7 分钟
[教学目标] 1. 通过探究异分母分数大小比较来理解通分的概念，会以通分来比较异分母分数大小的方法。 2. 培养学生归纳、概括的能力，体会转化的思想。 [课型方式] 要素组合课型。 [课时形态] 标准课（40 分钟）。	1. 比较同分母或同分子分数。 2. 复习最小公倍数。 3. 复习分数的基本性质。	1. 理解题意，解决问题。 2. 探究比较异分母分数的大小。	1. 习题强化通分。	1. 强化通分。 2. 强化最小公倍数。
	1.1 比较同分母分数的大小，5 道题。（想 + 做） 1.2 比较同分子分数的大小，5 道题。（想 + 做） 1.3 回忆总结方法。（想 + 说） 1.4 同桌间互相出题，交叉完成，同分母、同分子各一道，完成后随机检测。（二人小动 + 防假合作）	1.1 出示课本 94 页例 4。 1.2 让学生读题、找信息、理解题意。（看 + 想） 1.3 比较分数大小 $\frac{2}{5}\bigcirc\frac{1}{4}$ 。（想） 2.1 学生发现问题，探索问题，这两个分数的分母和分子都不同怎么办？（想） 2.2 引导学生思考，有没有办法用	1.1 指名两名学生分别给出一个异分母分数，全班学生尝试通分并比较大小（想 + 做），完成后检测个别学生。 1.2 完成第 94 页“做一做”。 1.3 二人小组互写一个异分母分数并进行大小比较。个别检测出题情况，个别组展示，其他组评判。（想 + 做 + 说 + 二人小动 + 防假合作）	1. 当你要比较两个异分母分数的大小的时候，你会怎么想？（想 + 说） 2. 求两个数的最小公倍数一般有哪几种情况？你能举例子解释吗？（想 + 说 + 检测防假听）

续表

	2.1 复习找两个数的最小公倍数的方法。例如：4和8，3和4，4和9，6和8。（看+想+做） 2.2 随机检测学生找最小公倍数的方法，学生要举例说明。（想+说+防假听、假做） 3 什么是分数的基本性质？举例说明。（想+说+做）	学过的知识把它们化成同分母的分数？（二人小组讨论）（想+说+做） 2.3 个别小组汇报转化的办法。师板演、点评。 2.4 教师精讲：通分的概念。（听+想）	1.4 四人小组分工合作完成任务，看哪个组完成得又快又对。（想+做） $\frac{8}{9}\bigcirc\frac{5}{6}$　$\frac{1}{3}\bigcirc\frac{3}{7}$ $\frac{2}{5}\bigcirc\frac{3}{10}$　$\frac{5}{8}\bigcirc\frac{7}{9}$	3. 以上内容生成课堂作业，现做现交。（做）
总评：1. 本节课学习通分，目的是把异分母分数化成同分母分数，这一定要在掌握分数的基本性质的基础上展开。为了在课堂中顺利推进教学，我在教学设计中把复习比较同分母分数大小、找最小公倍数、复习分数的基本性质作为本节课的侧重点，并在新知识的学习中引导学生运用已有知识解决新问题，把学习的主动权交给学生。 2. 各个要素交换着使用，想和做作为主流要素在本节课中得到了充分体现。利用新旧知识的迁移、互动，使学生的知识层面得到了提升，让学生学得轻松，学得开心。				

教案总评

【概况】

《通分》是人教版九年义务教育六年制小学数学第十册的教学内容。本教学设计依据了《义务教育数学课程标准》的要求，符合MS-EEPO操作体系的要求，用图文结构II备课方式呈现教案。通过探究异分母分数比较大小，来让学生理解通分的概念，掌握使用通分来比较异分母分数大小的方法，培养了学生归纳、概括的能力，并体会了转化的思想。

【亮点】

教案结构完整，使用通分来比较异分母分数大小的方法具体、可测量、可检验。

每个教学活动的设计都能围绕目标进行，思路清晰，让学生能理解题意、解决问题，并在学习中获取生活经验。七要素的使用情况标注清楚，能轮换、组合着使用，能有效地调控课堂。对关键知识的学习采用发现问题、探索问题的自主探究方法，把学习主动权交给学生。

【不足及建议】

1. 如果能标注教学的重点、难点就更好了。

2. 核心要素“想”的设计局限于教材，如果跳出教材设计些开放性的问题会更有利于学生落实和迁移本课的知识点。

3. 动静转换的方式可以多样化一些，如可以二人组、四人组、八人组有梯度地调控。

4. 评价与反思栏应留空，给听课者评价或自我反思。

5. 提要环节中应补充相应的教学内容。

（点评人：辜朝刚、崔育媚、陈苏梅）

教案（点评修改稿）

点评修改人：辜朝刚、崔育媚、陈苏梅

学校：港口区公车镇中心校 执教者：何婷 学科：数学 班级：五年级 内容：通分 时间：2014 年 6 月 28 日	通过回忆、练习已学过的同分母、同分子分数的大小比较，找两个数的最小公倍数，复分数的基本性质，为本节课所学习的通分做好过渡。 8 分钟	1.3 让学生理解题意，解决问题，并从学习中获取生活经验。 4.5 让学生学会观察、思考，自主地去寻求解决方法。 6.7 精讲、补讲。 10 分钟	形式多样的习题方式，既能充分调动学生的学习热情，又能巩固知识点。 15 分钟	1 和 2 通过想一想，让学生悟出通分的数理。 3. 通过课堂作业能及时了解解学生对知识的掌握情况为下节课做好授课计划。 7 分钟
[教学目标] 1. 通过探究异分母分数大小比较来理解通分的概念，会以通分来比较异分母分数大小的方法。 2. 培养归纳、概括的能力，体会转化的思想。 [课型方式] 要素组合课型。	1. 比较同分母或同分子分数。 2. 复习最小公倍数。 3. 复习分数的基本性质。	1. 理解题意，解决问题。 2. 探究比较异分母分数的大小。	1. 习题强化通分。	1. 强化通分。 2. 强化最小公倍数。
	1.1 比较同分母分数的大小，5 道题。（想 + 做） 1.2 比较同分子分数的大小，5 道题。（想 + 做） 1.3 回忆总结方法。（想 + 说） 1.4 同桌间互相出题，交叉完成。同分母、同分子各一道，完成后随机检测。（二人小动 + 防假合作） 2.1 复习找两个数的最小公倍	1.1 出示课本 94 页例 4。 1.2 让学生读题、找信息、理解题意。（看 + 想） 1.3 比较分数大小 $\frac{2}{5}$ ◯ $\frac{1}{4}$ 。（想） 2.1 学生发现问题，探索问题，这两个分数的分母和分子都不同怎么办？（想） 2.2 引导学生思考，有没有办法用学过的知识把它们化成同分母	1.1 指名两名学生分别给出一个异分母分数全班学生尝试通分并比较大小（想 + 做），完成后检测个别学生。 1.2 完成第 94 页“做一做” 1.3 二人小组互写一个异分母分数并进行大小比较。个别检测出题情况，个别组展示，其他组评判。（想 + 做 + 说 + 二人小动 + 防假合作） 1.4 四人小组分工合作完成任务，看哪个组完成得又快又对。（想 + 做）	1. 当你要比较两个异分母分数的大小的时候，你会怎么想？（想 + 说） 2. 求两个数的最小公倍数一般有哪几种情况？你能举例子解释吗？（想 + 说 + 检测防假听） 3. 以上内容生成课堂

此环节只标注提要，如果加入内容会更好

评价与反思栏应留空，给听课者评价或自己课后反思

策略指令清晰化会更好，例如此处是让学生独立完成还是选题作答？教案没能清楚呈现，只能从策略后的要素呈现进行猜想

续表

<table>
<tr><td>[课时形态]标准课（40分钟）。</td><td>数的方法。例如: 4和8，3和4，4和9，6和8。（看＋想＋做）
2.2 随机检测学生找最小公倍数的方法，学生要举例说明。（想＋说＋防假听、假做）
3. 什么是分数的基本性质？举例说明。（想＋说＋做）</td><td>的分数？（2人小组讨论）（想＋说＋做）
2.3 个别小组汇报转化的办法，教师板演、点评。
2.4 教师精讲：通分的概念。（听＋想）</td><td>$\frac{8}{9}$ ○ $\frac{5}{6}$　$\frac{1}{3}$ ○ $\frac{3}{7}$
$\frac{2}{5}$ ○ $\frac{3}{10}$　$\frac{5}{8}$ ○ $\frac{7}{9}$</td><td>作业，现做现交。（做）
该环节内容应放在内容提要的相应环节中</td></tr>
<tr><td colspan="5">总评：1. 本节课学习通分，目的是把异分母分数化成同分母分数，这一定要在掌握分数的基本性质的基础上展开。为了在课堂中顺利推进教学，我在教学设计中把复习比较同分母分数大小、找最小公倍数、复习分数的基本性质作为本节课的侧重点，并在新知识的学习中引导学生运用已有知识解决新问题，把学习的主动权交给学生。
2. 各个要素交换着使用，想和做作为主流要素在本节课中得到了充分体现。利用新旧知识的迁移、互动，使学生的知识层面得到了提升，让学生学得轻松，学得开心。</td></tr>
</table>

数学《可能性》

教案（原稿）

内容：人教版小学数学五年级上册《可能性》 学校：×× 执教者：×× 时间：2013 年 10 月	2. 明确学习目标，学习效率提高 30%。 1. 创设情境，激发学生的学习兴趣。 3 分钟	3. 合理安排动静转换，使用“听、看、讲、想、做”等要素合理调控课堂。 2. 设计“动中学”环节，使学生的“想”更充分，交互后攀升强化次数，得出结论：“等可能性”“游戏公平性”得到验证，充分把学习的主动权交给学生。 1. 突出核心要素“想”。 16 分钟	4. 设计开放性题目，跳出教材，挖掘人才。 3. 预留项：照顾学得快、有个性的学生。 2. 肢体语言表达，随机检测，做到防泡沫。 1. 多种形式的单元组学习，防单一形式，使用小卡记录，做到防空。 18 分钟	2. 渗透思想教育：通过小故事教育学生做人要正直，做事要讲诚信。 1. 培养学生的概括能力和口头表达能力。 3 分钟
可能性	创设情境　导入新课	实验验证　探究新知	应用实践　拓展思维	全堂总结　畅谈收获
[教学目标] 1. 学生通过实践、试验感受事件发生的等可能性，初步感知游戏的公平性，初步学会用概率的思维观察和分析问题。 2. 学生的随机意识和数据分析观念得到培养。 [教学重点] 体验事件发生的等可能性以及游戏规则的公平性。 [教学难点] 理解等可	1. 课件播放篮球比赛前抛硬币的视频。思考：用抛硬币的方法来选场地是否公平？ 2. 板书课题：可能性，明确目标。	1. 猜想抛一枚硬币正面朝上的可能性是多少？反面朝上的可能性是多少？为什么？ 2. 动手实验，分析数据。验证抛一枚硬币正面朝上和反面朝上的可能性都是 1/2。 3. 得出结论。	1. 幸运转转盘。（课本第 99 页“做一做”） 2. 掷骰子。（课本第 100 页练习二十第 1 题） 3. 老鹰捉小鸡。（课本第 100 页练习二十第 3 题） 4. 开放题：小小设计师。（设计摸奖活动）	1. 通过这节课的学习，大家有什么收获？ 2.PPT 放“可能性”知识的小故事。【机动项】
	【看 + 想 + 讲】 1.1 播放视频。 1.2 生独立思考：用抛硬币的方法来选场地是否公平？ 1.3 生充分发表意见。 【听 + 看】	【想 + 讲小动】（3 分钟） 1.1 问题：抛一枚硬币正反面朝上的可能性分别是多少？ 1.2 二人小组发表自己的猜测。（防泡沫 / 班级文化约定击掌） 1.3 教师板书：抛硬币正面朝上（ ），反面朝上（ ）。	【想 + 讲 + 小动】（5 分钟） 1.1 个人想：怎样设计这个转盘才公平？ 1.2 四人小组讨论。（小卡 / 学科文化约定公式） 1.3 小组代表汇报 / 全班检测。（防泡） 【想 + 讲 + 听】（3 分钟）	【讲 + 听】 1.1 学生个别回答。 生 1： 生 2： 生 3： …… 1.2 师补充。

<table>
<tr>
<td>能性与游戏公平性之间的因果关系。
[课型方式]要素组合方式。
[课时形态]标准课。</td>
<td>2.1 师板书课题：统计与可能性。
2.2 PPT 出示学习目标，生默读一遍。</td>
<td>【想+做+讲+小动】（11 分钟）
2.1 PPT 出示实验要求。（中卡记录 / 班级文化约定数数）
<table>
<tr><td>实验组</td><td>总次数</td><td>正面朝上</td><td>反面朝上</td></tr>
<tr><td>第（　）组</td><td></td><td></td><td></td></tr>
</table>
2.2 开展六人小组“抛硬币”活动，每人抛 5 次。
2.3 交互：就近组际交互 / 全班展示交互。（防空）
2.4 师生统计汇总，结合数学家们的实验分析数据。
【想 + 讲】（2 分钟）
3.1 个人说感受并记录。（微卡 / 防花）
3.2【机动项】指名 2~5 人回答。
3.3 师精讲提升。
3.4 师生总结。</td>
<td>2.1 生独立思考并记录。（微型卡）
2.2 生汇报 / 肢体语言判断。（预设 80 % 的学生掌握）
【想 + 讲 + 听】（3 分钟）
3.1 个别思考，互相交流看法。
3.2 试一试提出修改意见。（防形式单一）
3.3 师及时点评提升。
【做 + 讲 + 听 + 看 + 小动】（7 分钟）
4.1 四人组合作设计。（中卡 / 气泡树状等）
4.2 展示作品，阐述设计理由。（防泡末）</td>
<td>【听 + 想 + 讲】
2.1 PPT 播放小故事。
2.2 学生谈感受。</td>
</tr>
<tr>
<td colspan="5">研讨课后评价：整节课总体上使用“动中学”的方法，充分把学习的主动权交给学生。合理安排动静转换，突出了核心要素“想”和关键要素“做”。</td>
</tr>
</table>

板书设计

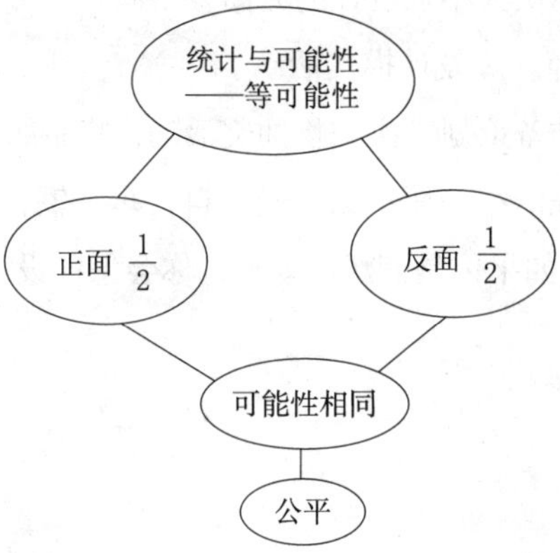

学习卡

1. 幸运转转盘。（课本第 99 页“做一做”）

（1）有三位同学正在玩飞行棋游戏。谁先走呢？还能用抛硬币来决定吗？

（2）出示三色转盘：每人选一种颜色，指针停在谁选的颜色上谁就先走。小红选红色，这样公平吗？

（3）出现红色的可能性有多大？蓝色呢？黄色呢？

（4）怎样设计这个转盘才公平呢？

（5）设计出公平的转盘后，想一想指针停在这四种颜色区域的可能性各是多少？如果转动指针 100 次，大约会有多少次指针是停在红色区域呢？

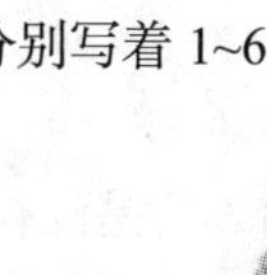

2. 掷骰子。（第 100 页练习二十第 1 题）

三个小朋友玩飞行棋游戏。飞行棋规定，骰子掷出几就走几步。观察骰子，正方体的六个面分别写着 1~6，掷出各个数的可能性是多少？

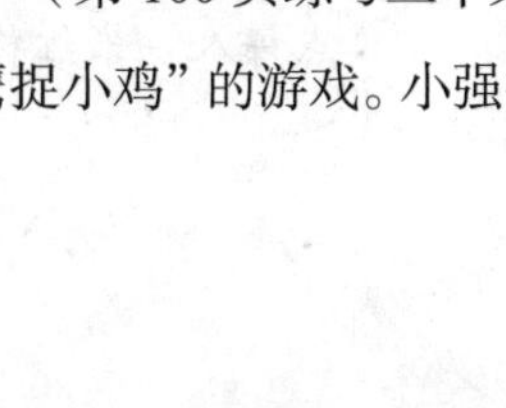

3. “老鹰捉小鸡”（第 100 页练习二十第 3 题）

6 名学生玩“老鹰捉小鸡”的游戏。小强找来一块长方体橡皮，在各面分别写上 1、

2、3、4、5、6六个数，每人选一个数，然后任意掷出橡皮，朝上的数是几，选这个数的人就来当“老鹰”，你认为小强设计的方案公平吗？

4. 开放题：小小设计师。（设计摸奖活动）

国庆节到了，某商场准备策划一次购物抽奖活动，奖品如下：幸运奖：谢谢惠顾，欢迎下次光临；三等奖：洗洁精一瓶；二等奖：自行车一辆；一等奖：液晶电视机一台；特等奖：小轿车一辆。如果你是商场的老板，你会怎样设计方案？如果你是顾客，你会怎样设计方案？

教案总评

【概况】

《可能性》是人教版九年义务教育六年制小学数学第九册的教学内容。本教案依据了《义务教育数学课程标准》的要求，让学生通过实践试验感受事件发生的等可能性，初步感知游戏的公平性，初步学会用概率的思维观察和分析问题，学生的随机意识和数据分析观念得到了培养。

【亮点】

教案有以下几个特点：第一，这是一个比较规范的MS-EEPO图文结构II型备课方式的教案，且附有课后反思，看得出，作者是很用心的；第二，从设计上看，七要素能自然地轮换、组合使用，同时能用5J、5F很好地调控课堂，使知识点、考点的强化次数不断攀升；第三，动静转换适时合理，且每次都有时间标注，体现了可操作性；第四，设计的练习有梯度，能照顾到不同层次的学生；第五，教案的设计突出了要素组合方式的核心要素“想”和关键要素“做”，学生通过“做中学”，在实验中直观地体验了事件发生的等可能性，体验了游戏规则的公平性与等可能性事件的关系，切身经历了数学知识的真实的形成过程。同时，教案还体现了思维向度的多轮调控，使学生的思维得到训练，激发了学生探究的热情和学习的兴趣，有效地提高了教学的效率。这个教案管住了课堂，匀出了时间和空间让师生做自己喜欢的事情。

【不足及建议】

1. 教学目标的描述可观察但不够单一。

2. 教学反思中提到的“明确学习目标，学习效率可提高30%”是没有科学依据的。

3. 最后一个教学环节的第2项内容建议改为“布置学生课后收集相关资料再交流”，这样一方面可以拓宽学生的知识面，同时培养他们收集资料、处理资料的能力；另一方面避免了与第一个内容雷同和形式单一，使学生容易厌烦。

（点评人：朱红梅、崔育媚、陈苏梅）

教案（点评修改稿）

点评修改人：朱红梅、崔育媚、陈苏梅

此栏目呈现个人反思或评价，反思应陈述环节内容、操作的优势或不足，不应只陈述系统的术语

内容：人教版小学数学五年级上册《可能性》 学校：×× 执教者：×× 时间：2013 年 10 月 该数据没有科学根据，建议去掉	2. 明确学习目标，学习效率提高 30 %。 1. 创设情境，激发学生的学习兴趣。 此栏目呈现内容或关键词更好，策略的描述不必重复呈现在此栏中 3 分钟	3. 合理安排动静转换，使用“听、看、讲、想、做”等要素合理调控课堂。 2. 设计“动中学”环节，使学生的“想”更充分，交互后攀升强化次数，得出结论：“等可能性”“游戏公平性”得到验证，充分把学习的主动权交给学生。 1. 突出核心要素“想” 16 分钟	4. 设计开放性题目，跳出教材，挖掘人才。 3. 预留项：照顾学得快、有个性的学生。 2. 肢体语言表达，随机检测，做到防泡沫。 1. 多种形式的单元组学习，防单一形式，使用小卡记录，做到防空。 建议这个内容改为：布置学生课后收集相关资料再交流 18 分钟	2. 渗透思想教育：通过小故事教育学生做人要正直，做事要讲诚信。 1. 培养学生的概括能力和口头表达能力。 3 分钟
可能性	创设情境　导入新课	实验验证　探究新知	应用实践　拓展思维	全堂总结　畅谈收获
[教学目标] 1. 学生通过实践、试验感受事件发生的等可能性，初步感知游戏的公平性，初步学会用概率的思维观察和分析问题。 建议把教学目标分大目标和小目标来呈现。目标 1 可分为两点来陈述	1. 课件播放篮球比赛前抛硬币的视频。思考：用抛硬币的方法来选场地是否公平？ 2. 板书课题：可能性，明确目标。	1. 猜想“抛一枚硬币正面朝上的可能性是多少？反面朝上的可能性是多少？为什么？ 2. 动手实验，分析数据。验证“抛一枚硬币正面朝上和反面朝上的可能性都是 1/2。 3. 得出结论。	1. 幸运转转盘。（课本 P99“做一做”） 2. 掷骰子。（课本 P100 练习二十第 1 题） 3. 老鹰捉小鸡。（课本 P100 练习二十第 3 题） 4. 开放题：小小设计师。（设计摸奖活动）	1. 通过这节课的学习，大家有什么收获？ 2.PPT 放“可能性”知识的小故事。【机动项】
	【看 + 想 + 讲】 1.1 播放视频。 1.2 生独立思考：用抛硬币的方法来选场地是否公平？	【想 + 讲小动】（3 分钟） 1.1 问题：抛一枚硬币正反面朝上的可能性分别是多少？ 1.2 二人组发表自己的猜测。（防泡沫 / 班级文化约定击掌）	【想 + 讲 + 小动】（5 分钟） 1.1 个人想：怎样设计这个转盘才公平？ 1.2 四人小组讨论。（小卡 / 学科文化约定公式）	【讲 + 听】 1.1 学生个别回答。 生 1: 生 2: 生 3:

<table>
<tr>
<td>2. 学生的随机意识和数据分析观念得到培养。
[教学重点] 体验事件发生的等可能性以及游戏规则的公平性。
[教学难点] 理解等可能性与游戏公平性之间的因果关系。
[课型方式] 要素组合方式。
[课时形态] 标准课。</td>
<td>1.3 生充分发表意见。
【听 + 看】
2.1 师板书课题：统计与可能性。
2.2 PPT 出示学习目标，生默读一遍。</td>
<td>1.3 教师板书：抛硬币 正面朝上（ ），反面朝上（ ）。
【想 + 做 + 讲 + 小动】（11 分钟）
2.1 PPT 出示实验要求。（中卡记录 / 班级约定文化数数）
<table><tr><td>实验组</td><td>总次数</td><td>正面朝上</td><td>反面朝上</td></tr><tr><td>第（ ）组</td><td></td><td></td><td></td></tr></table>2.2 开展六人小组“抛硬币”活动，每人抛 5 次。
2.3 交互：就近组际交互 / 全班展示交互。（防空）
2.4 师生统计汇总，结合数学家们的实验分析数据。
【想 + 讲】（2 分钟）
3.1 个人说感受并记录。（微卡 / 防花）
3.2【机动项】指名 2~5 人回答。
3.3 师精讲提升。
3.4 师生总结。</td>
<td>1.3 小组代表汇报 / 全班检测。（防泡）
【想 + 讲 + 听】（3 分钟）
2.1 生独立思考并记录。（微型卡）
2.2 生汇报 / 肢体语言判断。（预设 80 % 的学生掌握）
【想 + 讲 + 听】（3 分钟）
3.1 个别思考互相交流看法。
3.2 试一试提出修改意见。（防形式单一）
3.3 师及时点评提升。
【做 + 讲 + 听 + 看 + 小动】（7 分钟）
4.1 四人组合作设计。（中卡 / 气泡树状等）
4.2 展示作品，阐述设计理由。（防泡末）</td>
<td>……
1.2 师补充。
5J 的指标可以直接作为策略放入陈述中。如：生独立思考并记录在微型卡上。
【听 + 想 + 讲】
2.1 PPT 播放小故事。
2.2 学生谈感受。</td>
</tr>
<tr>
<td colspan="5">研讨课后评价：整节课总体上使用“动中学”的方法，充分把学习的主动权交给学生。合理安排动静转换，突出了核心要素“想”和关键要素“做”。</td>
</tr>
</table>

板书设计

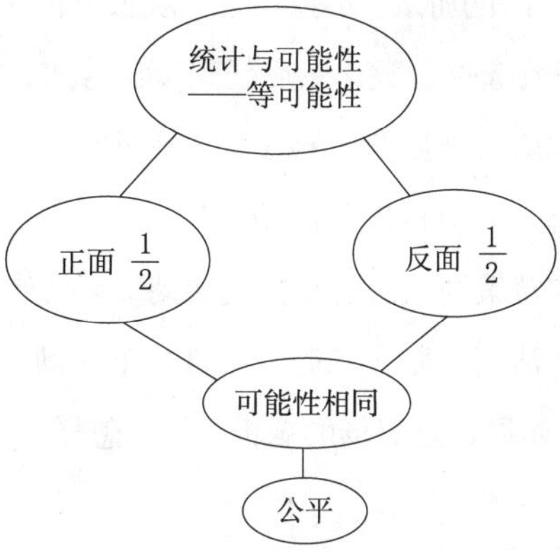

学习卡

1. 幸运转转盘。（课本第 99 页“做一做”）

（1）有三位同学正在玩飞行棋游戏。谁先走呢？还能用抛硬币来决定吗？

（2）出示三色转盘：每人选一种颜色，指针停在谁选的颜色上谁就先走。小红选红色，这样公平吗？

（3）出现红色的可能性有多大？蓝色呢？黄色呢？

（4）怎样设计这个转盘才公平呢？

（5）设计出公平的转盘后，想一想指针停在这四种颜色区域的可能性各是多少？如果转动指针 100 次，大约会有多少次指针是停在红色区域呢？

2. 掷骰子。（第 100 页练习二十第 1 题）

三个小朋友玩飞行棋游戏。飞行棋规定，骰子掷出几就走几步。观察骰子，正方体的六个面分别写着 1~6，掷出各个数的可能性是多少？

3.“老鹰捉小鸡”。（第 100 页练习二十第 3 题）

6 名学生玩“老鹰捉小鸡”的游戏。小强找来一块长方体橡皮，在各面分别写上 1、2、3、4、5、6 六个数，每人选一个数，然后任意掷出橡皮，朝上的数是几，选这个数的人就来当“老鹰”，你认为小强设计的方案公平吗？

4. 开放题：小小设计师。（设计摸奖活动）

国庆节到了，某商场准备策划一次购物抽奖活动，奖品如下：幸运奖：谢谢惠顾，欢迎下次光临；三等奖：洗洁精一瓶；二等奖：自行车一辆；一等奖：液晶电视机一台；特等奖：小轿车一辆。如果你是商场的老板，你会怎样设计方案？如果你是顾客，你会怎样设计方案？

数学《认识长方体》

教案（原稿）

时间：2014 年 6 月 15 日 学校：港口区企沙镇中心学校 执教者：陈翠萍 班级：五年级（1）班 学科：小学数学 内容：认识长方体	4 分钟	20 分钟	14 分钟	2 分钟
教学要素	热身导入	课文学习	练习拓展	总结回顾
[教学目标] 1. 使学生认识长方体，掌握长方体的特征，初步学会看立体图形。 2. 通过引导学生观察、操作，培养学生的探索意识和实践能力，培养学生初步空间观念和空间想象力。 [教学重点] 掌握长方体的特征，认识长方体的长、宽、高。 [教学难点] 初步建立“立体图形”的概念，形成表象。 [课型方式] 要素组合。 [课时形态] 标准课。（40 分钟）	1. 回忆以前学过的几何图形。 2. 出示教材第 27 页的主题图。	1. 认识长方体的面、棱、顶点。 2. 研究长方体的特征。	1. 认识长方体的直观图。 2. 认识长方体的长、宽、高。	1. 学生独立思考。 2. 教师总结。
	1.1 学生回忆学过的几何图形。（想 + 说） 1.2 引导学生回答这些都是什么图形。（想 + 说） 2. 引导学生观察情景图，比较这些图跟以前所学的几何图形的区别。（看 + 想 + 说）	1.1 学生拿出准备好的长方体学具摸一摸，说一说有什么发现。（做 + 想 + 说） 1.2 同桌二人小组交流发现的结果。 1.3 教师指名汇报交流结果。（说 + 防空讲） 2.1 学生观察长方体学具，找出有哪些特征。 2.2 四人小组合作完成。（看 + 说 + 防泡沫） 2.3 指名小组选代表汇报结果。（说 + 防空听）	1. 学生观察桌面上的学具，最多能看到它的几个面？（看 + 说） 2.1 四人小组讨论：要知道长方体 12 条棱的长度，只要量哪几条棱？（想 + 说） 2.2 指名学生汇报。（说 + 防空听） 2.3 引导学生归纳得出结论：相交于一个顶点的 3 条棱分别叫做长、宽、高。 2.4 学生从不同角度观察长方体，找出长方体的长、宽、高。（看 + 说 + 防泡沫）	1. 判断下面说法是否正确： （1）有 6 个面，12 条棱，8 个顶点的物体一定都是长方体。 （2）在长方体中不是相对的棱，其长度都不相等。 2. 教师总结本节内容。
总评：				

教案总评

【概况】

《认识长方体》是人教版九年义务教育六年制小学数学第十册的教学内容。本节内容是在学生已经探索并掌握长方形及其他常见多边形的特征，并直观认识长方体的基础上，进一步探索长方体的特征。本教学设计依据了课程标准的要求，在学生已有的知识及生活经验的基础上，开展观察、操作、测量、比较等活动，让学生充分感知并由浅入深、由表及里地探索长方体的特征。通过交流，对有关发现加以适当的整理和概括，不断积累长方体表象，借助多媒体演示，理解长方体的直观图，认识它的面、棱和顶点，既遵循了学生的认知规律，又有利于培养他们的空间观念。

【亮点】

1. 教案结构完整，符合 MS-EEPO 图文结构 II 型备课方式的格式要求。

2. 通过引导学生观察、操作，培养学生的探索意识和实践能力，培养学生的初步空间观念和空间想象力。

3. 使学生认识长方体，掌握长方体的特征，初步学会看立体图；认识长方体的长、宽、高；初步建立“立体图形”的概念，形成表象。

4. 教师在整节课设计了三次小动，很好地将学习的主动权交给了学生，并通过实际实物强化学习内容。

5. 教学重点突出，对教学重点的处理方式多样化。防泡沫做得比较到位。

【不足及建议】

1. 防空讲、防与学生为敌做得不够到位。

2. 对教学重点的强化和检测不够，应加强。

（点评人：王奕冉、崔育媚、陈苏梅）

教案（点评修改稿）

点评修改人：王弈冉、崔育媚、陈苏梅

教学要素	导入	教学新知	知识拓展	总结回顾
时间：2014 年 6 月 15 日 学校：港口区企沙镇中心学校 执教者：陈翠萍 班级：五年级（1）班 学科：小学数学 内容：认识长方体	5 分钟	15 分钟	15 分钟	5 分钟
[教学目标] 1. 学生认识长方体，掌握长方体的特征，初步学会看立体图形。 2. 通过观察、操作，培养的探索意识和实践能力，培养初步空间观念和空间想象力。 [教学重点] 掌握长方体的特征，认识长方体的长、宽、高。 [教学难点] 初步建立“立体图形”的概念，形成表象。 [课型方式] 要素组合。 [课时形态] 标准课。	1. 回忆以前学过的长方形、正方形等几何图形。 2. 出示教材第 27 页的主题图。	1. 认识长方体的面、棱、顶点。 2. 研究长方体的特征（12 条棱、6 个面、8 个顶点、相对的面相等）。	1. 认识长方体的直观图。 2. 认识长方体的长、宽、高：相交于一个顶点的 3 条棱分别叫做长方体的长、宽、高。	1. 判断下面说法是否正确： （1）有 6 个面，12 条棱，8 个顶点的物体一定都是长方体。 （2）在长方体中不是相对的棱，其长度都不相等。 2 总结长方体的特征及它的长宽高内容。 1.1 学生独立思考判断。 1.2 指答 + 检测。 2. 教师讲述。
	1. 回忆复习。 1.1 想一想，学过的几何图形有哪些？（想） 1.2 指名汇报这些都是什么图形。（讲 + 想） 2.PPT 呈现情景图，引导学生观察比较这些图跟以前所学的几何图形的区别（看 + 说） 3. 归纳小结。	1.1 学生拿出准备好的长方体学具摸一摸，说一说有什么发现并记录在微卡上。（做 + 想） 1.2 同桌二人小组交流发现的结果。（讲 + 小动 + 防空讲） 1.3 教师指名汇报交流结果。（讲 + 检测 + 防空讲） 2.1 四人小组合作完成：观察长方体学具，找出有哪些特征？记录在小卡上。（做 + 小动 + 防泡沫） 2.2 小组代表汇报结果。（说 + 防空讲）	1. 学生独立观察桌面上的学具，最多能看到它的几个面？（看 + 讲） 2.1 四人小组讨论：要知道长方体 12 条棱的长度，只要量哪几条棱？（讲 + 想 + 小动） 2.2 指名学生汇报。（讲 + 听 + 防泡沫） 2.3 引导归纳得出长方体的长、宽、高结论，教师随机板书。（听） 2.4 学生个人从不同角度观察长方体，找出长方体的长、宽、高。（做 + 防单一） 2.5 抽查学生观察结果。（讲 + 防泡沫）	
总评：				

数学《长方体和正方体的认识》

教案（原稿）

学校：忻城县实验小学 执教者：黄雪霄 学科：小学数学 学段：小学高年级 内容：长方体和正方体的认识 时间：2014 年 6 月	3. 通过观察，找一找生活中的长方体物体，让学生加深对立体图形的理解。 2. 通过感官，让学生初步认识立体图形。 1. 让学生产生疑惑，激发学生的学习兴趣。	4. 通过观察比较，让学生明确：正方体是一种特殊的长方体。 3. 通过四人小组活动，看一看、量一量，让学生在做中学。 2. 通过出示课件让学生观察并摸一摸长方体的棱、面、顶点，加深对长方体各部分名称的认识，强化新知识点。 1. 让学生从不同的角度观察长方体，初步理解一个长方体最多能看到三个面。	3. 拓展思维。 2. 加深对长方体特征的理解。 1. 通过填空，让学生掌握长方体和正方体的特征。	
	5 分钟	15 分钟	15 分钟	5 分钟
[大目标] 使学生在活动中通过建立图形的表象的过程，进一步积累空间与图形的学习经验，增强空间观念。 [小目标] 1. 使学生通过观察实物、动手操作等活动认识长方体、正方体，知道长方体和正方体的面、棱、顶点以及长、宽、高（或棱长）的含义。	一、新入新课 1. 由平面图形引到立体图形。 2. 认识什么是立体图形。 3. 举例。让学生举出日常生活中见过的长方体物体实例。	二、引导探究 1. 出示几个长方体的物品，你观察后发现了什么？ 2. 认识长方体各部分的名称。 3. 探究长方体和正方体的特征。 4. 找出长方体和正方体的关系。	三、巩固练习 1. 填空题。 2 火眼金睛。 3. 算一算。	通过这节课的学习，你有什么收获？
	1.（想 + 看 + 讲）出示一张长方形的纸，让学生说出它的形状，然后把许多这样的纸摞在一起，问学生还是长方形吗。 2.（做 + 想 + 讲）让学生用手	1.（看 + 想 + 讲 + 约定 + 肢体语言 + 防假看）让学生从不同的角度观察长方体实物有几个面，以及一个长方体最多能同时看到几个面。学生用手势表示观察到的结果。 2.（看 + 做 + 听 + 二人组合作 + 学科文化约定 + 肢体语言 + 防假看 + 防假听）教师课件出示直观图并介绍长方体各部分的名称。同桌二人用手摸长方体纸盒，互相指出长方	1.（想 + 做 + 讲 + 听 + 口头表达 + 学科文化约定 + 防假听）课件出示填空题。学生先想一想，教师再任意抽学号回答，其他同学听后作出判断。	个人谈收获。

续表

<table>
<tr>
<td>2. 掌握长方体和正方体的基本特征。
[教学重点]掌握长方体、正方体的特征。
[教学难点]建立学生的空间观念，培养学生的空间想象力。
[课型方式]要素组合方式。
[课时形态]标准课。</td>
<td>摸长方体的纸盒的面，使学生感觉它很平，再用两只手握一握长方体纸盒。
3.(想+讲+听+二人组)举例，二人一组互说。让学生举出日常生活中见过的长方体物体实例。</td>
<td>体的面、棱、顶点，用手势表示自已的同桌是否指对。
3.1(做+想+看+讲+听+动静+小卡+四人小组+书面语言+防假想+防空讲)四人小组活动。看一看、量一量、比一比，并在小组里交流。学生四人小组讨论长方体有什么特点，讨论后自由发表看法，教师引导学生总结长方体的特点，小组合作完成小卡。
4.(想+讲+听+小卡)观察比较：长方体和正方体有哪些相同点？有哪些不同点？生独立完成小卡(表格)。
<table>
<tr><td rowspan="2">长方体</td><td>面</td><td>棱</td><td>顶点</td><td rowspan="3">不同点</td><td rowspan="2">相对的棱相等</td></tr>
<tr><td>6</td><td>12</td><td>8</td></tr>
<tr><td>正方体</td><td>6</td><td>12</td><td>8</td><td>12条棱都相等</td></tr>
</table>
</td>
<td>2.(想+听+做+学科文化约定+防假想)全班伏桌子听教师读题后用手势作出判断。
3.(做+想+讲+听+小卡)学生独立完成后，教师指名学生上台计算并讲解。
小卡：用铁丝焊成一个长20厘米、宽15厘米、高10厘米的长方体框架，至少需要多少厘米的铁丝？</td>
<td></td>
</tr>
<tr>
<td colspan="5">总评：</td>
</tr>
</table>

教案总评

【概况】

《长方体和正方体的认识》是人教版九年义务教育六年制小学数学第十册的教学内容。本教学设计依据了《课程标准》的要求，充分考虑到了“以学生的发展为本”。在活动中，学生通过建立图形表象，进一步积累了空间与图形的学习经验，增强了空间观念。学生通过观察实物、动手操作等活动，认识长方体、正方体，知道长方体和正方体的面、棱、顶点以及长、宽、高（或棱长）的含义，掌握长方体和正方体的基本特征，培养了空间想象力。

【亮点】

1. 教案结构完整，基本符合 MS-EEPO 操作体系的要求，用图文结构Ⅱ型备课方式呈现教案，课型特点明显。每一个教学策略的前面都标识了要素组合和轮换的使用，并且主流要素的标识正确。

2. 教学目标的设计合理。符合新课标的理念和学科特点，体现了培养学生个性和创造性的教学思想。教学重难点的标识具体，课型课时形态标识明确。格式正确，概况、教学目标、课型、课时 / 教学内容、教学方法和教学策略、教学反思等要素标注的位置均符合格式的要求。

3. 课型方式和学习方式有效整合。能够结合和运用 5J、5F 组织和调控课堂，具有较强的可操作性和实效性。如“引导探究”教学环节中 1、2、3、4 的教学策略的每一个操作都设计得很有实效性，整合了要素组合方式 +5J+5F 的教学方式，让学生通过不同的方式、方法和角度认识了长方体和正方体，掌握了长方体的基本特征，从而有效地达成了教学目标。

4. 能有效地强化知识点，如“巩固练习”环节中就运用了多种方式进行关键知识点的强化。

【不足及建议】

1. 教学目标表述失误，学生的主体地位没有得到确保，建议把“使学生”删除。

2. 为了保证教学有效，在落实关键的知识点时，建议进行流程性的检测。如“引导探究”环节第 4 点中，学生完成小卡的表格后，应该加一个流程性检测，以便了解学生是否掌握了关键项“长方体和正方体的特征”。

（点评：李寿娟、崔育媚、陈苏梅）

教案（点评修改稿）

点评修改人：李寿娟

学校：忻城县实验小学 执教者：黄雪霄 学科：小学数学 学段：小学高年级 内容：长方体和正方体的认识 时间：2014 年 6 月	3. 通过观察，找一找生活中的长方体物体，让学生加深对立体图形的理解。 2. 通过感官，让学生初步认识立体图形。 1. 让学生产生疑惑，激发学生的学习兴趣。	4. 通过观察比较，让学生明确：正方体是一种特殊的长方体。 3. 通过四人小组活动，看一看、量一量，让学生在做中学。 2. 通过出示课件让学生观察并摸一摸长方体的棱、面、顶点，加深对长方体各部分名称的认识，强化新知识点。 1. 让学生从不同的角度观察长方体，初步理解一个长方体最多能看到三个面。	3. 拓展思维。 2. 加深对长方体特征的理解。 1. 通过填空，让学生掌握长方体和正方体的特征。	评价与反思栏应留空，用于听课者评价或自己课后反思
	5 分钟	15 分钟	15 分钟	5 分钟
[大目标] 在活动中通过建立图形的表象的过程，进一步积累空间与图形的学习经验，增强空间观念。 [小目标] 1. 通过观察实物、动手操作等活动认识长方体、正方体，知道长方体和正方体的面、棱、顶点以及长、宽、高（或棱长）的含义。 2. 掌握长方体和正方体	一、引入新课 1. 由平面图形引到立体图形。 2. 认识什么是立体图形。 3. 举例。让学生举出日常生活中见过的长方体物体实例。	二、引导探究 1. 出示几个长方体的物品，你观察后发现了什么？ 2. 认识长方体各部分的名称。 3. 探究长方体和正方体的特征。 4. 找出长方体和正方体的关系。 能在此处呈现关键知识更好	三、巩固练习 1. 填空题。 2 火眼金睛。 3. 算一算。 要素不宜以罗列形式呈现，一般是主流要素在前，辅助要素在后	通过这节课的学习，你有什么收获，
	1.（想 + 看 + 讲）出示一张长方形的纸，让学生说出它的形状，然后把许多这样的纸摞在一起，问学生还是长方形吗。	1.（看 + 想 + 讲 + 约定 + 肢体语言 + 防假看）让学生从不同的角度观察长方体实物有几个面，以及一个长方体最多能同时看到几个面。学生用手势表示观察到的结果。 2.（看 + 做 + 听 + 二人组合作 + 学科文化约定 + 肢体语言 + 防假看 + 防假听）教师课件出示直观图并介绍长体	1.（想 + 做 + 讲 + 听 + 口头表达 + 学科文化约定 + 防假听）课件出示填空题。学生先想一想，教师再任意抽学号回答，其他同学听后作出判断。	个人谈收获。

续表

<table>
<tr>
<td>的基本特征。
[教学重点]掌握长方体、正方体的特征。
[教学难点]建立学生的空间观念，培养学生的空间想象力。
[课型方式]要素组合方式。
[课时形态]标准课。</td>
<td>2.(做＋想＋讲)让学生用手摸长方体纸盒的面，使学生感觉它很平，再用两只手握一握长方体纸盒。
3.(想＋讲＋听＋二人组)举例，二人一组互说。让学生举出日常生活中见过的长方体物体实例。</td>
<td>各部分的名称。同桌二人用手摸长方体纸盒，互相指出长方体的面、棱、顶点，用手势表示自己的同桌是否指对。
3.(做＋想＋看＋讲＋听＋动静＋小卡＋四人小组＋书面语言＋防假想＋防空讲)四人小组活动。看一看、量一量、比一比，并在小组里交流。学生四人小组讨论长方体有什么特点，讨论后自由发表看法，教师引导学生总结长方体的特点，小组合作完成小卡。
4.(想＋讲＋听＋小卡)观察比较：长方体和正方体有哪些相同点？有哪些不同点？生独立完成小卡(表格)。
<table>
<tr><td rowspan="2">长方体</td><td>面</td><td>棱</td><td>顶点</td><td rowspan="3">不同点</td><td rowspan="2">相对的棱相等</td></tr>
<tr><td>6</td><td>12</td><td>8</td></tr>
<tr><td>正方体</td><td>6</td><td>12</td><td>8</td><td>12 条棱都相等</td></tr>
</table>
</td>
<td>2.(想＋听＋做＋学科文化约定＋防假想)全班伏桌子听教师读题后用手势作出判断。
3.(做＋想＋讲＋听＋小卡)生独立完成后，指名学生上台计算并讲解。小卡：用铁丝焊成一个长 20 厘米、宽 15 厘米、高 10 厘米的长方体，框架，至少需要铁丝多少厘米？
流程性检测：用肢体语言，了解答对各个点的人数分别有多少，以确定巩固练习的内容、梯度和数量</td>
<td>5J 的指标已经在策略中呈现，此处无需重复</td>
</tr>
<tr><td colspan="5">总评：</td></tr>
</table>

数学《三角形的面积》

教案（原稿）

内容：人教版小学数学五年级上册 执教者：林芳 单位：来宾市忻城县教研室 2014 年 6 月 30 日	通过复习，为有效迁移作准备；通过尝试计算，使学生产生思维碰撞，激发求知欲；通过质疑，培养学生分析问题和提出问题的能力。	通过猜想、验证、归纳、抽象，得出三角形的面积公式，利用数形结合的方法让学生直观感知三角形与拼成的图形之间等底等高的关系；渗透迁移、符号化等思想，突出学科性的特点；设计开放性的教学活动，充分下放主动权，让学生亲历知识形成的过程；七要素轮换、组合着用，有效调控课堂，张扬个性，训练思维，提高效率。	学以致用是学习数学知识的有效方法之一，学生运用公式尝试解决问题，巩固所学知识。在独立完成和与同伴交互的过程中，知识点得到充分落实和强化，提高了学生的解题能力，也提高了数学的应用价值。	设计有梯度的练习，很好地照顾到了学得慢和学得快的学生。在学生练习、交互、汇报和教师补讲的过程中，知识点、考点强化次数不断攀升，学生也从中体验到了学习数学的乐趣和价值。	引导学生回忆、梳理所学知识，归纳、提炼学习方法，加强对三角形面积公式的理解。后续作业的设置，很好地激发了学生继续探究的激情。
	感知　第 6 分钟	探索　第 17 分钟	运用　第 26 分钟	巩固　第 38 分钟	强化　第 40 分钟
[大目标] 通过一系列的数学活动，培养学生的空间观念、几何直观能力、实践能力和应用意识，激发学生的学习兴趣。 [小目标] 1. 学生在自主探究、合作交流中掌握三角形面积公式的推导过程。	1. 复习平行四边形面积的推导过程和计算方法。 2. 出示有关三角形面积计算的练习。 3. 揭题。 （想 + 讲，2 分钟） 1. 同桌回忆、交流。 （看 + 想 + 讲 + 防空，3 分钟）	1. 探究三角形面积公式的推导过程。 （1）三角形如何转化成平行四边形？ （2）三角形与转化成的平行四边形有什么关系？（等底等高） （3）三角形的面积公式如何推导？ 2. 字母表示法。 想 + 讲 + 做 + 动静 + 防空 + 防花，9 分钟） 1.1.1 学生交流。 1.1.2 课件演示。 1.2 同桌交流、汇报、小结。	1. 解决环节一的问题。 2. 解决课本中的例 2。 3. 完成课本第 85 页的练习。 （做 + 讲 + 防空，4 分钟） 1.1 课件出示问题，学生尝试练习。 1.2 同桌交换批改。	1. 填空。 2. 完成学习卡： （1）计算三角形的面积。 （2）解决实际问题。 （想 + 做，2 分钟） 1. 课件出示，学生独立完成，集体检测。 （做 + 讲 + 大动 + 防	1. 总结。 2. 布置作业。 （想 + 讲 + 听，4 分钟） 1.1 同桌交互本节课的学习收获。

续表

2. 学生能正确计算三角形的面积，会运用公式解决生活中的简单问题。 [课型方式]要素组合方式。 [课时形态]标准课。	2.1 课件出示。 2.2 学生尝试计算。 2.3 学生质疑。 （听＋想，1 分钟） 3.1 教师小结。 3.2 板书课题。	1.3.1 四人组合作探究，击掌结束活动。（5 分钟） 1.3.2 大动交互，并做好记录。（倒数 10、9、8……1 结束活动） 1.3.3 展示汇报，学生互评。 1.4 教师精讲、补讲。 1.5 小结。 （看＋想＋做，2 分钟） 2.1 学生自学。 2.2 检测并强调书写格式。	1.3 投影展示学生的学习成果，全班订正。 1.4 教师点讲、小结。 （做＋讲＋防假，3 分钟） 2.1 学生独立完成。 2.2 汇报展示。 2.3 教师补讲、小结。 （想＋做，2 分钟） 3. 独力完成，集体检测。	空＋防敌，10 分钟） 2.1 选择自己喜欢的题目独立完成。 2.2 与好朋友交互（以口诀结束活动）。 2.3 投影展示学生的学习成果，全班检测、订正。 2.4 教师补讲、小结。	1.2 学生汇报，教师点评、总结、强化。 2. 课后完成。（略）
总评：这是按照 MS-EEPO 大综合方式第二套进行撰写的教案。教案能根据课标要求、学科特点和学生特点确定教学目标，教学流程清晰、完整，可操作性强。从设计上看，七要素轮换、组合着使用，能用 5J、5F 很好地调控课堂。知识点、考点强化次数不断攀升。教案有效落实了数学“四基”，培养了学生的“四能”，重视学生体验，培养学生自主探究、合作交流的能力，充分体现了以学生为主、以教师为辅的教学模式。					

教案总评

【概况】

《三角形的面积》是人教版九年义务教育六年制小学数学第九册的教学内容。本教学设计依据了《义务教育数学课程标准》的要求，充分考虑到了“以学生的发展为本”。通过一系列的数学活动，培养学生的空间观念、几何直观能力、实践能力和应用意识，激发了学生学习的兴趣。学生在自主探究、合作交流中，掌握了三角形面积公式的推导过程。学生能正确计算三角形的面积，会运用公式解决生活中的简单问题。

【亮点】

1. 教案符合 MS-EEPO 图文结构Ⅱ型备课方式的格式要求。概况、教学目标、课型、课时、教学内容、教学方法和教学策略、教学反思等要素标注的位置均正确。

2. 教学目标能体现课标的要求，突出了学科的特点，体现了对学生个性、兴趣特长和创造性的培养。

3. 教学流程清晰完整，可操作性强。教学内容和方法策略、学生的活动方式和有效教育的教学方式得到有效地整合。

4. 教学内容的设计有梯度。有应用性的强化题的设计，如“运用”教学环节中的“解决课本中的例 2”“完成课本第 85 页的练习”；有巩固性的强化题的设计，如“巩固”教学环节中的“完成学习卡：（1）计算三角形的面积。（2）解决实际问题”，这些教学内容的设计有梯度。

5. 课型方式的设计体现了要素组合方式的七要素的轮换和组合着使用，能用 5J、5F 的学习方式组织调控课堂教学。

【不足及建议】

1. “感知”环节中“1. 同桌回忆、交流。（看 + 想 + 讲 + 防空，3 分钟）”没有设计防空的具体策略，建议加上“同桌互讲一次给对方听”。

2. 有些方法和策略的设计欠科学性。如“探索”教学环节中“探究三角形面积公式的推导过程”的方法和策略的安排为：学生交流、课件演示、同桌交流、汇报、小结、四人组合作探究、大动交互、展示汇报，安排得不够合理。具体原因如下：首先，探索的过程没有设计学生独立思考和自主探究的环节；其次，学习方式的运用成了堆砌叠加；再次，各种学习方式的运用只是罗列，没有具体的可操作的设计。

（点评人：李寿娟、崔育媚、陈苏梅）

教案（点评修改稿）

点评修改人：李寿娟

> 此栏不用呈现教学设计，应留空给听课者评价或执教者本人课后反思

	感知	探索	运用	巩固	强化
内容：人教版小学数学五年级上册 执教者：林芳 单位：来宾市忻城县教研室 2014 年 6 月 30 日	通过复习，为有效迁移作准备；通过尝试计算，使学生产生思维碰撞，激发求知欲；通过质疑，培养学生分析问题和提出问题的能力。 第 6 分钟	通过猜想、验证、归纳、抽象，得出三角形的面积公式，利用数形结合的方法让学生直观感知三角形与拼成的图形之间等底等高的关系；渗透迁移、符号化等思想，突出学科性的特点；设计开放性的教学活动，充分下放主动权，让学生亲历知识形成的过程；七要素轮换、组合着用，有效调控课堂，张扬个性，训练思维，提高效率。 第 17 分钟	学以致用是学习数学知识的有效方法之一，学生运用公式尝试解决问题，巩固所学知识。在独立完成和与同伴交互的过程中，知识点得到充分落实和强化，提高了学生的解题能力，也提高了数学的应用价值。 第 26 分钟	设计有梯度的练习，很好地照顾到了学得慢和学得快的学生。在学生练习、交互、汇报和教师补讲的过程中，知识点、考点强化次数不断攀升，学生也从中体验到了学习数学的乐趣和价值。 第 38 分钟	引导学生回忆、梳理所学知识，归纳、提炼学习方法，加强对三角形面积公式的理解。后续作业的设置，很好地激发了学生继续探究的激情。 第 40 分钟
[大目标] 通过一系列的数学活动，培养空间观念、几何直观能力、实践能力和应用意识，激发学习的兴趣。 [小目标] 1. 学生在自主探究、合作交流中掌握三角形面积公式的推导过程。 2. 学生能正确计算三	1. 复习平行四边形面积的推导过程和计算方法。 2. 出示有关三角形面积计算的练习。 3. 揭题。	1. 探究三角形面积公式的推导过程。 （1）三角形如何转化成平行四边形？ （2）三角形与转化成的平行四边形有什么关系？（等底等高） （3）三角形的面积公式如何推导？ 2. 字母表示法。	1. 解决环节一的问题。 2. 解决课本中的例 2。 3. 完成课本第 85 页的练习。	1. 填空。 2. 完成学习卡： （1）计算三角形的面积。 （2）解决实际问题。	1. 总结。 2. 布置作业。
	（想 + 讲，2 分钟） 1. 同桌回忆、交流。同桌互讲一次给对方听。（看 + 想 + 讲 + 防空，3 分钟）	（想 + 讲 + 做 + 动静 + 防空 + 防花，9 分钟） 1.1 学生独立思考，独立探究。	（做 + 讲 + 防空，4 分钟） 1.1 课件出示问题，学生尝试练习。 1.2 同桌交换批改。 1.3 投影展示学生的学习	（想 + 做，2 分钟） 1. 课件出示，学生独立完成，集体检测。 （做 + 讲 + 大动 + 防空 + 防敌，10 分钟）	（想 + 讲 + 听，4 分钟） 1.1 同桌交互本节课的学习收获。 1.2 学生汇报，教

> 没有设计防空的具体策略，能否加上“同桌互讲一次给对方听”？

续表

角形的面积，会运用公式解决生活中的简单问题。 [课型方式]要素组合方式。 [课时形态]标准课。	2.1 课件出示。 2.2 学生尝试计算。 2.3 学生质疑。 （听 + 想，1 分钟） 3.1 教师小结。 3.2 板书课题。	1.2 同桌交流、汇报、小结。 1.3.1 四人组合作探究。个人把探究的过程和在组内说一遍。击掌结束活动。（5 分钟） 1.3.2 大动交互，把和别人不同的想法记下来。（倒数 10、9、8……1 结束活动） 1.3.3 展示汇报，学生互评。 1.4. 教师精讲、补讲。 1.5 小结。 （看 + 想 + 做，2 分钟） 2.1 学生自学。 2.2 检测并强调书写格式。	成果，全班订正。 1.4 教师点讲、小结。 （做 + 讲 + 防假，3 分钟） 2.1 学生独立完成。 2.2 汇报展示。 2.3 教师补讲、小结。 （想 + 做，2 分钟） 3. 独力完成，集体检测。	2.1 选择自己喜欢的题目独立完成。 2.2 与好朋友交互。（以口诀结束活动） 2.3 投影展示学生的学习成果，全班检测、订正。 2.4 教师补讲、小结。	师点评、总结、强化。 2. 课后完成。（略）
总评：这是按照 MS–EEPO 大综合方式第二套进行撰写的教案。教案能根据课标要求、学科特点和学生特点确定教学目标，教学流程清晰、完整，可操作性强。从设计上看，七要素轮换、组合使用，能用 5J、5F 很好地调控课堂。知识点、考点强化次数不断攀升。教案有效落实数学“四基”，培养学生的“四能”，重视学生体验，培养学生自主探究、合作交流的能力，充分体现了学生为主、教师为辅的教学模式。					

数学《小数点向右移动引起小数大小变化的规律》

教案（原稿）

时间：2013 年 11 月 13 日 学校：田阳县坡洪中心小学 授课人：王少现 年级：五年级 学科：数学 课题：小数点向右移动引起小数大小变化的规律 内容：苏教版数学五年级上册第 69 页的例 2	评价 / 反思： 2. 提出猜想，引入例 2。 1. 检测前面学过的知识，为后面新的学习作铺垫。	评价 / 反思： 在独立思考的基础上合作交流，初步验证、进一步验证小数点向右移动引起小数大小变化的规律。活动有序。少数学困生仍在观望，不敢发表意见，需多关注。	评价 / 反思： 设计的练习层层递进，形式多样，激情引入，强化数次达到要求，能突破重难点，手势检测适时，但练习深度还需挖掘。	评价 / 反思： 教师的鼓励性语言还需多样化、个性化，评价还没有到位。
教学要素	复习导入　3 分钟	探究规律　17 分钟	应用规律　18 分钟	课堂总结　2 分钟
[教学目标] 1. 理解并掌握小数点向右移动引起小数大小变化的规律；能应用规律正确口算一个数乘 10、100、1000…的积。 2. 在探索规律中培养学生初步的观察、比较、归纳、概括的能力和主动探索数学规律的兴趣。 [教学重难点] 探索小数点向右移动引起小数大小变化的规律。 [课型方式] 要素组合 。	1. 口算 5×10、5×100、5×1000，说出 10 乘 10、100、1000… 得到积的规律。 2. 提出猜想：一个小数乘 10、100、1000 会不会也有简便的计算方法?	出示例 1：5.04 乘 10、100、1000 各是多少？用计算器计算，并观察小数点位置变化情况。 1. 同桌观察各算式的积与乘数 5.04 的小数点位置变化情况。填写学习卡。 2. 个人任意找一个小数分别乘 10、100、1000，进一步验证猜想。 3. 学生归纳、总结、展示规律。读规律。 4. 揭示课题。小数点向右移动引起小数大小变化的规律。	1. 利用规律，个人填写口算卡。 2. 猜猜我乘以几。 3. 判断。 4. 出题活动。 4.1 出一道题。 4.2 五人小组合作，把自己出的题写在大卡上。只写题目，不作答图。 4.3 找别的小组交换解答、批改。 4.4 展示、浏览、检测。	1. 通过学习，今天我们又知道了什么？有什么收获? 2. 教师归纳，总结规律。
方法 / 策略	1.2 PPT+ 检测约定 + 四要素看、想、讲、听 + 防空讲。 3.PPT+ 防空讲。	1. 个人完成，同桌交互检查、汇报、交流五要素看、听、想、讲、做 + 防泡沫。 2. 四人小组交互检查，然后说说发现的规律。五要素看、听、想、讲、做 + 防泡沫。 3、4.PPT+ 防空讲。	1. 独立做，2 人板演，PPT+ 肢体语言 + 防。 2 和 3，PPT+ 肢体语言 + 防泡沫。 4.1 独立用微卡写。 4.2 五人小组合作，把自己出的题写在大卡上。 4.3 找别的小组交换解答、批改。 4.4 展示、浏览、检测、评价。 【听 + 看 + 讲 + 想 + 做 + 大动】	1. 师问生答。 2. 教师归纳，全班齐读。 （想、讲、听 + 防以生为敌）

教案总评

【概况】

《小数点向右移动引起小数大小变化的规律》是苏教版小学数学第九册的教学内容。本教学设计依据了《义务教育数学课程标准》的要求，让学生能理解并掌握小数点向右移动引起小数大小变化的规律；能应用规律正确口算一个数乘 10、100、1000……的积。在探索规律中，注重培养学生初步的观察、比较、归纳、概括的能力和主动探索数学规律的兴趣，引导其探索小数点向右移动引起小数大小变化的规律。

【亮点】

1. 教案结构完整，基本符合 MS-EEPO 图文结构 II 型备课方式的要求。呈现的教学目标明确，大小目标的表述具有层次性，体现了对学生的个性和创造性的培养。整个版面按照“评价 / 反思、教学环节、教学内容、方法 / 策略”四个板块进行设计和撰写。

2. 教学要素、过程、内容和策略能围绕教学要素—教学目标的设计有效地展开。如“探究规律”“应用规律”这两个环节的内容能有效地落实重点，突破难点，从而有效地达成教学目标。

3. 教学方法和策略能围绕每个教学内容有序地实施，如“探究规律”环节，所采取的教学策略由“个人完成”“四人组交互检查”等方法落实。课型方式的要素和学习方式的 5J 和 5F 能明确标出。

【不足及建议】

“复习导入”的内容没有围绕关键目标展开，如“提出猜想：一个小数乘 10、100、1000 会不会也有简便的计算方法”和关键项“小数点向右移动引起小数大小变化的规律”联系不大，应改为：“提出猜想：一个小数 乘 10、100、1000 的大小变化有什么规律？”

（点评人：李寿娟、崔育媚、陈苏梅）

教案（点评修改稿）

点评修改人：李寿娟

时间：2013 年 11 月 13 日 学校：田阳县坡洪中心小学 授课人：王少现 年级：五年级 学科：数学 课题：小数点向右移动引起小数大小变化的规律 内容：苏教版数学五年级上册第 69 页的例 2	评价 / 反思： 2. 提出猜想，引入例 2。 1. 检测前面学过的知识，为后面新的学习作铺垫。	在独立思考的基础上，通过合作交流，初步验证、进一步验证小数点向右移动引起小数大小变化的规律。活动有序。但是少数学困生仍在观望，不敢发表意见，需多关注。	设计的练习层层递进，形式多样，激情引人，强化数次达到要求，能突破重难点，手势检测适时，但练习深度还需挖掘。	教师的鼓励性语言还需多样化、个性化，评价还没有到位。
教学要素	复习导入　3 分钟	探究规律　17 分钟	应用规律　18 分钟	课堂总结　2 分钟
[教学目标] 小目标：理解并掌握小数点向右移动引起小数大小变化的规律；能应用规律正确口算一个数乘 10、100、1000…的积。 大目标：在探索规律中培养初步的观察、比较、归纳、概括的能力和主动探索数学规律的兴趣。 [教学重难点] 探索小数点向右移动引起小数大小变化的规律。 [课型方式] 要素组合 方式。 [课时] 标准课。	1. 口算 5×10、5×100、5×1000。 2. 说 出 10 乘 10、100、1000…得到积的规律。 3. 提出猜想：一个小数乘 10、100、1000 有什么大小变化规律？	1. 例 1：5.04 乘 10、100、1000 各是多少？用计算器计算，并观察小数点位置变化情况。 2. 小数点向右移动引起小数大小变化的规律。	1. 利用规律，填写口算卡。 2. 活动：猜猜我乘以几。 3. 出题活动。 (1) 出一道题。 (2) 五人小组合作，把自已出的题写在大卡上。只写题目，不作答图。 (3) 找别的小组交换解答、批改。 (4) 展示、浏览、检测。	1. 交流学习收获：通过学习，今天我们又知道了什么？有什么收获？ 2. 教师归纳总结规律。

续表

方法 / 策略	1.PPT 出示。(看 + 想 + 防空) 2 .PPT 出示，约定检测。(看 + 想 + 讲 + 防空讲) 3.PPT+ 防空讲。(看 + 想 + 防空讲)	1.1 PPT 出示，个人完成，填写学习卡。同桌交互，检查汇报。（看 + 想 + 防泡沫） 1.2 案例进一步验证猜想：个人任意找一个小数分别乘 10、100、1000。（想 + 做） 2. 归纳总结，展示规律，读规律。（想）	1. 学生独立填写口算卡。（想 + 做） 2. 指名 2 人上讲台板演。（防泡沫） 3. 出题活动。 3.1 PPT 出示出题要求。 3.2 个人出一道题写在微卡上。 3.3 组成五人小组，把自己出的题写在大卡上。 3.4 与别的小组交换解答、批改。 3.5 展示、浏览、评价。（看 + 想 + 做 + 大动）	1. 师问生答。 2. 教师归纳，全班齐读。 （想 + 听 + 防以生为敌）

数学《平面图形的周长和面积整理与复习》

教案（原稿）

<table>
<tr><td>概况</td><td colspan="4">内容： 人教版六年下册数学　课题：平面图形的周长和面积整理与复习　课型方式：要素＋平台互动方式
课时形态：标准课（40 分钟）　执教者：覃向静　授课时间：2014 年 4 月 24 日</td></tr>
<tr><td>目标</td><td colspan="4">1. 学会学习方法，培养学生团队合作的意识。2. 熟练周长和面积的相关知识以及应用相关知识解决实际问题。</td></tr>
<tr><td>反思 / 评价</td><td>内容提要</td><td>时间</td><td>方法 & 策略</td><td>反思 / 评价</td></tr>
<tr><td>课后反思：
一、学生课前已经预习并自主整理了知识，所以一上课师生就直接互动，梳理相关内容，达到了快速形成知识框架的目的。</td><td>一、谈话导入
1. 课件逐一出示正方形、长方形、平行四边形、三角形、梯形、圆。
2. 学习目标：熟练周长和面积的相关知识以及应用相关知识解决实际问题。
二、梳理知识
1. 平面图形可以从哪些方面进行整理与复习（预设：特征、周长、面积公式等）？
2. 交流整理情况。
3. 小结（重点复习利用图形公式求周长和面积时要注意的问题）。</td><td>2 分钟

6 分钟

6 分钟</td><td>一、导入
1.1 提问：大家已经学过平面图形的哪些知识？【看＋讲】
1.2 揭示课题：平面图形的周长和面积的整理与复习。
2. 明确学习目标。

二、动中学
1.1 投影展示 1 位学生课前整理的学习卡＋汇报。
1.2 提示倾听要求：边听边适当做笔记。【听＋做＋防空讲】
1.3 教师有针对性地板书。
2.1 四人小组交流学习卡，并互相说一说自己整理的情况。【讲＋听＋小动】
2.2 单元组代表发言。【听＋防假听】
2.3 用图文结构式呈现知识框架。
3. 师讲生听。</td><td>课后反思：

二、设置动中学，让学生虚心学、乐于学、用心学，提高复习的参与面。</td></tr>
</table>

续表

三、设置基本练习，让学生熟练地掌握基本概念。 四、让学生自主练一练不同的典型题，使学生会用数学，加强了对学生学以致用能力的培养。	三、基本练习（同步呈现在课件） 1. 填空题（学习卡 1）。 2. 判断题（学习卡 1）。 3. 选择题（学习卡 1）。 四、解决实际问题 ●关键项：运用平面图形的相关知识解决生活中的实际问题。 ● 9 个向度（另附于学习卡 2）。 求组合图形的面积练习题(3 题)。 操作题练习题(2 题)。 解决问题练习题(4 题)。 补讲内容：学习卡 2 的操作题和“解决问题”第 4 题的答题思路。 五、总结	2 分钟 8 分钟 11 分钟 3 分钟 2 分钟	三、多要素转换学习 1. 课件 + 小卡呈现学习内容。【做 + 想】 2. 约定手势判断。【讲 + 看 + 防花 + 流程性检测】 3. 想 + 做 + 讲(想: 应根据什么知识解答，解答时要注意什么事项)。 四、构建标准性平台 1. 出示多向度平台，有 9 种不同方法的题目。 2.1 个人浏览学习卡 2，找出有难度的题目，想一想会不会做，怎么做。 2.2 六人团队协商选择 2~4 小题做一做，写在大卡上，时间是 8 分钟。（课件出示团队活动要求：一是注意空间、大卡资源的利用；二是作图题可以用微卡展示；三是注意分工、书写速度） 3. 交互。 ①全班浏览。带上学习卡看 3~5 个团队的成果，侧重感兴趣的、难度大的或他人做错的内容，时间是 3 分钟。【班级文化约定 + 防单】 ②团队代表发言。口头推荐 2 个(大家喜欢的或特别好的)团队汇报，发言人检测，学生倾听。（防假听 + 中测 2） ③推荐出现错误的发言。【机动项】 ④会做操作题 3 的代表发言。 4.1 教师精讲，融入交互中（预设精讲：单位要统一，求三角形的面积时记住要除以 2，知道直径求圆的面积时要先算半径……）。 4.2 补讲 + 小结。 五、考虑布置作业。【机动项】	三、采用要素组合、轮换着用来调控学生学习，在让学生理解关键知识点的同时，有利于教师及时了解学生的学习状况，为后面的学习做补救设想。 四、第 1 点和第 2 点，多向度的平台操作能尊重不同层次学生的学习特点，把主动权交给学生，挖掘学生的潜能，通过思维的碰撞，使学生形成自己的思考。 四、4. 六年级的复习课综合性比较强，教师有针对性地预设精讲和补救，能更好地落实目标，效果也会更好。
注释或点评：六年级的学生已经具备了自主整理学习的能力，因此本课的第二、三环节没有构建平台让学生从不同向度整理知识，而是为学生提供了充分的听、想、看、讲的时间，以快速熟练周长和面积的相关知识。第四环节落实的是高速度、难度大、容量大的目标，所以构建了标准性平台让学生探究学习；为了防假听、防单一形式，特别注意了交互的策略，每次交互都关注到大多数的学生，帮助学生在交流中真正理解和掌握基本的解题技能、数学思想和方法，同时获得了广泛的数学活动经验。				

学习卡 1

一、填空题

1. 一个平行四边形的面积是 18 平方分米，与它等底等高的三角形面积是（　　）平方厘米。

2. 一个半圆的直径是 4 厘米，它的周长是（　　）厘米，面积是（　　）平方厘米。

3. 一张长 10 分米，宽 6 分米的长方形纸片，最多能剪（　　）个直径为 2 分米的圆片。

4. 用 3 个边长是 10 厘米的正方形拼成一个长方形，长方形的面积是（　　），周长是（　　）。

二、判断题

1. 边长为 4 分米的正方形，它的面积和周长相等。（　　）

2. 周长相等的长方形，面积一定相等。（　　）

3. 面积是 12 平方分米的长方形一定是一个长 4 分米，宽 3 分米的长方形。（　　）

三、选择题

1. 在一个正方形中画一个最大的圆，它们的周长比较：（　　）。

A. 一样长　　B. 圆的周长长　　C. 正方形的周长长

2. 一个半圆的半径是 R，它的周长是（　　）。

A. πR　　B. $\pi R+2R$　　C. $2\pi R$

学习卡 2

一、求组合图形的面积

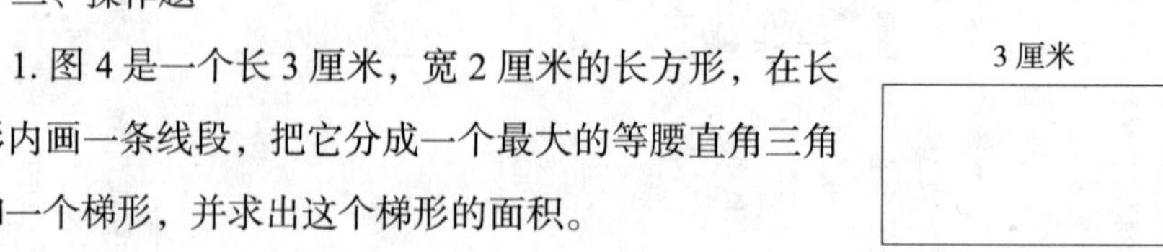

图 1（单位：毫米）　图 2（单位：毫米）　图 3

二、操作题

1. 图 4 是一个长 3 厘米，宽 2 厘米的长方形，在长方形内画一条线段，把它分成一个最大的等腰直角三角形和一个梯形，并求出这个梯形的面积。

图 4

2. 在图 4 的长方形中画一个最大的半圆，并计算半圆的周长和面积。

三、解决问题

1. 一个梯形广告牌，它的上底是 8 米，下底是 12 米，高是 6 米。如果要给这个广告牌涂上油漆，按每平方米花费 15 元来计算，共要花多少元?

2. 要粉刷一间长 8 米，宽 6 米，高 35 分米的电脑室的墙壁四周和顶面，除去门窗面积共 50 平方米，粉刷的面积有多少平方米?

3. 一个长方形和一个圆的周长相等，已知长方形的长是 5 厘米，宽是 2.85 厘米，圆的面积是多少？

4. 一种等腰直角三角形小旗，直角边长为 4 分米。现在有一块长 12 分米，宽 6 分米的长方形布料，用它最多可以剪成多少块这样的小旗?（小旗不能用边角料拼合）

教案总评

【概况】

《平面图形的周长与面积整理与复习》是人教版九年义务教育六年制小学数学第十二册的教学内容。本教学设计依据了《义务教育数学课程标准》的精神，充分考虑到了“以学生的发展为本”，通过“谈话导入—梳理知识—基本练习—解决实际问题”等环节，让学生充分地动脑、动口、动手、动耳、动眼，在自主探索中合作交流，理清知识脉络，形成知识网络，提高学习与运用的能力。通过引导学生回忆、整理平面图形的周长和面积计算公式及相关知识，使学生加深对知识的理解，并从中学会整理知识，学会学习方法。通过应用公式进行计算，运用知识解决实际问题，使学生体验数学与生活的密切联系，培养学生数学源于生活又动用于生活的数学意识。

【亮点】

这是根据 MS-EEPO 操作体系的要求撰写的教案，用板块结构 I 型备课方式呈现，主要课型是平台互动方式。该教学设计平台搭建和操作规范，向度符合“三原则”，并通过平台互动的学习特点，把学习的主动权教给学生。学习方式 5J、5F 标注清楚，运用合理。采取单元组、团队等学习方式，让学生在讨论、交流、互动中参与学习活动，效果明显。

【不足及建议】

1. 时间项的标注不够规范，有些环节的方法策略交代得过于简单，看不出师生的教学状态。在学生自由选择向度开展学习的时候，还可以进一步做具体要求。

2. 练习设计的梯度不够理想，给学生独立做题的时间和机会太少。

（点评人：南宁市兴宁区教研室　罗海峰）

教案（点评修改稿）

点评修改人：罗海峰

<table>
<tr><td>概况</td><td colspan="4">内容：人教版六年下册数学　课　题：平面图形的周长和面积整理与复习　课型方式：要素＋平台互动方式
课时形态：标准课（40 分钟）　执教者：覃向静　授课时间：2014 年 4 月 24 日</td></tr>
<tr><td>目标</td><td colspan="4">1. 学会学习方法，培养团队合作的意识。2. 熟练掌握平面图形周长和面积的计算公式相关知识以及应用相关知识解决实际问题。</td></tr>
<tr><td>反思 / 评价</td><td>内容提要</td><td>时间</td><td>方法 & 策略</td><td>反思 / 评价</td></tr>
<tr><td>课后反思：
一、学生课前已经预习并自主整理了知识，所以一上课就师生直接互动，梳理相关内容，达到了快速形成知识框架的目的。</td><td>一、谈话导入
1. 课件逐一出示正方形、长方形、平行四边形、三角形、梯形、圆。
2. 学习目标：熟练周长和面积的相关知识以及应用相关知识解决实际问题。
二、梳理知识
1. 平面图形可以从哪些方面进行整理与复习（预设：特征、周长、面积公式等）？
2. 交流整理情况。
3. 小结（重点复习利用图形公式求周长和面积时要注意的问题）。</td><td>2 分钟

12 分钟</td><td>一、导入
1.1 提问：大家已经学过平面图形的哪些知识？【看＋讲】
1.2 揭示课题：平面图形的周长和面积的整理与复习。
2. 明确学习目标。
二、动中学
1.1 投影展示 1 位学生课前整理的学习卡＋汇报。
1.2 提示倾听要求：边听边适当做笔记。【听＋做＋防空讲】
1.3 教师有针对性地板书。
2.1 四人小组交流学习卡，并互相说一说自己整理的情况。【讲＋听＋小动】
2.2 单元组代表发言。【听＋防假听】
2.3 用图文结构式呈现知识框架。
3. 师讲生听。</td><td>课后反思：

二、设置动中学，让学生虚心学、乐于学、用心学，提高复习的参与面。</td></tr>
</table>

三、设置基本练习，让学生熟练地掌握基本概念。 四、让学生自主练一练不同的典型题，使学生会用数学，加强了对学生学以致用能力的培养。	三、基本练习（同步呈现在课件） 1. 填空题（学习卡 1）。 2. 判断题（学习卡 1）。 3. 选择题（学习卡 1）。 四、解决实际问题 ●关键项：运用平面图形的相关知识解决生活中的实际问题。 ● 9 个向度（另附于学习卡 2）。 求组合图形的面积练习题(3 题)。 操作题练习题(2 题)。 解决问题练习题(4 题)。 补讲内容：学习卡 2 的操作题和“解决问题”第4题的答题思路。 学习卡中的操作题只有2道 五、总结	3 分钟 21 分钟 2 分钟	三、多要素转换学习 1. 课件 + 小卡呈现学习内容。【做 + 想】 2. 约定手势判断。【讲 + 看 + 防花 + 流程性检测】 3. 想 + 做 + 讲（想：应根据什么知识解答，解答时要注意什么事项）。 四、构建标准性平台 1. 出示多向度平台，有 9 种不同方法的题目。 2.1 个人浏览学习卡 2，找出有难度的题目，想一想会不会做，怎么做。 2.2 六人团队协商选择 2~4 小题做一做，写在大卡上，时间是 8 分钟。（课件出示团队活动要求：一是注意空间、大卡资源利用；二是作图题可以用微卡展示；三是注意分工、书写速度） 3. 交互。 ①全班浏览。带上学习卡看 3~5 个团队的成果，侧重感兴趣的、难度大的或他人做错的内容，时间是 3 分钟。【班级文化约定 + 防单】②团队代表发言。口头推荐 2 个（大家喜欢的或特别好的）团队汇报，发言人检测，学生倾听。（防假听 + 中测 2） ③推荐出 现错误的发言。【机动项】 ④会做操作题 3 的代表发言。 4.1 教师精讲，融入交互中（预设精讲：单位要统一，求三角形的面积时记住要除以 2，知道直径求圆的面积时要先算半径……）。 4.2 补讲 + 小结。 五、考虑布置作业。【机动项】	三、采用要素组合、轮换着用来调控学生学习，在让学生理解关键知识点的同时，有利于教师及时了解学生的学习状况，为后面的学习做补救设想。 四、1.2 多向度的平台操作能尊重不同层次学生的学习特点，把主动权交给学生，挖掘学生的潜能，通过思维的碰撞，使学生形成自己的思考。 四、4. 六年级的复习课综合性比较强，教师有针对性地预设精讲和补救，能更好地落实目标，效果也会更好。
注释或总评：六年级的学生已经具备了自主整理学习的能力，因此本课的第二、三环节没有构建平台让学生从不同向度整理知识，而是为学生提供充分的听、想、看、讲的时间，以快速熟悉周长和面积的相关知识。第四环节落实的是高速度、难度大、容量大的目标，所以构建了标准性平台让学生探究学习；为了防假听、防单一形式，特别注意了交互的策略，每次交互都关注到大多数的学生，帮助学生在交流中真正理解和掌握基本的解题技能、数学思想和方法，同时获得了广泛的数学活动经验。				

学习卡 1

一、填空题

1. 一个平行四边形的面积是 18 平方分米，与它等底等高的三角形面积是（　　）平方厘米。

2. 一个半圆的直径是 4 厘米，它的周长是（　　）厘米，面积是（　　）平方厘米。

3. 一张长 10 分米，宽 6 分米的长方形纸片，最多能剪（　　）个直径为 2 分米的圆片。

4. 用 3 个边长是 10 厘米的正方形拼成一个长方形，长方形的面积是（　　），周长是（　　）。

二、判断题

1. 边长为 4 分米的正方形，它的面积和周长相等。（　　）

2. 周长相等的长方形，面积一定相等。（　　）

3. 面积是 12 平方分米的长方形一定是一个长 4 分米，宽 3 分米的长方形。

（　　）

三、选择题

1. 在一个正方形中画一个最大的圆，它们的周长比较：（　　）。

A. 一样长　　B. 圆的周长长　　C. 正方形的周长长

2. 一个半圆的半径是 R，它的周长是（　　）。

A. πR　　B. πR+2R　　C.2πR

学习卡 2

一、求组合图形的面积

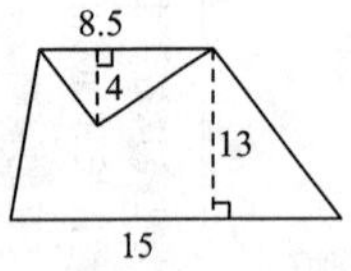

图 1（单位：毫米）

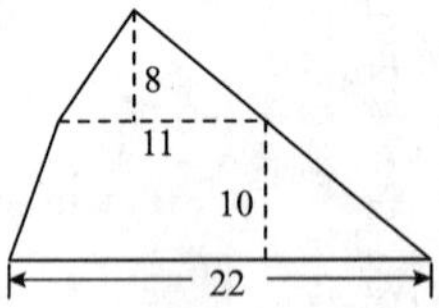

图 2（单位：毫米）

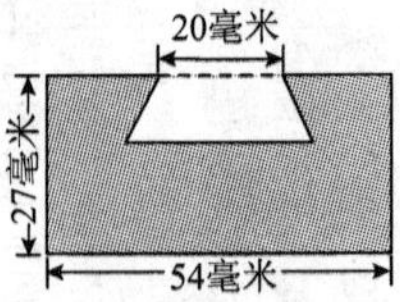

图 3

二、操作题

1. 图 4 是一个长 3 厘米，宽 2 厘米的长方形，在长方形内画一条线段，把它分成一个最大的等腰直角三角形和一个梯形，并求出这个梯形的面积。

2. 在图 4 的长方形中画一个最大的半圆，并计算半圆的周长和面积。

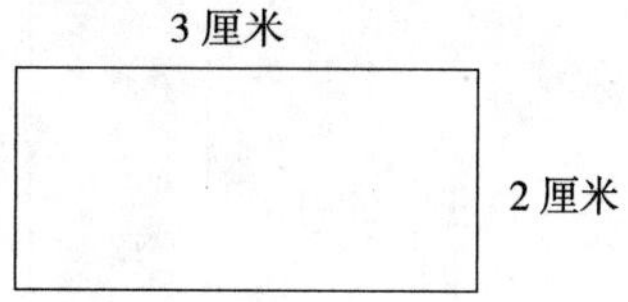

图 4

三、解决问题

1. 一个梯形广告牌，它的上底是 8 米，下底是 12 米，高是 6 米。如果要给这个广告牌涂上油漆，按每平方米花费 15 元来计算，共要花多少元?

2. 要粉刷一间长 8 米，宽 6 米，高 35 分米的电脑室的墙壁四周和顶面，除去门窗面积共 50 平方米，粉刷的面积有多少平方米?

3. 一个长方形和一个圆的周长相等，已知长方形的长是 5 厘米，宽是 2.85 厘米，圆的面积是多少？

4. 一种等腰直角三角形小旗，直角边长为 4 分米。现在有一块长 12 分米，宽 6 分米的长方形布料，用它最多可以剪成多少块这样的小旗？（小旗不能用边角料拼合）

数学《组合图形的面积》

教案（原稿）

概况	课题：组合图形的面积 课时形态：标准课	课型：平台互动 执教时间：2014 年 6 月 30 日	学科：数学　　年级：五年级 单位：来宾市忻城县教研室	执教者：梁鑫
双目标	大目标：培养学生认真观察、独立思考、概括归纳的能力，发展空间观念。 小目标：学生认识组合图形，会把组合图形分解成学过的平面图形并计算出面积。			
重点、难点	重点：组合图形面积的计算方法。难点：根据各种组合图形的条件，正确选择计算方法并解答。			
反思 / 评价	内容提要	时间	关键项方法与策略	反思 / 评价
一、以旧知识为桥梁，激发学生的学习兴趣和探究欲望。 二、关注学科的知识点、考点、难点和重点，关注学生的学情。让学生通过学习数学，获得数学	一、复习导入 1. 复习学过的平面图形的面积计算公式。 2. 认识组合图形。 二、倒置性平台 1. 主题词：组合图形的面积。 2. 出示中队旗图，提出开放性问题：怎样计算这面中队旗的面积呢？能不能把这个中队旗图转化成已学过的图形来计算？	7 分钟 2 分钟 6 分钟	一、 1. 课件出示 ▭ □ ⏢ ▱ △，提问 + 快速流程性检测。（肢体语言） 2.1 课件出示各种建筑物，学生观察思考回答：这些建筑物的表面图形有我们学过的哪些平面图形？ 2.2 学生从建筑物原型中抽象出组合图形。（口头表达+肢体语言；时间：2 分钟） 2.3 学生归纳组合图形的概念。（口头表达；时间：2 分钟） 2.4 同桌互说组合图形的概念。 二、 1. 板书主题词。 2. 课件出示，引导学生进行思维扩张。 3.1 学生个人思考，在微卡上写出方法。（防与学生为敌 + 防空看、空想；时间：2 分钟）	一、 1. 为学习新知识做好铺垫。 2. 构建直观形象的数学模型，让学生经历数学建模过程，体会数学与生活的联系，有利于学生建立组合图形的概念；给学生提供思考表达的空间，同时检测学生的倾听效果。 二、 1. 体现了 EEPO 有效教育的核心理念：通过组织和参与实现有效教育。 2. 培养和训练学生与人合作的意识和能力。

续表

的基本知识、基本技能、基本思想、基本活动经验。	3. 把想到的计算方法写出来。 4. 总结、归纳组合图形面积的计算方法。 预设向度：（1）分割求和法：①把组合图形分割成两个梯形；②把组合图形分割成一个正方形和两个三角形；③把组合图形分割成两个长方形和两个三角形。（2）添补求差法：补上一个三角形，使它成为一个长方形。（3）分割添补求差法。 5. 学生自选向度练习巩固。 6. 交互。 7. 精讲、小结。	7 分钟 4 分钟 11 分钟	3.2 四人小组交流 + 卡条呈现。（防空；时间：4 分钟） 4.1 全班交流汇报，教师在黑板上用气泡图呈现各小组的方法或思路，汇集成一个多向度的标准性平台。（时间：6 分钟） 4.2 计算方法优化（教师点讲） 5.1 课件出示：房屋平面图、风筝平面图、火箭平面图、指示牌平面图。 5.2 学生任选一种组合图形来计算面积，把答案写在微型卡上。（防敌 + 防空 + 防假；时间：4 分钟） 6.1 六人小组内相互批改，并选择 1~3 个向度学习，用喜欢的方式呈现在大卡上。（防单 + 防空 + 防假合作；时间：7 分钟） 6.2 全班大动浏览学习成果。（要求：学生带上小卡边浏览边记录好的方法，或提出自己的意见或建议）(大动 + 防空转 + 防假浏览 + 防单一；时间：4 分钟) 6.3 全班交流汇报。 7.1 教师精讲、点讲、补讲。 7.2 小结。	3. 引导和训练学生在自主和合作的学习活动中掌握平面图形面积的计算方法，渗透“转化”思想，发展学生的空间观念。 4. 方法的多样化和优化，培养学生多种策略解决问题的意识和能力以及观察、归纳、推理、表达能力。 5. 多种形式学习交互，攀升强化次数，巩固所学知识，提高运用方法解决问题的能力。 6. 照顾不同个性的学生，促进学生个性的发展，培养学生的创造性。
三、强化、训练学生运用知识解决数学问题的能力。	三、课外延伸 找生活中的组合图形，测量出相关的数据并计算它们的面积，再和同学一起交流分享。	3 分钟	三、教师出示课件	三、感受数学源于生活、服务于生活，激发学生继续探究知识的欲望。
注释或总评：1. 合理构建平台，有效处理关键知识点，攀升强化次数，提高效率。2. 将主动权交给学生，让学生通过自主学习、小组合作、交流、讨论，能根据各种组合图形的条件，灵活地选择方法进行计算和解答，经历“感知、抽象、概括和运用”的过程，领悟转化、推理等数学思想；增加迁移、比较、讨论、概括等活动经验。3. 体现了教学的核心：互动—主动—生动—能动，有效落实了数学的“四基”，培养了学生的“四能”。				

教案总评

【概况】

《组合图形的面积》是人教版九年义务教育六年制小学数学第九册的教学内容。本教学设计依据了课程标准的要求，充分考虑到了学得慢、学得快、有困难的各层次的学生，营造了比较宽松的学习氛围；以学生的发展为本，大目标从方向、意识形态上定位，小目标从知识技能方面定位，符合学科特点和学段要求。

【亮点】

1. 教学设计符合 MS-EEPO 板块结构 I 型备课方式的要求，格式规范。

2. 根据学情确定重难点，把“计算组合图形的面积”作为关键项构建学习平台，重点突出；倒置性平台的操作流程规范完整：围绕关键项“计算组合图形（中队旗）的面积”提出开放性问题“怎样把中队旗图转换成学过的图形来计算？”—学生探究方法—汇集计算向度—自由选择计算向度计算中队旗的面积—交流汇报计算方法——教师相机点讲、精讲补救。

3. 对应性强。内容的学习与给出的相应方法与策略，在行文格式和序号的标注上体现了一一对应的关系，让人一目了然。方法与策略的应用以 5J、5F 为主，项目使用合理，二级指标标注清楚，如内容提到的“把想到的计算方法提出来”所使用的策略是个人写在微卡上。使用板卡能有效地防空讲、空想、空看等。

4. 教与学的流程清晰、方法表达清楚，如倒置性平台的操作，第一步教师做什么，第二步学生做什么、怎么做等的表达都非常细致清晰。分割添补求差法是小学数学平面几何教学中的重要知识点和考点。这些向度当中，容易的向度是分割求和法，照顾了大多数学生；难的向度是后两个，特别是最后一个，照顾了想得快，空间思维、逆向思维好的学生。

【不足及建议】

1. 在大目标的表述上没有把学生当成达成任务实施和目标达成的主体，没有体现学生的主体性和主动性。

2. 精讲补救环节没有预设。

3. 对学生课堂生成的描述少，对学习效果没有进行量化评估，因此缺乏改进的具体措施。如对“六人小组内相互批改，并选择 1~3 个向度学习，用喜欢的方式呈现在大卡上”的这个方法策略实施后的反思评价是“照顾不同个性的学生，促进学生个性的发展，培养学生的创造性”，这样的表述过于笼统。

4. 反思与评价栏写的是教学设计内容，实际课前应留空。

（点评人：庞锡兰、崔育媚、陈苏梅）

教案（点评修改稿）

点评修改人：庞锡兰、崔育媚、陈苏梅

<table>
<tr><td>概况</td><td colspan="4">课题：组合图形的面积　课型：平台互动　学科：数学　年级：五年级　执教者：梁　鑫
课时形态：标准课　执教时间：2014 年 6 月 30 日　单位：来宾市忻城县教研室</td></tr>
<tr><td>双目标</td><td colspan="4">大目标：培养学生认真观察、独立思考、概括归纳的能力，发展学生的空间观念。
小目标：学生认识组合图形，会把组合图形分解成学过的平面图形并计算出面积。</td></tr>
<tr><td>重点、难点</td><td colspan="4">重点：组合图形面积的计算方法。难点：根据各种组合图形的条件，正确选择计算方法并解答。</td></tr>
<tr><td>反思 / 评价</td><td>内容提要</td><td>时间</td><td>关键项方法与策略</td><td>反思 / 评价</td></tr>
<tr><td>一、以旧知识为桥梁，激发学生的学习兴趣和探究欲望。

二、关注学科的知识点、考点、难点和重点，关注学生的学情。让学生通过数学学习，获得数学</td><td>一、复习导入
1. 复习学过的平面图形的面积计算公式。
2. 认识组合图形。

二、倒置性平台
1. 主题词：组合图形的面积。
2. 出示中队旗图，提出开放性问题：怎样计算这面中队旗的面积呢？能不能把这个中队旗图转化成已学过的图形来计算？</td><td>7 分钟

2 分钟
6 分钟</td><td>一、
1. 课件出示 ，提问＋快速流程性检测。（肢体语言）
2.1 课件出示各种建筑物，学生观察思考回答：这些建筑物的表面图形有我们学过的哪些平面图形？
2.2 学生从建筑物原型中抽象出组合图形。（口头表达＋肢体语言，时间：2 分钟）
2.3 学生归纳组合图形的概念。（口头表达；时间：2 分钟）
2.4 同桌互说组合图形的概念。
二、
1. 板书主题词
2. 课件出示，引导学生进行思维扩张。
3.1 学生个人思考，在微卡上写出方法。（防与学生为敌＋防空看、空想；时间：2 分钟）</td><td>一、
1. 为学习新知识做好铺垫。
2. 构建直观形象的数学模型，让学生经历数学建模过程，有体会数学与生活的联系，有利于建立组合图形的概念；给学生提供思考表达的空间，同时检测学生的倾听效果。

二、
1. 体现了 EEPO 有效教育的核心理念：通过组织和参与实现有效教育。
2. 培养和训练学生与人合作的</td></tr>
</table>

此栏是对“关键项方法与策略”的使用情况、使用效果进行反思或评价，上课前应留空

续表

的基本知识、基本技能、基本思想、基本活动经验。	3. 把想到的计算方法写出来。 4. 总结、归纳组合图形面积的计算方法。 预设向度：（1）分割求和法：①把组合图形分割成两个梯形；②把组合图形分割成一个正方形和两个三角形；③把组合图形分割成两个长方形和两个三角形。（2）添补求差法：补上一个三角形，使它成为一个长方形。（3）分割添补求差法。 5. 学生自选向度练习巩固。 6. 交互。 7. 精讲、小结。	7 分钟 4 分钟 11 分钟	3.2 四人小组交流 + 卡条呈现。（防空；时间：4 分钟） 4.1 全班交流汇报，教师在黑板上用气泡图呈现各小组的方法或思路，汇集成一个多向度的标准性平台。（时间：6 分钟） 4.2 计算方法优化（教师点讲） 5.1 课件出示：房屋平面图、风筝平面图、火箭平面图、指示牌平面图。 5.2 学生任选一种组合图形来计算面积，把答案写在微型卡上。（防敌 + 防空 + 防假；时间：4 分钟） 6.1 六人小组内相互批改，并选择 1~3 个向度学习，用喜欢的方式呈现在大卡上。（防单 + 防空 + 防假合作；时间：7 分钟） 6.2 全班大动浏览学习成果。（要求：学生带上小卡边浏览边记录好的方法，或提出自己的意见或建议。）（大动 + 防空转 + 防假浏览 + 防单一；时间：4 分钟） 6.3 全班交流汇报。 7.1 教师精讲、点讲、补讲 。 7.2 小结。	意识和能力。 3. 引导和训练学生在自主和合作的学习活动中掌握平面图形面积的计算方法，渗透“转化”思想，发展学生的空间观念。 4. 方法的多样化和优化，培养学生多种策略解决问题的意识和能力以及观察、归纳、推理、表达能力。 5. 多种形式学习交互，攀升强化次数，巩固所学知识，提高运用方法解决问题的能力。 6. 照顾不同个性的学生，促进学生个性的发展，培养学生的创造性。
三、强化、训练学生运用知识解决数学问题的能力。	三、课外延伸 找生活中的组合图形，测量出相关的数据并计算它们的面积，再和同学一起交流分享。	3 分钟	三、教师出示课件	三、感受数学源于生活、服务于生活，激发学生继续探究知识的欲望。
注释或总评：1. 合理构建平台，有效处理关键知识点，攀升强化次数，提高效率。2. 将主动权交给学生，让学生通过自主学习、小组合作、交流、讨论，能根据各种组合图形的条件，灵活地选择方法进行计算和解答，经历“感知、抽象、概括和运用”的过程，领悟转化、推理等数学思想；增加迁移、比较、讨论、概括等活动经验。3. 体现了教学的核心：互动—主动—生动—能动，有效落实了数学的“四基”，培养了学生的“四能”。				

对“六人小组内相互批改，并选择 1~3 个向度学习，用喜欢的方式呈现在大卡上”的这个方法策略实施后的反思评价可以围绕以下问题进行：多少小组或学生选择了哪几个向度学习，这说明什么问题？这个环节给了 7 分钟，大部分小组都能完成吗？如果不能完成是因为什么？六人小组内相互批改，批改存在的问题是什么？能通过什么方法来解决？

精讲补救环节可以根据教师的教学阅历、经验预设若干问题，这样可以更好地指导点拨学生

数学《角的度量》

教案（原稿）

<table>
<tr><td>概况</td><td colspan="5">内容：人教版数学四年级上册《角的度量》　时间：2014 年 6 月　学校：玉州区南江中心小学　执教者：邓海坚
学段：四年级　学科：数学　课型方式：平台互动方式　课时形态：标准课</td></tr>
<tr><td rowspan="2">目标</td><td>目标 1</td><td colspan="4">通过观察、操作、比较等活动，培养学生的观察能力、实践能力和抽象能力，使学生进一步建立空间观念，丰富学生的形象思维。</td></tr>
<tr><td>目标 2</td><td colspan="4">（1）使学生认识量角器，会用量角器量角的度数，并比较角的大小。（2）学习方式目标——5J+5F+5S+5L。</td></tr>
<tr><td colspan="2">教学重难点</td><td colspan="4">教学重点：用合适的方法比较角的大小。　教学难点：正确使用量角器测量角的度数。</td></tr>
<tr><td colspan="2">检测</td><td>内容提要</td><td>时间</td><td>方法 & 策略</td><td>反思 / 评价</td></tr>
<tr><td>前测</td><td>内容：
画出两个不同大小的角。
（“方法 & 策略”第一环节的第 1 点）</td><td>一、情境导入
1. 画角。
2. 想一想：如何比较两个角的大小？
3. 明确教学目标。
二、自主探索，合作交流（构建倒置性平台）
关键项：用什么方法比较两个角的大小？
预设向度：

</td><td>4 分钟

6 分钟</td><td>一、情境导入
1. 在微卡上画出两个不同大小的角。（板卡 + 防空）
2. 教师 PPT 出示两个角，让学生猜猜：两个角谁大谁小？
3.PPT 出示课题及学习目标，学生浏览。（看的速度：100 字，用时 30 秒）
二、自主探索，合作交流
平台一（倒置性平台）
1. 出示开放性问题：用什么方法比较两个角的大小？
2. 二人小组交流比较角的大小的方法，并用喜欢的表达呈现方式写在微卡上。（班级文化约定 + 表达呈现 + 板卡 + 防空，其中写的速度：20 字，用时 1 分钟）
3. 教师选择不同向度的小组汇报，在黑板上用气泡图展示结果。（预设向度：5 个）（防空 + 防泡）</td><td>课后反思：
一、
2. 设疑引入，激发学生探究的欲望。

二、
3. 五个向度有难有易，其中用量角器测量是难点，向度的设计上照顾了 80% 的学生。</td></tr>
</table>

续表

中测	1. 用量角器测量各种类型的角。（“方法 & 策略”第三环节的第1点） 2. 画出规定度数的角。（4个）（“方法 & 策略”第三环节的第 2 点）	三、巩固强化，应用提高 1. 构建标准性平台。 关键项：测量各种类型的角。 出示向度（学习卡一）： 3 个锐角 3 个钝角 3 个大小相等但边长不等的角 2. 按度数画角。	13 分钟 15 分钟	4. 生组成 4~5 人团队，选择其中 1~2 种方法进行操作，并把结果呈现在大卡上。（学科文化约定 + 板卡 + 防空；操作 / 写 / 说，用时 8 分钟） 5. 交互。 ①全班交互：展出成果，小组外浏览 1~2 个向度。（人力资源看的速度：200 字，用时 1 分钟） ②教师选择不同方法的小组进行交流汇报。（流程性检测 + 防泡，说的速度：600~700 字，用时 4~5 分钟） 6. 教师根据流程性检测的情况精讲补救，并总结出用量角器测量角的方法。 三、巩固强化，应用提高 1. 平台二（标准性平台） 1.1 关键项：测量各种类型的角。 1.2 出示向度（学习卡一）：a.3 个锐角；b.3 个钝角；c.3 个大小相等但边长不等的角。 1.3 四人小组从每个向度中选择 1~2 个图形进行度量并把结果记录在小卡（学习卡）上。（班级文化约定 + 板卡 + 防空 + 防形式单一） 1.4 交互。与附近的 2~3 个小组交互，互看互检度量结果，并推荐有难度的题目在全班交互。（流程性检测 + 防泡） 1.5 教师精讲补救，引出结论：角的大小与边的长短无关。 2. 画出规定度数的角。（4 个：37°、85°、140°、90°）（做 + 中测）	三、 1. 这一题练习强化了学生用量角器测量角的基础知识，同时也渗透了“角的大小与边的长短无关”的认知。 2. 画角是对量角器相关知识的提升，是根据时间及中测情况调整教学策略的预留项。
后测	关键项：测量各种类型的角。强化次数：20 次。大量的强化在平台二的交互中。	四、总结拓展 1. 生谈收获。 2. 后续作业。	2 分钟	四、总结拓展 1. 师生小结本节课所学的知识，强化基础知识。 2. 布置后续作业。	
注释或总评：本节课平台一的设置是为解决重难点服务的，因此安排的时间较多些；平台二设计为一个小平台，容量及难度都不大，但却是对基础知识的进一步强化。					

教案总评

【概况】

《角的度量》是人教版九年义务教育六年制小学数学第七册的教学内容。本教学设计依据了《义务教育数学课程标准》的要求，充分考虑到了“以学生的发展为本”，让学生在观察、操作、比较等活动中，认识量角器，会用量角器量角的度数，并能比较角的大小，培养了学生的观察能力、实践能力和抽象思维能力，进一步建立空间观念。

【亮点】

1. 教案结构完整，基本符合 MS-EEPO 板块结构 II 型备课方式的格式要求，教学方法或策略能与内容提要区分开来，具有一定的可操作性。

2. 在主要的操作步骤后面，均比较清晰地标明了学习方式的项目，能有意识地使用 5S、5L 来调控课堂教学。对每个教学环节和重要的操作步骤都设计了具体的时间安排。

3. 标准性平台和倒置性平台的操作步骤交代清楚，围绕关键项构建的平台符合多向度、自由度、相对平行三原则。

4. 能用“三测”了解学生的学习基础和课堂学习情况，基本符合前测、中测、后测的要求。

5. 两个平台的设计意在把学习的主动权交还给学生，关注到了对学生思维能力的训练，培养了学生探索规律和解决问题的能力。学生在合作探究中发现数学知识的生活性与实用性，并在实践过程中发现问题，产生解决问题的欲望，体现了数学学习的价值。

【不足及建议】

1. 流程性检测的方式方法不明确，没有根据中测的情况调整教学策略的预留项，比如：学生没有充分认识量角器的构造原理及特点时，教师应采取何种策略？如何强化学生测量的精确度和掌握量角器的使用方法？让学生选用 1~2 种方法操作什么？学习探究的任务没有表述清楚。

2. 小组间汇报交流的内容不明确。任务目标比较简单，使用单元组来完成即可，不必团队操作。

（点评人：顾瑾、崔育媚、陈苏梅）

教案（点评修改稿）

点评修改人：顾瑾

<table>
<tr><td>概况</td><td colspan="5">内容：人教版四年级上《角的度量》 时间：2014 年 6 月 学校：玉州区南江中心小学 执教者：邓海坚
学段：四年级 学科：数学 课型方式：平台互动方式 课时形态：标准课</td></tr>
<tr><td rowspan="2">目标</td><td>目标 1</td><td colspan="4">通过观察、操作、比较等活动，培养观察能力、实践能力和抽象能力，进一步建立空间观念，丰富形象思维。</td></tr>
<tr><td>目标 2</td><td colspan="4">认识量角器，会用量角器量角的度数，并比较角的大小。</td></tr>
<tr><td colspan="2">教学重难点</td><td colspan="4">教学重点：用合适的方法比较角的大小。 教学难点：正确使用量角器测量角的度数。</td></tr>
<tr><td colspan="2">检测</td><td>内容提要</td><td>时间</td><td>方法 & 策略</td><td>反思 / 评价</td></tr>
<tr><td>前测</td><td>内容：
画出两个不同大小的角。
（“方法 & 策略”第一环节的第 1 点）</td><td>一、情境导入
1. 画角。
2. 想一想：如何比较两个角的大小？
3. 明确教学目标。
二、自主探索，合作交流（构建倒置性平台）
关键项：用什么方法比较两个角的大小？
预设向度：

</td><td>4 分钟

6 分钟</td><td>一、情境导入
1. 在微卡上画出两个不同大小的角。（板卡 + 防空）
2. 教师 PPT 出示两个角，让学生猜一猜：两个角谁大谁小？
3.PPT 出示课题及学习目标，学生浏览。（看的速度：200 字 / 分钟，用时 30 秒）
二、自主探索，合作交流
平台一（倒置性平台）
1. 出示开放性问题：用什么方法比较两个角的大小？
2. 二人小组交流比较角的大小的方法，并用喜欢的表达呈现方式写在微卡上。（班级文化约定 + 表达呈现 + 板卡 + 防空，其中写的速度：20 字 / 分钟）
3. 教师选择不同向度的小组汇报，在黑板上用气泡图展示结果。（预设向度：5 个）（防空 + 防泡）</td><td>课后反思：
一、
2. 设疑引入，激发学生探究的欲望。

二、
3. 五个向度有难有易，其中用量角器测量是难点，向度的设计上照顾了 80% 的学生。</td></tr>
</table>

中测	1. 用量角器测量各种类型的角。（“方法&策略”第三环节的第1点） 2. 画出规定度数的角。（4个）（“方法&策略”第三环节的第2点）		13分钟	4. 生组成4~5人小组，选择其中1~2种方法进行操作，并把结果呈现在大卡上。（学科文化约定+板卡+防空；操作/写/说，用时8分钟） 5. 交互。 ①全班交互：展出成果，小组外浏览1~2个向度。（人力资源看的速度：200字，用时1分） ②师选择不同方法的小组进行交流汇报。（流程性检测+防泡，说的速度：每分钟150字，用时4~5分钟） 6. 师根据流程性检测的情况精讲补救，并总结出用量角器测量角的方法。	
		三、巩固强化，应用提高 1. 构建标准性平台。 关键项：测量各种类型的角。 出示向度（学习卡一）： {3个锐角 3个钝角 3个大小相等但边长不等的角 2. 按度数画角。	15分钟	三、巩固强化，应用提高 1. 平台二（标准性平台） 1.1 关键项：测量各种类型的角。 1.2 出示向度（学习卡一）：a.3个锐角；b.3个钝角；c.3个大小相等但边长不等的角。 1.3 四人小组从每个向度中选择1~2个图形进行度量并把结果记录在小卡（学习卡）上。（班级文化约定+板卡+防空+防形式单一） 1.4 交互。与附近的2~3个小组交互，互看互检度量结果，并推荐有难度的题目在全班交互。（流程性检测+防泡） 1.5 教师精讲补救，引出结论：角的大小与边的长短无关。 2. 画出规定度数的角。（4个：37°、85°、140°、90°）（做+中测）	三、 1. 这一题练习强化了学生用量角器测量角的基础知识，同时也渗透了“角的大小与边的长短无关”的认知。 2. 画角是对量角器相关知识的提升，是根据时间及中测情况调整教学策略的预留项。
后测	关键项是：测量各种类型的角。 强化次数：20次。大量的强化在平台二的交互中。	四、总结拓展 1. 生谈收获。 2. 后续作业。	2分钟	四、总结拓展 1. 师生小结本节课所学的知识，强化基础知识。 2. 布置后续作业。	
注释或总评：本节课平台一的设置是为解决重难点服务的，因此安排的时间较多些；平台二设计为一个小平台，容量及难度都不大，但却是对基础知识的进一步强化。					

数学《长方形、正方形面积的计算》

教案（原稿）

<table>
<tr><td>概况</td><td colspan="5">内容：人教版小学数学三年级下册《长方形、正方形面积的计算》　执教者：××
课型方式：平台互动方式　课时形态：标准课（40 分钟）　时间：2014 年 5 月 14 日</td></tr>
<tr><td rowspan="2">目标</td><td>目标 1</td><td colspan="2">激发学生探究的热情和勇于探索的精神，体验成功的快乐。</td><td rowspan="2">教学重难点</td><td>教学重点：掌握长方形、正方形面积的计算方法。</td></tr>
<tr><td>目标 2</td><td colspan="2">结合长方形和正方形面积的计算，培养学生的探索精神、空间观念和解决问题的能力。</td><td>教学难点：长方形面积计算公式的推导过程。</td></tr>
<tr><td colspan="2">检测</td><td>内容提要</td><td>时间</td><td>方法 & 策略</td><td>反思 / 评价</td></tr>
<tr><td>前测</td><td>在微卡上做：从右图中剪下一个最大的正方形，这个正方形的周长是多少厘米？剩下的图形的周长是多少厘米？</td><td>一、创设情境
1. 学生按要求计算出剪下的最大正方形的周长及剩余图形的周长。
2. 检测学生是否能灵活使用长方形、正方形周长的计算方法。
3. 提出本节课的学习目标。
二、实践探究
1. 团队合作探究长方形的面积与其长、宽的关系（课前每个学生都准备好 24 张 1 平方厘米的正方形纸片）。
2. 单元组合作探究正方形面积的计算方法。</td><td>4 分钟

20 分钟</td><td>一、情境导入
1. 前测。在微卡上做：从右图中剪下一个最大的正方形，这个正方形的周长是多少厘米？剩下的图形的周长是多少厘米？【看 + 想 + 做 +5S（算）+5J（板卡）】
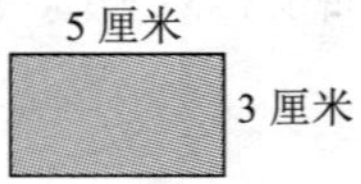

2. 二人小组交互（互改、交流）。【5J（合作 + 约定）】
3. 教师检测。【5F：防假学】
二、实践探究
1. 构建倒置性平台
1.1 出示开放性的问题：用 24 张 1 平方厘米的正方形纸拼成面积为 24 平方厘米的长方形，有多少种拼法？
1.2 学生在小卡上写出自己的思路。
1.3 汇集并整理成标准性平台。
向度 1：24=1×24 或 24=24×1；向度 2：4=2×12 或 24=12×2；向度 3：24=3×8 或 24=8×3；向度 4：24=4×6 或 24=6×4。</td><td>通过回顾旧知，激发学生的探究欲望。

学生通过自己动手实践、合作探究，总结出长方形面积的计算方法。在发现问题、探索计算方法的过程中，人人动手拼摆，让不同个性、不</td></tr>
</table>

<table>
<tr>
<td>中测</td>
<td>计算前测中学生剪下的正方形及剩下的图形的面积各是多少？</td>
<td rowspan="2">三、实践应用，拓展延伸
闯关游戏。

四、谈收获</td>
<td rowspan="2">13 分钟

3 分钟</td>
<td rowspan="2">1.4 六人团队合作探究。【团队 +5J（表达呈现、约定）+5S（看、写、算）+5L】
①学生任选 2~3 个向度，拼成面积为 24 平方厘米的长方形，并把拼好的图形呈现在大卡上。
②拼好后将面积、长、宽等数据填在下表中。
<table>
<tr><td>图形</td><td>面积（平方厘米）</td><td>长（厘米）</td><td>宽（厘米）</td></tr>
<tr><td rowspan="3">长方形</td><td></td><td></td><td></td></tr>
<tr><td></td><td></td><td></td></tr>
<tr><td></td><td></td><td></td></tr>
</table>
③观察表格中的数据，说说每个图形的面积与其长、宽之间有什么关系？
1.5 全班交互：展出成果，自荐不同向度的小组汇报。得出结论：长方形的面积 = 长 × 宽。
【5F（防空讲、防假看）+5S（说）】
1.6 教精讲补救。
2. 构建标准性平台
2.1 关键项：探究正方形面积的计算方法。
2.2 多媒体出示向度：①摆一摆，②量一量，③折一折。
2.3 学生个人自选 1~2 个向度独立思考并做一做。
2.4 四人小组汇集学习成果，组际交流。【单元组 +5S（写、说）】
2.5 小组汇报，得出结论：正方形的面积 = 边长 × 边长。
2.6 教师精讲补救 + 中测。【5F（防假学、防空讲）+5S(算）】
三、实践应用，拓展延伸【5F（单一的形式）+5J(约定)+5L)
1. 第一关：基础练习，迁移拓展。
10 道判断题。
2. 第二关：应用练习。
教室中哪些物体的面是长方形或正方形？每个同学选一个量一量（长、宽或边长），再算一算它的面积是多少？
3. 第三关：开放性练习。
老师想在办公桌上放一块与桌面大小相等的玻璃，办公桌的长是 80 分米，宽是 30 分米，你们帮老师算一算它的面积是多少？
四、谈收获【5S（说）】</td>
<td rowspan="2">同学习能力的学生都能自主地、自发地参与学习和交流，真正提高了每个学生的学习效率，实现了“不同的人在数学上得到不同的发展”的目标。

通过独立思考正方形的面积计算方法，激发学生学习数学的兴趣，诱发其内在的学习动机，培养学生积极、主动、创造性的思维，同时也培养学生迁移类推的能力。

让学生在解决实际生活问题的同时，丰富生活经验，提高解决实际问题的能力。</td>
</tr>
<tr>
<td>后测</td>
<td>解决问题：一块长方形菜地，一面靠着长 8 米的围墙，用长 26 米的篱笆围起来，这块菜地的面积是多少？

强化次数 22 次</td>
</tr>
<tr>
<td colspan="6">注释或总评：本节课通过动手操作，让学生亲身经历公式的推导过程，培养了学生的探索精神和创新思维，突出了教学重点，有效地促进了师生的发展。</td>
</tr>
</table>

教案总评

【概况】

《长方形、正方形面积的计算》是人教版九年义务教育六年制小学数学第六册的教学内容。本教学设计依据了《义务教育数学课程标准》的要求，让学生经历了长方形和正方形面积公式的推导过程，从而学生能理解和掌握这两个面积公式，能应用公式正确地计算长方形或正方形的面积，并解决相关的简单的实际问题。在推导长方形、正方形面积公式的过程中，培养学生初步的比较、分析、抽象、概括和简单推理的能力，进一步积累学习图形与几何的经验。长方形和正方形面积的计算能培养学生的探索精神、空间观念和解决问题的能力，掌握长方形、正方形面积的计算方法是教学重点，长方形面积计算公式的推导过程是教学难点。学生在学习活动中，进一步体会了动手实践、自主探索、合作交流的价值，增进了对数学学习的积极情感。

【亮点】

1. 教案结构完整，符合 MS-EEPO 操作体系的要求，用板块结构 II 型备课方式呈现教案。

2. 创设情境激发学生探究的热情和勇于探索的精神；用 5S 的训练和 5L 的意识来调控是解决问题的关键。

3. 对关键项的把控较好，流程性检测中的后测对关键项的强化次数做了统计，强化次数达到 22 次，所以没布置课外作业，把时间和空间还给了学生。

【不足及建议】

1. 倒置性平台中呈现向度时应写上“预设”两字。

2. 对关键项进行把控时，需注明关键项检测点的位置。

3. 能将 5L 进行具体化调控更好。

4. 流程性检测中的前测、中测、后测在教案中表述不够规范。

（点评人：周初宁、崔育媚、陈苏梅）

教案（点评修改稿）

点评修改人：周初宁、崔育媚、陈苏梅

<table>
<tr><td>概况</td><td colspan="5">课题：人教版小学数学三年级下册《长方形、正方形面积的计算》　执教者：× ×
课型方式：平台互动方式　课时形态：标准课（40 分钟）　时间：2014 年 5 月 14 日</td></tr>
<tr><td rowspan="2">目标</td><td>目标 1</td><td colspan="2">激发学生探究的热情和勇于探索的精神，体验成功的快乐。</td><td rowspan="2">教学重难点</td><td>教学重点：掌握长方形、正方形面积的计算方法。</td></tr>
<tr><td>目标 2</td><td colspan="2">结合长方形和正方形面积计算，培养学生的探索精神、空间观念和解决问题的能力。</td><td>教学难点：长方形面积计算公式的推导过程。</td></tr>
<tr><td colspan="2">检测</td><td>内容提要</td><td>时间</td><td>方法 & 策略</td><td>反思 / 评价</td></tr>
<tr><td rowspan="2">前测</td><td rowspan="2">在微卡上做：从右图中剪下一个最大的正方形，这个正方形的周长是多少厘米？剩下的图形周长是多少厘米？</td><td>一、创设情境
1. 学生按要求计算出剪下的最大正方形的周长及剩余图形的周长。
2. 检测学生是否能灵活使用长方形、正方形周长的计算方法。
3. 提出本节课的学习目标。</td><td>4 分钟</td><td>一、情境导入
1. 前测。在微卡上做：从右图中剪下一个最大的正方形，这个正方形的周长是多少厘米？剩下的图形周长是多少厘米？【看 + 想 + 做 + 5S（算）+5J（板卡）】

2. 二人小组交互（互改、交流）。【5J（合作 + 约定）】
3. 教师检测。（5F：防假学）</td><td>过回顾旧知，激发学生的探究欲望。</td></tr>
<tr><td>二、实践探究
1. 团队合作探究长方形的面积与其长、宽的关系（课前每个学生都准备好 24 张 1 平方厘米的正方形纸片）。
2. 单元组合作探究正方形面积的计算方法。</td><td>20 分钟</td><td>二、构建倒置性平台
1. 出示开放性的问题：用 24 张 1 平方厘米的正方形纸拼成面积为 24 平方厘米的长方形，有多少种拼法？
2. 学生在小卡上写出自己的思路。
3. 汇集并整理成标准性平台。
向度 1：24=1 × 24 或 24=24 × 1；向度 2：4=2 × 12 或 24=12 × 2；向度 3：24=3 × 8 或 24=8 × 3；向度 4：24=4 × 6 或 24=6 × 4。
4. 六人团队合作探究。【团队 +5J（表达呈现、约定）+5S（看、写、算）+5L】</td><td>学生通过自己动手实践、合作探究，总结出长方形面积的计算方法。在发现问题、探索计算方法的过程中，人人动手拼摆，让不同个性、不同学习能力的学生都能自主地、自发地参与</td></tr>
</table>

<table>
<tr>
<td>中测</td>
<td>计算前测学生剪下的正方形及剩下的图形的面积各是多少?</td>
<td></td>
<td></td>
<td>①学生任选 2~3 个向度，拼成面积为 24 平方厘米的长方形，并把拼好的图形呈现在大卡上。
②拼好后将面积、长、宽等数据填在下表中。
<table>
<tr><td>图形</td><td>面积（平方厘米）</td><td>长（厘米）</td><td>宽（厘米）</td></tr>
<tr><td rowspan="3">长方形</td><td></td><td></td><td></td></tr>
<tr><td></td><td></td><td></td></tr>
<tr><td></td><td></td><td></td></tr>
</table>
③观察表格中的数据，说说每个图形的面积与其长、宽之间有什么关系?
5. 全班交互：展出成果，自荐不同向度的的小组汇报。得出结论：长方形的面积 = 长 × 宽。【5F（防空讲、防假看）+5S（说）】
6. 教精讲补救。</td>
<td>学习和交流，真正提高了每个学生的学习效率，实现了“不同的人在数学上得到不同的发展”的目标。</td>
</tr>
<tr>
<td>后测</td>
<td>解决问题：一块长方形菜地，一面靠着长 8 米的围墙，用长 26 米的篱笆围起来，这块菜地的面积是多少?

强化次数 22 次</td>
<td>四、实践应用，拓展延伸
闯关游戏。

五、谈收获</td>
<td>13 分钟

3 分钟</td>
<td>三、构建标准性平台
1. 关键项：探究正方形面积的计算方法
2. 多媒体出示向度：①摆一摆，②量一量，③折一折。
3. 学生个人自选 1~2 个向度独立思考并做一做
4. 四人小组汇集学习成果，组际交流。【单元组 +5S（写、说）】
5. 小组汇报，得出结论：正方形面积 = 边长 × 边长
6. 教师精讲补救 + 中测。【5F（防假学、防空讲）+5S(算）】
四、实践应用，拓展延伸【5F（单一的形式）+5J(约定)+5L)
1. 第一关：基础练习，迁移拓展。
10 道判断题。
2. 第二关：应用练习。
教室中哪些物体的面是长方形或正方形? 每个同学选一个量一量（长、宽或边长），再算一算它的面积是多少?
3. 第三关：开放性练习。
老师想在办公桌上放一块与桌面大小相等的玻璃，办公桌的长是 80 分米，宽是 30 分米，你们帮老师算一算它的面积是多少?
五、谈收获【5S（说）】</td>
<td>通过独立思考正方形的面积计算方法，激发学生学习数学的兴趣，诱发其内在的学习动机，培养学生积极、主动、创造性的思维，同时也培养学生迁移类推的能力。

让学生在解决实际生活问题的同时，丰富生活经验，提高解决实际问题的能力。</td>
</tr>
<tr>
<td colspan="6">注释或总评：本节课通过动手操作，让学生亲身经历公式的推导过程，培养了学生的探索精神和创新思维，突出了教学重点，有效地促进了师生的发展。</td>
</tr>
</table>

数学《三角形的内角和》

教案（原稿）

概况	学校：×× 学科：小学数学 年级：四年级下册 课题：三角形的内角和 课型方式：以平台互动为主，要素组合为辅 课时形态：标准课 执教者：卢甲清 时间：2014 年 6 日				
目标	1. 学生提高动手操作、观察比较、抽象概括和分析推理的能力，体会研究数学的思想方法。 2. 学生通过测量、拼组、推理等方法，探索发现并验证三角形的内角和是 180°，并能应用这个结论解决简单的实际问题。 3. 学生提高小组活动能力和合作意识，会用各种表达呈现方式表达呈现，并能熟练利用板卡防空讲。				
检测		内容提要	时间	方法 & 策略	反思 / 评价
前测	三角形的名称，在方法策略中的 1.1、1.2 测。	一、前测 + 导入 1.1学生说出各三角形的名称，从中引出内角。 1.2揭示课题并明确学习目标。	3 分钟	一、前测 + 导入【看 + 讲 + 听】 1.1 课件出示情境图，让学生说一说。 1.2 提问检测：让学生说一说各类三角形的名称。（防假听）	
中测	检测学生是否能利用多种方法验证三角形的内角和。在方法策略中的 3.2、3.3、3.5 测。	二、猜测验证，得出结论 1. 学生猜想：三角形的内角和。 2. 标准性平台。 关键项：验证三角形内角和的方法。 呈现向度：①测量法，②剪拼法，③撕拼法，④折拼法，⑤添加辅助线计算法。 结论：三角形的内角和 =180°	22 分钟	二、猜测验证，得出结论【做 + 讲 + 想 + 小动 + 大动】 1. 猜想：三角形的内角和。 1.1 由理解“内角”迁移到理解“内角和”。让学生猜一猜三角形的内角和。 预设：150 度、180 度、181 度、360 度…… 1.2 想一想：用什么方法来验证自己的猜想? 1.3 让学生先根据已有知识经验猜测，再二人小组互相说一说自己的猜测。指名汇报。 2. 构建标准性平台。 2.1 在大板上呈现标准性平台（关键项、向度 5 个）。 2.2 六人团队选择 1~2 个向度探究，并用喜欢的方式表达呈现在中卡上。（用时：8~10 分钟）（防假合作 + 防空）	

续表

后测	关键项：发现和验证三角形内角和=180°。大概强化18次（大量强化在环节二和环节三）。			2.3 交互。 ①全班大动浏览至少2个团队的学习成果，在微卡上记录评价。（学科文化约定：倒数10个数归位） ②检测学生听、看的效果。（防假看＋防空转＋看、写的速度） ③团队推荐2个同学汇报验证过程和结果。（预设：6个团队汇报。简单装备：挂线、夹子、黏胶）（防单＋防假听） ④推荐没有做出来的一个团队汇报他们的想法。（机动项） 2.4 教师精讲、补讲及提升。预留：把一个大的三角形平分成两个小三角形，每个小三角形的度数是多少？（防敌）	
		三、巩固练习，内化提高 ①学习卡上的3道题。（附学习卡） ②猜一猜、说一说，解决有关三角形内角的题目。（3道，附学习卡） ③解决实际问题。（3道） ④出示一个五边形和一个六边形。	13分钟	三、巩固练习，内化提高【做＋想＋小动】 1. 先独立完成学习小卡一的题目，再二人小组交换批改，最后个人汇报。 2. 判一判：学生独立思考，然后用肢体语言的约定进行流程性检测。（小卡二） 3. 抢答游戏：出示三种不同的卡通三角形，提问题，让学生抢答。（算的速度） 4. 任选1~2个图形，算出它的内角和。先让学生独立思考，再随机分四人小组交流方法。	
		四、总结提升 寻找生活中的三角形，找出它的内角特点。	2分钟	四、总结提升【想＋讲＋听】 1. 今天学到了什么？ 2. 寻找生活中的三角形，它的内角有什么特点？	
注释：1. 本节课的导入和巩固环节的知识点比较零散，所以我组织学生利用听、看、讲、想、做和动静转换落实目标。2. 环节二难度大，需要快速完成和落实关键项，所以我设计了一个标准性平台，从而使强化次数得到不断攀升。					

板书

学习卡（一）

1. 在一个三角形中，∠1=85°，∠3=35°，求∠2 的度数。

2. 一个直角三角形的一个锐角是 30°，那么它的另一个锐角是多少度？

3. 一个等腰三角形的顶角是 120°，那么它的底角是多少度？

学习卡（二）

判断：

1. ∠1=60°，∠2=30°，∠3=91° 这三个角不可能在同一个三角形内。（　）

2. 把一个大三角形平分成两个小三角形，每一个小三角形的内角和是 90 度。（　）

3. 每个三角形中至少有两个锐角。（　）

教案总评

【概况】

《三角形的内角和》是人教版九年义务教育六年制小学数学第八册的教学内容。本教学设计依据了《义务教育数学课程标准》的要求，学生通过测量、拼组、推理等方法，探索发现并验证三角形的内角和是 180°，并能应用这个结论解决简单的实际问题。学习三角形的内角和这个知识点有助于学生提高动手操作、观察比较、抽象概括和分析推理的能力，有助于学生体会研究数学的思想方法。学生在观察、猜测、验证的过程中，提升了自身动手、动脑及推理、归纳总结的能力；在参与学习的过程中，感受到了数学独特的魅力，获得了成功的体验，并产生了学习数学的积极情感。

【亮点】

1. 教案结构完整，符合 MS-EEPO 板块结构 II 型备课方式的要求。

2. 采用随机分组的方式组织教学，课堂生动活泼，学生小组活动能力和合作意识得以提高。运用了多种表达呈现方式，并能熟练利用板卡防空讲。

3. “三测”比较精准，能围绕关键项进行。

4. 平台的操作流程清晰，能设计预留项目，各环节的时间分配合理。

【不足及建议】

概况栏与目标栏表述不够规范。

（点评人：周初宁、崔育媚、陈苏梅）

教案（点评修改稿）

点评修改人：周初宁、崔育媚、陈苏梅

<table>
<tr><td>概况</td><td colspan="5">学校：玉林市东环小学 学科：小学数学 年级：四年级下册 课题：三角形的内角和
课型方式：以平台互动为主，要素组合为辅 课时形态：标准课 执教者：卢甲清 时间：2014 年 6 日</td></tr>
<tr><td>目标</td><td colspan="5">1. 学生提高动手操作、观察比较、抽象概括和分析推理的能力，体会研究数学的思想方法。
2. 学生通过测量、拼组、推理等方法，探索发现并验证三角形的内角和是 180° ，并能应用这个结论解决简单的实际问题。
3. 学生提高小组活动能力和合作意识，会用各种表达呈现方式表达呈现，并能熟练利用板卡防空讲。</td></tr>
<tr><td colspan="2">检测</td><td>内容提要</td><td>时间</td><td>方法 & 策略</td><td>反思 / 评价</td></tr>
<tr><td>前测</td><td>三角形的名称。在方法策略中的 1.1、1.2 测。</td><td rowspan="2">一、前测 + 导入
1.1 学生说出各三角形的名称；从中引出内角。
1.2 揭示课题并明确学习目标。
二、猜测验证，得出结论。
1. 学生猜想：三角形的内角和。
2. 标准性平台。
关键项：验证三角形内角和的方法。
呈现向度：①测量法，②剪拼法，③撕拼法，④折拼法，⑤添加辅助线计算法。
结论：三角形的内角和 =180°</td><td rowspan="2">3 分钟

22 分钟</td><td rowspan="2">一、前测 + 导入【看 + 讲 + 听】
1.1 课件出示情境图，让学生说一说。
1.2 提问检测：让学生说一说各类三角形的名称。（防假听）

二、猜测验证，得出结论【做 + 讲 + 想 + 小动 + 大动】
1. 猜想：三角形的内角和。
1.1 由理解“内角”迁移到理解“内角和”。让生猜一猜三角形的内角和。
预设：150 度、180 度、181 度、360 度……
1.2 想一想：用什么方法来验证自己的猜想？
1.3 让学生先根据已有知识经验猜测，再二人小组互相说一说自己的猜测。指名汇报。
2. 构建标准性平台。
2.1 在大板上呈现标准性平台（关键项、向度 5 个）。
2.2 六人团队选择 1~2 个向度探究，并用喜欢的方式表达呈现在中卡上。（用时：8~10 分钟）（防假合作 + 防空）
2.3 交互。
①全班大动浏览至少 2 个团队的学习成果，在微卡上记录评价。（学科文化约定：倒数 10 个数归位。）</td><td rowspan="2"></td></tr>
<tr><td>中测</td><td>检测学生是否能利用多种方法验证三角形的内角和。在方法策略中的 3.2、3.3、3.5 测。</td></tr>
</table>

续表

后测	关键项：发现和验证三角形内角和=180°。大概强化18次（大量强化在环节二和三）。	三、巩固练习，内化提高。 ①学习卡上的3道题。（附学习卡） ②猜一猜、说一说，解决有关三角形内角的题目。（3道，附学习卡） ③解决实际问题。（3道） ④出示一个五边形和一个六边形。 四、总结提升 寻找生活中的三角形，找出它的内角特点。	13分钟 2分钟	②检测学生听、看的效果。（防假看＋防空转＋看、写的速度） ③团队推荐2个同学汇报验证过程和结果。（预设：6个团队汇报。简单装备：挂线、夹子、黏胶）（防单＋防假听） ④推荐没有做出来的一个团队汇报他们的想法。（机动项） 2.4 教师精讲、补讲及提升。预留：把一个大的三角形平分成两个小三角形，每个小三角形的度数是多少？（防敌） 三、巩固练习，内化提高【做＋想＋小动】 1. 先独立完成学习小卡一的题目，再二人小组交换批改，最后个人汇报。 2. 判一判：学生独立思考，然后用肢体语言的约定进行流程性检测。（小卡二） 3. 抢答游戏：出示三种不同的卡通三角形，提问题，让学生抢答。（算的速度） 4. 任选1~2个图形，算出它的内角和。先让学生独立思考，再随机分四人小组交流方法。 四、总结提升【想＋讲＋听】 1. 今天学到了什么？ 2. 寻找生活中的三角形，它的内角有什么特点？	
注释：1. 本节课的导入和巩固环节的知识点比较零散，所以我组织学生利用听、看、讲、想、做和动静转换落实目标。2. 环节二难度大，需要快速完成和落实关键项，所以我设计了一个标准性平台，从而使强化次数得到不断攀升。					

板书

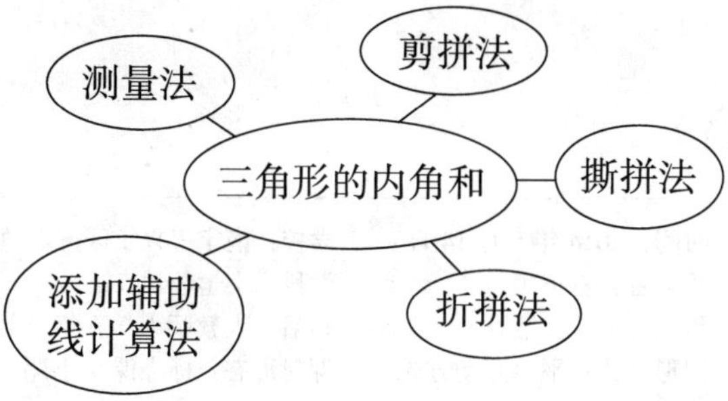

学习卡（一）

1. 在一个三角形中，∠1=85°，∠3=35°，求∠2 的度数。

2. 一个直角三角形的一个锐角是 30°，那么它的另一个锐角是多少度?

3. 一个等腰三角形的顶角是 120°，那么它的底角是多少度?

学习卡（二）

判断:

1. ∠1=60°，∠2=30°，∠3=91° 这三个角不可能在同一个三角形内。（　）

2. 把一个大三角形平分成两个小三角形，每一个小三角形的内角和是 90 度。（　）

3. 每个三角形中至少有两个锐角。（　）

数学《组合图形的面积》

教案（原稿）

<table>
<tr><td colspan="2">概况</td><td colspan="4">时间：2014 年 5 月 14 日　　学校：南宁市兴宁区五塘镇中心学校
执教者：曾玉银　　学科：小学数学
年级：小学五年级　　内容：人教版小学五年级上册《组合图形的面积》
课形方式：平台互动方式　　课时形态：标准课 + 小课（40+20 分钟）</td></tr>
<tr><td colspan="2">目标</td><td colspan="4">目标 1：通过自主探索、合作交流，培养学生的思维能力和团结协作的能力。
目标 2：让学生理解和掌握组合图形面积的计算方法，并能运用组合图形面积的计算方法解决生活中的实际问题。</td></tr>
<tr><td colspan="2">教学重难点</td><td colspan="4">教学重点：让学生理解和掌握组合图形面积的计算方法。
教学难点：让学生灵活运用组合图形面积的计算方法解决生活中的实际问题。</td></tr>
<tr><td colspan="2">检测</td><td>内容提要</td><td>时间</td><td>方法 & 策略</td><td>反思 / 评价</td></tr>
<tr><td>前测</td><td>检测：学生对简单平面图形面积计算公式的掌握情况。（指名回答 + 肢体语言）</td><td rowspan="2">一、复习导入
复习前面学过的简单的平面图形及其面积计算公式。

二、组合图形的认识
1. 通过第一组有线的组合图形理解组合图形的定义。
2. 通过第二组无线的组合图形，理解组合图形面积的计算方法。
3. 引出课题。</td><td rowspan="2">2 分钟

4 分钟</td><td rowspan="2">1. 指名学生回答学过的平面图形，课件随机出示平面图形。
2. 指名学生回答平面图形的面积计算公式，手势判断对错，课件出示平面图形面积的计算公式。

1. 课件出示第一组组合图形。师：这些图形里面有我们认识的图形吗？指 1 人回答，课件出示组合图形的定义：像这样由几种简单图形组合而成的图形，我们把它们叫做组合图形。全班齐读定义。
2. 课件出示第二组组合图形。师：这些图形里面还有我们认识的图形吗？你们是怎么知道的？指 1 人回答，手势判断对错，1 人复述。
3. 总结得出：组合图形可以分成学过的简单图形。板书课题。</td><td rowspan="2">设计一个具有针对性的复习，为新课作铺垫。

从有线组合图形到无线组合图形，充分利用了学生的生活经验，能让学生更好地理解组合图形的意义。同时，能让学生认识数学与生活之间的联系，符合学生的认知特点。</td></tr>
<tr><td>中测</td><td></td></tr>
</table>

续表

中测	检测：学生对组合图形面积的计算方法的理解和掌握情况。（提问＋汇报＋复述＋质疑补充＋肢体语言＋课堂练习）	三、组合图形的面积 1. 例题：下图是小明家客厅地板平面图，它的面积是多少平方米？ 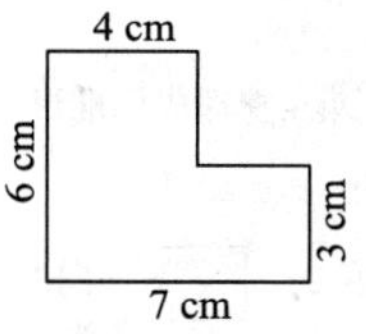 关键项：理解和掌握组合图形面积的计算方法。 2. 练习巩固。 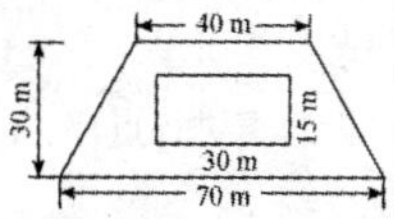 如图，在一块梯形的地中间有一个长方形的游泳池，其余的地方是草地。草地的面积是多少平方米？ 3. 小结。	20 分钟 8 分钟	1. 平台一（标准性平台） 第 1 步：PPT 出示关键项“理解和掌握组合图形面积的计算方法”和例题。 第 2 步：在黑板上同时呈现多向度平台。（2 分钟） 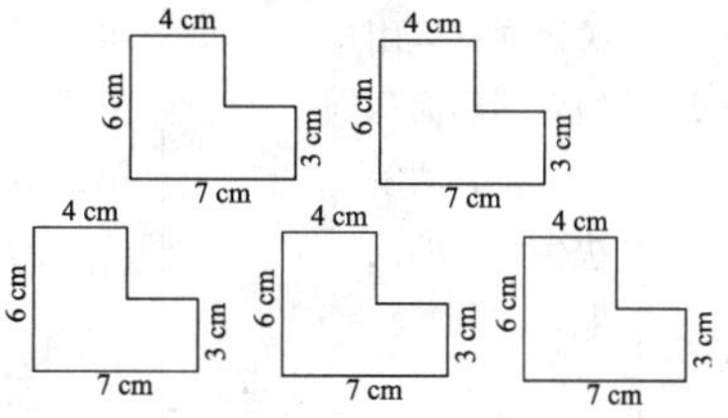 第 3 步：四人小组自选 2~3 个向度进行计算，小卡呈现，组内共享，乘法口诀约定停止小动。（防与生为敌＋防空讲，4 分钟 +2 分钟）(计算速度：经过训练后可提升 30%) 第 4 步：相邻组传阅小卡，至少看 3 个组，平面图形面积计算公式约定停止小动，推优 2~3 名代表汇报最想汇报的 1~2 种方法，其他人用手势判断对错，2 人复述、补充，做对的同学举手。（防形式单一＋防与生为敌，3 分钟 +5 分钟）（阅读速度：经过训练后可达到 300 字 / 分钟；讲的速度：150~180 字 / 分钟；记忆速度：经过训练后可提升 60%） 第 5 步：教师根据实际情况精讲、点评，并结合板书让学生总结出组合图形面积的计算方法一般为“分割法”“添补法”。（防泡沫，2 分钟） 2.1 课件出示练习题，学生独立思考，把算法写在小卡上。（3 分钟） 2.2 同桌交互，说一说自己的算法，班级文化约定停止小动。（2 分钟） 2.3 1 人汇报，其他手势判断对错，1 人复述，做对的举手。（1 分钟） 2.4 教师点评并说明这种方法叫“挖空法”。（2 分钟） 3. 结合例题和练习，师生共同小结组合图形面积的计算方法。	交出主动权，通过探究找出多边形面积的计算方法，实现做中学、情境中学，突破教学重点。

中测		四、拓展延伸 用标有数据的简单图形拼成生活中的组合图形并解决。 关键项：运用组合图形面积的计算方法解决生活中的问题。	24分钟	平台二（倒置性平台） 第1步：PPT出示开放性素材，用标有数据的简单图形拼成生活中的组合图形并解决。（1分钟） 第2步：六人小组讨论，在小卡上呈现1~2个组合图形，展示，击掌约定停止小动。（防与生为敌，3分钟） 第3步：在黑板上汇集+整理成标准形态的平台。（2分钟） 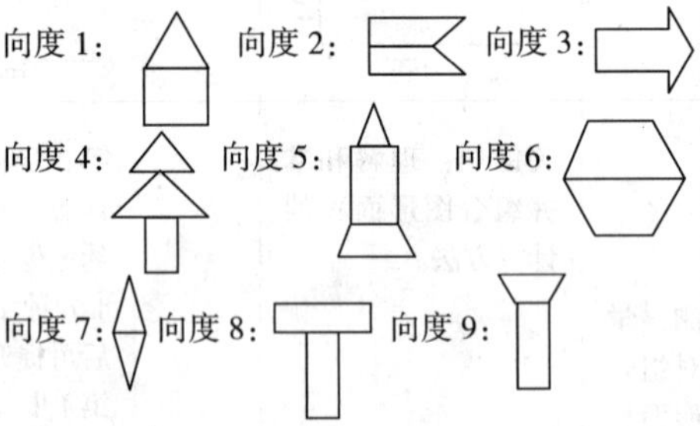 第4步：六人团队自选2~3个向度进行探究，用自己喜欢的图文结构方式呈现在大卡上，用学校文化《弟子规》约定停止小动。（防与生为敌+防泡沫，6分钟）（写的速度：经过训练后20字/分钟；计算速度：经过训练后提升30%） 第5步：大卡展示，全班带着问题浏览全部大卡，倒数十个数约定归位，自荐2人汇报浏览情况，推优2名代表汇报探究成果，其他同学手势判断对错，2人复述或质疑补充。（防花架子+防空讲+防与生为敌，3分钟+6分钟）（记忆速度：经过训练后可提升30%；阅读速度：经过训练后可达到300字/分钟；讲的速度：150~180字/分钟） 第6步：教师根据实际情况进行点评。（防泡沫，2分钟）	发挥学生的个性和创造性，培养学生自主学习的能力，利用做中学、情境中学，突破教学难点。
后测	强化次数约16次，达标，原则上不布置课后作业。	五、总结	2分钟	学生根据板书小结本节课所学知识。	
备注或总评：组合图形的面积是本单元的一个难点，它是在理解和掌握简单图形面积的内容的基础上进一步展开的学习，只有理解和掌握了组合图形面积的计算方法，才能解决生活中类似的实际问题，进而强化简单图形面积计算的知识。					

教案总评

【概况】

《组合图形的面积》是人教版九年义务教育六年制小学数学第九册的教学内容。组合图形的面积是小学数学教学中的一个难点，它要在理解和掌握了简单图形面积的内容的基础上进一步学习。只有理解和掌握了组合图形面积的计算方法，才能解决生活中类似的实际问题，进而反过来强化学生对简单图形面积的计算知识的掌握程度。本教学设计依据了《义务教育数学课程标准》的要求，从有线组合图形到无线组合图形，充分利用了学生的生活经验，让学生更好地理解了组合图形的意义，同时让学生认识了数学与生活之间联系，符合学生的认知特点。让学生结合生活实际认识组合图形，并掌握用分解法或添补法求组合图形面积的方法，因而学生能根据各种组合图形的条件，选择有效的方法进行面积计算。本教案通过探究找出多边形面积的计算方法，实现了做中学、情境中学，突破了教学重点，发挥了学生个性和创造性，培养了学生自主学习的能力。

【优点】

1. 教案结构完整，符合 MS–EEPO 操作体系的要求，用板块结构 I 型备课方式呈现教案。

2. 平台一能紧抓关键项，特别是标明了 5S 和 5L 这两个调控点。

3. 内容提要部分比较清晰，前测内容陈述比较好。平台二充分给了学生主动权，发挥了学生的主体性。

4. 强化次数达标，不布置作业，把时间和空间还给了教师和学生。

【不足及建议】

1. 学生是学习的主体，目标的主语应该为学生。

2. 流程性检测中的前测和中测的检测点标注得不够规范。

（点评人：周初宁、崔育媚、陈苏梅）

教案（点评修改稿）

点评修改人：周初宁、崔育媚、陈苏梅

概况	时间：2014年5月14日　　学校：南宁市兴宁区五塘镇中心学校 执教者：曾玉银　　学科：小学数学 年级：小学五年级　　内容：人教版小学五年级上册《组合图形的面积》 课形方式：平台互动方式　　课时形态：标准课＋小课（40+20分钟）			
目标	目标1：学生通过自主探索、合作交流，培养思维能力和团结协作的能力。 目标2：学生理解和掌握组合图形面积的计算方法，并能运用组合图形面积的计算方法解决生活中的实际问题。			
教学重难点	教学重点：理解和掌握组合图形面积的计算方法。 教学难点：灵活运用组合图形面积的计算方法解决生活中的实际问题。			
检测	内容提要	时间	方法＆策略	反思／评价
前测　检测：学生对简单平面图形面积计算公式的掌握情况。（指名回答＋肢体语言）	一、复习导入 复习前面学过的简单的平面图形及其面积计算公式。	2分钟	一、复习导入 1. 指名学生回答学过的平面图形，课件随机出示平面图形。 2. 指名学生回答平面图形的面积计算公式，手势判断对错，课件出示平面图形面积的计算公式。	设计一个具有针对性的复习，为新课作辅垫。
中测	二、组合图形的认识 1. 通过第一组有线的组合图形理解组合图形的定义。 2. 通过第二组无线的组合图形理解组合图形面积的计算方法。 3. 引出课题。	4分钟	二、组合图形的认识 1. 课件出示第一组组合图形。 师：这些图形里面有我们认识的图形吗？指1人回答，课件出示组合图形定义：像这样由几种简单图形组合而成的图形，我们把它们叫做组合图形。全班齐读定义。 2. 课件出示第二组组合图形。 师：这些图形里面还有我们认识的图形吗？你们是怎么知道的？指1人回答，手势判断对错，1人复述。 3. 总结得出：组合图形可以分成学过的简单图形。板书课题。	从有线组合图形到无线组合图形，充分利用了学生的生活经验，能让学生更好地理解组合图形的意义。同时，能让学生认识数学与生活之间的联系，符合学生认知特点。

中测	检测：学生对组合图形面积的计算方法的理解和掌握情况。（提问＋汇报＋复述＋质疑补充＋肢体语言＋课堂练习）	三、组合图形的面积 1. 例题：下图是小明家客厅地板平面图，它的面积是多少平方米? 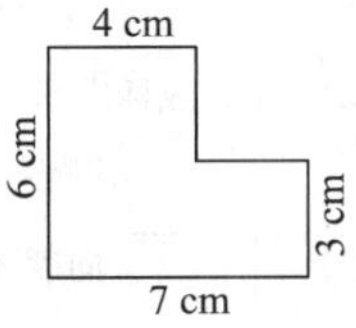 关键项：理解和掌握组合图形的面积计算方法。	20 分钟 8 分钟	三、组合图形的面积 1. 平台一（标准性平台） 第 1 步：PPT 出示关键项“理解和掌握组合图形面积的计算方法”和例题。 第 2 步：在黑板上同时呈现多向度平台。（2 分钟） 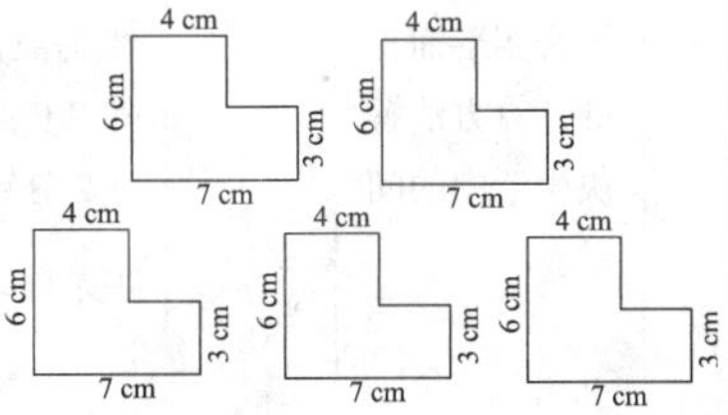 第 3 步：四人小组自选 2~3 个向度进行计算，小卡呈现，组内共享，乘法口诀约定停止小动。（防与生为敌＋防空讲，4 分钟 +2 分钟）(计算速度：经过训练后可提升 30%) 第 4 步：相邻组传阅小卡，至少看 3 个组，平面图形面积计算公式约定停止小动，推优 2~3 名代表汇报最想汇报的 1~2 种方法，其他人用手势判断对错，2 人复述、补充，做对的同学举手。（防形式单一＋防与生为敌，3 分钟 +5 分钟）（阅读速度：经过训练后可达到 300 字 / 分钟；讲的速度：150~180 字 / 分钟；记忆速度：经过训练后可提升 60%） 第 5 步：教师根据实际情况精讲、点评，并结合板书让学生总结出组合图形面积的计算方法一般为“分割法”“添补法”。（防泡沫，2 分钟）	交出主动权，通过探究找出多边形面积的计算方法，实现做中学、情境中学，突破教学重点。
		2. 练习巩固。 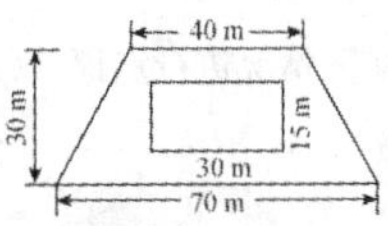 在一块梯形的地中间有一个长方形的游泳池，其余的地方是草地。草地的面积是多少平方米?		2.1 课件出示练习题，学生独立思考，把算法写在小卡上。（3 分钟） 2.2 同桌交互，说一说自己的算法，班级文化约定停止小动。（2 分钟） 2.3 1 人汇报，其他手势判断对错，1 人复述，做对的举手。（1 分钟） 2.4 教师点评并说明这种方法叫“挖空法”。（2 分钟）	
		3. 小结。		3. 结合例题和练习，师生共同小结组合图形面积的计算方法。	

续表

		四、拓展延伸 用标有数据的简单图形拼成生活中的组合图形并解决。 关键项：运用组合图形面积的计算方法解决生活中的问题。	24分钟	四、拓展延伸 平台二（倒置性平台） 第1步：PPT出示开放性素材，用标有数据的简单图形拼成生活中的组合图形并解决。（1分钟） 第2步：六人小组讨论，在小卡上呈现1~2个组合图形，展示，击掌约定停止小动。（防与生为敌，3分钟） 第3步：在黑板上汇集＋整理成标准形态的平台。（2分钟） 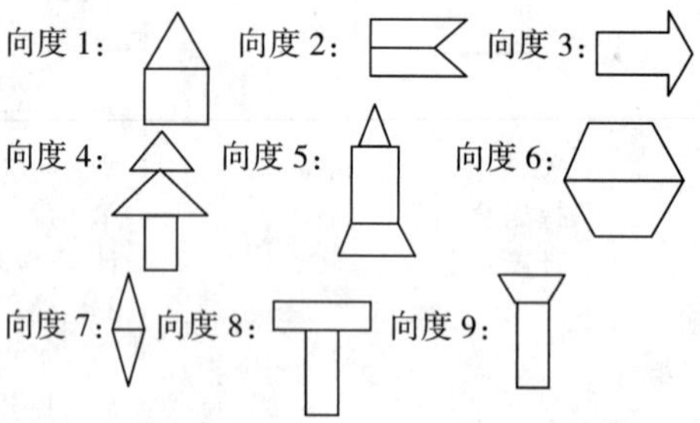 第4步：六人团队自选2~3个向度进行探究，用自己喜欢的图文结构方式呈现在大卡上，用学校文化《弟子规》约定停止小动。（防与生为敌＋防泡沫，6分钟）（写的速度：经过训练后20字/分钟；计算速度：经过训练后提升30%） 第5步：大卡展示，全班带着问题浏览全部大卡，倒数十个数约定归位，自荐2人汇报浏览情况，推优2名代表汇报探究成果，其他同学手势判断对错，2人复述或质疑补充。（防花架子＋防空讲＋防与生为敌，3分钟+6分钟）（记忆速度：经过训练后可提升30%；阅读速度：经过训练后可达到300字/分钟；讲的速度：150~180字/分钟） 第6步：教师根据实际情况进行点评。（防泡沫，2分钟）	发挥学生的个性和创造性，培养学生自主学习的能力，利用做中学、情境中学，突破教学难点。
后测	强化次数约16次，达标，原则上不布置课后作业。	五、总结	2分钟	学生根据板书小结本节课所学知识。	
备注或点评：组合图形的面积是本单元的一个难点，它是在理解和掌握简单图形面积的内容的基础上进一步展开的学习，只有理解和掌握了组合图形面积的计算方法，才能解决生活中类似的实际问题，进而强化简单图形面积计算的知识。					

英语 Module 3 Unit 1 Point to the Door

教案（原稿）

教学素材：外研版小学三年级上册 Module 3 Unit 1 执教者：玉州区教育研究室余雪冰 班级：三年级 1 班 时间：2014 年 7 日	反思 & 评价					
	2 分钟	10 分钟	10 分钟	12 分钟	5 分钟	1 分钟
Point to the Door	热身准备	新知呈现 1　单词、短语	新知呈现 2　句型	巩固操练	综合运用	总结
[大目标] 教会学生用祈使句来发号施令，培养学生的独立意识以及主人翁态度。 [小目标] 1. 会正确拼读生词：door，window，blackboard。 2. 理解 Stand up, Sit down，Point to 的意思并能做出正确反应。 [课型方式]要素组合方式。 [课时形态]标准课。	1.（讲 + 听）教师用之前学过的英语开场，如：How are you? 等。 2. 学生齐唱歌 *Hello,hello* 和 *Good Morning Sam*。	1.（讲 + 看 + 听）学习单词：door，window，blackboard. 1.1 出示词卡，借助实物，示范读词。 1.2 全班跟读。（学科文化约定：教师读 point to，学生读 point to the door） 1.3 二人小组读单词。 1.4 开火车等形式检测单词读音。（预设：2 列，防单一 + 防泡） 2.（讲 + 看 + 小动）学习词组：stand up, sit down, point to。 2.1 教师边做肢体动作边用英文说词组。（做中学） 2.2 学生跟读。	1.（听 + 讲 + 想 + 看）Listen to Part 1。 1.1 播放 2 次 Part 1 的录音。 1.2 听录音全班跟读两遍，师领读两遍，全班齐读。 1.3 随机分组读。（学科文化约定：停止读） 1.4 随机抽组或自愿。（预设：2 组，防敌） 2.（听 + 看 + 讲 + 做 + 小动）Learn Part 2。 2.1 把新单词融入语境中学习：教师说英文，学生做相应动作。（用时 2 分钟） 2.2 呈现 Part 2 的挂图，播放 3 次 Part 2 的录音，学生指认。	1.（讲 + 做）巩固句型、句子。 1.1 教师把知识点编成一首诗，学生边跟读边用肢体表示。 1.2 全班读，分大组读。（学科文化约定：停止读，防单一） 2.（做 + 讲 + 小动）巩固操练 Part 1 和 Part 2 2.1 十人大组操练本节课的 Part 1 和 Part 2。一人发号施令，九人用肢体做反应。教师鼓励学生尽可能背诵。（用时 3 分钟，防泡） 2.2 检测 3 组（个性激励能背诵的学生）。	1.（预留项）（想 + 讲 + 小动）用英语做事。 1.1 教师示范：将本课的新句子与旧知识相结合，然后问全班。如： T: Good morning, boys and girls. Ss: Good morning, Miss ×××. T:How are you? Ss: I' m fine. And how are you? T: I' m fine, too. Point to the door, the whole class.（学生做动作） T(to S1):What' s your name?	读诗回顾知识。
总评：						

教案总评

【概况】

Module 3 Unit 1 Point to the Door 是外研版小学英语三年级上册的教学内容。该模块主要学习与教室相关的物品的单词，让学生学会在英语课堂上发出指令和执行指令。Unit 1 通过让学生看、听、说，玩各种游戏和积极参加多种比赛活动来完成本单元的学习任务。

【亮点】

这是采用 MS-EEPO 图文结构 I 型备课方式编写的教案，概况部分内容书写符合要求，教学目标明确。从总体情况看，这是一份比较优秀的教案，具体分析如下：

1. 从教案的基本格式的角度看，本教案能够清楚标注“教材”“课时形态”和“课型形态”等，构成栏目齐全，格式规范，结构完整，符合 MS-EEPO 图文结构 I 型备课方式格式上的基本要求。

2. 从教学目标的角度看，本教案能根据课标要求、学科特点和学生实际确定教学目标。“大目标”确定为：“教会学生用祈使句来发号施令，培养学生的独立意识以及主人翁态度。”. 这是课程的能力目标和情感态度价值观目标，需要较长时间的学习和系统的训练培养才能达成的目标，符合大目标的要求。“小目标”有两个：一是“会正确拼读生词：door，window，blackboard”，二是“理解 stand up，sit down，point to 的意思并能做出正确反应”，这是本节课的关键目标，描述具体、易检测，可视性和可操作性强，符合小目标的要求。

3. 教学环节和时间安排清楚明了，而且时间分配与教学目标、重点难点密切相关，分配基本合理。在“单词、短语”“句型”和“巩固操练”三个环节共耗时 32 分钟，是为了达成本节课的关键目标。

4. 教学流程清晰、完整，有逻辑性，符合学习规律。关键项 & 方法策略的设计及描述具有较强的可视性、可操作性和针对性，比如“新知呈现 1　单词、短语”环节的设计。

5. 符合要素组合方式课型的要求，“听、看、讲、想、做、动、静”七个要素轮换着使用，并与学习方式的运用有效地结合起来，在教案中标注清楚。在教案中，每个大环节基本上都标注设计了“听、看、讲、想、做、动、静”七个要素，在教学中轮换着用，组合着用，落实了动静转换，安排的 4 次小动基本适时。

6. 从学习方式运用的角度看，能够较好地运用 5J 组织调控课堂，引导学生开展学习活动。教案中运用了单元组、学科文化约定和表达呈现等学习方式。

【不足及建议】

大目标的表述出现失误，学生的主体地位不突出。可以修改为“会用祈使句来发号施令，培养独立意识以及主人翁态度”。此外，教学环节的表述可以使用更凝练简洁的语言。

（点评人：广西师范学院　张巧文）

教案（点评修改稿）

点评修改人：黎茂昌

教学素材：外研版小学三年级上册 Module 3 Unit 1 执教者：玉州区教育研究室余雪冰 班级：三年级（1）班 时间：2014 年 7 日	反思 & 评价 2 分钟	10 分钟	10 分钟	12 分钟	5 分钟	1 分钟
Point to the Door	热身准备	新知呈现 1　单词、短语	新知呈现 2　句型	巩固操练	综合运用	总结
[大目标] 会用祈使句来发号施令，培养独立意识以及主人翁态度。 [小目标] 1. 会正确拼读生词：door，window，blackboard。 2. 理解 Stand up，Sit down，Point to 的意思并能做出正确反应。 [课型方式] 要素组合方式。 [课时形态] 标准课。	1.（讲 + 听）教师用之前学过的英语开场，如：How are you? 等。 2. 学生齐唱歌 *Hello,hello* 和 *Good Morning Sam*。	1.（讲 + 看 + 听）学习单词：door，window，blackboard。 1.1. 出示词卡，借助实物，示范读词。 1.2. 全班跟读。（学科文化约定：教师读 point to，学生读 point to the door） 1.3 二人小组读单词。 1.4 开火车等形式检测单词读音。（预设：2 列，防单一 + 防泡） 2.（讲 + 看 + 小动）学习词组：stand up, sit down, point to。 2.1 教师边做肢体动作边用英文说词组。（做中学） 2.2 学生跟读。	1.（听 + 讲 + 想 + 看）Listen to Part 1。 1.1 播放 2 次 Part 1 的录音。 1.2 听录音全班跟读两遍，教师领读两遍，全班齐读。 1.3 随机分组读。（学科文化约定：停止读） 1.4 随机抽组或自愿。（预设：2 组，防敌） 2.（听 + 看 + 讲 + 做 + 小动）Learn Part 2。 2.1 把新单词融入语境中学习：教师说英文，学生做相应动作。（用时 2 分钟） 2.2 呈现 Part 2 的挂图，播放 3 次 Part 2 的录音，学生指认。	1.（讲 + 做）巩固句型、句子。 1.1 教师把知识点编成一首诗，学生边跟读边用肢体表示。 1.2 全班读，分大组读。（学科文化约定：停止读。防单一） 2.（做 + 讲 + 小动）巩固操练 Part 1 和 Part 2。 2.1 十人大组操练本节课的 Part 1 和 Part 2。一人发号施令，九人用肢体做反应。教师鼓励学生尽可能背诵。（用时 3 分钟，防泡） 2.2 检测 3 组（个性激励能背诵的学生）。	1.（预留项）（想 + 讲 + 小动）用英语做事。 1.1 师示范：将本课的新句子与旧知识相结合，然后问全班。 如：T: Good morning, boys and girls. Ss: Good morning, Miss ×××. T: How are you? Ss: I'm fine. And how are you? T: I'm fine, too. Point to the door, the whole class.（学生做动作） T(to S1):What's your name?	读诗回顾知识。
总评：						

英语 Module 8 Unit 1 It’s on your desk

教案（原稿）

教学要素	热身导入（4 分钟）	课文学习（20 分钟）	练习拓展（14 分钟）	总结回顾（2 分钟）
时间：2014 年 6 月 5 日 学校：南宁市中兴小学 授课人：方慧莹 班级：三年级（3）班 学科：英语 内容：新标准英语三年级起点第二册 Module 8 Unit 1 It’s on Your Desk	教学反思： 2. 热身环节的活动有趣、有效。在热身活动中巧妙地融入了新词学习。 1. 师生问候拉近关系。	2. 重点词句的学习方式多样化，强化次数适中，检测和反检测让学生的注意力更集中。 1. 学生明确学习任务后更好地确立了学习目标。	2. 任务型教学，驱动学生学以致用，做中学。小组合作既培养了学生的合作精神，也让学生体会到了英语学习的乐趣。 1. 同桌练习扩大了练习的范围，合作学习让课堂更生动、有效。	以抽问的形式检测学生的学习程度，攀升强化次数。
[双目标] 大目标：初步形成综合语言应用能力，促进心智发展，提高人文素养。 小目标： 1. 理解并初步运用词汇 toy，under，box，behind，bedroom。 2. 初步运用 It’s in/on/under/behind... 这类语句来描述位置。 [教学重点] 1. 能运用单词 toy，box，bedroom 以及介词 in，on，under，behind。	1. 师生问候。 2. 教室物品的指认。 3. 初步感知课文的第一部分。	1. 明确本节课的学习任务。 2. 学习课文及重点词汇。	1. 四个重点词的操练。 2. 合作完成任务。	1. 回顾。 2. 评价，下课。
	1. Greeting with students（听 + 讲） 2.1 Please listen and do the actions. Point to the window/desk/chair... Point to the box/toy... Show the hands. Put them on/in/under the desk. （听 + 做 + 讲，防空讲） 2.2 Lead in the text.（听）	1. Show a picture of a clean bedroom and tell students that they will tide up a room after text leaning.（看 + 听，防空讲） 2.1 Play the video of part 2,let students point and listen, and think about the question: What is Daming looking for? 检测 3 人答案，并请 1 人复述。（看 + 听 + 想，防假听，3 分钟）	1.1 Pairwork:Put things in the correct position according to the instruction. eg：The pencil is under the desk.（听 + 做 + 小动，3 分钟） 2.1 Show an untidy bedroom. Teacher tides up the things and completes the corresponding sentences. “The kite is behind the door.”（看 + 听）	1. Ask students to review what we had learnt. 提问 3 人，检测 1 人。（防泡沫） 2. 评价学生的课堂表现，激励，下课。（听，防与生为敌）

续表

2. 能运用句型描述物品的位置，如 It’s in/on/under/behind... [教学难点]under the... 的读法。 [课型方式]要素组合方式。 [课时形态]标准课（40 分钟）。	3.1 Play the video of part1.（看+听） 3.2 Play the video and let students read after it.（听+讲，防空看、空讲）	2.2 Let students listen to the text again and sort the tips. 检测 4 人。（听+想+做，防假听、假看，5 分钟） 2.3 Teach the words: under behind according to the cards、stationery. 全班齐读、开火车读、男女生读。 （讲+小动，防形式单一 5 分钟） 2.4 Game Guess， Guess. Where is...? Sing the song “Where is...Under/behind the...”（听+做，2 分钟） 2.5 Let students read the whole text after the tape.（讲）	2.2 Task complete. Work in a group of 4. Put things in the correct positions and make the room clean.（做+小动，5 分钟） 2.3 Skim through the poster just finished.（看+想+大动，2 分钟） 2.4 检测 2 人。（听，防假看） 2.5 Let some groups show their poster.（听+看）	
总评：教学设计比较合理，环节紧凑，教师能根据所设计的教案顺利完成教学任务，学生的学习兴趣浓厚，能积极参与到活动中，经检测学习效果好。如果教师对学生的评价方式多样些、鼓励语言丰富些，就更好了。				

教案总评

【概况】

Module 8 Unit 1 It’s on Your Desk 是新标准英语（三年级起点）三年级下册的教学内容，其以 position 即方位为话题，呈现了 Daming 通过阅读朋友留下的字条寻找自己的生日礼物的场景。本单元的语言功能是用介词 in、on、under、behind 描述物品所在的位置。义务教育阶段英语课程的总目标是：通过英语学习使学生形成初步的综合语言运用能力，促进心智发展，提高综合人文素养。

【亮点】

这是采用 MS–EEPO 图文结构 II 型备课方式编写的教案，从总体情况看，本教案是一份好教案。

1. 概况部分的内容书写符合要求，教学目标明确。

2. 图文结构 II 型格式规范，概括部分内容全面。

3. 整节课设计了 4 次小动和 1 次大动，很好地将学习的主动权交给了学生，并通过实际的生活场景激发了学生学习英语的兴趣。

4. 教学重点突出，对教学重点的处理方式多样化，如“看 + 听 + 想”“全班齐读、开火车读、男女生读”“听 + 做 + 小动”等。

5. 防空、防泡沫做得比较好，检测也比较到位。

【不足及建议】

1. 教学难点抓得不够准确。如“under the... 的读法”，应为“掌握四个方位介词的意思并能使用”。

2.5F 表述不够合理。如“热身导入”环节 3.2 的“听 + 讲，防空看、空讲”，可以删去“防空看、空讲”。

（点评人：钦州学院　王奕冉、黎茂昌）

教案（点评修改稿）

点评修改人：王奕冉、黎茂昌

时间：2014年6月5日 学校：南宁市中兴小学 授课人：方慧莹 班级：三年级（3）班 学科：英语 内容：新标准英语三年级起点第二册 Module 8 Unit 1 It's on Your Desk	教学反思： 2. 热身环节的活动有趣、有效。在热身活动中巧妙地融入了新词学习。 1. 师生问候拉近关系。	2. 重点词句的学习方式多样化，强化次数适中，检测和反检测让学生的注意力更集中。 1. 学生明确学习任务后更好地确立了学习目标。	2. 任务型教学，驱动学生学以致用，做中学。小组合作既培养了学生的合作精神，也让学生体会到了英语学习的乐趣。 1.同桌练习扩大了练习的范围，合作学习让课堂更生动、有效。	以抽问的形式检测学生的学习程度，攀升强化次数。
教学要素	热身导入 4分钟	课文学习 20分钟	练习拓展 14分钟	总结回顾 2分钟
[双目标] 大目标：初步形成综合语言应用能力，促进心智发展，提高人文素养。 小目标： 1. 理解并初步运用词汇 toy，under，box，behind，bedroom。 2. 学会运用 It's in/on/under / behind...这类语句来描述位置。 [教学重点] 1. 能运用单词 toy，box，bedroom 以及介词 in，on，under，behind。 2. 能运用句型描述物品的位置，	1. 师生问候。 2. 教室物品的指认。 3. 初步感知课文的第一部分。	1. 明确本节课的学习任务。 2. 学习课文及重点词汇。	1. 四个重点词的操练。 2. 合作完成任务。	1. 回顾。 2. 评价，下课。
	1. Greeting with students.（听＋讲） 2.1 Please listen and do the actions. Point to the window/ desk/chair... Point to the box/toy... Show the hands. Put them on/in/ under the desk. （听＋做＋讲，防单一） 2.2 Lead in the text.（听）	1. Show a picture of a clean bedroom and tell students that they will tide up a room after text leaning.（看＋听，防空讲） 2.1 Play the video of part 2,let students point and listen, and think about the question: What is Daming looking for？检测3人答案，并请1人复述。（看＋听＋想＋小动，防假听，3分钟）	1.Pairwork:Put things in the correct position according to the instruction. eg：The pencil is under the desk.（听＋做＋小动，3分钟） 2.1 Show an untidy bedroom. Teacher tides up the things and completes the corresponding sentences. "The kite is behind the door."（看＋听）	1. Ask students to review what we had learnt. 提问3人，检测1人。（讲＋防泡沫） 2. 评价学生的课堂表现，进行语言激励。（听，防与生为敌）

续表

如 It's in/on/under/behind... [教学难点] 掌握四个方位介词的意思并能使用。 [课型方式] 要素组合。 [课时形态] 标准课。	3.1 Play the video of part1.（看 + 听） 3.2 Play the video and let students read after it.（听 + 讲）	2.2 Let students listen to the text again and sort the tips. 检测 4 人。（听 + 做，防假听 5 分钟） 2.3 Teach the words: under behind according to the cards、stationery. 全班齐读、开火车读、男女生读。（讲 + 小动，防形式单一，5 分钟） 2.4 Game Guess，Guess. Where is...? Sing the song "Where is... Under/behind the..."（听 + 做，2 分钟） 2.5 Let students read the whole text after the tape.（讲）	2.2 Task complete. Work in a group of 4. Put things in the correct positions and make the room clean.（做 + 小动，5 分钟） 2.3 Skim through the poster just finished.（看 + 想 + 大动，防泡沫 2 分钟） 2.4 检测 2 人。（讲 + 听，防假看）	
总评：教学设计比较合理，环节紧凑，教师能根据所设计的教案顺利完成教学任务，学生的学习兴趣浓厚，能积极参与到活动中，经检测学习效果好。如果教师对学生的评价方式多样些、鼓励语言丰富些，就更好了。				

英语 Module 1 Unit 2 New York is in the East of America

教案（原稿）

执教者：玉州区第一实验小学杨冬曼 学段：六年级 学科：英语 内容：外研社第七册 Module 1 Unit 2 New York is in the East of America 时间：2014 年				
New York is in the East of America	导入 4 分钟	课文学习 14 分钟	知识、能力拓展 10 + 10 分钟	结束 2 分钟
[教学目标] 1. 多向度描述自己的国家、城市。开拓视野，增长见识，培养学主动积极阅读和查找资料的能力以及合作学习能力，最终能描述更多自己喜欢的城市或国家。 2. 学会区别范围内和范围外四个方向的表达。 [教学重点]多向度（周边、人口、面积、特色等）描述自己的国家、城市。 [教学难点]描述方向时，能正确体现范围内和范	1. 热身复习。 1.1 本模块单词。 1.2 本模块第一单元课文。 2. TPR 教学复习四个方位词：north，south，east，west。 3. 谈话引出课题。	1.Activity 1 插图。 2.Where' s New York/San Francisco? 3.Where' s Canada/Mexico? 4. 思考：in the+ 方位词 +of 与方位词 +of 的不同。	1. 描述美国。 2. 描述自己的国家。 3. 描述自己所在的城市——玉林。 4. 描述某个城市。	1. 今天有什么收获？ 2.后续作业。
	1. 讲 + 看。 1.1 看课本 P46 M1 单词表 / 全班快速读。 1.2. 看课本 P2 U1 课文 / 全班快速读。（防空讲） 2. 听 + 做 + 小动，动中学。 2.1 师问生答，并在白板用简笔画出示四个方向，读几遍。（大板） 2.2 师发出指令 "Turn to the north/south/	1. 看 + 讲。 个人观察，指名回答。（防泡沫、防假看） 2. 听 + 讲 + 看。 2.1 听录音，指出听到的地点。 2.2 随机检测，学生说出听到地点所在的方向。学生回答问题：Where' s New York/San Francisco?（预设：3~5 人）。（防泡沫、防假听）	1. 讲 + 看 + 听。 1.1 看图听录音，齐读一遍课文。 1.2 PPT 出示，学生齐读一次。（防空讲，强化约 2~4 次） 2. 讲 + 想 + 看。 2.1 出示中国地图，描述中国。 2.2 个人思考 / 指名讲。（防	1. 讲 + 听 学生个人想 / 指名讲，师对知识点做小结、补讲。 2. 做 + 讲。 你喜欢哪个国家或城市？

续表

围外。 ［课型方式］要素组合方式。 ［课时形态］标准课。	east/west"，全班按指令转向，错的同学坐下。 （防空听，学科文化约定——*Little Star* 前两句，师生一唱一和，安静坐好） 3. 听 + 讲 + 看。 3.1 教师根据 U1 内容提问 Where is New York? 引导学生听录音，导出课题。 3.2 师板书课题，生齐读。（大板）	2.3 PPT 出示答案：New York is in the east of America. San Francisco is in the west of America，生齐读。（防空讲，强化约 1~2 次） 3. 听 + 讲 + 看 + 小动 3.1 听录音，找出问题 Where' s Canada/Mexico? 的答案。 3.2 四人小组交流并汇报。（预设：1~2 组）（学科、班级文化约定——完成用 OK 手势表示，击掌 3 次安静坐好） 3.3 PPT 出示答案：Canada is north of America.Mexico is south of America，生齐读。（防空讲，强化约 2~4 次） 4. 想 + 讲 + 做 + 小动，做中学。（预设 6 分钟） 4.1 生独立思考，指名回答。(1~2 分钟） 4.2 PPT 出示不同：in the north/south/east/west of 包括在内的；north/south/east/west of 不包括在内的。（防空讲） 4.3 生做笔记。（防空听，防假看） 4.4 二人小组互相说出自己家乡的方位及周边城市。（约 2 分钟。口头表达；防花架子；班级文化约定——击掌 3 次安静坐好。强化约 4 次）	假看。强化约 2~4 次） 3. 看 + 做。 微卡出示 About Yulin 的短文，生齐读，独立找出位置、特色、人口、面积等方面的信息，在卡上画线。学生代表发言，其余学生用手势做对错判断。（预设：2 人） （防泡沫，防假做、假听，防形式单一，强化约 4~8 次） 4. 想 + 做 + 讲 + 大动，做中学。(预设 10 分钟） 4.1 PPT 出示中国地图，突出部分大城市，如上海、广州、拉萨、三亚等，师提供各城市的人口、面积信息。 4.2 六人团队选一个城市，仿照第 3 个步骤的例文合作完成某个城市的简介，然后展示。 4.3 学生交互学习，团队代表汇报。（预设 2~3 个团队口头 + 大卡表达，预设 2~3 种不同的表达方式，如树状、气泡、花朵）（挂钩、拉线、夹子展示。防泡沫、防空讲、防空听，防与学生为敌。学科特色约定——Monkey chant，师生一唱一和，回位坐好）	请用英语向你的家人或朋友描述。需要的相关信息（如地理位置、周边国家 / 城市、人口、面积等可去图书馆或网上查询）（防空讲）
注释或总评：				

教案总评

【概况】

Module 1 Unit 2 New York is in the East of America 是外研社英语第七册（小学六年级上学期）的教学内容。学习目标为多向度描述自己的国家、城市，学会区别范围内和范围外的四个方向的表达。开阔视野，增长见识，培养学生主动积极去阅读和查找资料的能力和合作学习的能力。

【优点】

1. 这是采用 MS-EEPO 图文结构 II 型备课方式编写的教案。从基本格式的角度看，教案能够清楚地标注教材、概况、教学目标、课型和课时等，栏目齐全，格式规范，结构完整。

2. 教学目标明确、具体，可检测。教学目标有两个：一是多向度描述自己的国家、城市，二是学会区别范围内和范围外的四个方向的表达，这些也是本节课的重难点，描述具体，易检测，符合要求。

3. 整节课体现了要素组合课型的灵活性，七个要素和学习方式结合科学、有效，并设计了 3 次小动和 1 次大动，动静转化合理。

4. 学习方式采用 5J 和 5F，运用科学、到位，学生能真正参与学习，并有效提高学习效率。

5. 教学重点突出，教学过程由浅入深，体现了知识与能力的结合。

【不足及建议】

1.5F 表述得不够合理，没有突出核心方式，如“课文学习”环节“1. 看 + 讲。个人观察，指名回答。（防泡沫，防假看）”，应改为“1. 看 + 讲。个人观察，指名回答（防假看）”。

2. 第一次小动时学习内容过于简单，建议将四人组改为二人组；第二次小动时将二人组改为四人组。

3. 整个教案中文描述过多，如“教学目标”的内容，作为一节英语课，应该把教学目标写成英文，并写出学生应重点掌握的句子，让人一目了然。此外描述“看课本”“师生问答”时，也应尽量多用英文。

（点评人：钦州学院　王奕冉、黎茂昌）

教案（点评修改稿）

点评修改人：王奕冉、黎茂昌

执教者：玉州区第一实验小学杨冬曼 学段：六年级 学科：英语 内容：外研社第七册 Module 1 Unit 2 New York is in the East of America 时间：2014 年				
New York is in the East of America	导入 4 分钟	课文学习 14 分钟	知识、能力拓展 10 + 10 分钟	结束 2 分钟
[大目标] 学生多向度了解自己的祖国，培养学生的爱国热情和文化意识。 [小目标] 1. 多角度描述国家或城市：is in the east/south/ west/ north of…, its population is…, its area is… 2. 学习并运用下列单词: east/south/west/ north，population，space… [课型方式] 要素组合方式。 [课时形态] 标准课。	1. 热身复习。 1.1 本模块单词。 1.2 本模块第一单元课文。 2.TPR 教学复习四个方位词：north，south，east，west。 3. 谈话引出课题。	1.Activity 1 插图。 2.Where’s New York/San Francisco? 3.Where’s Canada/Mexico? 4. 思考：in the ＋方位词＋ of 与方位词 ＋ of 的不同。	1. 描述美国。 2. 描述自己的国家。 3. 描述自己所在的城市——玉林。 4. 描述某个城市。	1. 今天有什么收获? 2. 后续作业。
	1. 看 + 讲。 1.1 read the words in P46 M1(whole class work)。 1.2 skim the test in P2 U1(whole class work)。 2. 听 + 小动，动中学。 2.1 ask and answer（在白板用简笔画出示四个方向），and read the words again. 2.2 Game: 师发出指令 “Turn to the north/south/east/west”，	1. 看 + 讲。 个人观察，指名回答（防假看）。 2. 听 + 讲 + 看。 2.1 听录音，指出听到的地点。 2.2 随机检测，学生说出听到地点所在的方向。学生回答问题：Where’s New York/San Francisco?(预设: 3~5 人）（防假听） 2.3 PPT 出示答案：New York is in the east of America. San Francisco is in the	1. 讲 + 看 + 听。 1.1 看图听录音，齐读一遍课文。 1.2 PPT 出示，学生齐读一次。（防空讲，强化约 2~4 次） 2. 讲 + 想 + 看。 2.1 出示中国地图，描述中国。 2.2 个人思考 / 指名讲。（防假看，强化约 2~4 次） 3. 看 + 做。 微卡出示 About Yulin 的短文，生齐读，独	1. 讲 + 听 学生个人想 / 指名讲，师对知识点做小结、补讲。 2. 做 + 讲。 你喜欢哪个国家或城市？请用英语向你的家

	全班按指令转向，错的同学坐下。 (防形式单一，学科文化约定——Little star 前两句，安静坐好） 3. 听 + 看 + 讲 3.1 Ask “Where is New York?”引导学生听录音，导出课题。 3.2 板书课题 / 齐读。	west of America，生齐读。 3. 听 + 讲 + 看 + 小动。 3.1 听录音，找出问题 Where’s Canada/Mexico? 的答案。 3.2 二人小组交流并汇报。（预设：1~2 组）（班级文化约定——完成用 OK 手势表示，击掌 3 次安静坐好）(防空讲） 3.3 PPT 出示答案：Canada is north of America.Mexico is south of America，生齐读。 4. 想 + 讲 + 做 + 小动，动中学。(预设 6 分钟） 4.1 生独立思考，指名回答。(1~2 分钟） 4.2 PPT 出示不同：in the north/south/east/west of 包括在内的；north/south/east/west of 不包括在内的。(防空讲） 4.3 生做笔记。(防空听，防假看） 4.4 四人小组互相说出自己家乡的方位及周边城市。（防花架子；班级文化约定——击掌 3 次安静坐好）	立找出位置、特色、人口、面积等方面的信息，在卡上画线。学生代表发言，其余学生用手势做对错判断。（预设：2 人）（防泡沫，防假做、假听，防形式单一，强化约 4~8 次） 4. 想 + 做 + 讲 + 大动，做中学。(预设 10 分钟） 4.1 PPT 出示中国地图，突出部分大城市，如上海、广州、拉萨、三亚等，师提供各城市的人口、面积信息。 4.2 六人团队选一个城市，仿照第 3 个步骤的例文合作完成某个城市的简介，然后展示。 4.3 学生交互学习，团队代表汇报。（预设 2~3 个团队口头 + 大卡表达，预设 2~3 种不同的表达方式，如树状、气泡、花朵）（挂钩、拉线、夹子展示。防泡沫、防空讲、防空听，防与学生为敌。学科特色约定——Monkey chant, 师生一唱一和，回位坐好）	人或朋友描述。需要的相关信息（如地理位置、周边国家 / 城市、人口、面积等可去图书馆或网上查询)(防空讲）
注释或总评：				

英语 Module 9 Unit 2 Have You Got...?

教案（原稿）

概况	学校：南宁市邕武路学校　日期：2014 年 7 月 2 日　班级：六年级　学科：英语 授课人：李漫　内容：外研版小学新标准英语三年级起点第八册 Have You Got...? 课型方式：平台互动方式　课时形态：标准课
大目标	1. 能够灵活运用目标语言，并准确描述生活中的内容。 2. 通过合作与交流，增强学生的团队合作意识，拓宽交流思路，提高共同完成任务的能力。
小目标	1. 使学生了解关于食物种类的单词，学会用目标语言“Have you got...?”等句型进行讨论。 2. 运用目标语言进行小组讨论并展示汇报。 3. 能熟练使用 5J 中的约定（侧重学科文化约定、班级文化约定、肢体语言约定等）、板卡（微卡、小卡、中卡）、表达呈现方式（图文、肢体语言、情景故事、文本等方式）、单元组（小组）、合作。
重点、难点	使学生了解关于食物种类的单词，学会用目标语言“Have you got...?”等句型进行讨论。

反思与评价 1	内容提要	时间	关键项、调控方法、策略	反思与评价 2
激发学习兴趣。	一、导入新课	3 分钟	一、导入 1.Warm up，唱一首歌。（约定） 2. 师生问好。	运用约定，激发学生的学习兴趣。
由旧知引新知，降低学习难度。 大动浏览。	二、探究学习 1. 直接呈现课题。 2. 复习关于食物的单词，引出新单词（搭建标准性平台）。 3. 进行课文学习及操练。	30 分钟	二、探究学习 1. 平台（标准性平台） 第 1 步：出示关键项：食物种类的单词。 第 2 步：同时呈现多向度平台。 向度 1：肉类 (meat) 向度 2：蔬菜类 (vegetables) 向度 3：水果类 (fruit) 向度 4：饮料类 (juice) 向度 5：其他类 (others) 第 3 步：学生任选 2~3 个向度独立思考——微型卡（3 分钟）；六人组自由选择 2~3 个向度进行探究——中卡呈现。（5 分钟）（防空讲 + 防花架子 + 中卡） 第 4 步：组间交流传阅小卡（至少看 3 个组），推荐代表汇报，其他学生质疑补充。（中测，5 分钟，防假看 + 小动） 第 5 步：教师适时点讲、补讲。	在这一环节，学生的合作分工充分利用了资源，达到了培养学生自理、主动学习、积极探索的能力。 检测学生的掌握情况。

学生合作，突破重难点，强化知识。 大动。	三、知识巩固及延伸 运用以上所学单词，对句型 I' ve got some...（He/She has got some...） Have you got any...?（Has he/she got any...?） Yes, I have /No, I haven' t 或 Yes, he/she has. No,he/she hasn' t 进行操练。 四、小结	12 分钟	2.PPT 课件出示图片，授新单词。开火车检测，个别纠正。（5 分钟，防泡沫） 3. 小组分任务完成课文朗读。（12 分钟，防形式单一） ①听录音完成 3 个问题，指名回答，约定手势判断。（防泡沫） ②听录音全班跟读课文。 ③四人小组合作表演课文，选 2 组代表汇报。 三、知识的延伸 1. 运用以上所学单词，对句型： I' ve got some...（He/She has got some...) Have you got any...?(Has he/she got any...?) Yes, I have/ No, I haven' t 或 Yes, he/she has/ No, he/she hasn' t 进行操练。（防形式单一） ①师生示范、生生示范。（2 分钟） ②同桌交流再次强化。（2 分钟） 2. 大动：利用之前所学的知识，结合本节课的内容，找朋友自由进行口语交际。（6 分钟，防以生为敌） 3. 两组代表汇报，激励。（2 分钟） 四、师生共同归纳小结。	约定手势检测节省了时间，检查全面。 小组共同展示课文的内容，培养了学生的团队合作精神。 知识延伸能跳出文本，将学生的感知化为行动。
注释或说明：				

教案总评

【概况】

Module 9 Unit 2 Have You Got ...? 是外研版小学新标准英语（三年级起点）第八册的学习内容。要求通过学习，学生能够灵活运用目标语言，并准确描述生活中的内容；了解关于食物种类的单词，学会用目标语言“Have you got...?”等句型进行讨论。

【亮点】

1. 教案采用 MS-EEPO 板块结构 I 型备课方式编写，格式符合要求。概况书写完整，包含单位、日期、学段、学科、执教人、教学内容、课型、课时等八个方面的内容。

2. 教学目标明确，能根据课标精神从培养学生能力的角度来确定教学目标。大目标为“能准确描述生活中的内容，增强学生的团队合作意识，拓宽交流思路，提高共同完成任务的能力”，这是需要一个渐进的过程。小目标为“使学生了解关于食物种类的单词，学会用目标语言‘Have you got...?’等句型进行讨论；能运用目标语言进行小组讨论并展示汇报；能熟练使用 5J……”这些都是具体的目标，在课堂上就可以检测。

3. 教学过程安排合理，时间分配恰当。

【不足及建议】

1. 平台构建的目标和作用不够明确，教师应该在教学新单词、学习课文内容后再搭建平台“食物种类的单词”，然后让学生利用平台的多向度（食物的种类），根据句型“Have you got ...?”进行作业和操练。

2. 重难点没有区分开来；“知识的延伸”应体现在平台作业和交互中。

3. “小结”部分没有时间安排，没有交代师生共同小结的内容和方式。

（点评人：钦州学院　黎茂昌）

教案（点评修改稿）

点评修改人：张旭

概况	学校：南宁市邕武路学校　日期：2014 年 7 月 2 日　班级：六年级　学科：英语 授课人：李漫　内容：外研版小学新标准英语三年级起点第八册 Have You Got...? 课型方式：平台互动方式　课时形态：标准课
大目标	1. 能够灵活运用目标语言，并准确描述生活中的内容。 2. 通过合作与交流，增强学生的团队合作意识，拓宽交流思路，提高共同完成任务的能力。
小目标	1. 了解关于食物种类的单词，学会用目标语言“Have you got...?”等句型进行讨论。 2. 运用目标语言进行小组讨论并展示汇报。
重点、难点	了解关于食物种类的单词，学会用目标语言“Have you got...?”等句型进行讨论。

续表

反思与评价 1	内容提要	时间	关键项、调控方法、策略	反思与评价 2
激发学习兴趣。	一、导入新课	3 分钟	一、导入 1. Warm up，唱一首歌。（约定） 2. 师生问好。	运用约定，激发学生的学习兴趣。
由旧知引新知，降低学习难度。 大动浏览。 学生合作，突破重难点，强化知识。 大动。	二、探究学习 1. 直接呈现课题。 2. 复习关于食物的单词，引出新单词（搭建标准性平台）。 3. 进行课文学习及操练。 三、知识巩固及延伸 运用以上所学单词，对句型 I’ve got some...（He/She has got some...） Have you got any...? (Has he/she got any...?) Yes, I have\ No, I haven’t 或 Yes,he/she has. No,he/she hasn’t. 进行操练。 四、小结	30 分钟 12 分钟	二、探究学习 1. 平台（标准性平台） 第 1 步：出示关键项：食物种类的单词。 第 2 步：同时呈现多向度平台。 向度 1：肉类 (meat) 向度 2：蔬菜类 (vegetables) 向度 3：水果类 (fruit) 向度 4：饮料类 (juice)、 向度 5：其他类 (others) 第 3 步：学生任选 2~3 个向度独立思考——微型卡（3 分钟）；六人组自由选择 2~3 个向度进行探究——中卡呈现。（5 分钟）（防空讲 + 防花架子 + 中卡） 第 4 步：组间交流传阅小卡（至少看 3 个组），推荐代表汇报，其他学生质疑补充。（中测，5 分钟，防假看 + 小动） 第 5 步：教师适时点讲、补讲。 2.PPT 课件出示图片，授新单词。开火车检测，个别纠正。（5 分钟，防泡沫） 3. 小组分任务完成课文朗读。（12 分钟，防形式单一） ①听录音完成 3 个问题，指名回答，约定手势判断（防泡沫）。 ②听录音全班跟读课文 ③四人小组合作表演课文，选 2 组代表汇报。 三、知识的延伸 1. 运用以上所学单词，对句型： I’ve got some...（He/She has got some...） Have you got any...?(Has he/she got any...?) Yes, I have. / No, I haven’t 或 Yes, he/she has / No, he/she hasn’t 进行操练。防形式单一 ①师生示范、生生示范。2 分钟 ②同桌交流再次强化。2 分钟 2. 大动：利用之前所学知识，结合本节课内容，找你的好朋友自由进行口语交际。（6 分钟，防以生为敌） 3. 两组代表汇报，激励。（2 分钟） 四、师生共同归纳小结。	在这一环节，使学生的合作分工充分利用了资源，达到了培养学生自理、主动学习、积极探索的能力。 检测学生的掌握情况。 约定手势检测节省了时间，检查全面。 小组共同展示课文的内容，培养了学生的团队合作精神。 知识延伸能跳出文本，将学生的感知化为行动。
注释或说明：				

科学《生物资源的保护》

教案（原稿）

执教：范良峰 内容：小学科学 年级：四年级 时间：2014 年 5 月	3 分钟	15 分钟	15 分钟	7 分钟
生物资源的保护	情境导入	交流、讨论活动	制定行动方案	总结与拓展
[教学目标] 1. 学生通过对生物资源的调查，拓展知识面，增强保护生物资源的意识。 2. 小组内成员根据调查结果设计一份保护生物资源的方案。 [课型方式]要素组合方式。 [课时形态]标准课。	1. 出示大熊猫的图片，谈谈为什么要设置自然保护区？ 2. 我国的一级保护动物。 3. 视频出示画面，学生关注生物资源问题。	1. 为什么会出现野生动植物灭绝的情况？为什么一些动植物会成为珍稀动植物？ 2. 整理活动：生物资源遭到破坏的现象。 2.1 整理课前布置收集破坏生物资源的现象。 2.2 讨论种种破坏现象的存在可能造成的恶果。 2.3 交流如何做好保护工作。 3. 造成野生动植物灭绝的原因有森林砍伐……	1. 在我们居住的地区有没有采取类似的保护措施？效果如何？ 2. 结合课本的案例，设计一份保护生物资源的方案。	1. 拓展知识（保护野生动植物资源的资料）。 2. 课外作业：学生结合今天的活动，写一份生物资源的倡议书。
	1. 自由发言，说说保护野生动物的重要性。（讲 + 听） 2. 揭题：生物资源的保护。 3. 二人组内谈一谈感受。（看 + 讲 + 小动）	1. 学生个人回忆看到或听过的生物资源有哪些遭到了破坏？ 2. 团队活动。（做 + 听 + 讲 + 小动 + 防敌） 2.1 六人团队交流（生物资源）遭到破坏的现象，用喜欢的图文方式呈现在大卡上，时间是 4 分钟。 2.2 个人选 1~2 个破坏现象，将会造成的恶果写在微卡上，并张贴在大卡相关处。 2.3 团队内讨论如何做好保护工作，记录员做好记录并整理在微卡上。	1. 四人小组谈一谈：当地对生物资源采取了什么保护措施？效果如何呢？请大家先在小组内畅谈。（讲 + 听） 2. 设计一份方案。（想 + 做 + 小动 + 防泡 + 表格） 2.1 个人用表格的方式呈现，时间是 5 分钟。（表格另附学习卡）	1. 课件呈现。（看 + 防空） 2. 课外作业：阅读相关保护生物资源的书籍。

续表

		3. 各团队交互讨论结果。（看 + 听 + 大动 + 挂线 + 夹子） 3.1 团队代表整理作业并呈现在教室的四周。 3.2 汇报交流：①推荐 2 个团队汇报；②选定一个团队代表发言；③自愿发言。（机动项） 3.3 大动浏览。全班同学带着笔记本浏览其他 2~4 个团队的作业，并做好笔记。 4. 师小结。	2.2 随机组内分享，完善方案。（学科文化约定回位，抽考 2 名学生，进行流程性检测） 2.3 教师随机对学生进行综合评价。	
总评：教学过程中采用团队交流的方式讨论活动，学生之间没有好坏之分，不同的学生在交流时都能说出一些生物资源遭到破坏的种种触目惊心的现象，这引发了学生的思考，真正达到了激发学生强烈的责任心和使命感的作用。				

学习卡

生物资源保护方案

生物资源遭到破坏的现象	可能造成的恶果	防范的措施	主要负责的部门（人）

教案总评

【概况】

科学课是培养学生思维能力、创新能力和实践能力的重要科目，本教案通过引导学生对生物资源进行调查，增强了学生保护生物资源的意识。教案紧紧围绕目标进行设计，符合小学科学课的特点，在鼓励学生积极参与的同时，培养了他们的创新精神和动手能力。

【亮点】

1. 能根据 MS-EEPO 图文结构 II 型备课方式的格式要求，把内容和调控的方式方法分开写，具有可操作性。

2. 能从学科特点和学生特点出发确定教学目标，并且体现了知识性、个性和创造性的“三性合一”。

3. 每个教学环节和关键项都标注有时间，便于调控课堂教学进度。

4. 从设计上看，七个要素轮换、组合着使用，同时能运用 5J、5F 很好地调控课堂。

5. 能根据学生的生理、心理特点，适时进行动静转化，把学习的主动权交给学生。通过二人组、六人组、团队等形式，让学生充分交互，在做中学，加强了学生间的互助、互动，有利于学生迅速完成任务。

6. 教学过程中适时使用了微卡和大卡，比如在“交流、讨论活动”环节 2.1“整理课前布置收集的破坏生物资源的现象”中，教师智慧地让学生将微卡粘贴在大卡上，既有效地防止了空讲，又能在有限的时间里迅速实现资源共享。

【不足及建议】

1. 有些环节没有把内容与方法策略明显地分开，造成了混乱。

2.“交流、讨论活动”环节中，方法与策略的步骤设计没有实现很好的衔接，影响了教学活动的具体操作。

3.“想”的环节较少，只有一个，没有突出要素组合方式的核心要素。

（点评人：玉林市玉州区大北小学　朱红梅）

教案（点评修改稿）

点评修改人：朱红梅、陈娴

执教：范良峰 内容：小学科学 年级：四年级 时间：2014 年 5 月				
生物资源的保护	情境导入 5 分钟	探究活动 15 分钟	制定行动方案 15 分钟	总结 7 分钟
[教学目标] 1. 学生通过对生物资源的调查，拓展知识面，增强保护生物资源的意识。 2. 小组内成员根据调查结果设计一份保护生物资源的方案。 [教学重难点] 通过对生物资源的调查和分析，设计一份保护生物资源的方案。 [课型方式] 要素组合方式。 [课时] 标准课。	1. 观看大熊猫及其他我国一级保护动物的图片，谈一谈为什么要设置自然保护区？ 2. 揭题：生物资源的保护。 3. 观看视频，提示学生关注生物资源问题。	1. 思考：为什么会出现野生动植物灭绝的情况？为什么一些动植物会成为珍稀动植物？ 2. 探究：（1）生物资源遭到破坏的现象；（2）种种破坏现象的存在可能造成的恶果；（3）造成野生动植物灭绝的原因。	1. 思考：在我们居住的地区有没有采取类似保护区的措施？效果如何？ 2. 结合课本的案例，设计一份保护生物资源的方案。	1. 学生谈一谈本节课的收获。 2. 展示保护野生动植物资源资料，教师小结。
	1.1 PPT 播放图片。 1.2 学生自由发言说一说保护野生动物的重要性。（讲 + 听） 3.1 播放视频。 3.2 二人小组谈一谈感受。（看 + 讲 + 小动）	1. 学生独立思考，说一说看到或听过哪些生物资源遭到破坏的事例？（想 + 讲） 2.1 个人从探究的三个方面独立思考，把提要写在微卡上。（想 + 做） 2.2 六人团队交流讨论，用喜欢的图文表达方式把内容汇总呈现在大卡上。（7 分钟）（讲 + 做） 2.3 团队代表把大卡呈现在教室的四周。 2.4 各团队相互浏览大卡，带上笔记本做笔记，可以用微卡在其他团队的大卡上补充和修改内容。（大动） 2.5 汇报交流：①学生推荐 2 个团队汇报；②教师选定一个团队代表发言；③其他团队自愿发言。（机动项） 2.6 教师小结。	1. 四人小组谈一谈想法。（讲 + 听） 2.1 个人在学习卡上完成作业。（5 分钟）（想 + 做） 2.2 四人组内分享，选择一份较好的方案进行补充完善。（看 + 做） 2.3 小组代表发言。教师随机进行综合评价。	1. 学生代表自行发言，教师抽选学生发言。 2.PPT 课件呈现。（看）

体育《小足球》

教案（原稿）

课题：小足球 年级：三年级（上） 学校：桂林市龙隐小学 教师：蒋鹏 日期：2014 年 3 月 20 日 学科：体育	充分活动身体的各个部位，防止受伤。做熟悉球性的练习，激发学生的学习兴趣，调动课堂气氛。	体会踢球的动作，感觉触球部位，发展腿部力量及四肢协调能力，培养学生互帮互学的良好学习作风。	学生在游戏中提高学习兴趣，巩固练习，培养学生诚实、勇敢的学习作风。	课后将今天学习的内容运用到足球比赛中。
教学要素	导入 第 8 分钟	新授 第 28 分钟	实践操作 第 36 分钟	小结 第 40 分钟
[教学目标] 1. 体验足弓传球的动作方法。 2. 初步了解足弓传球的动作技术，发展腿部力量和四肢协调能力。 3. 培养互相学习、团结协作的精神。 [重点] 传球的方向准确。 [难点] 自然、协调。 [课型方式] 要素组合方式。 [课时形态] 标准课。t	1. 开课式。 2. 宣布本节课的任务。（1 分钟，听） 3. 教学常规。 3.1 围着场地慢跑。（2 分钟） 做徒手操：头部运动，扩胸，扭腰，弓步，转膝，转踝（2 分钟）（看 + 做，大动） 3.2 熟悉球性练习。（3 分钟）（想 + 做，大动） （约定：全体集合，立正、稍息，进入下一环节）	学习脚内侧（足弓）传球。 教学口诀：脚尖向上翘，大腿往外翻。踢球踢中部，传球方向正。 1. 启发鼓励学生体会将球准确地传至对方的方法。（1 分钟）（想） 2. 教师讲解、示范传球动作要求。（2 分钟）（看） 3. 组织练习队形，两人一组，对传，距离 2~3 米。（5 分钟）（想 + 做 + 小动 + 大动） 4. 学生练习，体会动作要领，教师巡视指导。（5 分钟）（做 + 大动） 5. 请做得较好的同学展示，教师评析。（3 分钟）（看 + 听 + 讲 + 想 + 做 + 小动） 6. 再次练习。（4 分钟）（讲 + 想 + 做 + 小动 + 大动） （约定：全体立正、稍息，听到长哨声全体集合，进入下一环节）	游戏：踢准。 方法：将全班同学分成人数相等的四个队，首先安排队尾的同学在箩筐后面捡球，排头的同学将球放在起点，用脚内侧传球的方法将球踢入箩筐中，踢完后替换队尾的同学捡球，依此类推，进球数多的队胜。 1. 教师讲解游戏方法、规则。（1 分钟）（看 + 听） 2. 组织学生分组比赛。（6 分钟）（想 + 做 + 小动 + 大动） 3. 简评 1 分钟。（听） （约定：全体集合、立正、稍息、听到长哨声全体集合，进入下一环节）	1. 整理放松。（3 分钟）（看 + 做 + 听，大动） 2. 小结、讲评。（1 分钟） 3. 下课。 （约定：全体集合，立正、稍息）

总评：脚内侧踢球是足球技术中最基本、最常用的一种动作方法，根据小学生的特点，我采用模仿练习，先是无球的模仿练习，接着是有球的练习，让学生体会摆动腿时以髋关节为轴，大腿带动小腿的摆动方法。但是由于是小学生，他们对动作的完整概念往往不能理解，这导致各种错误发生。对此，我让学生两人一组，一人用脚踩球，另一人做原地或上一步的踢球练习。踢球时力量不要过猛，主要体会支撑脚的选位和摆动腿的动作。采用这些方法后，取得了很好的效果，我觉得对小学生的教学不能操之过急，练习应循序渐进，打牢基本功，这样才会取得技术方面的进步。

教案总评

【概况】

这是三年级的体育新课，通过教学，要让学生学会足弓传球的动作方法，初步了解足弓传球的动作技术，发展腿部力量和四肢协调能力，同时培养学生互相学习、团结协作的精神。教学重点是准确传球，难点是动作要自然、协调。

【亮点】

本教案根据 MS-EEPO 图文结构 I 型备课方式进行撰写，符合格式要求。体育课一般是在做中学，所以本节课基本是在动中学习足弓传球的动作方法，并依据“常规（整队、热身）—教师以口诀讲解动作要领—学生练习—点评—游戏—比赛—常规（整队、放松）”的步骤进行，教学流程清晰流畅，既让学生学会了脚内侧传球的技术，又培养了学生互相学习、团结协作的精神。

在突破重点时，执教者利用口诀“脚尖向上翘，大腿往外翻。踢球踢中部，传球方向正”，让学生轻松愉快地记住了传球的基本要领及重点，加上讲解、示范、练习多管齐下，听、看、想、做多要素组合着用、结合着用，学生学得轻松，学得有效。

因为是室外课，所以学生是比较兴奋的，对此教师利用约定调控，让课堂更有序、有效。

【不足及建议】

1. 片面理解要素组合“动静转换”中的“动”（特别是“大动”），以为只要是学生动起来了就是“动”，只要动得激烈就是“大动”。

2. 游戏“踢准”名字生硬无彩，可以起响亮或朗朗上口的游戏名称，如“投其所筐”“一脚定乾坤”等，增加游戏的趣味性与吸引力。

3. 对于如何突破“传球自然、协调”的难点，教案中没有具体的指导。

（点评人：防城港市港口区教研室　谢仲玲）

教案（点评修改稿）

点评修改人：谢仲玲

教学要素	导入	新授	实践操作	小结
课题：小足球 年级：三年级（上） 学校：桂林市龙隐小学 教师：蒋鹏 日期：2014 年 3 月 20 日 学科：体育	充分活动身体的各个部位，防止受伤。做熟悉球性的练习，激发学生的学习兴趣，调动课堂气氛。 第 8 分钟	体会踢球的动作，感觉触球部位，发展腿部力量及四肢协调能力，培养学生互帮互学的良好学习作风。 第 28 分钟	学生在游戏中提高学习兴趣，巩固练习，培养学生诚实、勇敢的学习作风。 第 36 分钟	课后将今天学习的内容运用到足球比赛中。 第 40 分钟
[教学目标] 1. 体验足弓传球的动作方法。 2. 初步了解足弓传球的动作技术，发展腿部力量和四肢协调能力。 3. 培养互相学习、团结协作的精神。 [重点] 传球的方向准确。 [难点] 自然、协调。 [课型方式] 要素组合方式。 [课时形态] 标准课。	1. 开课式。 2. 宣布本节课的任务。（1 分钟，听） 3. 教学常规。 3.1 围着场地慢跑。（2 分钟） 做徒手操：头部运动，扩胸，扭腰，弓步，转膝，转踝（2 分钟）（看 + 做，大动） 3.2 熟悉球性练习。（3 分钟）（想 + 做，大动） （约定：全体集合，立正、稍息，进入下一环节）	学习脚内侧（足弓）传球。 教学口诀：脚尖向上翘，大腿往外翻。踢球踢中部，传球方向正。 1. 启发鼓励学生体会将球准确地传至对方的方法。（1 分钟）（想） 2. 教师讲解、示范传球动作要求。（2 分钟）（看） 3. 组织练习队形，两人一组，对传，距离 2~3 米。（5 分钟）（想 + 做 + 小动 + 大动） 4. 学生练习，体会动作要领，教师巡视指导。（5 分钟）（做 + 大动） 5. 请做得较好的同学展示，教师评析。（3 分钟）（看 + 听 + 讲 + 想 + 做 + 小动） 6. 再次练习。（4 分钟）（讲 + 想 + 做 + 小动 + 大动） （约定：全体立正、稍息，听到长哨声全体集合，进入下一环节）	游戏：一脚定乾坤。 方法：将全班同学分成人数相等的四个队，首先安排队尾的同学在箩筐后面捡球，排头的同学将球放在起点，用脚内侧传球的方法将球踢入箩筐中，踢完后替换队尾的同学捡球，依此类推，进球数多的队胜。 1. 教师讲解游戏方法、规则。（1 分钟）（看 + 听） 2. 组织学生分组比赛。（6 分钟）（想 + 做 + 小动 + 大动） 3. 简评 1 分钟。（听） （约定：全体集合、立正、稍息、听到长哨声全体集合，进入下一环节）	1. 整理放松。（3 分钟）（看 + 做 + 听，大动） 2. 小结、讲评。（1 分钟） 3. 下课。 （约定：全体集合，立正、稍息）

总评：脚内侧踢球是足球技术中最基本、最常用的一种动作方法，根据小学生的特点，我采用模仿练习，先是无球的模仿练习，接着是有球的练习，让学生体会摆动腿时以髋关节为轴，大腿带动小腿的摆动方法。但是由于是小学生，他们对动作的完整概念往往不能理解，这导致各种错误发生。对此，我让学生两人一组，一人用脚踩球，另一人做原地或上一步的踢球练习。踢球时力量不要过猛，主要体会支撑脚的选位和摆动腿的动作。采用这些方法后，取得了很好的效果。我觉得对小学生的教学不能操之过急，练习应循序渐进，打牢基本功，这样才会取得技术方面的进步。

音乐《对鲜花》

教案（原稿）

教学素材	导入	学唱歌曲	创编拓展	总结
教学素材：《对鲜花》 年级科目：三年级音乐 学校：玉林市玉州区东成小学 执教：邓艳霞 日期：2014 年 3 月	3 分钟	20 分钟	15 分钟	2 分钟
[教学目标] 1. 学会歌曲《对鲜花》，会唱歌谱并背唱歌词，掌握对唱的形式。 2. 为歌曲创编歌词。 3. 培养学生自主合作、探究的能力。 [重点] 学唱歌谱并唱准附点四分音符的时值。 [难点] 完成 1~2 段的歌词创编。 [课型形态] 要素组合方式。 [课时形态] 标准课。	做 + 听 + 大动 一、律动训练 游戏“乐中行”：学生听音乐，根据节奏行走。音乐停止后随机分成四人小组，围圈坐下。（2/4 拍、3/4 拍变换） 讲 + 想 + 看 二、导入新课 1. 观看电影《刘三姐》对歌的片断，了解“对歌”的演唱形式。 2. 出示课题：对鲜花。	讲 + 听 + 小动 一、学唱歌曲 1. 听录音范唱，感受歌曲情绪，二人小组交流感受。（口头表达）击掌约定。 2. 用听唱法学习歌曲。（教师范唱，课件反复播放，学生模唱） 3. 教师随机检测学习效果：小组唱、个人唱、接龙唱、全班唱、师生对唱、生生对唱等。（关键项强化次数攀升） 讲 + 听 + 做 + 小动 二、学唱歌谱 1.（四人小组）在熟悉对歌曲旋律的状况下学唱歌谱，注意唱准附点四分音符的时值。 2. 相邻两组合成八人小组，根据教师的要求完整地练唱歌谱，并且互相检测背唱歌词。（学科文化约定：师唱生应，快速坐好） 3. 师精讲补救。	做 + 想 + 讲 + 小动 一、创编对鲜花歌词 1. 以花卉方面的知识创编歌词，选择喜欢的表达呈现方式把歌词写在微卡上。 2. 八人小组交流，选出最好的四句歌词进行修改，以图文结构的表达方式呈现在中卡上。（学科文化约定：师唱生应，快速坐好） 3. 小组汇报，把新编的歌词以对唱的形式表现出来。 做 + 想 + 唱 + 大动 二、拓展延伸 1. 组成十六人超大组，把对鲜花的歌词拓展到对水果、对景物、对动物等内容上。 2. 把创编的歌词以图文结构的方式呈现在大卡上，并展示在挂线上，发言人介绍，全班按顺时针方向进行浏览。（班级文化约定：倒数五个数迅速回到位置坐好） 3. 十六人超大组根据创编的歌词练习对唱，并加上律动，丰富歌曲表现。（学科文化约定：师唱生应，快速坐好） 4. 选几个组进行对唱表演。 5. 互相间进行评价。	讲 + 想 1. 谈一谈本节课的收获。 2. 教师对本课进行总结。

教案总评

【概况】

《对鲜花》是三年级音乐的教学内容。歌曲《对鲜花》是流行于我国北方的一首汉族儿童歌曲，也是歌唱者以互相问答、对猜花名的方式比试智慧的娱乐游戏。这种一问一答的对唱形式在民歌中很常见。教学中应指导学生用活泼欢快的声音演唱歌曲《对鲜花》，让学生熟悉对唱的这种形式，并了解一些花卉的知识；同时，让学生根据自己对花卉的了解为歌曲续编歌词，然后演唱，提高学生的演唱能力和创新能力。

【亮点】

1. 教案格式符合 MS- 图文结构 I 型备课方式的规范，概况、时间段、内容提要 / 方法策略、反思 / 评价、备注 / 总评等标注清楚，项目完整。

2. 能把学习方式 5J 放进去 9 项左右，并能显著性地标注出来。

3. 安排了多次动静转换，并与学习任务相结合，提高了学习效率。

4. 各个环节、流程清晰，注重方法策略。

【不足及建议】

1. 关键项是附点四分音符的时值，还是歌曲对唱、创编？其要点是什么？对于这些，教案标注得不够清楚，没有突出关键项的要求、具体操作、强化次数。

2. 教案在 40 分钟安排了 7 次动静转换，这不科学，没有按学生的心理和生理特点进行动静转换。应该7~13分钟转换一次，建议合理安排动静转换，每节课3~5次为宜。

3. 大环节的时间段标注了时间，但关键操作点没有标注时间，建议在关键操作点标上时间。

（点评人：玉林市玉州区教研室　卢婕妤）

教案（点评修改稿）

点评修改人：卢婕妤

<table>
<tr>
<td>教学素材：《对鲜花》
年级科目：三年级音乐
学校：玉林市玉州区东成小学
执教：邓艳霞
日期：2014 年 3 月</td>
<td>点评：
● 导入有趣，有针对性。</td>
<td>● 关键点是“附点四分音符的时值”还是对唱形式？标注得不够清楚，没看出关键点的要求与具体操作、强化。
● 环节二标注要素“讲 + 听 + 做 + 小动”，没抓主流要素写。</td>
<td>● 创编 + 板卡 + 表达呈现，体现出了个性特征，做中学。
● 创编、对唱的要点是什么，没有强调与强化。
●环节一标注要素“做 + 想 + 讲 + 小动” 没抓主流要素写。</td>
<td></td>
</tr>
<tr>
<td>教学素材</td>
<td>导入　3 分钟</td>
<td>学唱歌曲　20 分钟</td>
<td>创编拓展　15 分钟</td>
<td>总结　2 分钟</td>
</tr>
<tr>
<td>[教学目标]
1. 学会歌曲《对鲜花》，会唱歌谱并背唱歌词，掌握对唱的形式。
2. 为歌曲创编歌词。
3. 培养自主合作、探究的能力。
[重点] 学唱歌谱并唱准附点四分音符的时值。
[难点] 完成 1~2 段的歌词创编。
[课型形态] 要素组合方式。
[课时形态] 标准课。</td>
<td>做 + 听 + 大动
一、律动训练
游戏“乐中行”：学生听音乐，根据节奏行走。音乐停止后随机分成四人小组，围圈坐下。（2/4 拍、3/4 拍变换）

讲 + 想 + 看
二、导入新课
1. 观看电影《刘三姐》对歌的片断，了解“对歌”的演唱形式。
2. 出示课题：对鲜花。</td>
<td>讲 + 听 + 小动
一、学唱歌曲
1. 听录音范唱，感受歌曲情绪，二人小组交流感受。（口头表达）击掌约定。
2. 用听唱法学习歌曲。（教师范唱、课件反复播放，学生模唱）
3. 教师随机检测学习效果方法有：小组唱、个人唱、接龙唱、全班唱、师生对唱、生生对唱等。（关键项强化次数攀升）

讲 + 听 + 做 + 小动
二、学唱歌谱
1.（四人小组）在对歌曲旋律熟悉的状况下学唱歌谱，注意唱准附点四分音符的时值。
2. 相邻两组合成八人小组，根据教师的要求完整地练唱歌谱，并且互相检测背唱歌词。（学科文化约定：师唱生应，快速坐好）
3. 师精讲补救。</td>
<td>做 + 想 + 讲 + 小动
一、创编对鲜花歌词
1. 根据花卉方面的知识创编歌词，选择喜欢的表达呈现方式把歌词写在微卡上。
2. 八人小组交流，选出最好的四句歌词进行修改，以图文结构的表达方式呈现在中卡上。（学科文化约定：师唱生应，快速坐好）
3. 小组汇报，把新编的歌词以对唱的形式表现出来。

做 + 想 + 唱 + 大动
二、拓展延伸
1. 组成十六人超大组，把对鲜花的歌词拓展到对水果、对景物、对动物等内容上。
2. 把创编的歌词以图文结构的方式呈现在大卡上，并展示在挂线上，发言人介绍，全班按顺时针方向进行浏览。（班级文化约定：倒数五个数迅速回到位置坐好）
3. 十六人超大组根据创编的歌词练习对唱，并加上律动，丰富歌曲表现。（学科文化约定：师唱生应，快速坐好）
4. 选几个组进行对唱表演。
5. 组间互相进行评价。</td>
<td>讲 + 想
1. 谈一谈本节课的收获。
2. 教师对本课进行总结。</td>
</tr>
</table>

音乐《永远住在童话里》

教案（原稿）

授课人：黄琼琼 学校：南宁市澳华小学 年级：五年级 学科：音乐 课题：永远住在童话里	1. 运用视频，激发学生的兴趣。 2. 以歌曲中的节奏作为敲门声和切入点，达到了学习弱起小节的要求。	一、让学生聆听歌曲的演唱顺序，从而学习和积累音乐基础知识。 二、师生互动、生生互动，活跃了课堂氛围，让学生自主找出演唱中的问题，解决教学难点，从而在解决问题中进步。	2. 团队合作，强化5J的单元组、板卡、表达呈现等训练。团队任务注重学生的个性、创造性、主动性的发展，培养了学生的合作能力。 4. 浏览大卡，动静转换合理，交互达到强化次数。	
教学要素	新课导入 5 分钟	学唱歌曲 20 分钟	课堂拓展 10 分钟	课堂小结 3 分钟
[教学目标] 1. 通过学唱歌曲，能用欢快的情绪演唱歌曲。积累弱起和反复记号。 2. 通过聆听音乐，感受歌曲欢快、诙谐的情趣。 [教学重点] 把握主旋律的音准，培养学生创编的能力。 [教学难点] 准确地把握弱起小节的演唱和反复记号，创编歌词并进行表演。 [课型方式] 要素组合方式。 [课时形态] 标准课。	一、课前准备 发声练习。 二、导入 1. 播放童话视频，指名3~4 个学生谈谈自己看过的童话故事。（看 + 讲） 2. 出示课件（童话屋），学习敲门声。 在童话屋中出示歌曲中的节奏（弱起节奏），为歌曲教学做铺垫。（听 + 讲 + 做） 3. 完成节奏练习，学生可以拿到第一把童话屋钥匙，开启童话屋，教师出示课题。（听 + 看）	一、欣赏歌曲 1. 播放歌曲视频，学生整体感知歌曲所表现的内容，并指名 3~4 个学生谈谈对这首歌的感受。（听 + 想 + 讲） 2. 再听歌曲，随音乐小声地跟唱，同桌相互讨论歌曲里唱到了哪些童话故事，并指名 2~3 个学生进行分享。（听 + 讲 + 做） 3. 教师范唱，引导学生仔细聆听这首歌曲的演唱顺序。（听 + 想 + 讲）（引出反复记号并讲解） 二、学唱歌曲 1. 学生随教师的琴声逐句学唱。重点教唱学生学习过程中出现问题的乐句。（听 + 做） 2. 跟视频轻声演唱，找出学生在演唱过程中的不足之处，并解决跟唱中出现的问题。（听 + 做） 3. 师生合作，巩固所学歌曲。（做 + 动） 4. 男女分组跟音乐用欢快的声音演唱歌曲。（动 + 做） 5. 师生根据自己的演唱进行点评，说出需改进之处。（想 + 听）	一、创编歌词 1. 歌曲中出现了很多同学都耳熟能详的童话故事，同学们能不能也利用自己喜欢的故事或动画片进行创编呢？（想 + 讲 + 动） 2. 出示六人小组合作学习任务：用自己知道或喜欢的动画片或童话故事进行改编，大卡呈现。 3. 小组合作，板卡，师巡视。（想 + 讲 + 做，小动，5 分钟） 4. 大卡展示，全班浏览。（看，大动 3 分钟） 二、从童话世界回到现实生活中 思考并谈一谈自己应该怎样去面对在现实生活中遇到的种种问题。（听 + 讲 + 动）	1. 谈谈本节课的收获。（想 + 听） 2. 教师总结学习情况，并表扬和鼓励学生在学习中要勇于创新，大胆展示。（听） 3. 全班齐唱歌曲，结束本课。（讲）

总评：《永远住在童话里》是一首极富情趣的儿童歌曲。歌词以第一人称表达了小朋友对童话世界的向往——如果这人间像童话一样美丽，“我宁愿不要长大，永远住在童话里”。通过看视频、说故事，学生的学习兴趣达到了高潮。首先，听歌曲说童话人物时，学生纷纷争着说自己看到的故事，这一设计让学生不仅看了视频，而且不知不觉中培养了记忆力和模仿能力。其次，让学生通过童话故事改编歌词，这个时候由于学生的学习兴趣意犹未尽，因此很乐于参与，主动分成组讨论并表演。这不仅培养了学生的合作创新能力，同时也提高了学生的表演能力。

教案总评

【概况】

《永远住在童话里》是人教版小学音乐二年级上册的一个教学内容，这是一首欢快、充满情趣的儿童歌曲。歌词以第一人称的叙述方式表达了小朋友对童话世界的向往。歌曲视频中出现了很多学生熟悉的动画人物，学生在看视频并结合插图说出动画人物的名称、童话故事和演童话故事的过程中，可以培养记忆力、创新力和合作能力。

【亮点】

这是采用 MS–EEPO 图文结构 I 型备课方式编写的教案，分别由概况、教学目标、课型方式、课时形态、教学环节和时间安排等几个部分构成。其中概况部分主要出示学校、课题、授课人、学科等内容；目标部分主要明确本次教学应实现的教学目标。本设计有如下亮点：

1. 从教案的基本格式的角度看，该教案能够比较清楚地标注学科、教学内容、课时形态和课型方式等，格式较规范，结构较完整，符合 MS–EEPO 图文结构 I 型备课方式在格式上的基本要求。

2. 教学环节和时间安排基本清楚，而且时间的分配与教学目标、重难点密切相关，分配也基本合理。“学唱歌曲”和“课堂拓展”两个环节耗时 30 分钟，目的是突破本节课的重点和难点，使得时间分配与教学目标设计统一。

3. 基本符合要素组合方式课型的要求，听、看、讲、想、做、动、静七个要素轮换使用、组合着用，教案中动静转换标注清楚且较好地落实了，安排的 2 次小动和 1 次大动基本适时。

4. 从学习方式运用的角度看，运用了 5J 组织调控课堂，以引导学生开展学习活动。教案中还运用了单元组、板卡和表达呈现等学习方式。

【不足及建议】

1. 从教学目标的角度看，没有区分大小目标，由于对教学重难点与教学目标的关系不了解，教学重点游离于教学目标之外，而且学生的主体地位被忽略，因此建议删去“学生”二字。此外，教学目标的可视性和可操作性有待增强。

2. “学唱歌曲”环节没有安排具体操作的时间。总课时的时间没有用完。

（点评人：广西师范学院　张巧文）

教案（点评修改稿）

点评修改人：张巧文

授课人：黄琼琼 学校：南宁市澳华小学 年级：五年级 学科：音乐 课题：永远住在童话里	2. 以歌曲中的节奏作为敲门声和切入点，达到了学习弱起小节的要求。 1. 运用视频，激发学生的兴趣。	二、师生互动、生生互动，活跃了课堂氛围，让学生自主找出演唱中的问题，解决教学难点，从而在解决问题中进步。 一、让学生聆听歌曲的演唱顺序，从而学习和积累音乐基础知识。	4. 浏览大卡，动静转换合理，交互提高强化次数。 2. 团队合作，强化5J的单元组、板卡、表达呈现等训练。团队任务注重学生的个性、创造性、主动性的发展，使学生的合作能力得到了培养。	
教学素材	新课导入 5分钟	学唱歌曲 20分钟	课堂拓展 10分钟	课堂小结 3分钟
[教学目标] 1. 通过学唱歌曲，能用欢快的情绪演唱歌曲。积累弱起和反复记号。 2. 通过聆听音乐，感受歌曲欢快、诙谐的情趣。 [教学重点]把握主旋律的音准，培养创编的能力。 [教学难点]准确地把握弱起小节的演唱和反复记号，创编歌词并进行表演。 [课型方式]要素组合方式。 [课时形态]标准式。	一、课前准备 发声练习。 二、导入新课 1. 播放童话视频，指名3~4个学生谈谈自己看过的童话故事。（看+想） 2. 出示课件（童话屋），学习敲门声。 在童话屋中出示歌曲中的节奏（弱起节奏），为歌曲教学做铺垫。（听+想） 3. 完成节奏练习，学生可以拿到第一把童话屋钥匙，开启童话屋，教师出示课题。（听+看）	一、欣赏歌曲 1. 播放歌曲视频，学生整体感知歌曲所表现的内容，并指名3~4个学生谈谈对这首歌的感受。（听+想） 2. 再听歌曲，随音乐小声地跟唱，同桌相互讨论歌曲里唱到了哪些童话故事，并指名2~3个学生进行分享。（听+讲+做） 3. 教师范唱，引导学生仔细聆听这首歌曲的演唱顺序。（听+想）（引出反复记号并讲解） 二、学唱歌曲 1. 学生随教师的琴声逐句学唱。重点教唱学生学习过程中出现问题的乐句。（听+做） 2. 跟视频轻声演唱，找出学生在演唱过程中的不足之处，并解决跟唱中出现的问题。（听+做） 3. 师生合作，巩固所学歌曲。（做+动） 4. 男女分组跟音乐用欢快的声音演唱歌曲。（动+做） 5. 师生根据自己的演唱进行点评，说出需改进之处。（想+听）	一、创编歌词 1. 过渡：歌曲中出现了很多同学们耳熟能详的童话故事，同学们能不能也利用你们喜欢的故事或动画片进行创编呢？（听+讲） 2. 出示六人小组合作学习任务：用自己知道或喜欢的动画片或童话故事进行改编，大卡呈现。（听+看） 3. 小组合作，完成任务。师巡视。（想+讲+做）（小动，5分钟） 4. 大卡展示，全班浏览。（看+想）（大动，3分钟） 二、回到现实 思考并谈一谈自己应该怎样去面对在现实生活中遇到的种种问题。（想+听）	1. 谈谈本节课的收获。（想+听） 2. 教师总结学习情况，并表扬和鼓励学生在学习中要勇于创新，大胆展示。（听） 3. 全班齐唱歌曲，结束本课。（讲）

总评：《永远住在童话里》是一首极富情趣的儿童歌曲。歌词以第一人称表达了小朋友对童话世界的向往。在看视频和说故事的过程中，学生的学习兴趣达到了高潮。首先，听歌曲说童话人物时，学生纷纷争着说自己熟悉的动画人物，回忆复述自己看到的童话故事，这培养了学生记忆力和模仿能力。其次，小组合作通过童话故事改编歌词，学生乐于参与，主动讨论并表演，培养了学生的合作能力和创新能力，同时也提高了学生的表演能力。

初中部分

语文《小巷深处》

教案（原稿）

单位：玉州区教研室 设计者：陈健萍 教材：语文七年级（上）第六课 备课方式：MS-EEPO 图文结构Ⅰ型 时间：2013 年 10 月	由欣赏歌曲导入新课，唤起学生对母爱的感受，激发学习兴趣。	5. 初步达成教学目标 1，训练学生个性化的表达呈现方式，估计会出现多种表达呈现方式：文字、气泡图、表格、树状结构图。 4. 让学生养成整体阅读的习惯。 3. 互动，加深记忆 2. 七年级仍需培养书写习惯。 1. 听、做、看三要素组合，提高效率，落实双基。	5. 培养学生敢于质疑的精神和提出问题、解决问题的能力，及时补救前两轮阅读中忽略的问题，教师以合作者、参与者的身份表达观点。 4. 把主动权交给学生，鼓励学生表达自己的独特体验，培养学生多角度、有创意的阅读的意识和能力。估计会出现对母亲外貌、神情描写的片段和最后三段进行品读的高潮。 1/3 充分地读和听，将学生带入课文情境，受到情感的熏陶。1~5 达成教学目标 2、3。	4. 强化教学目标 1，突破难点。激发学生的创作热情，形成思维的交流和碰撞，五个要素互相融合。这环节要特别关注单亲孩子，让他们从其他角度感受母爱。 1/3 结合学生实际谈学习感悟，增强学生对亲情的理解。	2. 将课堂上的体验延伸到生活中，逐步激活能动效应。 1. 既关注学得快的学生，也关注学得慢的学生。
小巷深处	导入（第 3 分钟）	了解性阅读（第 15 分钟）	理解性阅读（第 37 分钟）	创造性阅读（第 57 分钟）	布置课后作业（第 60 分钟）
[教学目标] 1. 学习如何选取生活琐事来表达情感的方法。 2. 初步掌握通过描写人物的外貌、动作、语言、心理来刻画人物的方法。 3. 体验人间至爱亲情，受到美的熏陶和感染，培养学生爱的情感。	创设情境：播放 MTV《懂你》。（看 + 听）	目标内容：初步了解课文内容，初步知道选取什么生活琐事来表达情感。 操作策略： 1. 自读课文：边读边圈点生字词。（看 + 做） 2. 听后把生字词抄写在小卡上。（做）（防空） 3. 二人小组交换小卡，互相检查，纠正、强化。	目标内容：初步掌握通过外貌、动作、语言、心理来刻画人物的方法；学习选取生活琐事来表达情感的方法。 操作策略： 1.（看 + 做 + 讲） 速读课文并勾画自己最受感动的句子或事例，有感情地朗读。想想感动你的理由是什么？ 2.（听 + 讲） 四人小组交流、互读最让自己感动的文字。	目标内容：感悟母爱，感悟父母对子女的情感，增强对亲情的理解。 操作策略： 1.（想） 个人思考：假如你是文中的“我”，面对站在墙边的盲母，你会说些什么？	目标内容：使学生体会母爱，体会父母对子女的情感，增强对亲情的理解。 1. 课堂中没有完成“感受”创作的同学，继续完成。已经完成了的同学，请自选

续表

[重点]感悟母爱，体会父母对子女的情感，增强对亲情的理解。 [难点]学习选取生活琐事来表达情感的方法。 [课型方式]要素组合方式。 [课时形态]45+15 分钟。		4.（看 + 做） 自读课文，概括课文内容（可以示范指导：用“这是一个_____的故事”概括内容，也可以用其他的方式概括）。 5.（想 + 做 + 看） 默读课文，寻找母亲“爱我”的事例和表达“我”对母亲的感情变化的语句，并用自己喜欢的方式表达呈现出来（气泡图、表格、树状结构图等）。（5 分钟）（防形式单一）	3. 用自己具有特色的读法，在全班读精彩的片段，并说明感动的理由。 4. 从任意一个角度（如外貌、动作、语言、心理描写等）说说对课文或课文中某一个段落、句子的理解。（8 分钟） 5.（想 + 讲 + 听） 质疑、反馈。（防泡沫）	2.（讲） 先在六人小组说一说，然后选一代表在全班说。 3. 回忆你与父母、亲人相处的细节，谈一谈你的感受。 4.（做 + 想） 请用你感兴趣的方式，表达你在生活琐事中感受到的“母爱”（一句话、一首诗、一个故事、一个细节、一幅画……），呈现在中卡上。（5 分钟）（防单，防与学生为敌） 5.（超大组 + 大动） 三个六人小组组成一个十八人超大组，展示，充分交互，成果共享。（8 分钟） 6. 师随机抽 2~3 个小组的代表汇报。（防泡沫）	一篇赞美母爱的文章与本课进行对比阅读。 2. 对父母（或其他亲人）说一句话或做一件事，感谢他们这些年给予你的爱，并写下自己的感受。
总评：					

教案总评

【概况】

《小巷深处》是人教版语文七年级上册第二单元的一篇精读课文。本单元内容以写人的记叙文为主，目的在于引导学生了解并掌握表现人物特点的方法和技巧。同时，本单元的四篇课文都洋溢着强烈的美好情感，这对于学生陶冶情操、形成积极的人生观和正确的价值观是十分有益的。《小巷深处》是一篇文质兼美、感人至深的文章，课文着重描述对养母无私的母爱和养女的情感变化过程，成功地刻画出了养母的感人形象，从而加深了学生对母爱的认识，培养了学生感受、体验爱的能力。在整个单元的教学中，从情感内容和能力培养上看，本课是对前一课的延续和深入，具有举足轻重的作用。

【亮点】

教师能较熟练地按照 MS-EEPO 要素组合方式课型和图文结构 I 型备课方式和课标的要求设计教案，教案内容具体，很好地体现了教师的主导作用和学生的主体作用，教学环节紧凑，教学过程流畅，教案要素使用合理，语文学科特点突出，具有一定的可操作性和实效性。具体评价如下：

1. 本教案的教学内容设计比较恰当、合理，确定了具体的、符合课标要求的教学目标。教学目标包括知识目标、能力目标和情感目标，三维目标明显，且立足于培养学生的基本语文素养和实践能力。本课重难点设计准确、合理；教学内容标注简洁明了。教学过程设计具有创新性，符合学生的心理特点和认知规律，教学方法的选择也较适合教学内容的实际情况及初中生的特点。另外，本教案还精心设计了启发性强的学习情境和合作性的学习策略。

2. 教案符合 MS-EEPO 图文结构 I 型备课方式的基本要求。内容准确、简洁，方法策略表述较准确，位置正确，概况也较全面明确，既有多维目标又有具体的重难点。写了设计的意图，意图有针对性，分析透彻，表述清楚。

3. 教案按照要素组合的要求来撰写，七要素轮换着或者组合着使用，主流要素是“想”“做”和“动静”，突出了“想”要素的操作，培养了学生阅读和思维的习惯，符合语文学科教学内容的特点，且学生学习的主动权得到了下放，学生学得轻松，学得自在快乐。教案中作者设计了 3 次小动和 1 次大动，动静转换合理，执教人给了学生想的时间、空间，保证了学生的阅读、思考。

4. 执教人能根据学习的内容适当地运用 5J 和 5F 学习方式。学习方式的设计激发了学生主动参与学习的兴趣，体现了学生合作学习的精神。学习活动中设计了二人组活动、四人组活动、六人组活动，还有十八人的超大组活动，小组形式多样，学生的学习内容得到了充分交互，学生团队的学习精神得到了很好的体现，提高了学生的学习效果。运用了小卡和中卡，有效地预防了空讲。设置了 5F，有防空、防单一、防泡沫、防与学生为敌等，增强了学生的学习效果。表达呈现方式多样化，有口头表达、书面表达、气泡图、表格、树状结构图等多种图文结构形式，有效激发了学生学习的兴趣。

【不足及建议】

1. 教案的概况中缺少班级，会影响评价，因为备课要根据不同的班级和学生来备课。

2. 教学过程中很少运用约定，看不出教师是如何对课堂进行有效调控的。

3. 有些地方应该设计教学预案，以应对教学当中的不确定情况，从而有效提高教案的可操作性。

（点评人：玉林市玉州区教研室　梁伟朝）

教案（点评修改稿）

点评修改人：梁伟朝

单位：玉州区教育局教育研究室 设计者：陈健萍 教材：语文七年级（上）第六课 备课方式：MS–EEPO 图文结构 I 型 执教时间：2013 年 10 月 年级：七年级	由欣赏歌曲导入新课，唤起学生对母爱的感受，激发学习兴趣。	5. 初步达成教学目标 1，训练学生个性化的表达呈现方式，估计会出现多种表达呈现方式：文字、气泡图、表格、树状结构图。 4. 让学生养成整体阅读的习惯。 3. 互动，加深记忆。 2. 七年级仍需培养书写习惯。 1. 听、做、看三要素组合，提高效率，落实双基。	5. 培养学生敢于质疑的精神和提出问题、解决问题的能力，及时补救前两轮阅读中忽略的问题，教师以合作者、参与者的身份表达观点。 4. 把主动权交给学生，鼓励学生表达自己的独特体验，培养学生多角度、有创意的阅读的意识和能力。估计会出现对母亲外貌、神情描写的片段和最后三段进行品读的高潮。 1/3 充分地读和听，将学生带入课文情境，受到情感的熏陶。1~5 达成教学目标 2、3。	4. 强化教学目标 1，突破难点。激发学生的创作热情，形成思维的交流和碰撞，五个要素互相融合。这环节要特别关注单亲孩子，让他们从其他角度感受母爱。 1/3 结合学生实际谈学习感悟，增强学生对亲情的理解。	2. 将课堂上的体验延伸到生活中，逐步激活能动效应。 1. 既关注学得快的学生，也关注学得慢的学生。
小巷深处	导入（第 3 分钟）	了解性阅读（第 15 分钟）	理解性阅读（第 37 分钟）	创造性阅读（第 57 分钟）	布置课后作业（第 60 分钟）
[教学目标] 1. 学习选取生活琐事来表达情感的方法。 2. 初步掌握通过描写人物的外貌、动作、语言、心理来刻画人物的方法。 3. 体验人间至爱亲情，受到美的熏陶和感染，培养学生爱的情感。 [重点] 感悟母爱，体会父母对子女的情感，	创设情境：播放 MTV《懂你》。（看 + 听）	目标内容：初步了解课文内容，初步知道选取什么生活琐事来表达情感。 操作策略： 1. 自读课文：边读边圈点生字词。（看 + 做） 2. 听后把生字词抄写在小卡上。（做）（防空） 3. 二人小组交换小卡，互相检查，纠正。 4.（看 + 做） 自读课文，概括课文内容	目标内容：初步掌握通过外貌、动作、语言、心理来刻画人物的方法；学习选取生活琐事来表达情感的方法。 操作策略： 1.（看 + 做 + 讲） 速读课文并勾画自己最受感动的句子或事例，有感情地朗读。想想感动你的理由是什么？ 2.（听 + 讲） 四人小组交流、互读最让自己感动的文字。（掌声 + 学科文化约定，学生停止）（4 分钟）	目标内容：感悟母爱，感悟父母对子女的情感，增强对亲情的理解 操作策略： 1.（想） 个人思考：假如你是文中的“我”，面对站在墙边的盲母，你会说些什么？ 2.（讲） 先在六人小组说说，然后选一名代表在全班说。（学科约定，小组停止说）（5	目标内容：体会母爱，体会父母对子女的情感，增强对亲情的理解。 1. 课堂中没有完成“感受”创作的同学，继续完成。已经完成了的同学，请自选一篇赞美母爱的

续表

增强对亲情的理解。 [难点] 学习选取生活琐事来表达情感的方法。 [课型方式] 要素组合方式。 [课时形态]45+15 分钟。		（可以示范指导：用“这是一个 _____ 的故事”概括内容，也可以用其他的方式概括）。 5.（讲 + 听） 检测：抽查 1~3 位学生。 6.（想 + 做 + 看） 默读课文，寻找母亲“爱我”的事例和表达“我”对母亲的感情变化的语句，写在小卡上，用自己喜欢的方式表达呈现出来（气泡图、表格、树状结构图等）。（5 分钟）（防形式单一） 7.（讲 + 听） 检测：1~3 位学生展示。	3. 用自己具有特色的读法，在全班读精彩的片段，并说明感动的理由。 4. 从任意一个角度（如外貌、动作、语言、心理描写等）说说对课文或课文中某一个段落、句子的理解。（8 分钟） （预案：后三段是品读重点，如没有学生选，教师可以以学生的身份加入品读行列，以落实学习重点） 5.（想 + 讲 + 听） 质疑、反馈。（防泡沫）	分钟） 3. 回忆你与父母、亲人相处的细节，谈一谈你的感受。 4.（做 + 想） 请用你感兴趣的方式，表达在从生活琐事中感受到的“母爱”（一句话、一首诗、一个故事、一个细节、一幅画……），呈现在中卡上。（5 分钟）（防单，防与学生为敌） 5. 超大组 + 大动 三个六人小组组成一个十八人超大组，展示，充分交互，成果共享。（倒数数约定，学生停止交互，回位）（8 分钟） 6. 师随机抽 2~3 个小组的代表汇报。（防泡沫）	文章与本课进行对比阅读。 2. 对父母（或其他亲人）说一句话或做一件事，感谢他们这些年给予你的爱，并写下自己的感受。
总评：					

语文《散步》

教案（原稿）

时间：2012年11月19日 学校：南宁市第39中学 班级：12（8） 执教者：李雁 学科：七年级语文 内容：《散步》	设计意图：欣赏与亲情有关的照片，帮助学生较直观地感受亲情的温暖，明确本课学习目标。	2.1 整体感知环节，通过提示引导学生把握关键情节，通过概括文章大意检测学生。 3.2 通过学习卡引导学生挖掘人物身上的闪光点，进而探究文章主旨。 学习卡： 从“我”身上，能看到_____； 从“我”的母亲身上，能看到_____； 从“我”的妻子身上，能看到_____； 从“我”的儿子身上，能看到_____； 从这个家庭里，能看到_____。	环节1~3针对七年级学生的学习特点及能力进行学法点拨，并做示例指导，尊重了学生的个性化阅读体验。此外，通过单元组合作让全班交流互动，增加了学生的知识容量。 4. 大动浏览，以诗句“慈母手中线，游子身上衣”作活动结束约定。	
教学素材	创设情境　明确目标　2分钟	理解文意　探究主旨　16分钟	品析文章　感受亲情　20分钟	小结本课　仿写提升　2分钟
[学习目标] 1. 朗读课文，概括文意，初步感受亲情的可贵。 2. 挖掘人物身上的闪光点，把握文章主旨。 3. 学习抓关键词品析文章的方法，交流阅读体验。 [教学重点]理解大意，把握文章主旨。 [教学难点]品析文章的方法。 [课型方式]要素组合。 [课时形态]标准课。	1. 情境引入：欣赏图片，导入新课。（看） 2. 朗读学习目标。（看+讲）	1. 检查预习，随机生字识读，正音。（读+检测） 2.1 大声朗读课文，在原文勾画，捕捉重要信息，把握文章大意。如时间、地点、人物、故事中的小波折。（讲+想+防花架子） 2.2 同桌交流，练习概括文章大意。（讲+小动）（2分钟） 2.3 指名概括文章大意，教师点评。（听+讲） 3.1 听读课文，注意听朗读者对语调、语气、重音的处理，发现人物的闪光点。（听+想） 3.2 完成学习小卡，四人组交流补充，全班点评质疑。（做+防空讲+小动）（5分钟） 4. 教师评讲，明确主旨。（听）	1. 学法点拨：如何抓关键词品析文章？ 示例指导：品析《春》中的句子，指导学生掌握方法。（听+看） 2. 学生自主探究，在文中圈点勾画，作批注。（看+想+做） 3. 六人小组交流，推选品析得最好最精妙的句子，用适当的方式呈现在大卡上。（做+防形式单一+小动，4分钟） 4. 全班浏览，每人至少看4个组的大卡，择优做笔记。（看+大动+做，6分钟） 5. 师生点评、质疑、补充，升华主题。（听+检测+防泡沫）	1. 小结。（讲+听） 2. 课后作业： 2.1 以“亲情”为主题仿写一组对称句，写在贺卡上或编成短信送给自己的父母。 2.2 对本节课没有特别指导品析的对称句，以留作业的方式让学生自主学习。

教案总评

【概况】

《散步》是义务教育课程人教版语文七年级上册第五单元的一篇自读课文篇，其文质兼美，不仅为我们展示了一幅家人散步时互敬互爱、融洽和睦的画卷，更为我们谱写了一曲尊老爱幼的人生颂歌。新课标强调审美体验，注重引导学生设身处地、身临其境，用情感和心灵去感受、欣赏、评价文学作品，进而使学生受到优秀作品的感染和激励，得到情感熏陶，获得思想启迪，享受审美乐趣。本单元的主题是人生体验，学生要想在集人性美、情感美、景物美和语言美于一体的《散步》达到体验人生的目的，就要真正走进文本，用心灵和情感去感受和体悟。

【亮点】

该教案设计将品味文章作为重难点，通过设置开放性的问题和自主学习的形式，引导学生在品读中挖掘人物身上的闪光点，感受美好的亲情，形成对文中人物的不同看法和认识。教师针对七年级学生的学习特点及能力，先进行学法点拨，并做示例指导，然后教学生方法，再让学生自主赏析，尊重了学生的个性阅读体验，设计精巧、实用，可借鉴性很强。

该教案采用要素组合的课型方式进行设计，比较规范，基本格式正确，可操作性很强。教案设计通过"听、看、讲、想、做"等要素的轮换组合使用，让学生理解文本，体会文章表达的寓意，形式丰富多样，同时，适时的动静转换，缓解了学生生理、心理疲劳。教师能够熟练地使用5J当中的板卡、约定、口头表达、图文结构表达、肢体语言表达等多种表达方式，特别是能通过单元组交流推优，浏览评点，扩大了对关键知识点的强化次数，增加了学生的知识容量，培养了学生与他人打交道的能力。

【不足及建议】

1. 教师对学生品读的引导还需加强。虽然教案设计以学生的自主品读感悟为主，但在此过程中教师的引导也很关键，例如课文的题目"散步"正是贯穿全文的线索，作者用这件事简明、准确、含蓄地展现了人生，赞美了亲情和责任感，因此，教师在品读和小结当中如果能围绕此点引导学生领会，效果会更好。

2. 要素组合课型、学习方式5F等项目在表达方面，有一些细节还需要修改补充。例如，"理解文意　探究主旨"环节的第1点，括号中标注的要素应为"讲"而不是"读"，"检测"不是EEPO要素组合方式中的要素，在此不用标注。又例如第2点"大声朗读课文，在原文勾画，捕捉重要信息，把握文章大意"，边读边动笔勾画是为了防止学生用口不用心的“假读”现象，因此学习方式5F应为“防泡沫”而非“防花架子”。在“品析文章　感受亲情”环节的第5点“师生点评、质疑、补充，升华主题。（听+检测+防泡沫）”当中，“检测”不是要素，不应放在括号中，而应该在方法策略中体现。

具体修改详见教案点评修改稿。

（点评人：南宁市兴宁区教研室　罗海峰；南宁市第39中学　黄雄姿）

教案（点评修改稿）

点评修改人：黄雄姿、罗海峰

时间：2012 年 11 月 19 日 学校：南宁市 39 中 班级：12（8） 执教者：李雁 学科：七年级语文 内容：《散步》	设计意图： 1. 欣赏与亲情有关的照片，帮助学生较直观地感受亲情的温暖。 2. 明确本课学习的目标。 2 分钟	2.1 整体感知环节，通过提示引导学生把握关键情节，通过概括文章大意检测学生。 3.2 通过学习卡引导学生挖掘人物身上的闪光点，进而探究文章主旨。 学习卡： 从“我”身上，能看到_____； 从“我”的母亲身上，能看到_____； 从“我”的妻子身上，能看到_____； 从“我”的儿子身上，能看到_____； 从这个家庭里，能看到_____。 16 分钟	环节 1~3 针对七年级学生的学习特点及能力进行学法点拨，并做示例指导，尊重学生的个性化阅读体验。此外，通过单元组合作让全班交流互动，增加了学生的知识容量。 4. 大动浏览，以诗句“慈母手中线，游子身上衣”作活动结束约定。 20 分钟	2 分钟
教学要素	创设情境　明确目标	理解文意　探究主旨	品析文章　感受亲情	小结本课　仿写提升
[学习目标] 1. 朗读课文，概括文意，初步感受亲情的可贵。 2. 挖掘人物身上的闪光点，把握文章主旨。 3. 学习抓关键词品析文章的方法，交流阅读体验。 [教学重点] 理解大意，把握文章主旨。 [教学难点] 品析文章的方法。 [课型方式] 要素组合。 [课时形态] 标准课。	1. 情境引入：欣赏几组与亲情有关的图片，导入新课。（看） 2. 全班齐读，学习目标。（看 + 讲）	1. 检查预习，随机生字识读，正音。（讲） 2.1 大声朗读课文，在原文勾画，捕捉重要信息，把握文章大意。如时间、地点、人物、故事中的小波折。（讲 + 想 + 防泡沫，3 分钟） 2.2 同桌交流，练习概括文章大意。（讲 + 小动，2 分钟） 2.3 指名概括文章大意，教师点评。（听 + 讲） 3.1 听读课文，注意听朗读者对语调、语气、重音的处理，发现人物的闪光点。（听 + 想） 3.2 完成学习小卡，四人组交流补充，全班点评质疑。（做 + 防空讲 + 小动，5 分钟） 4. 教师评讲，明确主旨。（听）	1. 学法点拨：如何抓关键词品析文章？示例指导：品析《春》中的句子，指导学生掌握方法。（听 + 看） 2. 学生自主探究，在文中圈点勾画 2~5 处，作批注。（看 + 想 + 做，5 分钟） 3. 六人小组交流，推选品析得最好最精妙的句子，用适当的方式呈现在大卡上。（做 + 防形式单一 + 小动，4 分钟） 4. 全班浏览，每人至少看 4 个组的大卡，择优做笔记。（看 + 做 + 大动，6 分钟） 5. 师生点评、质疑、补充，紧扣题目“散步”升华主题，随堂检测防假听。（听 + 防泡沫）	1. 小结。（讲 + 听） 2. 课后作业 2.1 以“亲情”“责任”或“人生”为主题仿写一组对称句，写在贺卡上或编成短信送给自己的父母。 2.2 本节课没有特别指导品析的对称句，以留作业的方式让学生自主学习。
总评：				

语文《陋室铭》

教案（原稿）

学校：柳州市第 46 中学 班级：八年级（2）班 学科：语文 授课人：玉珊 教材：苏教版语文八年级下册					
教学素材	激趣导入　5 分钟	朗读感知　5 分钟	疏通文意　15 分钟	理解主旨　10 分钟	拓展延伸　5 分钟
[目标] 目标 1：激发学习文言文的兴趣。 目标 2：①读诵课文；②翻译全文；③理解主旨；④学写铭文或仿例造句。 [重点]翻译课文，理解主旨。 [难点]翻译四个难句。 [课型方式]要素组合方式。 [课时]标准课。	1. 诗歌导入，激兴趣。（讲）1 分钟 《秋词》《望洞庭》《竹枝词》 2. 了解作者，解释题目。 ①故事激趣。（听）2 分钟 ②解释题目：陋室铭。（听 + 讲）1 分钟 3. 展示目标，明学法。（看 + 讲）1 分钟	1. 配乐范读。（听）1 分钟 2. 自由朗读。（讲）1 分钟 3. 纠正字音、句读。德馨（xīn），调（tiáo），牍（dú）。（听 + 讲）2 分钟 4. 学生齐读。（讲）1 分钟 5. 概括内容。（听 + 想 + 讲）	1. 单元组翻译。（想 + 讲 + 小动 + 微卡 + 防单）5 分钟（约定：击掌回位） 2. 教师精讲难句。（看 + 听 + 想 + 讲）8 分钟 ①斯是陋室，惟吾德馨。 ②苔痕上阶绿，草色入帘青。 ③无丝竹之乱耳，无案牍之劳形 ④何陋之有？ 3. 游戏：一站到底。 检测五道选择题。（约定：手势判断对错）（小动 + 防泡沫）（2 分钟）	1. 团队探究主旨。（想 + 做 + 板 + 防空）4 分钟 ①课文从哪几方面写了陋室？ ②提到诸葛庐、子云亭的用意何在？ ③引孔子的话结尾有什么作用？ 用喜欢的图文结构式呈现。 2. 全班展示。（看 + 大动 + 防单）1 分钟 约定：朗诵《秋词》归位。 3. 小组汇报。（讲 + 听 + 防泡）2 分钟 4. 老师点讲。（讲 + 想 + 听）1 分钟 5. 感情背诵全文。（讲）2 分钟	1. 牛刀小试。 任选一题写： ①仿例造句。 ____不在____，有____则____。 ②仿写铭文。 （做 + 微卡）3 分钟 2. 学生交流。（讲 + 小动）1 分钟 3. 教师示范。（听）1 分钟 4. 总结。（听+讲）

教案总评

【概况】

《陋室铭》是苏教版语文八年级上册第五单元的一篇文言文，本单元的主要教学目标是：让学生养成诵读的习惯，熟悉一定数量的常用文言词语和文言句式，初步培养学生文的语感；让学生自主地学习，用探究的方式由表及里地理解文言文。

【亮点】

教师对教材内容的把握较准确，教学目标准确、合理。教学的几个环节设计合理：激趣导入—朗读感知—疏通文意—理解主旨—拓展延伸，由易到难，有梯度，符合学科特点和学生的认知规律。课文的篇幅短小，语句读起来朗朗上口，一方面容易引起学生的兴趣，一方面又可以让学生读后基本了解课文大意，对此，教师采用多形式诵读作为突破口，并在此基础上完成本课重点“翻译全文，理解主旨”。本节课的难点在“仿写铭文”环节，由于学生对铭文不熟悉，因此，教师在仿写前做了较好的铺垫，有利于突破难点。另外，该教案时间设计合理。

该教案是要素组合课型的教案，总体设计规范、合理。从 EEPO 操作体系项目的角度看，该教案主要有以下亮点：（1）“听、看、讲、想、做”各要素的轮换、组合使用较为合理，在核心要素“想”和关键要素“做”上做了较好的设计，教师设置的问题有开放性，并给了学生合理的时间去想和做。本节课教师设计了 3 次小动和 1 次大动，动静转换合理。在 7~13 分钟内设置动静转换，能满足学生生理和心理方面的需求，使学生保持充沛的精力继续学习。（2）教案按照图文结构 I 型备课方式进行了规范的编写，基本格式正确。（3）教师能熟练地使用 5J。板卡方面使用了微卡、大卡、PPT 等；表达呈现多样化，有口头表达、图文结构表达、肢体语言表达等多样的表达形式；约定多样化，使用了班级文化约定、手势约定、击掌回位等；使用了单元组和团队进行合作学习。

【不足及建议】

教案写得不够详细，故操作时有一定的难度，这也不容易让阅读教案的人明白设计者的设计思路和意图。比如：概况不全，缺少教学内容和时间；单元组和团队的人数不够明确；关键环节时间安排不够合理……另外，没必要在每一个教学环节都标注时间，在关键环节标注时间即可。

具体修改见教案点评修改稿。

（点评人：南宁市邕武路学校　韦孟华）

教案（点评修改稿）

点评修改人：韦孟华

学校：柳州市第46中学 班级：八年级（2）班 学科：语文 授课人：玉珊 教材：苏教版语文八年级下册《陋室铭》 时间：2013年					
教学素材	激趣导入 5分钟	朗读感知 5分钟	疏通文意 12分钟	理解主旨 13分钟	拓展延伸 5分钟
[目标] 目标1：激发学习文言文的兴趣。 目标2：①读诵课文；②翻译全文；③理解主旨；④学写铭文或仿例造句。 [重点]翻译课文，理解主旨。 [难点]翻译四个难句。 [课型方式]要素组合方式。 [课时]标准课。	1. 诗歌导入，激兴趣。 《秋词》《望洞庭》《竹枝词》（听） 2. 了解作者，解释题目。 ①故事激趣。（听） ②师生共同解释题目：陋室铭。 3. PPT展示目标，学生读。（看+讲）	1. 配乐范读。（听） 2. 自由朗读。（讲） 3. 纠正字音、句读。 德馨（xīn），调（tiáo），牍（dú）。（听+讲）2分钟 4. 学生齐读。（讲） 5. 概括内容。（想+讲）	1. 四人组翻译，写在各自微卡上，教师检测2组。（想+做+小动+微卡+防单）（约定：击掌回位）5分钟 2. 教师精讲难句，学生记录在课本上。 ①斯是陋室，惟吾德馨。 ②苔痕上阶绿，草色入帘青。 ③无丝竹之乱耳，无案牍之劳形 ④何陋之有？ （看+听+做）5分钟 3. 游戏：一站到底。 （检测五道选择题）（约定：手势判断对错）（听+做+小动+防泡沫）2分钟	1. 六人团队探究主旨，用喜欢的图文结构式呈现在大卡上，班级文化回位。 ①课文从哪几方面写了陋室？ ②提到诸葛庐、子云亭的用意何在？ ③引孔子的话结尾有什么作用？ （想+做+大卡+防空）4分钟 2. 张贴大卡，全班走动浏览。（看+大动+防单）2分钟 约定：朗诵《秋词》归位。 3.2 小组汇报。（讲+听+防泡） 4. 教师点讲。（听） 5. 个人感情背诵全文。（讲）2分钟	1. 牛刀小试，PPT呈现。 ①仿例造句。 _____不在_____，有_____则_____。 ②仿写铭文。 学生个人任选一题写在微卡上。 （想+做）2分钟 2. 同桌交流。（讲+小动）1分钟 3. 教师示范，检测2人进行点评。（听） 4. 总结。（听+讲）

语文《石榴》

教案（原稿）

学校：防城港市港口区公车中学 授课人：吴美琪 学科：语文 内容：《石榴》第一课时	激趣导入，使学生有学习兴趣。 5 分钟	识记生字新词，积累基础知识，通过检测学扎实。 15 分钟	强化朗读，品味语言美，感悟文章内涵。 15 分钟	训练学生动手写作的能力。 10 分钟
[教学目标] 1. 有感情地朗读课文，体会多种修辞手法、表达方式的语言美，以及对石榴的喜爱之情。 2. 运用托物言志的手法写短文。 [重点]目标 1。 [难点]目标 2。 [课型方式]要素组合。 [课时形态]标准课。	导入 1. 引入课题。 2. 作者简介。	初读课文 1. 听范读。 2. 朗读课文，找出中心句并理出写作思路。 3. 文章是从哪几个方面写石榴的?	感悟文本 1. 朗读第三部分，思考作者抒发了什么样的感情。 2. 体会作者笔下石榴的美。 3. 选择自己喜欢的句子朗读。	拓展延伸 1. 小结。 2. 拓展延伸，用托物言志的手法写熟悉的植物。要求：用多种修辞手法和表示方式。
	1.1 课件出示石榴的图片。 （看 + 防空讲） 1.2 学生看后谈感受。 （讲 + 防假看） 2.1 课件出示作者资料。 （看 + 防空讲） 2.2 教师精讲，检测学生。 （听 + 看 + 防假听）	1. 课件出示生字词，微型卡检测。 （看 + 讲 + 防空讲 + 防假看） 2.1 个人朗读，二人组交流中心句和写作思路。（讲 + 做 + 小动） 2.2 学生谈把文章读好的方法。 （讲 + 防假听） 2.3 教师精讲。 （听 + 防假听） 3. 四人小组完成中卡并汇报。 （想 + 做 + 小动 + 讲）	1. 出示课件（图片 + 音乐），感悟读 + 挑战读 + 谈感悟。 （讲 + 听 + 防单一） 2.1 学生个人在书本勾画优美句子，说出其用到的修辞方法和表达方式。四人小组交流。 （看 + 想 + 做 + 讲 + 小动） 2.2 各组汇报，其他组质疑补充，小组完善。 （讲 + 听 + 做） 3. 学生用自己喜欢的方式展示石榴美。 （听 + 看 + 做）	1. 依据板书师生互动总结。 （看 + 讲 + 防与生为敌） 2.1 八人小组交流熟悉的植物，分任务完成大卡。 （想 + 做 + 小动 + 防花架子） 2.2 全班大动浏览，提问检测。 （看 + 讲 + 大动 + 防假看） 2.3 单元组代表说说自己浏览到的好词好句。
总评：充分调动了学生学习的积极性，基础知识落实到位并注重培养学生的动手写作能力。				

教案总评

【概况】

《石榴》是苏教版八年级第五单元中的一篇课文，全文根据季节的变化，按照抽枝、长叶、开花和结果的顺序描写了石榴的成熟过程，字里行间流露出作者对石榴的喜爱之情。本文文笔优美，语言生动形象，记叙条理清楚，是学生学习语言和习作的范例。

【亮点】

纵观整篇教案，吴美琪老师依据课程标准，围绕教学目标，按照要素组合课型的要求进行设计，科学合理，书写比较规范，可操作性比较强。由石榴图片导入新课，既吸引学生眼球，又让学生有话可说、有言可发。根据教学内容的需要，适时、适度地安排了单元组活动，有二人组、四人组，有一定梯度，注意课堂动静转换，做到在了动中学。恰当使用板卡，如微卡个人检测、四人组中卡、八人组大卡，既防泡沫又防空讲。生生互动、师生互动设计合理，彰显了课堂氛围。内容提要 / 关键项与方法策略分得比较清楚，书写比较规范。“感悟文本”环节设计比较科学，既突出了学科特点，又体现了新型教学方法，把主动权交给了学生。朗读方式多种多样，防单一形式，活动设置有层次、有梯度、有缓冲度。“拓展延伸”环节用托物言志的手法写熟悉的植物。首先，八人小组交流熟悉的植物，用了多种修辞手法，大卡呈现，其次全班大动浏览，最后单元组代表说好词好句，既把主动权交给了学生，又很好地突破了教学难点，可以预见良好的课堂效果。

【不足及建议】

这篇教案也存在一些需要改进的地方，具体建议如下：

1. 概况不全，比如缺少日期、年级、班级等，应标明清楚。教学的主要环节没有标明用时。除了时间轴上要标明各个教学环节所用的时间外，在具体操作各个教学环节时，对重要的环节也应该标清用时，以便于察觉时间安排与分配合理与否。另外，每一步方法策略所用要素的标注最好使用括号，以区别于方法策略。

2. 内容提要 / 关键项与方法策略有些混淆，区分不清，内容提要当中有些内容实际上就是方法策略。另外，教学内容 / 关键项的表述还可以进一步锤炼，做到更简洁明了。

3. “初读课文”环节，“听范读”和“课件出示生字词，微型卡检测”部分，方法策略与内容提要/关键项有些出入，表述不够清楚，让人不太明白具体是如何操作的。

（点评人：南宁市第 39 中学　黄雄姿）

教案（点评修改稿）

点评修改人：黄雄姿

学校：防城港市港口区公车中学 授课人：吴美琪 学科：语文 内容：《石榴》第一课时	激趣导入，使学生有学习兴趣。 5 分钟	识记生字新词，积累基础知识，通过检测学扎实。 15 分钟	强化朗读，品味语言美，感悟文章内涵。 15 分钟	训练学生动手写作的能力。 10 分钟
[教学目标] 1. 有感情地朗读课文，体会多种修辞手法、表达方式的语言美，及对石榴的喜爱之情。 2. 运用托物言志的手法写短文。 [重点]目标 1。 [难点]目标 2。 [课型方式]要素组合。 [课时形态]标准课。	导入 1. 引入课题。 2. 作者简介。	初读课文 1. 听范读。 2. 朗读课文，找出中心句并理出写作思路。 3. 文章是从哪几个方面写石榴的？	感悟文本 1. 朗读第三部分，思考抒发了作者什么样的感情。 2. 体会作者笔下石榴的美。 3. 选择自己喜欢的句子朗读。	拓展延伸 1. 小结。 2. 拓展延伸，用托物言志手法写熟悉的植物。要求：用上多种修辞手法和表示方式。
	1.1 课件出示石榴的图片。 （看＋防空讲） 1.2 学生看后谈感受。 （讲＋防假看） 2.1 课件出示作者资料。 （看＋防空讲） 2.2 教师精讲，检测学生。 （听＋看＋防假听）	1.课件出示生字词，微型卡检测。 （看＋讲＋防空讲＋防假看） 2.1 个人朗读，二人组交流中心句和写作思路。（讲＋做＋小动） 2.2 学生谈把文章读好的方法。 （讲＋防假听） 2.3 教师精讲。 （听＋防假听） 3. 四人小组完成中卡并汇报。 （想＋做＋小动＋讲）	1. 出示课件。（图片＋音乐）感悟读＋挑战读＋谈感悟。 （讲＋听＋防单一） 2.1 学生个人在书本勾画优美句子，说出其用到的修辞方法和表达方式。四人小组交流。 （看＋想＋做＋讲＋小动） 2.2 各组汇报，其他组质疑补充，小组完善。 （讲＋听＋做） 3. 学生用自己喜欢的方式展示石榴美。 （听＋看＋做）	1. 依据板书师生互动总结。 （看＋讲＋防以生为敌） 2.1 八人小组交流熟悉的植物，分任务完成大卡。 （想＋做＋小动＋防花架子） 2.2 全班大动浏览。提问检测。 （看＋讲＋大动＋防假看） 2.3 单元组代表说说自己浏览到的好词好句。

“感悟文本”设计比较科学，既突出了学科特点，又体现了新型教学方法，把主动权交给了学生，朗读方式多种多样，防单一形式，活动设置有层次、有梯度和有缓冲度

由“石榴图片”导入新课，吸引学生眼球，又能让学生有话可说

与“1. 听范读”有些出入，表述不够清楚，让人不太明白具体是如何操作的。方法策略与内容提要应该一一对应，使人明了

总评：充分调动了学生学习的积极性，基础知识落实到位并注重培养学生的动手写作能力。

语文《芦花荡》

教案（原稿）

概况	学校：南宁市邕武路学校　内容：《芦花荡》——分析小说的人物形象（第二课时） 授课人：顾瑾　课型方式：平台互动方式　班级：八年级（1）班 课时形态：标准课　学科：语文
目标	目标 1：感受中国人民的抗日情怀。 目标 2：运用人物描写的方法，结合文中的相关词句、文段分析人物形象。
重点、难点	会分析点评“老头子”这一人物形象。

反思 / 评价	内容提要	时间	关键项、方法 & 策略	反思 / 评价
一、检测小说的三要素，为重点分析人物形象做铺垫。学生齐读。明确目标，提高生学习的积极性、主动性和针对性。	一、导入新课，明确本课目标。	3 分钟	一、导入 1. 回顾第一课时，激趣导入。 2. 提问检测小说三要素，学生明确本课目标。	
	二、紧扣人物描写的词句，从外貌、语言、动作、神态、心理活动、环境渲染等方面品读分析人物形象。	32 分钟	二、品读分析人物形象 1. 自读课文，熟悉情节，关注小说主人公——老头子。（5 分钟） 2. 构建标准性平台。 第 1 步：出示关键项：品析老头子的形象特点。 第 2 步：同时呈现多向度平台：向度 1 外貌，向度 2 语言，向度 3 动作，向度 4 神态，向度 5 心理活动，向度 6 环境渲染。 第 3 步：学生任选 2~3 个向度，画出文中最精彩的描写语句，分析老头子特点（批注在课本上）。（防泡沫，5 分钟） 教师提问检测个别学生的自学情况，并为交互作示范：抓关键词句说人物特点，并有感情地朗读。 第 4 步：交互 + 强化次数。 （1）4 ~ 6 人单元组交互、推优，中卡呈现。（防空讲，4 分钟） （2）全班大动浏览至少 3 张卡，推荐 2 组代表汇报，全班分享（强化次数预计约 7 次）。（防空讲 + 防泡沫，10 分钟） 第 5 步：提问检测“环境渲染”方面的知识，如果 80% 的学生没有掌握，则教师朗读指导 + 补讲强化。	通过朗读、讨论引导学生体会：环境渲染的故事气氛以及如诗如画的风景处处映衬着老头子沉静、从容的作战英姿……
	三、拓展延伸，课堂小练笔：二菱亲眼目睹了老头子向小日本讨回血债的英雄壮举之后的心理活动。	5 分钟	三、拓展延伸，课堂小练笔 1. 二菱亲眼目睹了老头子向小日本讨回血债的英雄壮举之后会怎么想？请试着用二菱的口吻对老头子加以点评。（防形式单一） （1）写在微型卡上，时间 2 分钟。 （2）同桌交互。 （3）“开火车”接龙汇报 + 师生点评。 2. 谈一谈你上了这节课后收获。	
备注或总评：				

教案总评

【概况】

《芦花荡》是人教版语文八年级上册第一单元的第二课。该单元以战争为主题，有的课文记叙正义战争的胜利，有的课文谴责非正义战争的残酷，而在血与火的战争中，真善美与假恶丑和人类的意志力、智能、体能都得到了充分的表现。《芦花荡》是现代小说家、散文家孙犁写的一篇富有传奇色彩的小说，讲的是抗日战争时期，在充满诗情画意的芦花荡里，一个年近六十岁的干瘦的老头子的“英雄行为”，显示了中华民族的英雄性格。跟孙犁的大多数小说一样，散文化的结构、诗化的语言是本课文的主要艺术特色，文章有典型的环境描写和精彩的故事情节。学生学习本课，不仅可以享受语言之美，而且可以引发学生深层次的思考，激发学生的爱国情操。

【亮点】

本教案符合 MS–EEPO 板块结构 I 型备课方式的要求。教学流程描述详细清楚、教学思路清晰，可操作性强。运用 5J、5F 组织、调控课堂，开展学习活动，提高了教学效率。平台互动课型的基本流程和操作步骤操作规范，有效地处理了关键知识点，教学活动较好地促进了教学目标的达成。

本课的关键目标是学会结合文中的相关词句、文段，品读作品中语言描写、肖像描写、动作描写、心理描写等人物描写的方法，分析人物形象，感知老头子的英雄性格及典型意义。紧扣这个关键项所构建的多向度平台不仅照顾了学得慢、中等水平的学生，还为对学得快、有特长的学生安排有学习预留项，如向度 5 心理活动和向度 6 环境渲染。

本设计着于眼学生的学习和发展，遵循语文的学习规律，依托生动鲜活的语言材料，让学生自主发现，在尊重学生情感体验的基础上，通过形式丰富的交互，充分激发了学生的主动意识和探究欲望，让学生交流、比较、补充自己的个性化发现，激发并牵引了底子薄、基础差的学生，从而达到了“一同参与共享进步”的目的，提高了学生学习的积极性，突出了对学生人文精神和语文素养的培养，使得学生的思维品质在探究中提升。最后的“拓展延伸”环节把读写有机地结合起来，增强了学生的情感体验，促进了读写结合。

【不足及建议】

1. 对学生的表达呈现要有多样化要求。

2. 语文教学需要加强阅读，激发学生的阅读兴趣，拓展学生的阅读面，建议在最后引导学生阅读相关抗日小说。

（点评人：南宁市兴宁区教研室　党雪妮）

教案（点评修改稿）

点评修改人：党雪妮

概况	学校：南宁市邕武路学校　内容：《芦花荡》——分析小说的人物形象（第二课时） 授课人：顾瑾　课型方式：平台互动方式　班级：八年级（1）班 课时形态：标准课　学科：语文			
目标	目标1：感受中国人民的抗日情怀。 目标2：运用人物描写的方法，结合文中的相关词句、文段分析人物形象。			
重点、难点	会分析点评“老头子”这一人物形象。			
反思 / 评价	内容提要	时间	关键项、方法 & 策略	反思 / 评价
一、检测小说的三要素，为重点分析人物形象做铺垫。学生齐读。明确目标，提高生学习的积极性、主动性和针对性。	一、导入新课，明确本课目标。 二、紧扣人物描写的词句，从外貌、语言、动作、神态、心理活动、环境渲染等方面品读分析人物形象。 三、拓展延伸，课堂小练笔：二菱亲眼目睹了老头子向小日本讨回血债的英雄壮举之后的心理活动。	3分钟 32分钟 5分钟	一、导入 1. 回顾第一课时，激趣导入。 2. 提问检测小说三要素，学生明确本课目标。 二、品读分析人物形象 1. 自读课文，熟悉情节，关注小说主人公——老头子。（5分钟） 2. 构建标准性平台。 第1步：出示关键项：品析老头子的形象特点。 第2步：同时呈现多向度平台：向度1外貌，向度2语言，向度3动作，向度4神态，向度5心理活动，向度6环境渲染。 第3步：学生任选2~3个向度，画出文中最精彩的描写，分析老头子特点（批注在课本上）。（防泡沫，5分钟） 教师提问检测个别学生的自学情况，并为交互作示范：抓关键词句说人物特点，并有感情地朗读。 第4步：交互 + 强化次数。 （1）4 ~ 6人单元组交互、推优，中卡呈现。（防空讲，4分钟） （2）全班大动浏览至少3张卡，推荐2组代表汇报，全班分享（强化次数预计约7次）。（防空讲 + 防泡沫，10分钟） 第5步：提问检测“环境渲染”方面的知识，如果80%的学生没有掌握，则教师朗读指导 + 补讲强化。 三、拓展延伸，课堂小练笔 1. 二菱亲眼目睹了老头子向小日本讨回血债的英雄壮举之后会怎么想？请试着用二菱的口吻对老头子加以点评。（防形式单一） （1）写在微型卡上，时间2分钟。 （2）同桌交互。 （3）“开火车”接龙汇报 + 师生点评 2. 谈一谈你上了这节课的收获。	通过朗读、讨论引导学生体会：环境渲染的故事气氛以及如诗如画的风景处处映衬着老头子沉静、从容的作战英姿……
备注或总评：				

大目标、小目标以及教学重点难点抓得比较准确

符合多向度平台三原则；多向度平台不仅照顾了学得慢的中等水平的学生，还为学得快、有特长的学生安排了学习预留项，如向度5心理活动和向度6环境渲染

最后的“拓展延伸”环节把读写有机结合起来，增强了学生的情感体验

语文教学需要加强阅读，激发学生的阅读兴趣，拓展学生的阅读面，因此建议在最后引导学生阅读相关抗日小说

语文《孔乙己》

教案（原稿）

<table>
<tr><td>概况</td><td colspan="4">时间：2014 年 5 月 15 日　　授课者：石兴纪　　单位：横县教研室　　内容：初中语文《孔乙己》　　班级：九年级 1107 班
学校：横县横州一中　　课型方式：平台互动课型　　课时型态：标准课（1 课时，45 分钟）</td></tr>
<tr><td>目标</td><td colspan="4">1. 知识与能力：学生能整体感知小说内容，把握孔乙己的性格及其成因，理解文章主题。
2. 过程与方法：学生通过自主合作，学习本文以“笑”写“悲”的艺术手法，品味小说准确生动的语言。
3. 情感态度与价值观：学生能体会封建科举制度的腐朽和病态社会的冷酷，从而增强爱国情怀和社会责任感。
教学重点：整体感知小说内容，分析孔乙己的性格及其成因。
教学难点：学生通过自主合作，学习以“笑”写“悲”的艺术手法，品味小说的语言魅力。</td></tr>
<tr><td>反思 / 评价</td><td>内容提要</td><td>时间</td><td>方法 & 策略</td><td>反思 / 评价</td></tr>
<tr><td>1. 学生观看科举考试视频，初步了解写作背景，激发学生的学习兴趣。
2. 明确目标，让学习更高效。</td><td>一、导入
（学习类型：情感学习）
1. 创设情境：让学生观看科举考试视频的片段，然后谈一谈观后感。
2. 出示学习目标。</td><td>4 分钟</td><td>一、导入
PPT 课件展示。
1.1 播放科举考试视频。（看 + 想）1 分钟
1.2 独立思考：观后感。用抓关键词的方法把观后感写在微型卡上。（想 + 做，微卡防空）1 分钟
1.3 流程性检测，学生个别回答，分享学习成果。（听 + 讲）1 分钟
2. 齐读学习目标，明确方向。（看 + 讲）1 分钟
3. 本课的约定：多乎哉？不多也。（学科文化约定）</td><td>1.1 观看视频，从视、听上刺激学生的感官，激发学生的兴趣。
1.2 给学生想的权利，从而提高做的效率；卡起到防空作用。
3. 约定具体、有学科特点，紧扣本课内容。</td></tr>
</table>

续表

1. 整体把握课文内容能培养学生对文本的整体感知能力，是提高学生语文素养的基础。 2. 本环节的前5个向度是结合小说文体特点，从小说的环境、情节、人物三个方面进行投计的，第6个向度是小说的主题，突出了课文的重点，为达成教学目标1和目标3服务。	二、标准性平台：整体把握课文 （学习类型：知识与情感） 向度：①扫清生字音形义；②了解作者和写作背景；③梳理小说的故事情节；④填写孔乙己的履历表，⑤分析孔乙己的性格及其成因；⑥分析文章主题。 内容提要： 1. 同学们自由阅读课文，从教师提供的6个内容中自由选择1~2个内容进行学习。 2. 组内交互，相互补充完善。重点研讨孔乙己的性格及文章主题。 3. 师生补讲、精讲。正确把握课文内容。	14分钟	二、标准性平台：整体把握课文 1.1 明确本环节的6个学习向度。1分钟 1.2 学生自由选择1~2个向度，自由阅读课文，用抓关键词的方法用自己喜欢的方式表达呈现，并把自己的理解写在微型卡。（想＋做＋微卡防空讲）6分钟 1.3 流程性检测完成情况。30秒 2.1 六人组进行交互，提出自己的看法。重点研讨孔乙己的性格及文章主题。教师巡视，及时了解动中学情况。（讲＋听＋看＋想＋做＋小动＋防花架子）3分钟 2.2 完善各向度答案。30秒 3.1 三个小组代表汇报，全班分享学习成果，进行个别检测。师生互相补充，教师点讲，形成明确答案。（看＋讲＋想＋听＋防花架子）2分钟 3.2 教师在黑板上板书，收集各组意见，形成知识网络。1分钟	1.1 构建的6个平台围绕文本的主要内容，符合平台的三原则。 1.2 学生自由选择向度，照顾了不同层次的学生；在表达方式上发挥了学生的个性特点；而微型卡防空，提高了学习效果。 1.3 通过流程性检测，了解学生的学习情况，防与学生为敌。 2.1 ①单元组学习把主动权交给学生，让学生充分地看、讲、想，让学生有针对性地看书，学会对比和归纳总结；②充分的交互攀升了强化次数，使学生养成自主合作学习的习惯；③教师巡视，关注“动”情，防花架子。 3.1 三个小组汇报，互相补充，让学生学会与人分享成果，而汇报时教师的随机检测可以了解这是小组共同成果还是代表个人，防假动，假合作。 3.2 教师板书，整理知识网络，让学生一目了然，并让学生从不同的答题思路中明确答案。

续表

1. 本环节是针对教学目标2设计的，重点分析文中“笑”的艺术手法，同时品味准确生动的语言。 2. 本文对孔乙己的描写很多，如外貌、动作、神态等，但这里没有面面俱到，只是抓住以“笑”写“悲”这一最能突出主题的艺术手法重点分析，很有深度。	三、标准性平台，分析人物描写的方法 （学习类型：技能与方法） 向度：①掌柜的笑；②短衣帮的笑；③孩子们的笑；④掌柜的第二次笑；⑤小伙计的笑；⑥周围人的笑；⑦孔乙己的笑。 内容提要： 1. 小说写了几种人的“笑”？分析每种人笑的内含。这些“笑”对表现孔乙己的悲剧有什么作用? 2. 用词生动准确是鲁迅写作的一个特点，你觉得本文在表现孔乙己的人物特点时，哪些词（句）用得最好，为什么?	16分钟	三、标准性平台，分析人物描写的方法 1.1 明确本环节的7个学习向度（7种人的笑）。1分钟 1.2 小组分工学习：在尊重个体的原则上，小组分工，自主学习1~2个向度，用抓关键词的方法把“笑”的内含和作用写在微型卡。（想＋做＋微卡防空讲）2分钟 1.3 流程性检测完成情况。30秒 1.4 同一大组进行同类交互，交流看法，并补充完善。然后，在组内进行异类交互，教师巡视，及时了解动中学情况。（讲＋听＋看＋想＋做＋小动＋防花架子＋防形式单一）微型卡，3分钟 1.5 小组用自己喜欢的表达呈现方式汇总到大卡上。（大卡防空）1分钟 1.6 流程性检测。30秒 1.7 小组代表汇报，全班分享学习成果。学生互相补充，师点讲，形成明确答案。（看＋讲＋想＋听＋防花架子）3分钟 2.1 通过以读促悟法，让学生独立深读，并用圈点勾画法在好词好句处作批注。（想＋做）2分钟 2.2 和大家分享自己的学习成果，并以单读、同桌一起读、小组读、男生读、女生读、全班读、分角色读等多种形式有感情地朗读，读出人物的个性。（听＋讲＋小动＋多样表达呈现防形式单一）3分钟	1.1 能围绕关键内容设计向度，向度符合三原则。 1.2 明确分工，尊重个体，教会方法，微型卡防空。时间安排合理。 1.3 流程性检测关注学情，防与学生为敌。 1.4 ①单元组学习把主动权交给学生，让学生充分地看、想，让学生在对比、讨论中进行思维碰撞，培养学生思考分析的能力；②同类与异类的充分交互攀升了强化次数，强化了对知识的理解，达成了学习目标；③教师巡视，关注“动”情，防花架子。 1.5 由微卡变大卡，防空。多样的表达呈现方式展现了学生个性。 1.7 小组汇报，互相补充，让学生学会与人分享成果，而汇报中教师的随机检测，则是防假动作和假合作。 2.1 以读促悟，圈点勾画，学法指导到位，体现了想的核心要素。 2.2 多样式的读与悟，提高了参与度，同时，表达呈现的多样性防形式单一。

让学生进行个性化的创作是让学生加深对教材的理解，培养其源于教材又超越教材创新思维能力。学生可以从多角度切入，对教材进行立体式的阅读，有助于发散学生思维，提高个性化创作水平。	四、倒置性平台，个性化创作 （学习类型：技能与思维训练） 以“我和孔乙己的对话”为题，任选角度，写一篇300字左右的短文，允许有个性化的写作。 学生自主生成的向度：①从周围人的取笑切入；②从孔乙己自欺欺人的言行切入；③从孔乙己好吃懒做切入；④从孔乙己分豆给孩子的良心未泯切入；⑤从孔乙己悲剧性的结局切入；⑥从造成孔乙己悲剧的社会根源切入；⑦站在古代的视角对话；⑧站在当代的视角对话……	11分钟	四、倒置性平台，个性化创作 1. 明确任务。1分钟 2. 独立创作。5分钟 3. 八人组交互，选出写得最好的一篇作品。2分钟 4. 全班分享3~5份作品。3分钟 5. 布置作业，课后完善个人作品后，以团队为单位张贴在学习栏，每团队评选出3篇优秀作品。	本环节设计的个性化创作是一个倒置性平台，让学生在加深对本文的理解的同时又得到超越。学生的思维向度很多，照顾到了不同层次的学生，使人人有话可写。这是一个训练学生创新思维，进而进行个性化创作的平台。
注释或总评：本节课围绕课题设计了三个平台，其中两个标准性平台，一个倒置性平台。平台能紧扣教学目标设计向度，向度均达6个或以上。平台符合多向度、相对平衡度、自由度三大原则，照顾了全体学生，让学生的个性得到了充分展示，特别是在第三个平台，学生的思维得到了充分的扩张和训练。三个平台安排了3次小动，“动中学”达15分钟，整节课中，想、做和动的主流要素很突出，达30分钟。微型卡和大卡的使用合理，单元组、约定、表现呈现等5J指标落实到位，并主要通过板卡使用、流程性检测、个别检测、变换学习方式方法、同类异类交互等落到了实处，提高了课堂效率。				

教案总评

【概况】

《孔乙己》是人教版语文九年级下册第二单元的一篇课文。本单元主要是让学生在把握情节的前提下，着重欣赏人物形象，把握人物的性格特点，了解刻画人物性格的多种艺术手法，从而达到培养和提高学生欣赏文学作品的能力。《孔乙己》这篇小说不算长，却深刻地反映了孔乙己一生的悲剧和整个社会的世态，揭露了被封建科举制度戕害的读书人的病苦。小说运用侧面描写、正面描写的方式，通过外貌、动作、语言等方面的描写，鲜明地表现了孔乙己这个人物的性格特点，成功地塑造了孔乙己这个封建社会下层知识分子的形象。学习《孔乙己》，不仅能帮助学生深刻理解小说的思想内容，而且还能启发学生欣赏小说，并从中受到深刻的启迪。

【亮点】

1. 目标定位准确，能准确地把握本课的重难点。鲁迅运用多种艺术表现手法塑造了孔乙己这个人物形象，让读者从侧面认识封建社会的腐朽与黑暗，因此，只要能成功地解读孔乙己的人物形象，这篇小说的目的就能达成。石老师将这篇课文的教学重点定位为“整体感知小说内容，分析孔乙己的性格及其成因”，将教学难点定位为“学习以‘笑’写‘悲’的艺术手法，品味小说的语言魅力”，是准确的。

2. 教学内容的难度和方法策略的选择能以学生的起点能力为基础。如先让学生整体把握课文，接着让学生分析人物描写方法，重点分析“笑”的艺术手法，最后让学生进行个性化创造，这样的设计从易到难，从浅入深，学生学得轻松，教学效果好。

3. 课型运用合理。本教案设计了三个平台（两个标准性平台，一个倒置性平台），平台能围绕关键项进行构建，第一个平台解决的是教学重点的问题，第二个平台解决的是教学难点的问题，第三个平台则让学生的思维得到了充分扩张，阅读更加个性化。每个平台的向度达到 6 个以上，符合多向度、相对平行、自由度的平台向度“三原则”要求。

4. 能运用 5J、5F 进行教学设计，并清楚标注。本节课安排了 4 次单元组活动，动中学达到 15 分钟以上。微型卡和大卡使用合理，单元组、学科文化约定、表达呈现等指标落实到位。5F 中用了防空讲、防花架子、防单一形式，主要通过板卡使用、流程性检测、交互等方式落到实处。

5. 教案格式基本符合 MS-EEPO 板块结构 I 型备课方式的基本要求，“内容提要”和“方法 & 策略”表述较为准确，时间安排合理。

【不足及建议】

1. 教案的格式及呈现方式有待进一步规范。例如，在版式上将教案分割成表格形状，不符合板块结构教案的要求；在每一个小环节都标注了所用到的要素，但是以平台互动为主的课型不必如此；在每一个小环节都标出了时间，但在实际的课堂教学中，如果时间的分配过于精细，会导致可操作性不强，因此，在大环节有时间安排，关键的小环节标注时间即可，而不必要每个小环节都标注时间。

2. 目标的表述还可以进一步优化。设计目标的时候可以思考三个维度，但表述成文的时候要将其进行整合，按照大目标和小目标表述即可。

3. 一节课设计了三个平台，导致时间紧张，可能会影响到平台的效果，从操作环节上看，确实也存在交互不充分的问题。因此，建议将第三个倒置性平台简化成个性化创作的教学环节，不再按平台的操作步骤，将一部分时间节省下来，让前两个平台的学习成果能进行充分交互。

（点评人：玉林市玉州区教研室　李于阗；南宁市兴宁区教研室　罗海峰）

教案（点评修改稿）

点评修改人：罗海峰、李于阖

<table>
<tr><td>概况</td><td colspan="4">时间：2014 年 5 月 15 日 授课者：石兴纪 单位：横县教研室 内容：初中语文《孔乙己》 班级：九年级 1107 班
学校：横县横州一中 课型方式：平台互动课型 课时型态：标准课 （1 课时，45 分钟）</td></tr>
<tr><td>目标</td><td colspan="4">大目标：通过分析人物形象，体会封建科举制度的腐朽和和病态社会的冷酷。
小目标：1. 整体感知小说内容，能说出孔乙己的性格及其成因，理解文章主题。2. 学习本文以“笑”写“悲”的艺术手法，品味小说准确生动的语言。</td></tr>
<tr><td>教学重难点</td><td colspan="4">教学重点：整体感知小说内容，分析孔乙的己性格及其成因。教学难点：学习以“笑”写“悲”的艺术手法，品味小说语言魅力。</td></tr>
<tr><td>反思 / 评价</td><td>内容提要</td><td>时间</td><td>方法 & 策略</td><td>反思 / 评价</td></tr>
<tr><td></td><td>一、导入
1. 创设情境: 让学生观看科举考试视频片段，然后谈一谈观后感。
2. 出示学习目标。
3. 统一本节课的约定

二、标准性平台：整体把握课文
向度：①扫清生字音形义；②了解作者和写作背景；③梳理小说的故事情节；④填写孔乙己的履历表，⑤分析孔乙己的性格及其成因；⑥分析文章主题。
重点把握孔乙己的性格及文章主题。</td><td>3 分钟

14 分钟</td><td>一、导入
1.1 播放科举考试视频。
1.2 独立思考，同桌交流。
1.3 流程性检测，学生个别回答，分享学习成果。
2. 齐读学习目标，明确方向。
3. 本课的学科文化约定：多乎哉？不多也。
二、标准性平台：整体把握课文
1. 第一步：出示关键项“整体把握课文”。
2. 第二步：同时呈现多项度平台，6 个向度详见“内容提要”。
3. 第三步：个人从教师提供的 6 个内容中自由选 1~2 个内容进行学习。
3.1 学生自由选择 1~2 个向度，先阅读课文，再用抓关键词的方法把自己的理解写在微型卡。（防空讲）4 分钟
3.2 流程性检测的完成情况（80% 的学生学会完成后，则可以转入下一步）。</td><td></td></tr>
</table>

续表

			4. 第四步：交互 + 攀升强化次数。 4.1 六人组进行组内交互，相互学习、讨论。教师巡视，及时了解动中学的情况。（防泡沫）3 分钟 4.2 在讨论交流的基础上，各组完善各向度答案。 4.3 三个小组代表汇报，全班分享学习成果。个别检测。师生互相补充，教师点讲，形成明确答案。 5. 第五步：教师紧扣孔乙己的性格及文章主题进一步点讲、补讲，并收集各组意见，在黑板上板书，形成知识网络。 6. 第六步：学生再次自由读课文，加深对课文的整体把握。	
	三、标准性平台：分析人物描写方法 向度：①掌柜的笑；②短衣帮的笑；③孩子们的笑；④掌柜的第二次笑；⑤小伙计的笑；⑥周围人的笑。⑦孔乙己的笑。 问题： 1. 小说写了几种人的“笑”？分析每种人笑的内含。 2. 从这些可笑的地方，反映了孔乙己怎样的性格特点？这些“笑”对表现孔乙己的悲剧有什么作用？ 3. 你觉得本文在表现孔乙己的人物特点时，哪些词（句）用得最好，为什么？	20 分钟	三、标准性平台：分析人物描写方法 1. 第一步：出示关键项“分析人物描写方法”。 2. 第二步：同时呈现多项度平台，7 个向度及研究问题详见“内容提要”。 3. 第三步：从教师提供的 7 个内容中自由选 1~2 个内容进行学习。 3.1 六人组分工学习：在尊重个体原则的基础上，小组分工，每人自主学习 1~2 个向度，将问题的答案写在微型卡。（防空讲）4 分钟 3.2 流程性检测完成情况。（80% 的学生学会并完成后，则可以转入下一步）。 3.3 同一小组进行组内交互，交流看法，并进行补充完善，形成本组 7 个向度的研究答案。教师巡视，及时了解动中学情况。（防泡沫 + 防形式单一）4 分钟 3.4 小组用喜欢的表达呈现方式将成果汇总到大卡上。（防空） 4. 第四步：交互 + 攀升强化次数。 4.1 悬挂大卡张贴，学生按顺时针方向轮动浏览大卡，至少看 3 张 。3 分钟 4.2 对浏览情况进行流程性检测。（防泡沫） 4.3 小组代表汇报，全班分享学习成果。生互相质疑、补充。 5. 第五步：教师点讲。 预设：如果 80% 以上的学生不能将以上三个问题理解到位，由教师补讲。如果学生理解良好，则机动时间用于第六步的朗读，机动时间：2 分钟。	

续表

	四、拓展升华，个性化创作 以“我和孔乙己的对话”为题，任选角度，写一篇100~200字的短文，允许有个性化的写作。 学生的生成预设：①从周围人的取笑切入；②从孔乙己自欺欺人的言行切入；③从孔乙己好吃懒做切入；④从孔乙己分豆给孩子的良心未泯切入；⑤从孔乙己悲剧性的结局切入；⑥从造成孔乙己悲剧的社会根源切入。⑦站在古代的视角对话。⑧站在当代的视角对话……	8 分钟	6. 第六步：以读促悟 3 分钟 +2 分钟 6.1 独立深读，结合刚才的理解，用圈点勾画法在好词好句处作批注。 6.2 和大家分享自己的学习成果，并以单读、同桌一起读、小组读、男生读、女生读、全班读、分角色读等多样形式有感情地朗读，读出人物个性。 四、拓展升华，个性化创作 1. 独立创作。5 分钟 2. 四人组交互，选出写得最好的一篇作品。 3. 全班分享好 2~3 份作品。 4. 布置作业，课后完善个人作品后，将其张贴在学习栏，全班选评出3~5 篇优秀作品 。	

语文《香菱学诗》

教案（原稿）

基本概况	课题：香菱学诗　科目：语文　班级：九年级5班　授课人：徐燕云　学校：横县横州一中　课时：标准课
目标　目标1	了解小说内容，积累五个以上词语、两个以上精彩句子、一个精彩片段。
目标　目标2	赏析小说的艺术表现手法，掌握1~2种写作手法。

	检测	内容提要	时间	方法&策略	反思/评价
前测	1. 手势＋个别提问检测《红楼梦》故事梗概。 2. 小卡检测有关小说知识点。	一、阅读课文，了解课文内容，积累五个以上词语、两个以上精彩句子和一个精彩片段。	18分钟	平台一： 1. 出示教学要素：要了解一篇小说的内容，可以从哪些角度入手？（预设10个向度：标题、记叙要素、故事情节、人物评价、小说环境、关键词、关键句、关键语段、文章层次、作者的写作意图） 2. 学生思考，在小卡上写上想到的方法。（板卡防空） 3. 学生回答，教师板书，出示向度。	1. 抓住“小说内容的理解与积累”这一关键项构建标准性平台。
中测	1. 习题卡检测学生对内容的理解和积累情况。 2. 利用大卡手势检测学生的写作手法掌握情况及训练情况。			4. 学生自选2~3个向度进行阅读，并在小卡上记录学习成果。（做，6分钟） 5. 前后四人交流补充（动，3分钟），教师手势检测交互情况。（防假看） 6. 全班交互，学生自愿汇报或随机提问。（防与学生为敌） 7. 教师根据汇报或提问情况补讲或精讲。（听） 8. 练习卡检测学生对内容的理解和积累情况。（练习卡使用，流程性检测）	4. 阅读概括速度训练。标准性平台具有多向度、平行度、自由度。
		二、精读课文，赏析小说的艺术表现手法，掌握1~2种写作手法。	20分钟	平台二： 1. 出示开放性问题：《红楼梦》中的《香菱学诗》能入选我们的课本，一定有很多可圈可点的艺术手法，请精读课文探究。（预设7个向度：词、句、描写角度、细节、修辞、标点、叙事技巧） 2. 自读，探究艺术表现手法，写在小卡上。（做，4分钟）	1. 抓住“艺术表现手法”这一关键项构建倒置性平台。
后测	强化次数20次左右，进一步巩固小说的内容和对写法的学习。			3. 前后四人交流补充（动，3分钟），教师手势检测交互情况。（防假看） 4. 就近组建八人学习小组，大卡汇集整理学习成果。（动＋做，8分钟） 5. 大卡张贴展示，小组代表自愿汇报或随机提问。（防与学生为敌） 7. 教师根据汇报或提问情况补讲或精讲，并板书汇集向度。（听＋看） 8. 手势练习卡检测写作手法掌握情况。（手势练习卡使用，流程性检测） 9. 课堂总结。根据后测情况安排课后作业。	2. 精读赏析速度训练。 4. 单元组合作速度训练。
总评：本教案围绕“小说内容理解和写作手法赏析”构建了两个平台，平台向度多（10+7分钟），能照顾各层次的学生；5J，使用14次；5F，板卡使用能有效防空，流程性检测能有效防泡沫；5S，进行了2次阅读、1次单元组合作速度训练；5L，体现了主动学、活动中学、做中学、多要素学。					

教案总评

【概况】

人教版初中语文九年级上册第五单元第四课《香菱学诗》是一篇自读课文，本单元所选的课文都是古代长篇小说中有名的片段，由于初三学生有了两年学习小说的经验与方法，因此本单元的教学目的是进一步激发学生阅读此类小说的兴趣，培养学生对古代文学的热爱。对此，指导学生学好这篇课文，实现由“教到不教”，激发学生阅读的兴趣是关键。《香菱学诗》选自《红楼梦》，本文的主人公香菱是一个苦命的女子，她文化底子不好，但她努力学诗并最终取得了成功。教学时，应结合她学诗的全过程，进行广泛而深入的探究，使学生从中获取有益的启迪。

【亮点】

1. 该教案教学目标的描述简洁清楚，以学生为主体，可测量、可检验，能预期学生在课时内所达到的不同性质和程度的变化结果。

2. 教案符合 MS–EEPO 板块结构Ⅱ型备课方式的基本要求，5J、5F 标注到二级指标，表述得当。

3. 教案层次清晰，内容之间的连接和递进有层次、有梯度。教学内容难度以学生的起点能力为基础，对学得快、有特长的学生安排有预留。

4. 抓住了两个关键项：阅读小说的角度、文章的写作手法。设计了两个倒置性平台，充分发挥学生的积极性，使学生的思维得以拓展，体现以思维训练为主的现代课堂元素。

5. 有针对性地设计关键项的强化次数与交互方式，有效攀升强化次数，提高了教学效率。

【不足及建议】

这篇教案还存在一些值得商榷的地方，提出修改建议如下：

1. 前测：“1. 用手势 + 个别提问检测《红楼梦》故事梗概。2. 小卡检测有关小说的知识点”，在“方法 & 策略”里，前者没有体现，后者表达不够清楚。

2. 训练 5S，要配套有 5L, 这样学生才知道量化指标，并自然而然地往这个指标努力，最终达到这个指标，这就叫目标驱动。例如平台一“4. 学生自选 2~3 个向度进行阅读，并在小卡上记录学习成果”，应标明“初中生看的速度：600 字 / 分钟；写的速度：30 字 / 分钟”。

3. 平台的操作流程和具体步骤不够规范，相对简单，比较笼统，有些地方不太清楚具体应如何操作，可操作性、借鉴性不够强。建议用平台的标准表达式设计方法策略。

4. 平台一中“出示教学要素：要了解一篇小说的内容，可以从哪些角度入手”是一个开放性的问题，再看“预设10个向度：标题、记叙要素、故事情节、人物评价、小说环境、关键词、关键句、关键语段、文章层次、作者的写作意图”，由此推断设计者应该是想构建一个倒置性平台。但是，如果学生想不到、写不出来怎么办？这里没有预留项，比如没有明确是否通过单元组来充分利用人力资源，或者是否设计了师生共同完成等应对策略。而从时间分配和方法策略上看，建议在此搭建一个标准性平台，直接由教师给出平台向度（标题、记叙要素、故事情节、人物评价、小说环境、关键词、关键句、关键语段、文章层次、作者的写作意图），这样可以节省时间，更好地完成这个关键项的强化。

5. 平台二中的“出示开放性问题：《红楼梦》中的《香菱学诗》能入选我们的课本，一定有很多可圈可点的艺术手法，请精读课文探究”不是开放性问题，而且语言表述过于拖沓。给学生布置任务时，要求文字尽可能简洁明了，建议加一句“课文运用了哪些艺术表现手法？”

（点评人：广西教育学院 覃明勇；南宁市第39中学 黄雄姿）

教案（点评修改稿）

点评修改人：黄雄姿、覃明勇

基本概况		课题：香菱学诗　科目：语文　班级：九年级 5 班　授课人：徐燕云　学校：横县横州一中　课型：平台互动　课时：标准课			
目标	目标 1	了解小说内容，积累五个以上词语、两个以上精彩句子、一个精彩片段。			
	目标 2	赏析小说的艺术表现手法，掌握一到两种写作手法。			
检测		内容提要	时间	方法&策略	反思 / 评价
前测	用手势 + 个别提问检测《红楼梦》故事梗概。 2. 小卡检测有关小说的知识点。 应该在“方法策略”里体现这些检测	一、阅读课文，了解课文内容，积累五个以上词语、两个以上精彩句子和一个精彩片段。	18 分钟	平台一： 1. 提出开放性问题：要了解一篇小说的内容，可以从哪些角度入手？ 2. 学生独立思考，在小卡上写出想到的方法，至少写____个。（防泡沫，____分钟） 3. 学生回答，教师板书，整理向度，形成一个标准形态的平台。 预设 10 个向度：标题、记叙要素、故事情节、人物评价、小说环境、关键词、关键句、关键语段、文章层次、作者的写作意图。 4. 学生自选 2~3 个向度进行阅读，并在小卡上记录学习成果。（初中生看的速度：600 字 / 分钟；写的速度：30 字 / 分钟）（防泡 + 防空 ,6 分钟） 5. 前后四人组交流补充（小动，3 分钟），教师手势检测交互情况。（防假看） 6. 全班交互，学生自愿汇报或随机提问。（防与生为敌，____分钟） 7. 教师根据汇报或提问情况补讲或精讲。（防与生为敌） 8. 学生完成练习卡，检测内容的理解和积累情况。（____分钟）	1. 抓住“小说内容的理解与积累”这一关键项构建标准性平台。 4. 阅读概括速度训练。标准性平台具有多向度、平行度、自由度。
中测	习题卡检测学生对内容的理解和积累情况。 2. 利用大卡 + 手势检测学生的写作手法掌握情况及训练情况。	二、精读课文，赏析小说的艺术表现手法，掌握 1~2 种写作手法。	20 分钟	平台二： 1. 出示开放性问题：《红楼梦》中的《香菱学诗》能入选我们的课本，一定有很多可圈可点的艺术手法，请精读课文探究。找出课文运用了哪些艺术表现手法？（预设 7 个向度：词、句、描写角度、细节、修辞、标点、叙事技巧） 2. 自选____个向度，自读探究艺术表现手法，写在小卡上。（读 + 写速训练，4 分钟）（初中生看的速度：600 字 / 分钟；写的速度：30 字 / 分钟） 3. 前后四人组交流补充（小动，3 分钟），教师手势检测交互情况。（防假看） 4. 就近组建八人学习小组，大卡汇集整理学习成果。（小动 + 防空讲，8 分钟） 5. 大卡张贴展示，小组代表自愿汇报或随机提问。（防以生为敌，____分钟） 7. 教师根据汇报或提问情况补讲或精讲，并板书汇集向度。（防与生为敌） 8. 手势、练习卡检测写作手法掌握情况。（____分钟）	1. 抓住“艺术表现手法”这一关键项构建倒置性平台。 2. 精读赏析速度训练。 4. 单元组合作速度训练。
后测	强化次数 20 次左右，进一步巩固小说的内容和对写法的学习。	三、小结	2 分钟	三、课堂总结。根据后测情况布置课后作业。	
总评：本教案围绕“小说内容理解和写作手法赏析”构建了两个平台，平台向度多（10+7 个），能照顾各层次的学生；5J，使用 14 次；5F，板卡使用能有效防空，流程性检测能有效防泡沫；5S，进行了 2 次阅读、1 次单元组合作速度训练；5L，体现了主动学、活动中学、做中学、多要素学。					

英语　Don’t Eat in Class!

教案（原稿）

课　题：Don’t Eat in Class! 班级：七年级 授课者：××× 学校：××× 日期：2013年11月23日	看＋想＋讲＋听	想＋做＋动静转换＋讲＋听	看＋想＋做＋动静	听＋想＋讲＋做
教学素材	第一部分：导入（8分钟）	第二部分：活动（20分钟）	第三部分：强化训练（12分钟）	第四部分：课堂小结（5分钟）
[教学目标] 1.掌握下列单词和句子（知识） 2.练学生的听力和口语能力（知识、能力） 3.培养学生遵守学校规则的意识（情感态度） [重点]学校规则和目标语言。 [难点]学习谈论学校规则。 [课型]要素组合课型。 [课时]45分钟。	1.复习引入，以can’t引出don’t，学习一些学习规则的表达方法。 2.利用课件进一步学习祈使句Don’t…句型的用法。	1.Play games，激发学生学习兴趣。 2.分组读，激发学生的集体荣誉感，个人抢答。（看图）动作演示。 3.中心发言人发言并总结。写作练习。	1.Pair work: What are the rules? We can’t/can… Don’t… 2.笔头练习，进一步巩固祈使句的用法。	1.谈谈你在本节课的收获。 2.老师归纳总结。 3.分层布置作业。
	反思或评价要点	反思或评价要点	反思或评价要点	反思或评价要点
	1.联系学生实际，既调动了学生积极性又体现了“知识来源于生活”的思想，效果好。 2.学生自己回忆有利于对知识的巩固。开始就给学生难度，影响了学生的积极性，也花费了多余的时间。 3.体现EEPO了教学目标的展示。	1.练习的讲解只停留在让学生口头表达上，没有进行必要的书写，部分学生没有完全听懂，没有照顾到差生；练习的难度属于中等难度，没有照顾到对优生的培养。 2.练习后知识点的归纳效果较好。 3.通过学生之间的互助的方式让每个学生都得到训练，教学的重难点得到解决，生生之间的互动较好。	能根据当时的时间，把这部分的练习当做作业来布置，体现具有较好的教学机制。但没有能在课堂中进行操练和展示，说明今后在教学实践中还要进一步思考和完善。	因时间关系没能完成，是一种遗憾。

教案总评

【概况】

本节课的教学内容选自人教版新版新目标英语七年级下册 Unit 4 Don't Eat in Class，第四单元的话题是谈论规则，与日常生活密切相关。通过学习，让学生学会用英文表达一些公共场所的标志及含义，学会运用目标语言祈使句、情态动词 can、can't 和 have to 等来谈谈对公共场所某些规章制度的看法，并通过小组讨论制定一些公共场所的规则（如家规、校规、班规等）。通过学习，使学生在日常生活中养成良好的行为习惯，自觉守秩序、遵纪守法、遵守各项规章制度，并在这个过程中体验到不同的情感。

【亮点】

1. 教案能根据教学内容确定教学目标，目标和重难点都有清晰的标注。

2. 基本能按照要素组合简单式的要求来撰写，能标注各环节使用的要素。

3. 有初步的使用 5J 调控课堂的意识，例如，在学习活动中设计了小组合作学习。

【不足及建议】

纵观整个教案，设计简单，操作性不够强，教案撰写格式不够不规范，内容提要和方法策略混淆一起，学习方式的设计使用在教案中极少体现。具体意见如下：

1. 教学目标的阐述过于简单笼统，不够精确和具体，没有可检测性，学科特点不突出。各环节时间分配不合理。课堂练习设计没有梯度、缓冲度、广度和深度，关键目标强化训练环节活动设计形式单一，难以激发学生学习英语的积极性与主动性。

2. 教案不符合 MS–EEPO 图文结构Ⅱ型备课方式的基本要求。具体表现在内容提要的内容和方法策略的内容混淆一起，位置也不正确。关键项的操作时间在教案中没有体现。

3. "听、看、讲、想、做、动、静"七要素在教案中标注的位置不仅不正确，而且要素的罗列很笼统，例如：虽然罗列了"想 + 做 + 动静转换 + 讲 + 听"，但具体在哪个环节，主要用哪个要素进行调控课堂和提高教学效率，在教案中看不出来，也没有凸显主流要素"想"和"做"。

4. 教案设计者对学习方式 5J 和 5F 不太熟悉，在整个教案中，在教学的每个环节中都没有或很少运用 5J 开展学习活动，5J 和 5F 在教案中没有任何标注。更没有防范可言。学习活动中设计了小组合作学习，但没标注具体多少人，教案中没有看到任何班级和学科文化的约定。

综上所述，上述这份教案凸显了初学者易犯的一些典型问题，编者将其收录入书，并同时呈现一个经过重新修改的教案，以供读者学习借鉴。

（点评人：南宁市兴宁区教研室　张庆新）

教案（点评修改稿）

点评修改人：张庆新

日 期：2013 年 11 月 23 日 学校：××× 授课人：××× 班级：七年级 学科：English 内容：Don’t Eat in Class!				
教学要素	导入　5 分钟	学习词汇和句型　12 分钟	拓展练习　25 分钟	小结　3 分钟
[教学目标] 1. 学生掌握 gym,late ,have ,fight 等 15 个单词，掌握“Don’t eat in class!”“Can we wear hats?”“No, we can’t...”“We don’t have to wear a school uniform.”4 个句子。 2. 学生能熟练运用目标语言谈论某些规章制度，谈论特定公共场合的规则。 [教学重点]学生掌握 15 个单词和 4 个句子。 [教学难点]学生能熟练运用目标语言谈论某些规章制度，谈论特定公共场合的规则。 [课型方式]要素组合。 [课时形态]标准课。	1. 复习“What is he /she doing? ”导入新课，引出祈使句“Can’t we eat bread in class?”以及“Don’t eat in class.” 2. 出示课题、教学目标。	学习新单词：gym,late,have, fight, can, can’t,inside, outside, uniform, have, in class 等词汇、短语以及新的句型“Don’t eat in class! ”“Can we wear hats?”“No, we can’t...”“We don’t have to wear a school uniform.”	拓展练习： What are the rules? We can’t/can... Can we...? Don’t...	学生谈一谈个人在本节课的收获。
	1. 教师 PPT 出示一张学生正在吃面包的图片，用询问形式复习导入 T: What is he /she doing? Ss: He is eating bread.T: Can we eat bread in class? Ss: No, we can’t. T: What should we say to him? Ss: We should say to him:“Don’t eat bread in class.”从而引出祈使句进行教学。（看＋想＋讲）（防泡沫）4 分钟 2. 教师 PPT 展示教学目标，生齐读。（看＋讲）（防空讲）	1. 教师出示图片进行词汇教学。 1.1 全班看图学习新词汇及句型。 1.2 教师用开火车方式检测学生。（想＋讲）2 分钟 1.3 给学生三分钟时间记单词、词汇和句型。（想＋看＋讲）3 分钟 2. 同桌看图，用所学的祈使句编对话，练习表达规则，同时教师巡堂检查。（看＋讲）（小动）（防空）3 分钟 3. 教师 PPT 出示 5 道单选题，让学生练习。（想＋看）	1.Pair work：同桌讨论“What are the rules in our school？” 1.1 同桌之间互相讨论，把学校规则写在小卡（想＋讲） 1.2 小组代表发言，教师点评。 2. 视频播放某人一天在学校的活动，学生个人思考，四人小组讨论后对其行为评价并提建议。（看＋想＋讲）（防空讲＋防单一）4 分钟 教师抽查两组代表发言，并点评。 3. Group work：教师引导学生思考需遵规守纪的公共场所，并筛选出 3~4 处场所，学生以 5 人形式自选 1 处场所，用祈使句在大卡上写出规则 。（想＋做＋讲＋看）（防以生为敌）6 分钟 4.Show time：成果展示，学生在班内顺时针浏览大卡后，推选代表汇报，教师精讲补讲。（想＋做＋讲＋看）（防空讲）（大动）（用 don’t, don’t, don’t eat in class. 来做归位约定）8 分钟	1. 学生个人小结本节课所学知识。（想＋讲） 2. 教师点评。
总评：				

英语 Module 8 Unit 1 Once upon a Time

教案（原稿）

教学要素	Lead-in 10 分钟	listen & read 18 分钟	Exercise 10 分钟	End 2 分钟
日期：2014 年 5 月 14 日 学校：南宁市第四十五中学 授课人：黄春秀 班级：七年级 7 班 学科：英语 内 容：Module 8 Unit 1 Once upon A Time	1. 故事引入，激发兴趣。 2. 词汇疏通，为学习对话做好准备。 3. 热身活动，为学习对话提供背景知识并作语言上的准备。	1. 根据图画，预测故事内容。 2. 熟悉对话内容，为语言输出做准备。 3. 引导学生把握故事的核心。	1. 检测学生对对话内容的理解，训练学生用一般过去式回答问题。 2. 强化学习对话中出现的生词。	强化本节课重点。
[教学目标] 1. 通过听与读，理解《金凤花姑娘和三只熊》的童话故事。 2. 能识别动词过去式并归纳规则动词过去式的变化规则。 [教学重点] 学习规则动词过去式的变化规则。 [教学难点] 理解童话故事的主题。 [课型方式] 要素组合方式。 [课时形态] 40 分钟。	1.The story: Goldilock and the Three Bears. 2.New words. 3.Activity 1.（听对话判断正误）	1. Activity 2（P48），听对话，排列图序。 2. Activity 3（P48）。（听与读） 3. 理解童话故事的主题。“金凤花原理”：当你面临多种选择时，不要因为大小、长短、好坏等因素做选择，而应该选择最合适的（just right）。	1. Activity 4（P49），回答问题。 2. Activity 5（P49），选词填空。	总结规则动词的一般过去式的变化规则（4 个变化规则）。
	1. 观看视频，了解《金凤花姑娘和三只熊》的童话故事情节。（看） 2.1 学生看图，跟录音读单词。（讲＋看） 2.2 个人读，自由就近求助，教师击掌三下伴随 three、two、one，学生停止任务归位。（讲＋小动） 2.3 全班齐读。（讲） 2.4 检测 3 名学生的朗读情况。（听，防泡沫） 3.1 全班浏览 5 个陈述，教师讲解：once upon a time=long long ago。（听） 3.2 听录音，判断正误，写在课本上。（听＋做，防空） 3.3 提问 2 名学生，全班核对，改正错误的句子。（做，防泡沫）	1.1 学生看图片预测图序，写到小卡上。（看＋做，防空） 1.2 听录音，排列图序，检测小卡上的排序。（听＋做） 1.3 同桌交互，检测 2 组排序情况，全班核对。（2 分钟）（小动，防泡沫） 2.1 听录音，在课本上画出动词。（听＋做） 2.2 听读对话，关注动词词尾读音，分析词尾变化；师生归纳规则动词过去式的变化规则。（5 分钟，听＋想） 2.3 看视频，听对话。第一遍：连续看；第二遍：边听边看，教师讲解知识点。（看＋听）（防形式单一） 3.1 个人思考该童话故事的主题。（1 分钟）（想） 3.2 四人小组自由讨论主题寓意，任务完成用 OK 手势，教师 S-E-V-E-N, seven，学生归位。（3 分钟，想＋讲，小动）（防与生为敌） 3.3 检测，3 组代表口头表述讨论结果，教师点讲故事主题：“金凤花原理”。（听，防泡沫）	1.1 学生根据对话内容，独立回答问题，写到小卡上。（做，防空） 1.2 二人组问答，提问 5 组学生进行问答。（讲＋听，防泡沫） 2.1 全班朗读单词框内的单词，保证学生了解每个单词的意思。（讲） 2.2 学生独立完成填空，教师提醒学生注意一些动词需要变形。（做） 2.3 三名学生到黑板上写出答案，每人 3 小题；全班核对答案。（看，防空）	师生总结本节课的语法：规则动词的一般过去式的变化规则：V -ed。

评价 / 反思：学生对童话故事很有兴趣，积极探究主题寓意，使思维得到了训练；学生学习动词过去式的变化规则，通过听、读、练等不断攀升强化次数。

教案总评

【概况】

本节课教学内容选自义务教育课程标准实验教科书(外语教学与研究出版社出版)七年级下册 Module 8 unit 1 Once upon A Time，主要以童话故事为话题，内容和情节很容易引发学生的学习兴趣，语言简单易懂，描写细致生动，非常有利于开展听、说、读、写方面的语言实践活动。本节课在教学过程中始终利用童话故事的情节吸引学生，利用故事的内容展开听、说、读、写的训练，利用语境帮助学生理解过去式的意义和归纳语法规则，让学生了解在英语中叙述过去的事情要用过去式，并初步掌握动词过去式的形式和正确使用一般过去时。符合英语课标的要求，从学生的学习兴趣、生活经验和认知水平出发，倡导体验、实践、参与、合作与交流的学习方式和任务型的教学途径，发展学生的综合语言运用能力，让学生在使用语言的过程中学习语言，促使学生更有意识地自觉学习英语。

【亮点】

教师根据课标理念，围绕教学内容和目标进行教案的设计与撰写，教案符合 MS–EEPO 要素组合方式课型的要求，具有一定的操作性。具体评价如下：

1. 本教案的教学内容设计恰当、合理，能根据英语课标和学生实际确定教学目标，本课重难点都有清晰的标注，目标体现了知识性、个性和创造性“三性合一”的综合目标。从教案中，我们清楚地看到设计者非常注重对关键项的强化，强化方式多样，强化次数多达 16 次。

2. 教案符合 MS–EEPO 图文结构Ⅱ型备课方式的基本要求。关键项的操作时间在教案中清晰可见，5J 和 5F 也清楚标注。

3. 教案按照要素组合简单式的要求来撰写，七要素轮换着或者组合着使用，起到调控课堂的作用，本教案中作者设计了三次小动，动静转换合理，作者在“想”的这方面给学生有想象的时间、空间和梯度，“想”的问题有开放性，如“个人思考该童话故事的主题”和“四人小组自由讨论主题寓意”的这些环节就很好地体现了“想”的核心要素。

4. 作者对学习方式的设计运用相当用心。5J 和 5F 设计合理，在教学的每个环节中都能运用 5J 和 5F 开展学习活动，防范合理。学习活动中设计了二人组活动和四人组活动，活动中很好地利用班级和学科文化的约定调控课堂。此外，教案中教师的流程性检测意识较强，在每一个关键目标都检测学生是否真正掌握。

【不足及建议】

这篇教案还是可以做适当的修改，使之更符合 EEPO 有效教育操作系统的要求，具体意见如下：

1. 个别内容提要和方法策略表述不够完整，甚至还混淆在一起。如最后一个总结环节，内容提要和方法策略混淆在一起了。

2. 教案中只使用了小卡，表达呈现方式比较单一，口头表达较多。建议在教案中根据教学需要适当使用中卡或者大卡，也可根据实际需求适当增加地其他表达呈现方式。

3. 教案虽然在流程性检测方面有所体现，但检测面少了一点，建议扩大检测面，以较全面地了解学生对关键知识的掌握情况。

（点评人：南宁市兴宁区教研室　张庆新；玉林市玉州区教研室　梁伟朝）

教案（点评修改稿）

点评修改人：梁伟朝、张庆新

日期：2014 年 5 月 14 学校：南宁市第四十五中学 授课人：黄春秀 班级：七年级 7 班 学科：英语 内　容：Module 8 Unit 1 Once upon A Time	1. 故事引入，激发兴趣。 2. 词汇疏通，为学习对话做好准备。 3. 热身活动，为学习对话提供背景知识并作语言上的准备。	1. 根据图画，预测故事内容。 2. 熟悉对话内容，为语言输出作准备。 3. 引导学生把握故事的核心。	3. 检测学生对对话内容的理解，训练学生用一般过去式回答问题。 4. 强化学习对话中出现的生词。	强化本节课重点。
教学要素	Lead-in　10 分钟	listen & read　18 分钟	Exercise　10 分钟	End　2 分钟
[教学目标] 1. 通过听与读，理解《金凤花姑娘和三只熊》的童话故事。 2. 能识别动词过去式并归纳规则动词过去式的变化规则。 [教学重点] 学习规则动词过去式的变化规则。 [教学难点] 理解童话故事的主题。 [课型方式] 要素组合方式。 [课时形态]1 节标准课。	1.The story: Goldilock and the Three Bears. 2.New words. 3.Activity 1.（听对话判断正误）	1. Activity 2 （P48），听对话，排列图序； 2. Activity 3 （P48）。（听与读） 3. 童话故事的主题。“金凤花原理”：当你面临多种选择时，不要因为大小、长短、好坏等因素做选择，而应该选择最合适的（just right）。	3. Activity 4（P49），回答问题。 4. Activity 5（P49），选词填空。	总结规则动词的一般过去式的变化规则（4 个变化规则）。
	1. 观看视频，了解《金凤花姑娘和三只熊》的童话故事情节。（看） 2.1 学生看图，跟录音读单词。（讲 + 看） 2.2 个人读后，自由就近求助学生教读 . 教师击掌，学生停止读的任务归位。（讲 + 小动，击掌 + 英语倒数数约定） 2.3 全班齐读。（讲） 2.4 检测 3 名学生朗读。（听，防泡沫） 3.1 全班浏览 5 个陈述，教师讲解：once upon a time=long long ago 。（听） 3.2 听录音，判断正误，写在课本上。（听 + 做，防空） 3.3 检测：提问 2 名学生，进行流程性检测，并改正错误的句子。	1.1 学生看图片预测图序，写到小卡上。（看 + 做，防空） 1.2 听录音，排列图序，检测小卡上的排序。（听 + 做） 1.3 同桌交互，检测 2 组排序情况，全班流程性检测。（2 分钟）（小动，防泡沫） 2.1 听录音，在课本上画出动词。（听 + 做） 2.2 听读对话，关注动词词尾读音，分析词尾变化；并归纳规则动词过去式的变化规则。（5 分钟，听 + 想） 2.3 看视频，听对话。第一遍：连续看；第二遍：边听边看，教师讲解知识点。（看 + 听）（防形式单一） 3.1 个人思考该童话故事的主题。（1 分钟）（想） 3.2 四人小组自由讨论主题寓意，并写在中卡上 。（3 分钟）（想 + 讲 + 做 + 小动）（学科文化约定学生停止讨论） 3.3 检测，3 组代表口头表述讨论结果，教师点讲补充故事主题：“金凤花原理” 。（听，防泡沫）	1. 1 学生根据对话内容，独立回答问题，写到小卡上。（做，防空） 1.2 二人组问答，提问 5 组学生进行问答。（讲 + 听，防泡沫） 2.1 全班朗读单词框内的单词，保证学生了解每个单词的意思。（讲） 2.2 学生独立完成填空，教师提醒学生注意一些动词需要变形。（做） 2.3 三名学生到黑板上写出答案，每人 3 小题；教师点评答案。（看 + 听） 2.4 教师边点评边进行流程性检测（手势语检测）。	1. 学生个人想，写在小卡上。（想 + 做，防空） 2. 学生发言。（听 + 讲） 3. 教师补充。（听）
评价 / 反思：学生对童话故事很有兴趣，积极探究主题寓意，思维得到了训练；学生学习动词过去式的变化规则，通过听、读、练等不断攀升强化次数。				

英语　Unit 9 My Favorite Subject is English

教案（原稿）

课题：Unit 9 My Favorite Subject is English （第一课时） 单位：天等县进结中学 授课人：零立荣 时间：2014 年 7 月 5 日 概况	复习导入 12 分钟	语言学习与操练 10 分钟	语言拓展与运用 15 分钟	练习巩固 5 分钟	总结与评价 3 分钟
[教学目标] 1. 学习与学科相关的单词，如 P.E, science, music 等，以及以下句型： What’s your favorite …? My favorite…is… Why do you like it? Because it’s… 然后谈论自己喜爱的人物及理由。 2. 通过谈论自己喜欢的人物及理由，训练学生思维，训练 5J 及 5F。 [课型] 要素组合方式。 [课时] 标准课。	1. 复习日常用语。（1 分钟） 2. 复习话题口语。（2 分钟） 3. 课文单词表复习。（2 分钟） 4. 导入课题主题句。（2 分钟） 5. 学习主题对话及单词。（5 分钟）	1. 练习巩固新单词。（2 分钟） 2. 操练主题句型。（8 分钟）	1. 拓展话题应用范围。（5 分钟） 2. 结合主题句型对新语言材料进行运用。（10 分钟）	笔头练习。（5 分钟）	1. 总结收获。（2 分钟） 2. 评价。（1 分钟）
	1. 师生、生生使用日常用语对话。（听、讲） 2. 师生、生生使用 Unit 6 话题对话。（听、讲） 3. 学生齐读 Unit 7 单词表。 4. 教师使用实物说明自己喜欢的事物，通过反问导入主题对话。（看、听、讲） 5. 通过 PPT 导出相关学科单词，学生朗读（齐读）对话及单词。（看、听、讲）	1. 通过 PPT 做快速看图猜字游戏，锻炼学生思维反映能力，巩固所学新单词。（看、想、讲） 2. 四人组，使用手上的课本做主题句型对话，并派代表展示。（想、做、讲、单元组、防泡沫）	1. 通过头脑风暴拓展语言材料 favorite（subject/sport/month/drink/thing/food /music/color）。（想、讲） 2. 学生任选一种材料进行拓展，并写在小卡上。 subject → math,English sport → soccer, basketball color → red, yellow, white drink → cola, tea, milk （想、做、板卡） 3. 六人组，任选一种，使用主题对话进行对话练习并派代表展示。（想、做、讲、动 & 静、单元组）	学生独立完成练习本练习，组内互检互查，巩固对相应语言点的掌握程度。（想、做、讲）	1. 学生总结本节课的收获。（听、讲） 2. 学生评价本组表现及互评本组表现。（听、讲）
总评：					

教案总评

【概况】

本节课的教学内容选自人教版英语七年级上册 Unit 9 My Favorite Subject is English，第九单元也是这册书的最后一个单元。本单元的话题是：谈论自己喜欢的学科及其他东西，并给出理由。师生、生生以复习 Unit 6 的“Do you like...?”话题和 Unit 7 的词汇表导入本课主题，主要学习使用“favorite” 来谈论和表达自己的爱好，并用“because”和表示品质的形容词陈述理由；学习“what”和“why”引导的特殊疑问句。本课时的学习内容贴近学生的学习和生活，教师通过指导学生谈论彼此喜欢的学科及其他东西，增进同学之间的了解和友情，并培养学生热爱学习、主动学习的良好学习习惯。同时，采用任务型教学方法，指导学生充分发挥主体作用，主动参与，积极与他人合作，共同完成学习任务。

【亮点】

教师根据课标理念，围绕教学内容撰写教案，教案基本符合 MS–EEPO 图文结构Ⅱ型备课方式的格式和要素组合课型方式的要求，具体评价如下：

1. 根据英语课标和学生实际确定了具体的教学目标，既有知识目标，又有思维能力目标。教学内容根据教学目标进行适当安排，教学过程与方法使用得当，基本能依据内容的需要来组织课堂教学。

2. 基本格式符合要求。教案符合 MS–EEPO 图文结构Ⅱ型备课方式的基本要求。分“内容提要”和“方法策略”表述，位置正确。教学内容表述比较具体，并安排了每一项的具体时间，时间把握得好，使教学重点有了时间保障。

3. 教案按照要素组合方式的简单式要求来撰写，七要素轮换着使用或者组合着使用，以“讲、想、做”为主，以组合要素使用为多，设计了两次小动，并有师生互动，学习过程在一定程度上体现了以学生为主体的理念。

4. 能根据内容设计运用一些学习方式，小组活动中设计了二人组活动、四人组活动和六人组活动。表达呈现时使用了小卡，还运用了一些防范，确保了学习效果。

【不足及建议】

该教案也存在一些不足，具体如下：

1. 概况部分不全面，缺少授课班级、年级和教学重难点等项目的设计。

2. 有些教学内容的教学流程或方法过于简单，内容强化次数不够，不能很好地落实知识，从设计上看教学效果不太理想。

3. 教案中，教师只使用了小卡，表达呈现方式比较单一，口头表达较多，可根据实际需求适当增加其他表达呈现方式。

4. 单元组或动静转换没有很好地运用有效的约定方式，难以保证调控效果。

5. 教案没有呈现检测，教师很难把握学生的学习效果。

（点评人：玉林市玉州区教研室　梁伟朝）

教案（点评修改稿）

点评修改人：梁伟朝

内容：人教版英语七年级上 Unit 9 My Favorite Subject is English（第一课时） 授课人：零立荣 单位：天等县进结中学 时间：2014 年 7 月 5 日 学科：英语 授课班级：七年级 × 班					
概况	复习导入 12 分钟	语言学习与操练 10 分钟	语言拓展与运用 15 分钟	练习巩固 5 分钟	总结与评价 3 分钟
[教学目标] 1. 学习掌握学科相关的单词，如 P.E, science, music 等，以及以下句型： What’s your favorite …? My favorite… is… Why do you like it? Because it’s… 2. 通过谈论自己喜欢的人物及理由，训练学生思维，培养学生说的能力。 [教学重点] 重点的句型。 [教学难点] 拓展语言训练。 [课型] 要素组合方式。 [课时]1 标准课（45 分钟）。	1. 复习日常用语。 2. 复习话题口语 。 3. 课文单词表复习。 4. 导入课题主题句 。	1. 学习单词、主题对话。 2. 操练主题句型。	1. 拓展话题应用范围。 2. 结合主题句型对新语言材料进行运用。	1. 笔头练习。（5 分钟）	1. 总结收获分钟。
	1. 生生二人组使用日常用语对话。（讲 + 听 + 小动）（1 分钟） 2. 师生、生生使用 Unit 6 话题对话。（听 + 讲）（2 分钟） 3. 学生齐读 Unit 7 单词表。（2 分钟） 4. 教师使用实物说明自己喜欢的事物，通过反向导入主题对话。（看 + 听 + 讲）（1 分钟）	1.PPT 导出相关学科单词，学生听录音读。（听 + 看） 2. 教师领读单词。（讲 + 听） 3. 学生集体朗读单词。（讲 + 听） 4. 通过 PPT 做快速看图猜字游戏，锻炼学生思维反映能力，巩固所学新单词。（看 + 想 + 讲）（3 分钟） 5. 检测。教师沙龙式抽查学生读词。 6.PPT 导出相关主题对话，学生听录音对话。（听 + 看） 7. 教师领读对话。（讲 + 听 + 看） 8. 两学生试读对话，其他学生听。（听 + 讲） 9. 四人组使用手上的课本做主题句型对话训练。（讲 + 想 + 做 + 小动）（掌声 + 学科文化约定）（5 分钟） 10. 小组代表展示。（听 + 讲，防泡沫） 11. 学生做对话练习。（想 + 做） 12. 抽查个别学生，全班流程性检测。	1. 教师出示拓展语言材 favorite（subject/sport/month/drink/thing/food/music/color）（看 + 想）（1 分钟） 2. 学生任选一种材料进行拓展，并写在小卡上。（想 + 做，防空）（2 分钟） subject → math,English sport → soccer, basketball color → red, yellow, white drink → cola, tea, milk 3. 学生六人组，任选 1~2 种材料进行拓展，用自己喜欢的表达呈现方式呈现在大卡上。（做 + 想 + 小动，防空，防单一）（掌声 + 学科文化约定，学生停止讨论）（5 分钟） 4. 部分小组代表进行拓展对话展示（讲 + 听）（3 分钟） 5. 学生浏览各小组拓展展示，并用小卡做好浏览记录。（看 + 做 + 大动，学生教室按顺时针浏览）（防假）（4 分钟）	1. 学生独立完成练习本练习。（想 + 做） 2. 二人组互检互查，巩固对相应语言点的掌握程度。（想 + 做 + 讲 + 小动） 3. 检测：个别学生回答，进行全班流程检测。（听 + 讲 + 做）	1. 学生总结本节课收获。（听 + 讲） 2. 教师补充。（听 + 讲）

英语 Module 11 Unit 1 They Touch Noses!

教案（原稿）

教学要素	导入　2 分钟	知识呈现　16 分钟	对话呈现　20 分钟	小结　2 分钟
科目：外研版英语七年级下册 课题：Module 11 Unit 1 They Touch Noses! 授课人：李颖彬 学校：横县那阳镇一中 时间：2014 年 6 月 9 日	在师生问好时加上肢体语言，由此导入课题，激发了学生的学习兴趣。	单词联想发散了学生的思维，四人小组进行学习后，单词掌握得比较好，但耗时比预想要多 2 分钟。	对话学习加深了学生对课文的理解，动静转换使知识得到了攀升，但分角色朗读时男生显得较弱。	
[教学目标] 1. 学习本课词汇。 2. 理解本课对话。 3. 学会谈论不同国家的问候的身势语。 [教学重点] 学习本课词汇对话。 [教学难点] 运用所学解决问题。 [课型方式] 要素组合。 [课时形态] 标准课。	创设真实情景，引入肢体语言这个话题。	1. 学习词汇。 2. 练习听力。	1. 对话学习。 2. 完成课文练习 3、5。	小结本节课所学内容。
	1. 师生互相问候，教师辅以肢体语言。 2. 提问学生：How did I greet you just now？ 3. 以学生的回答（Smile/Good morning /Bow）导入课题 body language。（想 + 讲）	1. 让学生写出由 body language of greetings 联想到的单词，写到微型卡上。（想 + 写，微型卡，防空讲） 2. 二人小组交互，完善和补充微型卡。（想 + 写，动静转换 / 二人组） 3. 个别提问，其他同学补充。（防假合作） 4. 教师以气泡图的形式把单词联想图呈现在 PPT 上，并领读。（看 + 讲，表达呈现 / 气泡图） 5.PPT 显示世界地图，学生看并说出红色标识处的国家、民族及其有关问候身势语的词汇。（想 + 说） 6. 教师和学生一起拼读新词汇。（看 + 讲） 7. 学生四小人组学习词汇。（想 + 做，动静转化 / 四人小组，防形式单一） 8. 检测四人小组学习成果。（听 + 说，防泡沫） 9. 学生浏览图片之后播放 2 遍听力材料，学生听并完成 Activity 2 。（听 + 做，小卡）	1. 学生快速浏览幻灯片显示的两个问题。（看） 2. 播放录音材料，学生听并回答问题。（听 + 说） 3. 学生跟读录音三遍。（听 + 说） 4. 四人小组练习对话，教师巡查指导。（听 + 说，动静转换 / 四人小组） 5. 检测四人小组学习成果。（听，防假） 6. 学生默读对话，并写 Activity 3 和 Activity 5 的答案，完成用 OK 手势。（看 + 写，约定，防空） 7. 六人单元组讨论核对答案，选择自己喜欢的表达呈现方式，把答案汇总到中卡上。（看 + 写，动静转换 / 六人小组，表达呈现，中卡） 8. 展示学习成果。（看） 9. 选择 2~3 个学生认为比较好的小组代表汇报成果，其他同学倾听并完善自己的答案。（看 + 听，防与学生为敌） 10. 教师点讲。（看 + 听）	教师提问几个学生这节课学习了哪些内容？（想 + 讲）

总评：主流要素——听与讲，想与做、动静转换。强化次数——单词学习 5~8 次：单词联想 1 次 + 二人小组 2 次 + 个别提问 1 次 + 跟读 2 次 + 四人小组 1 次 + 检测 3 听力 1 次；对话学习 5 次：听力 1 次 + 跟读 3 次 + 默读 1 次，动静转换 4 次。

教案总评

【概况】

本节课是外研版七年级英语下册的 Module 11 Unit 1 They Touch Noses! 本单元重点学习谈论不同国家的问候的身势语。通过学习了解并谈论肢体语言的有关知识与句型，拓展学生的知识面；使学生正确理解并使用本单元所学的新单词；提高学生听、说、读、写等基本技能，并能够更好地运用于英语学习的实践中；提高学生的口语交际能力和用英语进行思维、推理、判断的能力，增进学生相互之间的了解。在教学活动中，培养学生的合作精神和互助精神，能就课文内容完成一些开放性的话题讨论，能把课文的内容加以延伸与拓展。

【亮点】

教师能够按照 MS–EEPO 图文结构Ⅱ型备课方式、要素组合方式课型以及课标要求进行教案的设计，教案内容具体，教学环节、教学过程明晰，具有一定的操作性和实效性。具体亮点如下：

1. 教学目标和教学内容符合要求。本教案的教学内容设计比较恰当、合理，确定了具体的、适合课标要求的教学目标；重难点的描述都准确、清楚；教学内容简洁明了，重视对学生基础知识和基本能力的训练；教学过程设计紧凑，流畅；教学方法的选择较适合教学内容和目标的实际情况。

2. 教案符合 MS–EEPO 图文结构Ⅱ型备课方式的基本要求。内容提要、方法策略和教学反思表述较准确、明了，位置正确。概况也较全面，既有目标又有重难点。写了总评，且从关键观测项进行具体评价。

3. 教案按照要素组合简单式的要求来撰写，符合课型要求。七要素轮换着或者组合着使用，主流要素是听和讲，想和做，符合英语学科教学内容的特点，学生学习的主动权得到了下放。在本教案中，作者设计了四次小动，动静转换合理，给学生有“想”的时间、空间和梯度，符合学习的规律。

4. 作者能根据学习的内容运用合适的5J和5F的学习方式。5J用得恰当，防范合理。学生能自主学习，学得活，学得好。学习活动中设计了二人小组活动、四人小组活动和六人小组活动，小组形式不单一。运用了微卡、小卡和中卡，有效预防了空讲。5F设置丰富多样，有防空、防假合作、防泡沫、防与学生为敌等，提高了学生的学习效率。表达呈现方式多样，有口头表达、书面表达、气泡图等。

【不足及建议】

1. 学生课堂学习中很少运用约定，活动不能得到很好的调控。

2. 教学中，教师大多运用抽查的形式检测学生的学习结果，没有进行全班的流程性检测，很难了解全体学生的学习情况。

3. 关键操作没有标注时间，影响教案的操作性。

（点评人：玉林市玉州区教研室 梁伟朝）

教案（点评修改稿）

点评修改人：梁伟朝

科目：外研版七年级英语下册 课　题：Module 11 Unit 1 They Touch Noses! 授课人：李颖彬 学校：横县那阳镇一中 时间：2014年06月09日 班级：× 年级 × 班	在师生问好时加上肢体语言，由此导入课题，激发了学生的学习兴趣。	单词联想发散了学生的思维，四人小组进行学习后，单词掌握得比较好，但耗时比预想要多2分钟。	对话学习加深了学生对课文的理解，动静转换使知识得到了攀升，但分角色朗读时男生显得较若弱。	
教学要素	导入　3分钟	知识呈现　18分钟	对话呈现　20分钟	小结　4分钟
[教学目标] 1. 学习本课词汇。 2. 理解本课对话。 3. 学会谈论不同国家的问候的身势语。 [教学重点]学习本课词汇对话。 [教学难点]运用所学解决问题。 [课型方式]要素组合。 [课时形态]标准课（40+5分钟）。	创设真实情景，引入肢体语言这个话题。	1. 学习词汇。 2. 练习听力。	3. 对话学习。 4. 完成课文练习3、5。	小结本节课所学内容。
	1. 师生互相问候，教师辅以肢体语言。 2. 提问学生：How did I greet you just now？ 3. 以学生的回答（Smile/Good morning /Bow）导入课题 body language。（想 + 讲）	1. 让学生写出由 body language of greetings 联想到的单词，写到微型卡上。（想 + 做，微型卡，防空讲） 2. 二人小组交互，完善和补充微型卡。（想 + 做 + 小动）（掌声约定，师击掌，学生击掌停止讨论）（2分钟） 3. 个别提问，其他同学补充。（防假合作） 4. 教师以气泡图的形式把单词联想图呈现在 PPT 上，并领读。（看 + 讲，表达呈现 / 气泡图） 5.PPT 显示世界地图，学生看并说出红色标识处的国家、民族及其有关问候身势语的词汇。（想 + 讲） 6. 教师和学生一起拼读新词汇。（看 + 讲） 7. 学生四人小组学习词汇。（想 + 做 + 小动，防形式单一）（学科文化约定，停止学习）（3分钟） 8. 检测：提问学生，其他同学手势示意。（听 + 说，防泡沫） 9. 学生浏览图片之后播放2遍听力材料，学生听并完成小卡的 Activity 2 。（听 + 做，） 10. 流程性检测。	1. 学生快速浏览幻灯片显示的两个问题。（看） 2. 播放录音材料，学生听并回答问题。（听 + 讲） 3. 学生跟读录音三遍。（听 + 讲） 4. 四人小组练习对话，教师巡查指导。（听 + 讲 + 小动）（学科文化约定，停止练习）（3分钟） 5. 检测：抽查小组学习情况。（听 + 讲，防假合作） 6. 学生默读对话，并写 Activity 3 和 Activity 5 的答案。（看 + 想 + 做）（手势约定，完成用 OK 手势）（4分钟） 7. 六人单元组讨论核对答案，选择自己喜欢的表达呈现方式，把答案汇总到中卡上。（看 + 想 + 做 + 小动）（掌声 + 学科文化约定，停止讨论）（4分钟） 8. 小组展示学习成果。（看） 9. 流程检测：选择2~3个学生小组代表汇报成果，其他小组同学手势示意并改正。（看 + 听 + 做，防与学生为敌） 10. 教师点讲。（看 + 听）	1. 提问几个学生这节课学习收获？（想 + 讲） 2. 教师出示本节课知识结构图，学生看。（看 + 想）
总评：主流要素——听与讲，想与做、动静转换。强化次数——单词学习5~8次：单词联想1次 + 二人小组2次 + 个别提问1次 + 跟读2次 + 四人小组1次 + 检测3听力1次；对话学习5次：听力1次 + 跟读3次 + 默读1次；动静转换4次。				

英语　英语时态复习

教案（原稿）

概况	时间：2014 年 5 月　　单位：南宁兴宁区教研室　授课人：张庆新 班级：九年级 53 班　　学科：英语 内容：英语时态复习　　年级：九年级 课型：平台互动方式　　课时形态：标准课
目标	大目标：运用所学的知识解答中考有关时态方面的问题，培养学生的综合学习能力、合作学习能力。 小目标：复习一般现在时、一般将来时、一般过去时以及现在完成时的基本构成、常用的时间状语以及用法。
重难点	教学重点：时态的基本构成和用法。 教学难点：时态的运用。

反思＆评价 1	内容提要	时间	关键项＆策略＆方法	反思＆评价 2
利用学生熟悉的图片导入复习的内容，激发学生兴趣。	一、Lead-in 1.Let the students look at some pictures,then let them talk about these pictures. 2.Show the learning goals to the students.	5 分钟 1 分钟	一、图片导入 1. 教师用 PPT 展示 3 张不同时间活动的图片，让全班学生看图说话，导入本节课所学的知识。（5 分钟防空讲） 2.PPT 出示目标，全班齐读。	1. 图片导入，学生有图可看，可防空讲，5 分钟的安排时间使学生能思考充分，有话可说，课堂效率得到了保证。
1. 四个时态的知识点是每年中考的热点和难点，因此让学生自己梳理与归纳知识很必要。 2. 做中学，突出教学重点。	二、Revision 复习本课知识点与考点：一般现在时、一般将来时、一般过去时、现在完成时的概念、基本构成、常用的时间状语以及用法。	19 分钟	二、构建标准性平台 第一步：教师出示关键项：英语时态。 第二步：教师在黑板上呈现一个预设有四个向度的平台。 向度 1：一般现在时态。 向度 2：一般过去时态。 向度 3：一般将来时态。 向度 4：现在完成时态。 第三步：学生自选 1~2 向度，独立思考，整理相关知识，写在小卡上。（3 分钟小卡） 第四步：四人小组自选 1~2 个向度整理知识，用逻辑框架图或者气泡图等呈现在大卡上。（4 分钟，表达呈现 + 大卡 + 防形式单一） 第五步：交互。 （1）大卡展示，全班学生带上笔和笔记本顺时针大动浏览至少 3 个小组，进行查缺补漏，教师用“How long have you leant English? I have leant English for six years.”的学科文化约定来结束交互活动。（3 分钟，大动 + 防花架子） （2）每个向度推选最好的一组汇报。（3 分钟） （3）检测不同向度内容的 4 个成员是否假听，让其他组补充不完整的知识点。（3 分钟，防泡沫） 第六步：教师根据学情确定是否需要补讲。（预设时间 3 分钟，强化次数 8 次）	2. 本节课是九年级的初中英语复习课，学生对在初中学过的八种时态的概念、基本构成以及用法都有一定的了解。一节课复习四个时态，在知识点多、容量大、学生知识体系还没完全构建的情况下，采用搭建四个向度平台的策略，充分交出了主动权，发挥了人力资源，达成了做中学，动中学，使关键项内容的强化次数得到攀升。 这个平台搭建得很成功，符合判定平台的三原则：多向度、自由度、平行度。

练习的设计由简单到难，有一定的缓冲度。练习采用历年中考真题，让学生感受真题，增强学生应考的自信心。 关键项知识不断强化，强化次数得到攀升。	三、巩固拓展 1. 让学生完成5道中考单选真题。 2. 让学生完成5道中考选词填空题（根据所给句子的内容，从方框中选出适当的词，并用其正确形式填在答题卡相应的横线上）。 3. 拓展练习。 4. 角色扮演。 四、总结	3分钟 4分钟 5分钟 6分钟 2分钟	三、巩固拓展 1. 学生独立完成小卡上的单选题，做完后，对照大屏幕的答案，同桌互改，教师适当点讲。（3分钟小卡 + 小动 + 防泡沫） 2. 学生个人限时完成小卡上的填空题。时间到，每位学生上交答题卡，教师课后批改。（4分钟，小卡 + 防形式单一） 3. 五人团队合作学习：自由选择一个情景进行角色创作，写在大卡上。在合作前，教师先和一位学生示范一段对话，为学生接下来的创作做好铺垫。 情境1: 用一般现在时创作的对话。 情境2：用一般过去时创作一个故事。 情境3：用一般将来时创作的对话。 情境4：用现在完成时创作的对话。（5分钟，大卡 + 防空讲 + 防形式单一） 4. 各团队成员自行练习表演，教师巡堂指导，教师用班级文化约定来结束练习表演活动。之后，选出1个优秀的对话和1优秀的个优秀故事进行表演。（6分钟，班级文化约定 + 防以生为敌） 四、总结 学生小结本节课的知识。	3. 学生的归纳补充缺少一般将来时，知识不完整，教师的补讲及时跟进。 4. 快速流程性检测，及时了解学生的掌握情况，效果较好。 5. 采用答题卡形式，有效考查了学生答题是否规范。 6. 培养学生的合作能力、表达能力和综合运用语言的能力。本环节出现学生选择容易的情境而避免难的情景进行创作的情况，教师解决的办法是指定团队完成。 7. 培养学生模仿表演能力，使学生的个性、创造性得到很好的体现。
注释或说明：				

教案总评

【概况】

本节课的教学内容是复习中考英语动词时态，动词时态也是英语课标要求掌握的语法项目。动词时态复习是继词汇复习后，学生另一阶段的复习内容。本课主要复习了一般现在时、一般过去时、一般将来时以及现在完成时，掌握了一般现在时的用法，就很容易迁移学习一般过去时、一般将来时以及现在完成时的用法。掌握了一般现在时、一般过去时、一般将来时、现在完成时的用法，也会很自然地迁移到学习过去进行时、过去完成时的用法，甚至迁移到在语篇和语境中考查语法知识的运用。因此，该内容的复习在英语中考复习阶段起着承上启下的作用，非常重要。

【亮点】

1. 教师比较娴熟地按照 MS–EEPO 操作系统板块结构 I 型备课方式的要求进行教案设计，凸显了平台互动方式课型，教学流程比较清晰、完整，教案设计合理，各教学环节所需时间都能按要求进行合理的标注。

2. 5J 和 5F 能根据教学需要在教案标注清楚和到位，合理运用了 5J 和 5F 调控课堂，开展学习活动，活动的开展依托四人小组和五人团队进行。表达呈现主要设计了文字表达、口头表达以及图文结构的气泡图和逻辑框架图等，板卡设计了小卡和大卡。

教师设计的平台为标准性平台，平台互动课型的基本流程和步骤非常清晰。一节课安排向度的标准是达到 3 个为合格，7 个以上为多。这节课的平台向度为 4 个，显然是合格的，此外，其还符合平台判定三原则。交互形式多样，有四人小组、五人团队、全班大动浏览、小组汇报、教师点评等，交互多样性对关键项的强化起到了很好的作用，关键项强化次数达到 11 次，强化次数得到攀升。

从教师设计的教案中，能看到教师注重对学生思维的训练，如在拓展环节，教师以团队合作的方式，让各团队根据所选择的向度创编对话和故事来训练学生的思维，效果很好。

【不足及建议】

课堂设计内容过多，45 分钟内难以完成。建议简化第三个环节，重点放在第二个环节。

（点评人：南宁市兴宁区教研室 党雪妮）

教案（点评修改稿）

点评修改人：党雪妮

概况	时间：2014年5月 班级：九年级53班 内容：英语时态复习 课型：平台互动方式	单位：南宁市兴宁区教研室　授课人：张庆新 学科：英语 年级：九年级 课时形态：标准课
目标	双目标： 1. 大目标：运用所学的知识解答中考有关时态方面的问题，培养学生综合学习能力、合作学习能力。 2. 小目标：复习一般现在时、一般将来时、一般过去时以及现在完成时的基本构成，常用的时间状语以及用法。	
重难点	教学重点：时态的基本构成和用法。 教学难点：时态的运用。	

反思＆评价1	内容提要	时间	关键项＆策略＆方法	反思＆评价2
利用学生熟悉的图片导入复习的内容，激发学生兴趣。	一、Lead-in 1.Let the students look at some pictures,then Let them talk about these pictures. 2.Show the learning goals to the students。	5分钟 1分钟	一、图片导入 1. 教师用PPT出示3张不同时间活动的图片，让全班学生看图说话，导入本节课所学的知识。（5分钟，防空讲） 2.PPT出示目标，全班齐读。	1. 图片导入，学生有图可看，可防空讲，5分钟的安排时间使学生能思考充分，有话可说，课堂效率得到了保证。
1. 四个时态的知识点是每年中考的热点和难点，因此让学生自己梳理与归纳知识很必要。 2. 做中学，突出教学重点。	二、Revision 复习本课知识点与考点：一般现在时、一般将来时、一般过去时、现在完成时的概念、基本构成，常用的时间状语以及用法。	19分钟	二、构建标准性平台 第一步：教师出示关键项：英语时态。 第二步：教师在黑板上呈现一个预设有四个向度的平台。 向度1：一般现在时态。 向度2：一般过去时态。 向度3：一般将来时态。 向度4：现在完成时态。 第三步：学生自选1~2向度，独立思考，整理相关知识，写在小卡上。（3分钟，小卡） 第四步：四人小组自选1~2个向度整理知识，用逻辑框架图或者气泡图等呈现在大卡上。（4分钟，表达呈现＋大卡＋防形式单一） 第五步：交互。 （1）大卡展示，全班学生带上笔和笔记本顺时针大动浏览至少3个小组，进行查缺补漏，教师用“How long have you leant English? I have leant English for six years.”的学科文化约定来结束交互活动。(3分钟，大动＋防花架子) （2）每个向度推选最好的一组汇报。（3分钟） （3）检测不同向度内容的4个成员是否假听，让其他组补充不完整的知识点。（3分钟防泡沫） 第六步：教师根据学情确定是否需要补讲。（预设时间3分钟，强化次数8次）	2. 本节课是九年级的初中英语复习课，学生对在初中学过的八种时态的概念、基本构成以及用法都有一定的了解。一节课复习四个时态，在知识点多、容量大、学生知识体系还没完全构建的情况下，采用搭建四个向度平台的策略，充分交出主动权，发挥了人力资源，达成了做中学、动中学，使关键项内容强化次数得到攀升。这个平台搭建很成功，符合判定平台的三原则：多向度、自由度、平行度。

> 教师补讲，计算强化次数，设计很好，也很关键

续表

练习的设计由简单到难，有一定的缓冲度。练习采用历年中考真题，让学生感受真题，增强学生应考的自信心。 关键项知识不断强化，强化次数得到攀升。	三、巩固拓展 1. 让学生完成 5 道中考单选真题。 2. 让学生完成 5 道中考选词填空题（根据所给句子的内容，从方框中选出适当的词，并用其正确形式填在答题卡相应的横线上） 最好当堂评讲、检测，及时了解学生的掌握情况	3 分钟 4 分钟	三、巩固拓展 1. 学生独立完成小卡上的单选题，做完后，对照大屏幕的答案，同桌互改，教师适当点讲。（3 分钟，小卡 + 小动 + 防泡沫） 2. 学生个人限时完成小卡上的填空题。时间到，每位学生上交答题卡给老师课后批改。（4 分钟，小卡 + 防形式单一）	3. 学生的归纳补充缺少一般将来时，知识不完整，老师的补讲及时跟进。 4. 快速流程性检测，及时了解学生的掌握情况，效果较好。
	3. 拓展练习。 有创意，操作有点费时。建议不写大卡，不在全班交互，用小卡或中卡就可以了	5 分钟	3. 五人团队合作学习：自由选择一个情景进行角色创作，写在大卡上。在合作前，教师先和一位学生示范一段对话，为学生接下来的创作做好铺垫。 情境 1: 用一般现在时创作的对话。 情境 2: 用一般过去时创作一个故事。 情境 3: 用一般将来时创作的对话。 情境 4: 用现在完成时创作的对话。 （5 分钟，大卡 + 防空讲 + 防形式单一）	5. 采用答题卡形式，有效考查了学生答题是否规范。 6. 培养学生合作能力、表达能力、综合运用语言的能力。本环节出现学生选择容易的情境而避免难的情景进行创作的情况，教师解决的办法是指定团队完成。
	4. 角色扮演。 学生小结后教师最好补充或表格呈现，再次强化	6 分钟	4. 各团队成员自行练习表演，教师巡堂指导，教师用班级文化约定来结束练习表演活动。之后，选出 1 个优秀的对话和 1 个优秀的故事进行表演。（6 分钟，班级文化约定 + 防以生为敌）	7. 培养学生模仿表演能力，使学生的个性、创造性得到很好的体现。
	四、总结	2 分钟	四、小结 学生小结本节课的知识。	
注释或说明				

英语 Unit 8 How Do You Make a Banana Milk Shake?

教案（原稿）

<table>
<tr><td>概况</td><td colspan="5">学校：广西象州镇初级中学　学科：英语　课时：标准课，40+5 分钟
课型：平台互动方式　授课教师：廖艳利　班级：初二（8）班
课题：Unit 8 How Do You Make A Banana Milk Shake?（Period5 ）
学情：初二年级学生，第八单元，本单元前 4 节课已学用英语表达怎样制作三明治、香蕉奶昔、水果沙拉等。
授课时间：2013 年 11 月 5 日</td></tr>
<tr><td>教学目标</td><td colspan="4">Knowledge Objects: key vocabulary，using the target language.
Writing practice：write a recipe.
2.Ability Objects: listening skill，sequencing skill writing skill，cooperating skill.
综合训练写、看、说、记忆英语的速度。
3.Moral Object: Knowing that it is not easy to be a chef. There is a lot of fun in cooking.</td><td>教学重难点：
写食谱以及综合训练写、看、说、记忆英语的速度。</td></tr>
<tr><td colspan="2">流程性检测</td><td>内容提要</td><td>时间</td><td>关键项 & 策略 & 方法</td><td>反思 & 评价</td></tr>
<tr><td>前测</td><td>检测用英语表达学过的食物名称以及制作方法</td><td>导入。
复习：How do you make …?

（明确目标：学生写英语的速度达到 30 个词 / 分钟）

（说英语的速度达到 80 个词 / 分钟）</td><td>2 分钟

2 分钟

2 分钟</td><td>一、导入
1. 由《舌尖上的中国》（A Bite of China）英文导入，感受：Food is so amazing and tasty.
（约定：I love food! I love life!）
（防形式单一）
2. 根据图片在微卡上写出自己会的食物名称，两人交互并改正错误。（防空，防泡沫）[微卡 + 单元组（2 人合作）+ 约定]
3. 提到上节课的某种食物，问：How do you make …? 然后总结表述方法（限时口头表达）。</td><td>提升学生对本课内容的兴趣，引入本课话题。
人机互动。

检测上节课的学习效果，强化学过内容。
师生，生生互动。

训练说的速度。</td></tr>
<tr><td>中测</td><td>检测是否掌握用英语描述制作一种食物的方法。</td><td>平台一：探究用英语表达怎样制作食物。

学生创造性写英语的速度达到 20 词 / 分钟</td><td>3 分钟

5 分钟

7+2 分钟</td><td>二、标准性平台
1. 出示一新图片（dumplings），观察图片思考：How do you make dumplings? 构建平台。
2. 出示多向度平台。
①关键项：How do you make dumplings?
②向度：不同食材、不同口味、不同的制作方法及步骤。
3. 四人小组合作完成，要求：至少选择 2 个向度（小组内有分工和相对自由度），小卡呈现。
（单元组 + 小卡）（防泡沫）
4. 共享成果（交互）。
交互：小组之间交互一次小卡，为其他组补充答案，口头表达，增加强化次数。（约定）
5. 教师补讲（预设：如果出现较难表达、学生不会的新词语，教师需要补讲，机动时间 2 分钟）。</td><td>下放主动权。
确定关键项，学生能准确捕捉关键项。

由饺子可以延伸到各种不同的包子，形成不同向度。
每组学生都能完成一篇食谱（70~80 个词）。
学生参与积极。
师生、生生互动。</td></tr>
</table>

后测	学生能发挥想象力去设计制作食物，并用英语表述出来。 根据实际情况确定是否布置后续作业。	平台二：借鉴上一环节掌握的内容，用自选食材制作食物，并写出英语食谱。 综合训练写、看、说、记忆的速度，本班创造性写英语的速度约为 20 个词 / 分钟。	1 分钟 2 分钟 8+1 分钟 5+2 分钟 1 分钟 2 分钟	三、倒置性平台 1. 出示多组食材图片，思考：What kind of food do you want to make? 构建平台。（防与学生为敌） 2. 学生进行思维扩张，列举可制作的食物。 3. 各组自行选取一种食物进行讨论，写出制作过程，情景设置为美食杂志编辑编写一份美食食谱。（关键点） 向度：不同食材、不同口味、不同的制作方法及步骤。 平行度：不交叉。 自由度：不相互制约。 （八人组大卡呈现）（大卡 + 团队 + 约定）（防形式单一） 4. 全班展示，交互成果。（防泡沫）（约定）（防空讲） 5. 教师对学生成果进行交互式整理、分类、评选：Which one do you think is the most delicious?（约定） 6. 小结：如何写一份英语食谱。	开放性素材，打开了学生思维，主动权全交给了学生。 知识生成问题，学生自己解决。打开向度，激发学生创造欲，使学生的知识得到丰富，能力得到提升，容易产生创新点。 大卡用各种图文结构呈现，使学生个性得到充分展示。 提升写的速度，提高英文写作能力。 师生，生生互动。 能动效应，学生有成就感。 强化次数达到 5~7 次。
总评 & 备注	1. 初中英语要求，写：每分钟 20~30 词；讲：每分钟 80 个单词。 2. 根据学生实际情况及课堂实际情况可适当调整课堂进程。 3. 明确要求学生：组内分工完成任务，一定要共享学习成果。				

教案总评

【概况】

本节课是人教版英语八年级上册第八单元 How Do You Make A Banana Milk Shake? 中的内容。本课是在学生掌握祈使句、学会用“how many/how much”引导特殊疑问句以及用英语表达怎样制作三明治、香蕉奶昔，水果沙拉等的基础上，进一步强化学习 SectionB3a—Self check 中有关食谱的写作，特别是学习运用 first, next, then, finally 等表示做事情顺序的副词来描写事情，使所描写的事情更清晰、更明确。本课的教学对 SectionB1a—1c 起到了巩固强化作用，对七年级学习祈使句也起到了延伸作用。

【亮点】

这篇教案设计基本符合平台互动教学方式和 MS–EEPO 板块结构Ⅱ型备课方式的要求，设计了两个平台，一个标准性平台和一个倒置性平台，能按照平台互动课型的基本流程和步骤操作，综合训练写、看、说、记忆英语的速度，具体亮点如下：

1. 教学目标体现了知识性、个性，重难点准确。

2. 教学流程描述详细清楚，教学思路清晰。安排了三大环节：导入、标准性平台、倒置性平台。

3. 设计符合平台互动课型方式的要求。本节课设计了两个平台，一个标准性平台，一个倒置性平台，能按照平台的基本步骤表述。平台能围绕关键项构建，向度有不同食材、不同口味、不同的制作方法及步骤，向度设计达到了多向度、自由度、相对平等的要求。交互方式有小组之间交互小卡，在全班展示，照顾到了大部分的学生，运用了做中学、多要素中学。预留有教师点讲环节，能对需要点讲的内容做出可能性预判。

4. 学习方式的表达设计符合要求。5J 标注清楚，并标明了二级指标，微卡、小卡和大卡运用合理，安排了二人小组、四人小组和八人小组活动各一次，设计的约定有效。5F 中运用板卡来防空讲，两人交互改正错误来防泡沫，出示开放性问题来防与学生为敌，变换学习方式来防形式单一。5S 中训练了写、看、说、记忆英语的速度。

5. 能用三测来了解学生的学习基础和课堂学习情况。

【不足及建议】

1. 格式欠规范，主要表现在：EEPO 板块结构 II 型备课方式不能将“内容提要”和“关键项 & 策略 & 方法”用横线分割成表格状，应保持板块结构；时间栏标注的应该是每一个大教学环节的用时，而不是小环节的时间安排；关键项的操作上没有标注时间。具体格式修改详见点评修改稿。

2. 没有标明看和记忆英语的速度以及在哪一个小环节进行训练，建议具体标明。

3.“三、倒置性平台”第 3 点中的“八人组大卡呈现”，后面写成“大卡 + 团队”不对，建议改为“大卡 + 小组”。

4. 没有标明在哪一个小环节进行前测、中测，后测没有统计强化次数。建议前测、中测标明具体在哪一个小环节测，后测应统计出强化次数，决定是否布置课后作业。

5. 对学得快、有特长的学生没有安排学习预留项。

（点评人：玉林市玉州区教育局教育研究室　李于阑）

教案（点评修改稿）

点评修改人：梁伟朝

<table>
<tr><td>概况</td><td colspan="2">学校：广西象州镇初级中学　　学科：英语　　课时：标准课 40+5 分钟
课型：平台互动方式　　授课教师：廖艳利　　班级：初二（8）班
授课时间：2013 年 11 月 5 日
课题：Unit 8 How Do You Make A Banana Milk Shake?（Period5 ）
学情：初二年级学生，第八单元，本单元前 4 节课已学用英语表达怎样制作三明治、香蕉奶昔、水果沙拉等。</td></tr>
<tr><td rowspan="3">教学目标</td><td>1.Knowledge Objects: Key Vocabulary，Using The Target Language.
Writing practice：write a recipe.</td><td rowspan="3">教学重难点：
写食谱以及综合训练写、看、说、记忆英语的速度。</td></tr>
<tr><td>2.Ability Objects: listening skill， sequencing skill，writing skill，cooperating skill.
综合训练写、看、说、记忆英语的速度。</td></tr>
<tr><td>3.Moral Object: knowing that it is not easy to be a chef. There is a lot of fun in cooking.</td></tr>
</table>

<table>
<tr><th colspan="2">流程性检测</th><th>内容提要</th><th>时间</th><th>关键项 & 策略 & 方法</th><th>反思 & 评价</th></tr>
<tr><td>前测</td><td>检测：在（导入的第2、3点）检测用英语表达学过的食物名称以及制作方法。</td><td>导入。
复习：How do you make …?

（明确目标：学生写英语的速度达到 30 个词 / 分钟）

（说英语的速度达到 80 个词 / 分钟）</td><td>2 分钟

2 分钟

2 分钟</td><td>一、导入
1. 由《舌尖上的中国》（A Bite of China）英文导入，感受：Food is so amazing and tasty.
（约定：I love food! I love life!）
（防形式单一）
2. 根据图片在微卡上写出自己会的食物名称，两人交互并改正错误。（防空，防泡沫）[微卡 + 单元组（2 人合作）+ 约定]
3. 提到上节课的某种食物，问：How do you make …? 并总结表述方法（限时口头表达）。</td><td>提升学生对本课内容的兴趣，引入本课话题。
人机互动

检测上节课的学习效果，强化学过内容。
师生，生生互动。

训练说的速度。</td></tr>
<tr><td>中测</td><td>检测：在（标准性平台的第6点）检测是否掌握用英语去描述制作一种食物。</td><td>平台一：探究用英语表达怎样制作食物。

学生创造性写英语的速度达到 20 个词 / 分钟。</td><td>18+2 分钟</td><td>二、标准性平台
1. 出示一新图片（dumplings），观察图片思考：How do you make dumplings? 构建平台。
2. 出示多向度平台。
①关键项：How do you make dumplings?
②向度：不同食材、不同口味、不同的制作方法及步骤
3. 四人小组合作完成，要求：至少选择 2 个向度（小组内有分工和相对自由度），小卡呈现。（8 分钟）
（单元组 + 小卡）（防泡沫）
4. 共享成果。
交互：小组之间交互一次小卡，为其他组补充答案，口头表达，增加强化次数。（5 分钟）（约定）</td><td>下放主动权。
确定关键项，学生能准确捕捉关键项。
训练写的速度。

由饺子可以延伸到各种不同的包子，形成不同向度。
训练看的速度。
每组学生都能完成一篇食谱（70~80 个单词）。
训练记忆的速度。
学生参与积极。

师生，生生互动。</td></tr>
</table>

<table>
<tr>
<td></td>
<td>在 4~5 步中检测学生用英语表述设计制作食物的能力。</td>
<td rowspan="2">平台二：借鉴上一环节掌握的内容，用自选食材制作食物，并写出英语食谱。
综合训练写、看、说、记忆的速度，本班创造性写英语的速度约为 20 个词 / 分钟。</td>
<td rowspan="2">18+1 分钟
3 分钟</td>
<td rowspan="2">5. 教师补讲（预设：如果出现较难表达、学生不会的新词语，教师需要补讲，机动时间 2 分钟）。
6. 检测。提问学生：用英语描述制作一种食物，手势语流程性检测其他学生。

三、倒置性平台
1. 出示多组食材图片，思考：What kind of food do you want to make? 构建平台。（防与学生为敌）
2. 学生进行思维扩张，列举可制作的食物。（3 分钟）
3. 八人组自行选取一种食物进行讨论，写出制作过程，情景设置为美食杂志编辑编写一份美食食谱。（关键点）（6 分钟）
（预案：写得快的组可写 2 份食谱）
向度：不同食材、不同口味、不同的制作方法及步骤。
平行度：不交叉。
自由度：不相互制约。
（八人组大卡呈现）（大卡 + 小组 + 约定）（防形式单一）
4. 全班展示，交互成果。（防泡沫）（约定）（防空讲）
5. 教师对学生成果进行交互式整理、分类、评选：Which one do you think is the most delicious?（约定）
6. 小结：如何写一份英语食谱。</td>
<td rowspan="2">开放性素材，打开了学生思维，主动权全交给了学生。
知识生成问题，学生自己解决。打开向度，激发学生创造欲，使学生的知识得到丰富，能力得到提升，容易产生创新点。
大卡用各种图文结构呈现，使学生个性得到充分展示。
提升写的速度，提高英文写作能力。
师生，生生互动。
能动效应，学生有成就感。
强化次数达到 5~7 次。</td>
</tr>
<tr>
<td>后测</td>
<td>关键项的强化次数已超过了 9 次，可以不布置作业。</td>
</tr>
<tr>
<td colspan="2">总评 & 备注</td>
<td colspan="4">1. 初中英语要求，写：每分钟 20~30 词；讲：每分钟 80 个单词。
2. 根据学生实际情况及课堂实际情况可适当调整课堂进程。
3. 明确要求学生：组内分工完成任务，一定要共享学习成果。</td>
</tr>
</table>

思想品德《生活的必需》

教案（原稿）

学科：思想品德 年级：八年级下学期 内容：生活的必需 姓名：李向学	激起学生认知冲突，过渡揭题。	1. 激发学生关注生活，关爱大自然。 2. 强化学习方式的训练。（约定、板卡、表达呈现）	让学生认识到地球上的物种正在急剧减少；而物种的减少会带来生态系统的失衡，帮助学生确立珍爱生物、保护生物的信念。	1. 认识到生物的多样性与独特性，培养学生爱动植物的情感。 2. 通过活动提升知识点，强化次数。
	导入 4 分钟	环节一 12 分钟	环节二 16 分钟	环节三 13 分钟
[目标]1. 了解各种自然资源，学会对资源进行分类。 2. 认识到自然资源对人类社会生活的重要性。 3. 培养学生关爱自然、保护自然的意识。 [教学重点] [教学难点] [课型] 要素组合。 [课时]1 课时（45 分钟）	1. 出示任意一件物品，让学生说出该物品的生产采用了哪些自然资源？（想、讲） 2. 你能说说在我们的日常生活中，有哪件生活用品没有采用自然资源吗？（想、讲） 3. 揭题：生活的必需。	1. 列举你所认识的自然资源（个人完成，组内交流完善）。（想、讲、互动） 2. 四人小组讨论：将本组列举的资源进行分类，选择一种你最喜欢的方式在中卡上表现出来。（听、看、想、讲、互动） 3. 汇报展示成果。（讲、看、做） 4. 教师点评。（动静转换）	1. 多媒体展示“动物灭绝档案”。（看、想） 2. 学生谈感受。（组内交流）（想、讲、听） 3. 教师引导学生归纳生物多样性及其重要性。	1. 猜谜语，激发学生的兴趣。（大动） 2. 请猜对的学生讲一讲自己所用的线索，加深学生对不同种类生物特点的认识。 3. 学生个人谈学习收获。 4. 教师总结。 5. 巩固练习。
总评、反思：				

教案总评

【概况】

本节课是教科版八年级下册第一单元《自然的声音》第一课《人类的朋友》的第一课时，新课标要求学生通过学习了解自然资源、生物多样性等概念，理解自然资源和生物多样性是人类“生活的必需”，了解自然环境的概念及分类，了解生物界的食物链和生态平衡等概念；培养学生爱护自然、鉴赏自然、保护环境的能力，树立珍惜资源、节约资源、尊重生命的意识，建立亲近自然、鉴赏自然的情感。八年级学生虽然对大自然有一定的感性认识，但对自然资源、生物多样性和人类生活关系的认识还比较模糊，随意破坏自然资源的现象经常发生，而本节课的教学，对树立学生珍惜资源、节约资源、尊重生命的意识有非常关键的作用。

【亮点】

1. 该教案能根据课标精神、政治学科特点准确地确定学生的学习目标，目标确定为“了解、认识自然资源，关注、保护自然资源。”

2. 教案符合要素组合课型的基本要求，依据教学内容运用了要素组合方式，将“听、看、讲、想、做、动、静”七要素转换、组合进行设计编写。本节课教师设计了 3 次小动、1 次大动，动静转换合理。

3. 教案总体设计思路基本清晰，能按照 MS–EEPO 图文结构 I 型的基本格式进行教案撰写。

【不足及建议】

该教案也存在一些问题，例如设计比较粗糙、可行性不够强、格式不够规范等，需要加以改进，具体意见如下：

1. 教案格式不够规范，例如：概况不全，缺少班级、时间等基本概况，教案没有列出教学重点、难点，关键环节没有标注时间等。

2. 教案设计了多要素进行教学，但由于没有确定教学重点、难点，因此在“想”核心要素和“做”关键要素上，没有设计得很好，探究的问题没能突出教学的重难点。

3. 在本节课教师设计的动静转换中，没有说明大动如何进行操作、调控，导致教案的操作性不强。

4. 教师虽然运用了一些 5J，但运用不够熟练，大部分没有在教案中标注出来。

该教案存在一些问题，笔者进行了修改，详见随后的的教案点评修改稿。

（点评人：南宁市邕武路学校 韦孟华）

教案（点评修改稿）

点评修改人：韦孟华

单位：×× 姓名：李向学 学科：思想品德 内容：生活的必需 班级：八年级（1）班 时间：2013 年	激起学生认知冲突，过渡揭题。	1. 激发学生关注生活，关爱大自然。 2. 强化学习方式的训练。（约定、板卡、表达呈现）	让学生认识到地球上的物种正在急剧减少，而物种的减少会带来生态系统的失衡，帮助学生确立珍爱生物、保护生物的信念。	1. 认识到生物的多样性与独特性，培养学生爱动植物的情感。 2. 通过活动提升知识点，强化次数。
	导入 4 分钟	环节一 12 分钟	环节二 17 分钟	环节三 12 分钟
[教学目标] 大目标：培养学生关爱自然、保护自然的意识。 小目标：1. 了解各种自然资源，学会对资源进行分类。 2. 认识到自然资源对人类社会生活的重要性。 [教学重难点] 自然资源对人类社会生活的重要性。 [课型] 要素组合。 [课时]1 课时。	1. 出示任意一件物品，让学生说出该物品的生产采用了哪些自然资源？（想、讲） 2. 你能说说在我们的日常生活中，有哪件生活用品没有采用自然资源吗？（想、讲） 3.PPT 揭题：生活的必需。（看）	1. 列举你所认识的自然资源写在小卡上（个人完成，同桌交流完善）。（想、讲、小动）3 分钟 2. 四人小组讨论：将本组列举的资源进行分类，选择一种你最喜欢的方式在小卡上表现出来。用倒数数收组。（听、看、想、讲、小动）5 分钟 3. 两组学生汇报成果。（讲、看、听）3 分钟 4. 教师点评。（听）	1. 多媒体展示“动物灭绝档案”，教师提出问题：生物具有什么特性？为什么要保护生物？ 2. 学生看视频，独立思考问题。（看、想）2 分钟 3. 六人小组把答案用喜欢的方式在中卡上表现出来，以班级文化约定收组。5 分钟（想、讲、听、小动） 4. 把中卡挂在教室四周，学生带微卡走动浏览，以学科文化约定收组。（看、做、大动）5 分钟 5. 两组学生汇报，其他小组学生补充。（看、听）2 分钟 6. 教师归纳生物多样性及其重要性。（听）	1. 猜谜语激发学生的兴趣。请猜对的学生讲一讲自己所用的线索，加深学生对不同种类生物特点的认识。（想、听）3 分钟 2. 教师总结。（听） 3.PPT 出示巩固练习。（想 + 做）4 分钟 4. 教师提问 3 名学生检测。（听）3 分钟 5. 个人谈学习收获。（听）
总评、反思：				

思想品德《做一个有尊严的人》

教案（原稿）

学科：思想品德 教材：湘教版七年级下册第二单元 课题：做一个有尊严的人 执教者：× × 单位：× × 班级：126 班 课型：要素组合方式 课时形态：标准课	引起共鸣，提升课堂气氛。 导入　3 分钟	学生阅读课本，梳理知识点。 理解感知　12 分钟	巩固所学，加深提高，达到学以致用的目的 合作学习　13 分钟	故事分析，激发兴趣。 主题探究　10 分钟
[大目标] 让学生懂得自尊、知耻，理解自尊和尊重他人是获得尊重的前提，不做又损人格的事情。 [小目标] [重点] 指导学生在日常的学习生活中做一个有尊严的人。 [难点] 如何更好地培养自尊并知耻。	1. 想 + 听 + 讲。 师：请问大家，你们想成为珍珠，还是想成为沙子？ 生：珍珠。 师：非常好。想成为珍珠，这充分说明了大家都很珍爱自己，看重自己，这就是人的自尊。这节课我们就来学习做一个有尊严的人有什么意义，其中重点学习怎样做一个有尊严的人。 2. 展示学习目标。	1. 做 + 看，动静转换。 把如何做一个有尊严的人写在微型学习卡上。 2. 看 + 做想 + 听，小动。 师：什么是尊严，尊字何意，严字何解？ 尊重，尊敬；严格，严肃，庄严。是对一个人身份和地位的尊敬。尊严是内在的，虽然看不见、摸不着，但感受得到。（生齐读孟子的话 P27） 2.1 为什么要做一个有尊严的人（意义）？ P27 2.2 怎样做一个有尊严的人呢？（请大家阅读课本，找出问题的答案）	1. 做 + 讲 + 大动 六人小组合作学习，进行讨论、交流，用自己喜欢的方式把学习结果呈现在大卡上。（表达呈现） 【知识点解读】 （1）知荣辱，讲自爱；一个有尊严的人，他到底是一个什么样的人呢？请阅读石头的故事，谈谈自己的想法。 【知识点解读】 （2）自尊自强，守护尊严。 知识点拨：自尊自强是赢得他人尊重的前提。（原因） 怎样做：在比自己强的人面前不卑，在比自己弱的人面前不亢，努力在各方面提高自己、完善自我，才能守护自己的尊严。	1. 看 + 想 + 讲，小动。 【知识点解读】 （3）尊重他人，赢得尊严。 师：我们先来讲述一下晏子使楚的故事。（资料：P30） 师：生活中，存在哪些不尊重别人的言行？ 学生各抒己见。 【知识点拨】一个尊重他人的人，必将赢得他人的尊重，尊重他人是一种美德。

教案总评

【概况】

本节课是湘教版思想品德七年级下册第二单元第二节的内容，课标要求学生通过学习了解每个人都应该有自己的尊严和骨气，懂得自尊和知耻，理解自尊和尊重他人是获得尊重的前提，意识到做一个有尊严的人是提升自我、完善自我的重要表现，不做有损人格的事。并由此了解个人的尊严与国家、民族的尊严是紧密相连的，只有维护了国家和民族的尊严，才能护住自己的尊严。发展学生观察、感受、体验、参与社会公共生活的能力，初步培养学生交往与沟通的能力，培养学生自尊自信、尊重他人、尊重权利的生活态度，进而热爱社会主义祖国，热爱中华民族。日常生活中，对为什么要尊重他人和如何尊重他人，学生有一定的知识基础，但对自尊的重要性和如何才能做到自尊就不那么理解了，因此通过本节课的教学达到课标要求尤为重要。

【亮点】

1. 教案基本能够按照 MS–EEPO 图文结构 I 型备课方式的格式进行撰写。教案总体设计思路清晰，教学的几个环节设计基本合理：激趣导入—理解感知—合作学习—主题探究的设计由易到难，有梯度，特别是合作学习和主题探究环节，把主动权放给学生，学生的参与度高。

2. 教案能够按照要素组合课型的要求进行设计，要素组合的各要素使用也基本合理，七个要素换着用，并对各要素的运用进行了标注。

3. 设计了一些学习方式 5J，能较为有效地调控和管理课堂。设计了动静转换，2 次小动，1 次大动，基本合理。这样的安排，可以满足学生生理和心理需求，可以减轻学生疲劳，预防学生因疲劳而睡觉，使学生保持充沛的精力继续学习。

4. 教师设置的问题有一定的开放性，并让学生合理安排时间，进行“想”和“做”。

【不足及建议】

1. 教学目标不够具体，双目标设计缺少小目标，建议补上小目标。

2. 以 MS–EEPO 图文结构 I 型备课方式为标准，该教案在格式上存在不少问题，例如，课型方式和课时形态应放在教学目标下面，图形画得不够规范，操作方法、策略不够详细等。

3. 在核心要素“想”和关键要素“做”方面，教师设置的问题不够明晰，有些要素标注不够准确。

4. 在单元组活动中，没有标明几人组活动，也没有标明如何进行大动，导致教案的操作性不够强。

5. 从教案设计上看，关键目标的强化次数不够。

总体看来，但该教案格式不够规范，设计比较粗糙，存在不少问题，可操作性不强。这份教案集中体现了初学者容易出现的一些典型问题，因此，编者将其收录书中，并同时呈现一个较为完善的教案修改稿，以供读者学习借鉴。

具体修改详见下稿。

（点评人：南宁市邕武路学校　韦孟华）

教案（点评修改稿）

点评修改人：韦孟华

日期：2013 年 5 月 29 日 学校：×× 授课人：×× 班级：126 班 学科：湘教版思想品德七年级下册第二单元 内容：做一个有尊严的人	明确教学目标。	学生阅读课本，了解掌握关键知识点。	通过合作探究，让学生突破重点和难点。	1. 学以致用，巩固知识 2. 梳理和强化知识点。
教学要素	导入 2 分钟	整体感知 15 分钟	合作探究 13 分钟	应用小结 15 分钟
[教学目标] 大目标： 了解每个人都有自己的尊严；学会在日常的学习、生活中做个有尊严的人。 小目标： 1. 学生懂得自尊、知耻，理解自尊和尊重他人是获得尊重的前提，不做有损人格的事情。 2. 学会做一个有尊严的人 [教学重难点] 学会做一个有尊严的人。 [课型方式] 要素组合方式。 [课时形态] 标准课。	1. 教师提出问题：请问大家，你们想成为珍珠，还是想成为沙子？（听 + 讲） 2.PPT 展示学习目标，学生读目标。（看 + 讲）	1. 教师提出问题：什么是尊严？为什么要做一个有尊严的人（有什么意义）？ 1.1 学生带问题阅读 P27。（看 + 想）2 分钟 1.2 教师检测 2 名学生，1 名同学复述。（讲 + 听） 2. 教师提出问题： （1）什么自尊？怎样才能做到自尊自强？ （2）怎样才能做到尊重他人？生活中有哪些不尊重别人的言行？ （3）怎样维护民族和国家尊严？ 2.1 学生带问题阅读课本 P27~32，并在书本上标注出来，时间 5 分钟。（看 + 想 + 做） 2.2 同桌交流。（讲 + 听 + 小动）2 分钟 2.3 开火车汇报。（讲 + 听）3 分钟 2.4 师点评。（听）	1. 教师提出问题。 结合课本 P27~32 的例子和现实生活的实际，谈谈我们应该怎样做一个有尊严的人？ 1.1 学生个人思考，并把答案写在微卡上。（看 + 想 + 做）2 分钟 1.2 六人小组合作学习，进行讨论、交流，用自己喜欢的方式把学习结果呈现在大卡（板）上。用班级文化收组。（想 + 做 + 讲 + 听 + 小动）5 分钟 1.3 张贴大卡，全班带微卡走动浏览，倒数 10 秒收组。（看 + 做 + 大动）3 分钟 1.4 提问检测 1 名学生的浏览情况。 1.5 一组汇报，其他同学补充，教师点评补充。（看 + 讲 + 听）	1. 练习。 1.1 教师用小卡印发 3 道选择题、1 道漫画题和 1 道材料分析题，让学生尽能力完成。 （想 + 做）5 分钟 1.2 四人小组互相交流，用学科文化收组。（讲 + 听 + 想 + 做 + 小动）3 分钟 1.3 教师手势 + 提问等方式检测。（听 + 想） 2. 小结。3 分钟 2.1 学生小结。（想 + 听） 2.2 教师 PPT 总结结。（听）
总评				

思想品德《做守法护法的好公民》

教案（原稿）

课题：湘教版思想品德七年级下册第五单元第三节《做守法护法的好公民》 学校：壶西实验中学 年级：七年级 执教者：杨喜	设计意图： 用视频导入，激发学生的学习兴趣，启发思维，让学生有话可说。	设计意图： 通过表演、动脑思考、小品活动，让学生在活动中思考维护法律秩序的途径和方法。	设计意图： 通过讨论和交流，使学生在交流中感悟到见义智为的重要性。	设计意图： 通过情景剧活动，让学生在对案例的讨论和交流中，找到与违法犯罪行为做斗争的方法。	设计意图： 通过课堂总结，总结知识点，而对诗歌的朗诵升华了知识。
教学素材	导入 5 分钟	任务一 9 分钟	任务二 12 分钟	任务三 2 分钟	总结提升 2 分钟
[教学目标] 1. 知道积极同违法犯罪行为做斗争，既是每个公民的权利，也是每个公民的责任。 2. 知道纵容罪犯的后果。 [教学重难点] 1. 能够运用法律同违法犯罪行为做斗争。 2. 树立尊重法律的意识，在日常生活中，自觉做到守法、护法，保护自己的合法权益。 [课型] 要素组合方式。 [课时安排]1 课时。	1. 看 + 听 + 说 视频 1《见义勇为》。 回答：没有逃脱的犯罪嫌疑人后来为什么能逃脱? 2. 想 + 讲 + 听 + 说 （1）讨论：有人认为，同违法犯罪做斗争是执法机关的事，和公民个人没有关系，所以那些围观的人做得对?你怎么看?为什么? （2）为什么说维护法律秩序我有责?	1. 看 + 听 + 说 （1）视频 2《见义勇为》。 回答：该视频中的姑娘会如何做？她为什么会哪样做? （2）为了维护良好的法律秩序，我们应该怎么做? 2. 想 + 讲 + 听 （1）案例：遇见入室行窃。 （2）讨论：应对的方法。 （3）纵容罪犯的危害。 （4）见义智为。	1. 想 + 讲 + 听 + 小动 总结：为什么要善于与违法犯罪行为做斗争? 2. 想 + 讲 + 听 + 大动 （1）视频 3《见义勇为》。 （2）遇到以下情形我们该怎么办? 情景 1：当你在放学回家途中，看到一个十八九岁的男青年（此人手无寸铁）抢劫了一位妇女的钱包正朝你跑来。 情景 2：当你在僻静处看见有人偷自行车。 情景 3：当你在公园里看见有人偷偷贩卖毒品。 （要求：请各小组任选一情景进行讨论和分析，并用小品、漫画、图文结合、顺口溜、微博等其中一种方式呈现出来，时间为 5 分钟）	动 + 想 + 讲 + 听 （1）情景剧《回家的路上》。 （2）请思考回答：正面遭遇歹徒抢劫时，你该采用哪些方法和策略? （3）正面遭遇歹徒抢劫时，你该采取这些方法和策略。 （4）正确报案应注意以下几点。	1. 想 + 做 + 讲 课堂总结： （1）维护法律秩序我有责。 （2）善于与违法犯罪行为做斗争。 2. 想 + 做 + 讲 诗歌朗诵：做一个守法护法的人。
总评 / 注释					

教案总评

【概况】

本节课是湘教版思想品德七年级下册第五单元第三节，课标要求学生通过学习，了解良好的法律秩序是我们健康成长的需要，了解什么是正当防卫；让学生掌握一定的与犯罪行为做斗争的技巧以及如何正确使用正当防卫；让学生体会到护法的重要性，从而增强社会责任感，鼓励学生勇于并善于同不法分子做斗争。学生通过前面的学习，掌握了一些法律知识，但还不是很清楚如何正确维护自己的合法权益，特别是如何敢于和善于同不法分子做斗争。

【亮点】

1. 杨喜老师在《做守法护法的好公民》的教案设计中，以《见义勇为》的三个视频和情景剧《回家路上》为线索，以问题研讨的方式，和学生共同探究如何运用法律同违法犯罪行为做斗争，自觉做守法护法的好公民，这很容易激发学生的兴趣，启迪学生的思维，触动学生的心灵，会有较好的课堂效果。

2. 把主动权交给学生，安排两次讨论，在活动中学，注意生生互动，发挥学生的主动性，鼓励学生积极主动地学。在“任务二”环节中，对“遇到的三种情景怎么办”，有比较具体的要求：各小组任选一情景进行讨论和分析，并用小品、漫画、图文结合、顺口溜、微博等其中一种方式呈现出来，这是本节课的一大亮点。

3. 创设情景剧，在案例中讨论交流体验，可以充分张扬学生的个性，激发学生的创造性。“任务三”环节的情景剧《回家路上》，使学生身临其境，有话可说并能说、会说。用情景故事是最佳的理解和记忆方式，相信学生对遇到歹徒抢劫时的应对方式会有很深刻的印象，这对怎样与违法犯罪行为做斗争有一定的启发和收获。

【不足及建议】

教案设计也存在一些不足，主要对是学生怎么学、怎么讨论、怎么呈现等一系列方法策略没有具体化，没有具体的操作方法。具体列举如下：

1. 教案格式不规范：教案模板被框起来了——教案应该是开放式的，可按实际需要延伸补充，不要框起来；各个教学环节所用时间应该标注在时间轴上；教学环节罗列为“任务一”“任务二”“任务三”，过于简单，建议用概括性语言描述每个环节要处理的内容；要素罗列表达不够规范，应该主要体现关键要素，而不是单纯地罗列要素；重要教学环节没有标明用时，不利于判断设计的可操作性；概况不够全面，表达不够规范；“课时安排：1 课时”应该表述为“课时形态：标准课”。

2.“导入”和“任务一”环节中的“讨论”部分，仅仅局限于讨论，具体用什么方式讨论、讨论结果如何呈现、后续怎么学等，没有交待清楚。

3. 部分环节只有内容，没有流程和方法，例如“任务一”环节 的“（1）案例：遇见入室行窃；（2）讨论：应对的方法；（3）纵容罪犯的危害；（4）见义智为”，只做罗列而没有具体的操作方法，不清楚学生是怎么学的，难以进行检测。只有写清楚操作流程，才能及时了解学生学得怎么样。

4.“任务二”环节的“小动”体现在哪？具体什么动？这些都没有写清楚，影响教案的执行力。

5.“任务三”环节的第（2）（3）点其实是一样的，建议只保留一个，否则会显得啰嗦而重复。第（4）点“正确报案应注意以下几点”下面没有具体内容，应该在教案中呈现出来。

（点评人：南宁市第 39 中学　黄雄姿）

教案（点评修改稿）

点评修改人：韦帅

<table>
<tr><td>日期：2014 年 9 月 25 日
学校：壶西实验中学
班级：七年级 × 班
执教者：杨喜
学科：思想品德
内容：做守法护法的好公民</td><td>用视频导入，激发学生学习兴趣，启发思维，让学生有话可说。</td><td>通过表演、动脑筋和小品活动，让学生在活动中思考维护法律秩序的途径和方法。</td><td>通过讨论和交流，使学生在交流中悟到见义智为的重要性。</td><td>通过情景剧活动，让学生在对案例的讨论和交流中，找到与违法犯罪行为做斗争的方法。</td><td>通过谈收获和结构图，总结知识点，朗诵升华了知识。</td></tr>
<tr><td>教学素材</td><td>情境导入　5 分钟</td><td>知法守法　9 分钟</td><td>守法护法　14 分钟</td><td>护法用法　9 分钟</td><td>小结升华　3 分钟</td></tr>
<tr><td>[教学目标]
1. 知道积极同违法犯罪行为做斗争，既是权利，也是责任。
2. 知道纵容罪犯的后果。
[教学重点]
运用法律同违法犯罪行为作斗争。
[教学难点]
树立尊重法律的意识，自觉守法、护法、用法。
[课型方式] 要素组合方式。
[课时形态] 标准课。</td><td>1. 观看视频 1：《见义勇为》，思考：没有逃脱的犯罪嫌疑人后来为什么能逃脱？请 1~2 名学生回答。（看 + 想 + 讲 ,2 分钟）
2. 个人思考—同桌交互，讨论补充，请 1~2 名学生回答。（想 + 讲 ,3 分钟）
（1）有人认为，同违法犯罪做斗争是执法机关的事，和公民个人没有关系，所以那些围观的人做得对吗？你怎么看？为什么？
（2）为什么说维护法律秩序我有责？</td><td>1. 观看视频 2《见义勇为》，思考：该视频中的姑娘会如何做？她为什么会那样做？请 1~2 名学生回答。（看 + 想 + 讲 ,2 分钟）
2. 师点讲补讲，启发生思考：为了维护良好的法律秩序，我们应该怎么做？请 2~3 名学生回答。师点讲补讲，总结。（讲 + 想 + 听 ,2 分钟）
3. 出示案例：遇见入室行窃，你怎么办？
个人思考，写在小卡上；四人组交互讨论补充；请 3~4 名学生回答。（想 + 讲 + 听 ,4 分钟）
4. 师点讲补讲，归案：纵容犯罪的危害；总结：遇违法犯罪行为时需“见义智为”。（听 ,1 分钟）</td><td>1. 结合前面所学及课文内容，归纳总结：为什么要善于与违法犯罪行为做斗争？
个人思考，写在小卡上；四人组交互讨论补充；请 3~4 名学生回答；教师点讲补讲。（想 + 讲 ,3 分钟）
2. 播放视频 3《见义勇为》，思考：遇到以下情形我们该怎么办？
情景 1：放学回家途中看到一年青男子（手无寸铁）抢劫一妇女钱包正朝你跑来。情景 2：僻静处看见有人偷自行车。情景 3：在公园里看见有人偷贩毒品。请各小组任选一情景讨论和分析，并用小品、漫画、图文结合、顺口溜和微博等任一方式呈现出来。（做 + 讲 + 想 ,5 分钟）
3. 小组自荐 / 推荐展示汇报分享。（做 + 看 ,3 分钟）
4. 教师精讲、补讲。（听 + 想 ,2 分钟）</td><td>1. 结合前面所学及课文内容，归纳总结：
（1）正面遭遇歹徒抢劫时，你该采用哪些方法策略？
（2）正确报案应注意什么？
个人思考，写在小卡上；四人组交互讨论补充；请 3~4 名学生回答。（想 + 做 + 讲 ,7 分钟）
2. 教师点讲补讲，总结：
（1）遭遇抢劫：沉着冷静；在战术上“配合”歹徒；机智周旋等。
（2）正确报案：就近及时报案；讲清报警求助的基本情况；报警后应在报警地等候，及时联系民警积极配合等。
（讲 + 想 + 听 ,2 分钟）</td><td>1. 课堂小结：生谈这节课的收获。（讲+听,1分钟）
2. 投影知识结构，再次强化：维护法律秩序我有责；要善于与违法犯罪行为做斗争。（看 + 想 ,1 分钟）
3. 全班起立，朗诵诗歌：做一个守法护法的人。（讲+看,1分钟）</td></tr>
<tr><td colspan="6">总评 / 注释</td></tr>
</table>

思想品德《特殊的保护　特殊的爱》

教案（原稿）

教学要素	导入	初步了解	探究合作	巩固总结
日期：2014年5月29日 学校：×× 授课人：×× 班级：133班 学科：七年级思想品德 内容：特殊的保护　特殊的爱	1. 联系生活导入课题。 2. 明确学习目标。	1. 通过热点焦点事件，引导学生关注社会。 2. 融入学法指导："三步法"是什么—为什么—怎么做。	学习任务具体要求： 1.A 组分析此项保护的相关知识。提示角度：原因、要求、内容、规定、原则、作用等，任选至少3个角度。 2.B 组列举身边违反或体现此项保护的行为现象并简述理由。	通过做题，检测学生的掌握情况，巩固强化所学
	3分钟	7分钟	20分钟	10分钟
[教学目标] 1. 知道未成年人的概念及我国两部专门保护未成年人健康成长的法律。明确国家为什么要对未成年人给予特殊保护。 2. 了解有关家庭保护、学校保护的基本内容。 3. 能够判断哪些是违反和体现家庭保护、学校保护的行为。 [教学重点]了解有关家庭保护、学校保护的基本内容。 [教学难点]能够判断哪些是违反和体现家庭保护、学校保护的行为。 [课型方式]要素组合方式。 [课时形态]标准课。	1. 导入：感受国家对我们的爱。 2. 明确学习目标。	1. 国家保护未成年人的原因。 2. 未成年人的概念、两部专门保护未成年人的法律及在未成年人保护法中设置的四道防线。	1. 了解"两个保护"的相关知识。 2. 加深理解"两个保护"。 3. 判断哪些是违反和体现家庭保护、学校保护的现象和行为。	1. 练习。 2. 寄语。
	1.1 提问：过两天将迎来什么节日？班级游园活动准备得如何？（讲，1分钟） 1.2 总结：在参与活动的过程中感受到了国家对我们关心与爱护。引出课题：特殊的保护 特殊的爱。（听，1分钟） 2. 出示目标，全班齐读。（讲+看，1分钟）	1.1 播放湖北麻城小学砍人新闻，讲述桂林灵川小学爆炸事件。（看+听，1分钟） 1.2 思考+提问：为什么受伤的总是孩子？（想+讲，2分钟） 1.3 引导学生从自身和国家的角度思考保护未成年人的原因，勾画课文相关知识。（想+做+防泡沫，2分钟） 2.1 阅读P100，勾画课文相关知识，思考国家如何保护未成年人？（想+做+防泡沫，1分钟） 2.2 提问，师生补充。（讲+防以生为敌，1分钟）	1.1 个人根据提示，阅读P101～102，自主学习"两个保护"的相关内容，勾画课文知识点；四人组交互。（看+想+做+防泡沫，5分钟） 1.2 生汇报，师生补充，师点讲补讲。（讲+听+想，防以生为敌，8分钟） 2.1 比较"两个保护"的异同。（想+防空讲，1分钟） 2.2 提问，师生补充，师点讲补讲。（讲+听+想，防以生为敌，3分钟） 3. 列举违反"两个保护"的行为。（想+讲，3分钟）	1.1 师以竞答的方式出题，生随机选题，独立思考回答。师分析检测。想+讲+防以生为敌，5分钟） 1.2 出示压轴题，四人组讨论：从家庭、学校、自身的不同角度任选其一，谈如何预防校园安全事故的发生。提问，师生补充。（想+讲+听+防以生为敌，4分钟） 2. 师寄语：国家如此爱护我们，我们应该常怀感恩之心，在感恩中生活，在奉献中成长。（听+防以生为敌，1分钟）
反思/评价：能根据课程标准设计本课，围绕教学目标设计教学活动，思路清晰。但实际教学中没把握好时间，预设的教学环节没能顺利展开。没能深挖学生的回答，及时生成知识。今后要善于启发学生思考，从学生的回答中及时捕捉有用信息，提炼形成知识；课堂上注意调控，注意时间的把握。				

教案总评

【概况】

本节课是人教版七年级思想品德下册第四单元第八课“法律护我成长”的第一课时，课标要求学生通过学习能知道我国法律对未成年人的特殊保护，了解有关家庭保护、学校保护、社会保护、司法保护的基本内容；初步培养认识和判断违反未成年人保护法的现象和行为能力；树立法律保护意识，体会家庭保护、学校保护、社会保护、司法保护给予未成年人的关爱。七年级学生虽在第七课时学习、了解了法律的一些基本知识，但缺乏自我保护的能力，容易受伤害，而通过这节课的学习，就是要让学生了解未成年人保护法对家庭保护、学校保护、社会保护、司法保护的相关规定，能够认识和判断违反未成年人保护法的现象和行为，为下一课学习“善用法律保护自己”打好基础。

【亮点】

该教案总体上设计思路清晰，教师对教材内容把握较准确，教学目标中小目标确定合理，具体点评如下：

1. 教学的几个环节设计合理，“导入—初步了解—探究合作—巩固总结”的设计由易到难，有梯度，符合学科特点和学生认知规律。特别是“探究合作”环节设计得很好，下放了主动权。关键环节的时间设计合理。

2. 该课属于要素组合课型，教案能够按照要素组合课型的要求进行备课，各要素使用也较为合理，七个要素换着用，安排有“动中学”等项目。

3. 教师设计了运用学习方式 5J 来调控管理课堂，改变学生的学习状态，并且能够运用 5F 提高课堂效率，防止 5J 的运用流于形式，而且 5F 在教案中标注得较为清楚。

4. 能够按照 MS–EEPO 图文结构Ⅱ型备课方式的基本格式进行备课。教师设置的问题有一定的开放性，有利于学生的思维训练。

【不足及建议】

1. 教学双目标缺少对大目标的设计，且关键内容栏目中写的内容是教学目标，甚至把一些关键内容写到设计意图与反思栏目中。

2. 在教学的个别环节中，检测的方式不具体，因而可操作性不强。

3. 本节课教师虽然设计了两次“动中学”，但还不够合理，特别是在第一个

7~13 分钟内没有设计“动中学”，需要改进。

4. 教师运用了一些 5J，但大多数没有标注清楚；单元组都是四人组，形式有些单一；个别地方 5F 标注不够准确。

5. 每个教学的小环节都做精确的时间安排，且精准到每一分钟，这样的操作难度太大，标注关键环节的时间即可。

总体看来，但该教案格式不够规范，设计比较粗糙，可行性不强。这份教案集中体现了初学者容易出现的一些典型问题，因此，编者将其收录书中，并同时呈现一个较为完善的教案修改稿，以供读者学习借鉴。

具体修改详见下稿。

（点评人：南宁市邕武路学校 韦孟华）

教案（点评修改稿）

点评修改人：韦孟华

日期：2014年5月29日 学校：×× 授课人：×× 班级：133班 学科：七年级思想品德 内容：特殊的保护　特殊的爱	1. 联系生活导入课题。 2. 明确学习目标。	1. 通过热点焦点事件，引导学生关注社会。 2. 融入学法指导："三步法"是什么—为什么—怎么做。	1. 在探究学习中提高学生自主学习、合作学习的能力。 2. 通过表格比较"两个保护"的异同。 3. 教师精选"两个保护"的相关现象和行为，让学生判断以提高对"两个保护"的识别能力。	通过做题，检测学生的掌握情况，巩固强化所学
教学要素	导入　3分钟	初步了解　8分钟	探究合作　19分钟	巩固总结　10分钟
[教学目标] 大目标： 理解国家给予未成年人的特殊保护并学会在生活中应用，培养和提高观察、判断、分析问题的能力 小目标： 了解有关家庭保护、学校保护的基本内容，能够判断哪些是违反和体现家庭保护、学校保护的行为。 [教学重点]了解有关家庭保护、学校保护的基本内容。 [教学难点]能够判断哪些是违反和体现家庭保护、学校保护的行为。 [课型方式]要素组合方式。 [课时形态]标准课。	导入。	1. 国家保护未成年人的原因。 2. 未成年人的概念、两部专门保护未成年人的法律及在未成年人保护法中设置的四道防线。	1. "两个保护"的相关知识。 2. 违反和体现家庭保护及学校保护的现象和行为。	1. 练习。 2. 小结、寄语。
	1.1 提问：过两天我们将迎来什么节日？班级的游园活动准备得怎么样了？（讲） 1.2 总结：在参与活动的过程中感受到乐国家对我们关心与爱护。引出课题：特殊的保护，特殊的爱。（听） 2.1PPT出示目标，全班齐读。（讲＋看＋防空讲）	1.1播放湖北麻城小学砍人新闻，讲述桂林灵川小学爆炸事件。（看＋听） 1.2 全班思考：为什么受伤的总是孩子？个别回答，请1~2名学生判断补充。（想＋讲，2分钟） 1.3 引导全班从自身和国家的角度思考保护未成年人的原因并勾画课文相关知识，全班齐声朗读。（想＋做＋防泡沫，2分钟） 2.1 阅读P100，全班思考：国家如何保护未成年人？勾画课文相关知识。（想＋做＋防泡沫，） 2.2 个别回答，请1~2名学生判断补充。（讲＋防泡沫） 2.3 教师总结并出示整理好的相关知识点，要求学生标记关键词，做笔记。（看＋做＋防泡沫）	1.1 个人根据教师出示的提示角度（原因、要求、内容、规定、原则、作用等），任选至少3个角度进行分析、了解。阅读P101~102，自主学习"两个保护"的相关内容。个人思考，勾画课文知识点，标记关键词。（看＋想＋做＋防泡沫） 1.2 四人组内交换看课本，讨论交流，补充更正。班级文化约定。（看＋动中学＋防泡沫，2分钟） 1.3 1~2名小组代表口头汇报，其余组派代表补充，师点讲、补讲。（听＋想＋防泡沫，4分钟） 2.1 全班根据教师出示的表格比较"两个保护"的异同，个人思考，写在小卡上。（想＋做＋防空讲） 2.2 同桌交换小卡，讨论交流，补充更正。学科文化约定。（看＋做＋动中学＋防泡沫） 2.3 提问1~2名学生，请1~2名学生判断补充，师点讲＋补讲。（听＋想，防泡沫） 2.4 全班思考判断下列行为违反或体现未成年人保护法什么规定？（想） 2.5 生以开火车的形式回答，全班判断。师点讲、补讲。（想＋讲）	1.1 师以竞答的方式出题，生随机选题，独立思考回答，全班判断，提问1~2名学生，让其分析原因。（想＋做＋防泡沫，5分钟） 1.2 PPT出示压轴题，六人组口头讨论：从家庭、学校、自身的不同角度任选其一，谈谈如何预防校园安全事故的发生。3名小组代表从不同角度口头汇报，其余组派代表补充，师点讲补讲。数数约定。（想＋讲＋动中学＋防花架子，4分钟） 2. 师小结后寄语：国家如此爱护我们，我们应该常怀感恩之心，在感恩中生活，在奉献中成长。（听）
反思/评价：能根据课程标准设计本课，围绕教学目标设计教学活动，思路清晰。但实际教学中没把握好时间，预设的教学环节没能顺利开展，没能深挖学生的回答，及时生成知识。今后要善于启发学生思考，从学生的回答中及时捕捉有用信息，提炼形成知识。课堂注意调控，注意时间的把握。				

思想品德《计划生育与保护环境的基本国策——功在当代，利在千秋》

教案（原稿）

概况	时间：2013 年 11 月　执教者：韦孟华　学校：南宁市邕武路学校　内容：《计划生育与保护环境的基本国策——功在当代，利在千秋》 学科：思想品德　学段：九年级　课型形态：平台互动课　课时形态：标准课			
目标	目标 1：（1）学生初步学会独立思考问题、合作探究学习。（2）学生初步树立关爱自然、保护环境的情感，在生活中自觉保护环境。 目标 2：（1）学生能够认清我国的环境现状、形成原因、危害以及我国实施保护环境基本国策的必要性。（2）学生探究解决环境问题的方法、我国的环境展望。（3）熟练使用 5J 中的约定（侧重学科文化约定、班级文化约定、肢体语言约定等），板卡（大卡、小卡、微卡），表达呈现（图文、肢体语言、情景故事、文本等），单元组（小组、大组或超大组、随机分组等），合作。 重点：解决环境问题的方法。难点：解决环境问题的方法			
反思 / 评价	内容提要	时间	方法和策略	反思 / 评价
一、明确学习的内容。 二、围绕课本知识点设置学生的探究问题。	一、导入 呈现本节课的学习目标。 二、学习新知识 整体把握课本 P52 ~ 53 知识，了解我国的环境现状、形成原因、危害、损害环境的例子、我国实施保护环境基本国策的必要性、我国的环境展望以及掌握解决环境问题方法。	1 分钟 30 分钟	一、PPT 呈现教学目标，集体朗读 二、学习新知识 1. 观看视频《我国十大环境问题》，思考我国的环境现状、形成原因、危害、我国实施保护环境基本国策的必要性以及解决环境问题的方法，看到关键的内容时用小卡记录下来。4 分钟（小卡、防空讲） 2. 教师提问检测 2 位同学（防泡沫） 3. 学生快速阅读课本知识并用小卡快速补充思考题；“用保护环境和节约资源作为我国的基本国策”作为结束的约定。4 分钟（只要求用关键词写出要点）（学科文化约定、小卡、防空讲） 4. 同桌相互交流检查，提问检测 2 组学生。2 分钟（小动、小组，防泡沫） 5. 构建一个标准型平台。 5.1 关键项：我国的环境问题。 5.2 预设项度：环境现状、形成原因、危害、损害环境的例子、我国实施保护环境基本国策的必要性、解决环境问题的方法、我国的环境展望（学生也可以补充项度）。（符合平台三原则：多向度、自由度、平行度） 5.3 合作探究：学生自由选择感兴趣的内容形成若干单元组（可能出现小组、大组甚至超大组），每个团队选择一个向度或多个向度进行合作探究，大卡呈现，特别强调让学生挑战重点、难点：解决环境问题的方法。教师调控，保证每个内容都有人探究，深入学生当中巡视，保证不出现边缘生，用班级文化约定结束合作。6 分钟（班级文化约定、大卡，可能出现小组、大组甚至超大组，合作；防空讲、防泡沫、防花架子、防形式单一、防与生为敌） 5.4 团队内交互后，把大卡挂在墙上。（防花架子） 5.5 全班带小卡浏览，把别人的重要观点记录下来。5 分钟（大动、小卡、防泡沫、防花架子） 5.6 教师检测 2~3 位学生记下了哪些重要内容？（防泡沫、防花架子） 5.7 每个组利用多种形式呈现合作探究成果（发言、表演、绘画、实验、情景故事等形式），其他组成员补充，要求已经说过的不重复，其他学生在课本画出或做记录。8 分钟（表达呈现的多样性；防空讲、防泡沫、防花架子、防形式单一） 5.8 教师补充、强化知识点，点评突出重点（PPT 呈现）：解决环境问题的方法。（防空讲）	一、明确学习任务。 二、学习新知识中的 1、2、3、4 为探究合作学习打基础。 5.2 向度符合平台三原则：多向度、自由度、平行度。 5.3 让学生自由选组，有利于激发学生的探究兴趣，激励学生挑战重难点。 5.7 表达呈现的多样性有利于激发为学生的兴趣。便于记忆。

续表

三、强化知识点，特别是重点、难点。	三、练习 1. 练习巩固。	12 分钟	三、练习 1. 每个学生用小卡围绕知识点、重点、难点呈现不同难度的选择题 3 题（难度小）、漫画题 1 题（难度中），围绕重点难点（解决环境问题的方法）出一道材料分析题（难度大）。（防花架子、防形式单一、防与生为敌） 2. 学生尽自己能力独立思考做题，其中选择题必做，其他题目任选，鼓励学生多做题并敢于挑战难题。5 分钟（小卡，防花架子、防与生为敌） 3. 全班学生自由选择对象互检，不知道怎样做的可以自由向会做的同学请教，用学科文化约定收组。3 分钟（大动、学科文化约定、防花架子、防与生为敌） 4. 检测，全班用手势检测选择题，各请 1 位学生回答漫画题、材料分析题（解题的思路与答案）。其他学生补充，教师点评补充，特别是漫画题和材料分析题的解题思路与方法。4 分钟（手势约定、防花架子、防形式单一、防与生为敌）	三、学习中的 1 练习题形式多样，难度不同，照顾到不同层次的学生，突出了重难点。 3. 学生互检、互教，体现了学生是学习主体。
四、落实行动，学以致用	四、知识延伸 学生写自己打算如何在学校落实保护环境的行动。	2 分钟	四、知识延伸 1. 每个学生用微卡写自己打算如何在学校落实保护环境的行动（微卡） 2. 全班把微卡贴在教室后面的宣传栏中，便于检查、监督。（大动，防泡沫、防花架子）	四、结合实际，把学到的知识落实在学校生活中。
注释或总评：				

教案总评

【概况】

本节课是人教版九年级思想品德上册第二单元第四课《计划生育与保护环境的基本国策》的第二课时，课标要求学生通过学习，知道我国面临的主要环境问题及其总体形势，掌握保护环境的基本国策；具有在正确认清我国环境的基本国情的基础上，坚持实行保护环境，走可持续发展之路的能力；具有关爱自然、保护环境的情感。在开放的时代，一些学生感受着外面世界的精彩，但对我国面临的严峻的环境问题认识不足，对党和政府实施保护环境和节约资源的基本国策理解不深刻，在生活中也会自觉或不自觉的浪费资源，破坏环境。本节课与前面的实施计划生育、保护资源等内容一起，都是为在下一框学习“实施可持续发展战略”打基础。

【亮点】

1. 本教案的总体设计基本符合平台互动方式课型的要求，具有较强的操作性。本教案大胆交出主动权，设计了两个标准性平台：新知识的探究和新知识的运用。在第一个标准性平台中，能够根据教学的重点设置关键项，围绕关键项设置七个向度，内容有难有易，符合多向度原则，且向度之间相对平行。学生自由选择感兴趣的内容和若干向度进行探究，符合自由度原则。在第二个标准性平台中，围绕知识点、重点、难点设计不同难度的3道选择题、1道漫画题、1道材料分析题，让学生尽自己能力完成，照顾到了不同层次的学生。两个标准性平台的交互形式多样，采用张贴大卡、大动交流、成果汇报、同桌交流等形式进行交互，交互较为充分，有效攀升了强化次数。此外，还采用汇报、互相检查、手势检测等方式进行流程性检测，及时了解学生掌握知识的情况。

2. 教师能够根据教学的重点、难点进行点讲、补讲，体现了教师的主导作用。

3. 教师在教学过程中合理运用了5J和5F调控课堂。约定形式多样化，有学科文化约定、班级文化约定、肢体语言约定等。使用大卡、小卡、微卡、PPT、视频等防空讲、防形式单一。表达形式呈现多样化，有口头、图文、肢体语言、情景故事、文本等表达形式，既防形式单一，又培养学生的思维能力和创新能力。单元组、合作有二人合作学习、随机分组合作学习，既防形式单一、防与生为敌，又培养学生合作学习、相互帮助的精神。

【不足及建议】

1. 教案的教学目标繁多，建议适当删减。

2. 教案语言表述可以更简单一些，例如“4. 检测，全班用手势检测选择题，各请1位学生回答漫画题、材料分析题（解题的思路与答案）。其他学生补充，教师点评补充，特别是漫画题和材料分析题的解题思路与方法”建议改为“手势检测选择图，指明回答漫画题，教师点讲强化”。本教案中存在较多类似的问题，不一一罗列，建议把教案得语言表述提炼得更简洁利索些。

（点评人：南宁市兴宁区教研室 党雪妮）

教案（点评修改稿）

点评修改人：党雪妮

概况	时间：2013 年 11 月 执教者：韦孟华 学校：南宁市邕武路学校 内容：《计划生育与保护环境的基本国策——功在当代，利在千秋》 学科：思想品德 学段：九年级 1 班 课型形态：平台互动课 课时形态：标准课			
目标	目标 1:（1）学生初步学会独立思考问题、合作探究学习。（2）学生初步树立关爱自然、保护环境的情感，在生活中自觉保护环境。 目标 2:（1）学生能够认清我国的环境现状、形成原因、危害以及我国实施保护环境基本国策的必要性。（2）学生探究解决环境问题的方法、我国的环境展望。（3）熟练使用 5J 中的约定（侧重学科文化约定、班级文化约定、肢体语言约定等），板卡（大卡、小卡、微卡），表达呈现（图文、肢体语言、情景故事、文本等），单元组（小组、大组或超大组、随机分组等），合作。 重点：解决环境问题的方法。难点：解决环境问题的方法			
反思 / 评价	内容提要	时间	方法 & 策略	反思 / 评价
一、明确学习的内容。 二、围绕课本知识点设置学生的探究问题。	一、导入 呈现本节课的学习目标 二、学习新知识 1. 整体把握课本 P52 ~ 53 的知识，了解我国的环境现状、形成原因、危害、损害环境的例子、我国实施保护环境基本国策的必要性、我国的环境展望以及掌握解决环境问题方法。	1 分钟 30 分钟	一、PPT 呈现教学目标，集体朗读 二、学习新知识 1. 观看视频《我国十大环境问题》，思考我国的环境现状、形成原因、危害、我国实施保护环境基本国策的必要性以及解决环境问题的方法，看到关键的内容时用小卡记录下来。4 分钟（小卡、防空讲） 2. 教师提问检测 2 位同学。（防泡沫） 3. 学生快速阅读课本知识并用小卡快速补充思考题；“用保护环境和节约资源作为我国的基本国策”作为结束的约定。4 分钟（只要求用关键词写出要点）（学科文化约定、小卡、防空讲） 4. 同桌相互交流检查，提问检测两组学生。2 分钟（小动、小组，防泡沫） 5. 构建一个标准型平台。 5.1 关键项：我国的环境问题。 5.2 预设项度：环境现状、形成原因、危害、损害环境的例子、我国实施保护环境基本国策的必要性、解决环境问题的方法、我国的环境展望（学生也可以补充项度）。（符合平台三原则：多向度、自由度、平行度） 5.3 合作探究：学生自由选择感兴趣的内容形成若干单元组（可能出现小组、大组甚至超大组），每个团队选择一个向度或多个向度进行合作探究，大卡呈现，特别强调让学生挑战重点、难点：解决环境问题的方法。教师调控，保证每个内容都有人探究，深入学生当中巡视，保证不出现边缘生，用班级文化约定结束合作。6 分钟（班级文化约定、大卡，可能出现小组、大组甚至超大组，合作；防空讲、防泡沫、防花架子、防形式单一、防与生为敌） 5.4 团队内交互后，把大卡挂在墙上。（防花架子） 5.5 全班带小卡浏览，把别人的重要观点记录下来。5 分钟（大动、小卡、防泡沫、防花架子） 5.6 教师检测 2~3 位学生记下了哪些重要内容？（防泡沫、防花架子） 5.7 每个组利用多种形式呈现合作探究成果（发言、表演、绘画、实验、情景故事等形式），其他组成员补充，要求已经说过的不重复，其他学生在课本画出或做记录。8 分钟 （表达呈现的多样性；防空讲、防泡沫、防花架子、防形式单一） 5.8 教师补充、强化知识点，点评突出重点（PPT 呈现）：解决环境问题的方法。（防空讲）	一、明确学习任务。 二、学习新知识中的 1、2、3、4 为探究合作学习打基础。 5.2 向度符合平台三原则：多向度、自由度、平行度。 5.3 让学生自由选组，有利于激发学生的探究兴趣，激励学生挑战重难点。 5.7 表达呈现的多样性有利于激发学生的兴趣，便于记忆。

目标繁多，建议目标 2 的（2）（3）删去

看视频，思考，并用小卡记录，能有效地防空，很好。

能结合 5J、5F 进行课堂调控，操作性较强

续表

三、强化知识点，特别是重点、难点。	三、练习 练习巩固。	12分钟	三、练习 1. 每个学生用小卡围绕知识点、重点、难点呈现不同难度的选择题3题（难度小）、漫画题1题（难度中），围绕重点难点（解决环境问题的方法）出一道材料分析题（难度大）。（防花架子、防形式单一、防与生为敌） 2. 学生尽自己能力独立思考做题，其中选择题必做，其他题目任选，鼓励学生多做题并敢于挑战难题。5分钟（小卡，防花架子、防与生为敌） 3. 全班学生自由选择对象互检，不知道怎样做的可以自由向会做的同学请教，用学科文化约定收组。3分钟（大动、学科文化约定、防花架子、防与生为敌） 4. 检测，全班用手势检测选择题，各请1位学生回答漫画题、材料分析题（解题的思路与答案）。其他学生补充，教师点评补充，特别是漫画题和材料分析题的解题思路与方法。4分钟（手势约定、防花架子、防形式单一、防与生为敌）	三、练习中的1练习题形式多样，难度不同，照顾到不同层次的学生，突出了重难点。 3. 学生互检、互教，体现了学生是学习主体。
四、落实行动，学以致用	四、知识延伸 学生写自己打算如何在学校落实保护环境的行动。	2分钟	四、知识延伸 1. 每个学生用微卡写自己打算如何在学校落实保护环境的行动（微卡） 2. 全班把微卡贴在教室后面的宣传栏中，便于检查、监督。（大动，防泡沫、防花架子）	四、结合实际，把学到的知识落实在学校生活中。
注释或总评：				

> 教案语言表述可以更简单一些，此处建议改为“手势检测选择图，指明回答漫画题，教师点讲强化”，本教案中存在较多类似的问题，不一一罗列。

历史《明朝君权的加强》

教案（原稿）

科目：历史 课题：明朝君权的加强 学校：横县那阳镇一中 执教：乐兴春 班级：七年级（4）班	用歌谣导入，激发了学生学习兴趣。	（2）注意强化发言和倾听。 （1）内容比较简单，学生容易掌握，所以以学生自主学习为主。	这是本课重点和难点所在，所以采用学生“自主学习—同桌交互—小组合作”的方式，层层深入，多次强化，突破了重难点。	这个环节主要培养学生归纳、概括历史问题的能力和透过现象看本质的能力，但是学生的概括、归纳能力还有待提高。	通过谈收获、设计练习，巩固和再次强化了学生对本课知识的掌握。
教学素材	导入 2分钟	明朝的建立 5分钟	明太祖加强君权措施 17分钟	明成祖的统治 7分钟	小结演练 9分钟
[教学目标] 知识目标：了解和掌握明朝建立的背景、明太祖和明成祖加强君权的措施、靖难之役和迁都北京的基本史实。 能力目标：培养学生阅读归纳、概括和合作学习的能力。 情感目标：使学生认识到明朝加强君权的作用有利也有弊，认识到只有与时俱进，进行制度创新，才能保持活力。 [教学重点]明太祖加强君权的措施。 [教学难点]八股取士。 [课型方式]要素组合方式。 [课时形态]标准课。	1. 多媒体出示歌谣，提问：歌谣中的“朱皇帝”说的是谁？（看+想+讲） 2. 老师接着提问：朱元璋是如何建立明朝的？他采取了哪些措施来巩固君权？今天就让我们一起走进第15课《明朝君权的加强》。（听）	任务一：阅读第一子目下第一段内容，找出明朝建立的时间、建立者、定都等内容。 （1）学生独立思考，把要点在课本上画出来。（1分钟）（看+想+做） （2）代表发言。（1分钟）（想+讲） （3）一名学生复述，强调发言和倾听。（1分钟）（想+讲+听） （4）出示明朝建立的知识点。（看）	任务二：思考——明太祖朱元璋采取了哪些加强君权的措施？（提示：从政治和文化方面思考） （1）以最快的速度阅读教材P88~89的相关内容，用最简洁的语言把答案的要点写微型卡上。（4分钟）（看+想+做+微卡） （2）同桌交互浏览学习卡，补充完善。（1分钟）（听+讲+想+做+单元组+微卡） （3）4~6人小组合作交流，用喜欢的表达方式呈现在中卡上。（4分钟）（听+讲+做+表达呈现方式+中卡+动静转换） （4）小组代表上台展示成果。（6分钟）（想+讲+看+听+中卡）	任务三：思考——1. 靖难之役发生的背景、结果、实质是什么？ 2. 明成祖强化君权的措施有哪些？ （1）学生独立思考，把答案要点写在微型卡上。（3分钟）（看+想+做+微卡） （2）同桌交互，补充完善学习卡。（1分钟）（看+听+讲+想+做+微卡+单元组+动静转换） （3）代表发言。（2分钟）（讲+听+微卡） （4）老师精讲。（1分钟）（听+想）	1. 课堂小结：想一想，这节课我们有什么收获？ 2. 学生回答。（3分钟）（想+讲） 3. 投影出示本课的知识结构。（1分钟）（看+想） 4. 课堂练习。（5分钟）（看+做+讲） 5. 下课。
总评/注释：1. 老师通过多种途径吸引学生注意力，让学生主动参与学习，如激趣导入、自主学习、同桌交互、小组合作、动静转换等方式。2. 能把课标要求的基础知识进行细致和系统的学习，清晰地梳理了明朝加强君权的措施，帮助学生构建知识体系。3. 老师在教学中始终是一个向导，引导学生去想、去说、去做。					

教案总评

【概况】

《明朝君权的加强》是人教版七年级历史下册第三单元“经济重心的南移和民族关系的发展”下的内容。明朝是我国封建社会中央集权制度空前强化的时期，本节课通过与以往封建王朝加强中央集权、维护统治的措施与明朝的相关措施对比，概括出明朝加强君权的特点，培养学生用联系的观点综合分析、对比史实的能力。明朝君权的加强，在一定时间范围内和一定程度上，加强了多民族国家的统一，但同时，它也是中国封建社会逐步走向衰落在政治上的表现。

【亮点】

乐兴春老师的教案设计能根据课标精神、历史学科特点和七年级学生实际来确定教学目标，三维目标定位准确。教学流程比较清晰、完整，具有较强的操作性。这是一节要素组合课型，注意照顾学生的个性，既关注了学得快的学生，也关注了学得慢的学生。单元组合作学习根据实际内容设置，有同桌交流、4~6 人组合作等。七个要素轮换着用、组合着用，并突出“想”这个关键要素，给学生独立思考的时间和空间。注意组织调控课堂，把主动权交给学生，老师在教学中始终是一个向导，引导学生去想、去说、去做。

【不足及建议】

该教案也存在一些值得商榷的地方，提出修改意见如下：

1. 概况不够全面，表达不够规范。双目标的表达不够简洁，过于冗长繁杂，表述应尽量做到让人一目了然；目标主体应该是学生，在“导入”环节应该看到学生明确的学习目标。

2. 罗列要素表达不够规范，应该主要体现关键要素，而不是简单地罗列要素。时间安排上还可以更合理些，“明成祖的统治”这个内容设置了两个重要问题，实际上包含迁都北京的史实，内容不算少，只安排 7 分钟，时间很紧，不太切合实际。

3. 关键目标的强化次数不够。明太祖加强君权的措施在政治和文化方面都有体现，是本节课的重点和难点，强化次数仅 5 次，没有达标。此外，还可以根据学生实际进行多样化设计，这样会更符合学生的需求。

下面是修改后的教案，仅供大家参考学习。

（点评人：南宁市第 39 中学　黄雄姿）

教案（点评修改稿）

点评修改人：黄雄姿

<table>
<tr>
<td>日期：2014 年 9 月 24 日
学校：横县那阳镇一中
班级：七年级（4）班
执教：乐兴春
学科：历史
内容：明朝君权的加强</td>
<td>课后反思：
1. 用歌谣导入，激发了学生学习兴趣。</td>
<td>1、2 的内容比较简单学生比较容易掌握，所以主要是以自主学习为主。
3. 注意强调发言和倾听。</td>
<td>1. 自主学习，加强阅读归纳、概括的能力。
2. 小组交互＋合作，攀升强化次数，加强合作学习能力。
3、4、5 继续攀升强化次数，突出重点，突破难点。</td>
<td>1、2、3 加强阅读归纳、概括的能力和透过现象看本质的能力，但实际操作时发现学生的概括、归纳能力还有待提高。</td>
<td>1、2、3 通过谈收获、看知识结构图、课堂练习，随即检测和巩固所学知识。</td>
</tr>
<tr>
<td>教学素材</td>
<td>导入　2 分钟</td>
<td>明朝的建立　5 分钟</td>
<td>明太祖加强君权措施　15 分钟</td>
<td>明成祖的统治　10 分钟</td>
<td>小结演练　8 分钟</td>
</tr>
<tr>
<td>[教学目标]
1. 掌握基本史实：明朝的建立、加强君权的措施、靖难之役、迁都北京。
2. 加强阅读归纳概括能力和合作学习能力。
[教学重点] 明太祖加强君权的措施。
[教学难点] 八股取士。
[课型方式]要素组合方式。
[课时形态] 标准课。</td>
<td>1. 多媒体出示歌谣。
2. 提问导入：
——歌谣中的“朱皇帝”说的是谁？
——他是如何建立明朝的？
——他采取了哪些措施来巩固君权？
今天就让我们一起走进第 15 课《明朝君权的加强》。（看＋想＋讲）
3. 全班齐读学习目标。</td>
<td>任务一：阅读第一子目下第一段内容，找出明朝建立的时间、建立者、定都等内容。
1. 学生独立思考，把要点在课本上划出来。（看＋想＋做，1 分钟）
2. 代表发言。（讲＋听，1 分钟）
3. 一名学生复述，强调发言和倾听。（讲＋听，1 分钟）
4. 出示明朝建立的知识点，全班齐读，再次强化。（看＋讲）</td>
<td>任务二：思考——明太祖朱元璋采取了哪些加强君权的措施？（提示：从政治和文化方面思考）
1. 个人以最快速度阅读教材 P88~89 的相关内容，用最简洁的语言把答题要点写在微卡上。（看＋想＋做 ,3 分钟）
2. 四人小组交互浏览微卡，再用喜欢的表达呈现方式摘抄到中卡上。（看＋做＋小动，5 分钟）
3. 中卡展示，全班浏览。每人至少浏览 3 张中卡，注意查找缺漏。（看，2 分钟）
4. 自荐或推荐汇报，其他组质疑或补充。（讲＋听 ,5 分钟）
5. 老师相机精读、补讲、点讲。</td>
<td>任务三：思考——1. 靖难之役发生的背景、结果、实质是什么？ 2. 明成祖强化君权的措施有哪些？
1. 自行阅读，在课本勾画知识要点。（看＋想＋做，3 分钟）
2. 同桌交互，修改、补充、完善。（看＋听＋做＋小动，1 分钟）
3. 代表发言，其他同学补充。（讲＋听 ,5 分钟）
4. 老师适时精讲。（听）</td>
<td>1. 课堂小结，生谈这节课的收获。（想＋讲 ,2 分钟）
2. 投影出示知识结构，再次强化。（看 ,1 分钟）
3. 课堂练习。（想＋做，5 分钟）</td>
</tr>
<tr>
<td colspan="6">总评 / 注释：1. 教师通过多种途径吸引学生注意力，让学生主动参与学习，如激趣导入、自主学习、同桌交互、小组合作、动静转换等方式。2. 较好地落实了课标要求：细致系统地学习基础知识，清晰地梳理了明朝君权加强的措施，构建知识体系。3. 老师在教学中始终是一个向导，引导学生去想、去说、去做。</td>
</tr>
</table>

历史《开元盛世》

教案（原稿）

第3课《开元盛世》 学校：×× 姓名：×× 科目：历史 课型：要素组合 课时：1课时	1. 激发学生思考。 2. 激发学生学习兴趣。	1、2帮助学生养成良好的自学与合作的习惯。 3、4培养学生归纳知识、比较分析问题的能力。	1、3再次培养学生小组合作交流的能力，给学生提供自我表现的空间，使学生的个性得到张扬。	帮助学生掌握一些基本的历史发展线索。	1. 学生再次化巩固本节课的知识。 2. 让学生感受古代人民的创造才能。
教学要素	导入	环节一	环节二	环节三	结束
	3分钟	12分钟	20分钟	3分钟	7分钟
[教学目标] 1.掌握的“开元之治”和唐朝前期经济繁荣的表现。 2. 通过思考和概括开元时期农业和手工业的成就，培养学生归纳问题的能力。 3. 从“开元盛世”中感受古代人民的创造才能。 [教学重点]盛世经济繁荣的表现。 [教学难点]曲辕犁、筒车的结构原理。	1. 复习旧知：前一节课我们了解了唐朝的哪两位统治者？与他们相关的主要政绩各是什么？ 2. 导语：本节课我们接着去了解唐朝的另一位统治者及其统治时期出现的盛世局面。 3. 出示本节课的学习目标。 4. 检查学生倾听、关注、关照的情况，挤泡沫。	1. 学生阅读课文第12页的内容，思考：唐玄宗采取了什么措施来稳定政局？ 2. 同桌三人小组交流自学结果。 3. 检查、提问学生，在学生回答的基础上归纳唐玄宗采取的三点措施。 4. 六人小组讨论、分析：这个时期的唐玄宗和他的曾祖父唐太宗有哪些相同的地方？ 5. 指定2~3个小组汇报。（强化训练学生倾听、关注、尊重他人的习惯）	1. 梦回唐朝一：假如你是唐朝的一位农民，请你描述你一天的生产生活情况：你使用什么劳动工具？种什么？吃什么？喝什么？穿什么？用什么餐具？（六人小组合作） 2. 在学生描述的基础上归纳农业、手工业方面的成就。 3. 幻灯片展示曲辕犁、筒车的结构图。 4. 梦回唐朝二：假如你是唐朝的一位外交官，有外国使团到中国来，你作为导游，如何向他们介绍长安？你带他们去东市和西市，将介绍哪些品牌的产品给他们？	学生自主阅读课本第15页最后一段的小字部分，按“转折—瓦解—灭亡”的线索了解唐朝的衰亡过程。	1. 同桌三人小组合作，用自己喜欢的表达方式对本课的知识点进行梳理、小结。 2. 你说我说：学了本课之后，你有什么感受。

教案总评

【概况】

《开元盛世》是人教版七年级历史下册第一单元“繁荣与开放的社会”下的内容。本课以“开元盛世”为主题，主要介绍唐玄宗前期的一系列改革措施，其使唐朝开元年间出现了“开元之治”；盛世经济的繁荣包括农业、手工业和商业三个方面的成就。课标要求学生通过学习，认识到在唐玄宗统治前期时，唐朝进入了全盛时期，经济生产力水平超过了以往任何一个朝代，而且居于当时世界先进地位，从而激发自身的民族自豪感。

【亮点】

该教案整体思路比较清晰，通过复习旧知导入，明确学习目标后，又即刻进入新知的学习。能让学生带着问题去阅读课文，有目标有任务。对于重难点，注意利用人力资源来解决。注意运用比较学习法，比较唐玄宗和唐太宗，有利于分析评价历史人物。创设的情境“梦回唐朝”很有吸引力，激发了学生学习历史的兴趣。单元组合作学习，设置有三人组和六人组各两次，注意动静转换，保持课堂活力。

【不足及建议】

该教案存在的不足之处及修改意见如下：

1. 教案模板不规范。教学环节罗列为“环节一”“环节二”“环节三”“结束”，过于简单，建议用概括性语言描述每个环节要处理什么内容；重要的教学环节没有标明用时；方法策略后面没有标明使用的要素；设计意图没标明；概况不够全面，表述不够规范；课型和课时所处位置不对，应下移到重难点之后；课时表述不准确，不是“1 课时”，而是“标准课”。

2. 难点定位不够准确，根据课标要求，难点应该定位为“正确评价唐玄宗和农业工具的改进”，而不是仅仅局限于曲辕犁、筒车的结构原理，而且既然把曲辕犁、筒车的结构原理定位为难点，仅用幻灯片展示其结构图，是不足以突破难点的。

3. “导入”环节中，“复习旧知”和“导语”部分，更多的是描述教师讲什么，缺少对学生怎么学的交代。“检查学生倾听、关注、关照情况，挤泡沫”部分具体检查什么、怎么查，不明晰。建议教学流程的具体操作更多地关注学生学什么和怎么学，并且有相应的具体措施，增强可操作性和借鉴性。

4. “环节一”设置边阅读边思考，如果还要求边读边勾画，并规定时间和目标驱动，效果会更好，既培养了学生的阅读能力，又挤泡沫，防学生假看假思考。六人组讨论分析唐玄宗和唐太宗后，除了指定汇报外，还应补充质疑，老师相机精读、点讲、补讲，既攀升这个关键项的强化次数，又可以给学生更多展示的平台，从而更好地突破这个难点。

5.“环节二”的“梦回唐朝二”，如果在原有基础上能再回到今天的西安，让学生联系实际谈古论今，也许能更强烈地激发学生的兴趣并持久地延续下去，甚至转化为动机和效应。

6.“环节三”安排学生自主阅读，了解唐朝的衰亡过程，但读后怎么处理、怎么检测，没有具体交待。此外，3 分钟时间太紧，操作性不强。

7.“结束”部分提出“同桌三人小组合作，用自己喜欢的表达呈现方式对本课的知识点进行梳理、小结”，具体呈现在哪？中卡、大卡或者其他？如果交待清楚效果会更好。

虽然该教案存在比较多的问题，但这些问题比较典型，是很多初学者容易出现的问题，因此，特将这篇教案收录书中，希望经过点评，读者从中有所收获。另外，为了更好地达成教学目标，突出重点，突破难点，体现要素组合课型的核心要素“想”和“做”，应充分利用学生人力资源，运用 5J、5F 组织调控课堂，把主动权真正交给学生。下面呈现的教案是这篇课文的另一种教学设计，该设计能显著地表达主流要素，适时安排动静转换，操作的方法策略较为具体，教案的操作性和借鉴性都较强。其仅供大家学习参考，不足之处欢迎批评指正。

（点评人：南宁市第 39 中学　黄雄姿）

教案（点评修改稿）

点评修改人：黄雄姿

教学要素	复习导入 3分钟	梳理知识 20分钟	答疑解惑 10分钟	小结练习 8分钟
日期：2014年9月24日 学校：南宁市第39中学 班级：七年级146班 执教：黄雄姿 学科：历史 内容：开元盛世	1. 学习中国古代史必须熟悉中国的朝代。 2. 温故而知新——前测。 3. 明确目标，学有方向。	1、2、3把主动权交给学生，力求体现学生的主体地位。 2、3流程性检测是必不可少的。 3. 加强学生归纳问题的能力，使其敢于大胆质疑，善于倾听和补充。 4. 老师随时扮演救场的角色，关键时刻隆重登场。	1、2、3培养学生大胆质疑、分析归纳解决问题的能力。 2、3充分利用人力资源，共同解决问题。 4. 学会查阅资料。 ▲要有预设，便于突出重点，突破难点。	1. 构建知识网络，攀升强化次数。 2. 当堂完成练习，检测并巩固知识。 3. 老师要做预设，做到心中有数。 4. 首尾背书，养成识记历史的好习惯。
[学习目标] 1. 知道唐玄宗和“开元盛世”、盛世经济的繁荣。 2. 感受古代人民的创造才能，初步掌握归纳问题的能力。 [教学重点]开元盛世。 [教学难点]正确评价唐玄宗和农业工具的改进。 [课型方式]要素组合。 [课时形态]标准课。	1. 背诵朝代：夏、商、西周、春秋战国、西汉、东汉、三国、西晋、东晋、南北朝、隋、唐，作为学科文化约定。（想＋讲） 2. 复习第2课“贞观之治”，随即转入新课题：第3课“开元盛世”。（想＋讲） 3. 全班齐读学习目标。（看＋讲）	1. 生自主阅读课文，依据相关提示（如下框所示），勾画知识要点。（看＋想＋做，6分钟） 2. 四人组交互检查，修改补充。（讲＋做，4分钟） 3. 自荐或随机点名2~3个单元组汇报，全班分享，其他组补充或质疑。（讲＋听＋想，8分钟） 4. 老师相机精讲、点讲、补讲。（听） 一、“开元之世” 1. 唐玄宗的改革措施 2. 唐玄宗“开元之治” 二、盛世经济的繁荣 1. 农业 2. 手工业 3. 商业 三、唐朝的衰亡 1. 原因 2.“安史之乱” 3. 唐末农民起义 4 唐朝灭亡	1. 每生质疑1~2个问题，微卡呈现。（想，1分钟） 2. 四人组讨论，学生解决能解决的问题。（讲＋听，3分钟） 3. 单元组不能解决的问题，卡条呈现，全班解答。（想＋讲＋听，5分钟） 4. 全班不能解决的问题，老师解答或布置学生课后查相关资料，下一节课解答。（听，1分钟） ▲老师预设的问题： 1. 比较评价唐太宗、唐玄宗。 2. 比较贞观之治、开元之治。 3. 曲辕犁、筒车的先进之处是什么？ ……	1. 课堂小结：老师构建知识网络图，学生复述。（想＋讲，2分钟） 2. 课堂练习：独立完成《同步指导》P6~7，对照参考答案自行修正。（想＋做，5分钟） 3. 如有难题或有必要，老师要根据实际情况进行点讲。（听） 4. 全班齐背本课课题＋标题。
总评／注释：				

历史《昌盛的秦汉文化》

教案（原稿）

概况	日期：2014 年 10 月 28 日 学校：南宁市兴宁区第一初级中学 内容：昌盛的秦汉文化（一）（二） 课型方式：平台互动方式			授课人：韦绍文 班 级：七年级 1401、1402 班 学 科：历史（七年级上册） 课时形态：标准课	
目标	1. 系统了解秦汉时期的科技、医学、宗教和雕塑艺术的成就。 2. 学习秦汉辉煌的文化成就，增强民族自尊心和培养爱国情操。				
重难点	教学重点：造纸术的发明和改进；宗教传播的原因和影响；兵马俑的艺术成就。 教学难点：增强民族自尊心和培养爱国情操。				
流程性检测		内容提要	时间	方法＆策略	反思＆评价
前测	复习旧知，检测学生对以前相关知识的掌握情况。（随机提问＋背诵＋肢体语言）	一、导入新课 1. 背诵前一篇课文的课题＋标题。 2. 以秦汉两位著名的皇帝作为学科文化约定，切入本课。 3. 明确学习目标。	4 分钟	一、复习导入 1. 随机提问。 2. 学科文化约定。 停止活动：秦王—汉武。 收组约定：秦始皇，扫六合。筑长城，郡县制。汉武帝，开盛世。破匈奴，通西域。（记忆速度：用图文结合的方法帮助记忆，可以提升 30%~60% 的效率，3 分钟） 3. 全班齐读学习目标。	学科文化约定既涵盖了本单元重要的历史知识，又能激发学生的学习兴趣。
中测	平台一（标准性平台）第三至五步（设计强化次数 10 次）。 检测内容：秦汉时期的文化成就。 检测方法：提问＋汇报＋质疑补充＋背诵＋肢体语言＋课堂练习。	二、学习新知 梳理课文知识。 关键项：秦汉文化 8 个向度： 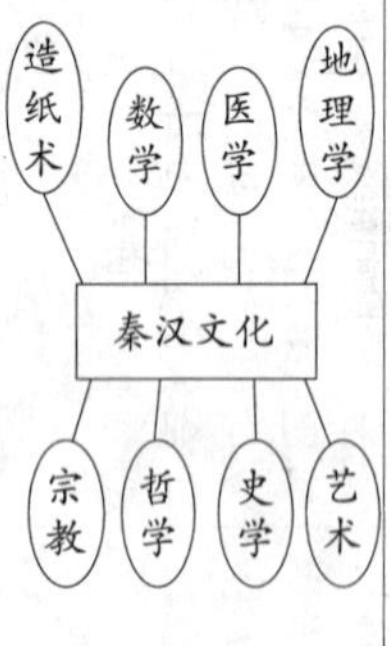 	17 分钟	二、构建平台一（标准性平台） 第一步：出示关键项“秦汉文化”。 第二步：同时呈现多向度平台。 向度 1：造纸术 向度 2：数学 向度 3：地理学 向度 4：医学 向度 5：宗教 向度 6：哲学 向度 7：史学 向度 8：艺术 第三步：快速阅读课文，自由选择 3 个以上向度独立思考，写在小卡上。（阅读速度：经过训练后可达到 600 字 / 分钟，书写速度：经过训练后可达到 30 字 / 分钟，两篇课文约 1500 字，写小卡约 30 字，5 分钟） 四人组自由选择 3~5 个向度进行探究，中卡呈现，组内共享。（小动＋防空讲，合作速度：小组 5 秒成组，写中卡约 80 字，3 分钟） 第四步：交互与强化次数设计。 小组间交流传阅中卡，至少看 3 个组，自荐或推优汇报，其他组质疑补充。（小动＋防形式单一，阅读速度：600 字 / 分钟，看 3 个组即 3 张中卡约 240 字；讲的速度：150~180 字 / 分钟，6 分钟） 第五步：教师点讲、补讲。（防泡沫，3 分钟）	梳理基础知识这个环节能照顾到不同层次的学生。查找课文知识，符合历史学科的学习方法。学生做中学，突出教学重点。

	平台二（倒置性平台）第二至七步（设计强化次数12次）。检测内容：秦汉时期其他文化成就。检测方法：板卡使用+全班浏览+汇报+质疑补充+背诵+肢体语言。	三、探究历史 出示一个开放性素材。 预设向度有： 向度1：文学 向度2：音乐 向度3：舞蹈 向度4：科技 向度5：建筑 向度6：雕塑 向度7：民俗 向度8：服饰 …… 由此，学生搭建一个倒置性平台。	20分钟	三、构建平台二（倒置性平台） 第一步：出示开放性素材，关于秦汉文化，除了本课内容以外，你还想探究哪些方面的内容？（预设向度如“内容提要”栏所示） 第二步：学生提出向度，用微型卡呈现。（防泡沫,2分钟） 第三步：汇集，八人组交互，筛选出1~2个向度，用卡条展示。（小动+防形式单一，合作速度：大组10秒成组,4分钟） 第四步：整理成标准形态的平台，向度为学生民主筛选出来的最想探究的内容，7~10个为宜。（防以生为敌,2分钟） 第五步：八人组自由选择1~2个向度进行探究，用大卡呈现。（防空讲，合作速度：大组10秒成组，书写速度:30字/分钟，写大卡约100字，加讨论,5分钟） 第六步：交互与强化次数设计。 大卡展示，全班浏览，至少看4张卡，自荐或推优2个组汇报，其他组质疑补充。（大动+防泡沫，阅读速度:600字/分钟，看4张卡即400字；讲的速度:150~180字/分钟,2个组汇报约200字,5分钟） 第七步：教师点讲、补讲。（2分钟）	问题设计有梯度，不同能力层次的学生都能完成任务。 师交出主动权，学生学会探究历史的基本方法。利用人力资源归纳历史知识中横向和纵向之间的联系。 让学生做中学，动中学，突出教学难点，培养其历史思维能力。 回归教学目标，巩固所学知识，再次攀升强化次数，有效地提高了课堂效率。
后测	强化次数约12次，原则上可以不布置作业。	四、练习巩固 小结本节课所学知识，形成知识网络图。	4分钟	四、练习巩固 1.学生小结本节课所学知识，全班背诵本课知识要点。（记忆速度：用图文结合的方法帮助记忆，可以提升30%~60%的效率，根据知识网络图识记,2分钟） 2.课堂练习。（2分钟）	
备注或总评：本节课用一节课的时间完成两节课的教学内容，按照平台互动课型的基本流程和步骤操作进行。通过“三测”了解学生的课堂学习情况，运用5J、5F、5S、5L组织和调控课堂，学生的学习积极性很高。紧扣MS-EEPO大综合第四套的要求，教学流程清晰、完整，能有效地处理关键知识点，攀升强化次数，提高课堂效率，从而能比较顺利地完成教学任务。					

教案总评

【概况】

《昌盛的秦汉文化》是人教版七年级历史上册第三单元“统一国家的建立”下的内容，共两篇课文。其主题是秦汉文化，包括科技、医学、宗教、思想、史学和艺术等方面的成就，是昌盛的秦汉文化，所谓“昌盛”，即兴旺、兴盛的意思，可见秦汉文化在整个历史发展过程中的特殊地位。

【亮点】

韦绍文老师《昌盛的秦汉文化》的教案设计，教学目标明确，符合课程标准的要求，符合七年级学生的认知特点和发展要求，内容提要和方法策略紧扣教学目标开展。教案能够按照MS–EEPO板块结构Ⅱ型备课方式的基本要求进行设计，内容提要和方法策略能够区分清楚，重点突出流程性检测，对“三测”的表述比较清晰明白。

这是一节平台互动课，教学内容是两篇课文，即用一节平台互动课上两个课时的内容，这恰恰体现了平台互动课型的功能：能处理高难度、高速度、大容量的问题，同时也体现出教师对教材的个性化处理，使教学既基于教材，又跳出教材，对学生有思维向度和功能转换度的训练。整个教学设计按照平台互动课型的基本流程和步骤操作，筛选关键项准确，构建了两个多向度平台。第一个是标准性平台，以“秦汉文化”为关键项；第二个是倒置性平台，关键项是一个开放性的问题：“关于秦汉文化，除了本课内容以外，你还想探究哪些方面的内容？”这两个平台都符合多向度、自由度和相对平行的三个判定原则，能充分发挥教师和学生的积极性。

教案设计交互充分，形式多样，把学习主动权交给学生。预设有教师的点讲、精讲、补讲，教师根据学生交流讨论回答的实际和对关键项的掌握情况，决定哪些应该精讲，哪些应该补讲，注意防以生为敌。教学设计有梯度，照顾绝大多数学生，学生参与面广；采用多要素、做中学、动中学和学生主动学习等方式对关键目标进行强化，强化次数大约有 12 次，符合要求，可以让不同层次的学生都能在原有的基础上有所提高。

教案较好地设计了前测、中测和后测，检测方式有单项方式也有组合方式，通过“三测”既可以了解学生的课堂学习情况，还可以及时调整课堂教学策略。

教案设计中清晰地呈现了 5J、5F、5S、5L，尤其是 5S、5L，由此可以推断所限定的时间合理与否。这样不仅可以调动学生的学习积极性，也可以较好地组织和调控课堂教学，提高课堂效率，可以预见教师能比较顺利地完成教学任务。

【不足及建议】

这篇教案还存在一些值得商榷的地方，提出修改建议如下：

1.“导入新课”环节：“背诵前一篇课文的课题 + 标题”中，如果背诵的课题和标题能呈现出来，则更有利于推断这个前测的内容与本课的关联度，这样效果会更好。

2.“练习巩固”环节：“内容提要”中“小结本节课所学知识，形成知识网络图”，对应的“方法策略”注明了“记忆速度：用图文结合的方法帮助记忆，可以提升 30%~60% 效率，根据知识网络图识记 ,2 分钟”，要让人相信 2 分钟就能记住这节课所学的知识，最好的办法就是在教案中呈现这个知识网络图，大家试试便知真假。

3.“练习巩固”环节：“课堂练习”，如果在教案中呈现具体的练习或练习的题型效果会更好。建议设计的学习卡、精选的练习等，能随教案一起呈现，这样能让人一目了然，可操作性更强，

（点评人：南宁市第 39 中学　黄雄姿）

教案（点评修改稿）

点评修改人：黄雄姿

概况	日期：2014年10月28日（二）　授课人：韦绍文 学校：南宁市兴宁区第一初级中学　班级：七年级1401、1402班 内容：昌盛的秦汉文化（一）（二）　学科：历史（七年级上册） 课型方式：平台互动方式　课时形态：标准课
目标	教学目标： 1. 系统了解秦汉时期的科技、医学、宗教和雕塑艺术的成就。 2. 学习秦汉辉煌的文化成就，增强民族自尊心和培养爱国情操。 教学重点：造纸术的发明和改进；宗教传播的原因和影响；兵马俑的艺术成就。 教学难点：增强民族自尊心和培养爱国情操。

流程性检测		内容提要	时间	方法&策略	反思&评价
前测	复习旧知，检测学生对以前相关知识的掌握情况。（随机提问+背诵+肢体语言）	一、导入新课 1. 背诵前一篇课文的课题+标题。 （点评：如果背诵的课题和标题能呈现出来，则更有利于推断该前测内容与本课的关联度） 2. 以秦汉两位著名的皇帝作为学科文化约定，切入本课。 3. 明确学习目标。	4分钟	一、复习导入 1. 随机提问。 2. 学科文化约定。 停止活动：秦王—汉武。 收组约定：秦始皇，扫六合。筑长城，郡县制。汉武帝，开盛世。破匈奴，通西域。（记忆速度：用图文结合的方法帮助记忆，可以提升30%~60%的效率，3分钟） 3. 全班齐读学习目标。	学科文化约定既涵盖了本单元重要的历史知识，又能激发学生的学习兴趣。
中测	平台一（标） 第3~5步（强化次数设计10次） 检测内容：秦汉时期的文化成就 检测方法：提问+汇报+质疑补充+背诵+肢体语言+课堂练习。	二、学习新知 梳理课文知识。 关键项：秦汉文化 8个向度： 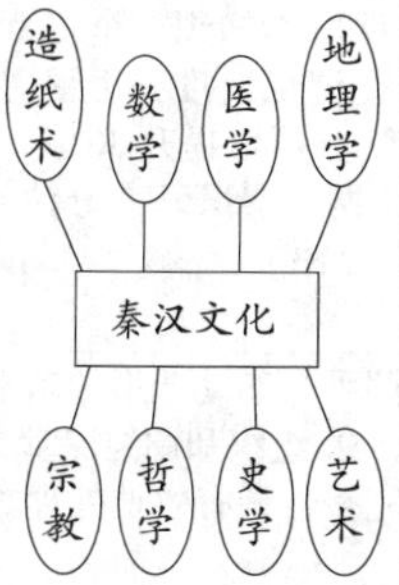	17分钟	二、构建平台一（标准性平台） 第一步：出示关键项 “秦汉文化” 第二步：同时呈现多向度平台 向度1：造纸术 向度2：数学 向度3：地理学 向度4：医学 向度5：宗教 向度6：哲学 向度7：史学 向度8：艺术 第三步：快速阅读课文，自由选择3个以上向度独立思考，写在小卡上。（阅读速度：经过训练后可达到600字/分钟，书写速度：经过训练后可达到30字/分钟，两篇课文约1500字，写小卡约30字，5分钟） 四人组自由选择3~5个向度进行探究，中卡呈现，组内共享。（小动+防空讲，合作速度：小组5秒成组，写中卡约80字，3分钟） 第四步：交互与强化次数设计。 小组间交流传阅中卡，至少看3个组，自荐或推优汇报，其他组质疑补充。（小动+防形式单一，阅读速度：600字/分钟，看3个组即3张中卡约240字；讲的速度：150~180字/分钟，6分钟） 第五步：教师点讲、补讲。（防泡沫，3分钟）	梳理基础知识这个环节能照顾到不同层次的学生。查找课文知识，符合历史学科的学习方法。学生做中学，突出教学重点。 （点评：5S、5L标注显著）

续表

	平台二（倒置性平台） 第二至七步（设计强化次数12次） 检测内容：秦汉时期其他文化成就 检测方法：板卡使用＋全班浏览＋汇报＋质疑补充＋背诵＋肢体语言	三、探究历史 出示一个开放性素材。 预设向度有： 向度1：文学 向度2：音乐 向度3：舞蹈 向度4：科技 向度5：建筑 向度6：雕塑 向度7：民俗 向度8：服饰 …… 由此学生搭建成一个倒置性平台。	20分钟	三、构建平台二（倒置性平台） 第一步：出示开放性素材，关于秦汉文化，除了本课内容以外，你还想探究哪些方面的内容？（预设向度如“内容提要”栏所示） 第二步：学生提出向度，用微型卡呈现。（防泡沫，2分钟） 第三步：汇集，八人组交互，筛选出1~2个向度，用卡条展示。（小动＋防形式单一，合作速度：大组10秒成组，4分钟） 第四步：整理成标准形态的平台，向度为学生民主筛选出来的最想探究的内容，7~10个为宜。（防以生为敌，2分钟） 第五步：八人组自由选择1~2个向度进行探究，用大卡呈现。（防空讲，合作速度：大组10秒成组，书写速度：30字／分，写大卡约100字，加讨论，5分钟） 第六步：交互与强化次数设计。 大卡展示，全班浏览，至少看4张卡，自荐或推优2个组汇报，其他组质疑补充。（大动＋防泡沫，阅读速度：600字／分钟，看4张卡即400字；讲的速度：150-180字／分钟，2个组汇报约200字，5分钟） 第七步：教师点讲、补讲。（2分钟）	问题设计有梯度，不同能力层次的学生都能完成任务。 师交出主动权，学生学会探究历史的基本方法。 利用人力资源归纳历史知识中横向和纵向之间的联系。 让学生做中学，动中学，突出教学难点，培养其历史思维能力。
后测	强化次数约12次，原则上可以不布置作业。	四、练习巩固 小结本节课所学知识，形成知识网络图。	4分钟	四、练习巩固 1. 学生小结本节课所学知识，全班背诵本课知识要点。（记忆速度：用图文结合的方法帮助记忆，可以提升30%~60%的效率，根据知识网络图识记，2分钟） 2. 课堂练习。（2分钟）	回归教学目标，巩固所学知识，再次攀升强化次数，有效地提高了课堂效率。
备注或总评：本节课用一节课的时间完成两节课的教学内容，按照平台互动课型的基本流程和步骤操作进行。通过“三测”了解学生的课堂学习情况，运用5J、5F、5S、5L组织和调控课堂，学生的学习积极性很高。紧扣MS–EEPO大综合第四套的要求，教学流程清晰、完整，能有效地处理关键知识点，攀升强化次数，提高课堂效率，从而比较顺利地完成教学任务。					

建议在教案中呈现这个知识网络图以及课堂练习的题目，以供观者借鉴

历史《中外的交往与冲突》

教案（原稿）

<table>
<tr><td colspan="2">概况</td><td colspan="4">时间：2014 年 6 月　设计者：张冬森　单位：玉州区教研室　内容：第 16 课《中外的交往与冲突》　学科：初中历史 学段：七年级第二学期
主要课型方式：平台互动方式　课时形态：1 课时</td></tr>
<tr><td rowspan="2">目标</td><td>目标 1</td><td colspan="4">概述明朝对外交往与冲突的史实，在合作探究中展示个性，在多种表达呈现中发挥创造性。</td></tr>
<tr><td>目标 2</td><td colspan="4">概述郑和下西洋、戚继光抗倭的史实（课标要求），了解葡萄牙攫取澳门居住权的情况，掌握明朝对外关系的概况。通过对本课基本知识的学习，培养学生综合分析历史问题、识图、评价历史人物和合作探究等能力，张扬个性，发挥创造性。感受和发现郑和、戚继光两位历史人物的人格魅力，增强民族自信心、自豪感和危机感。
重点：郑和下西洋、戚继光抗倭。
难点：本课涉及的空间概念较多，如果学生在世界历史、地理方面的储备不足，加上古今地名叫法不一致，会给学生的学习带来不便。</td></tr>
<tr><td colspan="2">检测</td><td>内容提要</td><td>时间</td><td>教学流程 & 方法策略</td><td>反思 / 评价</td></tr>
<tr><td>前测</td><td>在 1.1 检测学生对郑和、戚继光的了解情况。</td><td rowspan="2">一、导入新课，明确目标
展示图片，检测学生对郑和、戚继光的了解情况。

二、合作学习，掌握史实（标准性平台）
关键项：学习郑和下西洋、戚继光抗倭、葡萄牙攫取澳门居住权等基本史实。
出示向度：原因 / 背景、目的、时间、地点、人物、经过 / 内容、条件、结果、意义/影响/作用、评价。</td><td>第 1 分钟</td><td>1. 前测 + 课题 + 目标
1.1 展示与郑和有关的图片以及戚继光头像，要求听说过或了解这两位人物的学生举手示意。（前测，如果大部分学生了解，在讲述主要内容时少讲；反之则细讲）
1.2 板书课题，屏显目标，指导学生抓住“概述”“了解”“掌握”等词快速浏览目标。（看速训练、不足 300 字，限时 30 秒）</td><td rowspan="2"></td></tr>
<tr><td>中测</td><td>中测 1：在 2.3.3 检测学生对郑和下西洋、戚继光抗倭基本史实的掌握情况。</td><td>第 18~20 分钟</td><td>2. 基本史实（标准）+ 中测 1
抓住知识点构建标准性平台：学习郑和下西洋、戚继光抗倭、葡萄牙攫取澳门居住权等基本史实。
操作流程如下：
2.1 出示关键项：郑、戚、葡的基本史实。
2.2 出示向度（见内容提要），学生自由选择 3~5 个向度快速阅读课文，并在相应的内容下用相应的符号作好记录，善思者重点研究条件和评价这两个角度。完成后用“OK”手势示意（看速和记速训练，近 3000 字，限时 5 分钟 +1 分钟缓冲，区域文化约定）。
2.3 交互 + 强化次数攀升。
2.3.1 组成六人小组，要求小组内进行简单的分工合作，把基本史实的关键词写在中卡上（防空 + 写速训练、约 60 字，加讨论，限时 4 分钟）。
2.3.2 交互 2：就近交换四个小组的中卡，补充完善别人的小卡，自己做笔记。师巡堂随机抽查（防假，限时 4 分钟）。
2.3.3 交互 3：不看资料完成学习卡（小卡 + 写速，约 100 字，加思考，限时 3 分钟）。师屏幕显示郑、戚、葡的知识网络，同桌互改，手指示意对错情况（中测 1：5 全对，4 对 80%，3 对 60%……班级文化约定）。
2.4 精讲：根据中测情况确定精讲的程度（预设），结合人物图片、历史地图重点讲述郑、戚的史实，结合澳门回归图片拓展澳门从被占到回归的知识，同时板书“郑和下西洋”“戚继光抗倭”。（防空）</td></tr>
</table>

续表

	中测 2：在 3.3.3 检测学生应用郑、戚的史实解决问题的能力。	三、思维训练，巩固强化（倒置性平台） 关键项：最擅长的记忆方法。 预设向度：诗歌、对联、顺口溜、文字表达、图文表达、肢体演绎、情景故事、漫画等多样性的表达呈现。	第 40~42 分钟	3. 巩固强化（倒置）+ 中测 2 抓住能力点构建倒置性平台：记忆关键知识的方法。 3.1 出示开放性问题：用自己最擅长的记忆方法记忆郑、戚的基本史实。学生自由发言后，师生共同归纳出诗歌、对联等向度（见内容提要，防单）。 3.2 学生团队自由选择一个向度，有图、字呈现的要用大卡或板卡呈现。（4 分钟 +1 分钟） 3.3 交互 + 强化次数攀升。 3.3.1 各团队自荐本团队的记忆特点（说速训练，限时 30 秒 / 团队，共 5 分钟）。 3.3.2 选 2~3 个团队代表呈现，要求呈现的团队成员吐词清晰，表达简洁明了，其他同学适当做笔记（说速 + 写速，时控，按 5 分钟 +3 分钟 +2 分钟的时间，共 10 分钟），师在团队呈现过程中适时补充。 3.3.3 屏幕显示 1 道综合本课基本内容而成的材料分析题，生独立写在微卡上，同桌互检，手指示意对错情况（中测 2：5 全对，4 对 80%，3 对 60%……班级文化约定），如果大部分学生正确则布置拓展思维的题目，如果大部分学生不正确，则在拓展练习的基础上布置基础练习。	
后测	后测：对郑、戚基本史实的强化次数大概 16 次。	四、思想升华，后续拓展	第 45 分钟	4.1 思考"郑和、戚继光的哪些品质值得你学习"，在二人小组内交流后，请 2~3 个同学分享。（防与学生为敌） 4.2 屏显本课知识网络，师生一起回顾本课学习的内容，归纳出中外交往与冲突的表现、时间、方式，师板书（见板书设计）。 4.3 拓展延伸（有时间可先交流，无时间则作为后续作业，任选一题）：小论文（1000 字），"郑和下西洋对解决中国南海问题的启示""戚继光抗倭给中国海防的启示"。 4.4 后续作业（预留，视检测情况而定，学有余力的学生可以做）：5 道选择题 +1 道材料题（大板准备，留存在教室）。	

板书设计：

一、郑和下西洋

①目的：为了加强__________。②时间：____年至____年。③人物：________。

④经过：次数——先后____次；到达范围——到达____三十多个国家和地区，最远到达________沿岸和________东海岸。

⑤作用：促进了中国和亚非各国的________，加强了我国和亚非各国的________。

⑥地位：比欧洲航海家的远航早____多世纪；郑和是我国也是世界历史上的伟大________。

二、戚继光抗倭

①倭寇是指____：　　　　。

②抗倭地点：在____九战九捷，荡平____的倭寇；后转战____、____配合作战。

三、葡萄牙攫取澳门居住权

____年，________攫取了我国________的居住权。

学习卡设计：

第 16 课　中外的交往与冲突

	交往	冲突
（时间）	明朝前期	明朝中后期
（方式）	主动友好	被动侵略
（事件）	郑和下西洋	戚继光抗倭 葡萄牙攫取澳门居住权

教案总评

【概况】

历史是义务教育阶段的必修课。通过学习历史，学生可以掌握历史的基本知识和技能，初步了解人类社会历史发展的基本过程，逐步学会用历史唯物主义观点分析、解决问题，增强爱国主义情感，树立民族自尊心和自信心，学习和继承人类的传统美德，从人类社会历史发展的曲折历程中理解人生的价值和意义，逐渐形成正确的世界观、人生观和价值观。《中外的交往与冲突》是人教版七年级历史下册第三单元“经济重心的南移和民族关系的发展”中的内容。课标要求学生通过学习本课，了解郑和下西洋、戚继光抗倭、葡萄牙攫取澳门居住权等基本史实，掌握明朝对外关系的概况，培养识图、观察分析史料的能力，初步形成正确的人生观和健全的人格。本教案能围绕基本史实，从概述、了解到掌握的步骤，有效地引导和落实知识技能、过程方法、情感态度价值观。

【亮点】

该教案能根据课标精神、历史学科特点、初一学生特点和实际情况，比较准确地确定学习目标。本教案用MS–EEPO板块结构Ⅱ型备课方式呈现，教学流程清晰、完整，具有较强的操作性，教学内容设计比较恰当、合理；按照平台互动课型的基本流程和操作步骤，有效地处理关键知识点，对关键知识通过活动中学、做中学、有效的交互和前测、中测、后测等，有效地攀升强化次数；运用5J、5F、5S、5L有效地组织和调控课堂，把主动权交给学生，让学生积极主动地参与课堂教学，有效地提高课堂学习效率。

平台互动方式能有效地处理知识点、考点、重点、难点，是处理主动权、多向度、思维向度、扩展演化的优化方式；是处理大容量、高难度、高速度等若干关键问题的主要方式。本教案既有对基本史实的学习，也有对分析问题能力的培养，是一节要处理大容量、高难度、高速度等若干关键问题的课。本教案围绕关键项出示多向度：原因/背景、目的、时间、地点、人物、经过/内容、条件、结果、意义/影响/作用、评价等，让学生可以在众多向度中选择适合自己的学习向度，基本上能满足有不同优势、特征的学生，让有不同学习优势的学生都能发挥特长进行学习，在课堂上照顾到了大多数学生的学习。

本教案，为了有效强化所学知识，设计了诗歌、对联、顺口溜、文字表达、图文表达、肢体演绎、情景故事、漫画等多种表达呈现方式，有效地强化了知识的学习和思维的拓展，强化方式和强化次数均达到相关要求。

【不足及建议】

1. 建议在前测中加上对学生学习方式内容的检测，如单元组、约定、团队等，这样教案会更完善。

2.5L 应该有指标参数，这样学生只要看到这个参考值，就会自然而然地往这个方向驱动，最终达到目标，这就叫目标驱动。建议将“初中生看的速度：600 字 / 分钟；写的速度：30 字 / 分钟”等这些内容清晰地呈现在教室中。

3．“思想升华，后续拓展”环节中的“屏幕显示本课知识网络，师生一起回顾本课学习的内容……师板书”，建议改为“学生先思考本节课学习了哪些内容，用小卡书写，师再知识网络”，这样学生学习知识就是顺势完成，而不是老师“给”，同时也培养了学生的归纳总结能力。

（点评人：广西教育学院　覃明勇；南宁市第 39 中学　黄雄姿）

教案（点评修改稿）

点评修改人：黄雄姿、覃明勇

概况		时间：2014 年 6 月 执教者：张冬森 单位：玉州区教研室 内容：第 16 课 中外的交往与冲突 学科：初中历史 学段：七年级第二学期 主要课型方式：平台互动方式 课时形态：1 课时			
目标	目标 1	概述明朝对外交往与冲突的史实，在合作探究中展示个性，在多种表达呈现中发挥创造性。			
	目标 2	概述郑和下西洋、戚继光抗倭的史实（课标要求），了解葡萄牙攫取澳门居住权的情况，掌握明朝对外关系的概况。通过对本课基本知识的学习，培养学生综合分析历史问题、识图、评价历史人物和合作探究等能力，张扬个性，发挥创造性。感受和发现郑和、戚继光两位历史人物的人格魅力，增强民族自信心、自豪感和危机感。 重点：郑和下西洋、戚继光抗倭。 难点：本课涉及的空间概念较多，如果学生在世界历史、地理方面的储备不足，加上古今地名叫法不一致，会给学生的学习带来不便。			
检测		内容提要	时间	教学流程 & 方法策略	反思 / 评价
前测	在 1.1 检测学生对郑和、戚继光的了解情况。	一、导入新课，明确目标 展示图片，检测学生对郑和、戚继光的了解情况。	第 1 分钟	1. 前测 + 课题 + 目标 1.1 展示与郑和有关的图片以及戚继光头像，要求听说或了解这两位人物的学生举手示意。（前测，如果大部分学生了解，则在讲述主要内容时少讲；反之则细讲） 1.2 板书课题，屏显目标，指导学生抓住“概述”“了解”“掌握”等词快速浏览目标。（看速训练：600 字 / 分钟，不足 300 字，限时 30 秒）	本环节内容较多，安排 1 分钟应该不够，建议预留一些机动时间
中测	中测 1：在 2.3.3 检测学生对郑和下西洋、戚继光抗倭基本史实的掌握情况。 “三测”的表达呈现很到位，在实际中也操作得很好	二、合作学习，掌握史实（标准性平台） 关键项：学习郑和下西洋、戚继光抗倭、葡萄牙攫取澳门居住权等基本史实。 出示向度：原因 / 背景、目的、时间、地点、人物、经过 / 内容、条件、结果、意义 / 影响 / 作用、评价。	第 18~20 分钟	2. 基本史实（标准）+ 中测 1 抓住知识点构建标准性平台：学习郑和下西洋、戚继光抗倭、葡萄牙攫取澳门居住权等基本史实。操作流程如下： 2.1 出示关键项：郑、戚、葡的基本史实。 2.2 出示向度（见内容提要），学生自由选择 3~5 个向度快速阅读课文，并在相应的内容下用相应的符号作好记录，善思者重点研究条件和评价这两个角度。完成后用“OK”手势示意（看速和记速训练，近 3000 字，限时 5 分钟 +1 分钟缓冲，区域文化约定）。 2.3 交互 + 强化次数攀升。 2.3.1 交互 1：组成六人小组，要求小组内进行简单的分工合作，把基本史实的关键词写在中卡上（防空 + 写速训练 :30 字 / 分，约 60 字，加讨论，限时 4 分钟）。 2.3.2 交互 2：就近交换四个小组的中卡，补充完善别人的卡，自己做笔记。师巡堂随机抽查（防假，限时 4 分钟）。 2.3.3 交互 3：不看资料完成学习卡（小卡 + 写速，约 100 字，加思考，限时 3 分钟）。师屏幕显示郑、戚、葡的知识网络，同桌互改，手指示意对错情况（中测 1：5 全对，4 对 80%，3 对 60%……班级文化约定）。 2.4 精讲：根据中测情况确定精讲的程度（预设），结合人物图片、历史地图重点讲述郑、戚的史实，结合澳门回归图片拓展澳门从被占到回归的知识，同时板书“郑和下西洋”“戚继光抗倭”。（防空）	训练 5L，应给学生指标参数。初中生看的速度：600 字 / 分钟；写的速度：30 字 / 分钟。在教案中要像这样清晰地呈现出来，下同

	中测 2：在 3.3.3 检测学生应用郑、戚的史实解决问题的能力。	三、思维训练，巩固强化（倒置性平台） 关键项：最擅长的记忆方法。 预设向度：诗歌、对联、顺口溜、文字表达、图文表达、肢体演绎、情景故事、漫画等多样性的表达呈现。	第 40~42 分钟	3. 巩固强化（倒置）+ 中测 2 抓住能力点构建倒置性平台：记忆关键知识的方法。 3.1 出示开放性问题：用自己最擅长的记忆方法记忆郑、戚的基本史实。学生自由发言后，师生共同归纳出诗歌、对联等向度（见内容提要，防单）。 3.2 学生团队自由选择一个向度，有图、字呈现的要用大卡或板卡呈现。（4 分钟 +1 分钟） 3.3 交互 + 强化次数攀升。 3.3.1 各团队自荐本团队的记忆特点（说速训练，限时 30 秒 / 团队，共 5 分钟） 3.3.2 选 2~3 个团队代表呈现，要求呈现的团队成员吐字清晰，表达简洁明了，其他同学适当做笔记（说速 + 写速，时控，按 5 分钟 +3 分钟 +2 分钟的时间，共 10 分钟），师在团队呈现过程中适时补充。 3.3.3 屏幕显示 1 道综合本课基本内容而成的材料分析题，生独立写在微卡上，同桌互检，手指示意对错情况（中测 2：5 全对，4 对 80%，3 对 60%……班级文化约定），如果大部分学生正确则布置拓展思维的题目，如果大部分学生不正确，则在拓展练习的基础上布置基础练习。	此环节建议改为“学生先思考本节课学习了哪些内容，用小卡书写，师再呈现知识网络，共同修订”。这样学生学习知识就是顺势完成的，而不是老师“给”的
后测	后测：对郑、戚基本史实的强化次数大概 16 次。	四、思想升华，后续拓展	45 分钟	4.1 思考“郑和、戚继光的哪些品质值得你学习”，在二人小组内交流后，请 2~3 个同学分享。（防与学生敌） 4.2 屏幕显示本课知识网络，师生一起回顾本课学习的内容，归纳出中外交往与冲突的表现、时间、方式，师板书（见板书设计）。 4.3 拓展延伸（有时间可先交流，无时间则作为后续作业，任选一题）：小论文（1000 字），“郑和下西洋对解决中国南海问题的启示”“戚继光抗倭给中国海防的启示”。 4.4 后续作业（预留，视检测情况而定，学有余力的学生可以做）：5 道选择题 +1 道材料题（大板准备，留存在教室）。	

板书设计：

一、郑和下西洋的基本史实

①目的：为了加强________。②时间：____年至____年。③人物：________。

④经过：次数——先后____次；到达范围——到达____三十多个国家和地区，最远到达________沿岸和________东海岸。

⑤作用：促进了中国和亚非各国的________，加强了我国和亚非各国的________。

⑥地位：比欧洲航海家的远航早____多世纪；郑和是我国也是世界历史上的伟大________。

二、戚继光抗倭

①倭寇是指________________________________：　　　　。

②抗倭地点：在____九战九捷，荡平____的倭寇；后转战____、____配合作战。

三、葡萄牙攫取澳门居住权

____年，________攫取了我国________的居住权。

学习卡设计：

第 16 课　中外的交往与冲突

（时间）	明朝前期	明朝中后期
（方式）	主动友好	被动侵略
（事件）	郑和下西洋	戚继光抗倭 葡萄牙攫取澳门居住权

数学《相似三角形的判定（三）》

教案（原稿）

日期：2014 年 学校：三塘中学 授课人：覃山 班级：112 班 学科：数学 内容：相似三角形的判定（三）	2. 巩固上节课所学知识。 1. 开门见山地点出本节课学习目标。	1 和 2 通过讲解例子，使学生学会用两角法判别三角形相似。	4. 突出重点，突破难点。 3. 对知识点再次强化理解。 2. 激发学生解题的兴趣。 1. 培养学生解决问题的能力。	2. 巩固本节课所学知识。 1. 培养学生的归纳能力。
教学素材	导入　5 分钟	探究新知识　16 分钟	知识的应用　17 分钟	小结　2 分钟
[教学目标] 1. 能用“两角对应相等，两个三角形相似”的方法进行相似三角形的判定。 2. 能够运用三角形相似的条件解决简单的问题，从两个三角形相似的探索过程，进一步发展学生探究、交流的能力。 [教学重点] 三角形相似的判定方法 3“两角对应相等，两个三角形相似”。 [教学难点] 三角形相似的判定方法 3 的运用。 [课型方式]要素组合方式。 [课时形态] 标准课。	1. 出示学习目标，生齐读目标。（看） 2. 复习。 （1）生回忆已学过的三角形相似的判定方法。（1 分钟）（想 + 讲） （2）如图，△ ABC 中，点 D 在 AB 上，如果 AC^2=ADAB，那么 △ ACD 与 △ ABC 相似吗？说说你的理由。生 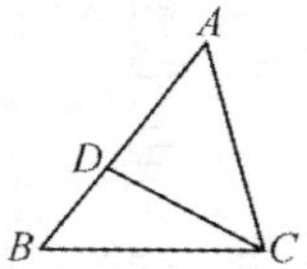 通过对式子 $AC^2=AD\cdot AB$，的变换，得到$\frac{AC}{AB}=\frac{AD}{AC}$，根据三角形相似的判定方法 2，得到两个三角形相似，师点评。（想 + 做）	1. 学习教材 P46 的探究 4。 如第（2）题的图所示，△ ABC 中，点 D 在 AB 上，如果 ∠ ACD= ∠ B，那么 △ ACD 与 △ ABC 相似吗？ 生独立思考 2 分钟，四人组合作学习探究 3 分钟，教师引导、点拨、分析 2 分钟。（想 + 听 + 讲） 2. 学习例题（教材 P46 例 2） （1）学生先独立思考 2 分钟；四人组再合作完成例题 3 分钟；请代表发言 2 分钟。（防假合作） （2）教师引导、点拨、分析 2 分钟。（听 + 讲）	1. 教材 P48 的练习 1、2。 2. 已知：如图，∠ 1= ∠ 2= ∠ 3，求证：△ ABC ∽ △ ADE。 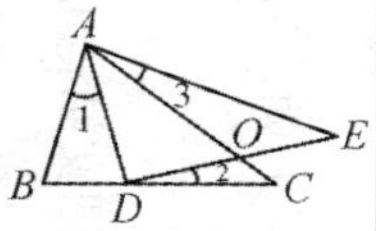 3. 下列说法是否正确，并说明理由。 （1）有一个锐角相等的两个直角三角形是相似三角形。 （2）有一个角相等的两个等腰三角形是相似三角形。 4. 学生先用 8 分钟独立做完 3 道题，单元组交互 3 分钟，每组至少写一题在大卡上 3 分钟，代表发言，教师精讲、补讲。（5 分钟）（想 + 做） 5. 师进行流程性检测。（防假听、防假合作）	1. 学生谈收获。 2. 作业：必做教科书 P56：12；选做教科书 P56：15。

教案总评

【概况】

《相似三角形的判定(三)》是人教版九年级数学上册的内容,是继“相似图形”“相似图形的性质”“相似三角形”知识点之后的内容,相似三角形的判定方法有三个,而本节课是第三个判断方法。判断内容是“两角对应相等,两个三角形相似”。

【亮点】

该教案运用 MS–EEPO 图文结构Ⅱ型备课方式进行教学设计,重视学生的主体地位,“看、听、想、讲、做、动、静”七个要素轮换着用,组合着用,教师交出主动权,注重流程性检测,不断攀升强化次数,突出了“想”与“做”这两个核心要素和关键要素。有意识地让学生在动中学,充分张扬了学生的个性,发挥了学生的主观能动性和创造性。通过单元组的交互顺利地解决了学习难点,另外,教师通过检测能及时掌握学生学习情况,使交互、练习等教学行为落到实处,大大提高了课堂效率。在学科知识方面,通过类比思想,根据相似三角形的前两个判定法则,归纳出相似三角形的判定三,知识的强化和运用符合数学的认知和学习规律,既能让学生在交流和合作中理解和掌握相似三角形的判定(三),又重视知识的运用,在训练中拓展学生思维向度,使学生能灵活运用该判定。

【不足及建议】

整篇教案还是可以做适当的修改,使之更符合 EEPO 有效教育操作系统,具体修改意见如下:

1. 七要素组合着用可以更加丰富,多要素转换可以缓解学生学习产生的疲劳,增加学生的主动性。

2. 方法和策略可以做适当的补充和变化,使教学设计更加清晰、有效。

3.MS–EEPO 有效教育系统名称的使用要准确、恰当,与理论知识更相符。

(点评人:南宁市兴宁区第一初级中学　黄佳宇)

教案（点评修改稿）

点评修改人：黄佳宇

教学素材	导入 5分钟	探究新知识 16分钟	知识的应用 17分钟	小结 2分钟
日期：2014年 学校：三塘中学 授课人：覃山 班级：112班 学科：数学 内容：相似三角形的判定（三）	2. 巩固上节课所学知识。 1. 开门见山地点出本节课学习目标。	1和2通过讲解例子，使学生学会用两角法判别三角形相似。	4. 突出重点，突破难点。 3. 对知识点再次强化理解。 2. 激发学生解题的兴趣。 1. 培养学生解决问题的能力。	2. 巩固本节课所学知识。 1. 培养学生的归纳能力。
[教学目标] 1. 能用“两角对应相等，两个三角形相似”的方法进行相似三角形的判定。 2. 能够运用三角形相似的条件解决简单的问题，从两个三角形相似的探索过程，进一步发展学生探究、交流的能力。 [教学重点]三角形相似的判定方法3“两角对应相等，两个三角形相似”。 [教学难点]三角形相似的判定方法3的运用。 [课型方式]要素组合方式。 [课时形态]标准课。	1. 出示学习目标，生齐读目标。（看＋讲） 2. 复习。 （1）生回忆已学过的三角形相似的判定方法。（1分钟）（想＋讲） （2）如图，△ABC中，点D在AB上，如果$AC^2=AD\cdot AB$，那么△ACD与△ABC相似吗？说说你的理由。 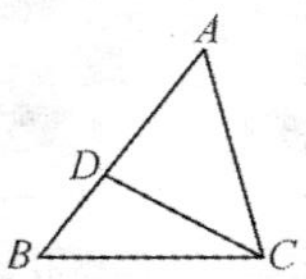 学生独立思考后，将理由写在小卡上，同桌交互补充，教师点评。（4分钟）（想＋做＋小卡＋动静＋讲＋防泡沫）	1. 学习教材P46的探究4。如第（2）题的图所示，△ABC中，点D在AB上，如果∠ACD=∠B，那么△ACD与△ABC相似吗？学生独立思考（2分钟）。四人组合作学习探究内容，将证明过程用中卡呈现，教师引导、点拨，生归纳证明方法。（想＋做＋听＋讲＋中卡＋动静+5J）（8分钟） 2. 学习例题（教材P46例2） （1）学生先独思考3分钟，同桌交互，代表发言。（想＋讲＋小动）（防以生为敌） （2）教师引导、点拨、分析。（2分钟）（听＋讲）	巩固训练： 1. 教材P48的练习1、2。 2. 已知：如图，∠1=∠2=∠3，求证：△ABC∽△ADE。 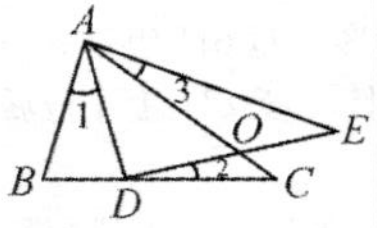 3. 下列说法是否正确，并说明理由。 （1）有一个锐角相等的两个直角三角形是相似三角形。 （2）有一个角相等的两个等腰三角形是相似三角形。 4. 学生先用8分钟独立做完3道题，单元组交互3分钟，每组至少写一题在大卡上3分钟，代表发言，教师精讲、补讲。（5分钟）（想＋做＋讲＋防形式单一） 5. 师进行流程性检测。（防空讲、防泡沫）	1. 学生谈收获。 2. 作业：必做教科书P56：12；选做教科书P56：15。

数学《不等式的性质》

教案（原稿）

<table>
<tr><td>概况：
学校：防城港市港口区公车镇中学授
课人：廖冠兴
班级：七年级（1）班
学科：数学
内容：9.1.2 不等式的性质（人教版）</td><td>1. 用相似知识引入课题，抓住学生的注意力。
2. 从简单问题入手，提高学生学习参与面，并能简化新知。
教学导入 4 分钟</td><td>1. 突出本节课的重点，同时将学习的主动权交给学生，让他们自主地获取新知。
2. 考查学生对新知的理解程度。
探索新知 17 分钟</td><td>1. 让学生合作讨论归纳出不等式性质的应用，加深对不等式解法的理解。
2. 巩固所学。
3. 归纳知识，提高理解能力。
运用新知 + 小结 21 分钟 +3 分钟</td></tr>
<tr><td rowspan="2">[双目标]
1. 学会观察、对比和归纳，探索不等式的性质，并能利用它们探究一元一次不等式的解法。
2. 引导学生探究不等式的性质，培养学生独立思考、合作学习的习惯。
[教学重点] 探究并掌握不等式的性质。
[教学难点] 利用不等式的性质解一元一次不等式。
[课型] 要素组合方式。
[课时] 标准课。</td><td>1. 回顾等式的性质。
2. 学生完成教科书第 116 页的“思考”。</td><td>1. 不等式的性质。
2. 练习：设 a > b, 用“>”或“<”填空：
（1）a+2__b+2
（2）a-3__b-3
（3）-4a__-4b
（4）a/2__b/2</td><td>1. 教科书第 117 页，例 1。
2. 教科书第 119 页，练习第 1、2 题。
3. 回顾本节内容。
①不等式的性质。
②解一元一次不等式。</td></tr>
<tr><td>1. 让学生思考 30 秒，然后提问个别学生。（想 + 讲）
2. 学生独立思考，完成后让个别学生发言回答，师生点评。（想 + 做 + 讲 + 防泡沫）</td><td>1.1 根据刚才的“思考”，分四人小组合作归纳不等式的性质。（想 + 讲 + 做 + 动静）
1.2 各组使用小卡展示成果，教师点评。
2. 提问个别学生，要求讲清楚为什么。（想 + 做 + 讲）</td><td>1. 二人小组合作讨论归纳解题方法，个别学生发言 + 流程性检测。（想 + 讲）
2.1 学生独立完成，使用小卡。
2.2 交互卡片，比较方法、答案。
2.3 个别学生展示，师生点评。
3. 二人小组讨论回顾 + 流程性检测。</td></tr>
</table>

教案总评

【概况】

本节课的主要内容是人教版数学七年级下册的知识，是“不等式”知识点的重点，学习它不仅能让学生为以后学习不等式解法、不等式的计算等知识打下坚实的基础，还能加深对不等式的认识，建立空间观念，发展思维，并能让学生在活动的过程中交流分享探索的成果，体验成功的乐趣，把代数转化为数轴，提高运用数学的能力。

【亮点】

该教案是按照 MS–EEPO 图文结构Ⅱ型备课方式的格式进行设计，教案总体设计思路清晰，基本能够按照要素组合的要求进行备课，运用了 5J、5F 及流程性检测。该教案通过类比等式的性质，并结合生活中的事例引导学生探索，获得不等式的三个性质；用数学符号表述不等式的性质，完成从具体到抽象的提升，展示代数的魅力；通过变式探索渗透分类讨论的思想方法，培养学生分析、解决问题的能力；从新课到练习都充分调动了学生的思考能力，并通过小组讨论锻炼学生的创造能力和合作能力。

【不足及建议】

1. 教案能够按照要素组合课型的要求进行教学，七要素轮换着用。但是没有很好地处理核心要素“想”和关键要素“做”，关键环节没有完全标注时间。

2. 本节课教师设计四次小动，无大动，不符合 7~13 分钟的规律，动静转换时机不合理。

3. 教师虽然运用了 5J、5F，但运用不够熟练，且大部分没有标注出来。

4. 内容提要和方法策略稍显简单。

（点评人：南宁市邕武路学校　赵冬冬；南宁市兴宁区第一初级中学　黄佳宇）

教案（点评修改稿）

点评修改人：黄佳宇、赵冬冬

学校：防城港市港口区公车镇中学 授课人：廖冠兴 班级：七年级（1）班 学科：初中数学 内容：9.1.2 不等式的性质	1. 复习旧知识引入课题，引起学生的注意。	1. 从简单问题入手，提高学生学习参与面，并能简化新知。 2. 突出本节课的重点，同时将学习的主动权交给学生，让他们自主地获取新知。 3. 考查学生对新知的理解程度。	1.1 让学生通过合作讨论，归纳出不等式性质的应用，加深对不等式解法的理解。 2. 巩固所学。	
教学素材	新课导入　2 分钟	探究新知　13 分钟	学以致用　18 分钟	小结　2 分钟
[教学目标] 1. 学会观察、对比和归纳探索不等式的性质，并能利用它们探究一元一次不等式。 2. 引导学生探究不等式的性质，培养学生独立思考、合作学习的习惯。 [教学重点] 探究并掌握不等式的性质。 [教学难点] 利用不等式的性质解一元一次不等式。 [课型方式] 要素组合。 [课时形态] 标准课。	一、引入 1. 回顾等式的性质。 2. 出示学习目标。	二、探究新知 1. 完成教科书第 116 页的“思考”。 2. 探究不等式的性质。 3. 练习巩固。 设 $a>b$, 用“>”或“<”填空： （1）$a+2$ __ $b+2$　（2）$a-3$ __ $b-3$ （3）$-4a$ __ $-4b$　（4）$a/2$ __ $b/2$	三、拓展提升 1. 教科书第 117 页，例 1。 2. 教科书第 119 页，练习第 1、2 题。 四 . 巩固练习 1. 出示学习卡（设计难易程度有梯度练习题）。	1. 小结。 2. 根据学生情况适当布置作业。
	一、引入 1. 提问 + 手势判断对错。（听 + 想，防泡沫） 2.PPT 出示学习目标，学生齐读。	二、探究新知 1.1 学生独立思考。 1.2 教师提问检测。 2.1 四人小组合作归纳不等式的性质，使用小卡展示成果，学生代表汇报。（想 + 讲 + 做 + 动静）（防泡沫）（6 分钟） 2.2 教师补充。（想 + 听） 3.1 学生独立完成，同桌交流。 3.2 提问 + 手势判断对错。（听 + 想，防泡沫） 3.3 教师补讲。	三、拓展提升 1.1 学生自学第 117 页例 1。（3 分钟） 1.2 四人组讨论、交流。 1.3 学生代表汇报，师生点评。（想 + 做 + 防空讲） 2.1 生独立完成 。 2.2 学生提问检查（防泡沫）。 四、巩固练习（5 分钟） 1.1 学生根据自己的情况，有选择地完成习题，并写在学习卡上。 1.2. 学生独完成，学生互相批改学习卡。 1.3. 检测学生对本节课关键知识点的掌握情况（手势、提问）。（想 + 做 + 讲 + 防空讲 + 防泡沫）	1. 回顾本节内容：①不等式的性质。②解一元一次不等式。
总评：				

数学《完全平方公式》

教案（原稿）

学校：×× 时间： 年级：八年级 学科：数学 课题：完全平方公式 执教者：××	评价&反思			
教学要素	情景导入 3分钟	探究新知 15分钟	巩固运用 15分钟	拓展提高 10分钟
［教学目标］ 1. 理解完全平方公式的意义。 2. 准确掌握两个公式的结构特征，熟练运用公式进行计算。 3. 通过对完全平方公式的理解，培养学生思维的条理性和表达能力。 ［教学重点］完全平方公式的推导过程、结构特征，能正确运用公式进行计算。 ［教学难点］灵活应用公式进行计算。 ［课型方式］要素组合方式。 ［课时形态］标准课。	（1）一位老人非常喜欢孩子，每当有孩子到他家做客时，老人都要拿出糖果招待他们。来一个孩子，老人就给孩子一块糖；来两个孩子，老人就给每个孩子两块糖，以此类推。（1）第一天有 a 个男孩去了老人家，老人一共给了这些孩子 a2 块糖；（2）第二天有 b 个女孩去了老人家，老人一共给了这些孩子 b2 块糖；（3）第三天这（a+b）个孩子一起去了老人家，老人一共给了这些孩子（a+b）2 块糖。 故事导入：讲述圣诞老人分糖果的故事，从而引出本节课的课题。 （听＋看＋想＋讲）	根据研究平方差公式的方式，我们探究一下$(a+b)^2$的运算结果有什么规律。 计算下列各式，你能发现什么规律？ （1）$(p+1)^2=(p+1)(p+1)=$____ （2）$(m+2)^2=$____ （3）$(p-1)^2=(p-1)(p-1)=$____ （4）$(m-2)^2=$____ 1. 个人先用微型卡独立计算一组算式后，两人交互批改，探讨规律，得出完全平方公式。 （看＋做＋讲＋动静＋5J+5F） 2. 两人探讨完全平方公式的特点，学会用口诀熟记完全平方公式。（听＋看＋讲） 3. 构建四人小组，然后从几何的角度解析完全平方公式。 （看＋想＋做中学）	例 3 运用完全平方公式计算： （1）$(4m+n)^2$ （2）$(y-5)^2$ 小牛式刀： （1）$(x-4y)^2$　（2）$(4y-x)^2$ （3）$(2x+1)^2$　（4）$(-2x-1)^2$ 1. 教材例 3，教师引导学生用完全平方公式计算。 （看＋想＋讲＋5F） 2. 课堂练习一，小卡交互批改。通过练习思考：如果$(a-b)^2=(b-a)^2$，那么$(a+b)^2=(-a-b)^2$吗？ （看＋想＋做＋动静转换） 3. 教材例 4，练习二，用简便方法计算。 （看＋想＋讲）	已知：$x^2+y^2+4x-6y+13=0$，x、y 均为有理数，求 xy 的值。 完全平方公式与平方差公式一样，既可以正用，也可以逆用。有时逆用公式能使运算更加简便。 （1）想＋做＋动静：大卡展示，互相浏览。 （2）教师精讲、补讲。
总评：				

教案总评

【概况】

本节内容是是八年级上册第十五章第二节的知识，主要研究完全平方公式的推导和公式在整式乘法中的运用，是学生在学习了整式的乘法和平方差公式之后，对较为特殊的多项式乘法的进一步深入和拓展，能为以后学习“因式分解”“配方法”“分式运算”等知识奠定基础，是进一步研究“一元二次方程”“二次函数”的工具性内容。同时，公式的发现与验证为学生体验规律发现的基本方法提供了很好的素材。所以本节课有着广泛的实际应用性，起着承前启后的作用。

【亮点】

该教案基本上按照 MS–EEPO 图文结构Ⅱ型备课方式的格式进行设计，基本上按照要素组合课型的要求进行教学，七要素轮换着用。能通过类比思想归纳出完全平方公式，学生的主体地位基本呈现。

【不足及建议】

纵观整个教案设计，还存在较大的问题，主要列举如下：

1. 教学目标中只有小目标无大目标，教学重难点突破不够突出。

2. 核心要素“想”和关键要素“做”没有设计好，各环节时间的总和不等于总时间，关键环节没有完全标注时间。

3. 本节课教师设计了 4 次小动、1 次大动，动静转换有点牵强。没有进行大动方法策略，操作困难。

4. 教师虽然运用了 5J、5F，但运用不够熟练，且大部分没有标注出来。

总之，该教案可操作性欠佳，存在一定问题，需要修改。现将教案重新进行了修改，详见随后的点评修改稿。

（点评人：南宁市邕武路学校　赵冬冬；南宁市兴宁区第一初级中学　黄佳宇）

教案（点评修改稿）

点评修改人：赵冬冬、黄佳宇

教学要素	情景导入 3分钟	探究新知 15分钟	巩固运用 12分钟	拓展提高 12分钟	小结提高 3分钟
时间：×× 学校：×× 科目：数学 年级：八年级 教师： 课题：15.2.2 完全平方公式（第一课时）	2. 营造探索问题的氛围。 1. 激发学生学习的兴趣。	3. 培养学生用数形结合的思想解决问题的能力。 2. 善于总结，熟记公式。 1. 培养学生独立思考的实践能力。	通过例题与练习，加深对公式的理解，并能熟练计算。	进一步巩固所学知识，加深对公式的运用。	总结回顾所学内容。
[教学目标] 1. 理解完全平方公式的意义。 2. 准确掌握两个公式的结构特征，熟练运用公式进行计算。 3. 通过对完全平方公式的理解，培养学生思维的条理性和表达能力。 [学习重点]完全平方公式的推导过程、结构特征，能正确运用公式进行计算。 [学习难点]灵活应用公式进行计算。 [课型]要素组合方式。 [课时]标准课。	故事导入：讲述圣诞老人分糖果的故事，从而引出本节课的课题。 （听＋看＋想＋讲）	一、出示一组算式 1. 个人先独立计算算式，写在微型卡上。 2. 两人交互批改、交流，探讨规律，归纳、得出完全平方公式。 （想＋做＋讲＋动静）（4分钟） 3. 师补讲、强化 二、探讨完全平方公式的特点，学会用口诀熟记完全平方公式。 1. 四人小组探讨、交流得出口诀。 2. 练习检测，强化完全平方公式。 （看＋想＋讲＋动静）（4分钟） 三、从几何的角度解析完全平方公式。 1. 学生独立思考。 2. 四人小组交流小卡呈现。 3. 检测，学生代表回答。 （看＋想＋做＋动静＋听）（6分钟） 4. 师补讲、强化。	一、巩固新知 1. 出示教材中的例3，生独立思考，自学例题。 2. 流程性检测。 3. 出示课堂练习一，生独立思考，小卡呈现，四人小组交互批改。 （看＋听＋讲＋想＋动静）（4分钟） 4. 出示教材例4，生独立思考，自学例。 （想＋做＋检测）（2分钟） 5. 出示课题练习二，用简便的方法计算。 （看＋想＋做＋讲＋听） 二、新知运用 1. 通过练习思考：如果 $(a-b)^2=(b-a)^2$，那么 $(a+b)^2=(-a-b)^2$ 吗? 2. 生独立思考，四人小组交流，派代表展示。 （想＋做＋动静＋讲＋听）（6分钟）	完全平方公式与平方差公式一样，既可以正用，也可以逆用。有时逆用公式能使运算更加简便。 1. 出示学习卡。已知：$x^2+y^2+4x-6y+13=0$，x、y 均为有理数，求 xy 的值。 2. 六人小组合作完成、大卡展示，全班互相浏览。 （做＋动中学） 3. 检测，学生代表汇报。 4. 师点评、补讲。	1. 完全平方公式的内容和特点。 2. 作业：习题 P156 第2题；同步练习 15.2 第2题。
总评：					

数学《菱形的性质》

教案（原稿）

反思 / 评价	内容提要	时间	方法 & 策略	反思 / 评价
概况	授课人：横县教研室雷威 学科：初中数学 内容：菱形的性质 班级：1202 班 时间：45 分钟			
目标	1. 学生能从不同的角度探究菱形的性质。 2. 学生能灵活、创造性地应用菱形的性质。 教学重点：菱形性质的应用。 教学难点：性质的探究过程。			
1. 从旧知引出新知，让学生用类比的方法学习新知。	复习引入。	2 分钟	1. 回忆：已学过的特殊四边形，是从哪些方面去研究学习的？ 2. 引出菱形的概念。	
1. 根据教学内容预设了 6 个向度，向度能满足不同层次和个性的学生。 2、3 在时间、空间上提高了交互的有效性。	平台一：探究菱形的性质。 搭建标准性平台：预设向度有边、角、对角线、周长、面积、生活应用。	16 分钟	1. 六人组每人选一个向度进行探究，并把过程、结论、数学式呈现在小卡上。（想 + 做，板卡，防空讲）5 分钟 2. 组内交互不同向度，并把本组的探究过程、结论、数学式呈现在大卡上。（讲 + 听 + 看 + 想 + 做 + 小动）5 分钟 3. 一组汇报成果，有不同意见或用不同方法的组补充。（听 + 想，防泡沫）4 分钟 4. 师点评、精讲，得出菱形的性质。（听 + 想）2 分钟	交互时间的安排较合理，特别是环节 3，5 个组进行补充后得到的结论已较完整。
1. 让学生任选题目进行练习，尊重不同层次的学生，能有效地防与学生为敌。	巩固练习。	16 分钟	1. 在学习卡上任选 5~7 道练习题做题。（想 + 做，防与学生为敌）6 分钟 2. 流程性检测。（防泡沫）3 分钟 2. 四人组交互学习卡，互相检查、修正。（讲 + 听 + 看 + 想 + 做 + 小动）4 分钟 3. 一组汇报成果，其他组补充。（听 + 想，防泡沫）3 分钟 4. 师点评。（听 + 想）2 分钟	有效强化关键知识点。
搭建倒置性平台，给学生发挥创造性思维的机会，同时增加了数学与生活的联系。	平台二：提升 搭建倒置性平台：利用菱形的性质设计一幅图案或一个生活物品。	9 分钟	1. 独立在小卡上完成 。（想 + 做）3 分钟 2. 八人组交互，修改成一份本组的成果。（讲 + 听 + 看 + 想 + 做 + 小动）3 分钟 3. 各组展示成果，学生大动浏览。（看 + 想）2 分钟	环节 2 中安排的时间有点仓促，如果能多安排 2 分钟，效果会更好。
	小结	2 分钟	师生小结。（听 + 想）1 分钟	
注释 & 总评：本节课抓住探究、应用菱形的性质这个关键项，搭建了一个标准性平台和一个倒置性平台，两个平台都符合平台的三个判定原则，特别是平台二不仅能巩固本课知识，还能充分发挥学生的创造性思维。本课设计了 2 次小动，1 次大动，动中学的时间为 19 分钟，并且能适当利用板卡和流程性检测落实 5F。				

教案总评

【概况】

本节内容是九年义务教育人教版数学八年级下册第十九章第二节《菱形的性质》。纵观人教版初中数学教材，七年级教材已经涉及了图形的认识初步、相交线与平行线、三角形等相关知识，八年级上册涉及了全等三角形、轴对称图形等相关知识，而直到八年级下册学习四边形时才对特殊的四边形进行了深入的研究。学习关于四边形性质的探索与证明的问题，还是具有普遍意义的。

【亮点】

教案格式符合 EEPO 系统操作要求，教学流程清晰，可操作性比较强，能标注平台互动课型的基本流程和操作步骤，符合平台构建三原则；能运用部分 5J、5F 方式组织教学，重视设置梯度，防与学生为敌。

【不足及建议】

1. 教学的大目标没有明确；课型方式不明确，概况未说明，教案设计过程中混淆了要素组合和平台方式，主次不分明，建议本节课设置为以平台互动为主，要素组合为辅。

2. 平台互动课型不需要标注要素的使用情况，教案里每个小环节都标注使用的要素，反而影响了对学习方式 5J+5F 使用情况的观测。

3. 本教案使用了两个平台，但根据平台的判定原则，倒置性平台搭建不出来，也不够合理，建议不构建这个平台，改为要素会更加合适。

4. 板块结构备课方式有待进一步规范。

（点评人：玉林市玉州区城北初中　钟强；南宁市兴宁区第一初级中学　黄佳宇）

教案（点评修改稿）

点评修改人：黄佳宇、钟强

<table>
<tr><td>况概</td><td colspan="4">授课人：横县教研室雷威　学科：初中数学　内容：菱形的性质　班级：1202 班　时间：45 分钟　课型方式：平台互动方式</td></tr>
<tr><td>目标</td><td colspan="4">1. 学生能从不同的角度探究菱形的性质。2. 学生能灵活、创造性地应用菱形的性质，培养学生归纳分析问题的能力。
教学重点：菱形性质的应用。教学难点：性质的探究过程。</td></tr>
<tr><td>反思 / 评价</td><td>内容提要</td><td>时间</td><td>方法 & 策略</td><td>反思 / 评价</td></tr>
<tr><td>1. 从旧知引出新知，让学生用类比的方法学习新知。</td><td>一、复习引入</td><td>2 分钟</td><td>1. 回忆：已学过的特殊四边形，是从哪些方面去研究学习的?
2. 引出菱形的概念。</td><td></td></tr>
<tr><td>1. 根据教学内容预设了 6 个向度，向度能满足不同层次和个性的学生。
2、3 在时间、空间上提高交互的有效性。</td><td>二、平台一：探究菱形的性质
搭建标准性平台</td><td>16 分钟</td><td>1. 第一步：出示关键项：菱形的性质。
2. 第二步：呈现多向度。预设向度：边、角、对角线、周长、面积、生活应用。
3. 第三步：六人组每人选一个向度探究，并把过程、结论、数学式呈现在小卡上。（想 + 做，板卡防空讲）5 分钟
4. 第四步：交互。组内交互不同向度，并把本组的探究过程、结论、数学式呈现在大卡上。推出优秀组汇报成果，有不同意见或用不同方法的组补充。（听 + 想，防泡沫）4 分钟
5. 第五步：师点评、精讲，得出菱形的性质。（听 + 想）2 分钟</td><td></td></tr>
<tr><td>1. 让学生任选题目进行练习，尊重不同层次的学生，能有效地防与学生为敌。</td><td>三、巩固练习</td><td>16 分钟</td><td>1. 在学习卡上任选 5~7 道练习题做题。（想 + 做，防与学生为敌）6 分钟
2. 流程性检测。（防泡沫）3 分钟
2. 四人组交互学习卡，互相检查、修正。（讲 + 听 + 看 + 想 + 做 + 小动）4 分钟
3. 一组汇报成果，其他组补充。（听 + 想，防泡沫）3 分钟
4. 师点评。（听 + 想）2 分钟</td><td></td></tr>
<tr><td>通过设计图案给学生发挥创造性思维的机会，同时加强了数学与生活的联系。</td><td>四、知识拓展
利用菱形的性质设计一幅图案或一个生活物品。</td><td>9 分钟</td><td>1. 独立在小卡上完成 。（想 + 做）3 分钟
2. 八人组交互，修改成一份本组的成果。（讲 + 听 + 看 + 想 + 做 + 小动）3 分钟
3. 各组展示成果，学生大动浏览。（看 + 想）2 分钟
4. 师点评。（听 + 想）1 分钟</td><td></td></tr>
<tr><td></td><td>五、小结</td><td>2 分钟</td><td>师生小结。</td><td></td></tr>
<tr><td colspan="5">注释 & 总评：本节课抓住探究、应用菱形的性质这个关键项，搭建了一个标准性平台，平台符合平台的三个判定原则，“知识拓展”部分不仅能巩固本课知识，还能充分发挥学生的创造性思维。本课设计了 2 次小动，1 次大动，动中学的时间为 19 分钟，并且能适当利用板卡和流程性检测落实 5F。</td></tr>
</table>

数学《一元二次方程》（复习课）

教案（原稿）

基本概况		学校：南宁市兴宁区四塘中学　授课人：覃翠云　班级 :111 班　学科：初中数学九上　授课时间：2013 年 11 月 18 日 内容：《一元二次方程》复习课　课型方式：平台互动方式　课时形态：标准课			
目标	知识目标	1. 学生能熟练掌握一元二次方程的解法，并能用一元二次方程来解决生活中的实际问题。 2. 教学重点：一元二次方程的解法 。 3. 难点：一元二次方程的应用。			
	情感目标	通过本节课的复习，使学生学会分析问题、解决问题。			
检测		内容提要	时间	方法 & 策略	反思 / 评价
前测	内容：学习方式、定义。 方法：肢体语言。	一、复习导入 1. 学习方式：约定。 2. 一元二次方程的定义。	3 分钟	1. 检测定义（提问）。 2. 出示学习目标（齐读）。	明确学习目标。
中测	内容：解法。 方法： 1. 全班交互 + 小组择优汇报（第 4 步）。 2. 若发现学生错较多，则再多做练习，直到 80% 的学生过关。 强化次数：12 次。	二、一元二次方程的解法 平台一：标准性平台 关键项：一元二次方程的解法 向度有：  	1 5 分钟	操作流程： 第 1 步：出示关键项—— 一元二次方程解法。 第 2 步：师同时呈现多向度平台。向度 1：直接开平方法，向度 2：配方法，向度 3：公式法，向度 4：因式分解法。 第 3 步：四人组合作：编 1~2 道一元二次方程题，并任选以上 2~3 个向度解答在大卡上。（防与生为敌）（写的速度、计算速度：4 分钟） 第 4 步：交互。全班浏览（至少 2 组）+ 小组选优汇报（2 组）+ 生质疑、补充。（强化次数：6 次，看、说的速度时间：5 分钟）（防空讲） 第 5 步：师精讲、补讲 + 复述。（防假听）	通过人力资源强化重点知识，培养学生合作学习的习惯。
中测	内容：一元二次方程的应用。 方法： 1. 小组交互 + 生讲解解题思路（第 5 步）。 2. 肢体语言。 强化次数：11 次。	三、一元二次方程的应用 平台二：倒置性平台 关键项：一元二次方程的应用 预设向度有： 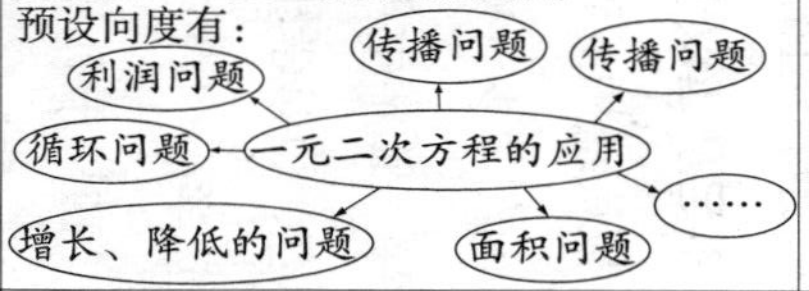 	2 0 分钟	操作流程： 第 1 步：师出示开放性问题——常见的一元二次方程应用题有哪些类型? 第 2 步：学生把答案写在小卡上。 第 3 步：汇集得到预设向度如左图，将其整理成标准性平台。 第 4 步：学生任选以上向度独立完成学习卡 3~6 题。（时间：8 分钟）（防以生为敌，计算速度：6 分钟） 第 5 步：交互。四人组交互 + 学生上台讲解重点题的思路（4 人）+ 学生质疑、补充。（强化次数：8 次，时间：8 分钟）（防形式单一、防花架子、防空讲） 第 6 步：师精讲、补讲。	师交出主动权，让学生自主学习，培养学生分析问题、解决问题的能力。
后测	强化次数：共 23 次。 课后作业：可不布置。	四、小结本节课的所讲内容	2 分钟	学生谈谈本节课的收获及质疑。（防泡沫）	
注释或总评：					

教案总评

【概况】

一元二次方程是中学数学的重点内容，在初中代数中占有重要的地位。实数与代数式的运算、一元一次方程是学习一元二次方程的基础，学习一元二次方程，可以对上述内容加以巩固。此外，学习一元二次方程对其他学科的学习也有重要意义。课标对本节内容的要求是：理解配方法，会用因式分解法、公式法、配方法解简单的数字系数的一元二次方程。一元二次方程的解法既是中学方程教学的重要环节，也是解决实际问题时被广泛应用的工具。

【亮点】

1. 本教案能根据课程标准精神、学科特点和学生实际情况确定教学目标。

2. 符合 MS–EEPO 板块结构Ⅱ型备课方式的基本要求，时间分配合理，流程描述详细清楚，教学思路清晰，关键项“解法”和“应用”的教学过程描述清楚，教案设计合理，有较强的可操作性。

3. 根据 EEPO 的理论，平台互动课型的最大功效是能照顾到具有不同学习特征的学生，是处理主动权、多向度、思维向度、扩展演化问题的优化方式，能激活学生思维，这节课的教学内容设计恰当、合理。

4. 本教案运用了 5J、5F 等学习方式来组织、调控课堂，并设计了单元组等活动形式，以引导学生学习，开展数学活动。

【不足及建议】

1. 板块结构的教案格式不够规范，具体格式详见点评修改稿。

2. 前测缺少针对关键项的内容，应围绕关键项“一元二次方程的解法”设计相关的检测题，让学生理解一元二次方程和一元一次方程都是整式方程，它是初中数学的重点内容，也是学生今后学习数学的基础。在学习一元二次方程的解法之前，应先通过前测让学生明白它与一元一次方程的区别。

3. “精讲 + 补讲”环节应进一步紧扣教学重点。本节课关键项是“一元二次方程的解法”，而解一元二次方程的基本思想方法是“降次”，将它化为两个一元一次方程。因此，教师的“精讲 + 补讲”紧扣数学“降次”这一基本思想，让学生更好地理解“化归”思想。

（点评人：广西教育学院　覃明勇）

教案（点评修改稿）

点评修改人：黄佳宇、覃明勇

基本概况	学校：南宁市兴宁区四塘中学　授课人：覃翠云　班级：111 班　学科：初中数学九年级上册 授课时间：2013 年 11 月 18 日　内容：《一元二次方程》复习课　课型方式：平台互动方式　课时形态：标准课
目 标	小目标：1. 学生能熟练掌握一元二次方程的解法，并能用一元二次方程来解决生活中实际问题。 2. 教学重点：一元二次方程的解法 。 3. 难点：一元二次方程的应用。
	大目标：通过本节课的复习，使学生学会分析问题、解决问题。

检测	内容提要	时间	方法 & 策略	反思 / 评价
前测　内容：学习方式、定义。 方法：肢体语言。	一、复习导入 1. 教学目标 。 2. 一元二次方程的定义。	3 分钟	1. 出示学习目标（生齐读）。 2. 检测定义（流程性检测）。	明确学习目标。
内容：解法。 方法：1. 全班交互 + 小组择优汇报（第 4 步）。 2. 若发现学生错误较多，则再多做练习，直到 80% 的学生过关。 强化次数：12 次。	二、一元二次方程的解法 平台一：标准性平台 关键项：一元二次方程的解法 向度有： 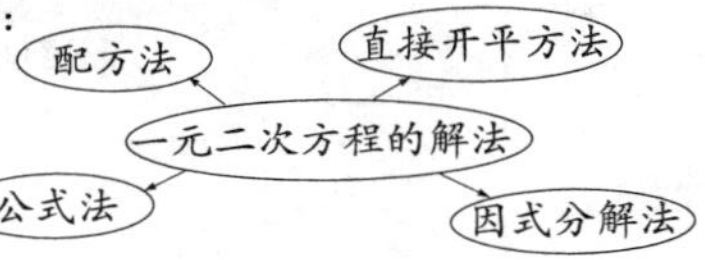 	15 分钟	操作流程： 第 1 步：出示关键项—— 一元二次方程解法。 第 2 步：师同时呈现多向度平台。向度 1：直接开平方，向度 2：配方法，向度 3：公式法，向度 4：因式分解法。 第 3 步：四人组合作：编 1~2 道一元二次方程题，并任选以上 2~3 个向度解答在大卡上。（防形式单一、防以生为敌）（写的速度、计算速度）6 分钟 第 4 步：交互。全班浏览（至少 2 组）+ 小组选优汇报（2 组）+ 生质疑、补充。（强化次数：6 次，看、说的速度时间：5 分钟）（防空讲） 第 5 步：师精讲、补讲 + 复述。（防泡沫）	通过人力资源强化重点知识，培养学生合作学习的习惯。
中测　内容：一元二次方法的应用。 方法： 1. 小组交互 + 生讲解题思路（第 5 步）。 2. 肢体语言。 强化次数：11 次。	三、一元二次议程的应用 平台二：倒置性平台 关键项：一元二次议程的应用 预设向度有： 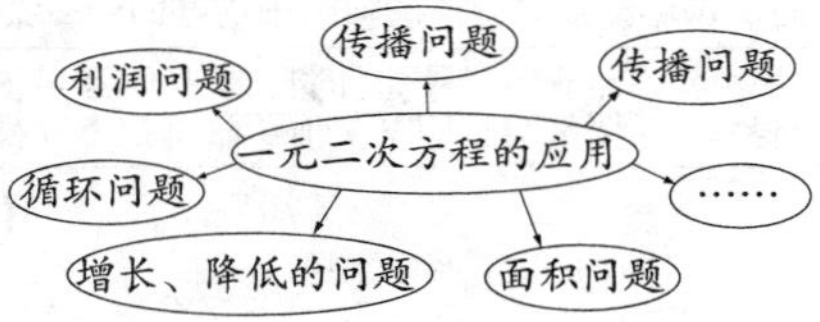 	20 分钟	操作流程： 第 1 步：师出示开放性问题——常见的一元二次方程应用题有哪些类型？ 第 2 步：学生把答案写在小卡上。 第 3 步：汇集得到预设向度如左图，将其整理成标准性平台。 第 4 步：学生任选以上向度独立完成学习卡 3~6 题。（时间：8 分钟）（防与生为敌、计算速度：6 分钟） 第 5 步：交互。四人组交互 + 学生上台讲解重点题的思路（4 人）+ 学生质疑、补充。（强化次数：8 次，时间：8 分钟）（防形式单一、防花架子、防空讲） 第 6 步：师精讲、补讲。	
后测　强化：共 23 次。 课后作业：可不布置。	四、小结本节课的所讲内容	2 分钟	学生谈谈本节课的收获及质疑。（防泡沫）	
注释或总评：				

物理《光的直线传播》

教案（原稿）

概况	内容：人教版八年级物理上册《光的直线传播》 学科：物理 学段：八年级 执教者：玉州区教研室李于阗 时间：2014 年 7 月 8 日 课型方式：平台互动方式 课时形态：标准课			
目标	1. 通过探究光在不同介质中传播的实验，培养学生的创造性思维和实践能力，使其个性得到张扬。 2. 理解光的直线传播。 3. 知道光的直线传播在生活中的应用。			重点：光沿直线传播的条件。 难点：探究光沿直线传播的过程。
反思 / 评价	内容提要	时间	方法策略	反思 / 评价
     这 8 个向度照顾到了不同层次的、大部分的学生。 光射入不同浓度的糖水中和光从空气斜射入水中这两个向度照顾到了学得快的学生。	一导入新课 1. 人的影子的形成。 2. 明确教学目标。 二、光沿直线传播的条件 平台一：标准性平台 关键项：光的传播 向度：  	3 分钟 18+2 分钟	一、导入新课 1. 课件：播放在太阳光下，人的影子形成的动画。 2. 前测：你知道人的影子是怎样形成的吗？ 3. 出示课题“光的直线传播”和教学目标，学生齐读一次。 二、光沿直线传播的条件 1. 老师在 PPT 上出示关键项：光的传播。 2. 老师在白板上用气泡图同时呈现多向度平台。（表达呈现 + 防空 + 防与学生为敌） 3. 四人小组自选 1~3 个向度进行探究。 要求：认真观察光射入不同介质中的传播路径，把实验现象和实验结论用喜欢的表达呈现方式呈现在中卡上。（班级文化约定 + 小组 + 板卡 + 表达呈现，防假合作 + 防花架子）（7 分钟） 班级文化约定：倒数 5 个数，坐好，不讲话，看老师。 4. 交互： ①五个小组组成一个 20 人超大组，交换浏览中卡。（学科文化约定 + 超大组 + 防假看 + 防花架子）（3 分钟） 学科文化约定：光在同种均匀介质中沿直线传播。 ②每个超大组推出 1~2 个小组，向全班汇报本小组的实验过程、现象和结论。（防空 + 防形式单一）（6 分钟） 5. 老师进行流程性检测，并根据检测的情况进行补讲、精讲。 得出结论：光在同种均匀介质中沿直线传播。 预设：学生做实验时，如果有的实验现象不明显，老师进行补讲，再次强化。	一、通过前测，了解学生对光的基本知识的掌握情况。 二、在交互环节一定要注意五防。流程性检测重点检测基础知识点和核心考点，如有 80% 的学生掌握，进入下一环节进行强化学习；如果没有达到，老师补讲，进行强化。

续表

	三、光的直线传播在生活中的应用 平台二：倒置性平台 关键项：光的直线传播的应用 向度： 	17+2分钟	三、光的直线传播在生活中的应用 1. 出示开放性素材：请你想一想，生活中有哪些现象可以用光的直线传播解释？ 2. 学生提出想法。 ①个人思考，把自己想到的光的直线传播现象写在微卡上。（板卡） ②二人小组交流，补充自己写的微卡。（小组 + 防假看）（1分钟） ③随机分成六人小组，把成果用喜欢的表达呈现方式呈现在小卡上。（班级文化约定 + 随机分组 + 表达呈现 + 板卡，防假合作 + 防花架子）（3 分钟） 3. 师生选出 3~4 个小组进行汇报，学生汇报时把小卡放在投影机上展示，老师在白板上用气泡图汇集、整理成标准性平台。（表达呈现 + 防形式单一 + 防空）（2 分钟） 4. 六人团队选择 1~3 个向度学习，解释这些现象，用喜欢的表达呈现方式在大卡 / 板卡上呈现。（学科文化约定 + 团队 + 表达呈现 + 板卡，防与学生为敌）（3 分钟） 5. 交互。 ①各团队把大卡张贴在教室四周，全班同学沿顺时针方向有序地走动进行浏览，每人至少浏览 3~5 个团队的成果。 ②老师选出选择不同现象的团队汇报，其他团队对不明白的问题进行质疑、提问。 （班级文化约定 + 简单装备：挂钩、挂线 + 防假听 + 防形式单一）（7 分钟） 6. 老师随机进行流程性检测（学习卡），并进行精讲、补救。预设：对学得快的学生，设计一道拓展思维的题：如果光不是沿直线传播，而是像水那样是流动的，我们的生活会有哪些不同？	三、这个环节是对学生进行思维训练，从个人、二人小组、六人团队到全班，学生的思维得到了扩展，强化次数得到攀升。
	四、小结 1. 通过这节课的学习，你有什么收获？ 2. 小结。	3 分钟	四、小结 1. 学生谈收获。（防与生为敌） 2. 老师用课件小结本节课的关键项。	
注释或总评：本节课设计的两个平台，都能围绕关键项构建，向度都达到了 8 个，这些向度设置相对平行，选择具有自由度。在交互环节照顾到了全班学生，交互方式多样，使强化次数不断攀升，达到了 9~12 次，可以不布置作业或少布置作业。				

教案总评

【概况】

《光的直线传播》是新人教版八年级物理上册第四章第一节的内容。光的直线传播既是几何光学的基础，也是学习光的反射、折射现象的必备知识。此外，学习光的直线传播，既能解释影子、日食、月食等生活和自然现象，也是学习《信息传递》这一章的基础，因此，学习这部分知识有着重要的意义。

【亮点】

《光的直线传播》主要有两个方面的内容：一是光沿直线传播的条件，二是光的直线传播的应用。教师进行教学设计时对光沿直线传播的内容采取搭建标准性平台的方式，能够发挥以教师为主的积极主动性；而对光的直线传播的应用则搭建倒置性平台进行设计，能够发挥以学生为主的积极性。设计中有个人思考、团队探究，能够达到教学的最优化。该教案设计操作流程清晰合理，两个平台的搭建合理，操作性强；标准性平台符合“多向度、自由度、相对平行”的三原则要求，方法步骤清晰明了，调控课堂的方法多种多样，照顾到各个层次的学生，效果较好。在构建倒置性平台时，关键项抓得准，各个环节规范，突出了每个教学环节的设计理念，强化了“五防”，由于操作规范，关键知识要点的强化次数达到了要求，因此学生学得轻松。这是一篇优秀的教案。

【不足及建议】

时间的分配方面还可以进一步优化，例如标准性平台“光的传播”的第 4 步“交互”，设计 20 人的超大组进行成果浏览，时间却只安排 3 分钟，这就要求学生的学习方式已经训练得相当熟练，不能在形成超大组环节浪费时间，但是，由于时间太短，超大组活动很容易变成蜻蜓点水般走过场，导致交互不充分。

有些步骤的设计限制了学生的创造性思维，例如，倒置性平台“光的直线传播的应用”的第 4 步“六人团队选择 1~3 个向度学习，解释这些现象，用喜欢的表达呈现方式呈现在大卡 / 板卡上”，此处限制学生只能用大卡 / 板卡来呈现这些光的直线传播的应用。其实，“射击瞄准”“坐井观天”“影子的形成”“排队看齐”等现象还可以采用模拟表演、情景故事、动手实验等方式呈现，从而让学生解释并进行相应的交流讨论。因此，此处建议改为“用喜欢的方式进行表达”，这样就没有限途学生表达成果的方式，能让学生自由发挥，从而让学生的创造性思维得到锻炼。

（点评人：钦州学院　李燕清；南宁市兴宁区第一初级中学　黄佳宇）

教案（点评修改稿）

点评修改人：黄佳宇、李燕清

<table>
<tr><td>概况</td><td colspan="4">内容：人教版八年级物理上册《光的直线传播》　学科：物理　学段：八年级　执教者：玉州区教研室李于阗　时间：2014 年 7 月 8 日
课型方式：平台互动方式　课时形态：标准课</td></tr>
<tr><td>目标</td><td colspan="3">1. 通过探究光在不同介质中传播的实验，培养学生的创造性思维和实践能力，个性得到张扬。
2. 理解光的直线传播。
3. 知道光的直线传播在生活中的应用。</td><td>重点：光沿直线传播的条件。
难点：探究光沿直线传播的过程。</td></tr>
<tr><td>反思 / 评价</td><td>内容提要</td><td>时间</td><td>方法策略</td><td>反思 / 评价</td></tr>
<tr><td></td><td>一、导入新课
1. 人的影子的形成。
2. 明确教学目标。</td><td>3 分钟</td><td>一、导入新课
1. 课件：播放在太阳光下，人的影子形成的动画。
2. 前测：你知道人的影子是怎样形成的吗？
3. 出示课题“光的直线传播”和教学目标，学生齐读一次。</td><td>一、通过前测，了解学生对光的基本知识的掌握情况。</td></tr>
<tr><td>这 8 个向度照顾到了不同层次的、大部分的学生。
光射入不同浓度的糖水中和光从空气斜射入水中这两个向度照顾到了学得快的学生。</td><td>二、光沿直线传播的条件
平台一：标准性平台
关键项：光的传播
向度：

</td><td>18+2 分钟</td><td>二、光沿直线传播的条件
1. 老师在 PPT 上出示关键项：光的传播。
2. 老师在白板上用气泡图同时呈现多向度平台。（表达呈现 + 防空 + 防与学生为敌）
3. 四人小组自选 1~3 个向度进行探究。
要求：认真观察光射入不同介质中的传播路径，把实验现象和实验结论用喜欢的表达呈现方式呈现在中卡上。（班级文化约定 + 小组 + 板卡 + 表达呈现，防假合作 + 防花架子）（6 分钟）
班级文化约定：倒数 5 个数，坐好，不讲话，看老师。
4. 交互：
①五个小组组成一个 20 人超大组，交换浏览中卡。（学科文化约定 + 超大组 + 防假看 + 防花架子）（6 分钟）
学科文化约定：光在同种均匀介质中沿直线传播。
②每个超大组推出 1~2 个小组，向全班汇报本小组的实验过程、现象和结论。（防空 + 防形式单一）（4 分钟）
5. 老师进行流程性检测，并根据检测的情况进行补讲、精讲。
得出结论：光在同种均匀介质中沿直线传播。
预设：学生做实验时，如果有的实验现象不明显，教师进行补讲，再次强化。</td><td>二、在交互环节一定要注意五防。流程性检测重点检测基础知识点和核心考点，如有 80% 的学生掌握，进行下一环节的学习；如果没有达到，老师补讲，进行强化。</td></tr>
</table>

续表

	三、光的直线传播在生活中的应用 平台二：倒置性平台 关键项：光的直线传播的应用 向度： 	17+2分钟	三、光的直线传播在生活中的应用 1. 出示开放性素材：请你想一想生活中有哪些现象可以用光的直线传播解释？ 2. 学生提出想法。 ①个人思考，把自己想到的光的直线传播现象写在微卡上。（板卡） ②二人小组交流，补充自己写的微卡。（小组＋防假看）（1分钟） ③随机分成六人小组，把成果用喜欢的表达呈现方式呈现在小卡上。（班级文化约定＋随机分组＋表达呈现＋板卡，防假合作＋防花架子）（3分钟） 3. 师生选出3~4个小组进行汇报，学生汇报时把小卡放在投影机上展示，老师在白板上用气泡图汇集、整理成标准性平台。（表达呈现＋防形式单一＋防空）（2分钟） 4. 六人团队选择1~3个向度学习，解释这些现象，用喜欢的表达呈现方式呈现出来。（学科文化约定＋团队＋表达呈现，防与学生为敌）（3分钟） 5. 交互。 ①各团队把大卡张贴在教室四周，全班同学沿顺时针方向有序地走动进行浏览，每人至少浏览3~5个团队的成果。 ②老师选出选择不同现象的团队汇报，其他团队对不明白的问题进行质疑、提问。 （班级文化约定＋简单装备：挂钩、挂线＋防假听＋防形式单一）（7分钟） 6. 老师随机进行流程性检测（学习卡），并进行精讲、补救。 预设：对学得快的学生，设计一道拓展思维的题：如果光不是沿直线传播，而是像水那样是流动的，我们的生活会有哪些不同？	三. 这个环节对学生进行思维训练，从二个小组、六人团队、全班，学生的思维得到了扩张，强化次数得到攀升。
	四、小结 1. 通过这节课的学习，你有什么收获？ 2. 小结。	3分钟	四、小结 1. 学生谈收获。（防与学生为敌） 2. 老师用课件小结本节课的关键项。	
注释或总评：本节课设计的两个平台，能围绕关键项构建，向度都达到了8个，这些向度设置相对平行，选择具有自由度；在交互环节，使照顾到全班学生，交互方式多样，使强化次数不断攀升，达到了9~12次，可以不布置作业或少布置作业。				

学习卡

班级：________　　　　姓名：________

1. 光在________介质中传播的路线是直的。

2. 光的传播过程中遇到不透明的物体时，在物体的背光一侧就会出现________。

3. 用步枪瞄准射击时，要求“三点一线”，这是________规律的应用。

4. 日食和月食都是光的______形成的天文现象。

5. 夜晚，路边高高的杆子上的路灯亮着。某人从路灯的正下方开始朝着背离路灯杆的方向往前走，则地面上的影子（　　）。

A. 在人的后面且渐渐变长　　　B. 在人的后面且渐渐变短

C. 在人的前面且渐渐变长　　　D. 在人的前面且渐渐变短

6. 下列叙述中用到了与右图所示物理规律相同的是（　　）

A.“海市蜃楼”　　　B.“杯弓蛇影”

C.“凿壁偷光”　　　D.“立竿见影”

7. 打雷时，人们总是先看到闪光，片刻后听到雷声。其原因是（　　）

A. 发生雷电时，总是先发出闪光后发出雷声

B. 有的雷电现象只发出闪光，而有的雷电现象只发出声音

C. 任何一次雷电都是闪光和声音同时发生，但光速大于声速

板书设计

光的直线传播

1. 光源：能发光的物体叫光源

2. 光沿直线传播的条件

结论：光的同种均匀介质中是沿直线传播的。

3. 光的直线传播现象的应用

（1）影子的形成　（2）日食　（3）月食　（4）排队看齐　（5）瞄准射击

（6）小孔成像　（7）坐井观天　（8）排队看齐

物理《串并联电路》（中考复习）

教案（原稿）

概况	学校：南宁市第45中学　执教者：王尚谋　日期：2013年5月9日　学段：初中九年级 学科：物理　内容：串并联电路中考复习　课型方式：平台互动方式　课时形态：标准课			
教学目标	1．学生认识电池、开关、灯泡等常见电路元件，能画出它们的电路符号（知识性）。 2．学生会根据电路图连接实物图（个性）。 3．学生会根据实物图画出电路图（个性）。 4．学生能根据要求设计出简单的串联或者并联电路图（创造性）。 教学重点：并联电路图的一般画法和实物图的连接规范及技巧。 教学难点：并联电路的连接方法和按要求设计简单电路。			
反思与评价1	**内容提要**	**时间**	**关键项、方法策略**	**反思与评价2**
回顾电路元件和电学作图的基本规范。	一、问题驱动，自主学习 1. 中考电学作图有哪些题型？ 2. 你能记住几种电路元件及其符号？作图按什么顺序进行？	5分钟	1.1 前测：提问检测学生对电学作图的掌握程度及其存在的问题。 1.2 学生把常见的电路元件及符号写在小卡上。（防空讲）	通过前测了解学生的作图情况，把握教学起点。
明确考点，确定重点难点，进行难点归类，以便逐个解决。 通过典例评析，使学生掌握3种题型的作图方法和技巧。	二、难点探究，方法归纳 平台一（倒置性平台） 关键项：探究中考电学作图的难点。	15分钟	构建倒置性平台 2.1 第一步：学生自主回忆总结作业和考试中进行电学作图时遇到的困难，写在小卡上。（防空讲） 2.2 第二步：同桌交互小卡，学生代表口头表达呈现。 2.3 第三步：汇集学生向度。预设向度： 向度1：并联电路的画法 向度2：并联电路分支点的确定 向度3：电表接线柱的选择 向度4：滑动变阻器接法 向度5：串联电路的画法 …… 2.4 第四步：学生自选2个以上向度独立思考→微型卡。（2分钟） 2.5 第五步：交互+强化次数。组成4个团队，汇总成员问题，选择2~4个向度进行探讨→用喜欢的方式大卡展示（防空讲），大动浏览（用学科文化约定调控），推优汇报。（防假看，7分钟） 2.6 第六步：教师点讲、补讲。	学生口头汇报，呈现作图中存在的问题，再归类汇集出学生易错的问题（向度），作为下一环节学习的难度起点。 问题多、难度大时，通过团队力量来解决更有效，学生在互教互学中共同进步。

通过变式练习，巩固所学的方法和技巧。 同时使学生了解作图的评分标准，养成规范答题的良好习惯。	三、典例评析，深化提高	12 分钟	构建标准性平台 3.1 第一步：出示关键项：电学作图的难点突破训练。 3.2 第二步：呈现多向度平台。向度 1：根据电路图连接实物图；向度 2：根据实物连接画出电路图；向度 3：根据题目要求设计电路。 3.3 第三步：学生选择 1~2 道题，自主作图，画在小卡上。（防以学生为敌 + 防空讲，3 分钟） 3.4 第四步：交互 + 强化次数。四人小组交互小卡，补充完善作图，自荐 / 推选 3 个小组代表上台作图展示。（防形式单一，5 分钟） 第五步：教师精讲、点评，归纳作图方法和技巧。	教师根据中考电学作图的命题规律，以 3 种常考题型作为标准性平台的 3 个向度。 学生自选作图、组内交互、观看代表作图，强化次数逐步攀升，逐步掌握作图的方法和技巧。
	四、变式巩固，拓展完善 1. 一只玩具猫的外形如下图所示，猫体内有电池，猫手相当于一开关，向下压猫手，猫脸上的两个小电灯会一齐发光。把你猜想的猫体内的电路图画在方框内。 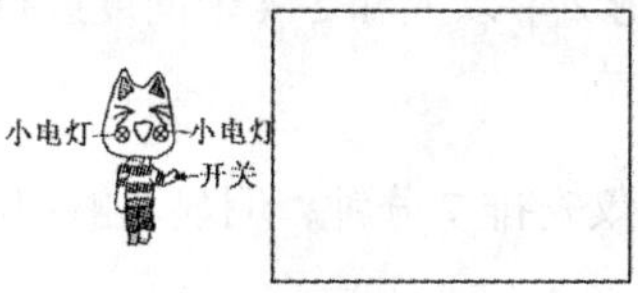 2. 小明要研究小灯泡的亮度与流过小灯泡的电流的关系，他已连接的部分电路如下图所示，请你用画线代表导线，将电路连接完整，并在方框内画出对应的电路图。 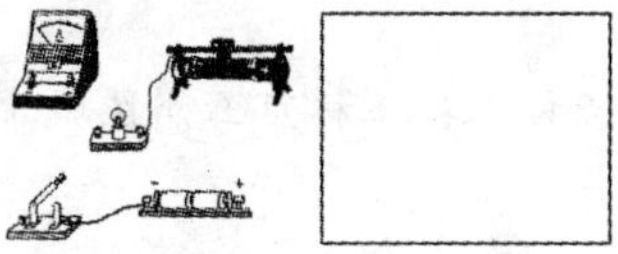 3. 某同学依据下图所示的电路图，已部分完成了在下图中实物的连接，请你用笔画线帮他继续完成该电路的连接。 	13 分钟	4.1 学生利用以上所学方法和技巧，自主完成课堂练习，举一反三。（8 分钟） 4.2 教师挑选典型作业进行展示，手势判断对错，学生上台批改并说明理由。（防花架子） 4.3 师生共同总结易错的地方和学习亮点。 4.4 师小结本节课的主要内容。	利用“做中学”，检测学生作图的技能情况，同时发展学生的个性和创造性（作图多样性）。
备注与总评：平台互动方式能使多种才能和个性品质在常规教学活动中得到张扬，使知识性、个性、创造性得到有机的整合，适用于大容量、高难度、高速度的中考复习课。				

教案总评

【概况】

电学实验是每年中考都考查的内容，经分析可知这些探究题能联系基础知识点，不会随意拔高，部分题目源于教材，但突出探究的过程和方法，考查学生设计方案、数据处理、分析论证和科学表达的能力，增加了评价功能。但由于有时候有些学生对所学知识不能灵活变通、运用，故探究题也成了学生的主要失分点之一，因此，在初三中考总复习时进行电学实验探究题型的专题训练显得尤为重要。

【亮点】

该教案格式基本符合板块结构教案的要求；能明确标注平台互动课型的基本流程和操作步骤，平台构建基本符合“多向度、自由度、相对平行”的三原则要求；能运用部分 5J、5F 学习方式组织教学；教学流程清晰，大多数环节的方法策略都描述得比较详细清楚，可操作性比较强。

【不足及建议】

1. 教学的大目标没有明确 .

2. 平台一的第四、五步，分别强制学生选 2 个以上和 2~4 个向度进行思考或探讨，不够关照基础差的学生。

3. 平台一的第五步任务非常多，时间却仅安排 7 分钟，明显不够用。

4. 没有安排预留项，不利于灵活处理课堂的生成情况。

修改建议：写出大目标；平台一的第四、五步，让学生自由选 1~n 个向度进行思考或探讨；平台一的第五步安排充分的时间；对学生掌握好与不好的内容以及需要点讲的内容做出预判，并设计相应的预留项。

（点评人：玉林市玉州区城北初中　钟强）

教案（点评修改稿）

点评修改人：覃玉坤、钟强

<table>
<tr><td>概 况</td><td colspan="4">学校：南宁市第45中学　执教者：王尚谋　日期：2013年5月9日　学段：初中九年级
学科：物理　内容：串并联电路中考复习　课型方式：平台互动方式　课时形态：标准课</td></tr>
<tr><td>教学目标</td><td colspan="4">大目标：通过复习增强学生应考的信心，使其掌握复习的基本思路和方法。
小目标：1.学生认识电池、开关、灯泡等常见电路元件，能画出它们的电路符号（知识性）；2.学生会根据电路图连接实物图（个性）；3.学生会根据实物图画出电路图（个性）；4.学生能根据要求设计出简单的串联或者并联电路图（创造性）。
教学重点：并联电路图的一般画法和实物图的连接规范及技巧。
教学难点：并联电路的连接和按要求设计简单电路。</td></tr>
<tr><td>反思与评价1</td><td>内容提要</td><td>时间</td><td>关键项、方法策略</td><td>反思与评价2</td></tr>
<tr><td>回顾电路元件和电学作图基本规范。</td><td>一、问题驱动，自主学习
1.中考电学作图有哪些题型？
2.你能记住几种电路元件及其符号？作图按什么顺序进行？</td><td>5分钟</td><td>1.前测：提问检测学生对电学作图的掌握程度及其存在的问题。
2.学生把常见的电路元件及符号写在小卡上。（防空讲）</td><td>通过前测了解学生的作图情况，把握教学起点</td></tr>
<tr><td>明确考点，确定重点难点，进行难点归类，以便逐个解决。

通过典例评析，使学生掌握3种题型的作图方法和技巧。</td><td>二、难点探究，方法归纳
平台一（倒置性平台）
关键项：探究中考电学作图的难点。</td><td>15分钟</td><td>构建倒置性平台
第一步：学生自主回忆总结作业和考试中进行电学作图时遇到的困难，写在小卡上。（防空讲）
第二步：同桌交互小卡，学生代表口头表达呈现。
第三步：汇集学生向度。
预设向度：
向度1：并联电路的画法
向度2：并联电路分支点的确定
向度3：电表接线柱的选择
向度4：滑动变阻器接法
向度5：串联电路的画法……
第四步：学生自选1~n个向度独立思考→微型卡。（2分钟）
第五步：交互＋强化次数。组成4个团队，汇总成员问题，选择2个以上向度进行探讨→用喜欢的方式大卡展示（防空讲），大动浏览（用学科文化约定调控），推优汇报。（防假看，9分钟）
第六步：教师点讲、补讲。</td><td>学生口头汇报，呈现学生作图存在的问题，再归类汇集出学生易错的问题（向度），作为下一环节学习的难度起点。

当问题多、难度大时，通过团队力量来解决更有效，学生在互教互学中共同进步。</td></tr>
<tr><td></td><td>三、典例评析，深化提高</td><td>12分钟</td><td>构建标准性平台
第一步：出示关键项：电学作图的难点突破训练
第二步：呈现多向度平台。</td><td></td></tr>
</table>

通过变式练习，巩固所学的方法和技巧。 同时使学生了解作图的评分标准，养成规范答题的良好习惯。	四、变式巩固，拓展完善 1.一只玩具猫的外形如下图所示，猫体内有电池，猫手相当于一开关，向下压猫手，猫脸上的两个小电灯会一齐发光。把你猜想的猫体内的电路图画在方框内。 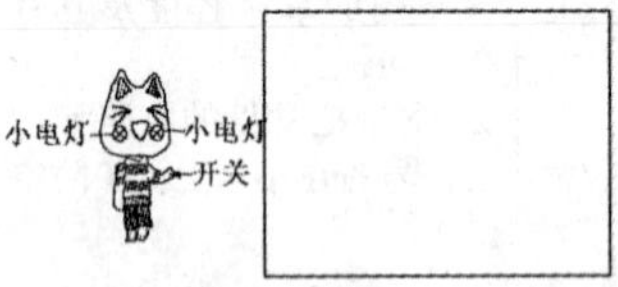 2. 小明要研究小灯泡的亮度与流过小灯泡的电流的关系，他已连接的部分电路如下图所示，请你用画线代表导线，将电路连接完整，并在方框内画出对应的电路图。 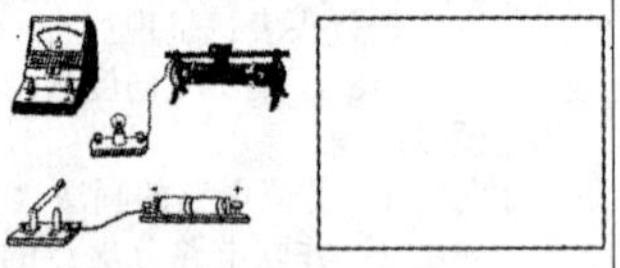 3.某同学依据下图所示的电路图，已部分完成了在下图中实物的连接，请你用笔画线帮他继续完成该电路的连接。 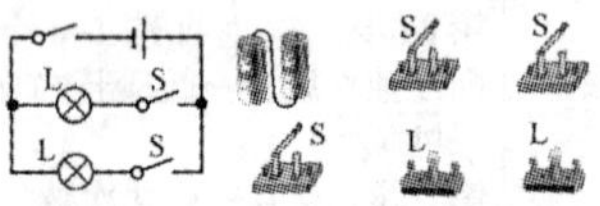		向度1：根据电路图连接实物图；向度2：根据实物连接画出电路图；向度3：根据题目要求设计电路。 第三步：学生选择1~2道题，自主作图，画在小卡上。（防以学生为敌＋防空讲，3分钟） 第四步：交互＋强化次数。4人小组交互小卡，补充完善作图，自荐 / 推选3个小组代表上台作图展示。（防形式单一，5分钟） 第五步：教师精讲、点评，归纳作图方法和技巧。 4.1 学生利用以上所学方法和技巧，自主完成课堂练习，举一返三。（8分钟） 4.2 教师挑选典型作业进行展示，手势判断对错，学生上台批改并说明理由。（防花架子） 4.3 师生共同总结易错的地方和学习亮点。 4.4 师小结本节课的主要内容。	教师根据中考电学作图的命题规律，以3种常考题型作为标准性平台的3个向度。 学生自选作图、组内交互、观看代表作图，强化次数逐步攀升，逐步掌握作图的方法和技巧。 利用“做中学”，检测学生作图的技能情况，同时发展学生的个性和创造性（作图多样性）。
备注与总评：平台互动方式能使多种才能和个性品质在常规教学活动中得到张扬，使知识性、个性、创造性得到有机的整合，适用于大容量、高难度、高速度的中考复习课。				

物理《生活中的镜》

教案（原稿）

概况	学校：南宁市邕武路学校 执教者：赵冬冬 年级：八年级（2）班 学科：物理	内容：生活中的镜 时间：2013 年 12 月 12 日 课时形态：标准课 课型方式：平台互动方式
双目标	目标 1：生活联系物理，渗透分类思想，乐于探索日常生活中的物理学。 目标 2：归纳平面镜、凸面镜、凹面镜、凸透镜、凹透镜的定义、对光的作用及生活中的应用。 教学重点：归纳平面镜、凸透镜的知识点、考点。 教学难点：归纳平面镜、凸透镜的知识点、考点。	

流程性检测		内容提要	时间	关键项、方法 & 策略	反思 & 评价
前测	一、检测光的反射定律、折射定律的相关知识。根据检测情况采取相应的推进措施。（提问＋肢体语言）	一、引入 找出生活中不同的镜子，分类并归纳相关定义、对光的作用及应用等。	3 分钟	一、引入 1. 检测光的反射定律、折射定律的相关知识， 2. 播放哈哈镜的视频引入。 3.PPT 出示学习目标。	
中测	检测学生对生活中的镜的相关定义、对光的作用及应用这一关键项的掌握情况，80% 的学生掌握则往下推进。（提问＋汇报＋质疑＋练习）	二、涉及的内容有：平面镜、凸面镜、凹面镜、凸透镜、凹透镜。	25 分钟	二、倒置性平台 第一步：关键项——生活中的镜。 生活中有很多镜，例如哈哈镜，它是生活中常见的镜子，其实我们生活中还有很多的镜子，你们能列举出来吗？ 第二步：生独立思考 1 分钟，把生活中见过的镜子写在微卡上。（微卡 +5S） 第三步：师生汇集，学生代表说出见过的镜子并写在黑板上。（倾听与发言） 第四步：汇集、整理、归类，形成标准性平台。向度：1. 平面镜，2. 凸面镜，3. 凹面镜，4. 凸透镜，5. 凹透镜。（时间 4 分钟） 第五步：八人团队自由选择自己喜欢的 1~2 种类型进行知识点的归纳，合作完成，大卡呈现。（时间 6 分钟）（团队＋大卡＋书面表达＋防空＋防形式单一 +5S） 第六步：团队内交互，团队间交互，大动浏览至少 4 张大卡，指名 2 组学生代表汇报，反检查 2~3 人，全班分享。以平面镜成像的特点——等大、等距、垂直、虚像作为回位约定。（时间 8 分钟）（资源利用＋大卡＋防空＋防形式单一＋防泡沫）（强化次数预计约 7 次）	

后测	关键项的强化次数7次，强化次数达标。根据“巩固练习”的检测情况，如80%的学生掌握则不布置作业，否则需适当布置作业。			第七步：师点评、补讲。师对平面镜、凸透镜进行重点讲解。检测学生对镜的掌握情况。（时间2分钟）（提问＋手势＋汇报） 如果掌握平面镜、凸透镜知识的学生没有达到80%，则需在下面的联系环节再次强化。	
		三、巩固练习 检查强化平面镜、凸面镜、凹面镜、凸透镜、凹透镜的定义、对光的作用及应用。	15分钟	三、巩固练习 1. 出示学习卡（设计难易程度有梯度的练习题）。 2. 学生根据自己情况，有选择地完成习题，并写在学习卡上。 3. 学生独立思考。 4. 学生互相批改学习卡。（小卡＋防空） 5. 检测学生对本节课关键知识点的掌握情况。（手势＋提问）	
		四、小结本节课所学知识	2分钟	四、师生小结（2分钟） 1. 本节课学习了哪些物理知识？ 2. 本节课中你有什么收获？还有什么疑惑吗？ 3. 根据后测情况适当布置作业。	
备注或总评					

教案总评

【概况】

《生活中的镜》是人教版八年级物理上册的内容，是继学习了光的直线传播、光的反射定律、光的折射定律之后，对平面镜、凸面镜、凹面镜、凸透镜、凹透镜的知识点、考点的归纳和总结复习。这节课是教师精心设计的，在实际教学中起到了承上启下的作用，对整个光学教学有一定辅助效果。

【亮点】

这篇教案设计基本符合平台互动方式课型的要求，设计了一个倒置性平台，具有开放性，能按照倒置性平台的基本流程和操作步骤操作，运用了5J、5F组织调控课堂。具体亮点如下：

1. 教学目标确定合理。教学目标的主体是学生，小目标的描述比较具体，并且可检验，重难点准确。

2. 教案符合MS–EEPO板块结构II型备课方式的要求。概况写得较具体，每个教学环节有时间标注，对关键项的操作也标注了时间，并且时间安排合理。

3. 教学流程完整、清晰。整节课分为四个环节：引入、倒置性平台、巩固练习、师生小结，具有可操作性。

4. 课型方式符合要求。本节课设计了一个倒置性平台，平台能围绕关键项“生活中的镜”进行构建，设计的问题具有开放性，如“我们生活中有许多的镜，你能把它们列出来吗？”等。平台有 5 个向度，达到了多向度、自由度、相对平行的要求，能让学生自由选择向度进行学习。交互面广，照顾到了大部分学生，有团队内交互、团队间交互，大动浏览，指名 2 组学生代表汇报，反检查 2~3 人，全班分享。

5. 能用“三测”了解学生学习基础和课堂学习情况。

【不足及建议】

1.5S 的标注太简单，如“倒置性平台”中，第二步只标了微卡和 5S，第四步只标了 5S，没有 5L 量化指标。建议 5S 标明到二级指标，是运用 5S 中的哪个速度训练，并写明 5L 量化指标。

2. 前测、中测没有标明是对哪一点进行检测。建议标明，如在中测中标明：“二、倒置性平台第七步”。

3. 对学得快、有特长的学生没有安排学习预留项，建议安排学习预留项。

（点评人：玉林市玉州区教研室 李于阒）

教案（点评修改稿）

点评修改人：李于阗、覃玉坤

概况	学校：南宁市邕武路学校　内容：生活中的镜 执教者：赵冬冬　时间：2013 年 12 月 12 日 年级：八年级（2）班　课时形态：标准课 学科：物理　课型方式：平台互动方式
双目标	目标 1：生活联系物理，渗透分类思想，乐于探索日常生活中的物理学。 目标 2：归纳平面镜、凸面镜、凹面镜、凸透镜、凹透镜的定义、对光的作用及生活中的应用。 教学重点：归纳平面镜、凸透镜的知识点、考点。 教学难点：归纳平面镜、凸透镜的知识点、考点。

流程性检测		内容提要	时间	关键项、方法 & 策略	反思 & 评价
前测	一、检测光的反射定律、折射定律的相关知识。 根据检测情况采取相应的推进 措施（提问+肢体语言） 前测见“引入”的第 1 点。	一、引入 找出生活中不同的镜子，分类并归纳相关定义、对光的作用及应用等	3 分钟	一、引入 1. 检测光的反射定律、折射定律的相关知识。 2. 播放哈哈镜的视频引入。 3.PPT 出示学习目标。	
中测	检测学生对生活中的镜相关定义、对光的作用及应用这一关键项的掌握情况，80% 的学生掌握则往下推进。 （提问+汇报+质疑+练习） 中测见“倒置性平台”的第七步。	二、涉及内容有：平面镜、凸面镜、凹面镜、凸透镜、凹透镜。	25 分钟	二、倒置性平台 第一步：关键项——生活中的镜。 生活中有很多镜，例如哈哈镜，它是生活中常见的镜子，其实我们生活中还有很多的镜子，你们能列举出来吗？ 第二步：生独立思考 1 分钟，把生活中见过的镜子写在微卡上。写的速度：30 字 / 分钟。（微卡 +5S） 第三步：师生汇集，学生代表说出见过的镜子并写在黑板上（倾听与发言）。 第四步：汇集、整理、归类，形成标准性平台向度：1. 平面镜，2. 凸面镜，3. 凹面镜，4. 凸透镜，5. 凹透镜。（时间 4 分钟） 第五步：八人团队自由选择自己喜欢的 1~2 种类型进行知识点的归纳，合作完成，大卡呈现。（时间 6 分钟）（团队 + 大卡 + 书面表达 + 防空 + 防形式单一 +5S） 第六步：团队内交互，团队间交互，大动浏览至少 4 张大卡，指名 2 组学生代表汇报，检测 2~3 人，全班分享。以平面镜成像的特点——等大、等距、垂直、虚像作为回位约定。（时间 8 分钟）	

此处建议补充 5L：写的速度 30 字 / 分钟；看的速度 600 字 / 分钟；预留 2 分钟给学生想）

				（资源利用＋大卡＋防空＋防形式单一＋防泡沫）（强化次数预计约7次） 第七步：师点评、补讲。师对平面镜、凸透镜进行重点讲解。检测学生对镜的掌握情况。（时间2分钟）（提问＋手势＋汇报） 如果掌握平面镜、凸透镜知识的学生没有达到80%，则需在下面的联系环节再次强化	
后测	关键项的强化次数7次，强化次数达标。根据“巩固练习”的检测情况，如80%的学生掌握则不布置作业，否则需适当布置作业。	三、巩固练习 检查强化平面镜、凸面镜、凹面镜、凸透镜、凹透镜的定义、对光的作用及应用。 四、小结本节课所学知识	15分钟 2分钟	三、巩固练习 1. 出示学习卡（设计难易程度有梯度练习题）。 2. 学生根据自己情况，有选择的完成习题，并写在学习卡上。 3. 学生独立思考。 4. 学生互相批改学习卡。（小卡＋防空） 5. 检测学生对本节课关键知识点的掌握情况。 （手势＋提问） 四、师生小结（2分钟） 1. 本节课学习了哪些物理知识？ 2. 本节课中你有什么收获？还有什么疑惑吗？ 3. 根据后测情况适当布置作业。	
备注或总评					

物理《浮力的计算》（复习课）

教案（原稿）

概况		课题：《浮力的计算》 学校：防城港市港口区光坡中学 年级：九年级 班级：九年级（4）班 科目：物理 授课教师：吴慧能 课型：平台互动方式 课时形态：标准课 授课时间：2014 年 5 月 28 日			
双目标		1. 大目标：培养学生运用知识解实际问题的能力，合作的能力。 2. 小目标：（1）进一步理解浮力的概念；（2）强化理解公式中每个物理量的含义及对应单位；（3）会运用公式解决简单的实际问题；（4）学会编写简单的计算题。			
检测		内容提要	时间	关键项＆方法＆策略	反思＆评价
前测	检测学生对浮力的概念、公式、单位的理解情况。	一、提出一个开放性的问题 1. 如何复习浮力的内容？（预测向度：从概念、作图、简答、沉浮条件、公式、单位、计算等）。 2. 明确中考热点、考点。 3. 主要从公式、单位、计算进行复习。	7 分钟 20 分钟	一、构建倒置性平台 1. 学生把自己想用的复习方法写在小卡上。 2. 学生代表在黑板上板演，把全班的复习方法呈现出来（注意不要重复）。 3. 教师精讲、点讲，把复习的重点及主要的方法引出。 二、构建标准性平台 1. 播放幻灯片：计算浮力的四种方法及公式。	教学设计注重梯度及多向度，照顾到了全班同学，让学生在原有的基础上得到了不同程度的发展、提升。
中测	检测学生运用浮力公式解决计算题的能力及水平。	二、运用公式解决实际问题 1. 熟悉及理解公式。 2. 运用公式。		2. 学生在自己的小卡上分别写出各个公式中的物理量及对应单位。 3. 四人小组交互、补充强化，理解、熟悉公式。 4. 发放 8 道计算题，学生自由选择用一种方法解决其中的 2 道题。 5. 四人小组交互、补充答案，至少运用 2 种不同的方法解决 4 道题。 6. 八人小组交互、补充答案，尽量用 4 种不同的方法解决 8 道题。 7. 全班交互、补充答案。 8. 教师点讲、精讲。	通过反复交互，从不同的向度对关键项不断进行强化，使不同层次的学生得到了很好的关照，使强化次数不断攀升。
后测	对学生运用浮力公式解决实际问题的能力进行拓展。	三、提升学生运用知识解决问题的能力 1. 学生任选一种计算浮力的方法，编写出一道相关的计算题。 2. 交换题目并解答。 3. 教师提示、引导。 四、结束。	16 分钟 2 分钟	三、知识拓展 1. 四人小组分工：每人编 1 道浮力的计算题。 2. 小组与小组交换题目，并解答。 3. 展示小组合作成果。 4. 全班浏览、补充答案。 5. 教师点讲、精讲。 四、小结	通过题目的编写、小组的交互，使学生的主动性、能动性和创造性得到有机整合，学习容量得到迅速的扩充，关键项得到进一步强化。
注释或总评：本次教学活动，先让学生板演引出主要的复习方法，然后让学生熟悉解决计算题的工具——公式及对应单位，最后选择不同的向度训练学生解决计算题的方法和能力。通过反复交互，从不同的向度对关键项不断进行强化，使不同层次的学生得到很好的关照，使强化次数不断攀升。通过题目的编写、小组的交互，使学生的主动性、能动性和创造性得到了有机的整合，学习容量得到了迅速的扩充，关键项得到了进一步有效强化，很好地达成了教学目标。不足：由于学生的基础、悟性、思维能力参差不齐，造成教学活动的各个环节的衔接不够顺畅。					

教案总评

【概况】

本节课是新人教版八年级物理下册第十章的内容。本章知识是之前力学知识的延伸扩展，是初中力学部分的一个重点。这节浮力复习课主要讲浮力的概念、浮力的大小、物体的浮沉条件和浮力的应用等，是对前面的密度、力、力的平衡、压强等知识的深化。复习课需联系社会生活实际，体现从生活走向物理，从物理走向生活的课程理念。

【亮点】

该教案是按照板块 MS - EEPO 结构Ⅱ型备课方式的格式进行设计的，教案总体设计思路基本清晰，步骤较完整。

【不足及建议】

该教案格式不够规范，设计相对简单，可行性不强，需要加以改进。具体意见如下：

1. 目标设置不合理，教学课题与教学目标存在差距。

2. 没有写出教学的重点难点，本节课应该是在复习浮力第二节课甚至第三节课的内容，但由于没有教学重、难点，设计显得比较凌乱。

3. 平台的搭建不合理。由于这节课是第二节课或第三节课的复习内容，因此在引入环节没必要搭建一个倒置性平台，这样会造成复习的重复性且效率低下，而且搭建倒置性平台时设计的问题不够开放。此外，在第二环节搭建标准性平台时，也没有按照操作流程规范搭建。

4. 本节课内容多，难度大，教师在设计时，时间的分配不太合理，比较紧，操作难度大。

因此，该教案可操作性一般，建议做进一步修改，具体修改详见随后的教案修改稿。

（点评人：南宁市邕武路学校　赵冬冬）

教案（点评修改稿）

点评修改人：赵冬冬

概况		课题：《浮力的计算》　学校：防城港市港口区光坡中学　年级：九年级　班级：九年级（4）班　科目：物理　授课教师：吴慧能 课型：平台互动方式　课时形态：标准课　授课时间：2014 年 5 月 28 日			
双目标		1. 大目标：在生活中联系物理，乐于探索日常生活中的物理学。 2. 小目标：（1）进一步理解浮力的概念，理解公式中每个物理量的含义及对应单位；（2）会运用公式解决生活中的实际问题。 教学重点：浮力计算的四种方法。 教学难点：运用阿基米德原理求浮力公式解决实际问题。			
检测		内容提要	时间	关键项＆方法＆策略	反思＆评价
前测	检测学生对浮力的概念、公式、单位的理解情况 （提问＋肢体语言）	一、引入 明确中考热点、考点：浮力的计算	3 分钟	一、引入 1. 播放幻灯片：计算浮力的四种方法及公式。 2.PPT 出示学习目标，学生齐读。	教学设计注重梯度及多向度，照顾到了全班同学，让学生在原有的基础上得到了不同程度的发展、提升。
中测	检测学生运用浮力公式解决计算题的能力及水平。 （提问＋汇报＋质疑＋练习）	二、知识铺垫 1. 熟悉及理解公式。 涉及知识：（1）$F_{浮}=F_{向上}-F_{向下}$；（2）$F_{浮}=G-F_{示}$；（3）利用阿基米德原理求浮力：$F_{浮}=G_{排}=m_{排}g=\rho_{液}gV_{排}$；（4）仅适用于漂浮或悬浮的规律：$F_{浮}=G$。	20 分钟	二、知识铺垫 1. 学生独立写出小卡上浮力计算公式中的每个物理量及对应单位。 2. 四人小组交互、补充强化，理解、熟悉公式。 3. 学生代表回答、反检测（防泡沫）。 4. 教师补充强化，PPT 呈现（防空讲）。	
后测		三、标准性平台 运用公式解决实际问题： （1）$F_{浮}=F_{向上}-F_{向下}$；（2）$F_{浮}=G-F_{示}$；（3）利用阿基米德原理求浮力：$F_{浮}=G_{排}=m_{排}g=\rho_{液}gV_{排}$；（4）仅适用于漂浮或悬浮的规律：F 浮 =G 。	16 分钟	三、标准性平台 第一步：以“浮力计算的四种方法”为关键项对浮力计算题进行拓展。 第二步：预设向度：8 个（8 道浮力计算题）。 第三步：个人独立思考，自由选择用一种方法解决其中的 2 道题。 四人小组交互、补充答案，至少运用 2 种不同的方法解决 4 道题。 八人小组再次交互、补充答案，尽量用 4 种不同的方法解决 8 道题，大卡呈现。 全班交互、大动浏览补充答案，指名 2~3 组学生代表汇报（防泡沫）。 第四步：检测学生对浮力计算的四种方法的掌握情况（提问、手势、汇报），如果掌握浮力计算的四种方法的学生达不到 80%，则需在下面的练习环节再次强化。（10 分钟）（强化次数预计约 5 次） 第五步：师点评、补讲。教师重点讲解利用阿基米德原理求浮力：$F_{浮}=G_{排}=m_{排}g=\rho_{液}gV_{排}$。	通过反复交互，从不同的向度对关键项不断进行强化，使不同层次的学生得到了很好的关照，使强化次数不断攀升。

续表

后测	对关键项的强化次数达 7 次，强化次数达标。根据“知识拓展”的检测情况，如果 80% 的学生掌握则不布置作业，达不到则需布置适当的作业。	四、知识拓展（预留） 1. 学生任选一种计算浮力的方法，编写出一道相关的计算题。 2. 交换题目并解答。 3. 教师提示、引导。 五、结束	4 分钟 2 分钟	四、知识拓展（预留） 1. 四人小组分工：每人编 1 道浮力的计算题。 2. 小组与小组交换题目并解答。 3. 展示小组合作成果。 4. 全班浏览、补充答案。 5. 教师点讲、精讲。 五、小结	通过题目的编写、小组的交互，使学生的主动性、能动性和创造性得到有机整合，学习容量得到迅速的扩充，关键项得到进一步强化。
注释或总评：本次教学活动，先让学生板演引出主要的复习方法，然后让学生熟悉解决计算题的工具——公式及对应单位，最后选择不同的向度训练学生解决计算题的方法和能力。通过反复交互，从不同的向度对关键项不断进行强化，使不同层次的学生得到很好的关照，使强化次数不断攀升。通过题目的编写、小组的交互，使学生的主动性、能动性和创造性得到了有机的整合，学习容量得到了迅速的扩充，关键项得到了进一步有效强化，很好地达成了教学目标。不足：由于学生的基础、悟性、思维能力参差不齐，造成教学活动的各个环节的衔接不够顺畅。					

化学《有机合成材料》

教案（原稿）

概况 学校：防城港市港口区公车镇中学 授课人：王燕 班级：九年级（2）班 学科：化学 内容：有机合成材料（人教版）	1. 从熟悉的物质出发引出课题，使学生认识到化学与生活密切相关，激起学习兴趣。 情境导入 2分钟	1. 了解有机物的概念。 2. 培养学生的分析能力。 有机化合物 5分钟	1. 从生活入手，让学生感受化学源自生活并服务于生活。 2. 培养学生学习交流的能力，养成爱护环境、保护环境的习惯。 有机合成材料	1. 让学生学会总结，反思。 2. 流程性检测。 课堂总结
[双目标]1. 了解有机化合物及高分子化合物；2. 了解有机合成材料在生产生活中的应用及其对环境的影响。 [教学重点]1. 塑料的性能和用途；2. 会用简单的实验方法区分棉纤维、羊毛纤维、合成纤维。 [教学难点] 对一些专有名词的认识，如有机高分子化合物、合成有机高分子材料、聚合物等。 [课型] 要素组合方式。 [课时] 标准课。	多媒体展示国家游泳中心“水立方”外观图，引入课题“有机合成材料”。	1. 活动与探究：完成表格和讨论题。 2. 有机物相对分子质量大和数目多的原因。	1. 塑料。 1.1 认识塑料制品。 1.2 实验探究不同种类塑料的热塑性和热固性。 1.3 白色污染的概念、危害治理措施。 2. 纤维：看标签，鉴别羊毛、棉、合成纤维。	1. 课堂小结。 2. 测评训练。
	展示图片，教师提问是什么地方？学生大声回答，然后介绍建筑的膜材料，引入课题。（看＋讲＋听）	1. 学生先自己完成导学案中的表格，然后二人小组讨论、归纳，完成讨论题。请个别小组汇报结果。（看＋讲＋做＋听，小动） 2. 学生阅读教材第 103 页有关分析有机物数目庞大的原因的内容。（看＋讲＋听）	1.1 看图片展示。（看＋讲＋听） 1.2 分成六人小组，实验探究，小组交流、展示。（做＋讲＋听，小动） 1.3 全班分成两大组，开展辩论赛。（讲＋听＋做，大动） 2. 查看课前收集的服装标签，交流。（看＋讲＋做） 分成六人小组，实验鉴别。（看＋讲＋做＋听，小动） 3. 学生阅读课本并介绍橡胶的种类、性能和用途。（看＋讲＋听）	1. 请同学们回想这节课自己学到了什么？有没有感到疑惑的地方？（讲＋听） 2. 进行基础测评和能力测评。（写＋想＋讲＋听）
总评：				

教案总评

【概况】

本课题是人教版九年级化学教材最后一个单元的最后一个课题。本单元是一个涉及面很广的单元，涉及初中化学教材中的许多内容。本节课重点介绍有机合成材料，从知识内容的角度来看，它不是初中化学教学的核心内容，而是属于知识的扩展和运用的范畴。因此，课程标准对它的教学要求并不高，知道、了解即可。但是掌握其有利于联系社会实际，丰富学生的生活常识，使学生有浓厚的学习兴趣，能为学生今后学习化学打下有利的基础。

【亮点】

该教案按照 MS–EEPO 图文结构Ⅱ型备课方式的格式进行撰写，教案总体设计思路清晰，教学内容的设计符合初中化学教材和课标的要求，重难点分析准确，能利用课外搜集实物、单元组合作、实验和辩论等方式对重难点进行突破，有利于初中生从生活和实践中学习化学，更容易掌握化学新知识的特点。本节课设计 3 次小动、1 次大动，动静转换合理；设置了不同组合的单元组，避免了单元组的形式单一。

【不足及建议】

该教案也有不足之处，如格式上有些地方书写不是很规范，关键环节没有标注时间等。具体情况如下：

1. 该教案大部分按照图 MS–EEPO 文结构Ⅱ型备课方式的格式进行设计，但在格式上仍有一些应注意的问题：（1）概况不全，缺少时间；（2）目标设置缺项，双目标只有小目标，没有大目标；（3）教学的方法策略与教学内容有些混淆不清。

2. 要素组合能多要素轮换着进行教学，但是核心要素“想”和关键要素“做”没有设计好，有两个大环节没有标注时间，没有突出“想”和“做”在要素组合课型里的重要性。

3. 教师虽然运用了一些 5J，但运用不够熟练，大部分没有标注出来，5F 没有体现。

该教案仍有修改的空间，可以进行进一步的修改。

（点评人：南宁市邕武路学校　赵冬冬；南宁市第 39 中学　覃玉坤）

教案（点评修改稿）

点评修改人：赵冬冬

日期：2014 年 3 月 28 日 学校：港口区公车镇中学 授课人：王燕 班级：九年级（2）班 学科：初中化学 内容：有机合成材料	1. 从熟悉的物质出发引出课题，使学生认识到化学与生活密切相关，激起学习兴趣。	2. 培养学生自学的能力和分析问题的能力。	1. 从生活入手，让学生感受化学源自生活并服务于生活。 2. 培养学生学习交流的能力，增强爱护环境、保护环境的意识。	
教学要素	新课引入　3 分钟	探究新知 有机化合物　10 分钟	学以致用 有机合成材料　30 分钟	小结　2 分钟
[教学目标] 1. 通过观察、辩论、实验以及探究等学习活动，使学生产生学习化学的兴趣。 2. 通过学习，使学生了解有机化合物及高分子化合物，了解有机合成材料在生产生活中的应用及其对环境的影响。 [教学重点] 1. 知道塑料的性能和用途。2. 会用简单的实验区分棉纤维、羊毛纤维、合成纤维。 [教学难点] 认识一些专有名词。 [课型方式] 要素组合方式。 [课时形态] 标准课。	1. 播放 国家游泳中心“水立方”外观图，视频引入。 2. 出示学习目标。 3. 复习化合物的相关知识。	一、探究新知 1. 探究有机物的概念。 2. 提出探究问题（有机物相对分子质量大和数目多的原因）。	二、拓展提升 1. 塑料。 1.1 认识塑料制品。 1.2 实验探究不同种塑料的热塑性和热固性。 1.3 塑料的利与弊，白色污染的概念、危害治理措施。 2. 纤维：看标签，鉴别羊毛、棉、合成纤维。 3. 橡胶：种类、性能和用途。	1. 小结。 2. 根据学生具体情况适当布置作业。
	1. 观看视频，激发学生学习兴趣。（想＋看） 2.PPT 出示学习目标，学生齐读。 3. 提问＋手势判断对错。（听＋想，防泡沫）	1. 学生独立思考，完成导学案中的表格，二人小组讨论、归纳，完成讨论题。 2. 请 2~3 个小组汇报结果，师补充，PPT 呈现。（想＋做＋讲＋听＋小动）（防空讲） 3. 学生自学课本教材第 103 页有关分析有机物数目庞大的原因的内容，提问检测，师补讲。（想＋做）（防泡沫）（3 分钟）	1.1 看图片展示。（看＋讲）（防空） 1.2 实验探究。四人组完成，小组交流，指名 2 个组汇报展示。（做＋讲＋听＋小动）（防泡沫）5 分钟 1.3 全班分成两大组，开展辩论赛。（讲＋听＋做，大动）（10 分钟） 2. 查看课前收集的服装标签，六人组交流，实验鉴别。（看＋讲＋做＋听，小动）（7 分钟） 3. 学生阅读课本并介绍橡胶的种类、性能和用途。（看＋讲＋听）	1. 请同学们回想这节课自己学到了什么，有没有感到疑惑的地方？（讲＋听） 2. 进行基础测评和能力测评。（做＋想）
反思 / 评价				

化学《水的净化》

教案（原稿）

<table>
<tr><td>概况</td><td>学校：玉林市玉州区第三中学</td><td>执教者：裴倩倩</td><td>学段：九年级</td><td>学科：化学</td><td>日期：2013 年 10 月 20 日</td></tr>
<tr><td></td><td>课题：第四单元课题 2《水的净化》</td><td>课型方式：平台互动方式</td><td>课时形态：标准课</td><td colspan="2">课时：1 课时</td></tr>
<tr><td>双目标</td><td colspan="2">1. 通过学习水的净化方法，使学生具有“化学与生活紧密联系”的意识，掌握一定的化学基本知识和基本技能。
2. 知道水的净化方法、掌握过滤基本操作。</td><td colspan="3">重点：掌握水净化的常用方法。
难点：掌握过滤实验操作及注意事项。</td></tr>
<tr><td>反思评价</td><td>内容提要</td><td>时间</td><td colspan="2">方法 & 策略</td><td>反思评价</td></tr>
<tr><td>通过播放视频，让学生认识自然界的水的状况，并对自然界的水需净化抱有好奇心。

掌握水的净化常用方法，使学生进一步体验到化学离不开生活，生活也离不开化学。本节课的重点是掌握水的净化方法的功能作用，难点是掌握好过滤的操作。</td><td>一、导入
1. 视频播放各种不同混有杂质的自然界的水的画面，如河水、海水、黄河水、井水……
2. 提出问题：这些自然界的水怎样才能变得澄清并能供人类使用？

二、水的净化
平台一：标准性平台。
主题词：水的净化方法。
向度：

</td><td>5 分钟

20 分钟</td><td colspan="2">一、导入
视频播放，引入主题。
教师板书出示标题。
教师口述关键问题。

二、操作流程与方法
1. 学生个人看书 + 微卡写出净化方法 + 教师呈现标准性平台向度。（交互 1）
2. 四人团队合作 + 大卡表达呈现。（交互 2）
每小组自由选择 1~3 个向度，进行详细的学习探究（小的净化作用及其能达到怎样的程度、过滤所需仪器及操作注意事项有哪些等问题），实验操作。（交互 3）
3. 交互。
交互 1：生生交互、师生交互 + 看书整理。
交互 2：团队合作 + 大卡呈现，全班浏览，记笔记掌握重点和难点。（约定 + 顺时针 + 防空看）
交互 3：团队实验操作。（合作 + 约定）
4. 教师随机检测。（防假）
5. 教师进行精讲补救。
预留：学生如果没有掌握好过滤实验，教师要再演示一次，进行强化。</td><td>直观地播放视频，使学生对学习的目的和意义一目了然。

如果学生能写出一两个净化水的方法，说明学生有一定的生活常识。

通过交互和实验操作，使学生全面掌握净化水的各种方法，且能在有限的时间、空间中掌握大量知识，尤其是能突破难点“过滤操作”。精讲强化了难点知识的次数。</td></tr>
</table>

续表

补教此环节主要是让学生认识到化学影响着我们的生活，使学生树立起更高的人生观和良好的情感态度。	三、水对人类生产生活的贡献 平台二：倒置性平台。 主题词：水对人类生活的影响。 开放性素材：自然界的水对人类生产生活有哪些贡献? 预设向度： 向度 1：工业上——冷却、染织、洗涤…… 向度 2: 农业上——灌溉、溶解稀释化肥农药…… 向度 3：生活中——洗衣、煮饭、拖地…… 向度 4：实验室——配制溶液、洗仪器…… 四、结束 1. 看书本，检测学习状况。 2. 教师小结。 3. 布置作业：水污染有哪些危害?	15 分钟 5 分钟	三、操作与方法 1. 出示开放性素材。 2. 个人思考 + 微卡。 学生根据素材写出向度（向度不定）。 3. 四人小组交互 1+ 汇集、整理得标准性平台。（约定 + 合作 + 卡条） 4. 卡条呈现 + 代表发言。（防空讲） 5. 教师精讲补救，强化次数。 四、结束环节 生生自测互测、师生交互检测。 能动作业。	培养学生的思维能力。 学生发言时，全体同学认真听讲，并与自己的对比，补充完整。
注释：				

教案总评

【概况】

本节课是人教版九年级化学第四单元《自然界的水》的课题3。水是继学生学习了空气、氧气等气体物质后，学习的另一种人们在生活中离不开的物质。本课题以水为载体，探讨了常用的净化水的方法与技能，区分硬水与软水的方法等。教材将课标要求掌握的静置沉淀、吸附沉淀、过滤和蒸馏等净化水的方法有序地联系起来，突出过滤以及蒸馏这两个重要的实验操作技能，而过滤又为学习第十一单元粗盐的提纯打下基础。因此，本节课起到了承上启下的作用。

【亮点】

该教案格式符合板块结构I型的格式书写要求，教学目标明确，流程清晰，可操作性比较强，能明确标注平台互动课型方式的基本流程和操作步骤，平台构建符合多向度、自由度、互相平行三原则，平台一有关于实验的操作结果的预留项，能运用部分5J、5F学习方式组织教学。

【不足及建议】

1. 没有标明关键操作环节所用的时间，部分环节具体操作方式方法的描述不够详细。修改建议：标明关键操作环节所用的时间，把交互和教师随机检测所用的方式方法描述得清楚一些，这样可操作性会更强。

2. 团队使用不太恰当。对于该节课的知识点，学生比较容易掌握，因此进行简单合作就可以了，建议此处将团队改成单元组。

3. 平台二缺少作业检测的设计安排，建议增设作业检测的环节。另外，如果教师需精讲的内容也有预测并设计预留项就更好了。

（点评人：玉林市玉州区城北初中　钟强）

教案（点评修改稿）

点评修改人：钟强

概况	学校：玉林市玉州区第三中学	执教者：裴倩倩	学段：九年级	学科：化学	日期：2013 年 10 月 20 日
	课题：第四单元课题 2《水的净化》	课型：平台互动方式		课时形态：标准课	课时：1 课时
双目标	1. 通过学习水的净化方法，使学生具有“化学与生活紧密联系”的意识，掌握一定的化学基本知识和基本技能。 2. 知道水的净化方法、掌握过滤基本操作。			重点：掌握水净化的常用方法。 难点：掌握过滤实验操作及注意事项。	

反思评价	内容提要	时间	方法 & 策略	反思评价
通过播放视频，让学生认识自然界的水的状况，并对自然界的水需净化抱有好奇心。	一、导入 1. 视频播放各种不同混有杂质的自然界的水的画面，如河水、海水、黄河水、井水…… 2. 提出问题：这些自然界的水怎样才能变得澄清并能供人类使用?	5 分钟	一、导入 播放视频，引入主题。 教师板书出示标题。 教师口述关键问题。	直观地播放视频，使学生对学习的目的和意义一目了然。
掌握水的净化常用方法，使学生进一步体验到化学离不开生活，生活也离不开化学。本节课的重点是掌握水的净化方法的功能作用，难点是掌握好过滤的操作。	二、水的净化 平台一：标准性平台。 主题词：水的净化方法。 向度： 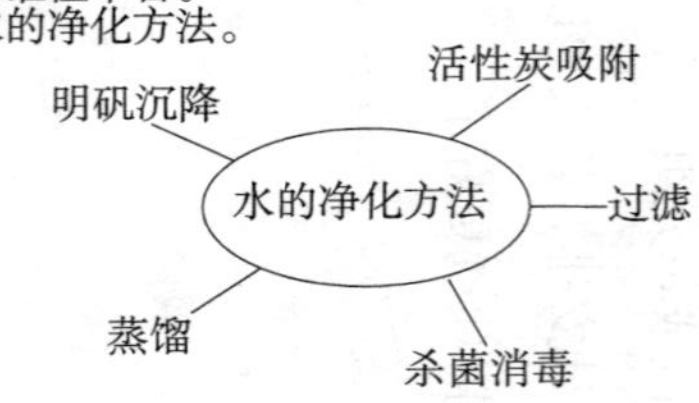	20 分钟	二、操作流程与方法 1. 学生个人看书 + 微卡写出净化方法 + 教师呈现标准性平台向度。（交互 1） 2. 四人单元组合作 + 大卡表达呈现。（交互 2） 每小组自由选择 1~3 个向度，进行详细的学习探究（解决水的净化作用及其能达到怎样的程度、过滤所需仪器及操作注意事项有哪些等问题），实验操作。（交互 3） 3. 交互。 交互 1：生生交互、师生交互 + 看书整理。 交互 2：单元组合作 + 大卡呈现，全班浏览，记笔记掌握重点和难点。（约定 + 顺时针 + 防空看） 交互 3：单元组合作进行实验操作。（合作 + 约定） 4. 教师随机检测。（防假） 5. 教师进行精讲补救。 预留：学生如果不能掌握好过滤实验，则教师再演示一次，进行强化。	学生能写出一两个净化水的方法，说明学生有一定的生活常识。 通过交互和实验操作，使学生全面掌握净化水的各种方法，且能在有限的时间、空间中掌握大量知识。尤其是能突破难点“过滤操作”。
补教此环节主要为了让学生认识到化学影响着我们的生活，能树立起更高的人生观和情感态度。	三、水对人类生产生活的贡献 平台二：倒置性平台。 主题词：水对人类生活的影响。 开放性素材：自然界的水对人类生产生活有哪些贡献? 预设向度： 向度 1：工业上——冷却、染织、洗涤…… 向度 2：农业上——灌溉、溶解稀释化肥农药…… 向度 3：生活中——洗衣、煮饭、拖地…… 向度 4：实验室——配制溶液、洗仪器……	15 分钟	三、操作与方法 1. 出示开放性素材。 2. 个人思考 + 微卡。 学生根据素材写出向度（向度不定）。（5 分钟） 3. 四人小组交互 1+ 汇集、整理得标准性平台。（约定 + 合作 + 卡条）（5 分钟） 4. 卡条呈现 + 代表发言。（防空讲） 5. 个人完成学习卡的练习。 6. 检测学生，教师精讲补救。强化次数。	精讲强化了难点知识的次数 培养学生的思维能力。
	四、结束 1. 看书本，检测学习状况。 2. 教师小结。 3. 布置作业：水污染有哪些危害?	5 分钟	四、结束环节 生生自测互测、师生交互检测。 能动作业。	学生发言时，全体同学认真听讲，并与自己的对比，补充完整。

注释：

化学《化学肥料》（第一课时）

教案（原稿）

基本概况		学校：玉林市第三中学　授课教师：王伟红　时间：2014 年 4 月　课型：平台互动方式　学科：化学 班级：九年级 117 班　课时：标准课　内容：人教版九年级下册《化学肥料》（第一课时）			
目标	目标 1	学生能了解化肥对农业生产的作用及其对环境的影响，增强学生的环保意识，培养学生创造性的思维能力，让学生张扬个性。			
	目标 2	1. 学生知道并掌握化肥的种类，了解其作用。 2. 学生通过化学式能区分氮肥、磷肥、钾肥及复合肥		重点：化肥的种类及作用 难点：通过化学式区分复合肥	
检测		内容提要	时间	方法 & 策略	反思 / 评价
前测	检测：学生知道的化学肥料的种类。 强化次数：2 次。	一、导入 1. 从人体缺乏某些元素引起的症状延伸到植物缺失营养元素带来的后果。 2. 播放化学肥料视频。	3 分钟	一、引出课题 1. 教师谈话引入话题，学生听。 2. 前测：你知道哪些化学肥料？（随机提问） 3.PPT 播放有关化学肥料的图片及视频。 4. 板书课题。	学生对植物缺少元素的图片的印象较深刻，但认识化学肥料的不多。
中测	1. 关键项：化肥的种类。 检测：化肥的种类与作用。 强化次数：15 次。	二、化学肥料的种类 平台一：标准性平台。 主题词：化学肥料的种类。 向度： 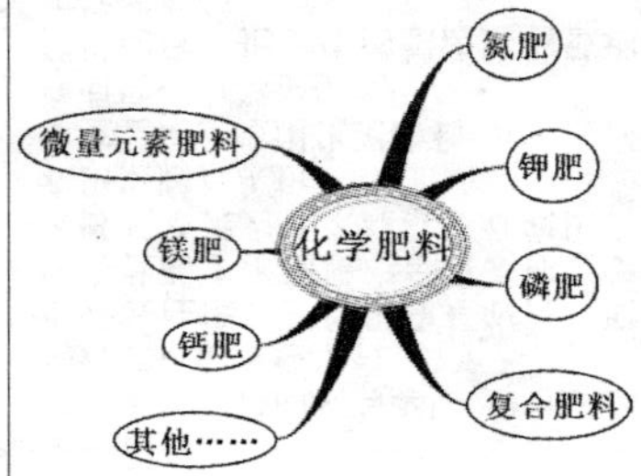	22+2 分钟	二、标准性平台操作流程 1.PPT 播放时老师同时用气泡图板书，呈现标准性平台。 2. 自由选 1 个或多个向度进行探究。 2.1 个人看书 + 笔 + 微卡。（交互 1）（2 分钟） 2.2 六人团队合作 + 表达呈现 + 大卡 / 板 + 粗笔。（交互 2）（5 分钟） 3. 交互。（10 分钟） 交互 1：六人顺时针看看书后整理的笔记。 （看的速度：初中 600 字 / 分钟，约 1.5 分钟） 交互 2：团队合作后挂大卡 / 板，全班大动浏览 + 笔 + 微卡。（班级、学科两个约定 + 通道 + 顺时针 + 防空转、防空看） 交互 3：3~5 个团队汇报 + 质疑 + 提问 + 生生检测 + 师检测。（防假合作）（时间调控：2 分钟 /1 分钟 /1 分钟 /1 分钟） 4. 师随机检测（防假合作）+ 精讲补救。 5. 中测 1：化肥的种类与作用（肢体快速检测）。 预留：如果学生不能区分 N、K、P、复合肥，老师板书列举 10 个钾盐及含氮、磷等元素的化学式，再次强化。（2 分钟）	看的速度是 300~600 字 / 分钟，预留时间要考虑到思考的时间。 交互环节要有时间梯度。大动浏览及汇报介绍时，要有两种约定：一是老师要讲话时的约定，二是回位的约定，学生对倒数数的反应比较快。 肢体快速检测的主要是选择题，检测内容主要是重点、难点、考点。如果中测时约 80% 的学生懂，预留项就不讲了。

续表

	2. 关键项：化肥的利与弊。 检测：化肥的作用及其对环境的影响。 强化次数：约 15 次。	三、化学肥料的利与弊 平台二：倒置性平台。 ◆开放性情景：如果你是农民，要使春秋两季水稻增产丰收，你会怎么做？冬天为什么经常看到农民在农田里撒石灰粉？ ◆主题词：施用化肥的利与弊。 ◆向度：由学生生成。 预设向度：把学生的想法归纳整理成标准平台。 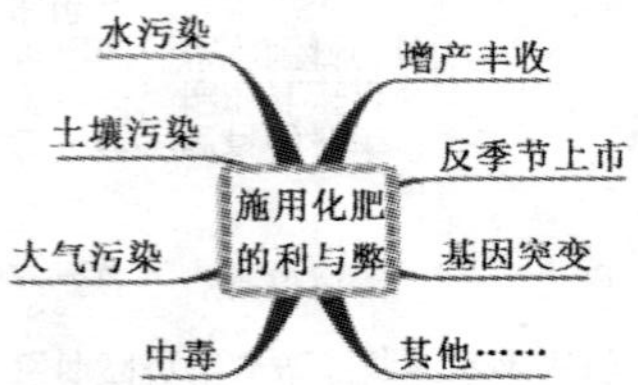 	13+2 分钟	三、倒置平台操作流程 1.PPT 出示开放性素材。 2. 板书主题词。 3. 学生个人就素材及主题词在将想到的内容写在微卡上。（写的速度：初中生 30 字 / 分钟，写 1 分钟 + 思考 1 分钟） 4. 交互。 交互 1：四人小组交换卡（看的速度：4 × 30=120 字，约 30 秒）+ 卡条 + 挂钩 + 夹子 + 粗笔。 交互 2：全班原位浏览卡条。（约 20 字 / 卡条，2 分钟） 交互 3：说一说（感兴趣的卡条）。（就卡条说，防空讲） 5. 师生整理得到标准性平台。 6. 师精讲、补充。 7. 中测 2：化肥的作用及对环境的影响。 检测形式：抢答 + 肢体快速反应。检测为什么对或者错。（防假看） 8. 预留项（2 分钟）：中测后如果学生掌握得较好较快，就进行思维拓展：为了减少农药化肥的危害，未来的粮食会是怎样“种”出来的呢？ （训练学生跳跃思维、创造性思维）	学生从素材中想到的内容会比较杂乱，因此老师最后要对其进行归纳整理，训练学生归纳分类的思维。 学生对现时食品卫生等社会焦点问题比较感兴趣，因此在课堂进行环保意识的教育是合适的，也是成功的。 抢答环节气氛活跃，从学生的肢体反应知道约 90% 的学生掌握了本节课的内容。
后测	前测与中测关键项的强化次数超过了 13 次，可以不布置作业。	四、结束环节 1. 对本节课的反思与评价：收获、自评、他评。 2. 小结。 3. 能动地作业布置：上网搜索常见化肥与微量元素肥料。	3 分钟	四、收获与评价 1. 谈一谈收获。 2. 生生相互对团队合作进行评价，并对自己进行评价。 3. 师就本节课主要内容 PPT 展示小结（再强化 1 次关键项）。	学生的相互评价比较中肯，注意不好的评价用词，同学间的激励会让学生想在下次课堂表现得更好。
注释或总评：本节课设计了两个平台，均能达到 7~10 个向度，且向度平行，学生能自由选择向度，时间速度的调控能量化，关键项的强化次数达到 9~12 次，学生的交互形式较多，学生质疑及互考环节比较精彩，布置的作业具有能动性，把学生的兴趣引伸到了课外。					

教案总评

【概况】

本节课是人教版九年级化学第十一单元课题2《化学肥料》的第一课时，课标要求学生通过学习，知道一些常用化肥的名称和作用，认识合理使用化肥、农药对保护环境的重要意义。学生经过近一年的化学学习和探究，已经具备了与本课题相关的知识、技能、情感，但缺乏对化学肥料、农药以及化学对农业、环境的影响的科学、系统的认知。通过这节课题的学习，学生应该能较轻松地把两者相结合，这样既能正确的解释生产生活中的一些操作，也能运用化学知识指导或改进生产生活。

【亮点】

该教案按照MS–EEPO板块结构II型备课方式的格式进行撰写，是一份比较优秀的教案。该教案教学目标和重难点的确立，符合初中化学课标的要求。化学肥料在初中化学里属于比较容易掌握的知识，教师能够采用平台互动方式进行教学设计，充分挖掘了学生自主学习的能力，把学习的主动权交到了学生的手里，对学生来说，这比普通的讲授式教学更具有吸引力，更能发挥学习的主动性。在构建的第一个平台中，教师出示关键项“化学肥料”，然后同时呈现多个向度的标准平台，符合构建平台的多向度、自由度、相对平行的三原则，学生自主选择向度作业，能促进学生思维能力的提高和个性的发展，课堂调控方式多种多样，恰到好处，利用前测、中测合理。第二个倒置性的平台构建符合要求，教师出示具有开放性的素材“施用化肥的利与弊”，学生在思考的基础上，提出可能的情况；然后教师根据学生的作业情况，将其整理成标准平台的形态，学生选感兴趣的问题进行作业，通过交互达到提升强化次数的目的，步骤清晰，效果好。整个设计突出了“看”和“写”的量化要求，科学合理，并能为学生的“想”留下一定的时间，为充分的“想”做了巧妙的安排。进行快速检测可以得知学生掌握知识点的情况，达到目标后才继续下一个环节，没有通过预留则通过预留项的学习和检测，来增加知识点掌握的强化次数，提高学生掌握知识的通过率，这个考虑得很周全，值得大家学习。

【不足及建议】

1. 第一个平台中存在知识性错误，农家肥不属于化学肥料。

2. 倒置性平台的构建中，“方法 & 策略”表达稍显繁琐，建议简练些。

（点评人：广西钦州学院　李燕清；南宁市第39中学　覃玉坤）

教案（点评修改稿）

点评修改人：覃玉坤、李燕清

<table>
<tr><td colspan="2">基本概况</td><td colspan="4">学校：玉林市第三中学　授课教师：王伟红　时间：2014 年 4 月　课型：平台互动方式　学科：化学
班级：九年级 117 班 62 人　课时：标准课　课题：人教版九年级下册《化学肥料》（第一课时）</td></tr>
<tr><td rowspan="2">目标</td><td>目标 1</td><td colspan="4">学生能了解化肥对农业生产的作用及其对环境的影响，增强学生的环保意识，培养学生创造性的思维能力，让学生张扬个性。</td></tr>
<tr><td>目标 2</td><td colspan="3">1. 学生知道并掌握化肥的种类，了解其作用。
2. 学生通过化学式能区分氮肥、磷肥、钾肥及复合肥</td><td>重点：化肥的种类及作用
难点：通过化学式区分复合肥</td></tr>
<tr><td colspan="2">检测</td><td>内容提要</td><td>时间</td><td>方法 & 策略</td><td>反思 / 评价</td></tr>
<tr><td>前测</td><td>检测：学生知道的化学肥料的种类。
强化次数：2 次。</td><td rowspan="2">一、导入
1. 从人体缺乏某些元素引起的症状延伸到植物缺失营养元素带来的后果。
2. 播放化学肥料视频。

二、化学肥料的种类
平台一：标准性平台
主题词：化学肥料的种类
向度：
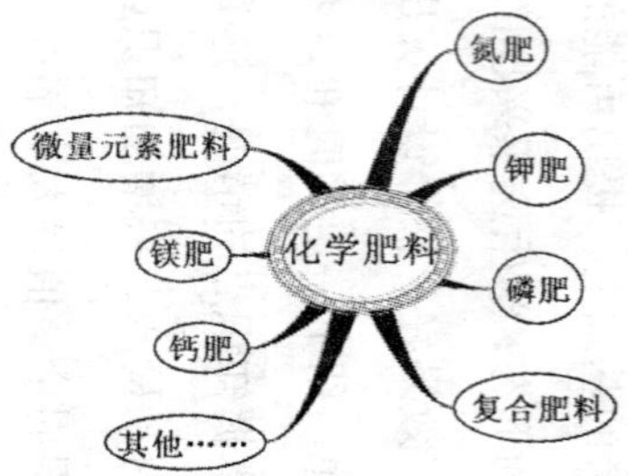</td><td rowspan="2">3 分钟

2 2 + 2 分钟</td><td rowspan="2">一、引出课题
1. 教师谈话引入话题，学生听。
2. 前测：你知道哪些化学肥料？（随机提问）
3.PPT 播放有关化学肥料的图片及视频。
4. 板书课题。
二、标准性平台操作流程
1.PPT 播放时老师同时用气泡图板书，呈现标准性平台。
2. 自由选 1 个或多个向度进行探究。
2.1 个人看书 + 笔 + 微卡。（交互 1）（2 分钟）
2.2 六人团队合作 + 表达呈现 + 大卡 / 板 + 粗笔。（交互 2）（5 分钟）
3. 交互。（10 分钟）
交互 1：六人顺时针看看书后整理的笔记。
（看的速度：初中 600 字 / 分钟，约 1.5 分钟）
交互 2：团队合作后挂大卡 / 板，全班大动浏览 + 笔 + 微卡。
（班级、学科两个约定 + 通道 + 顺时针 + 防空转、防空看）
交互 3：3~5 个团队汇报 + 质疑 + 提问 + 生生检测 + 师检测。
（防假合作）（时间调控：2 分钟 /1 分钟 /1 分钟 /1 分钟）
4. 师随机检测（防假合作）+ 精讲补救。
5. 中测 1：化肥的种类与作用（肢体快速检测）。
预留：如果学生如不能区分 N、K、P、复合肥，老师板书列举 10 个钾盐及含氮、磷等元素的化学式，再次强化。（2 分钟）</td><td rowspan="2">学生对植物缺少元素的图片的印象较深刻，但认识化学肥料的不多。

看的速度是 300~600 字 / 分钟，预留时间要考虑到思考的时间。

交互环节要有时间梯度。大动浏览及汇报介绍时，要有两种约定：一是老师要讲话时的约定，二是回位的约定，学生对倒数数的反应比较快。
肢体快速检测的主要是选择题，检测内容主要是重点、难点、考点。
如果中测时约 80% 的学生懂，预留项就不讲了。</td></tr>
<tr><td>中测</td><td>1. 关键项：化肥的种类。
检测：化肥的种类与作用。

强化次数：15 次。</td></tr>
</table>

<table>
<tr>
<td></td>
<td>2. 关键项：化肥的利与弊。
检测：化肥的作用及其对环境的影响。
强化次数：约15次。</td>
<td rowspan="2">三、化学肥料的利与弊
◆平台二：倒置性平台。
开放性情景：如果你是农民，要使春秋两季水稻增产丰收，你会怎么做？冬天为什么经常看到农民在农田里撒石灰粉？
◆主题词：施用化肥的利与弊。
◆向度：由学生生成。
预设向度：把学生的想法归纳整理成标准平台。
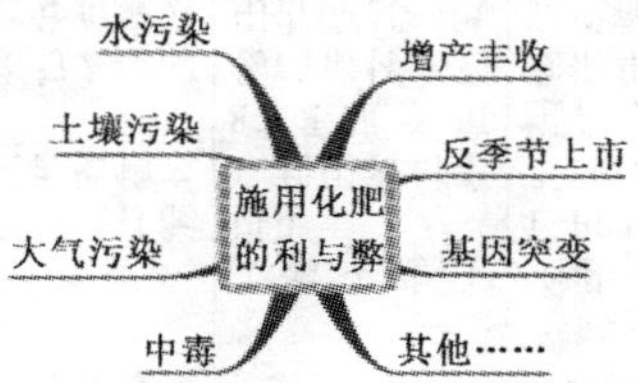

四、结束环节
1. 对本节课的反思与评价：收获、自评、他评。
2. 小结。
3. 能动地作业布置：上网搜索常见化肥与微量元素肥料。</td>
<td rowspan="2">1 3 + 2 分钟

3 分钟</td>
<td rowspan="2">三、倒置平台操作流程
1.PPT 出示开放性素材。
2. 板书主题词。
3. 学生个人就素材及主题词将想到的内容写在微卡上。（写的速度：初中生 30 字 / 分钟，写 1 分钟 + 思考 1 分钟）
4. 交互。
交互 1：四人小组交换卡（看的速度：4 × 30=120 字，约 30 秒）+ 卡条 + 挂钩 + 夹子 + 粗笔。
交互 2：全班原位浏览卡条。（约 20 字 / 卡条，2 分钟）
交互 3：说一说（感兴趣的卡条）。（就卡条说，防空讲）
此处可以简练些
5. 师生整理得到标准性平台。
6. 师精讲、补充。
7. 中测 2：化肥的作用及对环境的影响。
检测形式：抢答 + 肢体快速反应检测为什么对或者错。（防假看）
8. 预留项（2 分钟）：中测后如果学生掌握得较好较快，就进行思维拓展：为了减少农药化肥的危害，未来的粮食会是怎样“种”出来的呢？
（训练学生跳跃思维、创造性思维）

四、收获与评价
1. 谈一谈收获。
2. 生生相互对团队合作进行评价，并对自己进行评价。
3. 师就本节课主要内容 PPT 展示小结（再强化 1 次关键项）。</td>
<td rowspan="2">学生从素材中想到的内容会比较杂乱，因此老师最后要对其进行归纳整理，训练学生归纳分类的思维。

学生对现时食品卫生等社会焦点问题比较感兴趣，因此在课堂进行环保意识的教育是合适的，也是成功的。

抢答环节气氛活跃，从学生的肢体反应知道约 90% 的学生掌握了本节课内容。

学生的相互评价比较中肯，注意不好的评价用词，同学间的激励会让学生想在下次课堂表现得更好。</td>
</tr>
<tr>
<td>后测</td>
<td>前测与中测关键项的强化次数超过了 13 次，可以不布置作业。</td>
</tr>
<tr>
<td colspan="6">注释或总评：本节课设计了两个平台，均能达到 7~10 个向度，且向度平行，学生能自由选择向度，时间速度的调控能量化，关键项的强化次数达到 9~12 次，学生的交互形式较多，学生质疑及互考环节比较精彩，布置的作业具有能动性，把学生的兴趣引伸到了课外。</td>
</tr>
</table>

生物《种子植物——裸子植物和被子植物》（第二课时）

教案（原稿）

教学素材：生物七年级上册《种子植物——裸子植物和被子植物》（第2课时） 普通装备：PPT、小卡 班级：七年级 执教：卢霜 学校：×× 日期：2014年7月	课后反思： 2. 大体了解植物的分类。 1. 感受植物给人类带来的环境美和人文美，引入新课。	通过动和手观察激发学生兴趣，通过合作探究得出结论。小组选代表借助实物展台进行表达和交流，本组其他同学补充，培养学生的观察、分析及语言表达能力。	明确种子植物在自然界中是广泛分布的，观看种子的传播录像，给学生以直观感受，激发学生的学习兴趣，为学生学习绿色植物在自然界中的作用打基础。	运用所学知识解决问题。 活跃课堂气氛，培养学生的快速反应能力（地方性、实用性）。	3. 课堂延伸，学以致用。 2. 巩固、复习刚刚所学知识。 1. 培养学生的总结能力以及爱护植物、保护植物的情感。
种子植物（第2课时）	导入新课 第3分钟	裸子植物与被子植物的区别 第13分钟	种子的传播方式和途径 第25分钟	识别常见植物及其与人类的关系 第38分钟	课堂小结、学以致用 第45分钟
[目标] 1. 识别常见的裸子植物和被子植物；能说出它们的主要特征，以及两种植物之间的差异。 2. 能说出裸子植物、被子植物与人类的关系；知道被子植物是陆地上分布最为广泛的植物家族。 3. 了解植物给人们生活带来的各种益处，感悟爱护植物、保护植物的情感。 [重点]1. 裸子植物、被子植物的主要特征。2. 裸子植物、被子植物与人类的关系。 [难点]1. 被子植物是陆地上分布最为广泛的植物家族。2. 准确说出裸子植物和被子植物之间的差异。 [课型方式]要素组合方式。 [课时形态]标准课。	（看＋想＋讲） 1. 利用教材第87页赋予植物的情怀，利用古诗、图片，一同欣赏那些描写植物的诗句。 2. 了解生物的分类。 3. 出示课题。	（想＋做＋讲＋动中学） 1. PPT展示要求：利用第82页的观察与思考开展四人小组合作探究，结合各小组问题清单卡（小卡，防空），完成探究。提醒学生在动手观察的过程中注意安全。 2. 四人小组探究活动：观察果实和种子，区分被子植物和裸子植物。（5分钟） （班级文化倒数数约定回位） 3. 各组派一名成员上台展示探究成果。（防空讲＋防泡沫） 4. 师生共同点评。	（想＋讲＋听＋小动） 1. 播放种子的传播方式和途径的影像资料。质疑：你认为裸子植物和被子植物谁更适应现在的环境？ 2. 个人思考后，随机分五人小组，学生组内交流，写在小卡上。（5分钟） （学科文化约定停止交流） 3. 小组代表全班展现。（防空讲＋防泡沫）	（想＋做＋讲＋动中学） 1. 先将学生分为红、绿、黄、蓝的裸子植物队和被子植物队，并随机抽取内容：各小组的图片小卡中的植物与人类有什么关系？ 2. 团队合作活动：观察并思考本组的卡片与人类有哪些关系？用自己喜欢的表达方式填在中卡上。（8分钟） （倒数数约定回位） 3. 各团队学生展示本组植物的图片，并简要介绍所展示的植物。 （防空＋防泡＋防花）	（想＋做＋讲） 1. 设问：（1）通过本节课的学习，你学到了什么？（2）在今后的生活中，应如何对待植物？学生总结本节课的收获和体会。 2. 用PPT给出问题，学生运用本节课所学加以解答。 3. PPT展示课后拓展作业：认识校园里的裸子植物和被子植物并对它们进行标注。

教案总评

【概况】

本节课是人教版生物七年级上册第三单元第二节《植物的种子》的第 2 课时，本章节主要讲述高等绿色植物中与人类关系最密切的种子植物。种子具有新植物的幼体——胚。种子植物分为两类，它们在生物圈中起着非常重要的作用。本节的知识难度不大，能够观察到较多实物，因此学生容易理解和接受。这节内容需要观察和操作的内容比较多，所以安排两个课时完成。第一课时主要学习种子的结构，第二课时学习种子植物的两个种类。学完本课，学生应能识别常见的裸子植物和被子植物，能说出它们的主要特征及其差异。

【亮点】

该教案总体设计规范、合理，能够熟练运用要素组合课型和 5J、5F，具有较强的可操作性，是一篇比较好的教案。具体分析如下：

1. 教案按照 MS–EEPO 图文结构 I 型备课方式的格式进行较规范的编写，格式正确，教学素材完整，对教材内容把握准确，在教学设计时依据学科特点和学情对教材进行了再处理。

2. 要素组合的七个要素的轮换、组合使用较为合理，特别是在四人小组探究与团队探究教学环节中，“想”核心要素和“做”关键要素有较好的设计，有时间、空间，有一定的深度、广度，能够照顾不同个性、特长的学生。

3. 合理设计了动中学，有 2 次小动、1 次大动，并在每一次的单元组活动中都设置了合理了的问题，让学生探讨，达到了边动边学的目的。

4. 教师能够熟练使用 5J 和 5F。板卡，使用了小卡、PPT、视频、中卡等防止空讲。表达呈现多样化，有效地防形式单一和防与学生为敌。约定多样化，使用了班级文化约定、学科文化约定。单元组、团队合作有四人小组、团队合作，既防形式单一，又有效地培养了学生的合作能力。设计注重流程性检测，照顾了不同层次和不同特长的学生，防泡沫、防形式单一。

【不足及建议】

1. 双目标的描述欠规范，具体详见以下的教案修改稿。

2. 本教案对要素组合课型当中各要素的使用情况只标注在各大环节的前面，过于笼统，建议在小环节当中对要素使用情况做对应的标注，详见以下的教案修改稿。

（点评人：南宁市邕武路学校　赵冬冬）

教案（点评修改稿）

点评修改人：赵冬冬

教学素材：生物七年级上册 《种子植物——裸子植物和被子植物》（第2课时） 普通装备：PPT、小卡 班级：七年级 执教者：卢霜 学校：×× 日期：2014年7月	课后反思： 2. 大体了解植物的分类。 1. 感受植物给人类带来的环境美和人文美，引入新课。	通过动手和观察，激发学生兴趣，通过合作探究得出结论。小组选代表借助实物展台进行表达和交流，本组其他同学补充，培养学生的观察、分析及语言表达能力。	明确种子植物在自然界中是广泛分布的，观看种子的传播录像，给学生以直观感受，激发学生的学习兴趣，为学生学习绿色植物在自然界中的作用打基础。	运用所学知识解决问题。 活跃课堂气氛，培养学生的快速反应能力（地方性、实用性）。	3. 课堂延伸，学以致用。 2. 巩固、复习刚刚所学知识。 1. 培养学生的总结能力以及爱护植物、保护植物的情感。
种子植物（第2课时）	导入新课 第3分钟	裸子植物与被子植物的区别 第13分钟	种子的传播方式和途径 第25分钟	识别常见植物及其与人类的关系 第38分钟	课堂小结、学以致用 第45分钟
[目标] 1. 了解植物带给人们生活带来的各种益处，感悟爱护植物、保护植物的情感。 2. 通过学习，学生能识别常见的裸子植物和被子植物；能说出它们的主要特征、差异、分布及与人类的关系。 [重点]1. 裸子植物、被子植物的主要特征。2. 裸子植物、被子植物与人类的关系。 [难点]1. 被子植物是陆地上分布最为广泛的植物家族。 2. 准确说出裸子植物和被子植物之间的差异。 [课型方式]要素组合方式。 [课时形态]标准课。	1. 利用教材第87页赋予植物的情怀，利用古诗、图片，一同欣赏那些描写植物的诗句。 2. 了解生物的分类。 3. 出示课题。	1. PPT展示要求：利用第82页的观察与思考开展四人小组合作探究，结合各小组问题清单卡（小卡，防空），完成探究。提醒学生在动手观察的过程中注意安全。（看+想） 2. 四人小组探究活动：观察果实和种子，区分被子植物和裸子植物。（5分钟）（班级文化、倒数数约定） 3. 各组派一名成员上台展示探究成果。（看+听）（防空讲+防泡沫） 4. 师生共同点评。	1. 播放种子的传播方式和途径的影像资料。质疑：你认为裸子植物和被子植物谁更适应现在的环境？（看+想） 2. 个人思考后，随机分五人小组，学生组内交流，写在小卡上。（讲+听+做，小动）（5分钟）（学科文化约定停止交流） 3. 小组代表全班展现。（防空讲+防泡沫）	1. 先将学生分为红、绿、黄、蓝的裸子植物队和被子植物队，并随机抽取内容：各小组的图片小卡中的植物与人类有什么关系？ 2. 团队合作：观察并思考本组的卡片与人类有哪些关系？用喜欢的表达方式填在中卡上。（想+做+听+讲+看，小动）（8分钟）（倒数数约定回位） 3. 各团队学生展示本组植物的图片，并简要介绍所展示的植物。（听+看+想，大动）（防空+防泡+防花）	1. 设问：（1）通过本节课的学习，你学到了什么？（2）在今后的生活中，应如何对待植物。学生总结本节课的收获和体会。 2. 用PPT给出问题，学生运用本节课所学加以解答。 3. PPT展课后拓展作业：认识校园里的裸子植物和被子植物并对它们进行标注。（想+看+听）

体育《鱼跃前滚翻》

教案（原稿）

教学要素	导入　10分钟	循序渐进　17分钟	巩固提高　10分钟	小结　3分钟
日期：2014年3月12日 学校：三塘中学 授课人：廖家沛 班级：七年级 学科：体育与健康 内容：体操（鱼跃前滚翻）	以第45届世界体操锦标赛，引入本课。	让学生通过各种途径收集资料，养成自主学习的好习惯。	选择角色，自由发挥。	总评： 1. 放松肌肉。 2. 小结本课。
[教学目标] 大目标：强身健体，增强技能。 小目标：培养学生练习体操的兴趣，勇敢顽强和克服困难的精神。 [教学重点]培养学生学习兴趣。 [难点]发展学生实践能力。 [课型方式]要素组合方式。 [课时形态]标准课。	1. 课堂常规。 1.1 体育委员整理队伍，汇报出勤情况。师生问好。 1.2 教师宣布本节课的任务和要求。（听＋想＋讲，防空，2分钟） 2. 热身运动。 2.1 六人小组肌肉拉伸。 （想＋做＋小动，2分钟） 2.2. 学生分成4个大组进行垫上接力游戏。（听＋想＋做＋大动，5分钟）	1. 欣赏图片。（看＋想＋小动，防泡，2分钟） 2. 谈一谈：你对体操技巧的了解情况。（想＋听，防空，2分钟） 3. 复习：前滚翻、后滚翻。 （听＋想＋做＋小动，3分钟） 4. 教师讲解示范完整动作并对学生进行保护与帮助。（3分钟） 练习：鱼跃前滚翻。 保护与帮助时要求：站位合理，帮助及时，手法正确，高度负责。 5. 全班分8组进行练习，教师纠错。（看＋听＋想＋做＋大动，7分钟）	1. 学生展示动作，教师对学生进行保护与帮助。师随机抽查3~4组。（听＋看＋想＋做，防空＋防泡，3分钟） 2. 学生点评，并示范。师随机点2~3人。（讲＋听＋看＋想＋做，防空＋防泡，2分钟） 3. 巩固与提高（选择角色，自由发挥）。 提示：可以根据自己学习情况选择练习者还是保护者，学得好、快的同学帮助慢的同学。（想＋做，小动，5分钟）	谈谈这节课的收获，如在练习过程中，身体的支撑点在哪里？身体如何发力？体哪些部位要紧张？向前或向后倒下时如何自我保护？
反思／评价：不足——对动作不规范、态度不认真、不负责的同学提出建议。优点——鼓励每个学生都尝试保护与帮助，让学生互帮互助。				

教案总评

【概况】

鱼跃前滚翻是初中七年级“体育与健康”课程的教学内容，是体操技巧运动中的翻滚类动作，与其他翻滚类动作在技术方面有很多相似之处，因此教好鱼跃前滚翻对以后的翻滚类动作教学有辅助作用。鱼跃前滚翻的有些动作比较难，如腾空后身体依次着落等动作的要领较难掌握，并具有一定的风险性，因此本节课要注意安全及对学生进行保护和帮助。

【亮点】

该教案能按照MS–EEPO图文结构I型备课方式的格式书写，设计较为合理，条理清晰。大动和小动的环节设置合理，符合体育课的特点。熟练运用要素组合课型，很好地完成了教学任务。

【不足及建议】

1. 小目标没有明确学习内容，对教学重难点把握不准确，教学重点应该是掌握蹬、摆、越等技术动作的衔接，教学难点则是技术动作的连贯性和优美性。有些防空讲的方式如板卡的使用没有体现出来，在讲教学目标的时候可以先写在大卡上，并宣布的同时展示大卡。

2. 这节课是教学新的内容，但教师没有细致地讲解动作要领，没有和学生归纳出该动作的动作要领。重难点的突破可以通过检测学生对动作的掌握情况和通过率体现出来，如果达到目标，那么可以进行重难点的突破，继续下一个环节，否则必须增设预留项目，增加强化次数，完成教学目标。

3. 在反思与评价中，对不足之处的描述不是很准确。

（点评人：南宁市第39中学　覃玉坤）

教案（点评修改稿）

点评修改人：覃玉坤

日期：2014 年 3 月 12 日 学校：三塘中学 授课人：廖家沛 班级：七年级 学科：体育与健康 内容：体操（鱼跃前滚翻）	以第 45 届世界体操锦标赛引入本课	让学生通过各种途径收集资料，养成自主学习的好习惯。	选择角色，自由发挥。	总评： 1. 放松肌肉。 2. 小结本课。
教学要素	导入　10 分钟	循序渐进　17 分钟	巩固提高　10 分钟	小结　3 分钟
[教学目标] 大目标：强身健体，增强技能。 小目标：让学生了解鱼跃前滚翻的动作技术，60% 的学生能独立完成鱼跃前滚翻动作，20% 学生的动作优美。 [教学重点] 掌握蹬、摆、越技术动作衔接。 [难点] 技术动作的连贯性。 [课型方式] 要素组合方式。 [课时形态] 标准课。	1. 课堂常规。 1.1 体育委员整理队伍，汇报出勤情况。师生问好。 1.2 教师在大卡上展示并宣布本节课的任务和要求。（听 + 想 + 讲，防空，2 分钟） 2. 热身运动。 2.1 六人小组肌肉拉伸。 （想 + 做 + 小动，2 分钟） 2.2 学生分成 4 个大组进行垫上接力游戏。（听 + 想 + 做 + 大动，5 分钟）	1. 欣赏图片。（看 + 想 + 小动，防泡，2 分钟） 2. 谈一谈：你对体操技巧的了解情况。 （想 + 听，防泡沫，2 分钟） 3. 复习：前滚翻、后滚翻 （听 + 想 + 做 + 小动，3 分钟） 4. 教师讲解示范完整动作并对学生进行保护与帮助。（3 分钟） 练习：鱼跃前滚翻。 保护与帮助时要求：站位合理，帮助及时，手法正确，高度负责。 5. 全班分 8 组进行练习，教师纠错。（看 + 听 + 想 + 做 + 大动，7 分钟）	1. 学生展示动作，教师对学生进行保护与帮助。讲解蹬、摆、越技术动作要领，师随机抽查 3~4 组，看通过率是否超过 60%，如过关则往下。 （听 + 看 + 想 + 做，防空 + 防泡，3 分钟） 2. 学生点评，并示范。师随机点 2~3 人。（讲 + 听 + 看 + 想 + 做 防空 + 防泡，2 分钟） 3. 巩固与提高，让动作规范同学示范（选择角色，自由发挥）。 提示：可以根据自己学习情况选择练习者还是保护者，学得好、快的同学帮助慢的同学。 （想 + 做，小动，5 分钟）	谈谈这节课的收获，如在练习过程中，身体的支撑点在哪里？身体如何发力？身体哪些部位要紧张？向前或向后倒下时如何自我保护？
反思 / 评价：不足——有些同学出现了动作不规范、态度不认真、不负责等情况，教师没能及时提出很好的解决建议。优点——鼓励每个学生都尝试保护与帮助，让学生互帮互助。				

美术《装饰画的美感》

教案（原稿）

日期：2014 年 3 月 学校：南宁市邕武路学校 授课人：吴金龙 班级：七年级（1）班 学科：美术 内容：装饰画的美感	评价 / 反思			
教学要素	新课引入　5 分钟	学习新知　10 分钟	学以致用　22 分钟	小结　3 分钟
[教学目标] 1. 学生能说出装饰画的艺术特点，会用装饰画的基本创作手法创作一幅装饰画。（小目标） 2. 培养学生初步的美术创作能力和个性化的表达能力。（大目标） [教学重点] 对写生稿进行加工、提炼，运用取舍、归纳、夸张、变形等手法，创作一幅装饰画。 [教学难点] 装饰画的构思与材料运用。 [课型方式] 要素组合方式。 [课时形态] 准课。	1. 了解什么是装饰画。 2. 学习装饰画的艺术特点（形式美、单纯美、秩序美）。	1. 学习装饰画的基本创作手法（取舍、归纳、夸张、变形、修饰、寓意、象征等）。 2. 学习装饰画的构思与材料运用。	1. 构思自己的装饰画。 2. 创作装饰画。 3. 作品展示。	1. 评析总结。
	1.1 生观看 PPT，激起学习兴趣。 1.2 师讲解：装饰画是通过装饰的特殊手段达到特定美感的绘画作品。 （看 + 听） 2.1 生个人欣赏教材中的装饰画作品，边看边想。（2 分钟） 2.2 同桌交流。 2.3 提问 + 检测 + 手势判断对错。 2.4 师根据学生的讨论情况点讲、补讲。 （看 + 想 + 听 + 小动，防泡沫）	1.1 生独立浏览阅读课文，将自己归纳的创作手法写在小卡上。 1.2 四人小组交互，完善补充小卡，听到师击掌声后停止。（2 分钟） 1.3 指名小组汇报，复述检测。 1.4 师精讲，用提问、复述的方法进行流程性检测。（3 分钟） （看+想+听,小动,防空、防泡沫） 2.1 师提问：如果让你创作一幅装饰画，你如何构思？选用什么材料？ 2.2 生独立思考，指名回答。 2.3 师补讲：装饰画的画面丰满而充实，材料选择种类多，好的构思可以起到“点石成金”的作用。 （想 + 听，防形式单一）	1.1 生拿出上节课的写生画，独立思考：如何根据它创作装饰画？ 1.2 四人小组交流讨论，互提建议。（重点交流拟采用的手法、方法、构思及材料） 1.3 师巡视（提示在个人构思、小组讨论后仍没有创作思路的学生向老师请教）。 （想 + 讲 + 小动） 2.1 独立创作，画在八开纸（中卡）上。 2.2 师巡视（提示画得快的同学可以尝试运用色彩对装饰画进行进一步加工）。（15 分钟） （做 + 看） 3.1 用学科文化约定“装饰画装饰美的生活”调控动静转换，学生听到此话后停止创作。 3.2 将作品悬挂或张贴在教室四周。 3.3 生大动浏览，欣赏，评选出优秀作品。 （看 + 大动，防泡沫）	1.1 教师挑选 1~2 幅作品，师生围绕装饰画的创作手法进行评析 1.2 师说明下节课的任务——装饰画的色彩运用。 （听 + 讲）
总评：				

教案总评

【概况】

《装饰画的美感》是桂教版七年级下册的内容，属于“造型・表现”学习领域，通过教学可以让学生了解装饰画的造型特点、表现方法、创作步骤、色彩、材料等。学生对写生画稿进行创作，将其变成装饰画。这个知识点安排了三个课时，本节课是其中的一个课时。

【亮点】

1. 目标表述准确。目标的主体是学生，描述的是学生的学习结果，小目标“能说出装饰画的艺术特点，会用装饰画的基本创作手法创作一幅装饰画”的描述具体、可测量、可检验。重难点的定位符合学科的要求和学生的实际。

2. 教案设计合理，教学思路清晰。例如，本教案按照“了解什么是装饰画—赏析装饰画—学习装饰画的创作手法及材料运用—构思和创作自己的装饰画”的步骤由浅入深，步步深入，流程描述详细清楚，有较强的可操作性。

3. 对学得快、有困难的学生均安排有学习预留项。例如教案“学以致用”环节“1.3 师巡视（提示在个人构思、小组讨论后仍没有创作思路的学生向老师请教）”和“2.2 师巡视（提示画得快的同学可以尝试运用色彩对装饰画进行进一步加工）”。

4. 本课采用的是要素组合课型，能轮换、组合使用“听、看、讲、想、做”等要素调控课堂，攀升关键项的强化次数。安排了 3 次小动，1 次大动，符合 7~13 分钟进行一次动静转换的要求，有利于消除学生的生理、心理疲劳。

5. 能运用 5J、5F 当中的学科文化约定、肢体语言约定、小卡、中卡，二人组、四小组，防空、防泡沫、防形式单一等项目组织、调控课堂，组织学生开展学习活动，且这些项目在教案上都标注得比较清楚。

6. 教案符合 MS–EEPO 图文结构 II 型的格式要求，内容提要、方法策略表述准确，位置正确。

【不足及建议】

1. 在要素的标注方面，有些地方标注的要素比较多，有罗列要素的现象，例如“新课引入”环节的第 2 步，“学习新知”环节的第 1 步，建议标注该步骤中关键的 1~2 个要素即可。

2. 有些步骤的操作还可以进一步优化，例如“学以致用”环节的“3.3 生大动浏览，欣赏，评选出优秀作品”应该说明浏览的路线，并且浏览结束后，应有一个对浏览情况的检测，这样才更具操作性，并防止浏览过程中的假看。

（点评人：钦州学院　梁庆；南宁市兴宁区教研室　罗海峰）

教案（点评修改稿）

点评修改人：罗海峰、梁庆

日期：2014 年 3 月 学校：邕武路学校 授课人：吴金龙 班级：七年级（1）班 学科：美术 内容：装饰画的美感	评价 / 反思			
教学要素	新课引入 5 分钟	学习新知 10 分钟	学以致用 22 分钟	小结 3 分钟
[教学目标] 1. 学生能说出装饰画的艺术特点，会用装饰画的基本创作手法创作一幅装饰画。（小目标） 2. 培养学生初步的美术创作能力和个性化的表达能力。（大目标） [教学重点] 对写生稿进行加工、提炼，运用取舍、归纳、夸张、变形等手法，创作一幅装饰画。 [教学难点] 装饰画的构思与材料运用。 [课型方式] 要素组合方式。 [课时形态] 标准课。	1. 了解什么是装饰画 2. 学习装饰画的艺术特点。（形式美、单纯美、秩序美）	1. 学习装饰画的基本创作手法（取舍、归纳、夸张、变形、修饰、寓意、象征等）。 2. 学习装饰画的构思与材料运用。	1. 构思自己的装饰画。 2. 创作装饰画。 3. 作品展示。	1. 评析总结。
	1.1 生观看 PPT，激起学习兴趣。 1.2 师讲解：装饰画是通过装饰的特殊手段达到特定美感的绘画作品。 （看 + 听） 2.1 生个人欣赏教材中的装饰画作品，边看边想。 （2 分钟） 2.2 同桌交流。 2.3 提问 + 检测 + 手势判断对错。 2.4 师根据学生的讨论情况点讲、补讲。 （看 + 讲 + 小动，防泡沫）	1.1 生独立浏览阅读课文，将自己归纳的创作手法写在小卡上。 1.2 4 人小组交互，完善补充小卡，听到师击掌声后停止。（2 分钟） 1.3 指名小组汇报，复述检测。 1.4 教师精讲，用提问、复述的方法进行流程性检测。（3 分钟） （做 + 听，小动，防空、防泡沫） 2.1 师提问：如果让你创作一幅装饰画，你如何构思？选用什么材料？ 2.2 生独立思考，指名回答。 2.3 师补讲：装饰画的画面丰满而充实，材料选择种类多，好的构思可以起到“点石成金”的作用。 （想 + 听，防形式单一）	1.1 生拿出上节课的写生画，独立思考：如何根据它创作装饰画？ 1.2 四人小组交流讨论，互提建议。（重点交流：拟采用的手法、方法、构思及材料） 1.3 师巡视（提示在个人构思、小组讨论后仍没有创作思路的学生向老师请教）。 （想 + 讲 + 小动） 2.1 独立创作，画在八开纸（中卡）上 2.2 师巡视（提示画得快的同学可以尝试运用色彩对装饰画进行进一步加工）。（15 分钟） （做 + 看） 3.1 用学科文化约定“装饰画装饰美的生活”调控动静转换，学生听到此话后停止创作。 3.2 将作品悬挂或张贴在教室四周。 3.3 生按照顺时针方向大动浏览欣赏大卡，评选出优秀作品。师注意检测浏览情况。（看 + 大动，防泡沫）	1.1 教师挑选 1~2 幅作品，师生围绕装饰画的创作手法进行评析 1.2 师说明下节课的任务——装饰画的色彩运用。 （听 + 讲）
总评：				

音乐《赶圩归来啊哩哩》

教案（原稿）

教学素材：七年级（下）《赶圩归来啊哩哩》 普通装备：PPT、小卡 班级：七年级 设计者：辜朝刚 单位：玉州区教研室 日期：2014年7月	课后反思： 感受彝族风土人情，激发学生学习本课的热情，导出课题“赶圩归来啊哩哩”。	调动学生的多种感官进行学习，按听＋节奏＋器乐的梯度调控，并按二人→四人→全班等人力资源调控，七个要素轮换、组合使用，促使强化次数攀升，有效强化歌曲。	1.2 动、静转化适当，符合学生生理、心理需求，符合教学内容的需要。强化了单元组的训练。 2.3 强化了团队的训练。把主动权交给学生，让学自主创编，学生的创造热情得到激发，个性得到表现和张扬。 2.4 学生学习兴趣浓厚，教师对有特长的学生进行个别激励。	热烈的气氛水到渠成，学生从民族乐舞中感受到对生活的积极态度，激发了学生的民族感情。
教学素材	导入　第3分钟	学唱歌曲　第18分钟	创编拓展　第43分钟	小结　第45分钟
[教学目标] 1. 在学习活动中提升学生对民族音乐的热爱。 2. 学唱歌曲《赶圩归来啊哩哩》。 3. 了解彝族民俗风情，感受和了解彝族歌曲、舞蹈的特点。 [课型形态]以要素组合方式为主，平台互动方式为辅。 [课时形态]标准课。	一、导入 1. 播放彝族民俗的图片。 2. 出示课题。	二、学唱歌曲《赶圩归来啊哩哩》（要素） 1. 整体感知歌曲。 2. 感受歌曲的奏节。 3. 学唱歌曲。	三、创编拓展 （要素＋平台） 1. 归纳彝族舞蹈的特点。 2. 欣赏不同版本、风格的《赶圩归来啊哩哩》，团队合作创编。	四、小结
	讲＋看 1.1 欣赏彝族民俗、歌舞图片并说观后感。 1.2 板出课题：赶圩归来啊哩哩。	听＋看＋做＋讲＋小动 1. 看彝族风俗图片，初听歌曲，二人组说说自己对歌曲感受。（听＋看＋讲） 2.1 再听歌曲，感受歌曲的节奏特点。 2.2 四人小组交流《赶圩归来啊哩哩》的节奏特点，师用小卡呈现节奏型。（防空讲） 2.3 第三次听歌曲，学生使用打击乐器，边打节奏边跟哼唱歌曲。（小动＋防形式单一） 听＋做＋讲 3.1 师范唱，生拍手打节奏，轻声哼唱。 3.2 师第二次范唱，生轻声唱“啊哩哩”部分。（防形式单一）（用时2分钟） 3.3 同桌一人用手拍节奏，一人唱歌曲，互相指正，然后互换角色再次强化。（防泡沫）（用时3分钟） 3.4 随机点学生演唱歌曲，其他学生拍手打节奏。（防与学生为敌）（用时3分钟） 3.5 师生共同点评。 3.6 加打击乐器，生站起来放声唱。（小动）	想＋做＋看＋讲大动 1.1 看《赶圩归来啊哩哩》舞蹈视频，观察彝族舞蹈的特点。 1.2 四人小组讨论彝族舞蹈的基本舞步。 1.3 小组汇报讨论结果，归纳彝族舞蹈的特点。（防泡沫） 1.4 全班分成两大组唱歌，两大组边跳舞，然后互换再强化。（小动） 班级文化约定：倒数5个数安静回位。 2.1 欣赏《赶圩归来啊哩哩》的多种风格演唱版本的视频。（看＋听＋想） 2.2 生讲述演绎的风格，师归纳、精讲。 2.3 学生自由组成六至八人团队，选其中一种风格进行创编，演绎形式有民族风、摇滚风、说唱、童声、混声、独唱、合唱……（肢体表达＋大动＋防形式单一）（用时10分钟） 学科文化约定：师：11 55 66 5 | 生：44 33 22 1 2.4 小组展示创编成果，师及时激励。（表达呈现＋防假）（用时10分钟）	做＋讲＋看 1. 谈谈本节课的收获。 2. 在彝族火把节热烈场面的视频中，踏着彝族基本舞步，在《赶圩归来啊哩哩》的歌声中结束本节课。
注释/总评：师生归纳彝族舞蹈特点的环节，既拓宽了学生的知识面，又为创编演绎作好了铺垫。创编环节发挥了学生的个性、创造性，强化了学生的合作探究训练。				

教案总评

【概况】

《赶圩归来啊哩哩》是桂教版七年级下册的内容，这首歌曲具有浓郁的西南民族风格，曲调以彝族民歌的音调为素材，旋律流畅、明快、活泼。歌曲生动地描绘了彝族农家姑娘在赶集归来的路上嬉戏欢笑、愉快歌唱的欢乐场面。歌曲以节奏贯穿全曲，衬词“啊哩哩”不仅增强了歌曲的民族风格，而且使歌曲的情绪更为热烈。学生通过学习歌曲，可以感受彝族音乐风格，体验彝族风俗人情，增进对少数名族文化的理解，激发对民歌的热爱。

【亮点】

该教案总体设计规范、合理，能够熟练运用要素组合课型和5J、5F，具有较强的可操作性，是一篇较好的教案。具体优点如下：

1. 教案按照MS–EEPO图文结构Ⅱ型备课方式的格式进行了较规范的编写，格式正确，教学素材完整，对教材内容的把握准确，在教学设计时依据学科特点和学情对教材进行了再处理，教学目标准确、合理。导入—学唱歌曲—创编拓展的教学环节设计合理，由易到难，有梯度，符合学生的认知特点。关键环节的时间设计合理。“创编拓展”环节既照顾了不同特长的学生，又能够培养学生的思维能力与创新能力。

2. 要素组合七个要素的轮换、组合使用较为合理，特别是在团队对歌曲进行创编的教学环节中，核心要素“想”和关键要素“做”有较好的设计，有时间、空间，有一定的深度、广度，能够照顾不同个性、特长的学生。

3. 合理设计了动中学，有3次小动、1次大动，并在每一次的单元组活动中都设置了合理的问题，让学生探讨，达到了边动边学的目的。

4. 教师能够熟练使用5J和5F。板卡：使用了小卡、PPT、视频等防止空讲。表达呈现多样化，有个人唱、集体唱、边唱边击打乐器、边跳边唱等形式，有效地防形式单一和防与生为敌。约定多样化，使用了班级文化约定、学科文化约定。单元组、团队合作有：二人组、四人组、团队合作，既防形式单一，又有效地培养了学生的合作能力。设计注重流程性检测，照顾了不同层次和不同特长的学生，防泡沫、防形式单一。

【不足及建议】

1. 教案存在罗列要素的问题，例如第二个教学环节的第1步“听＋看＋做＋讲＋小动”，罗列了较多的要素，此处将主要的1~2个要素写出来就行了。第三个教学环节的第1步也是如此。

2. 课型方式在“教学素材”中标明即可，不需要在“内容提要”中标明，第二、第三个教学环节中的此项内容应该删除。

（点评人：南宁市邕武路学校　韦孟华；南宁市兴宁区第一初中　黄佳宇）

教案（点评修改稿）

点评修改人：黄佳宇、韦孟华

教学素材：七年级下（下） 《赶圩归来啊哩哩》 普通装备：PPT、小卡 班级：七年级 执教：辜朝刚 学校：× × 日期：2014 年 7 月	课后反思： 感受彝族风土人情，激发学生学习本课的热情，导出课题“赶圩归来啊哩哩”。	调动学生的多种感官进行学习，按听 + 节奏 + 器乐的梯度调控，并按二人→四人→全班等人力资源的调控，七个要素的轮换、组合使用，促使强化次数攀升，有效强化歌曲。	1.2 动、静转化适当，符合学生生理、心理需求，符合教学内容的需要。强化了单元组的训练。 2.3 强化了团队的训练。把主动权交给学生，让学自主创编，学生的创造热情得到激发，个性得到表现和张扬。 2.4 学生学习兴趣浓厚，教师对有特长的学生进行个别激励。	热烈的气氛水到渠成，学生从民族乐舞中感受到对生活的积极态度，激发了学生的民族感情。
教学素材	导入　第 3 分钟	学唱歌曲　第 18 分钟	创编拓展　第 43 分钟	小结　第 45 分钟
[教学目标] 1. 在学习活动中提升对民族音乐的热爱。 2. 学会唱歌曲《赶圩归来啊哩哩》。 3. 了解彝族民俗风情，感受和了解彝族歌曲、舞蹈的特点。 [课型形态] 以要素组合方式为主，平台互动方式为辅。 [课时形态] 标准课。	一、导入 1. 播放彝族民俗的图片。 2. 出示课题。	二、学唱歌曲《赶圩归来啊哩哩》（要素） 1. 整体感知歌曲。 2. 感受歌曲的奏节。 3. 学唱歌曲。 建议删除括号	三、创编拓展（要素 + 平台） 建议删除括号 1. 归纳彝族舞蹈的特点。 2. 欣赏不同版本、风格的《赶圩归来啊哩哩》，团队合作创编。	四、小结
	讲 + 看 1.1 欣赏彝族民俗、歌舞图片并说观后感。 1.2 板出课题：赶圩归来啊哩哩。	听 + 做 + 小动 1 看彝族风俗图片，初听歌曲，二人组说说自己对歌曲感受。（听 + 看 + 讲） 2.1 再听歌曲，感受歌曲节奏的特点。 2.2 四人小组交流《赶圩归来啊哩哩》的节奏特点，师用小卡呈现节奏型。（防空讲） 2.3 第三次听歌曲，学生使用打击乐器，边打节奏边跟哼唱歌曲。（小动 + 防形式单一） 听 + 做 + 讲 3.1 师范唱，生拍手打节奏，轻声哼唱。 3.2 师第二次范唱，生轻声唱“啊哩哩”部分。（防形式单一）（用时 2 分钟） 3.3 同桌一人用手拍节奏，一人唱歌曲，互相指正，然后互换角色再次强化。（防泡沫）（用时 3 分钟） 3.4 随机点学生演唱歌曲，其他学生拍手打节奏。（防与学生为敌）（用时 3 分钟） 3.5 师生共同点评。 3.6 加打击乐器，生站起来放声唱。（小动）	做 + 看 + 大动 1.1 看《赶圩归来啊哩哩》舞蹈视频，观察彝族舞蹈的特点。 1.2 四人小组讨论彝族舞蹈的基本舞步。 1.3 小组汇报讨论结果，归纳彝族舞蹈的特点。（防泡沫） 1.4 全班分成两大组唱歌，两大组边跳舞，然后互换再强化。（小动） 班级文化约定：倒数 5 个数安静回位。 2.1 欣赏《赶圩归来啊哩哩》的多种风格演唱版本的视频。（看 + 听 + 想） 2.2 生讲述演绎的风格，师归纳、精讲。 2.3 学生自由组成六至八人团队，选其中一种风格进行创编。（演绎形式的向度：民族风、摇滚风、说唱、童声、混声、独唱、合唱……） （肢体表达 + 大动 + 防形式单一）（用时 10 分钟） 学科文化约定回位置：11 55 66 5 | 生：44 33 22 1 2.4 小组展示创编成果，师及时激励。（表达呈现 + 防假）（用时 10 分钟）	做 + 讲 + 看 1. 谈谈本节课的收获。 2. 在彝族火把节热烈场面的视频中，踏着彝族基本舞步，在《赶圩归来啊哩哩》的歌声中结束本节课。
注释 / 总评：师生归纳彝族舞蹈特点的环节，既拓宽了学生的知识面，又为创编演绎作好了铺垫。创编环节发挥了学生的个性、创造性，强化了学生的合作探究训练。				

音乐《影视音乐》

教案（原稿）

日期：2014 年 5 月 29 日 学校：×× 授课人：×× 学科：音乐 班级：初一年级 × 班 标题：影视音乐				
教学要素	概念 7 分钟	感受 20 分钟	分析 10 分钟	小结 3 分钟
[教学目标] 1. 了解影视音乐的类型。 2. 会演唱和欣赏影视音乐，体会每支乐曲所表达的情感。 3. 总结影视音乐在影视剧中的作用。 [教学重点] 能够对所学习的作品进行分类感受与鉴赏。 [教学难点] 分析影视音乐的作用。 [课型方式] 要素组合。 [课时形态] 标准课时（40 分钟）。	1. 从《巴拉拉小魔仙》主题曲导入。 2. 围绕“影视音乐”这一关键词，归纳、整理“影视音乐”的概念	演唱《送别》，欣赏《我心永恒》和《家有儿女》，体会每首歌曲所表达的情感。	1. 分析影视音乐的作用。 2. 思考：可否将《送别》《我心永恒》《家有儿女》分别在在它们所对应的影片中互换？为何？	1. 复习本课内容。 2. 延伸。
	1. 引入。 1.1 播放《巴拉拉小魔仙》主题曲视频，提问：这支歌的出处在哪里？（看 + 想 + 讲，4 分钟） 1.2 齐读 PPT 上这节课的教学目标。（看 + 讲，1 分种） 2. 了解影视音乐的类型。 2.1 学生思考后回答影视音乐的类型有哪些。（想 + 讲，防空，1 分钟） 2.2 出示 PPT, 让学生自我检测并进行补充后，老师再提问进行检测。（看 + 听 + 讲，防空，防泡，1 分钟）	1. 演唱歌曲《送别》。 1.1 播放《送别》视频，思考歌曲表达了怎样的情感色彩？（看 + 听 + 想 + 说，4 分钟） 1.2 再次播放《送别》视频，学生随音乐学唱几次。（做，5 分） 1.3 介绍影片《城南旧事》的剧情。（听） 1.4 学生分两大组进行比赛并互评。（做 + 想 + 讲，防以学生为敌，3 分钟） 2. 分别播放《我心永恒》《家有儿女》视频，了解出处和乐思 2.1 先个人用小卡，再进行交互、讨论。（想、做、讲，小动，防泡） 2.2 举手发言。（讲 + 听，8 分） 2.3 老师精讲、检测。（听 + 防泡）	1. 六至八人交流讨论后在大卡上画上气泡图。（想 + 做 + 讲） 2. 全班浏览，请学生选出代表发言。师点讲。（看 + 听 + 讲 + 想 + 大动）	1. 梳理影视音乐的类型和作用。采用师问生答的方式。 2. 学生自选一首影视歌曲，全班演唱。

教案总评

【概况】

《影视音乐》是七年级音乐课程的内容，属于音乐欣赏范畴。把影视音乐纳入学生的音乐学习当中，目的是让学生结合熟悉的影视剧，学会分析影视音乐在影视剧中的作用，感受音乐的魅力。通过认识主题音乐、背景音乐，提高学生的音乐鉴赏能力。该教案设计从播放《巴拉拉小魔仙》主题曲视频导入，让学生先了解影视音乐的类型和概念，接着学唱和欣赏影视音乐，用心倾听和体会每支乐曲所表达的情感，然后分析总结影视音乐的作用，最后在全班的歌声中结束，教学流程清晰，有一定的梯度和层次，既符合七年级学生的年龄特征，又体现了音乐学科的特点。

【亮点】

1. 该教案教学目标准确清晰，简单明了，内容提要、方法策略紧紧围绕目标逐一展开，可以预见教学目标的最终效果。

2. 能够按照 MS–EEPO 图文结构Ⅱ型备课方式的格式设计教案，区分了内容提要和方法策略。

3. 能按要素组合课型的要求设计教案。方法策略的每一步都比较好地标明了所使用的要素，重要教学环节还标明所使用的时间，注意听、看、讲、想、做和动静，七个要素换着用、组合着用，有一定的可操作性和借鉴性。

4. 能运用一定的 5J、5F 调控课堂。对 5J 的运用比较熟练，同时注意运用 5F 备课，适时动静转换，可以预见其对课堂组织与调控的效果。例如安排了两个大组 PK 演唱《送别》，六至八人讨论交流影视音乐的作用，全班浏览，代表发言汇报，板卡使用有小卡和大卡，这样一方面把主动权交给了学生，体现了学生的主体性，另一方面又较好地组织调控了课堂，体现了教师的主导作用。

【不足及建议】

这篇教案略显粗糙，不太注意整体和细节，存在的主要问题和建议例举如下：

1. 教案格式不够规范，排版不够工整，影响页面浏览；图文结构Ⅱ型备课模板没有完整呈现，在方法策略的下方应有“总评 / 注释”一栏。

2. 方法策略和内容提要有出入，没有一一对应，有时对不上号。如“概念”环节的内容提要“2. 围绕‘影视音乐’这一关键词归纳、整理‘影视音乐’的概念”，在方法策略里面没有找到处理方式，却是了解影视音乐类型的方式。又如“分析”环节的内容提要“2. 思考：可否将《送别》《我心永恒》《家有儿女》分别在它们所对应的影片中互换？为何？”与方法策略“2. 全班浏览，请学生选出代表发言。师点讲”无法对应。因此推断这个方法策略 2 是解决内容提要 1，而内容提要 2 则没有对应的方法策略。

3. 针对内容提要或关键项采用的方法策略表述不够清楚具体，指向不够明确，影响其操作性和可借鉴性。如“感受”环节的方法策略“2.1 先个人用小卡，再进行交互、讨论”，在这里，个人用小卡做什么、多少人交互讨论、交互讨论什么等都没有明确。又如“分析”环节的方法策略“1. 六至八人交流讨论后在大卡上画上气泡图”，其讨论交流和大卡呈现的内容应该是影视音乐的作用，而不是“画上气泡图”，如果“画上气泡图”是呈现方式，那么建议不要统一表达呈现方式，气泡图可以转换成学生自己喜欢的方式，这样就能给学生搭建展示个性的平台，充分发挥学生的创造性。

教案的具体修改参见随后的教案点评修改稿。

（点评人：南宁市第 39 中学　黄雄姿）

教案（点评修改稿）

点评修改人：黄雄姿

日期：2014 年 5 月 29 日 学校：南宁市三塘中学 授课人：蒙江红 学科：音乐 班级：初一年级 × 班 内容：影视音乐				
教学要素	导入 7 分钟	感受 20 分钟	分析 10 分钟	小结 3 分钟
[教学目标] 1. 了解影视音乐类型。 2. 会演唱和欣赏影视音乐，体会每支乐曲所表达的情感。 3. 会分析影视音乐在影视剧中的作用。 [教学重点] 能够对所学习的作品进行分类感受与鉴赏。 [教学难点] 会分析影视音乐的作用。 [课型方式] 要素组合。 [课时形态] 标准课（40 分钟）。	1. 播放视频，导入新课。 2. 了解影视音乐的类型，知道影视音乐的概念。	演唱歌曲《送别》，欣赏《我心永恒》和《家有儿女》，体会每首歌曲所表达的情感。	1. 讨论和分析影视音乐的作用。 2. 思考：可否将《送别》《我心永恒》《家有儿女》分别在它们所对应的影片中互换？为何？	1. 小结本课所学内容。 2. 延伸。
	1.1 播放《巴拉拉小魔仙》主题曲视频，提问：这支歌的出处？导入新课。（看 + 想 + 讲 ,2 分钟） 1.2 齐读教学目。（看 + 讲） 2.1 学生思考：影视音乐的类型有哪些？（想 + 讲 + 防空 , 1 分钟） 2.2 对照 PPT，学生自我检测并进行补充后，老师再提问进行检测。（看 + 讲 + 防泡 ,1 分钟） 2.3 师生归纳整理出影视音乐的概念。（想 + 讲 + 防敌 ,1 分钟）	1. 播放《送别》视频，思考歌曲表达的情感色彩。（听 + 想 , 2 分钟） 2. 再次播放《送别》视频，学生随音乐学唱《送别》2~4 次。（做 , 6 分钟） 3. 介绍影片《城南旧事》的剧情。（听） 4. 分两大组比赛演唱《送别》并互评。（做 + 听 + 讲 + 防敌 , 3 分钟） 5. 分别播放《我心永恒》《家有儿女》视频，了解其出处和所表达的情感。个人用小卡书写，四人组交互讨论，举手发言 / 随机提问。（想 + 做 + 小动 + 防泡 ,2 分钟 +2 分钟 +4 分钟） 6. 老师根据学生的回答情况进行精讲、补讲，适时反检测。（听 + 防泡）	1.1 六人组交流讨论影视音乐的作用，写在中卡上。（想 + 做 + 防泡 + 防空 ,5 分钟） 1.2 中卡展示，全班浏览，对比本组，知道不足。（大动 ,2 分钟） 1.3 自荐 / 推优 1~2 单元组汇报发言，师生点讲。（讲 + 听 ,3 分钟） 2. 开火车提问—学生补充—老师小结：不能互换的原因（想 + 讲 + 听 ,2 分钟）	1. 梳理影视音乐的类型和作用。采用师问生答的方式。 2. 学生自选一首影视歌曲，全班演唱。
总评 / 注释：				

高中部分

化学《溴乙烷》

教案（原稿）

<table>
<tr><td>概况</td><td colspan="4">授课内容：溴乙烷（高二化学）　　　　　授课人：× ×
单位：北海市第二中学　课型：平台互动方式　课时：标准课（40+5 分钟）</td></tr>
<tr><td rowspan="2">目标</td><td colspan="4">系统目标：掌握研究有机物的方法，学会用个别到一般的方法来研究有机物。</td></tr>
<tr><td colspan="4">关键目标：溴乙烷的结构、性质及应用。</td></tr>
<tr><td>流程性检测</td><td>内容提要</td><td>时间</td><td>方法＆策略</td><td>反思＆评价</td></tr>
<tr><td>前测：
一、手势快速检测
二、1.②用接龙的方法让学生回答出，有说得不全的教师补充。

中测：
4.②③⑤采取浏览、标记、小组互问、对错手势、微卡、板演等方式检测。

后测：
强化次数达到 3 次，可不用布置作业。</td><td>一、溴乙烷的来源

二、研究方法

层次一：不打☆号
层次二：打☆号

三、溴乙烷的结构与性质
1. 结构。
2. 性质。
3. 应用。</td><td>3 分钟

3 分钟

8 分钟

10+2 分钟

10+3 分钟

6 分钟</td><td>一、复习乙烷的化学性质。
学生在微卡上写出乙烷与 Br_2 反应的化学方程式，两人交互批改，对的学生举手。
二、标准性平台
1. 关键项：溴乙烷。
①问题：可以从哪些方面研究溴乙烷?
②选定一个纵列，学生逐个回答，教师边板书边形成研究方法的气泡图。
2. 气泡图呈现多向度（右边的气泡图）。
3. 学生选 2~3 个向度进行研究。六至八人组＋大卡书面表达（向度中打☆的必选 1~2 项）。
4. 交互与强化。
①学生浏览各组大卡，形成知识网络，边浏览边用微卡记下知识点，找出问题并在大卡上标记，小组间互问解决问题。（预设：学生在溴乙烷在有机合成的应用方面可能认识不足，可通过方程式进行阶梯式的引导，或由好学生进行解释）
②通过 4~5 道选择题对学生掌握溴乙烷的结构和性质的情况进行检测与强化，用手势表达。（防假合作、假看）
③选择学习困难的学生到黑板上板演溴乙烷分别与氢氧化钠水（或醇）溶液反应的化学方程式，其他同学写在微卡上（预设：指导学习困难的学生书写方程式，控制书写时间）。
④根据学生书写的方程式进行全班批改（用对错的手势）。
⑤练习：写出氯乙烷分别与氢氧化钠水（或醇）溶液反应的化学方程式。中等学生板演，全班批改（用对错的手势）。
5. 教师精讲。
①小结溴乙烷的断键方式，出示图表，边讲边填。
②小结溴乙烷的结构与性质的关系。</td><td>可检测学生的知识准备情况。

复习研究有机物的方法。

要注意团队的掌控。

5F 的检测。

关注不同层次的学生，体现全体性。

对知识点考点的多次强化，达成教学效果。</td></tr>
<tr><td>备注或总评</td><td colspan="4">课堂上的强化次数已达 13 次，课后可让学生设计以溴乙烷为原料制取乙二醇的途径。</td></tr>
</table>

教案总评

【概况】

从学科内容上看，《溴乙烷》是新人教版化学选修五第二章第三节的内容。这时，学生已学习了烃的性质，将要学习烃的衍生物的化学性质，而卤代烃就是学生将要学习的第一类烃的衍生物，其代表物就是溴乙烷。

从 MS–EEPO 课型方式和备课方式看，本节课是一节平台互动方式的标准课，采 MS–EEPO 用版块结构Ⅱ型备课方式进行备课。在教案设计时，应当突出以下几个方面:

根据新课标精神、学科特点和学生实际确定教学目标，体现“三性合一”的要求；目标主体是学生，描述其学习结果；小目标的描述具体、可测量、可检验；标注了目标中的关键项。

基本格式符合 MS–EEPO 版块结构Ⅱ型备课方式的基本要求。

教学流程清晰、完整，可操作性强，内容设计恰当、合理，按照平台互动课型的基本流程和操作步骤进行设计，有效地处理关键知识点，攀升强化次数，提高效率。

能运用 5J、5F 来组织、调控课堂，开展学习活动，提高教学效率。

【亮点】

概况中清楚标注了执教者、单位、内容、学科、学段、课型方式、课时形态。

每个教学环节均在教案的“时间”栏标注了时间；关键项的操作能标注时间。前测和中测清楚注明检测方法，并有相应机的动时间。

教案按照标准性平台的基本步骤表述，平台能围绕关键项进行构建，各向度的设置符合三个判定原则。本教案所采用的是标准性平台的变式，在平台的多向度中预定了 2 项必选项。设计和预留了教师点讲环节，能对需要点讲的内容做出可能性预判。针对关键项的学习，设计安排了 5F 防假学，提高效率。有以强化次数为主的统计和对课后作业数量的估计。

从学科角度分析，该教案还有如下优点：

通过复习旧知导入新课，用烷烃的取代反应引入溴乙烷，衔接新旧知识。

将溴乙烷的分子结构和化学性质这两个向度作为必选项，并在学习和交互中不断强化。

通过两次书写对溴乙烷的水解和消去反应的化学方程式这一重点内容进行了强化和变式强化。

【不足及建议】

概况部分应注明该教案设计所需的时间，目标 1 只注明了能力目标，还应注明知识目标和重难点。

前测和中测的检测方法应写入方“法 & 策略”栏，其中前测和中测部分应进行预设。

“时间”栏中部分时间未对齐“方法 & 策略”栏，导致时间所指不明确。

本节课要搭建的是标准性平台，因此可直接由教师呈现多向度平台来让学生选择学习，从而可以对这部分省下的时间进行合理使用。

“反思&评价”栏应留空，用于上课教师进行课后反思或听课教师进行点评。

建议在关键环节标出 5S 及具体数据，以便科学地安排时间。

因此，从学科角度出发，具体建议如下：

（1）在第一部分，要求学生写出乙烷与溴反应的化学方程式。这个过程会有多个反应方程式，但由于复习导入的目的是让学生将溴乙烷与前面所学的乙烷联系起来，因此要求学生完成该取代反应的第一步即可。

（2）在第三部分，安排学生在 10+3 分钟内完成 4~5 道选择题、两次书写方程式，并让学生两次上黑板书写，时间安排略紧，可减少题量或两个任务。

（3）第四部分可交由学生完成，教师进行补讲，充分发挥学生的主体性。

（点评人：柳州市龙城中学　周慧）

教案（点评修改稿）

点评修改人：周慧

概况	时间：××年××月××日　授课人：××　单位：北海市第二中学　内容：溴乙烷 学段：高二　学科：化学　课型方式：平台互动方式　课时形态：标准课（40+5 分钟）
目标	1. 了解溴乙烷的物理性质。 2. 掌握溴乙烷的分子结构和化学性质。 3. 培养学生的观察能力、类推能力及分析思维能力。 重点：溴乙烷的分子结构的特点和主要化学性质。 难点：理解溴乙烷发生取代反应和消去反应的条件、区别，并能解释其原因。

流程性检测	内容提要	时间	方法＆策略	反思＆评价
前测： 一、1. 检测学生书写取代反应的方法，学生对溴乙烷有初步认识。	一、复习乙烷与溴的取代反应。	1 分钟 1+2 分钟	一、复习乙烷的化学性质 1. 学生在微卡上写出乙烷与 Br2 反应的第一步的化学方程式。（5S 写约 26 个字符＋想） 2. 学生 2 人交互批改。（通过对错手势检测） 【预设】若 30% 以上的学生写错，则教师补讲，若 80% 以上的学生写对，则学习溴乙烷的知识。	
	二、溴乙烷 向度 1：物理性质 向度 2：分子结构 ☆ 向度 3：化学性质 ☆ 向度 4：用途	1 分钟 5 分钟 10+2 分钟	二、标准性平台 1. 出示主题“溴乙烷”，呈现多向度（气泡图）。 2. 学生任选 2 ~ n 个向度学习，写在小卡上。 3. 六至八人组交互，讨论统一后，用喜欢的方式呈现在大卡上，张贴（标☆向度必选）。（5S 讲＋写，约 194 字符） 4. 学生浏览各组大卡，用微卡记下要点和疑问，与该组解说员进行质疑与解答。（5S 看＋讲，每人至少浏览 4 张大卡） 【预设】教师在巡视中若发现学生所展示及讲解的要点不全或出现错误，要进行补讲。	
中测： 三、1 和 2 检测学生对溴乙烷的分子结构和化学性质的掌握情况。	三、做有关溴乙烷结构和性质的选择题，并练习其化学性质方程式的书写。 ①写出溴乙烷分别与氢氧化钠水（或醇）溶液反应的化学方程式。 ②写出氯乙烷分别与氢氧化钠水（或醇）溶液反应的化学方程式。	5+1 分钟 5 分钟	三、练习巩固 1. 学生做 2 ~ 3 道选择题。（选项手势约定） 【预设】若 30% 以上的学生写错，则教师补讲。 2. 方程式书写训练： （1）学生任选 1 ~ n 个方程式写在小卡上。 （5S 想＋写，约 100 个字符） （2）学生代表在黑板上书写方程式，其他学生检查。（对错手势约定） 【预设】若 30% 以上的学生答错，则教师补讲。	
后测： 强化次数约 14 次，不用布置课后作业。	四、小结溴乙烷化学反应中的断键和成键方式，找出溴乙烷的结构与性质的关系。	7 分钟	四、小结 1. 学生小结。 2. 教师设置问题进一步小结。	
备注或总评：				

化学《乙酸》

教案（原稿）

单位：玉林实验中学　学科：化学　授课教师：××

课题	人教版新课标化学必修 2 第三章第三节第二课时《乙酸》			
基本概况	课型：平台互动方式			
	学情：学生已学了乙醇的相关知识，日常生活中对酸醋有所接触； 学生对学习方式 5J 已较熟悉。			
目标	目标 1	了解乙酸的用途。		
	目标 2	掌握乙酸的结构、化学性质及反应原理。		
检测	内容提要	时间	方法&策略	反思&评价
前测：（手势） 检测学生对乙酸是否有所了解。 预设：如果不了解，则进行提示。	一、乙酸基本知识点 1. 乙酸的结构。 2. 性质。 3. 用途。 4. 制法。	2 分钟 3 分钟 5 分钟 2 分钟 6 分钟	一、标准性平台 1. 出示主题：乙酸。 2. 呈现 7 个向度：与生活的联系、分子式、结构式、物理性质、用途、化学性质、制法。 3. 学生任选 3 个向度，分成八人组，分别在活动黑板上以气泡图形式呈现。 4. 八个小组间进行交互，共享成果。 5. 由教师或学生进行精讲、补讲。 6. 出示 3 道相关知识的课堂练习，即时检测效果。 7. 由教师或学生讲评。	通过平台互动方式拓展了学生的认知，同时加深了学生对知识的记忆。 攀升了对知识记忆的强化次数，学习效果得以提高。
中测：（教师巡视抽查和团队长汇报的形式） 随机对团队队员的学习结果进行抽查。	二、乙酸的化学性质的反应原理 1. 体现酸性的反应原理。 2. 酯化反应的实验及反应原理。	1 分钟 3 分钟 3 分钟 4 分钟 6 分钟	二、倒置性平台 1. 以上面的一个关键性向度——乙酸的化学性质做素材。 2. 进行思维扩张：每个学生在小卡上任写 3 个有关乙酸反应的化学方程式以及反应对应的原理。 3. 分成八人组进行组内交互，组长汇集到对应活动黑板上。 4. 八个小组间进行交互，汇集。 5. 教师补讲并引出反应原理思考。 6. 教师或学生做酯化反应演示实验。学生观察、分析、思考问题。预设：若学生不能分析出反应的实质，则由老师板书。	通过平台互动的方式，提升了学生的学习、实践能力，当堂强化了学生的知识，因此课后布置少量能力提高题即可。
后测： 强化次数 12 次左右，强化有效，可少布置作业。		5 分钟	7. 出示 3 道相关知识的综合性练习，即时检测效果。 8. 教师点评。 9. 根据实际强化次数安排课外任务。	
总评&备注：				

教案总评

【概况】

本节课的重点为乙酸的分子结构和化学性质。知识点乙酸的分子结构不难，因此，教师在标准性平台中设计由学生自学和合作学习完成。而乙酸的化学性质相对较难，因此设计学生自学、合作学习、师教生学，这有利于从多方面强化乙酸的化学性质这一关键项。

【亮点】

1. 教案格式基本规范。构成教案的概况、双目标、课型方式、教学环节和时间安排、关键项&方法策略、反思&评价、注释&总评等八个栏目基本齐全，结构完整，符合教案格式上的要求。本教案在各环节前均安排了一个检测，该步骤能让教师更好地了解学生对上一环节的掌握情况。教案的编排比较合理，教学流程清晰明了。

2. 教学过程设计比较合理。能用凝练、简洁的语言标出主要的教学环节和时间安排，时间安排详尽，每个小步骤都有时间设定，而且时间的分配与教学目标、重点难点密切相关，并基本合理。

3. 教学方法或策略的设计具有一定的可操作性。任务、时间、人数、板卡、流程明确，具有较强的可操作性。每次学生分享成果后老师都进行精讲，有效地补充了学生小组讨论时的一些遗漏，完善了教学内容。本教案设计除了让学生学习本节课的内容之外，还进行了扩展，如“进行思维扩张：每个学生在小卡上任写 3 个有关乙酸反应的化学方程式以及反应对应的原理”，这样有利于学生的思维发散。

【不足及建议】

1. 在学习新知识之前，如果有一些新颖的、能吸引学生注意力的内容导入，教学效果会更好。

2. 在标准型平台中，“学生任选 3 个向度，分成八人组，分别在活动黑板上以气泡图形式呈现”“八个小组间交互，共享成果”两个小环节只设置了 8 分钟，时间安排不够合理。

3. 标准性平台呈现的 7 个向度中，“与生活的联系”属于“用途”，因此建议这两个向度合并成“用途”一个向度；“分子式”和“结构式”同属于分子结构，建议合并成“分子结构”这一向度。

4. 环节二并不是真正的倒置性平台，建议将“乙酸的化学性质”这一重点内容作为标准平台中的必选向度，同时，这样能增加交互时间，提升强化次数。

5. 建议在关键环节标出5S及具体数据，以便科学地安排时间。

（点评人：北海市第二中学　许鑫滢；柳州市龙城中学　周慧）

教案（点评修改稿）

点评修改人：周慧

概况	授课时间：××年××月××日　授课人：××　单位：玉林实验中学 内容：乙酸 年级：高一　学科：化学 课型方式：平台互动式　课时形态：标准课（40+5分钟）
双目标	目标1：了解乙酸的物理性质、用途；掌握乙酸的分子结构、化学性质。 目标2：掌握乙酸的结构、化学性质及反应原理。 重点：乙酸的分子结构、酸性和酯化反应。 难点：从结构角度初步认识乙酸的酯化反应。

流程性检测	内容提要	时间	方法&策略	反思&评价
前测： 一、检测学生对乙酸是否有所了解。	一、引导学生回忆初中学过的乙酸的物理性质和化学性质。	2分钟 +2分钟	一、复习引入 学生说，采用对错手势约定进行检测。 【预设】如果学生回答不全，则教师补讲。	
中测： 三、1. 检测学生对乙酸的分子结构和化学性质的掌握程度。	二、乙酸 向度1：分子结构 向度2：物理性质 向度3：化学性质 向度4：用途 向度3：制法	1分钟 1分钟 5分钟 3分钟 4分钟 5分钟 2分钟 8分钟	二、标准性平台 1. 出示主题：乙酸。 2. 呈现5个向度。 3. 学生任选3~n个向度学习，并写在小卡上，其中乙酸的化学性质为必选向度。（5S：想＋写，约120个字符） 4. 八人组交互，讨论。 5. 八人组将讨论结果以气泡图形式呈现在活动黑板上。（5S：写，约120个字符） 6. 8个小组间浏览，共享成果。（5S：想＋看，约120个字符，每组至少浏览4个块板） 7. 教师或学生进行精讲、补讲。 8. 教师或学生补做酯化反应演示实验。学生观察现象，分析实验过程中应注意的问题，并分析反应原理。	
后测： 强化次数14次，不需布置课后作业。	三、做乙酸结构和化学性质的相关练习。	1分钟 3分钟 5分钟 +5分钟	三、练习提升 1. 教师出示课堂练习，学生独立完成1~n题。 2. 团队内交互讨论批改，教师巡视检测。 3. 学生代表解答，其他同学判断。（正误手势约定） 【预设】若正确率达不到80%，则由教师补讲。	
总评&备注：				

化学《甲烷》

教案（原稿）

时间：2014 年 5 月 8 日 单位：象州第二中学 授课人：× × 课题：最简单的有机化合物——甲烷 学科：化学 学段：高一	设计意图 1.1 从学生熟悉的生活经验引入课题，激发学生的学习兴趣。 1.2 明确学习任务。	下放学习主动权，让学生通过写、画、拼甲烷的分子结构，理解甲烷的分子结构。	4.1 培养学生自主学习的能力。 4.3 培养学生的观察能力。 5.1 让学生学会与他人合作交流和分享成果。	通过练习强化学习内容。
教学环节	第一环节　4 分钟	第二环节　10 分钟	第三环节　20 分钟	第四环节　4 分钟
［目标］ 1. 说出甲烷的物理性质及存在、用途。 2. 认识甲烷的分子结构和化学性质，认识取代反应的特点。 3. 初步体会有机物分子结构的特点及其对性质的影响。 ［重点］认识甲烷的分子结构和化学性质。 ［难点］认识甲烷的分子结构。 ［课型］要素组合。 ［课时］标准课。	1. 引入：象州正在施工的燃气管道内的气体主要成分是什么?	2. 认识甲烷的物理性质。 3. 甲烷的分子式、结构式、电子式及空间结构。	4. 认识甲烷的重要化学性质。 5. 认识取代反应。	6. 强化练习。
	1.1（想、听）生思考、回答 1.2（看、讲）出示教学目标。	2.1（看、做，2 分钟）生个人阅读教材，归纳总结甲烷的物理性质，并把相关内容填写在《学与测》上。（小卡＋防空） 2.2（讲）同桌两人交流答案。（小动） 2.3（讲）师进行流程性检测。（防泡沫） 3.1（做，2 分钟）生个人写出甲烷的分子式，并尝试画出结构式。（写在微卡，防空讲） 3.2（做，2 分钟）四人小组动手制作甲烷的空间模型。（防形式单一，小动） 3.3（讲、听）生展示。（防泡沫，检测）	4.1（看、想，3 分钟）：生个人阅读教材相关内容，并完成《学与测》相关内容。（小卡＋防空） 4.2（讲、听）师检测生的看书情况。（防泡沫） 4.3（看、做）生观看甲烷与氯气反应的视频，并把现象填在《学习测评》上。（防形式单一、防空讲） 5.1（想、讲，5 分钟）生个人分析甲烷与氯气反应的特点——取代反应；并六人小组交流，呈现在中卡上。（防形式单一＋小动） 5.2（看）各组张贴成果，全班浏览。（大动） 5.3（听）师检测。（防泡）	6.1（想＋做）学生做练习。（防空） 6.2（讲、听）同桌交流答案。（防形式单一，小动） 6.3（讲、听）师检测。（防泡沫） 6.4（看、听）师生小结本节内容。

教案总评

【概况】

《甲烷》是新人教版高中化学必修二第三章第一节的内容。这节课是学生第一次接触有机物结构和性质。烃是一切有机物的母体，是学习有机化学的基础，而甲烷是最简单的有机物，可以说学习甲烷是学习烃的入门，学生对甲烷的理解将直接影响到今后对各种有机物的理解。教学这一章节，应帮助学生树立正确的学习有机物的方法，学会用生活的视角看化学，用化学知识服务于生活。

【亮点】

1. 教案格式基本规范。各基本内容齐全，环节步骤明确，比如第四环节当中的5.1、5.2、5.3详细写出了活动的流程和步骤，并用了“想”“讲”“看”“听”，让人一目了然。结构完整，符合教案格式上的要求。

2. 教学过程设计比较合理。能用凝练、简洁的语言标出主要的教学环节，时间安排比较合理，导入是针对象州生活实际提出的问题，接近学生生活。在讲述甲烷的物理性质和结构环节用了10分钟，在甲烷的化学性质这一环节用了20分钟，突出了本课的重点，达到了时间的分配与教学目标、重点难点密切相关的目的，时间分配在其他的非重点环节当中也基本合理。5F标示清楚。

3. 教学方法或策略的设计具有可操作性、创新性。例如，在每个环节甚至小环节都明确标示了时间；活动基本明确了人数，或标明了“单独完成”或“合作完成”，如“生个人阅读教材相关内容，并完成《学与测》相关内容”；使用板卡的要求明确等。学生通过观看视频掌握实验现象，个人分析甲烷与氯气反应的特点，培养了自主学习能力和观察能力。

4. 从学科角度看，本教案的亮点还体现在：教师能让学生自己制作甲烷的结构模型，让学生直观地感受甲烷的分子结构；学习甲烷的取代反应时，设计观看视频、填写现象的环节，有利于学生识记，让学生总结反应的特点并写在中卡上进行交互，有利于对此重要知识点进行多次强化。

【不足及建议】

1. 课型方式和课时形态应在概况处注明，目标应为双目标，反思评价栏应留空，便于上课教师课后进行反思或听课教师进行评价；在2.3、5.3、6.3进行检测时，应注明检测方法，并做出预设。另外，教案缺少备注栏。

2. 建议标明5J、5F二级指标，并与学习方式的应用有效地结合起来。学习方式、课型方式和备课方式三者之间是一个整体，其中备课方式是抓手，落实了备课方式，就能促进课型方式和学习方式的落实。

3. 在学生展示甲烷的模型时，如果能让学生结合模型讲解甲烷分子空间结构的特点，学生对甲烷分子结构的认识会从直观感性认识上升到理论认识。

4. 取代反应是学生学习有机化学后接触到的第一类有机反应，学生自行总结反应的特点有一定难度，对此，教师可以通过一些问题进行引导，如反应所需条件是什么？对比方程式的反应物和生成物，比较反应前后其有机物是如何变化等。

（点评人：北海市第二中学　许鑫滢；柳州市龙城中学　周慧）

教案（点评修改稿）

点评修改人：周慧

时间：2014年5月8日 单位：象州第二中学 授课人：×× 课题：甲烷 学段：高一 学科：化学	4分钟	10分钟	20分钟	4分钟
[教学目标] 1. 说出甲烷的物理性质及存在、用途。 2. 认识甲烷的分子结构和化学性质，认识取代反应的特点。 3. 初步体会有机物分子结构的特点及其对性质的影响。 4. 掌握甲烷的分子结构和化学性质。 [重点]认识甲烷的分子结构和化学性质。 [难点]认识甲烷的分子结构。 [课型]要素组合方式。 [课时]标准课（40分钟）。	1. 引入：象州正在施工的燃气管道内的气体的主要成分是什么？	2. 认识甲烷的物理性质。 3. 甲烷的分子式、结构式、电子式及空间结构。	4. 认识甲烷的重要化学性质。 5. 认识取代反应。	6. 强化练习。
	1.1（想、听）生思考、回答 1.2（看、讲）出示教学目标。	2.1（看、做，2分钟）：生个人阅读教材，归纳总结甲烷的物理性质，并把相关内容填写在《学与测》上。（小卡＋防空） 2.2（讲）同桌两人交流答案。（小动） 2.3（讲）师进行流程性检测。（开火车检测，防泡沫） 预设：若30%以上的学生答错，则教师补讲；若80%以上的学生答对，则继续学习新内容。 3.1（做，2分钟）生个人写出甲烷的分子式，并尝试画出结构式（写在微卡，防空讲） 3.2（做，2分钟）四人小组动手制作甲烷的空间模型（防形式单一，小动） 3.3（讲、听）生展示，并根据模型讲解甲烷分子的结构特点。（防泡沫，检测）	4.1（看、想，3分钟）生个人阅读教材相关内容，并完成《学与测》相关内容。（小卡＋防空） 4.2（讲、听）师检测生的看书情况。（防泡沫） 4.3（看、做）生观看甲烷与氯气反应的视频，并把现象填在《学习测评》上。（防形式单一、防空讲） 5.1（想、讲，5分钟）生个人分析甲烷与氯气反应的特点——取代反应；并六人小组交流，呈现在中卡上。（防形式单一＋小动） 5.2（看）各组张贴成果，全班浏览（大动） 5.3（听）学生代表讲解，师检测。（师生对话检测，防泡） 预设：若30%以上的学生答错，则由教师补讲；若80%以上的学生答对，则进行一部分的学习。	6.1（想＋做）学生做练习。（防空） 6.2（讲、听）同桌交流答案。（防形式单一，小动） 6.3（讲、听）师检测。（课堂巡视检测，防泡沫） 预设：若30%以的上学生答错，则由教师补讲，若80%以上的学生答对，则进行本节课小结部分。 6.4（看、听）师生小结本节内容。
注释或总评：				

化学《盐类的水解》

教案（原稿）

概况	单位：宜州市实验高中　执教人：××　学科：高中化学选修4 内容：盐类的水解　课型方式：要素组合方式　课型形态：标准课 学情：学生已经学习了溶液酸碱性测定的方法及弱电解质电离的本质
目标	结构目标：理解弱电解质电离平衡移动的本质。 关键目标：掌握盐溶液酸碱性的规律和盐类水解的本质。

内容提要		时间	方法&策略	反思&评价
前测：1.以形成盐的酸、碱的强弱为依据，盐可分为哪几类？提问：Na_2CO_3的俗称是什么？分别在Na_2CO_3和$NaHCO_3$的溶液中滴加酚酞试液，可观察到什么现象？分别请两学生回答，用对错手势约定快速检测其他学生。预设：如有错则教师补讲。	一、盐溶液酸碱性的规律 盐的类型： 强酸强碱盐 强酸弱碱盐 强碱弱酸盐 弱酸弱碱盐 规律：谁强显谁性，同强显中性。	3分钟 1分钟 1分钟 5分钟 4分钟 1分钟 2分钟	1.快速检测。 提出两个问题，请两个学生回答，其他学生手势判断对错。（手势约定） 2.构建标准性平台一. 2.1课件出示关键项：探究盐溶液的酸碱性，归纳其与盐的类型的关系。（防空） 2.2课件呈现多向度平台：①$NaCl$溶液、②Na_2CO_3溶液、③$NaHCO_3$溶液、④NH_4Cl溶液、⑤Na_2SO_4溶液、⑥CH_3COONa溶液、⑦$(NH4)_2SO_4$溶液。（防空） 2.3 六人小组至少选4个向度做实验，把实验现象、实验结果记录在小卡上。（教师巡查，防假，小动）（强化4次） 2.4交互强化，教师优选一组汇报，学生互相咨询。（强化3次） 2.5检测题1题，独立完成，手势约定，快速检测。（强化2次） 2.6教师精讲或补讲。（强化1次）	5J——表达呈现、约定 5S——看 5J——单元组 5S——合作、写、做 5J——表达呈现 5J——约定 5S——想、记
中测：2.5、3.6关于对盐溶液的酸碱性的规律和盐类水解的本质的理解，出示选择题2题，学生独立完成，教师提供答案，用手势约定快速检测，若有30%的不明白则教师精讲。	二、探究盐溶呈液酸碱性的原因 1.原因：盐类的水解。 2.盐类水解的定义。 3.水解的本质。 规律：有弱才水解，无弱不水解。 4.盐类水解化学方程式的书写 盐+水$\rightleftharpoons$酸碱 弱阴离子$+H_2O \rightleftharpoons$弱酸$+OH^-$	1分钟	3.构建标准性平台二 3.1用课件出示关键项：盐溶液呈酸碱性的原因？（防空） 3.2课件呈现多向度平台：①$NaCl$溶液、②Na_2CO_3溶液、③$NaHCO_3$溶液、④NH_4Cl溶液、⑤CH_3COONa溶液。（防空） 思考题：（1）相关的电离方程式有哪些？ （2）盐溶液中存在哪些粒子？ （3）哪些粒子间可能结合（生成弱电解质）？ （4）对水的电离平衡有何影响？ （5）溶液中c（H+）与c（OH—）的相对大小是什么？ （6）相关的化学方程式有哪些？	

续表

	弱阳离子 +$H_2O \rightleftharpoons$ 弱碱 +H^+	3 分钟 4 分钟 5 分钟	3.3 人任选 2 个以上向度进行分析，写在小卡上，老师个别抽查。（防假、小动）（强化 2 次） 3.4 六人小组汇集，以表格形式呈现在大卡上。（教师巡查，防泡沫，小动） 3.5 大动浏览，每人至少看三个组的大卡，把要点记微卡上。（强化 3 次）	5J——板卡 5J——单元组、表达呈现 5S——想、记 5J——约定
后测：关键项强化次数都在 10 次以上，不需要布置作业。		1 分钟 3 分钟 2 分钟 3 分钟	3.6 检测题 1 题，手势约定，快速检测。（强化 2 次） 3.7 教师精讲或补讲。 4. 巩固提高。 4.1 出示练习题 3 题，学生任选 2 题，手势快速检测。（强化 2 次） 5. 学生小结，教师再总结。	5S——看、记 5J——约定 5J——表达呈现 5S——想
注释或总评				

教案总评

【概况】

《盐类的水解》是高中化学选修四第三章第三节第一课时的内容。在教材体系中，这个章节的教学目标是理解盐类水解的概念、实质，掌握盐类水解的规律，能规范书写盐类水解的离子方程式。

在此之前，学生已经在学习了化学平衡原理的基础上讨论电解质在水溶液中的电离行为，包括弱电解质的电离平衡和水的电离平衡两个平衡体系，并知道溶液酸碱性的本质原因。在此基础上学习盐类的水解，探究盐类在水溶液中的酸碱性规律，有助于促进学生的认知发展。

盐类的水解是后续学习电化学的必备基础。从知识结构上讲，盐类的水解平衡是继弱酸、弱碱及水的电离平衡体系之后的又一个电解质溶液的平衡体系，有利于学生掌握完整的电解质溶液的平衡体系。

【亮点】

1. 教案格式基本规范。教案的概况、课型形态、课时形态、基本流程等内容详尽。

2. 教学过程设计比较合理。能用凝练、简洁的语言标出主要的教学环节和时间安排，而且时间分配与教学目标、重点难点密切相关，比如在 2.3 环节设计了“六人小组至少选 4 个向度做实验，把实验现象、实验结果记录在小卡上”，内容详细，强调了学生动手的重要性，也凸显了探究规律的重要性。

3. 教学方法策略的设计具有可操作性。每次学生分享成果后，老师都进行精讲，有效地补充了学生小组讨论结果的缺失，完善了内容。每个标准性平台之后都设计有一个检测题，可以及时快速地检测学生的学习效果。

4. 教学内容设计恰当、合理，留有预留项，对学习能力强的学生有安排。强化次数达到要求，能在“做中学”中有效攀升强化次数。单元组之间交互，照顾了大多数学生。板卡使用得当，5J、5F 标示清楚。

5. 从学科角度分析，这节课的教案内容的设计围绕教学重点，教学环节设计让学生通过动手实验总结溶液酸碱性的规律，然后通过思考题引导学生对盐溶液呈酸碱性的原因进行分析，整个教学过程符合由直观到抽象、由表象到理论的认知规律，有利于学生建构知识。

【不足及建议】

1. 格式问题。概况中应注明上课时间、学段。前测、中测、后测属于流程性检测，不属于内容提要，应写在检测栏，其中的检测内容、方法和预设应写入“方法 & 策略”栏。“反思 & 评价”栏应留空，便于上课教师进行反思或听课教师进行点评，5J、5S、5L 应在“方法 & 策略”栏中对应步骤之后注明。

2. 3.5 大动浏览环节“每人至少看三个组的大卡”，没有标清楚如何检测，且只安排 5 分钟时间有些紧。

3. 测盐溶液的酸碱性的实验操作简单，结果明显，建议不做平台，改为分组实验，汇报结果。

4. 建议在分析出盐溶液呈酸碱性原因后，让学生通过自己分析、六人组讨论等方式找出盐类水解的规律 2 和盐类水解方程式的书写方法，体现学生的主动性。

5. 建议在关键环节标出 5S 及具体数据，以便科学地安排教学时间。

（点评人：北海市第二高中　许鑫滢；柳州市龙城中学　周慧）

教案（点评修改稿）

点评修改人：周慧

<table>
<tr><td>概况</td><td colspan="4">时间：××年××月××日 授课人：×× 单位：宜州市实验高中 内容：盐类的水解
学段：高二 学科：化学 课型方式：要素组合方式 课时形态：标准课（40+5 分钟）</td></tr>
<tr><td>目标</td><td colspan="4">1. 认识盐类水解的原理，能正确书写盐类水解的离子方程式。
2. 了解盐溶液呈酸碱性的原因，掌握盐溶液呈酸、碱性的规律。
3. 理解盐类水解的实质，能根据盐的组成判断盐溶液的酸碱性。
4. 掌握盐溶液酸碱性的规律和盐类水解的本质。
重点：盐类水解的本质和规律。
难点：从微观角度分析盐溶液呈现酸碱性的原因。</td></tr>
<tr><td>流程性检测</td><td>内容提要</td><td>时间</td><td>方法＆策略</td><td>反思评价</td></tr>
<tr><td>前测：
1. 检测学生对盐的分类的掌握情况和盐溶液的酸碱性的判定。

中测：
2.5、4. 检测学生对盐溶液的酸碱性的规律和盐类水解的本质的理解情况。

后测：
关键项强化次数都达到15次，不需要布置课后作业。</td><td>1. 思考两个问题：
（1）以形成盐的酸、碱的强弱为依据，盐可分为哪几类？
（2）Na_2CO_3 的俗称什么？分别在 Na_2CO_3 和 $NaHCO_3$ 的溶液中滴加酚酞试液，可观察到什么现象？

2. 盐溶液酸碱性的规律。
（1）实验。
分组测以下溶液的酸碱性：
NaCl 溶液、Na_2CO_3 溶液、$NaHCO_3$ 溶液、NH_4Cl 溶液、Na_2SO_4 溶液、CH_3COONa 溶液、$(NH_4)_2SO_4$ 溶液。
（2）归纳
盐的类型：强酸强碱盐
强酸弱碱盐
强碱弱酸盐
弱酸弱碱盐
规律：谁强显谁性，同强显中性。

3. 盐溶液呈酸碱性的原因。
（1）问题引领：
①相关的电离方程式有哪些？
②盐溶液中存在哪些粒子？
③哪些粒子间可能结合（生成弱电解质）？
④对水的电离平衡有何影响？
⑤溶液中 $c(H^+)$ 与 $c(OH^-)$ 的相对大小是什么？
（3）盐类水解的定义。
（4）水解的本质。
（5）规律：有弱才水解，无弱不水解。
（6）盐类水解化学方程式的书写
盐＋水⇌酸＋碱
弱阴离子 $+H_2O \rightleftharpoons$ 弱酸 $+OH^-$
弱阳离子 $+H_2O \rightleftharpoons$ 弱碱 $+H^+$

4. 盐类水解相关练习。</td><td>3 分钟

1 分钟
4 分钟
3 分钟
3 分钟
3 分钟
+2 分钟

1 分钟
1 分钟
3 分钟
5 分钟
5 分钟
2 分钟
+2 分钟
2 分钟
2 分钟
+2 分钟
3 分钟
+1 分钟</td><td>1. 快速检测
出示两个问题，请两个学生回答，其他学生手势判断对错（手势约定）。
【预设】如有错教师补讲。

2. 合作学习：盐溶液酸碱性的规律。
2.1 出示分组实验要求。
2.2 六人小组至少选 4 个向度做实验，把实验现象、实验结果记录在小卡上。（教师巡查、防假、小动）
2.3 学生代表回答，其他学生记录和质疑。
2.4 通过实验，归纳盐溶液酸碱性与盐的类型的关系。（防空）
2.5 独立完成一道检测题，用手势约定快速检测。
2.6 教师精讲或补讲。（强化 1 次）

3. 构建标准性平台。
3.1 出示关键项：盐溶液呈酸碱性原因。
3.2 呈现多向度：① NaCl 溶液、② Na_2CO_3 溶液、③ $NaHCO_3$ 溶液、④ NH_4Cl 溶液、⑤ CH_3COONa 溶液。（防空）
3.3 个人任选 2~n 个向度进行分析，写在小卡上，老师个别抽查。（5S：想＋写约 120 个字符，防假、小动）（强化 2 次）
3.4 六人小组交互、汇集，并以表格形式呈现在大卡上。（防泡沫，小动）（强化 6 次）（5S：说＋写，约 120 个字符）
3.5 大动浏览，每人至少看三个组的大卡，把要点记微卡上。（强化 3 次）
3.6 学生相互质疑与解答。（强化 1 次）
【预设】若学生回答不全，则由教师补讲。
3.7 学生补充，完善本组的大卡，并找出盐类水解的规律和盐类水解方程式的书写方法。（强化 1 次）
3.8 六人组讨论，学生代表回答。
【预设】若学生回答不全，则由教师补讲。
4. 巩固提高
出示三道练习题，学生任选 2 题独立完成，手势快速检测。（强化 1 次）
【预设】若 30% 以上的学生写错，则由教师补讲，若 80% 以上的学生写对，则不需补讲。</td><td></td></tr>
<tr><td colspan="5">注释或总评</td></tr>
</table>

生物《植物育种方法》（复习课）

教案（原稿）

概况		学科：生物　　内容：复习《植物育种方法》 课型方式：平台互动方式　　课时形态：标准课（40 分钟） 执教者：来宾实验高中　× ×
教学重难点		重点：植物育种的方法和原理。难点：各种育种方法的应用。
目标	知识目标	掌握各种育种方法的应用。
	关键目标	掌握各种植物育种的方法和原理及其应用。

三测		内容提要	时间	关键项&方法	反思&评价
前测	1.3 手势检测各小组能写出几种育种方法，如果大多数在 4 种以下，则采取个人提问、补讲、师板书的方法检测。	1. 复习植物育种的方法和原理。	3 分钟	1.1 在小卡上写出学过的育种方法及其原理。（5S、5L——想、写 80 字，5J——小卡）	
			2 分钟	1.2 同桌交互。（5S、5L——讲 120 字）	
			3 分钟	1.3 四人小组整理后写在大卡上，张贴在教室周围。（5S、5L——写 120 字，5J——大卡、单元组、约定） 预设：如果大多数在 4 个以内，采取个人提问、补讲、师板书的方法检测；如果大多数在 5 个以上，要求四人组整理后选择 8 个写在大卡上，张贴在教室周围。	
			3 分钟	1.4 小组互相浏览，并更正有错误的地方。（5S、5L——看、写）	
			1 分钟	1.5 教师点讲。	
中测	2.2 特别行动组深入学生中，检查其是否能设计出几种育种方案，统计在小卡上反馈给教师。	2. 各种育种方法的应用。		2. 标准性平台。 2.1 出示 8 种育种方法：杂交育种、单倍体育种、多倍体育种、诱变育种、嫁接、组织培养、基因工程育种、植物体细胞杂交育种。	
			3 分钟	2.2 每位学生任选 1~n 种育种方法来设计方案以培养新品种植株。（5S、5L——想、写 45~100 字，5J——小卡）特别行动组深入学生中，检查其是否能设计出几种育种方案，统计在小卡上反馈给教师。（防空）	
			6 分钟	2.3 八人组交互设计方案，任选 1~n 种设计方案来培育新品种植株，写在大板上。（5S、5L——写 60~130 字，5J——大板、单元组） 预留项：完成快的小组可去其他小组进行指导和交流。	
			6 分钟	2.4 小组展示，选 3~4 个小组点讲、补讲。（5S、5L——讲，300 字，5J——表达呈现）	
			3 分钟	2.5 做 2 题高考题 。（5S、5L——看、想、写 50 字）	
			3 分钟	2.6 学生互相评分，师点讲。（5J——表达呈现，防花、防泡沫）	

续表

后测	强化次数大于8次。	3. 育种方法的优缺点。	4分钟 3分钟	3.1 列表比较各种育种方法的优缺点。（5S、5L——想、写，110字） 3.2 同桌交互更正，教师抽查。（防泡沫）	
注释或总评：					

教案总评

【概况】

本节复习课把必修和选修课本中的相关内容进行整合，打破了章节间的界限，其目的是结合育种知识点的内在联系，让学生在掌握相关主干知识的基础上，把植物育种的相关概念从内涵和外延上有机地串联起来，构建完整的知识网络，实现学科知识的综合，提升学生对生物学科知识体系的理解。通过自主学习和合作学习，能有效地提高学生自主梳理知识、构建知识和运用知识的能力。

【亮点】

1. 教案格式基本规范。构成教案的概况、双目标、课型形态、课时形态、教学环节和时间安排、关键项&方法策略、反思&评价、注释&总评八个栏目齐全，结构完整，符合教案格式的要求。

2. 教学过程设计比较合理，能用凝练、简洁的语言标出主要的教学环节。本教案是高三复习课，通过平台互动方式对关键项进行复习，教师能设计合理的流程性检测来把控课堂。在时间安排上，把大部分时间放在“各种育种方法的应用”这个难点上，体现了时间的分配与教学目标、重点难点密切相关，分配也基本合理。

3. 基本流程设计合理，任务明确，有预留项。

如“1.1 在小卡上写出学过的育种方法及其原理。（5S、5L——想、写80字，5J——小卡）”任务描述准确；“2.1 出示8种育种方法：杂交育种、单倍体育种、多倍体育种、诱变育种、嫁接、组织培养、基因工程育种、植物体细胞杂交育种”时间标示明确，时间的安排确定到每个小环节，人数、流程等也都相当明确；预设课堂的生成性问题，为学得快的学生预留了内容。

4. 课型方式表述规范。设计了一个标准性平台，有8个向度，符合要求，并且设计的交互不断攀升强化次数。

5. 学习方式使用合理。单元组使用较合理，学生呈现方式具有多样性，5F、5J标注清楚。

【不足及建议】

1.时间安排过于紧凑。这节课的学习内容难度大、容量大，如果各个环节控制不好，40分钟未必能完成规定的教学内容，这对教师课堂控制力要求极高。如“2.4小组展示，选3~4小组点讲、补讲”，只安排了6分钟，不好操作，建议把做高考题的内容布置为课后练习。最后列表比较各种育种方法的优缺点，需要比较8种育种方法优缺点，但只给4分钟，时间有点紧，可以考虑任选其中几种育种方法进行比较。

2.“2.3八人组交互设计方案”等内容，没有具体写清楚如何交互，可能会影响课堂的实际操作效果。

（点评人：北海市第二中学　许鑫滢；柳州市龙城中学　周慧）

教案（点评修改稿）

点评修改人：周慧

<table>
<tr><td>概况</td><td colspan="5">授课时间：××年××月××日　单位：来宾实验高中　授课人：××
内容：《植物育种方法》复习课　学段：高三　学科：生物
课型方式：平台互动方式　课时形态：标准课（40分钟）</td></tr>
<tr><td>双目标</td><td colspan="5">1.掌握各种育种方法的应用。
2.掌握各种植物育种的方法和原理及其应用。
3.结合育种知识点的内在联系，构建完整的知识网络，提高自主梳理知识、构建知识和运用知识的能力。
重点：植物育种的方法和原理。
难点：各种育种方法的应用</td></tr>
<tr><td colspan="2">三　测</td><td>内容提要</td><td>时间</td><td>关键项&方法</td><td>反思&评价</td></tr>
<tr><td>前测</td><td>1.3检测学生对植物育种方法和原理的掌握情况。</td><td>1.复习植物育种的方法和原理。</td><td>3分钟

2分钟
3分钟

3分钟

1分钟</td><td>1.1在小卡上写出学过的育种方法及其原理。（5S、5L——想、写80字，5J——小卡）
1.2同桌交互。（5S、5L——讲120字）
1.3四人小组整理后写在大卡上，张贴在教室周围。（5S、5L——写，120字，5J——大卡、单元组、约定）
预设：如果学生掌握的方法和原理大多数在4个以内，采取个人提问、补讲、师板书的方法检测；如果大多数在5个以上，要求4人组整理后选择8个写在大卡上，张贴在教室周围。
1.4小组间互相浏览，并更正有错误的地方。（5S、5L——看、写）
1.5教师点讲。</td><td></td></tr>
</table>

中测	2.5 检测学生对各种育种方法的应用。	2. 各种育种方法的应用。 8种育种方法：杂交育种、单倍体育种、多倍体育种、诱变育种、嫁接、组织培养、基因工程育种、植物体细胞杂交育种。	3分钟	2. 标准性平台。 2.1 出示8种育种方法。 2.2 每位学生任选1~n种育种方法来设计方案以培养新品种植株。（5S、5L——想、写45~100字，5J——小卡）特别行动组深入学生中，检查其是否能设计出几种育种方案，统计在小卡上反馈给教师。（防空）	
			6分钟	2.3 八人组交互设计方案，任选1~n种设计方案来培育新品种植株，写在大板上。（5S、5L——写，60~130字5J——大板、单元组） 【预设】完成快的小组可去其他小组进行指导和交流。	
后测	强化次数约为11次，布置2道高考真题作为课后作业		6分钟	2.4 小组展示。	
			6分钟	2.5 选3~4个小组点讲、补讲。（5S、5L——讲300字，5J——表达呈现）	
		3. 育种方法的优缺点	4分钟	3. 育种方法的优缺点。 3.1 列表比较各种育种方法的优缺点。可依据个人能力和喜好任选2种以上育种方法进行作业。（5S、5L——想、写110字）	
			3分钟	3.2 同桌交互更正，教师抽查。（防泡沫）	
				4. 布置课后作业 做2道高考题，师提供参考答案及评价标准，学生互评。	
注释或总评：					

生物《细胞膜——系统的边界》

教案（原稿）

内容：细胞膜——系统的边界 教师：×× 单位：来宾市忻城县高级中学 科目：高中生物 课型方式：要素组合＋平台互动 课时形态：1 课时（45 分钟）	1. 明确学习目标。 2. 让学生注意力快速集中，进入课堂学习。 3. 比喻教学，激发学生学习兴趣。 4. 小组合作：回顾并归纳初中生物知识后，导入高中生物新知识，温故而知新。	1. 培养学生独立思考的能力。 2. 培养学生观察和理解生物空间立体图的能力。 3. 培养学生利用生物知识解决生活实际问题的能力，构建学生学以致用的思维能力。 4. 分组讨论与交流：课堂教学拓展——研究细胞与生命的起源，激发学生学习生物的兴趣。	1. 在学习上一个平台知识的基础上，导入下一个平台知识：细胞膜的功能，引导学生自主理解并构建生物学的基本观点——结构和功能的关系。 2. 联系生活，让学生学会发现，交流收获，体验成功的喜悦。	1. 培养学生归纳整合知识的能力及表达呈现能力。 2. 让学生在课余时间利用互联网及学校图书资料查找相关知识能力。各小组交流整合，体现团队合作意识，资源共享。
教学素材	课堂导入 5 分钟	细胞膜结构 20 分钟	细胞膜功能 16 分钟	结束 4 分钟
[教学目标] 小目标： 通过自主学习和小组整合，学生能归纳细胞膜的成分。 大目标： 1. 学生能应用细胞膜的功能特点解决生活中的实际问题。 2. 培养学生自主、合作学习的能力。 [重点]细胞膜的功能。 [难点]1. 细胞膜的的制备方法。2. 细胞膜的主要功能。	1. 展示本节课学生自主完成的学习内容及目标。 2. 课堂导入：多媒体展示细胞各种细胞的结构。 3. 回顾并归纳初中所学的与细胞部分相关的知识。（想＋听＋讲＋复述）（2 分钟） 4. 问题设置：如何制备高纯度的细胞膜？（防单一） 知识解决方式：同桌交流与讨论。（3 分钟） （1）细胞质内具膜结构有哪些？ （2）如何制备高纯度的细胞膜？（小卡呈现）	1. 问题设置：为什么选用哺乳动物的红细胞作为实验材料？ 知识解决方式：三人小组讨论与交流。（防假）（小卡呈现）（5 分钟） 2. 多媒体展示：细胞膜的实验制备过程。（防单一） 3. 课堂教学拓展（高考精题分析）：研究细胞膜与生命现象，让学生联系生活实际。（7 分钟） 知识解决方式：学生讲评＋复述。 4. 联系生活中的生物问题： 小练习提升能力：（高考典题精练）学以致用——学生讲评，教师点拨。（8 分钟）（再次强化） （讲＋想＋听＋做）（防泡沫）	1. 六至八人团队组合作：讨论分析细胞膜的功能——系统的边界（想＋做＋讲＋动、静转换）（8 分钟） 知识解决方式：中卡呈现和学生自主点评。（防单一） 2. 小练习再次强化提升能力（高考典型例题精练）：学以致用——学生代表讲评，教师点评。（8 分钟） （想＋做＋讲＋复述）（防假）	1. 师生共同归纳总结本课题的内容（以图文结构形式呈现）。（讲＋想＋听＋做） 2. 人力资源利用：让学生在课后时间利用互联网、学校图书资料等，自主查找本课题在实际生活中的生物问题 2 ~ 3 例，各小组交流整合，资源共享。 解决方式：下一节课学生自主讲述＋点评。

教案总评

【概况】

《细胞膜——系统的边界》是普通高中生物课程标准实验教材（人教版）生物必修一第三章第一节的内容。在此之前，学生已经在第一章学习了“使用高倍镜观察几种细胞”的实验，在第二章学习了组成细胞的分子的内容，这些为本节学习做了铺垫。本节课要求学生通过学习细胞膜的成分，理解细胞膜结构和功能相适应的关系，为进一步学习物质的跨膜运输打基础。这部分内容有承上启下的桥梁作用，因此，本节课对整章的学习起着至关重要的作用。

【亮点】

1. 教案格式基本规范。构成教案的概况、课型形态、课时形态、教学环节和时间安排、关键项＆方法策略、反思＆评价、注释＆总评等内容基本齐全，基本符合教案在格式上的要求。

2. 教学过程设计比较合理。能用凝练、简洁的语言标出主要的教学环节，时间安排比较合理，且与教学目标、重点难点密切相关，如“细胞膜结构”和“细胞膜功能”这两大板块共安排了36分钟，突出了教学重点。

3. 教学方法或策略的设计具有一定的操作性。首先，任务明确：利用小组的方式，给出一个既定的主题，使其目的性明确。时间明确并能根据问题的难易程度灵活设定时间，比如在讨论“如何制备高难度的细胞膜？”这个问题时设计了3分钟，讨论“为什么选用哺乳动物的红细胞为实验材料？”这个问题时设计了3分钟。其次，人数明确：在不同的任务设定了不同的人数，比如说讨论时设定的是三人小组，而子团队合作的小组则设定了六至八个人。此外，板卡明确，流程明确，可操作性较高。最后，人力资源利用得好：“让学生在课后时间利用互联网和学校图书资料等，自主查找本课题在实际生活中的生物问题2~3例，各小组交流整合，资源共享。”

【不足及建议】

1. 格式上，课型写为“要素组合＋平台互动”，但该教案并未设计平台互动的内容。课时应为“标准课”。教学目标的主体应是学生，因此“培养学生自主、合作学习的能力”在描述上需要进行修改。流程性检测表述不够清楚，缺少了备注栏。

2. 在“细胞膜功能”这一环节中，“中卡呈现和学生自主点评”呈现的方式及点评方式不够清楚。

3. 在学科内容上，通过实验让学生感受获取细胞膜的过程，学生对细胞膜将会有更深刻的认识。

4. 对于高一学生而言，学习新知识后立即精讲高考真题，综合性是否过大？

（点评人：北海市第二中学　许鑫滢；柳州市龙城中学　周慧）

教案（点评修改稿）

点评修改人：周慧

时间：×× 年 ×× 月 ×× 日 教师：×× 单位：忻城县高级中学 内容：细胞膜——系统的边界 年级：高一 科目：生物				
	课堂导入 5 分钟	细胞膜结构 20 分钟	细胞膜功能 16 分钟	小结及知识应用 4 分钟
[教学目标] 1. 能应用细胞膜的功能特点解决生活实际问题， 2. 体会自主学习、合作学习。 3. 通过自主学习和小组整合，学生能归纳细胞膜的成分。 [重点] 细胞膜的功能。 [难点]1. 细胞膜的制备方法。 2. 细胞膜的主要功能。 [课型] 要素组合方式。 [课时] 标准课（40+5 分钟）。	1. 课堂导入，提出本节课需学生自主完成的学习内容及目标。 2. 回顾并归纳初中所学的细胞部分相关的知识。（想＋听＋讲）（2 分钟） 3. 问题：如何制备高纯度的细胞膜？（防单一） （1）细胞质内具膜结构有哪些？ （2）如何制备高纯度的细胞膜？ 同桌交流与讨论。（小卡呈现）（3 分钟）	1. 问题：为什么选用哺乳动物的红细胞作为实验材料？三人小组讨论与交流，小卡呈现。（防假）（5 分钟） 2. 多媒体展示：细胞膜的实验制备过程。（防单一） 3. 拓展：研究细胞膜与生命现象，联系生活实际。（7 分钟） 4. 联系生活中的生物问题进行小练习，学生讲评，教师点拨。（8 分钟）（想＋做，防泡沫）	1. 六至八人团队组合作，讨论分析细胞膜的功能——系统的边界。中卡呈现，自主点评。（8 分钟） （想＋做＋小动）（防单一） 2. 小练习。学生独立完成，学生代表讲评，教师点评（8 分钟） （想＋做＋讲）（防假）	1. 师生共同归纳总结本课题的内容（以图文结构形式呈现）。（讲＋想＋听＋做） 2. 在课后时间利用互联网、学校图书资料等，自主查找本课题在实际生活中的生物问题 2 ~ 3 例，各小组交流整合，资源共享。下一节课学生自主讲述＋点评。
注释或总评：				

生物《生命活动的主要承担者——蛋白质》

教案（原稿）

<table>
<tr><td>概况</td><td colspan="4">授课内容：生命活动的主要承担者——蛋白质　授课人：××
单位：北海市第二中学　课型方式：平台互动方式　课时形态：标准课（40+5 分钟）</td></tr>
<tr><td rowspan="2">目标</td><td colspan="4">系统性目标：掌握研究有机物的方法，深刻理解“结构决定功能”的内容。</td></tr>
<tr><td colspan="4">关键目标：蛋白质的结构、功能。</td></tr>
<tr><td>流程性检测</td><td>内容提要</td><td>时间</td><td>方法＆策略</td><td>反思＆评价</td></tr>
<tr><td>前测：
一、检测组成生物的物质及物质在构成生物的过程中所起的作用。（提问）</td><td>一、物质
1. 物质分类。
2. 生命活动的主要承担者——蛋白质。</td><td>8 分钟</td><td>一、倒置性平台
1. 出示素材：“物质”。
2. 学生进行思维扩张，列举与“物质”有关的所有词语或事件，写在小卡上。
3. 汇集学生成果。
预设：如果大多数个人成果在 5 个以内，采取直接回答、补充，教师板书的形式；如果大多数个人成果在 5 个以上，要求四人组整理选修 10 个成果，以组为单位进行回答、补充，教师板书。
4. 教师对学生成果进行交互整理、分类。</td><td>可检测学生的知识准备情况。

复习物质分类。</td></tr>
<tr><td>中测：
二、4：检查学生掌握知识内容，对团队成员进行随机抽查。
二、5：浏览、小组互问。
二、6：练习检测。</td><td>二、蛋白质
层次一：基本单位、元素、形成过程、多样性、鉴定方法、特性、生活中的应用。
层次二：形成过程。
层次三：结构决定功能。</td><td>2 分钟

8+3 分钟
15+2 分钟</td><td>二、标准性平台
围绕归纳出来的一个向度——“蛋白质”进行搭建。
1. 出示多向度平台。
①关键项：“蛋白质”。
②向度：基本单位、元素、形成过程、多样性、鉴定方法、特性、生活中的应用（其中形成过程、多样性为必选）。
2. 以团队为单位完成知识整理，要求团队成员完成教师分发的任务卡。
3. 共享成果。
交互一：团队以大卡形式对任务卡内容进行展示，各团队相互浏览、批改。
交互二：教师选择 2 个团队进行展示。</td><td>要注意团队的掌控。</td></tr>
<tr><td>后测：
强化次数 12 次左右，原则上可不布置作业。</td><td></td><td>5 分钟

2 分钟</td><td>4. 教师补讲“形成过程”（难点），并通过学生进行游戏突破难点。
5. 教师总结，根据实际强化次数安排课外任务。</td><td></td></tr>
<tr><td colspan="5">总评＆备注：根据学生实际情况及课堂实际情况可适当调整课堂节奏。</td></tr>
</table>

教案总评

【概况】

从 MS–EEPO 有效教育视角看，本节课是一节平台互动方式的标准课，采用版块结构Ⅱ型备课方式进行备课。这种课型的特点是关注平台的搭建、流程性检测、备课方式中各项的表现。因此，在设计教案时，应当突出以下几个方面：

1. 根据新课标精神、学科特点和学生实际确定教学目标，体现“三性合一”（知识性、个性、创造性），目标的主体是学生，描述的是其学习结果；有大目标、小目标，小目标的描述具体、可测量、可检验；标注了目标中的关键项。

2. 基本格式符合 MS–EEPO 版块结构Ⅱ型备课方式的基本要求。

3. 教学流程清晰、完整，可操作性强。

4. 内容设计恰当、合理。

5. 能按照平台互动课型的基本流程和操作步骤操作，有效地处理关键知识点，攀升强化次数，提高效率。

6. 能运用 5J、5F 来组织、调控课堂，开展学习活动，提高教学效率。

【亮点】

1. 概况中清楚地标注了执教者、单位、授课内容、学科、课型方式、课时形态。

2. 每个教学环节均在教案的“时间”栏标注时间；关键项的操作也标注了时间。

3. 在提出开放性素材并由学生提供向度时进行了预设。

4. 教案按照倒置性平台的基本步骤表述。

5. 设计和预留了教师点讲环节，能对需要点讲的内容做出可能性预判。

6. 有以强化次数为主的统计和课后作业数量的估计。

7. 从学科知识的角度看待这份教案，本节课的重点是蛋白质的结构和功能，设计重点突出。如在标准形态的学习中，教师将“形成过程”和“多样性”定为必选项，让每个学生都通过自学、交互学习的方式对这个知识点进行强化。其中，通过教师补讲、学生进行游戏来突破“形成过程”这一难点，能使学生多角度地认识“形成过程”，从而有效帮助学生理解记忆这一重要内容。

【不足及建议】

1. 概况中应注明学段和上课时间。

2. 在目标处只有能力目标，还应注明知识目标。

3. 前测和中测存在这些问题：在“方法 & 策略”中找不到对应位置；检测方法没有写入“方法 & 策略”栏中；没有预设。

4.“反思 & 评价”栏应留空，以便上课教师进行课后反思或听课教师进行点评。

5. 倒置性平台不完整，应将若干方案整理成标准形态，学生个人（小组或团队）应任选 1~n 个向度学习后，再进行交互，而且 8 分钟完成一个倒置性平台的操作，时间有点紧张。

6. 在标准性平台中，第 1 步出示多向度平台，第 2 步以团队为单位完成知识整理，没有学生个人（小组或团队）在任选 1~n 个向度学习后，再进行交互的步骤。

7. 建议在关键环节标出 5S 及具体数据，以便科学地安排时间。

（点评人：柳州市龙城中学　周慧）

教案（点评修改稿）

点评修改人：周慧

概况	时间：×× 年 ×× 月 ×× 日　单位：北海市第二中学　授课人：×× 内容：生命活动的主要承担者——蛋白质　学段：高一　学科：生物 课型方式：平台互动方式　课时形态：标准课（40+5 分钟）
双目标	系统性目标：掌握研究有机物的方法，树立“结构决定功能”的观点，认同蛋白质是生命活动的主要承担者。 关键性目标：了解氨基酸的结构特点以及氨基酸形成蛋白质的过程，掌握蛋白质的结构和功能。 重点：1. 氨基酸的结构特点以及氨基酸形成蛋白质的过程。2. 蛋白质的结构和功能。 难点：1. 氨基酸形成蛋白质的过程。2. 蛋白质结构具有多样性的原因。

流程性检测	内容提要	时间	方法&策略	反思&评价
前测： 一、2 检测学生对组成生物的物质及物质在构成生物过程中所起的作用的掌握情况。	一、物质 1. 物质分类。 2. 生命活动的主要承担者——蛋白质。	6 分钟	一、不完整的倒置性平台 1. 出示素材：“物质”。 2. 学生进行思维扩张，列举与“物质”有关的所有词语或事件，写在小卡上。 3. 通过提问，汇集学生成果。 【预设】如果大多数个人成果在 5 个以内，采取直接回答、补充，教师板书的形式；如果大多数个人成果在 5 个以上，要求四人组整理选修 10 个成果，以组为单位进行回答、补充，教师板书。 4. 教师对学生成果进行交互整理、分类。	
中测： 二、3 和三、1 检测学生对蛋白质相关知识的掌握程度。	二、蛋白质 向度 1：基本单位。 向度 2：元素 向度 3：形成过程。 向度 4：多样性。 向度 5：鉴定方法。 向度 6：特性。 向度 7：生活中的应用。	24 分钟 +5 分钟 5 分钟 5 分钟 5 分钟	二、标准性平台 1. 围绕上一环节归纳出来的一个向度——“蛋白质”提出关键项。 2. 出示多向度。 3. 每个团队任选 2~n 个向度进行学习（其中“形成过程”“多样性”为必选），并填写教师分发的任务卡。（5S：写，约 20 字 + 想） 4. 团队内交互，将任务卡内容写在大卡上，张贴。（5S：写，约 80 字） 5. 以团队为单位大动浏览，将要点记在微卡上，如有疑问则在大卡上进行标注。（5S：看，约 320 字，每个人至少看 4 张大卡）	

续表

后测： 强化次数 12 次左右，不需布置课后作业。	 三、练习提升	5+5 分钟 10 分钟	6. 教师选择 2 个团队进行展示，团队间相互释疑。 【预设】若学生讲解不全面，则由教师补讲。 7. 教师补讲“形成过程”（难点），通过学生进行游戏突破难点。 三、练习提升 1. 出示 3 道有关蛋白质的选择题练习，学生任选 1~n 道完成。 2. 同桌交互。	
总评 & 备注：				

数学《平面与平面垂直的判定》

教案（原稿）

学校：广西玉林市田家炳中学	学科：高中数学	执教者：××		
课题	平面与平面垂直的判定	教学目标	使学生经历和体会二面角的概念与度量，归纳面面垂直的判定定理并掌握其应用；激发学生的积极思维和学习兴趣，培养学生观察、分析、解决问题的能力，渗透类比迁移、化归转化的思想，提高学生思维能力和合作学习的能力。	重点：1. 二面角的平面角的概念。 2. 两个平面垂直的判定及其应用。
课型	要素组合方式			
课时	标准课（40+5 分钟）			难点：二面角的平面角的产生和理解。

教学环节	导入 5 分钟	概念学习 6 分钟	深入探究 18 分钟	知识提升 14 分钟	总结 4 分钟
设计意图	形式多样化地引导学生复习、归纳相关旧知，提升数学思想方法，并顺势启发学生继续探索研究同类问题的兴趣。	视频导入，让学生能直观生动地联系实际生活，触动逻辑思考。通过类比分析，让学生能形象地理解二面角的定义。通过简单易行的二人小组合作，使学生能亲自动手实践，并快速有效地掌握二面角的画法和表示方法。	结合二面角的概念，通过问题思考、动手度量、猜想探究、归纳特征等方法来提升学生的学习兴趣，锻炼其发散性思维和总结概括能力。小组合作的方式，把主动权交给学生，使学生在独立思考的同时，积极参与问题的探究，培养学生合作学习的能力，勇于展示成果的勇气和分享的快乐。基础练习有助于学生及时掌握简单的二面角的求法，从而加深对二面角的平面角特征的理解。	提出问题，让学生观察实物或发挥联想，进而自主思考，合理发现，从而揭示结论的目的。分析典型例题和逐步板书，合乎学生数学学习的思维特点，强化学生规范书写的意识，再通过相关练习，巩固学生深化运用知识解决相关问题的能力。	总结重要知识点，强化数学思想，落实好三维目标。作业设计了基础题与拓展题，做到了因材施教，实现学生的差异发展，从而使学生巩固和运用好所学知识。
内容与提要	1.1 知识复习。 【提出问题】 问题①：在平面几何中，“角”是怎么定义的？ 问题②：在立体几何中，“异面直线所成角”“直线与平面所成角”又是怎么定义的？ 问题③：它们有什么共同的特征？	2.1 观看视频。 视频①：发射人造地球卫星时，根据需要，卫星的轨道平面和地球的赤道平面形成一定的角度。 视频②：修筑水坝时，为了使水坝更坚固耐用，水坝面与水平面形成适当的角度。 【提出思考】在日常生活或科技生产中，还有哪些类似的现象？	3.1 二面角的度量。 3.2 二面角的平面角。 新知 2：在二面角 α-l-β 的棱 l 上任取一点 O，以点 O 为垂足，在半平面 α 和 β 内分别作垂直于棱 l 的射线 OA,OB，则射线 OA 和 OB 构成的 $\angle AOB$ 叫做二面角的平面角。顶点在公共棱上，角的两边分别在相应的两个半平面上，角的两边分别垂直于公共棱。 3.3 二面角的范围：[0°，180°]。	4.1 直二面角的定义。 新知 3：两个平面所成二面角是直二面角，则这两个平面互相垂直。 【提出思考】①除了定义，你还能想出什么方法判定两个平面垂直呢？②请举出日常生活中平面与平面垂直的例子。 4.2 两个平面垂直的判定定理：一个平面过另一个平面的垂线，则这两个平面垂直。 【提出思考】两个平面垂直的判定定理的本质是什么？	5.1 课堂小结。 从知识内容、数学思想、方法技能、体会感悟等方面来总结反思本节课。 5.2 作业布置。 ①必做：课本第 73 页，习题 2.3 A 组第 2、4、7 题。

	1.2 引出课题，还有哪类角的知识没有探索研究。 【预设回答】：平面与平面所成角。	2.2 二面角的概念。 新知 1：从一条直线出发的两个半平面所组成的图形叫做二面角，这条直线叫二面角的棱，这两个半平面叫二面角的面。 2.3 二面角的画法、表示方法。	3.4 简单的二面角求法（同步练习）。 在正方体 A’B’C’D’-ABCD 中，分别找出下列二面角的平面角。 （1）二面角 D’-AB-D （2）二面角 C’-BD-C （3）二面角 A’-AB-D	4.3【典例精析】 已知 AB 是⊙ O 的直径，PA 垂直于⊙ O 所在的平面，C 是圆周上不同于 A,B 的任意一点，求证：平面 PAC ⊥平面 PBC。 4.4【巩固练习】 若点 A 不在平面 BCD 上，AB ⊥平面 BCD，BC ⊥ CD，请问有哪些平面互相垂直？为什么？	
方法与策略	1.1 以表格填空的形式启发学生思考问题，教师按学号抽签请学生回答，后辅以多媒体动画展示正确答案。请全体学生用手势约定回答正确与否，快速完成流程性检测。（想 + 讲 + 看，3 分钟）	2.1 观看视频，直观感知二面角。（看 + 想，1 分钟） 2.2 学生独立思考，类比角的定义，得出二面角的概念，并用自己的语言表述出来，教师随机提问。 （想 + 讲，2 分钟） 2.3 学生二人小组合作，一人用卡纸折出一个二面角，任意摆放，另一人在小卡上用粗笔快速画出相应的二面角的直观图，并在自己的二面角作品上标注字母，给二面角命名。然后贴至教室两侧的大板上，回位浏览。教师巡堂，并选出作品展示，然后与学生共同总结画法。 （做 + 讲 + 小动，防与学生为敌，3 分钟）	3.1 学生度量自己用卡纸折出的二面角的大小，教师设置问题引发学生思考，学生六人小组合作讨论、尝试和探索，以倒数数的约定回位。（想 + 大动，6 分钟） 3.2 一小组汇报，其他小组补充不同之处，汇总学生的猜想或发现，师生一起通过教具论证和演示，总结出二面角的度量方法，即找到其平面角。（讲 + 做，防泡沫，5 分钟） 3.3 归纳总结二面角的平面角的三大特征。（想 + 听，2 分钟） 3.4 让学生自己动手快速连续翻阅打开的书本并观察，以打开的书本类比二面角，形象地得出二面角的范围。（看 + 想，防空，1 分钟） 3.5 学生独立完成同步练习，教师随机提问，学生口答。（做 + 听，4 分钟）	4.1 教师通过同步练习和实例，顺势引出直二面角的定义。学生思考教师接下来给出的问题，得出两个平面垂直的判定定理及其本质：线面垂直，面面垂直（学科文化约定）。（想 + 听 + 讲，4 分钟） 4.2 学生先思考，然后教师引导启发，师生共同完成典型例题。（听 + 想，4 分钟） 4.3 学生独立思考完成并将结果写在小卡上，教师以抽检的形式，请一学生上黑板板演，期间巡堂辅导，点评补充。 （做，防花架子，6 分钟）	5.1 让学生用图文结构的方式归纳这节课的收获。教师检查，与学生一起分享他们的总结归纳，并进行适当的强调或补充。（想 + 做 + 听，防空，1 分钟） 5.2 作业布置，以学科文化约定强化本节课的知识本质，结束课堂教学。（讲+听，1 分钟）
备注：					

教案总评

【概况】

《平面与平面垂直的判定》是高中新课标数学必修二第二章2.3.2第一节的内容，这节主要学习线面垂直的定义、判定定理及其初步应用。平面与平面垂直定量描述的两个相交平面的相对位置，也是空间中线线、线面、面面垂直关系的汇集点和空间垂直关系间转化的重心，对培养空间思维能力起到举足轻重的作用。

本课新课程目标：（1）通过直观感知、操作确认，归纳出平面与平面垂直的判定定理。（2）能运用平面与平面垂直的判定定理证明一些空间位置关系的简单命题。

【亮点】

1. 教学过程设计比较合理，教学内容、教学环节和时间安排比较合理。整节课的时间分配与教案目标、重点、难点密切相关，分配也基本合理。

2. 教学方法或策略的设计及描述具有一定的可操作性，能培养学生观察分析解决问题的能力，让学生体验知识的形成过程，如2.3二面角的画法，“深入探究”环节中的3.1、3.2、3.4。

3. 要素组合课型的各个要素能标注清楚，对核心要素“做”有专门的设计与操作，如：2.3学生二人合作折纸，3.1学生六人组测量，3.4学生连续翻阅。

4. 教案设计能有意识地安排学习方式5J、5F的活动，并在每个环节标注出来，但是没有标注到二级指标。

5. 本设计借助对视频、实例的观察、类比、抽象来概括二面角的定义，并通过直观感知、操作确认归纳出二面角平面角的定义和平面与平面的垂直定义，从而揭示概念的形成、发展和应用的过程，使学生领会课本知识存在于现实生活中。

【不足及建议】

1. 教案格式不是标准格式，构成教案的概况和双目标的格式不规范，如概况中缺失“时间”“学段”。根据原教案的内容，可以考虑使用MS–EEPO板块结构I型备课方式。

2. 目标笼统，目标的主体是学生，应当描述学生的学习结果，体现知识性、过程性、思想方法及能力培养。小目标的描述要具体、可测量、可检验、可观察。

3. 内容提要和方法策略中的语言应更凝练、简洁些。如“4.1教师通过同步练习和实例，顺势引出直二面角的定义。学生思考教师接下来给出的问题，得出两个平面垂直的判定定理及其本质：线面垂直，面面垂直”可改为“4.1结合实例与同步练习导出‘直二面角定义’，分析推导两平面垂直的判定及性质”。又如“5.1让学生用图文结构的方式归纳这节课的收获。教师检查，与学生一起分享他们的总结归纳，并进行适当的强调或补充”可改为“用图文结构式将本课收获写在小卡上，交互分享成果，师总结提升”。

（点评人：凭祥市高级中学　赵海莉）

教案（点评修改稿）

点评修改人：赵海莉、梁艳春

概况	时间：××年××月××日 课题：平面与平面垂直的判定 执教者：×× 单位：广西玉林市田家炳中学 学科：高中数学 学段：高一 课型：要素组合方式 课时：标准课（40+5分钟）			
教学目标	目标1：通过视频、类比、折纸、测量等探究活动了解二面角的形成过程及度量方法，体会和掌握二面角的平面角的概念，并通过实物和典例分析归纳面面垂直的判定定理并掌握其应用。 目标2：通过参与各项活动探究提高学生观察、分析、解决问题的能力，从而渗透类比迁移、化归转化的思想，提高学生思维能力和合作学习的能力。 重点：二面角的平面角的概念；两个平面垂直的判定及其应用。 难点：二面角的平面角的产生和理解。			
反思与评价	内容提要	时间	方法策略	反思与评价
	1. 导入 1.1 知识复习。 【提出问题】 问题①：在平面几何中，“角”是怎么定义的？ 问题②：在立体几何中，“异面直线所成角”“直线与平面所成角”又是怎么定义的？ 问题③：它们有什么共同的特征？ 1.2 引出课题。 还有哪类角的知识没有探索研究？ 【预设回答】平面与平面所成角。	3分钟	1.1 以表格填空的形式启发学生思考问题，教师按学号抽签请学生回答，后辅以多媒体动画展示正确答案。请全体学生用手势约定回答正确与否，快速完成流程性检测。（想+讲+看，3分钟）	
	2. 概念学习 2.1 观看视频。 视频①：发射人造地球卫星时，根据需要，卫星的轨道平面和地球的赤道平面形成一定的角度。 视频②：修筑水坝时，为了使水坝更坚固耐用，水坝面与水平面形成适当的角度。 【提出思考】日常生活或科技生产中，还有哪些类似的现象？ 2.2 二面角的概念。 新知1：从一条直线出发的两个半平面所组成的图形叫做二面角，这条直线叫二面角的棱，这两个半平面叫二面角的面。 2.3 二面角的画法、表示方法。	10分钟	2.1 观看视频，直观感知二面角。（看+想，1分钟） 2.2 学生独立思考，类比角的定义，得出二面角的概念，并用自己的语言表述出来，教师随机提问。 （想+讲，2分钟） 2.3 学生二人小组合作，一人用卡纸折出一个二面角，任意摆放，另一人在小卡上用粗笔快速画出相应的二面角的直观图，并在自己的二面角作品上标注字母，给二面角命名。然后贴至教室两侧的大板上，回位浏览。教师巡堂，并选出作品展示，然后与学生共同总结画法。（做+讲+小动，防与学生为敌，3分钟）	

续表

<table>
<tr><td></td><td>3. 深入探究
3.1 二面角的度量。
3.2 二面角的平面角。
新知 2：在二面角 α-l-β 的棱 l 上任取一点 O，以点 O 为垂足，在半平面 α 和 β 内分别作垂直于棱 l 的射线 OA,OB，则射线 OA 和 OB 构成的 $\angle AOB$ 叫做二面角的平面角。
顶点在公共棱上，角的两边分别在相应的两个半平面上，角的两边分别垂直于公共棱。
3.3 二面角的范围。
3.4 简单的二面角求法（同步练习）
在正方体中 A’B’C’D’-ABCD，分别找出下列二面角的平面角。
（1）二面角 D’-AB-D
（2）二面角 C’-BD-C
（3）二面角 A’-AB-D</td><td>14 分钟</td><td>3.1 学生度量自己用卡纸折出的二面角的大小，教师设置问题引发学生思考，学生六人小组合作讨论、尝试和探索，以倒数数的约定回位。（想 + 大动，6 分钟）
3.2 一小组汇报，其他小组补充不同之处，汇总学生的猜想或发现，师生一起通过教具论证和演示，总结出二面角的度量方法，即找到其平面角。（讲 + 做，防泡沫，5 分钟）
3.3 归纳总结二面角的平面角的三大特征。（想 + 听，2 分钟）
3.4 让学生自己动手快速连续翻阅打开的书本并观察，以打开的书本类比二面角，形象地得出二面角的范围。（看 + 想，防空，1 分钟）
3.5 学生独立完成同步练习，教师随机提问，学生口答。（做 + 听，4 分钟）</td><td></td></tr>
<tr><td></td><td>4. 知识提升
4.1 直二面角的定义。
新知 3：两个平面所成二面角是直二面角，则这两个平面互相垂直。
【提出思考】①除了定义，你还能想出什么方法判定两个平面垂直呢？②请举出日常生活中平面与平面垂直的例子。
4.2 两个平面垂直的判定定理：一个平面过另一个平面的垂线，则这两个平面垂直。
【提出思考】两个平面垂直的判定定理的本质是什么？
4.3【典例精析】
已知 AB 是⊙ O 的直径，PA 垂直于⊙ O 所在的平面，C 是圆周上不同于 A,B 的任意一点，求证：PAC ⊥平面 PBC。
4.4【巩固练习】若点 A 不在平面 BCD 上，AB ⊥ 平面 BCD,BC ⊥ CD，请问有哪些平面互相垂直？为什么？</td><td>14 分钟</td><td>4.1 教师通过同步练习和实例，顺势引出直二面角的定义。学生思考教师接下来给出的问题，得出两个平面垂直的判定定理及其本质：线面垂直，面面垂直（学科文化约定）。（想 + 听 + 讲，4 分钟）
4.2 学生先思考，然后教师引导启发，师生共同完成典型例题。（听 + 想，4 分钟）
4.3 学生独立思考完成写并将结果在小卡上，教师以抽检的形式，请一学生上黑板板演，期间巡堂辅导，点评补充。（做，防花架子，6 分钟）</td><td></td></tr>
<tr><td></td><td>5. 总结
5.1 课堂小结。
从知识内容、数学思想、方法技能、体会感悟等方面来总结反思本节课。
5.2 作业布置。
①必做：课本第 73 页，习题 2.3 A 组第 2、4、7 题。
②选做：课本第 74 页，习题 2.3 B 组第 1 题。</td><td>4 分钟</td><td>5.1 让学生用图文结构的方式归纳这节课的收获。教师检查，与学生一起分享他们的总结归纳，并进行适当的强调或补充。
（想 + 做 + 听，防空）
5.2 作业布置，结束课堂教学。</td><td></td></tr>
<tr><td colspan="5">备注或总评：</td></tr>
</table>

数学《数系的扩充和复数的概念》

教案（原稿）

概况	日期	2014 年 3 月 20 日	授课人	××
	年级	高二 1207 班	内容	数系的扩充和复数的概念
	课型方式	要素组合方式	学习方式	5J+5F+ 平台互动式
目标	1. 理解复数并掌握复数的有关概念及复数相等的充要条件。2. 培养学生的团队合作精神。			
	重点：复数概念、虚数单位 i 的引入、复数分类、复数相等概念。 难点：虚数单位的引进及复数的概念。			

反思与评价 1	内容提要	时间	关键项、调控方式与策略	反思与评价 2
这节课学习虚数单位 i, 复数的定义、实部、虚部及分类问题，复数相等的充要条件等。基本思想是：利用复数的概念，联系以前学过的实数的性质，使学生对复数的知识有较完整的认识。同时，利用转化的思想将复数问题转化为实数问题。	一、复习实数集	2 分钟	一、生在微卡上写出初中学过的数集，同桌交互。后教师引导学生回顾旧知，提出问题，引入本课课题。	* 引导学生回顾知识点，构建起知识网络。
	二、引进新数（虚数）i	5 分钟	二、生速读课文第 50 页，寻求 $x^2=-1$ 的解法，自然地引入虚数单位。（同桌交流，并写在小卡上）主要靠师生互动完成。	* 训练 5S 中的阅读、计算。
	三、复数的相关概念问题	1 分钟	三、搭建平台（标准性） 1. 任选角度理解复数的概念。 向度 1：复数集 向度 2: 复数的代数形式 向度 3: 实数、虚数、纯虚数 向度 4: 复数相等的定义 向度 5: 复数集与其它数集之间的关系	* 向度多，且相对平行，能关照不同层次的学生。
		8 分钟	2. 学生先自主完成，再四人小组讨论，呈现在中卡上。	* 注意观察四人组交互学习，防假合作，防流于形式。
		4 分钟	3. 两个四人小组交换中卡，判断正误，八人组换回大卡更正并补充（用树状图或气泡图呈现在大卡上）。	* 八人组分工明确，执笔者、声控员、发言人、联络员等各尽其责，配合默契。
		1 分钟 4 分钟 2 分钟 2 分钟	4. 张贴大卡。 5. 小组发言讲解。 6. 交互浏览大卡。 7. 教师补充或精讲。	* 训练 5J 的口头表达呈现、约定。
	四、补充练习，巩固概念。	 5 分钟 2 分钟 2 分钟	四、强化应用 1. 在小卡上自主表达。 2. 学生口头表达呈现。 3. 师点评。	* 学生自主思考，自主学习。对重点知识点强化 5~6 次。 * 让学生积极主动地建构虚数的概念、复数的概念、复数的分类、复数相等等知识。
	五、小结	2 分钟	五、整合要点，小结提升 学生讲，教师补充。	

注释与说明：本节课内容比较多，但难度不大，所以设置一个平台让学生借助团队的力量完成本节课的教学任务即可。同时，EEPO 有效教育的 5J、5F 学习方式尽可能地得到了体现并发挥了其效能。

教案总评

【概况】

本节课是人教版数学选修 1–2 第三章第一课时的内容，主要讲数系的扩充与复数的有关概念，是数系经历了三次扩充之后的又一次扩充，是学习本章后续内容“四则运算”的基础。

教材的意图是充分借助类比实数系的扩充过程，在实数系的基础上定义复数，让学生深刻体会实际需求和数学内部矛盾在数学扩充过程中的作用，感受人类理性思维的作用以及数学与现实世界的联系，从而以更全面的观点和更普遍的方法解决和简化中学数学中的问题，让学生体会数学美——教学过程之美、方法之美、严谨之美。这种奇妙和富有哲理的思想方法让学生产生自然、自豪的情感流露，使学生产生主动学习的兴趣。本教案设计通过“复习实数集”“新数（虚数）i 引进”“复数的相关概念问题”“补充练习，巩固概念”“小结”五个环节基本实现了教材的设计意图。

新课程标准对本课的要求：

（1）在问题情境中了解数系的扩充过程，体会实际需求与数学内部的矛盾（数的运算规则、方程求根）在数系扩充过程中的作用，感受人类理性思维的作用以及数学与现实世界的联系。

（2）理解复数的基本概念以及复数相等的充要条件。

（3）了解复数的代数表示法及其几何意义。

【亮点】

1. 结合新课程标准的要求和本课教学内容对教案进行设计，重难点明确。

2. 教学内容设计合理，流程清晰。第一环节引导学生回忆与本节课关键知识点相关的原有知识，有利于学生在后面的学习中建立起新旧知识的联系，易于理解新知，构建知识网络。

3. 设计了一个标准性平台来解决“复数的相关概念问题”这个内容，平台搭建成功，符合多向度、自由度、相对平行三原则。

4. 能适当设计 5J、5F 的应用来进行课堂调控，具有一定的可操作性。

【不足及建议】

1. 概况部分缺失了“课时”“科目”和“执教单位”等内容，多出了“学习方式”，“平台互动式”不是学习方式而是课型方式。课型方式应该是“平台互动方式”，而不是“要素组合方式”。

2. “内容提要”和“关键项、调控方式与策略”混淆，如第一、第二环节和第三环节的向度内容要写在“内容提要”的相关位置。第四环节的“补充练习，巩固概念”为了让观课者知道上课思路和操作内容，可列出详细题型和题量。

3. 标准性平台的步骤表述不规范，它的基本步骤应表述为：

第 1 步 : 出示关键项（与目标上的关键目标一致）。

第 2 步：同时呈现多向度平台。

第一种是文本结构向度 1、向度 2：向度 3……

第二种可以是气泡图、树状图等图文结构，可以任意加向度，同时还可以写作业。

第 3 步：学生任选 N~M 向度作业（自由度，能照顾特优生和待优生）。

第 4 步：用 ×× 学习方式进行交互 + 强化次数（交互可以分多个步骤进行）。

第 5 步：补讲、点讲、讲评。

4. 未能标示出 5J、5F 的二级指标，方法策略比较含糊，一定程度上影响了该教案的可操作性。

5. 从学科角度分析，教学目标的设计需要进行修改，关键项“复数概念的理解”应该明确。具体修改见点评修改稿。

（点评人：凭祥市高级中学　赵海莉）

教案（点评修改稿）

点评修改人：赵海莉

概况	时间：2014 年 3 月 20 日　内容：《数系的扩充和复数的概念》　执教人：× × 学段：高二　学科：数学　课型方式：平台互动方式　课时形态：标准课（40+5 分钟）
目标	1. 通过 5 个向度的训练体，使学生会并掌握复数的有关概念及复数相等的充要条件。 2. 通过类比扩充有理数集的过程来扩充实数集，使学生掌握复数的相关知识，从而以更全面的观点和更普遍的方法解决和简化中学数学中的问题，提高自主、探究类比推理能力和感受数学之美。
	重点：复数概念、虚数单位 i 的引入、复数分类、复数相等概念。 难点：虚数单位的引进及复数的概念。 关键项：复数及其相关概念的理解。

反思 & 评价	内容提要	时间	方法与策略	反思 & 评价
	一、复习实数集	2 分钟	一、复习引入 1. 独自在微卡上写出在初中学过的数集。（1 分钟） 2. 同桌交互（30 秒）。 3. 教师引导学生回顾旧知，提出问题，引出课题。	
	二、引进新数（虚数）i 速读课文 50 页，寻求 $x^2=-1$ 的解法，引入虚数单位。	3 分钟	二、学习新知 1. 个人速读（看的速度：300~400 字 / 分钟） 2. 同桌交流，并写在小卡上。	
	三、复数的相关概念问题 向度 1：复数集 向度 2：复数的代数形式 向度 3：实数、虚数、纯虚数 向度 4：复数相等的定义 向度 5：复数集与其它数集之间的关系	22 分钟	三、搭建标准性平台 1. 出示关键项“复数的相关概念”。 2. 构建 5 个向度。（1 分钟） 3. 学生自选 1~5 个向度完成，写在小卡上。（防空 + 书写的速度）（5 分钟） 4. 交互。 交互 1：四人组交互，中卡上展示。（合作速度 + 动中学 + 学科文化约定）（4 分钟） 交互 2：两个四人小组交换，判断正误，用树状图或气泡图呈现在大卡上，八人组换回大卡更正并补充。（表达呈现 + 团队合作）（4 分钟） 交互 3：张贴大卡，全班大动顺时针浏览大卡 + 笔 + 微卡。（约定 + 通道 + 防空）（3 分钟） 交互 4:1~3 个团队汇报 + 质疑 + 提问 + 生生检测 + 师检测（防假合作）2/1/1　预留 2 分钟。 5. 教师精讲、补讲。	
	四、补充练习，巩固概念。 1. 出示 5 道基础题（每个知识点 1 道）。 2. 出示 3 道能力提升题。	9 分钟	四、练习 1. 在小卡上自主表达。（5 分钟） 2. 师检测 + 点评（口头表达呈现）。（4 分钟）	
	五、小结	4 分钟	五、学生讲，教师补充	
注释 & 总评：				

数学《基本算法语句》

教案（原稿）

<table>
<tr><td colspan="6">课题：基本算法语句　　课型：标准课　　钦州市第四中学　× ×</td></tr>
<tr><td>概况</td><td colspan="5">课型方式：平台互动方式　学习方式：5J　内容：单元复习课，涉及输入语句、输出语句、循环语句、条件语句、赋值语句。
学情：学生刚学完新课，未整理知识。</td></tr>
<tr><td>目标</td><td colspan="5">结构目标：整理并熟悉输入语句、输出语句、循环语句、条件语句、赋值语句的表达式。
关键目标：掌握几种语句的区别和用法。</td></tr>
<tr><td colspan="2">三测</td><td>内容提要</td><td>时间</td><td>方法和策略</td><td>反思 / 评价</td></tr>
<tr><td>前测</td><td>检测：5 次。
检测学生能否说出 5 种算法语句的表达式。
预设：若学生不能说出，则教师明确板书。</td><td rowspan="3">一、5 种基本语句的表达式及对应结构。
1. 输入语句。
2. 赋值语句。
3. 输出语句。
4. 条件语句。
5. 循环语句。
二、5 种算法基本语句的区别和用法，并举例说明。
层次一：几种语句的表达式区别。
层次二：几种语句的用法。
层次三：列出不同语句的应用的相关实例。</td><td rowspan="3">
5 分钟
5 分钟
2 分钟

3 分钟

5 分钟
5 分钟</td><td rowspan="3">一、倒置性平台
1. 出示素材“算法基本语句”。
2. 学生梳理知识，用小卡列举已学的几种语句。
3. 汇集学生的成果，用图文结构形式，写在中卡上。
4. 教师对学生成果进行交互式整理分类。
预设：如果学生有遗忘的，老师及时提醒和补充，并举例帮助记忆，重复强调；接着学生以小组形式自行整理思维进行记忆。
二、标准性平台
围绕归纳出来的一个向度——“算法基本语句”进行平台搭建。
1. 出示多向度平台。
（1）关键项：“算法基本语句”，即输入语句、输出语句、循环语句、条件语句、赋值语句
（2）向度：表达式、算法结构、用法、案例、区别。
2. 以团队为单位完成知识整理，要求团队或成员分工完成“基础知识表格”及“案例判断示意图”，写在大卡上。
三、共享成果
交互一：教师抽查知识表格内容，纠错登记。
交互二：展示成果。
交互三：大动浏览，互相质疑、补充，教师点讲、评价。</td><td></td></tr>
<tr><td>中测</td><td>检测：5 次。
在多媒体上用表格展示“几种语句”的区别和用法时，进行团队合作或成员随机抽查，进行课堂练习，约定检测。</td><td></td></tr>
<tr><td>后测</td><td>强化次数 10 次左右，原则上可少布置作业或不布置作业。
预留 5 分钟，练习强化。</td><td></td></tr>
</table>

教案总评

【概况】

《基本算法语句》是人教版高中数学必修三第一章第二节的内容，是程序框图的语言形式，是在学习了用自然语言和框图来描述算法后，为在计算机上直观表现算法，进一步体会算法思想，提高逻辑思维能力，提高思辨能力和实辨能力而补充的新知识。

【亮点】

1. 本教案主要通过“倒置性平台”和一个“标准性平台”和“共享成果”三个环节，以小组合作、探究的形式来实现本课教学目标。教案设计时间安排合理，同时能关注学情分析，教学流程能对应目标，教学思路比较清晰。

2. 本课采用的课型是平台互动方式，此种方式若能合理利用，能有效解决高中学习“高难度、高容量、高速度”的问题。在这个教案中，平台的设计基本合理，平台操作步骤表述清晰。

3. 前测能较好地进行预设，以及时了解学生对相关知识的掌握现状，并据此进行课堂调控。

4. 安排了团队活动，使用了小卡、中卡，对表达呈现有所要求。

【不足及建议】

1. 目标设置不够具体细化，重难点没有写明，未体现“三性合一”，难以对最后的教学结果进行测量和检验。

2. 本节为复习课，重在整理并熟悉算法基本语句，旨在知识归纳，若教师能精选例题结合分析，则更便于学生直观理解和强化应用，既能有效防止形式单一，又能增加强化次数，这将更易于学生记忆和理解相应知识点，区别应用不同的算法语句。

3. 平台设置的细节还有待商榷。首先，倒置性平台的素材不具有开放性，内容比较简单，容量也不大，不能满足使用平台的条件，流于形式，建议本环节改为“知识梳理”环节。其次，标准性平台的向度不够平行，未能体现自由度，交互的任务不明确。

4. 前测和中测未能标注明确在哪里进行检测。

5. 未能有效运用 5J、5F、5S、5L 设计教学，这是初学者使用 MS–EEPO 操作体系会普遍出现的问题。

（点评人：玉林市田家炳中学　裴日春；凭祥市高级中学　赵海莉）

教案（点评修改稿）

点评修改人：赵海莉

概况	时间：×× 年 ×× 月 ×× 日　执教者：××　单位：钦州市第四中学　内容：基本算法语句 学科：数学　学段：高中　课型：标准课　课时：标准课
目标	结构目标：整理并熟悉输入语句、输出语句、循环语句、条件语句、赋值语句的表达式。 关键目标：掌握几种语句的区别和用法。

三测		内容提要	时间	方法和策略	反思 / 评价
前测	检测：5 次 一、2 检测学生能否说出 5 种算法语句的表达式 预设：若学生不能说出，则教师明确板书。	一、5 种基本语句的表达式及对应结构。 输入语句 赋值语句 输出语句 条件语句 循环语句	 5 分钟 5 分钟 2 分钟	一、倒置性平台 1. 出示素材“算法基本语句”。 2. 学生梳理知识，用小卡列举已学的几种语句。 3. 汇集学生的成果，用图文结构形式，写在中卡上。 4. 教师对学生成果进行交互式整理分类。 预设：如果学生有遗忘的，老师及时提醒和补充，并举例帮助记忆，重复强调；接着学生以小组形式自行整理思维进行记忆。	
中测	检测：5 次 二、3 在多媒体上用表格展示“几种语句”的区别和用法时，进行团队合作或成员随机抽查，进行课堂练习，约定检测。	二、5 种算法基本语句的区别和用法，并举例说明。 层次一：几种语句的表达式区别。 层次二：几种语句的用法。 层次三：举出不同语句的应用相关实例。	 3 分钟 10 分钟	二、标准性平台 1. 提出关键项：“算法基本语句”（即输入语句、输出语句、循环语句、条件语句、赋值语句）。 2. 出示多向度。 向度：表达式、算法结构、用法、案例、区别 3. 以团队为单位任选 1~3 个向度完成知识整理，要求团队或成员分工完成“基础知识表格”及“案例判断示意图”，写在大卡上。	
后测	强化次数 10 次左右，原则上可少布置作业或不布置作业。 预留 5 分钟，练习强化。		5 分钟 5 分钟	4. 交互。 交互一：教师抽查知识表格内容，纠错登记。 交互二：展示成果。 交互三：大动浏览，互相质疑、补充，教师点讲、评价。 5. 点讲、补讲、精讲。	

目标没有具体细化，缺失“重点和难点”使得学生找不到课堂核心，无法掌控课堂教学思路，很难达成预期目标

应根据重难点进行时间分配，关键环节应标出具体时间

前测和中测要标明在哪个环节进行检测

谁来汇集？如何汇集？如何交互？教案没有注明

使用几人小组？用什么形式整理？教师如何检测？没有注明

描述不清晰，易让人误解为“三个层次”就是标准性平台的“三个向度”。应把“向度内容”写在“内容提要”处，然后对每个向度要求进行补充说明

标准性平台的操作流程分五步，应规范表述；任务选择时要体现自由度

数学《应用导数解决有关切线问题》

教案（原稿）

<table>
<tr><td colspan="2">基本概况</td><td colspan="4">课题：应用导数解决有关切线问题　执教：凭祥高中 ××　科目：数学
时间：2014 年 5 月　学段：高二　课时：标准课　课型方式：平台互动</td></tr>
<tr><td colspan="2">双目标</td><td colspan="4">1. 激情投入，积极参与，通过探究与合作能用导数几何意义解决有关切线问题，体会导数的内涵及其在研究几何问题中的作用。
2. 通过对问题的探究，体会逼近、类比、以已知探求未知、从特殊到一般的数学思想方法，培养学生审题细致严谨的习惯。</td></tr>
<tr><td colspan="2">检测</td><td>内容提要</td><td>时间</td><td>方法＆策略</td><td>反思 / 评价</td></tr>
<tr><td>前测 1.1</td><td>对切线的定义的掌握情况进行检测。</td><td rowspan="3">一、预习检测，问题导入
1.1 检测预习案的完成情况。
1.2 应用导数定义能解决切线的哪些问题?
二、教师引领，合作探究
2.1 探索应用导数求切线方程常见的四种类型。
探究 1：已知切点，求曲线的切线方程。
探究 2：已知过曲线上一点，求切线方程。
探究 3：已知过曲线外一点，求切线方程。
探究 4：已知斜率，求曲线的切线方程。
2.2 反思：“在某点处的切线”与“过某点的切线”有什么不同?
2.3 总结四种类型的特点，归纳求切线方程的步骤。
2.4 随堂检测（3 道选择题，1 道填空题）。
三、分层训练，巩固拓展
3.1 小试身手。
3.2 能力提升题 3 题。
四、总结提升，课后延伸
4.1 你学到了哪些知识? 你最大的体验是什么? 你掌握了哪些技能? 你掌握了哪些思想方法?
4.2 布置梯度作业。</td><td rowspan="3">3 分钟

23 分钟

8 分钟

4 分钟</td><td rowspan="3">1.1 流程性检测预习案的完成情况，给各组预习案完成情况打分。
1.2 提出疑问，导出目标。（想）
2.1 构建标准性平台：
第一步：应用导数求切线方程 。
第二步：构建 4 个向度。（2 分钟）
第三步：学生自选 1~3 个向度完成，写在小卡上。各题赋分。（照顾各个层次的学生）（防空＋书写的速度）（5 分钟）
第四步：六人小组进行交互，强化次数 5 次，将最能代表本组水平的 2 个问题写到大卡上展示。（合作速度＋动中学＋学科文化约定）（5 分钟）
第五步：组间交互，提出本组疑惑点，请学生解答，查漏补缺后，教师再精讲、补讲。（强化次数 6 次）（5 分钟）
2.2 以随机抽取的形式检验学习效果。（3 分钟）（防假＋防单一形式＋记忆速度）
预留项：如果学生对应用导数求方程掌握得很好，且用时没超过 20 分钟，可通过“追问”来引出两道能力探究题：1. 求曲线或切线方程中待定字母的值；2. 不同曲线相同切线问题。
3.1 要求必须完成（记忆速度＋书写速度）
3.2 自己任选 1~3 题完成，四人小组交互。（做中学）
4. 自行总结，教师补讲。（口头表达）</td><td rowspan="3">设计意图：照顾不同层次的学生，让学生在不同的收获中能力都能获得提高。

设计意图：进一步明确学习目标，让学生能够举一反三，达到“提升”的目的。</td></tr>
<tr><td>中测 2.4</td><td>对应用导数求切线方程的掌握情况进行检测。</td></tr>
<tr><td>后测</td><td>应用导数求切线方程的强化次数达 12 次，决定布置梯度作业。</td></tr>
<tr><td colspan="6">注释或总评：教学过程要高度重视学生学习过程中的参与度、自主的程度、合作的效度和探究的深度。
强化次数：书写速度 2 次、合作速度 1 次、记忆速度 2 次。</td></tr>
</table>

教案总评

【概况】

求曲线的切线方程是对导数的重要应用之一，是高考常见的题型之一；《利用导数解决切线问题》是高中人教版数学选修 2–2 第一章《导数的几何意义》的拓展内容。

课程标准对本模块的学习要求是：“学生体会导数的思想及其丰富内涵，感受导数在解决实际问题中的作用，了解微积分的文化价值。”大多数学生对曲线切线的认识有一定的定式思维——与曲线仅有一个公共点的直线是曲线的切线。解决这类问题的关键就是设切点，利用切点处的导数值等于点 P 与切点共同确定的切线斜率，得出切点坐标，从而得到切线方程。这进一步突出了导数的几何意义这一重点。

【亮点】

1. 教案格式基本符合要求，能在板块结构的各个部分安排合适的内容，分开呈现教案内容和教学方法、策略，在每个教学环节都标出教学用时，使教学设计的可执行性得到了体现。

2. 教学内容设计有梯度，从基本知识点的掌握到应用与演化推进，都与教学大纲的要求相一致。标准性平台“应用导数求切线方程 ”的向度设计得比较好，平行度和自由度能照顾到不同层次学生的需求。

3. 这是一节以平台互动课型为主的数学新课教案，在教学方式和策略的设计上融合了学习方式的 5J、5S，特别是在教学过程中有效地安排了单元组的活动，实现了动静转换，发挥了学生的人力资源作用。同时，还设计一个标准性平台来处理教材上的基本知识点，以照顾不同程度水平的学生。

4. 结合学科分析，第一部分引导学生通过逼近的方法，从形的角度发现曲线的切线位置后，从数的角度思考如何求解这个切线方程及其需要哪些条件，从而引出几何意义中最常见的题型——求切线方程，恰到好处地实现了由形到数的自然过渡。第二部分主要运用逼近、类比、以已知探求未知、从特殊到一般的数学思想方法来探究解决有关导数切线的问题。通过构建标准性平台，使学生真正体会导数的内涵及其在研究几何问题中的作用，并能用导数几何意义解决有关切线问题（4 种），会分辨“在某点处的切线”与“过某点的切线”的不同求法。第三部分中的“小试身手”及时检测学生对知识的掌握程度，“3.2 能力提升题 3 题” 当堂完成，即时点评纠错，使教学更有针对性，提高了教学效率。

【不足及建议】

1.“方法 & 策略”要与教学内容一一对应，而本案在安排“方法 & 策略”的流程步骤时，并未与教学内容相对应。

2.“内容提要”和“方法 & 策略”没有严格地分开，在“内容提要”这栏里列出的是教学步骤和教学方法，这里把教学内容呈现出来就行了，而教学方法、策略应放在“方法 & 策略”栏。第二个部分的流程表述也要跟其他环节一样，用 2.1、2.2……等方式把标准性平台的教学流程标出来。

3. 教学目标表述不具体。“1. 激情投入，积极参与，通过探究与合作能运用导数几何意义解决有关切线问题，体会导数的内涵及其在研究几何问题中的作用”，这个教学目标究竟是“能用导数几何意义解决有关切线问题”，还是“体会导数的内涵在其研究几何问题中的作用”呢？

4. 中测的表述不准确。标准性平台的第五步操作和“内容提要”中的 2.4 都应该是中测的内容。

5. 时间安排上有问题。第二部分的平台互动环节已经用了 20 分钟，但没有安排“2.2 反思：‘在某点处的切线’与‘过某点的切线’有什么不同”“2.3 总结四种类型的特点，归纳求切线方程的步骤”“2.4 随堂检测（3 道选择题，1 道填空题）”三个教学步骤的教学时间。

（点评人：广西教育学院　梁秀清）

教案（点评修改稿）

点评修改人：赵海莉

<table>
<tr><td>概况</td><td colspan="5">时间：2014 年 5 月　课题：应用导数解决有关切线问题　执教：× ×　单位：凭祥高中
学段：高二　学科：数学　课型：平台互动方式　课时：标准课（40+5 分钟）</td></tr>
<tr><td>目标</td><td colspan="5">1. 学生能用导数的几何意义解决有关切线问题（4 种），会分辨“在某点处的切线”与“过某点的切线”的不同求法。
2. 能运用逼近、类比、以已知探求未知、从特殊到一般的数学思想方法来探究解决有关导数切线问题，能通过探究与合作，体会导数的内涵及其在研究几何问题中的作用，并养成审题细致严谨的习惯。</td></tr>
<tr><td>重难点</td><td colspan="5">重点：应用导数解决有关切线的问题
难点：求过一点的切线方程。
关键项：弄清“在某点处的切线”与“过某点的切线”的区别。</td></tr>
<tr><td colspan="2">检测</td><td>内容提要</td><td>时间</td><td>方法&策略</td><td>反思评价</td></tr>
<tr><td>前测</td><td>1.1 对切线的定义的掌握情况进行检测</td><td rowspan="3">一、检测预习案
1.1 检测预习案完成情况。
1.2 应用导数定义能解决切线的哪些问题。

二、教师引领，合作探究
2.1 探索应用导数求切线方程常见的四种类型
探究 1：已知切点，求曲线的切线方程。
探究 2：已知过曲线上一点，求切线方程。
探究 3：已知过曲线外一点，求切线方程。
探究 4：已知斜率，求曲线的切线方程。
2.2 反思：“在某点处的切线”与“过某点的切线”有什么不同?
2.3 总结四种类型的特点，归纳求切线方程的步骤。
2.4 随堂检测（3 道选择题，1 道填空题）。
【预留习题】
①求曲线或切线方程中待定字母的值。②不同曲线相同切线问题。
三、分层训练，巩固拓展
3.1 小试身手。
3.2 能力提升 3 题。

四、总结提升，课后延伸
问题设置：
你学到了哪些知识?
你最大的体验是什么?
你掌握了哪些技能?
你掌握了哪些思想方法?</td><td rowspan="3">3 分钟

20 分钟

10 分钟

5 分钟</td><td rowspan="3">一、
1.1 流程性检测预习案的完成情况，给各组预习案完成情况打分。
1.2 提出疑问，导出目标。（想）

二、（标准性平台）
2.1 出示关键项“应用导数求切线方程”。
2.2 构建 4 个向度（4 个探究内容）。
2.3 学生自选 1~3 个向度完成，写在小卡上。各题赋分。（照顾各个层次的学生）（防空 + 书写的速度）（5 分钟）
2.4 交互
（1）六人组交互，将最能代表本组水平的 2 个问题写到大卡上展示。（合作速度 + 动中学 + 学科文化约定）（8 分钟）（强化次数 5 次）
（2）组间交互，提出本组疑惑点，口头表达 2.1 和 2.2，查漏补缺后，教师再精讲、补讲。（强化次数 6 次）（5 分钟）
2.5 以随机抽取的形式检验学习效果，适当精讲、补讲。（3 分钟）（防假 + 防单一 + 记忆速度）
【预设】如果学生对应用导数求方程掌握得很好并有时间剩余，可通过“追问”来引出预留探究题。
三、
3.1 要求必须完成。（记忆速度 + 书写速度）
3.2 自己任选 1~3 题完成，四人小组交互。（做中学 + 四人小组）

四、
4.1 学生自行总结，教师补讲。（口头表达）
4.2 布置有难度梯度的作业。</td><td rowspan="3"></td></tr>
<tr><td>中测</td><td>2.1 第五步，2.4，对应用导数求切线方程的掌握情况进行检测。</td></tr>
<tr><td>后测</td><td>应用导数求切线方程的强化次数：12 次，决定布置梯度作业。</td></tr>
<tr><td colspan="6">注释或总评</td></tr>
</table>

物理《摩擦力》

教案（原稿）

基本概况		学校：北流二中　授课教师：××　课型：平台互动方式　学科：物理 班级：高一 264 班 课时：标准课（45 分钟）　内容：物理必修一第三章第三节《摩擦力》 重点：滑动摩擦力产生的条件以及 $F=\mu mg$ 的理解和应用。 难点：如何引导学生进行科学、自主的实验探究。
目标	目标 1	认识滑动摩擦力的产生条件，懂得如何计算滑动摩擦力的大小。
	目标 2	培养学生实践—认识（规律）—实践（解决实际问题）的思想。

检测		内容提要	时间	方法＆策略	反思 / 评价
前测	检测能否写出滑动摩擦力的产生条件。	一、引入摩擦力并探讨滑动摩擦力的产生条件。	 1 分钟 2 分钟 1 分钟 3 分钟	一、滑动摩擦力的产生条件 1. 老师用手拿起一本书，问书为什么没有掉下来？（边演边讲解以此引出摩擦力）（看、听、想、讲） 2. 让学生列举生活当中其他摩擦力的例子。（想、讲） 3. 学生独立思考这些例子的共同点并写在小卡上，老师巡查。（想、做、防空） 4. 二人小组根据例子的共同点探讨滑动摩擦力的产生条件，最后分享成果，得出结论。（想、讲）	1. 从随处可见的例子引入摩擦力，并让学生例举生活中的摩擦力例子，贴近生活，学生比较容易理解且积极性会比较高。
中测	检测学生是否知道影响滑动摩擦力的因素。	二、平台一：探究滑动摩擦力的大小究竟与什么因素有关。	 3 分钟 6 分钟 7 分钟	二、倒置性平台 1. 六人小组讨论影响滑动摩擦力大小的因素并写在小卡上。老师汇总学生想出来的因素写在黑板上。（想、防空、讲、做、小动） 2. 小组任意挑选自己喜欢的因素来设计实验并进行探究实验（想、写、做、大动，合作速度、思维速度、防形式单一），老师巡查并指导。（防空、防泡沫） 3. 让研究不同因素的小组上台展示汇报，其他小组倾听，然后与老师一起总结得出滑动摩擦力的计算公式 $F=\mu mg$。（看、想、听）	1. 由学生提出看法据其设计实验、做实验探究，培养学生实践——认识（规律）——实践（解决实际问题）的思想与动手能力。
后测	多交强化计算滑动摩擦力的次数，根据实际掌握情况确定是否布置后续作业。	三、平台二：运用公式来计算滑动摩擦力。 四、小结	 1 分钟 3 分钟 3 分钟 6 分钟 6 分钟 2 分钟 1 分钟	三、标准型平台 1. 用幻灯片展示 6 道有关 f 计算的题目。（看） 2. 六人小组内任挑一道不同的题目进行计算。（想、做，思维速度、书写速度） 3. 同类合并。（看、想、讲） 4. 异类合并。（看、想、讲） 5. 按题目顺序依次提问学生，听的学生手势判断正误，进行流程性检测。（听、想、做） 6. 让学生尝试总结解题思路。（想、听） 四、小结 1. 对本节课进行小结。（听、看）	1. 通过做习题与同类、异类合并，使得学生对于运用公式来计算滑动摩擦力的次数强化，印象深刻。

注释或总评：高中生阅读文字加图表：每分钟 400 字；写：每分钟 40 字；讲：每分钟 160 字。根据学生实际情况及课堂实际情况可适当调整课堂节奏。

教案总评

【概况】

《摩擦力》是高中物理必修一第三章第三节的内容，它是整个高中物理的垫基石，对高中物理教学的成败起到决定性作用。

在摩擦力这节课中，要求学生学会计算滑动摩擦力的大小和判断其方向，以及静摩擦力的大小和判断其方向。教师在教学过程中要将学生在初中学过的相关概念与本节课的内容相结合，与生活中的实例相结合，逐步引导、循循善诱，使学生对两种摩擦力的大小和方向的判定有一个清晰的认识。要充分利用初中二力平衡的知识，在物体从静止到运动的过程中认识静摩擦力和滑动摩擦力大小的变化情况，使学生的认识从感性上升到理性，发生质的变化。动摩擦因数的教学最好让学生通过实验探究得出。

【亮点】

1. 根据本节课的学科内容特点，整个教学过程要充分体现新课标的探究精神，让学生用所学知识揭示生活中相关现象的本质。这一点在本教案中通过“引入摩擦力并探讨滑动摩擦力的产生条件”“探究滑动摩擦力的大小究竟与什么因素有关”“运用公式来计算滑动摩擦力”这三个教学环节较好地体现出来了。

2. 方法与操作策略方面有意识地应用了 5J、5F，合理设计了各要素的轮换。

【不足及建议】

1. 目标制定不够合理。建议根据教学大纲要求、新课标理念和本课教学内容进行调整修改。

本课的重点应是：摩擦力产生的条件、特性和规律，并通过演示实验得出关系 $F=\mu mg$。

本课的难点应是：滑动摩擦力的方向的判断。

本课的关键项应是：滑动摩擦力大小的决定因素及公式。

在教学中要强调摩擦力有阻碍相对运动和相对运动趋势的性质。

2. 两个平台的表述不够规范。

标准性平台的基本步骤应表述为：

第 1 步 : 出示关键项（与目标中的关键目标一致）。

第 2 步：同时呈现多向度平台。

第 3 步：学生任选 N~M 个向度作业（自由度，能照顾特优生和待优生）。

第 4 步：用 ×× 学习方式进行交互 + 强化次数。

第 5 步：补讲、点讲、讲评。

倒置性平台的基本步骤应表述为：

第 1 步：出示一个开放性的教学素材。

第 2 步：请学生小组或团队在卡、板或某载体上提出问题、质疑，或提出建议、意见（提问题、方案或建议）等，根据情况确定一个。

第 3 步：汇集并进行适当的整理。时间短，整理成标准形态。

第 4 步：学生以个人、组、团队或社团等组织形式，任选 N~M 向度作业。

第 5 步：用 ×× 学习方式进行交互 + 强化次数。

第 6 步：点讲、精讲、补讲。

3. 本教案对前测、中测、后测的描述不够准确，且没有相应的检测环节；没对本课的关键项的强化次数进行统计。

（点评人：凭祥市高级中学　赵海莉）

教案（点评修改稿）

点评修改人：赵海莉、梁艳春

概况	课题：必修一第三章第三节《摩擦力》 教师：×× 单位：北流二中 学段：高一 学科：物理 课型：平台互动方式 课时：标准课（45 分钟）
目标	1. 知道滑动摩擦力的产生条件和影响因素，体验摩擦力发生的过程，会根据物体的平衡条件简单计算摩擦力的大小。 2. 会根据实验目的和实验方法设计实验，会用实验进行探索，会用数学方法进行分析总结从而找出规律。
重难点	重点：摩擦力产生的条件、特性和规律，并通过演示实验得出关系 F=μmg 。 难点：滑动摩擦力的方向的判断。 关键项：滑动摩擦力大小的决定因素及公式。

检测		内容提要	时间	方法&策略	反思/评价
前测	一、4 检测能否写出滑动摩擦力的产生条件。	一、引入摩擦力并探讨滑动摩擦力的产生条件。		一、	
			1 分钟	1. 老师用手拿起一本书，问：书为什么没有掉下来？（边演边讲解以此引出摩擦力）（看、听、想、讲）	
			2 分钟	2. 让学生列举生活当中其他摩擦力的例子。（想、讲）	
			1 分钟	3. 学生独立思考这些例子的共同点并写在小卡上，老师巡查。（想、做、防空）	
中测	二、1 检测是否知道影响滑动摩擦力的因素	二、探究滑动摩擦力的大小究竟与什么因素有关。	3 分钟	4. 二人小组根据例子的共同点探讨滑动摩擦力的产生条件，最后分享成果，得出结论。（想、讲）	
				二、（倒置性平台）	
			1 分钟	1. 出示关键项：影响摩擦力的因素。	
			2 分钟	2. 学生提出看法和主张。	
			3 分钟	3. 老师汇总整理在在黑板上。（想、防空、讲、做、小动）	
			10 分钟	4. 学生任选 N~M 向度作业。六人小组讨论影响滑动摩擦力大小的因素并写在小卡上。小组任意挑选自己喜欢的因素来设计实验并进行探究实验（想＋做，防形式单一），老师巡查并指导。（防空、防泡沫）	
后测	对于滑动摩擦力的计算强化多次，根据实际掌握情况确定是否布置后续作业。		4 分钟	5. 研究不同因素的小组上台展示汇报，其他小组倾听。	
			3 分钟	6. 学生与老师一起总结并得出滑动摩擦力的计算公式 F=μmg。（想＋讲）	
		三、运用公式计算滑动摩擦力。		三、	
			1 分钟	1. 教师用幻灯片展示 6 道有关 f 计算的题目。	
			5 分钟	2. 六人小组任挑一道不同的题目进行计算。（想＋做）	
			4 分钟	3. 按题目顺序依次提问学生，听的学生手势判断正误，进行流程性检测。（听、想、做）	
		四、小结。	4 分钟	4. 让学生尝试总结解题思路。（想、讲）	
				四、	
			1 分钟	学生对本节课进行小结。（讲）	
注释或总评：					

物理《自由落体运动》

教学（原稿）

学校：玉林市田家炳中学 教材：人教版高中物理必修 1 内容：自由落体运动 执教：× × 年级：高一	设计意图：这个环节主要通过前测了解学生对上节课知识的掌握情况，以视频导入，激发学生的求知欲。	设计意图：这个环节主要通过教师的对比实验，加深学生对自由落体运动的理解。	设计意图：这个环节主要通过学生自主探究，加深对重难点的理解，培养学生实验探究、分析问题、总结归纳的科学态度。	设计意图：通过练习检测学生对本节课的落实情况。	设计意图：通过课后作业检测学生对本节课理解情况，强化关键项。
自由落体运动	热点导入 7 分钟	实验探究 9 分钟	重难点突破 14 分钟	课堂练习 14 分钟	课后作业 4 分钟
[教学目标] 1. 认识自由落体运动是在理想条件下的运动，是初速度为零的匀加速直线运动。 2. 能用打点计时器或其他实验仪器自主进行分析。 3. 知道自由落体的加速度 g 的大小、方向，以及在不同地方 g 的大小不同。 [教学重点] 探究自由落体运动的过程。 [教学难点] 自由落体运动公式的运用。 [课型方式]要素组合。 [课时形态]标准课 1 课时。	1. 前测＋引入＋提问。 1.1 前测：匀变速直线运动的基本公式和推论是什么？（想＋做＋小动） （学生写在小卡上，同桌交流）2 分钟 1.2 观看视频《桂林乐满地游乐场中的蹦极》引入。（看＋听＋想） 3 分钟 1.3 提问：在绳子拉紧前蹦极的人下落时有什么特点？人受到什么力的作用？（想＋听＋讲） （师画受力分析图）2 分钟	2. 实验对比＋归纳总结 2.1.【实验一】小铁片、小木块和羽毛从同一高度下落。（看＋想）2 分 2.2. 提问：是什么原因使得小铁片、小木块和羽毛下落快慢不一样？（听＋想＋讲）2 分钟 （师提问，生总结） 2.3.【实验二】牛顿管实验。（看＋想）3 分钟 2.4. 根据现象引导学生总结自由落体运动的概念、特点、条件。 （想＋说）2 分钟	3. 实验＋展示＋推导 3.1【学生实验】利用打点计时器探究自由落体的运动性质和加速度大小。（做＋想＋讲） （六人小组交流活动）8 分钟 3.2 展示：自由落体运动是一种什么样的运动？重力加速度的大小是多少？方向如何？（说＋做＋听） （大卡展示，小组间交流，师点评） 3 分钟 3.3 推导：写出自由落体的公式和推论。（想＋看＋做）3 分钟 	4. 中测 4.1 老师出示随堂练习，学生独立完成，完成后同桌间交流。（做＋看＋想） 3 分钟 4.2 小卡默写自由落体运动的基本公式和重要推论。（做＋想＋听）2 分钟 4.3 学生展示评讲，师点评。（看＋说＋做）3 分钟	5. 后测 5.1 布置作业：课本问题与练习。（做＋看＋想）1 分钟 5.2 对本节课的关键项的强化统计。1 分钟 （做＋想）

教案总评

【概况】

自由落体运动是人教版普通高中物理必修一第二章第五课的内容。本节课主要介绍了自由落体运动的基本知识，其是匀变速直线运动的延伸。为了体现以学生为主体，遵循高一年级学生的认知规律，体现循序渐进和启发式的教学原则，这节课主要采用综合运用小组实验、小组合作探究、自学、练习等多种形式的教学方法。在教学设计中，重点设计了师生间的双向活动，启发引导学生自主探究，发挥其主观能动性，从而使学生学会学习。

【亮点】

1. 教材的结构和内容分析合理。考虑到高一年级学生的认知结构及其心理特征，本教案根据普通高中物理课程标准及教材特点进行设计。此外，本教案的重难点设计也比较合理。“能用打点计时器或其他实验仪器自主进行分析”描述了实现目标的过程性。

2. 标注了每个环节的时间，基本能反映教学时间是根据教学内容的需要来安排的。

3. 在方法与操作策略方面有意识地应用了 5J、5F、各要素的轮换，并标注了主要要素和学习方式 5J。有些部分的设计和描述具有一定的可操作性，如实验和推导环节设计：“1. 六人小组交流活动；2. 大卡展示，小组间交流，师点评”，任务明确，时间明确，人数明确，板卡明确，流程明确，具有可操作性。

【不足及建议】

1. 有些环节按照标注的时间来进行的话是不可操作的。如第三环节“重难点突破”的展示环节，3 分钟是不可能完成“大卡展示，小组间交流，师点评”这些工作的。

2. 有些内容提要和方法策略比较含糊，如“1.3 提问：在绳子拉紧前蹦极的人的下落时有什么特点？人受到什么力的作用？（师画受力分析图）” 和“2.4 根据现象引导学生总结自由落体运动的概念、特点、条件”，以什么方式引导？以什么方式表达？这里都没有具体的策略和方法，可操作性比较弱。

3. 对前测、中测、后测的理解不正确。

4. 建议用凝练、简洁的语言写出具体的方法策略，如 3.1 的操作策略“六人小组交流活动”可改为“六人组交互”。1.1 的操作策略中“学生写在小卡上，同桌交流”可改为“自行写在小卡上，同桌交互”。

（点评人：凭祥市高级中学　赵海莉）

教学（点评修改稿）

点评修改人：赵海莉、梁艳春

时间： 课题：自由落体运动 教材：人教版高中物理必修 1 执教：× × 学校：玉林市田家炳中学 班级：高一					
自由落体运动	热点导入 10 分钟	实验探究 9 分钟	重难点突破 16 分钟	课堂练习 8 分钟	课后作业 2 分钟
[教学目标] 1. 认识自由落体运动是在理想条件下的运动，是初速度为零的匀加速直线运动。 2. 能用打点计时器或其他实验仪器自主进行分析。 3. 知道自由落体的加速度 g 的大小、方向，以及在不同地方 g 的大小不同。 [教学重点] 探究自由落体运动的过程。 [教学难点] 自由落体运动公式的运用。 [课型方式] 要素组合。 [课时形态] 标准课（40+5 分钟）。	1.1 复习：匀变速直线运动的基本公式和推论是什么？（想，写小卡，师巡堂检测）2 分钟 1.2 视频：《桂林乐满地游乐场中的蹦极》3 分钟 1.3 对话：在绳子拉紧前蹦极的人下落时有什么特点？人受到什么力的作用？师画受力分析图。（想 + 听 + 讲）5 分钟	2.1【 教师实验一 】小铁片、小木块和羽毛从同一高度下落。（看 + 想）2 分钟 2.2 对话：是什么原因使得小铁片、小木块和羽毛下落快慢不一样？（想 + 讲）2 分钟 2.3【 教师实验二 】牛顿管实验。（看 + 想）3 分钟 2.4 根据实验现象引导学生总结自由落体运动的概念、特点、条件。（想 + 讲）2 分钟	3.1【 学生实验 】利用打点计时器探究自由落体的运动性质和加速度大小。（做 + 想 + 讲）5 分钟 3.2 对话：自由落体运动是一种什么样的运动？重力加速度的大小是多少？方向如何？（想 + 讲）3 分钟 3.3 推导：写出自由落体的公式和推论。 （6 人小组交互写大卡，大动浏览至少 3 张卡，师点评） 8 分钟（想 + 做 + 看）	4.1 老师出示随堂练习，学生独立完成，完成后同桌间交流。（想 + 做 + 看）5 分钟 4.2 学生在小卡上默写自由落体运动的基本公式和重要推论。	5.1 布置作业：课本问题与练习。
总评：					

都是小目标，缺少大目标

以什么方式引导？以什么方式表达？没有具体的策略和方法

在原教案中，3 分钟是不可能完成“大卡展示，小组间交流，师点评”这些工作的，此处对 3.2、3.3 的活动进行了整合。

任务、时间、人数、板卡、流程明确，具有可操作性

物理《波的图像》（练习课）

教案（原稿）

<table>
<tr><td>概况</td><td colspan="4">学科：高三物理　内容：波的图像（练习课）　教师：× ×
课型方式：平台互动　课时形态：标准课
学情：刚学完波的图像的相关知识，学对图像的理解尚浅。</td></tr>
<tr><td>目标</td><td colspan="4">目标 1：锻炼学生的抽象思维。
目标 2：能够判断波的图像中质点的速度、回复力、加速度、位移（重点），能够画质点振动图像及新的波形图（难点）。</td></tr>
<tr><td>流程性检测</td><td>内容摘要</td><td>时间</td><td>关键项、方法＆策略</td><td>反思评价</td></tr>
<tr><td>前测：
生读图判断波长、波速、振幅。预设：如果生出错，师补讲。</td><td>1. 波的图像
T=4s
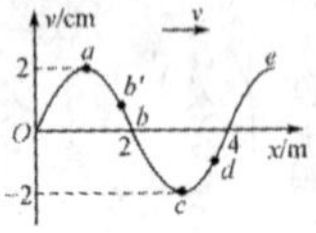
</td><td>1 分钟

2 分钟
3 分钟

1 分钟</td><td>1. 快速检测
“数值”手势约定快速检测。（5J——约定）
2. 倒置性平台
2.1 出示关键素材，问：由图像可知什么？
2.2 生独立思考写在微卡上，后六人组汇集写在大卡上，张贴于教室中的白板上（白板上先画好气泡图），浏览。（5J——微卡、大卡条，单元组，5F——防空）（小动）
2.3 汇集整理成标准形态。预设：如果学生不能提出 8 个向度，则师补充。
预设向度：

</td><td></td></tr>
<tr><td>中测：
2.7
（1）抽查 1 个学生，其他学生对错手势判断，快速检测学生对图像中质点的速度、回复力、加速度、位移的掌握情况。
（2）凌空画图检测学生能否画质点振动图像。预设：若 30% 的学生不明白，则师精讲。</td><td>2. 练习</td><td>6 分钟

4 分钟

8 分钟

2 分钟

4 分钟

4 分钟
2 分钟
1 分钟</td><td>2.4 六人组每组至少挑选 4 个向度学习，生独立完成，写在小卡上（5J——单元组、小卡，5F——防空）（强化 1 次）
2.5 六人组组内交互，强化，把答案写在大板上（教师下去抽查，5F——防假）（5J——大板、合作）（小动）（强化 3 次）
2.6 优选一组展示，其他组补充剩余向度、或教师补讲。（展示过程抽查其他成员，5F——防假）（强化 1）
2.7 快速检测。（详情在中测，注意抽查，防假）（强化 1 次）
3．巩固提高
3.1 生用行动表述质点运动。（5J——情景表达）（强化 1 次）
3.2 练习。
3.2.1 生独立完成。（强化 1 次）
3.2.2 师提供答案，生互批。（小动）（强化 1 次）
3.2.3 对错手势检测。（5J——约定）
预设：如果 80% 的学生会，则不布置作业；反之，则把错题作为课后作业，由特别行动组负责检查。</td><td></td></tr>
<tr><td>后测：强化次数 9 次。</td><td></td><td></td><td>4. 师总结。</td><td></td></tr>
<tr><td colspan="5">注释或总评：机动时间：3 分钟（1 分钟前测，2 分钟中测）。</td></tr>
</table>

教案总评

【概况】

《波的图像》是高中物理选修三的内容。作为“机械波”第二个部分的内容，它是这一章节的重点内容之一，也是教学的难点所在。本节课，是在学习了波的形成的基础上，将实际的波抽象为波的图像，让学生认识波的图像是波的一种数学表示，从而理解简谐波及其图像这一关于波的理想模型，并且区别其与质点的振动图像，为以后分析波的定量打下基础。

【亮点】

1. 教案的格式基本符合要求，能在板块结构的各个部分安排合适的内容，把教案内容和教学方法、策略分开呈现，每个教学步骤都标出了教学用时，教学方法 & 策略与教学内容一一对应，使教学设计的可执行性得到了体现。

2. 教案在教学内容的设计安排有梯度，且与教学目标有密切的关联度，基本知识点“波的图形”从理解、掌握到应用，层层推进。

3. 这是一节以平台互动课型为主的练习课，教案在教学方式 & 策略的设计上，根据教学活动的需要有效地整合学习方式 5J 中的单元组和板卡，使课堂的设计流程具有可执行性。在组织教学活动时设计了一个倒置性平台，以此调动学生的主动性，照顾到不同能力程度的学生，并利用人力资源攀升知识点的强化次数，解决了大容量的难题。

4. 快速流程性检测采用的方式比较新颖、简单而又高效。

【不足及建议】

1. 教学内容写得过于简单，应把基本教学内容呈现出来，包括练习题。

2. 教学任务交代不清楚。如“2.4 六人组每组至少挑选 4 个向度学习，生独立完成，写在小卡上”，学习什么？应把目标或任务交代清楚。“3.2 练习”这个步骤中，练习题是从何而来？题量多少？用多少时间？这些问题都没交代。在第三环节的预设部分，“如果 80% 的学生会，则不布置作业”，那么不会的 20% 的学生也不布置作业吗?

3. 倒置性平台的搭建不合适。对于有相对稳定要点、缺乏真正开放性的内容，直接通过标准性平台给出向度就行了，而用倒置性平台既浪费时间，又不能直接拓展学生的思维向度。

4. 教学时间分配不合理。教学时间安排要体现教学重难点的要求，且在重难点或教学目标的突破方面，应安排相对多一些时间，但这节课上时间安排上太平均了，没有突出对重要知识点的学习。

（点评人：广西教育学院　梁秀清）

教案（点评修改稿）

点评修改人：赵海莉、梁艳春

<table>
<tr><td>概况</td><td colspan="4">时间：××年××月××日　内容：波的图像（练习课）教师：××　单位：来宾实验高中
学段：高三　学科：物理　课型方式：平台互动方式　课时形态：标准课（40+5分钟）
学情：刚学完波的图像的相关知识，学生对图像的理解尚浅。</td></tr>
<tr><td>目标</td><td colspan="4">目标1：在自主合作的学习中培养抽象思维
目标2：能够判断波的图像中质点的速度、回复力、加速度、位移（重点），能够画质点振动图像及新的波形图（难点）。</td></tr>
<tr><td>流程性检测</td><td>内容摘要</td><td>时间</td><td>方法＆策略</td><td>反思评价</td></tr>
<tr><td>前测：1.
生读图判断波长、波速、振幅。
［预设］如有错师补讲。

中测 2.5
（1）抽查1名学生，其他学生对错手势判断，快速检测学生对图像中质点的速度、回复力、加速度、位移的掌握情况。
（2）凌空画图检测学生能否画质点振动图像。
［预设］若30%的学生不明白则师精讲。</td><td>1. 读“波的图像”图
T=4s
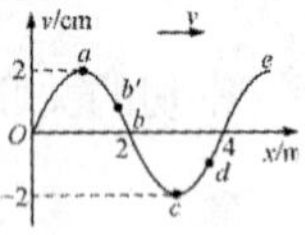

2. 波的图像</td><td>3分钟

1分钟
2分钟

5分钟

8分钟

4分钟

5分钟</td><td>1. 快速检测
“数值”手势约定快速检测。（5J——约定）
2. 标准性平台。
2.1 提出关键项：波的图像。
2.2 出示多向度（白板上先画好气泡图）。
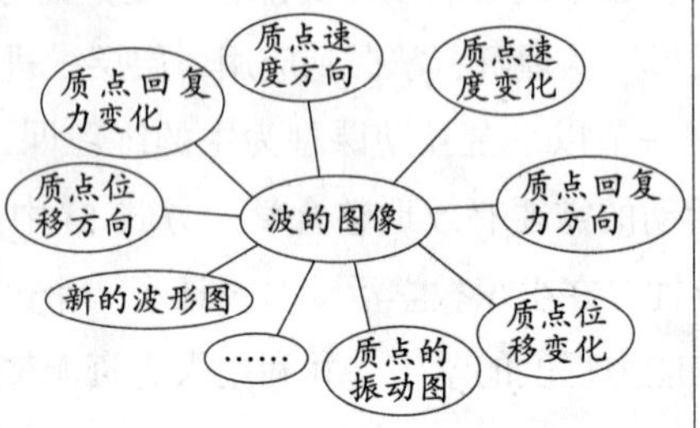

2.3 六人组每组至少挑选4个向度，学习课本中与该向度相关的内容，写摘要。先由学生个人独立完成，写在小卡上。（5J——单元组、小卡，5F——防空）（强化1次）
2.4 六人组组内交互，强化，把答案写在大板上。（教师下去抽查，5F——防假）（5J——大板、合作，小动）（强化3次）
2.5 优选一组展示，其他组补充剩余向度，教师补讲。（展示过程抽查其他成员，5F——防假）（强化1次）
3．巩固提高
3.1 生用走动的方式表述质点运动。（5J——情景表达）（强化1次）</td><td></td></tr>
<tr><td>后测：强化次数8次，根据练习的情况个性化布置个性作业。</td><td>3. 练习巩固（此处应注明练习题是从何而来，题量多少）</td><td>8分钟

4分钟</td><td>3.2 生独立完成练习；师提供答案，生互批；师通过对错手势进行检测。（小动，5J——约定）（强化2次）
［预设］答错的学生，把错题作为课后作业，由特别行动组负责检查。
4. 师总结。</td><td></td></tr>
<tr><td colspan="5">注释或总评：机动时间：5分钟（2分钟前测，3分钟中测）。</td></tr>
</table>

地理《地理区域的发展》（复习课）

教案（原稿）

<table>
<tr><td>概况</td><td colspan="4">执教者：蔡倩　单位：象州县第二中学 内容：地理区域的发展（复习课）　学科：地理　学段：高三
课型方式：平台互动 课时形态：标准课 时间：2014 年 7 月 6 日</td></tr>
<tr><td>目标</td><td colspan="4">目标：1. 学生能熟练掌握黄土高原、西北地区、南方低山丘陵地区三大地理区域发展的资源优势、主要限制性因素及形成的原因、开发治理的措施。
2. 学生逐步形成利用所学的区域地理知识，解决相关地理问题的能力。
重点：区域发展的限制性因素及开发治理措施。
难点：利用所学的区域的地理知识，解决相关地理问题。</td></tr>
<tr><td>反思 / 评价</td><td>内容提要</td><td>时间</td><td>方法 & 策略</td><td>反思 / 评价</td></tr>
<tr><td></td><td>一、导入
1. 投影三幅不同地理区域（黄土高原、西北地区、南方低山丘陵）的地表形态图，一幅中国地理分区图，学生读图分析，引入复习课。
2. 投影本课教学目标。</td><td>6 分钟</td><td>1.1 学生看三幅地理区域地表形态投影图和中国地理分区投影图，说出三幅地表形态图所在区域的名称，并在分区图上找出三个区域的相应位置。（学生可独立思考）（2 分钟）
1.2 检测 3~4 个学生。（防泡沫）（2 分钟）
1.3 教师在投影图上标注正确答案，引入课题。（1 分钟）
2 . 学生齐读本课教学目标。（讲）（1 分钟）</td><td></td></tr>
<tr><td></td><td>二、复习归纳知识点
1. 整理、梳理知识点：黄土高原、西北地区、南方低山丘陵地区三大地理区域发展的资源优势、主要限制性因素及形成的原因、开发治理的措施。</td><td>15 分钟</td><td>1. 构建平台（标准性平台）：学生 4~6 人一组，从黄土高原、西北地区、南方低山丘陵区三个区域任选一个区域，对其发展的资源优势、主要限制性因素及形成的原因、开发治理的措施进行知识整理，并用喜欢的表达方式呈现在大卡上（快的组可完成多个向度）。（小动 + 防空讲 + 动静转换，约定：中国、中国，地大物博）（5 分钟）
向度 1：黄土高原发展的资源优势、主要限制性因素及形成的原因、开发治理的措施。
向度 2：西北地区发展的资源优势、主要限制性因素及形成的原因、开发治理的措施。
向度 3：南方低山丘陵区发展的资源优势、主要限制性因素及形成的原因、开发治理的措施。</td><td></td></tr>
</table>

			2. 各组把学习成果张贴在教室两侧展示，全班浏览，每个小组至少看另外 4 个组的成果。并且推荐一组较完善的。（大动 + 防花架子 + 转换约定）（4 分钟） 3. 挑选 3 个较完善的选择不同向度的组展示，学生评议和补充。（防泡沫）（3 分钟） 4. 教师对存在的问题进行补讲，并投影对三个区域地理知识的归纳。（防空讲）（2 分钟） 5. 学生齐读归纳的区域地理知识。（1 分钟）	
	三、拓展训练 分析象州县区域发展的资源优势，主要限制性因素、综合开发的措施。	11 分钟	1. 学生先独立思考，分析象州县区域发展的资源优势、主要限制性因素、综合开发的措施，并写在小卡上。（防空讲）（3 分钟） 2. 四至六人组成小组，对个人小卡上的学习内容进行整合，用喜欢的表达呈现方式呈现在中卡上。（小动 + 防空讲 + 转换约定）（3 分钟） 3. 各小组交互学习成果，由学生选出较好的组来展示，学生评议和补充。（小动 + 防花架子）（4 分钟） 4. 师生共同对学习成果进行归纳。（1 分钟）	
	四、能力培养 投影南方低山丘陵图，利用所学的区域地理知识设置关于该地区的地理问题。	8 分钟	构建倒置性平台 1. 四至六人一组，仔细阅读地图，利用所学的区域地理知识设置关于该地区的地理问题（先个人思考，后组内合作完成至少 1 个问题的设置，速度快的组不限）。（小动 + 防形式单一 + 转换约定）（4 分钟） 2. 各组按顺时针交互后，选出最有代表性的三个问题作为课后作业。（小动 + 防泡沫 + 防与学生为敌）（4 分钟）	
注释或总评：				

教案总评

【概况】

区域地理是地理高考命题的落脚点。区域定位注重利用图中所提供的信息，如利用经纬度、山脉、河流、湖泊等高线来判断该图所在的区域，特别值得关注的是我国或世界主要国家的边界地区。区域地理偏重地理事物的空间定位，强调区域特征的概括，区域内各要素的内在联系，区域整治的发展方向，人地关系的可持续发展是地理学科的主题。因此，高考地理总复习要以高中地理课标为基础，以高考大纲为依据，正确地处理好高考与素质教育的关系，根据地理学科的特点，寓思维能力和解决实际问题的能力于地理教学的各个环节。

【亮点】

1. 教案格式。

教案的格式符合要求，能在板块结构的各个部分上安排合适的内容，把教案内容和教学方法、策略分开呈现，每个教学步骤都标出了教学用时，使教学设计的可执行性得到了体现。

2. 教学内容。

在教学内容的设计安排上符合复习课的要求，第一、第二环节安排学生梳理知识点，第三、第四环节安排应用和拓展演化知识点，基本知识点从掌握到应用与演化层层推进，内容基本涵盖了教材知识点的要求，与教学目标的要求相一致。在标准性平台中，在设计知识点的向度时，平行度和自由度能照顾到不同学生的需求。

第三环节设计了知识应用的拓展训练，其目的是深化学生对区域地理相关理论要点即区域发展中需要关注的核心问题的应用性理解，这是当前比较热门的县域经济问题，很有探究价值，充分体现了“寓思维能力和解决实际问题的能力于地理教学的各个环节”的课程要求。

3. 教学方式 & 策略。

这是一节以平台互动课型为主的复习课，教案设计充分地运用了学习方式中的5J、5F以及小组和板卡，通过建构标准性平台发挥学生的人力资源作用，实现了对大容量知识点的整理和复习。设计了两个平台：一个是标准性平台，用来处理教材上的基本知识点，体现的是老师的主导作用；一个是倒置性平台，用来处理知识点的应用和演化，解决开放性内容，体现学生的主体作用。两个平台的安排对教学内容都很有针对性，对教学目标的达成也有促进作用。

【不足及建议】

1. 教学目标设计不恰当。这是一节复习课，教学目标理应是基本知识点整理、归纳和应用、演化，而不是像上新课那样把基本知识点重新学习一遍。

2. 教案格式上有一个小问题：向度属于内容范畴，应写在“内容提要”一栏。

3. 环节二对标准性平台的操作流程的表述不够规范，标准性平台的各步骤应该是：1. 主题词或关键项；2. 同时呈现多向度平台；3. 学生自由选择向度进行作业；4. 用 ×× 方式交互；5. 精讲、补讲。

4. 加强对活动方式的设计。如环节二、2 的“全班浏览”，浏览如何操作？是顺时针大动浏览，还是超大组内互相浏览，或者采取其他方式？这些可以设计得具体些。

5. 加强预设和预留。如环节一的“1.3 教师在投影图上标注正确答案”，可设计为预设项，并安排预留时间。如果大多数学生回答正确，教师就不需要再标注正确答案。又如第四环节“能力培养”，考虑到本节课内容过多，可在此设计预留项，如果课堂时间充裕，就启用预留项，安排这一环节（或这一环节的一部分）教学活动；如果课堂时间不足，就课后完成。

具体修改意见详见教案的点评修改稿。

（点评人：广西教育学院　梁秀清；柳州市高级中学　梁艳春）

教案（点评修改稿）

点评修改人：梁艳春

<table>
<tr><td>概况</td><td colspan="4">时间：2014 年 7 月 6 日　执教者：××　单位：象州县第二中学　内容：地理区域的发展（复习课）
学科：地理　学段：高三　课型方式：平台互动　课时形态：标准课（40+5 分钟）</td></tr>
<tr><td>目标</td><td colspan="4">1. 学生能整理归纳黄土高原、西北地区、南方低山丘陵地区等地理区域发展的资源优势、主要限制性因素及形成的原因、开发治理的措施，并通过交互形成知识结构。
2. 学生能使用该知识结构解决地理区域问题。
3. 在对基本知识点的整理归纳和应用演化过程中，完善知识结构，形成良好的探究精神和解决实际问题的能力。
重点：整理归纳区域发展的限制性因素及开发治理措施。
难点：利用区域地理知识，解决具体区域的发展问题。</td></tr>
<tr><td>反思评价</td><td>内容提要</td><td>时间</td><td>方法 & 策略</td><td>反思评价</td></tr>
<tr><td></td><td>一、导入
1. 读图分析，复习旧知导入复习课。
三幅不同地理区域（黄土高原、西北地区、南方低山丘陵）的地表形态图，一幅中国地理分区图。
2. 本课教学目标。

二、复习归纳知识点
梳理知识点：黄土高原、西北地区、南方低山丘陵地区等地理区域发展的资源优势，主要限制性因素及形成的原因、开发治理的措施。
向度 1：黄土高原。
向度 2：西北地区。
向度 3：南方低山丘陵区。</td><td>5+2 分钟
2 分钟

2 分钟
+2 分钟

1 分钟

20 分钟
1 分钟
1 分钟
5 分钟

1 分钟
4 分钟

3 分钟
2 分钟
2 分钟
1 分钟</td><td>一、
1.1 学生独立思考：看这三幅图，说出所在区域的名称；在分区图上找出三个区域的相应位置。
1.2 开火车检测 10 个以上学生。（防泡沫）
【预设】如果 10 人中大多数能正确标注，教师表示肯定后即可引入新课；如果大多数不能正确标注，教师在投影图上标注正确答案后，再引入新课。
2. 学生齐读本课教学目标。（讲）

二、（标准性平台）
1. 提出关键项。
2. 呈现多向度平台。
3. 学生自由选择向度进行作业。
方法：4~6 人一组，任选 1~N 个向度进行知识整理，并用喜欢的表达方式呈现在大卡上。（小动 + 防空讲 + 动静转换，约定：中国中国，地大物博）
4. 交互。
4.1 各组把学习成果张贴在教室两侧展示。
4.2 全班顺时针大动浏览，每个小组至少看另外 4 个组。（大动 + 防花架子 + 转换约定）（4 分钟）
4.3 挑选三至五个组向全班展示汇报，学生评议和补充。（防泡沫）（3 分钟）
5. 点讲、补讲、精讲。
5.1 教师对存在的问题进行点讲。
5.2 投影三个区域地理知识进行归纳，学生齐读。</td><td></td></tr>
</table>

续表

	三、知识应用和演化 1. 分析象州县区域发展的资源优势、主要限制性因素、综合开发的措施。 【预留项】进一步结合矿产资源、水力资源、旅游资源，交通因素、生产力发展水平因素、投资因素、人力资源因素，第一产业、第二产业、第三产业发展措施等方面的知识，进行更深入思考。	15+3 分钟 1 分钟 3 分钟 +3 分钟	三、 1. 提出开放性的教学问题：象州县区域发展的资源优势和主要限制性因素是什么？综合开发的措施有什么？ 2. 学生据此提出建议和设想，写在小卡上。（防空讲） 【预设】如果学生的思考比较充分，可启用预留项。 3. 超大组组内自由浏览个人小卡，回位后补充；4~6 人小组组内用喜欢的表达呈现方式汇集整理成标准形态，写在中卡上。（大动 + 防空讲 + 转换约定） 4. 师生共同对学习成果进行归纳。	
	四、能力培养（预留项） 投影南方低山丘陵图，利用所学的区域地理知识，设计关于本地的地理问题，并回答这些问题。	6 分钟 +5 分钟	四、 1. 学生自由提出问题。 2. 学生任选具有代表性的问题，进行课后作业。	
注释或总评：				

地理《铁路选线原则及意义》（复习课）

教案（原稿）

学 校：凭祥市高级中学 学 科：高三地理 执教者：×× 课 题：铁路选线原则及意义（复习）			
教学素材	一、明确教学目标 7 分钟	二、知识归纳 13 分钟	三、答题模式归纳及应用 25 分钟
[教学目标] [小目标] 1. 理解并掌握铁路选线的原则。 2. 能够结合材料对铁路进行选线，分析铁路线布局的意义。 [大目标] 1. 熟练并学会运用地理答题模式； 2. 学会用全局观念看事物及事物的发展。 [重难点]铁路选线的原则及意义。 [课型方式]要素组合。 [课时]1 课时。	1. 展示考纲及考点。 考试大纲、历年高考。 2. 基础知识检测。	3. 南昆铁路选线的原则及意义。 原则：合理布局交通网、促进经济发展…… 意义：促进经济发展、有利于将资源优势转化为经济优势、巩固国防……	4. 规范答题模式、真题演练。 答题模式：从经济、社会及环境因素分析。 5. 应用。
	1. 课件展示今年考试大纲的要求以及高考考点，并罗列历年高考情况。2 分钟。 （看 + 想） 2.1 四人小组交互检查学案，推选最佳作业作为本组代表作。2 分钟。 （看 + 做） 2.2 抽取个别学案通过多媒体投影进行展示，学生查漏补缺。3 分钟。 （看 + 想 + 做）	3.1 展示西南地区地形、人口、经济等相关资料。2 分钟 （看 + 想） 3.2 学生独立思考，总结南昆铁路选线的原因及意义，并记载在卡上。（防空、防假）3 分钟。 （看 + 想 + 做） 3.3 六人小组交互、补充，选“选线原则”或“意义”进行总结，并归纳答题模式，写在大卡上。5 分钟。（看 + 想 + 做 + 动静转换） 3.4 小组展示，补充及质疑。3 分钟。（听 + 看 + 做）	4.1 师生合作归纳完善答题模式。3 分钟。 （想 + 做） 4.2 教师展示考生的月考答卷，让学生评分。3 分钟。 （看 + 想 + 做） 4.3 高考真题演练。提供高考真题，让学生在接触高考题的同时，进一步强化学生答题模式。4 分钟。 （想 + 做） 5.1 教师展示南宁至凭祥高铁规划的相关资料，六人小组合作，设计问题并作答，写在大卡上。5 分钟。 （看 + 想 + 做） 5.2 张贴大卡，全班大动浏览。选出你感兴趣的问题或提出质疑。4 分钟。 （看 + 想） 5.3 选出个别小组进行展示，其他小组评分，提出质疑并补充。6 分钟。 （听 + 想 + 做）

教案总评

【概况】

高考地理学科的第一轮复习，要注重基础知识的梳理和巩固，保障学科基础能力过关；要确定复习范围，夯实基础，不遗漏，扫清对知识结构理解上的障碍，对地理知识进行梳理和归纳，使之系统化； 要分析近年高考的新变化，把握高考脉搏；实行滚动复习，做到适当回顾，合理练习，提升应用能力；全面阅读教材，掌握灵活运用地理原理的能力。

第二轮复习的目标则是注重知识的灵活运用和能力提高，实现综合能力的突破，以主干知识为载体，以专题为基础，以区域为平台，通过加强知识之间的纵横联系，全面提高学生的学科思维能力。要深刻理解每一个知识结构及其知识点中的重点，突破难点，把握知识结构内部之间的联系，同时，还要进行解题训练，提升应战能力。

【亮点】

1. 教案格式。

教案的格式基本符合要求，能在图文结构Ⅱ型的各个部分上安排合适的内容，把教学内容和方法策略分开呈现，且一一对应，简洁明了，流程清楚，操作方便，便于把握重点，突破难点。每个教学步骤都标出了教学用时，使教学设计的可执行性得到了体现。

2. 教学内容。

教学内容的设计安排有梯度，从基本知识点的掌握到应用与演化推进，内容基本涵盖了教材知识点的要求，与教学目标的要求相一致。特别是第三环节中教师展示南宁至凭祥高铁规划相关资料，让六人小组合作设计考题，体现了 MS–EEPO 有效教育所倡导的由知识性到个性、创造性，由互动到主动、能动的“三性”“三动”主张。

3. 教学方式和策略。

这是一节以要素组合课型为主的教学，教案在教学方式和策略的设计上很好地考虑了对学习方式的 5J 应用，特别是在教学过程中有效地安排了单元组的活动，实现了动静转换，发挥了学生的人力资源作用，动静转换的时间安排比较科学，整节课安排了 3 次动静转换，时间间隔大约在 10~13 分钟左右，动中学的时间很合适。

【不足及建议】

1. 教学目标设计不恰当。这是一节复习课，教学目标理应是基本知识点的应用与演化，而不是像上新课那样理解和掌握基本知识点。教学目标“理解并掌握铁路选线的原则”应该设定为“能归纳铁路选线的原则，在交互学习中形成知识结构”。

2. 有些教学内容没有得到呈现。在“答题模式归纳及应用”环节中，4.3 中可简单罗列高考真题的内容，否则没法判断这个环节的时间安排是否科学。

3. 在“答题模式归纳及应用”环节的“5. 应用”中，应将学生自己出题自己答题改为学生出题，由别的同学选择其中的若干题目来做。另外，教学时间的安排上也可以考虑让学生多支配一些时间，而教师讲解的时间少一些。

（点评人：广西教育学院　梁秀清；柳州市高级中学　梁艳春）

教案（点评修改稿）

修改人：梁艳春

学 校：凭祥高级中学 学 科：高三地理 执教者：× × 课 题：铁路选线原则及意义（复习）	一、明确教学目标 7 分钟	二、知识归纳 13 分钟	三、答题模式归纳及应用 25 分钟
[教学目标] 1. 能归纳铁路选线的原则，在交互学习中形成知识结构。 2. 能够结合材料对铁路进行选线，分析铁路线布局的意义。 3. 能归纳并运用地理答题模式解答高考真题，正确率达 80% 以上。 4. 学会用全局观念看事物及事物的发展。 [重难点] 铁路选线的原则及意义 [课型方式] 要素组合方式 [课时] 标准课	1. 展示考纲及考点。 考试大纲、历年高考。 2. 基础知识检测。	3. 整理归纳南昆铁路选线的原则及意义。 原则：合理布局交通网、促进经济发展…… 意义：促进经济发展、有利于将资源优势转化为经济优势、巩固国防…… 4. 规范答题模式：从经济、社会及环境因素分析。	5. 真题演练。 6. 应用。
	1. 课件展示今年考试大纲的要求以及高考考点。（看）2 分钟 2.1 四人小组交互检查学案，推选本组代表作。（看＋做）2 分钟 2.2 抽取个别学案，通过多媒体投影进行展示，查漏补缺。（看）3 分钟	3.1 展示西南地区地形、人口、经济等相关资料。（看）2 分钟 3.2 学生独立思考，总结南昆铁路选线的原则及意义，并记载在小卡上。（防空、防假）（看＋想＋做）3 分钟 3.3 六人小组交互、补充，选"选线原则"或"意义"进行总结，写在大卡左侧。（看＋做＋动静转换）5 分钟 3.4 小组展示，补充及质疑。（听＋看＋做）3 分钟 4.1 师生合作归纳答题模式，写在大卡右侧。（想＋做）3 分钟 4.2 教师展示考生的月考答卷，学生评分。（看＋想＋做）3 分钟	5. 高考真题演练。提供高考真题，让学生接触高考题，进一步强化答题模式。（另附真题于"注释或总评"栏）（想＋做）4 分钟 6.1 教师展示南宁至凭祥高铁规划的相关资料，六人小组合作，设计考题，写在大卡上。6 分钟 6.2 前后小组交换考题并作答，写在大卡上的空白处。（看＋想＋做）5 分钟 6.3 张贴大卡，全班顺时针大动浏览。（看＋想）4 分钟 6.4 选出若干小组进行展示，其他小组评分、质疑并补充。（听＋想＋做）6 分钟
注释或总评：应附真题，此略。			

历史《鸦片战争》

教案（原稿）

基本概况		内容：《鸦片战争》中国近代史上册第一章高三第一轮复习　课型方式：平台互动方式 课时：标准课　执教者：××　单位：横县第二高级中学　时间：2014年7月14日			
目标		1. 结构目标：掌握鸦片战争在各种历史观下的影响。 2. 关键目标：掌握鸦片战争的背景、经过、结果、影响、启示等基础知识。			
检测		内容提要	时间	方法 & 策略	反思 / 评价
前测	检测学生对鸦片战争危害的认识。	1. 导入：多媒体展示一段关于中国人吸食鸦片的视频，提出问题： ①鸦片对人的危害有哪些? ②鸦片对当时的中国造了成哪些影响？引发学生对鸦片危害的思考。（5分钟）	 1分钟 3分钟 6分钟	一、标准性平台 1. 出示关键项：鸦片战争的相关知识点，并呈现多向度平台（用气泡图呈现在黑板上）。 2. 四人小组合作，任选2~3个向度分析并以图文结构方式呈现在大卡上（单元组、板卡、表达呈现，限定时间提高阅读速度和书写速度，做中学，强化1次）。 3. 小组展示：选取5个小组分别回答其中一个知识点，时间为1分钟，并随时对小组其他成员进行流程性检测，以双击掌为回答时间结束的约定（约定，防空讲、防空看、防泡沫，多要素学、限定时间检测口头表达速度和合作速度，强化1次）。	这是一节复习课，主要考查学生对基础知识的掌握情况，用标准性平台能很好地梳理和归纳知识点。
中测	一：3、4检测学生对课文知识的理解和归纳 二：4、7、8、9检测学生对旧知识的记忆和对鸦片战争影响的多方位理解。	2. 标准性平台 层次一：基础知识 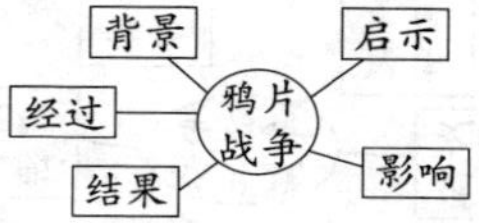 层次二：开放性思维（启示） 3. 倒置性平台：鸦片战争的影响 层次一：向度 层次二：对向度的有效分析	2分钟 1分钟 1分钟 2分钟 2分钟	4. 再选取2~3个小组补充或点评，时间均为1分钟（主动学、活动中学，防与学生为敌）。 5. 教师点评。（防与学生为敌，强化1次）（强化2次） 二、倒置性平台 1. 呈现开放性素材：评价鸦片战争带来的影响，可以从多少种历史观去分析? 2. 前后桌学生讨论并把答案写在微型卡上，限定时间为1分钟，以双击掌为时间结束的约定（单元组、板卡，约定，检测合作速度、思维扩张速度，强化1次）。 3. 左右两小组交互微型卡，并补充、完善本小组答案。各小组长用手指数表示本小组找到的答案数量（板卡，防空、防形式单一，约定，主动学、做中学、活动中学、多要素学，强化2次）。 4. 选取2~3个小组回答（强化2次）。	倒置性平台能很好地开发学生的思维扩张能力，对解答开放性的问题有较好的帮助作用。

续表

后测	强化次数分别达到6次和9次，原则上可以少布置作业。	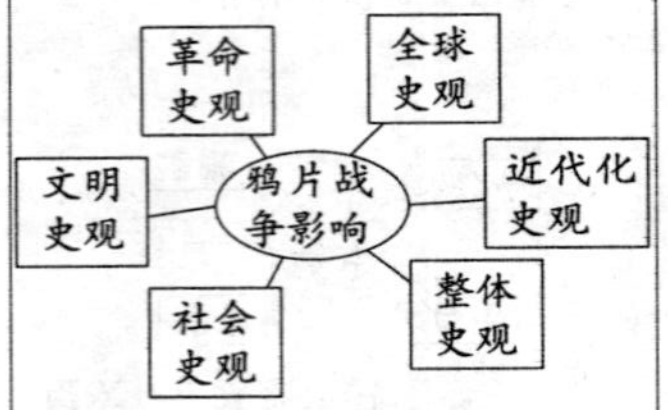	2分钟 6分钟 3分钟 6分钟 2分钟 3分钟	5. 教师点评、补充，并把向度用气泡图汇总在黑板上（强化1次）。 预设：学生不一定能找完所有的向度，教师要及时引导和补充。 6. 六人小组任选2~3个向度分析，并以图文结构方式呈现在大卡上(防形式单一、防空、防花架子，检测书写速度、合作速度、思维扩张速度，强化1次）。 7. 团队交互，每个学生观摩3~5张大卡，并补充、完善本团队的答案(板卡，防空，主动学、做中学、活动中学、多要素学，检测阅读速度、合作速度、书写速度，强化3次）。 8. 小组呈现：选取6个小组分别回答其中一个向度，均时1分钟，随时对其他成员进行流程性检测（约定，防空讲、防空看、防泡沫，多要素学，限定时间检测口头表达速度，强化1次）。 9. 选取1~2个小组补充或点评(主动学、活动中学，防与学生为敌，强化2次）。 10. 教师点评（防与学生为敌，强化1次）。	小组合作的形式是学生自主学习、提高学习效率、缩短学习时间的最佳方式，大大提高了学生学习的积极性。

注释或总评：这是高中历史复习课，内容难度适中，未使用超大组的原因是四人小组和六人小组的合作学习效率更高。平台互动方式是高中课程中非常有效的课型方式。

教案总评

【概况】

历史学科的高考命题越来越重视史学新范式，尤其是“三史观”的思想应用得较多，复习中如果能运用不同的史观进行教学，从多角度、多方位分析问题，可以丰富丰满历史学习。

鸦片战争是中国近现代史知识体系中的一个重要环节，也是高考历史命题的一个重要考点。其中，鸦片战争的影响一般都作为总复习的重点、难点、易错点和拓展点来抓，学会运用“三史观”（文明史观、全球史观、现代化史观）来分析这一问题，可以提高学生的思维能力和解题能力。

【亮点】

1. 教案的格式基本符合要求，能在板块结构的各个部分安排合适的内容，把教案内容和教学方法、策略分开呈现，每个教学步骤都标出了教学用时，使教学设计的可执行性得到了体现。

2. 教学流程设计清晰完整，可操作性强。内容设计有梯度，从基本知识点的掌握、推进到知识的应用与演化，涵盖了教材知识点的要求，与目标相一致。

3. 采用平台互动方式课型，能较好地处理高三复习课“高容量”“高难度”“高速度”的难题。第一个平台是标准性平台，用来处理教材上的基本知识点，体现的是老师的主导作用；第二个平台是是倒置性平台，用来处理知识点的应用和演化，解决开放性内容，体现了学生的主导作用。

4. 倒置性平台“鸦片战争影响”的向度设计得比较好，平行度和自由度能照顾到不同学生的需求，也有利于学科知识的应用和演化。

5. 教学方式和策略的设计上融合了学习方式的 5J、5F、5S、5L，特别是在教学过程中有效地安排了单元组的活动，实现了动静转换，发挥了学生人力资源的作用。

6. 前测、中测与后测的设计有助于了解学生的学习基础和课堂学习情况，便于教师结合学科特点和学生实际组织教学，同时较好地检测学科目标的达成情况。

【不足及建议】

1. 教案格式存在不足。“反思 / 评价”这一栏，是用来写教学反思或留给听课者写评课内容的，设计教案时可留空。“方法 & 策略”栏应与“内容提要”栏一一对应。在“导入”环节中，设计者把教学内容和方法策略混淆了。

2. 建议认真考虑对教学时间的安排，突出重点内容，不要平均用时。结合历史学科复习课的特点和高三学生实际，教学目标应设计为基本知识点的应用与演化，而不是像上新课那样把基本知识点重新学习一遍。

3. 第二环节标准性平台中“鸦片战争”的“背景”“经过”“结果”这三个向度之间有先后的逻辑关系，“影响”和“启示”两个向度有因果关系，向度不平行可能导致学生对学科知识的掌握不全面、不充分，知识结构不完整，或在应用和演化时出现学科知识性错误，建议把这一环节的内容修改为要素组合方式。

4. 第三个环节通过不同历史观分析鸦片战争的影响，其中的“三史观”（文明史观、全球史观、现代化史观）是最基本的历史观，可作为必选向度来要求学生。倒置性平台能充分调动学生学习积极性，培养思维的开放性，其操作流程应表述为六步，具体详见点评修改稿。

（点评人：广西教育学院　梁秀清；柳州市高级中学　梁艳春）

教案（点评修改稿）

点评修改人：梁艳春

<table>
<tr><td>基本概况</td><td colspan="5">时间：2014 年 7 月 14 日　执教者：× ×
单位：横县第二高级中学　内容：《鸦片战争》（第一轮复习）
学科：地理　学段：高三　课型：平台互动方式　课时：标准课</td></tr>
<tr><td>目标</td><td colspan="5">1．能整理归纳鸦片战争的背景、经过、结果、影响等基础知识，形成知识结构，能结合历史知识说出自己的启示。
2．并能运用包括“三史观”在内的历史史观对鸦片战争的影响进行分析评价。
3. 在开放性的课堂活动中逐步形成科学的历史史观。
重点：整理归纳鸦片战争的基础知识，分析鸦片战争的影响。
难点：分析鸦片战争的影响。</td></tr>
<tr><td colspan="2">检测</td><td>内容提要</td><td>时间</td><td>方法 & 策略</td><td>反思 / 评价</td></tr>
<tr><td>前测</td><td>一、2
在自由回答中检测学生对鸦片危害的认识。</td><td>一、导入
结合中国人吸食鸦片的视频，思考鸦片的危害：鸦片对人的危害有哪些？鸦片对当时的中国造成了哪些影响？</td><td>2 分钟
2 分钟
+2 分钟</td><td>一、
1. 教师多媒体展示视频，提出问题。
2. 学生独立思考后自由回答，教师随机检测。
[预设] 如果大多数学生不能正确作答，则启用预留时间，阅读教材相关部分内容。</td><td></td></tr>
<tr><td>中测</td><td>二、3
检测学生对“鸦片战争”知识点的理解和归纳情况。
二、2、3、4
检测学生对旧知识的记忆和对鸦片战争影响的多方位理解。</td><td>二、整理归纳鸦片战争的相关知识点
层次一：鸦片战争的基础知识
层次二：鸦片战争的启示
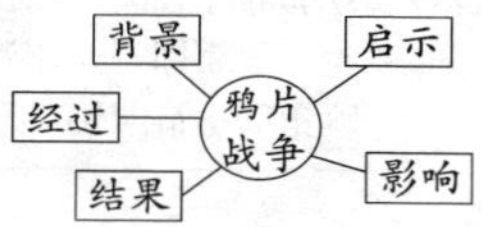
</td><td>1 分钟
3 分钟
3 分钟

3 分钟
5 分钟</td><td>二、
1. 提出关键项：鸦片战争。
2. 用气泡图在黑板上呈现需要整理归纳的基础知识。
3. 学生四人小组合作进行作业，从教材和复习用书中找要点，用图文结构方式呈现在大卡上（单元组、板卡、表达呈现，5L 读 + 写，做中学）。
4. 四个四人小组组成超大组，以顺时针大动浏览的方式交互(大动，强化 4 次)。
5. 展示和补讲。
每个知识点选取 1 个小组展示，均时 1 分钟；其他小组补充完善，教师相机点讲，并随时对该小组其他成员进行流程性检测，双击掌为结束约定（约定，5L 说 + 合作，强化 5 次）。</td><td></td></tr>
</table>

续表

后测	关键项“鸦片战争的基础知识和影响”的强化次达数10次，原则上可以不布置课后作业。	三、鸦片战争的影响 层次一：向度 层次二：对向度的有效分析 [预设的向度] 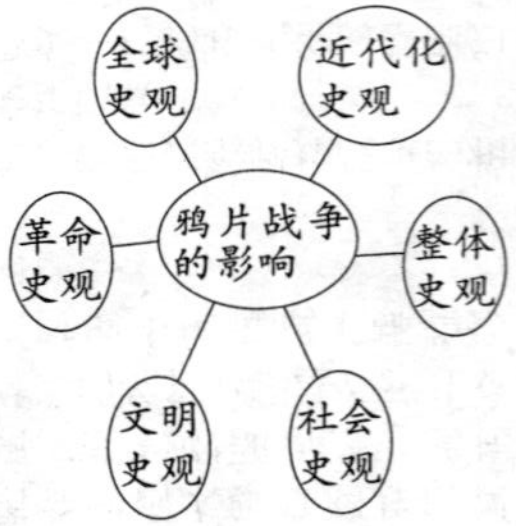 	1分钟 2分钟 3分钟 +2分钟 3分钟 9分钟 9分钟 +3分钟	三、倒置性平台 1. 出示开放性素材：评价鸦片战争带来的影响，可以从哪些历史观去分析? 2. 自由扩张。前后桌讨论，把答案写在微型卡上，限时1分钟，双击掌结束（单元组、板卡，约定）。 3. 汇集整理。左右两小组交换微型卡，补充完善本组答案；小组用手势表示答案数量，选取2~3个小组回答；教师把向度用气泡图汇集在黑板上（板卡，防空、防单一，约定）。 [预设]如果学生不能找完所有的向度，教师要及时引导和补充。 4. 选择向度进行作业。六人小组任选2~3个向度进行分析（其中的文明史观、全球史观、近现代化史观3个向度必选其一），并以图文结构方式呈现在大卡上（防形式单一、防空、防花架子，5L写+合作）。 5. 交互+强化次数。 全班顺时针大动浏览交互，每个学生观摩3~5张大卡，回位后补充、完善本组答案。（板卡，防空，5L看+合作，强化3~5次）。 6. 点讲、精讲、补讲。 小组呈现：选取6个小组分别回答其中一个向度，均时1分钟；其他小组补充完善，总时3分钟。随时对其他成员进行流程性检测（约定，防空讲、防空看、防泡沫，多要素学、限定时间检测口头表达速度，强化6次）。 [预设]教师补讲：如果小组回答和补充不充分，教师进行针对性的精讲、补讲（强化1次）。	
注释或总评：					

历史《一国两制和祖国的统一大业》

教案（原稿）

单位：象州县第二中学 课题：一国两制和祖国的统一大业 执教：×× 科目：历史 学段：高一	3 分钟	10 分钟	13 分钟	13 分钟	6 分钟
[双目标]1. 掌握一国两制构想的形成、运用及未来，理解一国两制构想的科学性，激发学生的民族自豪感。 2. 培养学生综合分析问题和归纳问题的能力。 [重点] 一国两制的运用。 [难点] 一国两制的形成过程 。 [课型方式] 要素组合 [课时形态] 标准课（40+5 分钟）。 [时间]2014 年 6 月。	1. 引入新课。 2. 明确学习目标。	1. 学习“一国两制”构想的提出、目的、内容、意义。 2. 解决学生在 1 中未能解决的知识点。	1. 学习香港、澳门的回归。 2. 思考讨论：香港、澳门为什么能顺利回到祖国的怀抱？	1 学习台湾问题的由来及现状。 2. 台湾回归的阻力是什么？	1. 小结。 2. 情感升华。
	1. 展示镶嵌有香港、澳门特别行政区区徽的行政区图，引出课题。（看） 2. 学生齐读学习目标。	1. 学生带任务看书，把不能解决的问题写在微卡上。（3~4 分钟）（看 + 防假看） 2.1 同桌讨论未能完成的问题。（2 分钟）（讲 + 小动） 2.2 把同桌讨论也无法解决的问题提出来，会的同学先解答，老师再补充完善。（听 + 防与学生为敌）	1.师利用文字图片展示香港、澳门问题的由来、回归的过程及回归后依然繁华的市容街景，体会“一国两制”的科学性。（看、想） 2.1 讨论：香港、澳门为什么能顺利回归？四人小组，4~5 分钟，把成果写在小卡上。（小动 + 防假合作） 2.2 交互小卡，至少交互两个组以上，把看到的记录在微卡上。（防假看） 2.3 师进行流程性检测。	1. 师展示两岸交往的历史画面和两岸人民的骨肉亲情。（看） 2.1 四人小组讨论：妨碍台湾回归的因素有哪些？写在小卡上。（4 分钟）（小动+防假合作） 2.2 共享成果（交互）：小组间交互一次小卡。（小动） 2.3 抽 2~3 个小组汇报。	1. 出示知识框架，由学生进行小结。 2.1 播放歌曲《我的中国心》，会唱的同学一起唱。 2.2 给台湾同龄人的寄语（一句话、一首诗、一句歌词等），写在微卡上，贴在教室的学习园地。 （预设：如果时间不够可以课后继续完成）
总评：					

教案总评

【概况】

这是高中历史必修一第三单元第三课的内容。邓小平提出的“一国两制”的科学构想是推进祖国统一大业的基本方针，香港、澳门相继回归祖国，是“一国两制”构想的成功实践，如何借助这一思路解决台湾问题，完成祖国统一大业，则是本节课具有探究意义的开放性问题。教授这一课，以香港、澳门回归为案例，了解“一国两制”构想的提出背景和过程，理解并掌握“一国两制”构想的含义、地位及实践，认识实现祖国完全统一的有利与不利因素以及实现祖国完全统一对中华民族复兴的重大意义，并鼓励学生对解决台湾问题进行开放性探究。

【亮点】

1. 本教案格式符合 MS–EEPO 图文结构Ⅱ型备课方式的基本要求，能清楚标注概况，合理注明时间，内容、方法能分别写在对应的位置上。

2. 教学目标科学准确，能根据学科特点、教材要求和学生实际来确定，重难点明确。

3. 内容设计恰当，时间安排比较合理，教学流程清晰完整，环环相扣，可操作性较强。如在学习“一国两制”构想的提出、目的、内容、意义时，采用了逐步推进、有难有易的方式；带着任务阅读课文这环节符合新课标的建议——阅读是学生的个性化行为，不应以教师的分析来代替学生的阅读实践，应让学生在主动积极的思维和情感活动中，加深理解和体验；同桌讨论，解决了问题是否有相对应的方案，对学得快、有特长的学生安排有预留项，促进了学生学习兴趣的延伸。

4. 本教案能运用 5J、5F 组织调控课堂，使用也较为合理，既能兼顾课堂氛围也能落实考点，提高教学效率。

5. 作为一节以要素组合课型为主的课，能使用“听、看、讲、想、做”等要素组合和轮换着进行教学，动静转换的时机和次数设置得较合适，对核心要素“想”“做”有具体的设计和操作。

6. 从学科角度分析，该教案既基于教材，又跳出教材，如“给台湾的同龄人的寄语”的设计，提升了“想”的维度，交互了“想”的成果。教师不仅有意识地把学习的主动权交给学生，而且放手让学生自主学习实践，学生从中不仅获取了知识，发展了能力，也获得了成功的喜悦。

【不足及建议】

1. 教学目标的表述不恰当。首先，目标陈述的行为主体应该是学生，而不是教师，如“培养学生……”这样的陈述是不符合新课程标准的要求的。其次，目标的行为动词应尽可能是可理解的、可评估的，而“掌握”“理解”这样的描述过于笼统、模糊，不便于导学、导教、导测评。

2. 流程性检测的方式、方法有待完善。该设计在一些环节使用了流程性检测，但是没说明测什么、怎么测，建议注明检测的方式和内容，以便于实际操作。快速有效的检测能准确及时地了解学生对关键目标的掌握等情况。

3. 单元组活动的方式应做适当调整。原设计均以四人小组开展活动，但超过三次后容易疲劳；整节课只有小动，没有大动。建议在第四环节的“交互”活动中把组内交流改为超大组间交流，这样既与第三环节中 2.2 的交互方式有所区别，也能适时让学生大动。

（点评人：玉林市田家炳中学　裴日春；柳州市高级中学　梁艳春）

教案（点评修改稿）

点评修改人：梁艳春

时间：2014 年 6 月 执教：× × 单位：象州县第二中学 课题：一国两制和祖国的统一大业 学科：历史 学段：高一	3 分钟	10 分钟	13 分钟	13 分钟	6 分钟
[教学目标] 1. 能通过香港、澳门问题的解决，说出“一国两制”构想提出的背景及过程。 2. 能熟练描述并准确记忆“一国两制”构想的含义、地位及实践。 3. 认识祖国统一的历史意义，树立民族自豪感。 4. 形成综合分析问题和归纳问题的能力。 [重点] 用“一国两制”构想解决实际问题。 [难点]“一国两制”的形成过程 。 [课型方式] 要素组合。 [课时形态] 标准课（40+5 分钟）。	1. 引入新课。 2. 明确学习目标。	1.“一国两制”构想的提出、目的、内容、意义。 2. 讨论、质疑和解答。	1. 学习香港、澳门的回归。 2. 思考讨论：香港、澳门为什么能顺利回到祖国的怀抱?	1. 学习台湾问题的由来及现状。 2. 讨论台湾回归的阻力。	1. 小结。 2. 情感升华。
	1. 展示镶嵌有香港、澳门特别行政区区徽的行政区图，引出课题。（看） 2. 学生齐读学习目标。	1. 学生带任务看书，把不能解决的问题写在<u>微卡</u>上。（3~4 分钟）（看 + <u>防假看</u>） 2.1 同桌讨论未能完成的问题。（2 分钟）（讲 + 小动） 2.2 把同桌讨论也无法解决的问题提出来，会的同学先解答，老师再补充完善。（听 + 防与学生为敌）	1. 师利用文字图片展示香港、澳门问题的由来、回归的过程及回归后依然繁华的市容街景，体会“一国两制”的科学性。（看、想） 2.1 讨论：香港澳门为什么能顺利回归? <u>四人小组</u>，4~5 分钟，把成果写在<u>小卡</u>上。（小动 + <u>防假合作</u>） 2.2 组间顺时针传递小卡进行交互，至少交互两个组以上，把看到的不同成果记录在<u>微卡</u>上。（<u>防假看</u>） 2.3 师通过巡视、开火车回答、自由回答的方式检测学生看到了什么，有什么收获。	1. 师展示两岸交往的历史画面和两岸人民的骨肉亲情。（看） 2.1 <u>四人小组</u>讨论：妨碍台湾回归的因素有哪些? 写在<u>中卡</u>上（4 分钟）（小动 + 防假合作） 2.2 共享成果（交互）：<u>超大组</u>顺时针浏览中卡。（看 + 大动） 2.3 师根据中卡完成的情况指名 2~3 个小组汇报。	1. 出示知识框架，由学生进行小结。 2.1 播放歌曲《我的中国心》，会唱的同学一起唱。 2.2 给台湾同龄人的寄语（一句话、一首诗、一句歌词等），写在<u>微卡</u>上，贴在教室的学习园地。 （预设：如果时间不够可以课后继续完成）
注释或总评：					

历史《走向大一统的秦汉政治》

教案（原稿）

学校：玉林市田家炳中学　执教人：××　教材：高中历史必修一　备课方式：平台互动方式　课型：标准课　时间：2014 年 7 月 4 日
内容：走向大一统的秦汉政治

目标	大目标：知道“始皇帝”的由来和郡县制建立的史实，了解中国古代中央集权制度的形成及其影响。 关键目标：专制主义中央集权制度的形成。			
三测	内容提要	时间	关键项方法与策略	反思评价
前测： 一、2 教师浏览检测学生对中国早期政治制度特点识记的情况。 中测： 二、5 对小组进行抽查，检查学生对专制主义中央集权制度的掌握情况。	一、复习旧知识并引入新课 1. 从公天下到家天下是历史发展的一个必然趋势。 2. 西周的分封制和宗法制对整个中国古代政治制度产生了深远影响。 二、学习“走向大一统的秦汉政治” 1.“六王毕，四海一”——大一统局面的形成（秦统一六国的概况）。 2.“海内为郡县”——专制主义中央集权制度的形成（始皇帝名称的由来）。 3.“百官公卿”——专制主义中央集权制度的特点及影响（汉承秦制又有所损益）。	3 分钟 +3 分钟 2 分钟 4 分钟 5 分钟 6 分钟 2 分钟 2 分钟	一、复习中国早期政治制度的特点。 1. 学生独立思考老师提出的问题，并在微卡上以文字形式呈现。 2. 教师浏览全班学生的答案，如果大部分学生已经掌握，则以西周分封制的弊端带来的春秋战国时期混乱割据局面引入新课，如果少于 80% 的学生不能掌握西周分封制的弊端，则先复习西周的分封制和宗法制后再引入新课。 二、标准性平台 1. 关键项：专制主义中央集权制度。 2. 呈现多向度： 向度一：形成条件 向度二：内容 向度三：特点 向度四：影响 向度五：汉承秦制 向度六：专制主义 向度七：中央集权 3. 学生任选 3~4 个向度（内容必选）独立思考，并将答案在小卡上以图文结构式呈现 4. 六人组组内交互，汇集，并以图文结构式呈现在大卡上，倒数数约定停止。 5. 教师浏览，选取 1~2 个分析向度较多的小组展示，并讲解。 6. 其他小组质疑，补充。 7. 教师补讲。	

续表

后测： 强化次数10次左右，原则上可不布置作业或预留少量的课后思考题。	三、模拟情景 设置一个模拟情景：如果你是秦始皇嬴政，统一六国后还有哪些烦恼要解决？通过独立思考和小组讨论，再次深化对封建专制主义中央集权制度的形成的认识和了解。 四、小结和巩固练习。	 2分钟 3分钟 5分钟 2分钟 2分钟	三、构建倒置性平台（不完整性） 1. 呈现开放性素材：如果你是秦始皇嬴政，统一六国后还有哪些烦恼要解决？——皇帝的忧愁。 预设向度：①解除地方割据势力的威胁：推行郡县制。 ②消除少数民族势力的威胁：北击匈奴，南平百越等。 ③解决经济混乱的局面：统一文字，统一度量衡，统一车轨等。 ④改革中央官制：实行三公九卿制。 2. 学生独立思考，并在微卡上以文字形式呈现，以OK手势示意完成作业。 3. 随机六人组，组内交互，汇集，教师选取1个小组在移动板卡上以图文结构式展示汇集结果，其他小组补充，教师点评。 4. 学生根据汇集结果以图文结构式在卡上归纳总结专制主义中央集权制度的形成。 四、教师简单小结并预留一道课后思考题：汉代官僚制度与秦朝相比有何特点？说明了什么？	
备注：				

教案总评

【概况】

这是高中历史必修一第一单元《中国古代的政治制度》的第二课的内容。秦王嬴政统一全国，改“王”为“皇帝”，首次在中国建立起以皇权为中心的中央集权制度。此后，皇帝制度和郡县制度为历代王朝所继承，成为中国封建社会政治体制的基本模式。

教授这一课，需要指导学生掌握“始皇帝”的由来和郡县制度建立的史实，了解中国古代中央集权制度的形成及其影响，重点理解并掌握秦朝中央集权制度的内容及内在联系。

【亮点】

1. 能根据新课标精神、学科特点和学生实际确定教学目标，以学生为目标主体，使用“知道”“了解”等语言表述对学生学习结果的要求。

2. 内容设计恰当合理。第一部分内容对旧知识的复习有助于引入新课，对学生掌握旧知识的情况安排了预设，相对应的时间栏也设计了 3 分钟的预留时间。第二、第三部分的教学内容集中针对关键目标进行设计，有效攀升了强化次数。

3. 能按照平台互动课型的基本流程和操作步骤操作有效地处理关键知识点，攀升强化次数，提高效率。如第二环节“标准性平台”，设计在 21 分钟内完成了三个知识内容的学习，有效地解决了高中教学高速度、大容量的难题。又如第三环节“倒置性平台”设计了一个模拟情景：“如果你是秦始皇嬴政，统一六国后还有哪些烦恼要解决？”这个设计以所学新知为材料，通过独立思考和小组讨论的方法训练了创造性的思维，同时有效提升了关键项的强化次数。

【不足及建议】

1. 教学目标的表述。

“知道‘始皇帝’的由来和郡县制建立的史实，了解中国古代中央集权制度的形成及其影响”是对知识点、考点、能力点的描述，是小目标而不是大目标，且“中国古代中央集权制度的形成”作为关键项，可另行标出。

2. 标准性平台的向度设置和选择。

在第二环节内容标准性平台中，结合关键项设置了七个向度，这七个向度是着眼于学科知识来构建的，但其中的平行度是有问题的，不了解“内容”，就很难了解“特点”和“影响”，所以，建议把相对不平行的向度二、三、四定为必选内容，其他向度可自由选择。

3. 交互的多样性设计。

第二环节和第三环节的两个平台中都采用了教师浏览、选取小组成果的交互方法，这在一定程度上节约了时间，但学生参与的机会和交互效果则大打折扣，而且形式单调，学生容疲劳。如果教师能更多地放权，让学生互教互学，则既能扩大交互面，也能攀升强化次数。

4.5S、5L 的使用。

如第一环节的“1. 学生独立思考老师提出的问题，并在微卡上以文字形式呈现”，设计的时间是 3 分钟，可进一步说明是如何使用 5S、5L 来调控的。

5. “后测”中强化次数为 10 次是不准确的，实际只有 7~8 次左右（第二环节第 3 点学生独立思考写小卡计 1 次，第 4 点组内交互写大卡计 1 次，第 5 点教师选取 1~2 小组成果展示并讲解计 1~2 次；第三环节第 2 点学生独立思考写微卡计 1 次，第 3 点组内交互汇集计 1 次、教师汇集并点评计 1 次，第 4 点学生在卡上归纳计 1 次，合计 7~8 次），因此课后作业的数量应当适当增加。

（点评人：柳州市高级中学 梁艳春）

教案（点评修改稿）

点评修改人：梁艳春

<table>
<tr><td colspan="5">时间：2014 年 7 月 4 日　执教人：× ×　单位：玉林市田家炳中学　内容：走向大一统的秦汉政治
学科：历史　学段：高一　课型方式：平台互动方式　课时形态：标准课（40+5 分钟）</td></tr>
<tr><td>目标</td><td colspan="4">1. 知道“始皇帝”的由来和郡县制建立的史实，了解中国古代中央集权制度的形成及其影响。
2. 理解并掌握中央集权制度的内容及内在联系。（重点、关键项）
3. 能在对历史事件的学习中，培养科学、客观的历史观。</td></tr>
<tr><td>三测</td><td>内　容　提　要</td><td>时间</td><td>关键项方法与策略</td><td>反思评价</td></tr>
<tr><td>前测：
一、2
教师巡视检测学生对中国早期政治制度特点的识记情况。

中测：
二、5
对小组进行抽查，检查学生对专制主义中央集权制度的掌握情况。</td><td>一、复习中国早期政治制度的特点并引入新课
1. 从公天下到家天下是历史发展的一个必然趋势。
2. 西周的分封制和宗法制对整个中国古代政治制度产生了深远影响。

二、学习“走向大一统的秦汉政治”
1.“六王毕，四海一”——大一统局面的形成（秦统一六国的概况）。
2.“海内为郡县”——专制主义中央集权制度的形成（始皇帝名称的由来）。
3.“百官公卿”——专制主义中央集权制度的特点及影响（汉承秦制又有所损益）。
向度一：形成条件
向度二：内容
向度三：特点
向度四：影响
向度五：汉承秦制
向度六：专制主义
向度七：中央集权</td><td>3 分钟

+3 分钟

14 分钟</td><td>一、复习中国早期政治制度的特点
1. 学生独立思考老师提出的问题，并在微卡上，以文字形式呈现。
2. 教师下位巡视，浏览全班学生的答案。
[预设] 如果大部分学生已经掌握，则根据西周分封制的弊端带来的春秋战国时期混乱割据局面引入新课，如果少于 80% 的学生还不能掌握西周分封制的弊端，则先复习西周的分封制和宗法制后再引入新课。

二、（标准性平台）
1. 关键项：专制主义中央集权制度。
2. 呈现多向度。
3. 学生任选向度（5 分钟）（n>4，2、3、4 必选，其他任选）独立思考，并将答案写在小卡上，以图文结构式呈现。
4. 交互（5 分钟）。
4.1 六人组组内交互汇集，以图文结构式呈现在大卡上，倒数数约定停止。
4.2 四个六人组组成超大组，以顺时针走动的方式浏览，看完其他三个组的成果。
4.3 选出 1~2 个分析向度较多的小组作品向全班展示讲解，其他小组质疑、补充。
5. 教师补讲。</td><td></td></tr>
</table>

续表

后测： 强化次数10次左右，原则上可不布置作业或预留少量的课后思考题。	三、说说“皇帝”的忧愁 模拟情景：如果你是秦始皇嬴政，统一六国后还有哪些烦恼要解决？（深化对封建专制主义中央集权制度的内容及内在联系的认识和了解） 预设向度： ①解除地方割据势力的威胁：推行郡县制。 ②消除少数民族势力的威胁：北击匈奴，南平百越等。 ③解决经济混乱的局面：统一文字，统一度量衡，统一车轨等。 ④改革中央官制：实行三公九卿制。 四、小结和巩固练习 课后思考题：你怎样看待秦始皇统一全国这段历史？	20分钟 8分钟 5分钟 3分钟	三、不完整的倒置性平台 1. 呈现开放性素材：如果你是秦始皇嬴政，统一六国后还有哪些烦恼要解决？ 2. 学生独立思考，并在微卡上以文字形式呈现。 （约定：以OK手势示意完成作业） 3. 随机六人组组内交互汇集，请一个小组自愿汇报，在移动板卡上以图文结构式写出汇集结果，其他小组补充，教师点评。 4. 学生根据汇集结果以图文结构式在卡上归纳总结专制主义中央集权制度的内容和内在联系。 四、小结和巩固练习 教师简单小结，PPT展示思考题。	
备注或总评：				

美术《民间美术》

教案（原稿）

<table>
<tr><td>执教者：× ×
单位：玉林实验中学
内容：民间美术
学科：美术
学段：高二年级
课型方式：要素组合</td><td>设计意图</td><td>为让学生初步感受美，走进文本做好准备。这个环节计划用时 5 分钟，通过教师的讲，学生的听，让学生产生对民间美术的兴趣。</td><td>学生自主学习是为了检测学生的表达能力。这个环节计划用时 15 分钟，其中小组代表用时不超过 2 分钟，教师总结点评 2 分钟。学生评比 3 分钟。</td><td>注重学生的情感体验，让学生端正态度，正视民间美术。这个环节计划用时 5 分钟，主要通过“看”来加深学生对民间美术的了解。</td><td>训练学生的实际操作能力，这个环节计划用时 15 分钟。先通过视频观看剪纸、制陶、编织等，再由学生动手做，最后进行评比。</td></tr>
<tr><td></td><td></td><td>导入　5 分钟</td><td>整体感知　15 分钟</td><td>提升感情　5 分钟</td><td>拓展小结　15 分钟</td></tr>
<tr><td>[双目标]
目标 1：
1. 使学生掌握欣赏民间美术作品的基本知识。
2. 培养学生对中国民间美术作品的初步的欣赏能力。
3. 通过动手剪纸，培养学生的动手能力。
目标 2：
激发学生对我国丰富多彩的民间美术的喜爱之情，从而使学生热爱祖国的传统文化，振奋民族精神。
[教学重点] 使学生理解民间美术的创作特色、民间美术在造型上的特点以及审美特征。
[教学难点] 让学生在理解的基础上加以应用。
[课型方式] 要素组合。
[课时形态] 标准课。
[课时] 一课时。</td><td>关键项</td><td>一、导入新课
一根根不起眼的芒竹藤条，在聪明的博白人手里“变废为宝”，“硬”生生变成了“金条”。他们以藤芒为材料，编织出各种精美的工艺产品，出口世界 60 多个国家和地区，2011 年出口创汇 3374 万美元，今年 1~11 月中旬，出口创汇比去年同期增加近 5 个百分点。目前，博白芒编工艺品出口量居全国第一，占国内出口额的 70% 以上，成为中国最大的编织工艺品出口基地。博白就是把民间美术产业化的典型。那么，什么是民间美术呢？</td><td>二、整体感知
（一）民间美术的概述：概念、形式、传承方式、造型、特点等。
（二）民间美术发展现状：全国、广西的现状和发展对策。
（三）玉林民间美术的发展情况
1. 玉林市工艺美术厂主要经营玻璃、镜画、羽毛、绢花、雕塑，尤其是羽毛画在全国有一定的份额。
2. 玉林云天文化宫内的众多木雕作品，也是民间美术的体现。
3. 博白的编织、北流的陶瓷等闻名海内外。</td><td>三、点评升华总结全文，提升感情
（一）中国的民间美术是丰富多彩的，应增强民族自豪感。
（二）世界经济一体化，给民间美术创造了发展机遇，同时也带来了挑战，我们要改变观念，继承优秀文化传统，吸收外来元素，勇于创新。</td><td>四、创新拓展训练
1. 播放一段制作剪纸、陶等的视频材料，激发学生兴趣。分发制作材料及工具，让学生任选自己喜爱的物象及表现形式，制作、设计作品。
2. 完成后收集作品，并把作品分小组挂在板卡上进行展示，由学生以投票的方式评出最佳创作奖，并把课前准备的奖品奖励给优胜者。</td></tr>
</table>

	方法与策略	1. 通过课件展示博白编织、北流陶瓷等立足玉林、走向世界的音频、图片等资料，从而引出主题，让学生感悟民间美术的价值，也更容易接受民间美术。（听＋想＋讲） 2. 学生通过图片感悟民间美术的可贵，表达自己对民间美术的感悟，从整体上了解民间美术的意义。（看＋想＋讲）（5F、5J） 3. 畅谈民间美术，感受美。（要素、5S）	1. 个人学习视频、图片、文字等材料，培养学生看、听、想、思考的能力。（听＋想＋防假）（5J、5F） 2. 先个人探索，找出作品，再同桌互流，四人小组组内试讲导论，师检测 2~3 组并及时点评。（读＋想＋讲＋做＋听＋小动＋防空讲）（单元组、板卡、团队） 3. 欣赏民间美术作品，体会感情，教师检测。（想＋讲＋做＋听＋看＋个人）（5J）	1. 作品欣赏。（看＋想＋讲＋听＋板卡）（5S） 2. 四人小组讨论如何应对挑战，两组汇报，检测三人。（看＋想＋个人） 3. 个人汇报说感受，教师引导。（听＋想＋说）（5J）	1. 个人练习，对作品进行解说，提高语言表达能力训练，教师检测。（想＋写＋做＋讲）（5F） 2. 展望民间艺术今后的发展趋势。（5F、5L、5P）
	评价与反思	这样的导入，让学生对民间美术有了初步的感受，既是一种“预热”，又是一首教学“前奏曲”，有利于学生理解民间美术的相关知识。	学生整体感知美术作品，观看视频、图片等让学生欣赏时有目标、有任务，提高鉴赏、分析能力，培养了自主学习能力。	展示课件中大量的图片资料，拓宽学生的视野。然后让学生谈谈自己对民间美术的感受，激发学生对我国丰富多彩的民间美术的喜爱之情，使学生热爱祖国的传统文化，振奋民族精神。	学生自由畅写对民间美术的感悟，勇于创新，为民间美术的发展、发扬、传承献计献策。

教案总评

【概况】

本课利用社会课程资源进行美术教学，开发和开展以“民间美术”为课题的美术教育活动，体现了新课程标准对高中美术课程的要求，对提高学生的整体素质，发展学生的审美能力，培养学生的创新精神和实践能力具有积极的作用。在高中美术课程中，要鼓励学生在感受、体验、参与、探究、思考和合作等学习活动的基础上，进一步学习基本的美术知识与技能，体验美术学习的过程和方法，形成有益于个人和社会的情感、态度和价值观。

【亮点】

1. 教学目标明确，能较好地根据学科特点，并结合本地的民间美术资源实际进行设计。

2. 教学流程设计完整有序，既体现知识结构和教学意图，又注意突出学生活动的设计。

3. 教学内容与社会生活和学生实际联系紧密，选材新颖，形式多样，能在教材内容的基础上进行适当扩展，有利于感染学生的情绪，激活学生的思维，激发学生的兴趣，同时使关键项的强化次数得到攀升。学生在学习中自然而然地获得知识，提升美的感悟能力，并通过动口、动手、动脑，主动参与到教学过程来。

4. 本节课的课型为要素组合方式，能轮换、组合着使用七要素调控课堂，对核心的“想”和“做”有专门的设计和操作。单元组有二人组、四人组，动静转换基本达到 7~13 分钟进行一次的要求，使用的 5J、5F 对开展“动中学”有一定实效。能合理利用七要素创设机会，让学生在言语实践中学习表达，在积极想象中发展思维，在交流探讨中提高合作，在动手制作中分享成果，体现了要素组合方式看似简单实则丰富的课型魅力。

【不足及建议】

1. 此教案采用的是 MS–EEPO 图文结构Ⅱ型备课方式，略做了变形，基本概况和时间安排标注清楚，不足的是“内容提要”和“关键项”混淆不清。

2. 在目标的设置上，建议突出重点。在目标的表述上，行为主体应定位于学生而不是教师，目标应描述可观察的学生行为及结果，以便教师更好地进行导学、导教、导测评。

3. 教学内容的安排应突出教学重点。从该教案的重点“使学生理解民间美术的创作特色、民间美术在造型上的特点以及审美特征”来看，环节二“整体感知”、环节三“点评升华”应是与这一重点相对应的内容，应当保证时间，循序渐进，由了解基本知识到形成欣赏能力，再进行思维拓展；环节四安排的设计制作民间艺术作品，建议留到课后，或另设一个课时。

4. 教案体现了应用 5J、5F 组织调控课堂的意识，但是标注不够清楚，此外，如何使用何种板卡、如何进行约定、如何表达呈现，均未有具体的设计。环节四标注了 5L、5P，但没有体现实际应用点。考虑到本节课内容丰富、形式多样、主动权下放等具体情况，且学习方式的使用会直接影响教学设计在实际课堂的实现，因此，教师应对 5J、5F 细致考虑和充分应用，更好地组织调控课堂，开展好学习活动，实现真正的有效教育。

（点评人：玉林市田家炳中学　裴日春；柳州市高级中学 梁艳春）

教案（点评修改稿）

点评修改人：梁艳春

执教：×× 单位：玉林实验中学 内容：民间美术 学科：美术 学段：高二	5 分钟	15 分钟	15 分钟	10 分钟
[教学目标] 1. 能说出民间美术作品的基本知识。 2. 能对创作简单的民间艺术品提出构想，形成艺术思维能力和创造能力。 3. 形成对民间美术作品的初步欣赏能力，激发对丰富多彩的民间美术的喜爱。 [重点]能说出民间美术的创作特色、造型上特点以及审美特征。 [难点]在了解基本知识的基础上提出创作构想。 [课型方式]要素组合。 [课时形态]标准课。 [课时]标准课（40+5 分钟）。	一、导入 1. 导入新课。 教师出示博白编织、北流陶瓷等立足玉林、走向世界的音频、图片等资料。 2. 学生畅谈感悟，了解民间美术的意义。	二、整体感知 1. 民间美术概述（概念、形式、传承方式、造型、特点等）。 2. 学生运用以上知识对玉林民间美术进行欣赏。	三、点评升华 1. 欣赏丰富多彩的中国民间美术作品。 2. 世界经济一体化给民间美术提供的机遇、提出的挑战，其应具有的发展策略。	四、创新拓展 1. 任选自己喜爱的物象及民间美术表现形式，进行初步的创作构想。 2. 布置课后创作任务。
	1. 课件展示资料，引出主题，接近民间美术。（看＋想） 2. 学生开火车谈感悟，教师适度讲解民间美术的意义。（想＋讲，防空看）	1. 个人学习视频、图片、文字等材料。（看＋想）5 分钟 2. 用民间美术的基本知识欣赏玉林民间美术作品。 2.1 教师 PPT 展示作品。3 分钟 2.2 个人思考，写小卡。3 分钟 2.3 四人小组内交流，师通过提问检测 2~3 组并点评。4 分钟 （看＋想＋讲，小动＋防空看）	1.PPT 视频展示中国民间美术作品及现状。（看） 2. 四人小组交流讨论中国民间美术的现状、挑战和对策，写在大卡上。 3. 超大组顺时针浏览交互。（看＋想，大动） 4. 投票选出 2~3 组汇报，教师引导补讲。	1. 个人独立思考，把构想写在小卡上。（想，防空想） 2. 同桌交流，补充完善。 3. 让选择相同表现形式的学生组成随机组，组内交互交流补充完善。（讲＋想，随机组） 4. 课后完成作品创作。
注释或总评：				

英语 Unit 5 Canada—— The True North

教案（原稿）

教学要素	导入 5 分钟	快速阅读 5 分钟	细读课文 25 分钟	小结 & 课后拓展 5 分钟
日期：2014 年 5 月 27 日 授课人：× × 学校：玉林市田家炳中学 学科：英语 学段：高一 内容：Unit 5 Canada——The True North				
[教学目标] 1. 提高学生快速阅读，从细节提取信息的能力。 2. 学生能自主归纳整理加拿大五个城市的相关信息。 [教学重难点] 学生懂得根据关键词用自己的话描述某一城市。 [课型方式] 要素组合方式。 [课时形态] 标准课。	1. 学生独立思考，在微卡上写出加拿大的相关信息。 How much do you know about Canada? 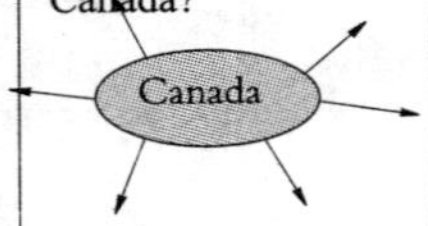 2. 二人小组交互、分享，老师点评补充。（防泡）（想 + 做 + 小动）	学生速读课文，画路线图。 ①学生快速浏览课文，完成主人公旅游加拿大的路线图。（ 看 + 做 ）4 分钟 ②让 1 名学生在黑板上连线，全班点评。（看）1 分钟 Vancouver—Calgary—Thunder Bay—Toronto—Montreal	细读课文，小组合作。 ①抽签分配任务，每两组选择一个城市。学生独立思考，从课文中找出描述城市的段落，加上学生自己已有的知识，用图文结构在小卡上写出描述该城市的关键词。（防空）（ 看 + 做 ）5 分钟 ②六人小组顺时针交互，把成果展示在大卡上。（做 + 小动）5 分钟 ③选同一城市的两个大组各派一名代表根据关键词口头描述该城市，PK 选出一名代表在全班同学面前展示。（防单一）（听 + 学科文化约定）12 分钟 ④ 老师点讲、补讲。（ 看 + 听 ）3 分钟	1. 小结：点两名学生口头总结本节课所学知识。（ 防泡 ）（听 ）4 分钟 2. 布置课后作业：学生任选一个喜欢或熟悉的中国城市，写书面作文，下节课用关键词展示介绍。（ 想 + 做 ）1 分钟
总评：				

教案总评

【概况】

本单元是围绕两位女孩的加拿大之旅展开的，通过她们的途中见闻，向我们展示了加拿大的一些基本概况，包括它的地理位置、面积、地貌、主要城市、生态环境、风土人情及其多元文化。通过学习本单元，学生对加拿大将有更多的了解，并学会使用地图，学会方向与位置的表达法以及名词性从句中同位语从句的用法。

教材“导入”部分提供了一个关于加拿大概况的小测试，目的是激活学生已有的知识，为进入本单元的学习作好准备。

教材“快速阅读”部分以游记的形式记述了两位女孩在加拿大的见闻。学生通过学习课文，掌握新的词汇句型和游记的写法，提高阅读能力。

教材“细读课文”部分由三部分组成：回答问题、写出正确信息和画出旅游路线图。此部分不仅检查学生对细节的把握，而且检测学生根据课文内容进行推理和判断的能力以及读图能力。要求学生在地图上画出文中人物横穿加拿大的路线图，使零散的信息有机地串联起来，有助于学生抓住行文的线索。

本教案将“导入”部分与“快速阅读”“细读课文”部分放在同一课时教学，设计了一节精读课。

【亮点】

1. 教案格式。本教案采用的是 MS–EEPO 图文结构 I 型备课方式，教案格式基本符合要求，能在各个部分上安排合适的内容，把教案内容和教学方法、策略融合在一起，突出教学方法、策略，淡化教学内容。在时间轴上明确地标出了教学时间分配，在每个教学步骤上都标出了教学用时，保证了教学设计的可执行性。

2. 教学内容。教学内容的设计安排上比较清晰，先速读课文提取相关信息，再学习归纳描述城市的相关词语。此外，教学内容的安排与教学目标之间有较高的关联度，教学目标在教学过程中得到了体现。

3. 本节课的课型为要素组合方式，在教学方法策略的设计上运用了 5J 中的单元组和板卡，在教学过程中安排了 1 次二人小组活动和 1 次六人小组活动。两次动静转换的时间间隔比较科学，能有效地恢复学生注意力，也能发挥学生的人力资源作用。

【不足及建议】

1. 本教案的最后有一栏“总评或备注”，要补充完整。

2. 教学目标 2“学生能自主归纳整理加拿大五个城市的相关信息”与教学重难点“学

生懂得根据关键词用自己的话描述某一城市”不一致。

3. 教学重难点内容不够突出。“学生懂得根据关键词用自己的话描述某一城市”在教学中用时不够。

4. 某些环节的时间安排不够合理。“细读课文”这个环节的第③步骤安排了12分钟，但操作设计得不够科学，耗时过多。

5. 达成教学目标的方式方法不够丰富。实现“提高学生快速阅读，从细节提取信息的能力”这个目标，只安排学生自己看书是不够的，缺少必要的检测。

（点评人：广西教育学院　梁秀清；柳州市高级中学　梁艳春）

教案（点评修改稿）

点评修改人：梁艳春

时间：2014 年 5 月 27 日 授课人：× × 单位：玉林市田家炳中学 内　容： unit 5 Canada——The True North 学科：英语 学段：高一				
教学要素	导入　5 分钟	快速阅读　5 分钟	细读课文　25 分钟	小结 & 课后拓展　5 分钟
[教学目标] 1. 在快速阅读课文后能抓住关键信息，画出旅游路线图。 2. 细读课文后把握细节和关键词，对五个城市中的一个进行口头描述。（重点） 3. 能模仿课文中游记的写法，使用新学到的词汇句型，写一篇介绍中国城市的短文。（难点） 4. 提高英文速读和细读的能力，以及口头、书面表达能力。 [课型方式] 要素组合方式。 [课时形态] 标准课(40+5 分钟)。	学生独立思考，在微卡上写出加拿大的相关信息。 How much do you know about Canada? 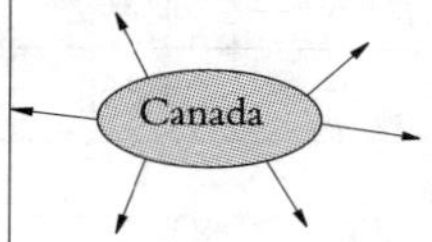 2. 同桌二人组交换微卡交流分享，老师点评补充。 （ 想 + 做 + 小动，防泡沫 ）	1. 学生快速浏览课文，在小卡上画出主人公旅游加拿大的路线图。（ 想 + 做，防空看 ）3 分钟 2. 四人小组顺时针交换小卡，交流共享。同时请若干学生到黑板上连线。（小动，防单）2 分钟 3. 全班点评。（看）1 分钟 路线图提示： Vancouver—Calgary—Thunder Bay—Toronto—Montreal	1. 四人组选择一个城市，独立细读描述城市的段落，加上已有知识，用图文结构在小卡上写出描述该城市的关键词。（看 + 想 + 做，防空看）4 分钟 2. 组内交互，把成果汇集在大卡上。（ 做 + 小动 ）5 分钟 3. 选同一城市的四人组组成超大组，抓住关键词口头描述该城市。（大动，防单）5 分钟 4. 超大组 PK 出的组代表向全班同学面前展示。5 分钟。 ④ 老师点讲、补讲。5 分钟。	1. 小结本节所学内容。1 分钟 2. 短文写作：任选一个喜欢或熟悉的中国城市，模仿课文的游记写法，使用新学到的词汇句型，写书面作文。（ 想 + 做 ）5 分钟 +4 分钟 [预设] 如果大部分学生能完成要求的字数，请先完成的若干学生在全班朗读自己的作文。如果大部分学生未完成，则安排在下一课时朗读展示。
注释或总评：				

英语 高考英语短文改错

教案（原稿）

<table>
<tr><td>概况</td><td>学科：英语</td><td colspan="6">内容：英语短文改错 学校：天峨县高级中学 教师：×× 班级：高二 125 班</td></tr>
<tr><td rowspan="3">双目标</td><td rowspan="3" colspan="2">大目标：培养学生高考英语短文改错的能力。
小目标：1. 能整理高考短文改错常见考点；2. 会运用考点解决短文改错的问题。</td><td>关键项</td><td>高考英语短文改错的常见考点及其运用。</td><td rowspan="3">课型：平台互动方式</td><td rowspan="3" colspan="2">课时：标准课（40 分钟）</td></tr>
<tr><td>重 点</td><td>掌握高考短文改错常见考点及解题技巧。</td></tr>
<tr><td>难 点</td><td>掌握各考点在短文中的实际运用。</td></tr>
<tr><td>三测</td><td>内容与过程</td><td>时间</td><td colspan="4">方法与策略</td><td>反思与评价</td></tr>
<tr><td>前测：检查学生短文改错的基础知识。</td><td>一、观察材料并尝试找出尽可能多的短文改错考点。</td><td>7 分钟</td><td colspan="4">一、倒置性平台
1. 出示教学素材：一篇 2013 年高考短文改错的短文。
2. 学生进行思维扩张，个人尽可能多地把考点写在微型卡上。（防空）（看 + 想 + 做）
3. 四人小组进行交流，把考点汇集在小卡上，老师巡视。（防假）（想 + 做 + 小动）
4. 团队展示学习成果：各小组把考点写在黑板上，老师和学生一起将各小组的考点进行归类，汇集整理成标准形态。（防花架子）（想 + 讲 + 做）</td><td rowspan="3">体现了课堂的开放性、自主性，探究性，更突出体现了学生在整个课堂的主体作用。在这个环境中，学生感受到了学习的乐趣，真正做到了自主学习、共同合作和探究。人人参与，变被动为主动，课堂气氛非常活跃。同时又能使知识点的强化次数得到快速的攀升，大大地提高了课堂的学习效率，最关键的是让学生尝到了成功的喜悦。</td></tr>
<tr><td>中测：教师出示练习题，检测学生理解、掌握英语短文改错考点的常用解题方法及应用情况。</td><td rowspan="2">二、总结归纳各个考点的常用解题方法。</td><td rowspan="2">12 分钟</td><td rowspan="2" colspan="4">二、标准性平台
1. 根据以上汇集整理，同时呈现多向度平台。
向度：①形容词，②副词，③名词，④代词，⑤动词，⑥冠词，⑦介词，⑧非谓语动词，⑨从句 ，⑩词 and/or/but/so 等，⑪语感，⑫肯定、否定，⑬反义词……
2. 八人小组，每个小组任选 2~N 个向度进行探究，将每个考点的常用解题方法写在小卡上。讨论结束后，各小组把解题方法写到黑板上。（防假交流、防假合作）（想 + 做 + 小动）
4. 教师点评、归纳和补讲，得出以下解题方法：（用气泡图和口诀两种形式归纳）（听 + 看 + 想 + 讲）
①形容词：考虑等级比较或变副词等；②副词：考虑等级比较或变形容词等；③名词：单复数、去留冠词；④代词：主格 / 宾格 / 词性 / 性别是否对上号 / 单复数是否对上号等；⑤动词：考虑时态 / 语态 / 语气 / 非谓语动词等；⑥冠词：a/an/the 去留；⑦介词：短语搭配；⑧非谓语动词：to do/V-ing/V-ed 的选用；⑨从句：引导词 / 时态一致 / 语序等；⑩连词 and/or/but/so 等：and/or/but/so 等选用；⑪语感：凭语感下结论；⑫肯定、否定：肯定、否定互变；⑬反义词……</td></tr>
<tr><td>后测：本节课的强化次数达 11 次以上，学生基本能够掌握，但英语短文改错比较复杂，要经过大量练习才能熟能生巧，所以需要布置课外作业。</td></tr>
</table>

续表

	三、实战演练，巩固强化	17 分钟	三、巩固练习 1. 教师出示两套练习，学生以八人小组任选一套题，讨论完成后，用大卡展示在教室四周。（做中学） 2. 组间交互浏览作品，在本组认为最佳作品上打√。（看 + 想 + 大动） 3. 每套练习的最佳小组代表点评，教师点评、强化。（进行流程性检测“明白与不明白”（防泡沫）	
	四、小结归纳，强化巩固	1 分钟	四、教师小结归纳，巩固强化，学生朗读短文及口诀。（想 + 讲）	
	五、布置课后作业	1 分钟	五、教师布置课后作业。	
注释与总评：因为课堂存在不确定性，所以预留了两分钟时间。				

板书设计

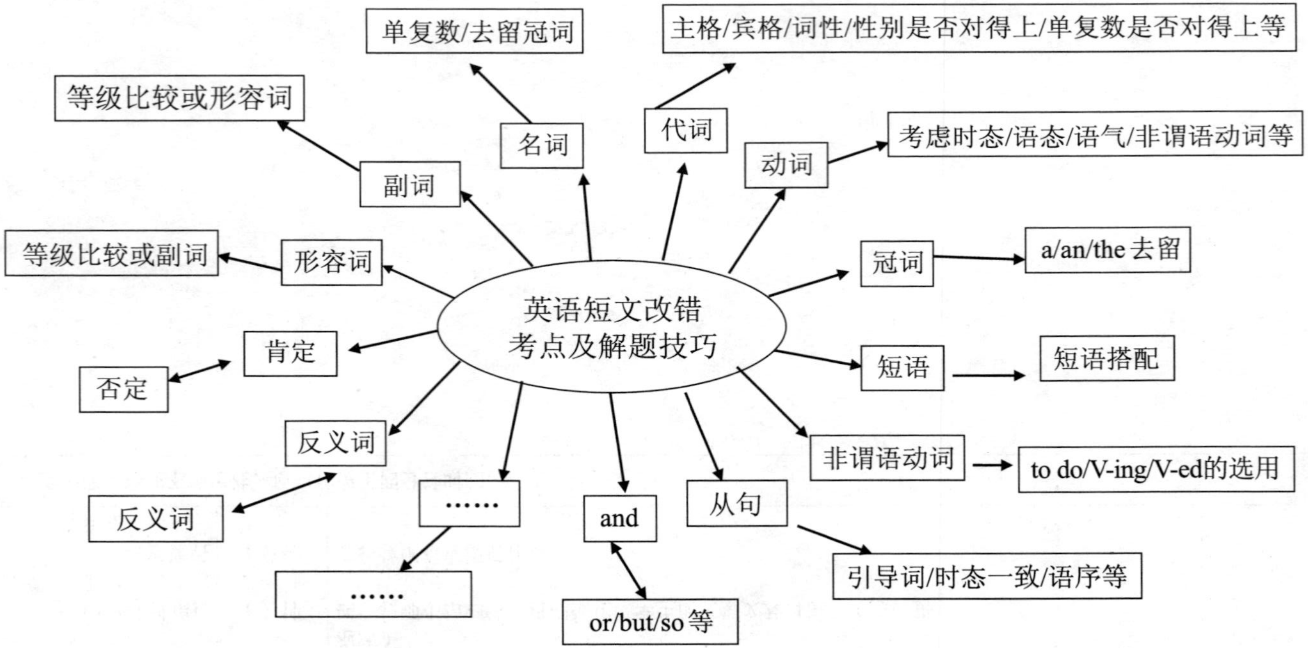
英语短文改错
考点及解题技巧
名词
单复数/去留冠词
代词
主格/宾格/词性/性别是否对得上/单复数是否对得上等
动词
考虑时态/语态/语气/非谓语动词等
冠词
a/an/the 去留
短语
短语搭配
非谓语动词
to do/V-ing/V-ed的选用
从句
引导词/时态一致/语序等
and
or/but/so 等
……
……
反义词
反义词
肯定
否定
形容词
等级比较或副词
副词
等级比较或形容词

短文改错顺口溜

名词爱考“数”与“格”，冠词在前“错”“多”“少”。

介词多半考搭配，多、漏、误用想周到。

动词时态和语态，非谓动词何式了。

遇到 and 想一致， 若转 but 来更换。

代词指代要一致，定宾主表认真选。

正反肯否要判断，实在为难找语感。

形容副词互扰乱，何种级别是重点。

从句多考引导词，句法涉及到“一致”。

副词修饰形副动，名词前面常用形。

词法句法均未错，逻辑推理去寻找。

牢记上述十大条，做起题来快又好。

教案总评

【概况】

短文改错是历年英语高考命题的必考题型之一，是集多项语法规则和多种语言技能于一身的综合性试题，具有题型小、灵活性大、覆盖面广、综合性强、测试层次多的特点。短文改错题并不是单纯地检测语法知识，其要突出的是检测考生在改错和书写的过程中，在语篇和上下文理解中运用语言知识去解决实际语言问题的能力。具体来说，短文改错主要检测考生发现、判断、纠正文章错误的能力，以考查考生的语言基本功和正确使用英语进行表达的能力。

尽管短文改错涉及词汇、语法、句型结构等多方面的知识、逻辑情理的推断能力和综合辨析能力，但它也是有一定规律可循的，纵观近几年的高考试题以及平常的模拟考试，可以发现短文改错一般有十大设误类型，抓住这十大类型进行有针对性的指导，可快速突破重点，提高该题得分率。

【亮点】

1. 本教案格式基本符合 MS–EEPO 板块结构Ⅱ型的要求，“内容提要”“方法策略”分开书写并一一对应，概况和目标表述准确，位置正确。

2. 能根据课标精神、学科特点和学生实际确定教学目标，体现了知识性、个性、创造性“三性合一”的原则。能正确区分大目标和小目标，以学生为目标主体描述学生的学习行为和结果，清晰标注出关键项、重点、难点。

3. 教学流程的设计大致为：观察寻找→总结归纳→实战演练→小结归纳→作业布

置，思路清晰，循序渐进。本教案以英语短文改错题型的归纳和运用为主线，通过学生合作学习来解决问题，师生共同归纳概括，构建学生自身的知识体系，形成简单的记忆口诀，方便理解和应用。

4. 本节课采用的是 MS–EEPO 课型方式中的平台互动方式，倒置性平台具有开放性；教师预设的向度基本满足自由度、平行度、多向度的原则；交互环节给了学生互教互学的机会，也使得强化次数攀升到相应幅度；设计的教师点讲，便于查缺补漏和强化要点。

5. 教案设计了四人小组一次，八人小组两次来开展合作学习，采用组间交互浏览作品等学习方式进行交互，针对关键项的落实能有意识地使用 5F 来防止假学、假做。

【不足及建议】

1. 教案格式。时间栏标注不够具体，只标了大环节的时间，未标注关键环节的操作时间，会影响教案的可执行性。“反思与评价”一栏是留给授课者写教后反思或为听课者写听课评价用的，设计教案时应留空。

2. 教学内容。在一个课时内安排以上内容，感觉稍满了。原设计第二环节中的第 2 点“每个小组任选 2~N 个向度进行探究”，如果不能做到深入充分，就会容易出现浮于表面、总结得不全面、领会不深刻的情况。在倒置性平台中，学生进行思维扩张后汇集的向度一定非常多，建议教师进行归类，挑出最常考的若干向度来进行作业。在需要进行作业的平台中，5~7 个向度为宜，7 个以上为多，建议把难度相对较高、命题频率相对较低的向度作为预留项，安排给学得快、有特长的学生来选择。

3. 这节课的课型是平台互动方式，原稿中的“一、倒置性平台”和“二、标准性平台”应该同属倒置性平台，不应分成两个平台来表述。一个完整的倒置性平台有六步：1. 出示开放性素材，2. 学生提出问题、方案、建议等，3. 汇集 + 整理成标准形态，4. 学生个人 / 小组 / 团队任选若干向度进行作业，5. 交互 + 强化次数，6. 点讲精讲补讲。

4. 建议使用 5S、5L 来调控管理课堂。由于使用板卡、展示交流、探究的机会较多，因此科学运用 5S、5L 来指导和训练学生的学习和开展活动，能更好地促进教学目标的达成和教学过程的顺利进行。

5. 关于三测。在课堂上进行快速流程性检测，可对学生的学习方式和相关学科内容掌握的程度进行检测反馈和处理。应该在教案中有具体描述：在哪一个环节检测？用什么方式检测？如果检测结果达不到要求应如何应对？因此，要有对可能出现情况的预设，有预留项、预留时间，以便根据检测反馈的情况及时进行调整。

（点评人：玉林市田家炳中学　裴日春；柳州市高级中学　梁艳春）

教案（点评修改稿）

点评修改人：梁艳春

概况	教师：×× 单位：天峨县高级中学 内容：英语短文改错 学段：高二 学科：英语 课型：平台互动方式 课时：标准课（40+5 分钟）			
双目标	大目标：培养学生高考英语短文改错的能力。 小目标：1. 能整理高考短文改错常见考点； 2. 会运用考点解决短文改错的问题。 重点：掌握高考英语短文改错常见考点并能运用，归纳解题技巧。 难点：掌握各考点在短文中的实际运用。			
三测	内容与过程	时间	方法与策略	反思与评价
前测：一、3 教师通过下位巡视的方式检测。 [预设]如果80%的学生不能在规定时间内找出80%以上的考点，启用预留项和预留时间，阅读短文改错考点的材料。	一、观察材料，寻找考点 观察材料，找短文改错考点；总结归纳各个考点的常用解题方法。	20+3 分钟 1 分钟 3 分钟 +3 分钟 4 分钟 4 分钟 4 分钟 5 分钟	一、倒置性平台 1. 出示教学素材：一篇 2013 年高考短文改错的短文。 2. 学生个人进行思维扩张，针对这篇短文提出尽可能多的考点，写在微型卡上。（看 + 想 + 做，防空看，5S、5L，看，约 150 个单词，写 50 字以下，预留思考时间） 【预留项】补充相关材料，学生个人阅读材料。 3. 四人小组进行交流，汇集考点，写在卡条上，张挂在教室四周；师生移动卡条并归类，整理成标准形态。（想 + 做 + 小动，防花架子，防假合作） 4. 组成八人小组，每个小组任选 2~N 向度进行探究，将每个考点的常用解题方法写在大卡上，张挂在教室四周。（想 + 做 + 小动，防假合作） 5. 交互 + 强化次数。 全班顺时针大动浏览，至少看一半以上的组，携带小卡并做记录。教师随机抽查 10 人以上的笔记。（5S、5L，看，约 200 字，大动） 6. 教师点评、归纳和补讲，用气泡图和口诀两种形式归纳。（看 + 想）	
中测： 二、1 教师通过下位巡视和抽查的方式检测。 二、2 教师通过小组交换评分的方式进行检测。 [预设]如果得分率达不到80%，则增加课后作业。	二、实战演练，巩固强化。	15 分钟 5 分钟 5 分钟 5 分钟	二、巩固练习 1. 教师出示两套练习，学生以八人小组任选一套题进行作业，完成后，用大卡展示在教室四周。 （做中学，小动） 2. 教师 PPT 出示参考答案，相邻两组间交换作业，互相评分。（看 + 想，小动） 3. 教师提问、点评、强化。（防泡沫）	

后测：强化次数8次左右，根据中测情况布置1~2篇短文改错的课后作业。	三、小结归纳，编制口诀	5+2 分钟	三、师生共同小结归纳，学生朗读短文及口诀。（想 + 讲） 【预留项】课后作业：完成 1~2 篇短文改错。	
注释与总评	【预设的向度】 ①形容词，②副词，③名词，④代词，⑤动词，⑥介词，⑦非谓语动词，⑧固定结构，⑨定语从句，⑩其他常用词，⑪语感，⑫肯定、否定……（①～⑦为推荐向度，⑧之后为预留向度，学得快、有特长的学生备选） 【英语短文改错常见考点及解题方法】 ①形容词：考虑等级比较或变副词等；②副词：考虑等级比较或变形容词等；③名词：单复数、去留冠词；④代词：主格 / 宾格 / 词性 / 性别是否对上号 / 单复数是否对上号等；⑤动词：考虑时态 / 语态 / 语气 / 非谓语动词等；⑥冠词：a/an/the 去留；⑦介词：短语搭配；⑧非谓语动词：to do/V-ing/V-ed 的选用；⑨从句：引导词 / 时态一致 / 语序等；⑩连词 and/or/but/so 等：and/or/but/so 等选用；⑪语感：凭语感下结论；⑫肯定、否定：肯定、否定互变……			

语文　新材料作文的审题立意

教案（原稿）

基本概况	时间：2014 年 7 月 7 日　执教者：××　单位：来宾实验高中 内容：新材料作文的审题立意 学科：语文　学段：高三　课型方式：平台互动方式　课时形态：连排课（40+40 分钟）
目标	1. 在作文审题立意的训练中，培养多种思维能力和思维品质。 2. 能了解新材料作文的特点和审题立意的要求，能运用发散、逻辑、辩证等思维方法进行审题立意，提出的立意既“稳准”又有独到之处。 3. 对同一则材料能提出三个以上角度的立意，在标题和开头段（不超过 150 字）能明确、快捷地表明观点。 重点：能运用多种思维方法进行“稳准”的审题立意。难点：立意要有独到之处。

检测		内容提要	时间	方法 & 策略	反思 / 评价
前测	二、3 教师通过巡堂查看，了解学生在新材料作文立意方面的情况和存在的问题。	一、了解 5 年高考作文命题趋势和特点（《三维总复习》专题十二） 二、通过练习 2014 年高考作文“山羊过独木桥”，认识审题立意的要求 三、审题立意如何做到稳准、独到? 向度 1：直觉联想 向度 2：抓关键词 向度 3：由物及人 向度 4：扬褒抑贬 向度 5：由果溯因 向度 6：提炼中心 向度 7：多向辐射 向度 8：辩证分析	5 分钟 15 分钟 2 分钟 3 分钟 5 分钟 5 分钟 30 分钟 5 分钟 10 分钟 10 分钟	一、 1. 学生个人阅读材料（5S、5L：看 800 字 =2 分钟） 2. 教师提问检查。 （5S、5L：说 30 字 ×10 人 =2 分钟，预留 1 分钟补讲，防假看） 二、 1. 阅读材料“山羊过独木桥”。（5S、5L：看 200 字 + 想） 2. 个人在微型卡上写由这个故事引发的任何想法。 （5S、5L：写 20~50 字 + 想；检测：开火车发言） 3. 二人组交换想法，再扩张，写在微型卡上。 （5S、5L：写 20~50 字 + 讲 + 想；检测：提问，防泡沫） 4. 教师点讲，重点强调审题立意稳准、独到的要求。 三、（标准性平台） 1. 教师提出相对开放的话题。 2. 教师呈现多个向度，并做精要讲解。 3. 学生个人任选向度，根据 2012 年高考作文题“修船工的故事”提出 1~3 个立意角度，写在微型卡上。写得快的学生可以多选。 （5S、5L：看 300 字 + 想，写 20~60 字；检测：下位巡视） 4. 团队合作，浏览交互。	

续表

中测	三、3 根据学生提出立意的情况，确定下一环节交互和强化的方式和方法。		5 分钟	【预设】 （1）如果大多数学生写出的立意在 0~1 个，就先在团队内传阅交互成果，修改完善后汇总，写在大板上，再走动浏览交互，每人至少看 3 个以上团队的成果。（5S、5L：写 60~150 字 + 看 180~450 字 =5 分钟，预留走动思考记录时间 5 分钟；强化：个人 1 次 + 团队 5 次 + 浏览 3 次，一共 9 次，防空） （2）如果大多数学生写出的立意大于 2 个，则个人把成果写在大卡条上，团队汇总后，用磁钉钉在大板上展示，学生走动浏览交互，每人至少看 4 个以上团队的成果。（5S、5L：60~150 字 + 看 180~450 字 =5 分钟，预留走动思考记录时间 5 分钟；强化：个人 2 次 + 浏览 7 次，一共 9 次，防空） 5. 教师补讲。	
		四、写作练习	30 分钟	四、根据高考作文题“修船工的故事”写一段开头段落（100~150 字）。	
			10 分钟	1. 学生个人独立完成，写在小卡上。（5S、5L：写 100~150 字 + 想；检测：教师根据学生层次下位抽阅，防泡沫；强化第 10 次）	
后测	强化次数 ≥ 12 次，原则上不布置课后作业。		20 分钟	【预设】如果写得慢，或发现的问题比较多，教师做补讲后再进行下一项。写得快的学生可以再写一道题。 2. 团队内传阅、互评，教师检测后点讲。（强化次数 ≥ 12 次）	
注释或总评	1.2012 年高考（课标全国卷）作文材料 船主请一位修船工给自己的小船刷油漆。修船工刷漆的时候，发现船底有个小洞，就顺手给补了。 过了些日子，船主来到他家里道谢，送上一个大红包。 修船工感到奇怪，说：“您已经给过工钱了。” 船主说：“对，那是刷油漆的钱，这是补洞的钱。” 修船工说：“哦，那只是顺手做的一件小事……” 船主感激地说：“当得知孩子们划船去海上之后，我才想起船底有洞这事儿，绝望极了，觉得他们回不来了。等到他们平安归来，我才明白是您救了他们。” 2.2014 年高考（课标全国卷 I）作文材料 “山羊过独木桥”是为民学校传统的团体比赛项目。规则是，双方队员两两对决，同时相向而行，走上仅容一人通行的低矮独木桥，能突破对方阻拦成功过桥者获胜，最后以全队通过人数多少决定胜负。因此习惯上，双方相遇时，会像山羊抵角一样，尽力使对方落下桥，自己通过。不过，今年预赛中出现了新情况：有一组比赛，双方选手相遇时，互相抱住，转身换位，全都顺利过了桥。这种做法当场就引发了观众、运动员和裁判员的激烈争论。 事后，相关的思考还在继续。				

教案总评

【概况】

新材料作文的最大特点是在整体基础上的多样性和多向性，由此引发思维的多向度和新颖性、创造性。在这一方面，MS–EEPO 教学系统有强大的处理优势。

审题与立意是新材料作文中一个问题的两个方面，既密不可分，又相互独立。审题强调稳准，立意注重独到，思维过程各有不同，思想方法方向各异，学生只有将它们相互融合，才能写出好文章。从现代知识理论的角度来看，新材料作文的写作技能作为一项复杂的技能，由审题和立意这两项同样是复杂技能的下位技能构成；而从学习理论的角度来看，复杂技能只有转化为简单技能，学习效率才会提高。因此，学习审题立意这项技能，应该将审题技能和立意技能分别训练好之后，再加以组合式的综合训练，这比囫囵吞枣的训练更为有效。国内教案设计中，也有不进行分式训练而直接进行综合训练的情况，但条件通常是学生较为优秀，写作功底较好，或者是之前已经有至少一项下位技能基本训练到位。

审题能力是基于阅读理解的判断与概括能力，运用要素组合方式可以处理和训练之。立意能力是基于审题结果的思维评价能力，注重思维角度的变换，评价深度的拓进，以及因思维的新颖与创新而产生的说明、展示、描述、辩理，平台互动方式为之提供了强大的训练后台。

【亮点】

1. 使用平台互动方式对立意技能进行数量扩张，可以使学生形成强大的思维张力和思维习惯，本节课对此选择得当。

2. 对开放性话题的多向度训练的设计，符合平台互动要求，设计比较精妙。

3. 预留项对复杂技能的教学是十分必要的，本案对此予以了高度重视和可靠的安排。

【不足及建议】

从 MS–EEPO 有效教育的角度来看，本案设计形似而神不足，主要表现在：

注重攀升强化次数，有了“形”，但关键项是什么并没有选准。从设计方面来看，选择了不同的立意为强化的关键项，因此强调在浏览互动中看各团队的立意成果，达到了规定浏览次数的团队即算完成任务。可以断言，这样的设计必然无法完成本课目标2中“立意既稳准又有独到之处”的教学任务，因为仅凭浏览和积累一些立意成果，是不能让学生掌握提出独到立意的能力的。所以，本案设计者虽然看到了本课教学的“神”，把“立意的独到之处”列为难点，但并没有重视，因为通篇未见设计者如何处理这个难点的设计与安排，因此导致了“形”（强化次数）、“神”（独到立意）不一的遗憾。

建议：

1. 把需要强化的关键项明确提出来：本课强化的不是各种立意，而应该是产生立意成果的思考方式（与设计者提出的8个向度结合起来）、思路历程，以及各种立意的价值和独到之处。原关键项的强化是对知识（立意成果）的强化，偏离了思维训练的宗旨，建议改为对思维过程、思维向度和本课难点的直接强化。

2. 在浏览时明确交互要求：各人在浏览规定数量的团队成果后，要选出其中最具独到之处的成果，并说明理由，教师必须及时点讲，通过点评学生给出的理由，让学生明了什么是独到以及同伴的独到立意是怎么得来的。这样，强化的就不再是“这个组的立意是什么，那个组的立意是什么……”，而是“这个立意是否独到”“这种独到的立意是怎么想到的，可以用什么方法想出来……”

3. 减少或取消第四环节，省下的时间用于增加交互的深度和广度。

4. 如果学生的团队形态已经训练到位，可以尝试让学生部分代替教师进行点讲，让学生互评。再进入一步，可以在这种连排课中组织短时的小辩论——这个立意究竟是否真的独到，当然，这要合理。

（点评人：广西教育厅教市培训中心　韦昌勇）

教案（点评修改稿）

点评修改人：梁艳春

基本概况	时间：2014 年 7 月 7 日　执教者：× ×　单位：来宾实验高中 内容：新材料作文的审题立意 学科：语文　学段：高三　课型方式：平台互动方式　课时形态：连排课（40+40 分钟）
目标	1. 在作文审题立意的训练中，培养多种思维能力和思维品质。 2. 了解新材料作文的特点和审题立意的要求，能运用逻辑、辩证的思维方法进行审题立意，提出的立意既“稳准”又有独到之处。 3. 对同一则材料能使用至少两种思考方法提出立意。 重难点：在作文审题立意时，能有意识地使用 8 种思考方法，特别是“由物及人”“由果溯因”“辨证分析”三种思考方式和思维方法。

检测		内容提要	时间	方法 & 策略	反思 / 评价
前测	二、3 教师通过巡堂查看，了解学生在新材料作文立意方面的情况和存在的问题。	一、了解 5 年高考作文命题趋势和特点（《三维总复习》专题十二）	5 分钟	一、 1. 学生个人阅读材料（5S、5L：看 800 字 =2 分钟） 2. 教师提问检查 （5S、5L：说 30 字 ×10 人 =2 分钟，预留 1 分钟补讲，防假看）	
		二、审题立意的要求 通过练习 2014 年高考作文“山羊过独木桥”，认识审题立意的要求。	15 分钟	二、	
			2 分钟	1. 阅读材料“山羊过独木桥”。（5S、5L：看 200 字 + 想）	
			3 分钟	2. 个人在微型卡上写由这个故事引发的任何想法。 （5S、5L：写 20~50 字 + 想；检测：开火车发言）	
			5 分钟	3. 二人组交换想法，再扩张，写在微型卡上。 （5S、5L：写 20~50 字 + 讲 + 想；检测：提问，防泡沫）	
			5 分钟	4. 教师点讲，重点强调审题立意稳准、独到的要求。	
中测	三、3 根据学生提出立意的情况，确定下一环节交互和强化的方式和方法。	三、审题立意做到稳准、独到的 8 种方法 向度 1：直觉联想 向度 2：抓关键词 向度 3：由物及人 向度 4：扬褒抑贬 向度 5：由果溯因 向度 6：提炼中心 向度 7：多向辐射 向度 8：辩证分析	40 分钟	三、（标准性平台） 1. 教师提出相对开放的话题：审题立意如何做到稳准、独到？	
			10 分钟	2. 教师呈现多个向度，并做精要讲解。	
			10 分钟	3. 学生个人对 2012 年高考作文题“修船工的故事”提出 1~3 个立意角度，写在微型卡上。请注明在思考时，重点使用了何种思考方法。写得快的学生可以多选。 （5S、5L：看 300 字 + 想，写 20~60 字；检测：下位巡视）	
			20 分钟	4. 团队合作，浏览交互。 要求和做法：各成员务必说明成果的独到之处，是怎样思考的。每个团队从成员的成果中选出一个最具稳准和独到之处的成果，并在向全班汇报时说明理由。	

续表

				【预设】 （1）如果大多数成员写出的立意在0~1个，就先在团队内传阅交互成果，修改完善后汇总，写在大板上，再走动浏览交互，每人至少看和听3个以上团队的成果。（5S、5L：写60~150字+看180~450字=5分钟，预留走动思考记录时间5分钟；强化：个人1次+团队5次+浏览3次，一共9次，防空） （2）如果大多数成员写出的立意大于2个，则个人把成果写在大卡条上，团队汇总后，用磁钉钉在大板上展示，派一名学生讲解，其他学生走动浏览交互，每人至少看和听4个以上团队的成果。（5S、5L：60~150字+看180~450字=5分钟，预留走动思考记录时间5分钟；强化：个人2次+浏览7次，一共9次，防空）	
后测	强化次数≥10次，原则上不布置课后作业。	四、总结整理	20分钟	四、 选择三个以上的团队成果在全班做汇报发言（特别留意筛选使用了“由物及人”“由果溯因”“辨证分析”三种思考方式和思维方法的成果）。其他学生对该汇报发言进行提问或短时小辩论。教师适时补讲，强调其思考方式和思维方法。（强化第10次）	
注释或总评：					

语文《中华文化的智慧之花——熟语》

教案（原稿）

基本概况		课题：中华文化的智慧之花——熟语　授课教师：××　班级：264 课型方式：平台互动方式　课时：1 课时　时间：45 分钟			
目标	目标 1	了解熟语的特点及类型。			
	目标 2	能正确使用熟语，特别是成语。			
检测		内容提要	时间	方法 & 策略	反思 / 评价
前测	看图猜熟语；提问熟语的定义及分类。	一、导入新课：熟语（成语、惯用语、歇后语、谚语），明确熟语的定义：人们在长期的生活中习用的固定词组或短句。 出示课题：中华文化的智慧之花——熟语。	3 分钟	1. 多媒体出示一组图片，学生看图猜熟语，教师视学生反应可指名学生回答或允许集体回答。（看、想、听、讲） 2. 在激发兴趣的基础上提问什么是熟语？指名学生回答，然后出示定义及分类。学生齐读概念，强化知识点。（想、看、听、讲） 3. 教师点出熟语的重要性，出示课题，请学生打开课本第 76 页。	游戏中学，激发学生学习兴趣，了解学生对熟语的熟悉程度。 提问检查预习情况，根据情况调整内容。
中测	指名回答定义。	二、自主学习 明确熟语的四种类型：成语、惯用语、歇后语、谚语。	3 分钟	1. 给学生 3 分钟时间，快速阅读第 76、77 页，了解四种熟语的定义，并简单写在小卡上。（看、想、做）（阅读速度） 2. 指名四位学生起来回答成语、惯用语、歇后语、谚语的定义，强化熟语的知识点。（看、想、听）（记忆速度）	留足自学和思考时间，培养学生自学能力，检查自学情况的同时锻炼学生的口头表达能力，强化知识点。
	完成大卡。	三、出示标准性平台 向度：成语、惯用语、歇后语、谚语。 方向：特点、来源、分类。	9 分钟	1. 教师出示关键项：熟语，提供标准平台：（1）成语，（2）惯用语，（3）歇后语，（4）谚语。（看、想） 2. 六人小组选择 2 个项度，从特点、来源、分类几个方面进行合作探究。（看、想、讲、做、小动）（4 分）（阅读速度、合作速度） 将合作成果用图文形式写在大卡上，教师巡查。（做、小动）（防空、防泡）	有学习梯度，照顾到不同层次的学生，使学生的个性得到展现，培养了学生的合作精神。在动中学，在做中学。

续表

中测	完成选择题。	四、成果汇报	15 分钟	1. 教师随机点四个小组上台展示汇报，其他小组倾听。（看、想、听） 2. 其他小组质疑补充，教师补讲、精讲，学生完善自己的大卡。（看、想、听、做） 3. 教师出示两道熟语选择题，指名学生回答，听的学生手势判断正误，进行流程性检测。（看、想、做、听）（防空、防泡防花架子）	满足从梯度到广度的跨越。突出重点，根据学生情况及时为学生释疑解惑。
	用成语给漫画起名。	五、感受熟语	3 分钟	1. 出示四段话，请四位学生朗读，比较使用熟语和不使用的差别和使用英文与熟语的差别，明确使用熟语应言简意赅，感受母语熟语的神奇。（看、听、想） 2. 出示两幅漫画，请学生用成语给漫画起名，感受熟语的形象生动。（看、听、想、讲）	对比中感受母语的独特魅力，增强学生学习民族文化的兴趣。学以致用，强化记忆。
后测	完成随堂练习。	六、课堂练习，积累成语	11 分钟	六、出示随堂练习，指名学生回答或者集体回答，学生手势约定判断正误。①填字游戏，②成语接龙，③古诗文成语转换，④俗语换成语，⑤成语吉尼斯，⑥用“三”和“四”写故事，⑦只选对的（选词填空），⑧出示成语积累的四大途径。（①~⑦，看、想、讲、听，防空、防泡、防花架子、防形式单一）	学以致用，强化次数，可及时根据学生的表现，调整课后作业的布置情况。
	完成课后作业。	七、小结作业	1 分钟	七、1. 教师小结寄语谈希望。（看、想、听）2. 布置作业。（看、想、听）	
注释或总评：					

教案总评

【概况】

《中华文化的智慧之花——熟语》是高中语文选修教材《语言文字运用》第四课其中的一节内容，这一节的主要内容是了解熟语、熟语的主要类别和基本特点。教材要求通过本节的学习，使学生对汉语的各种熟语类型（包括成语、习惯语、谚语、格言、歇后语等）有一个全面的了解，并在此基础上理解“词”和“语”的区别，进而对现代汉语的词汇系统有一个整体的认识。

围绕语言文字应用中的一个个具体实例开展的“课堂活动”，是这门课的主要教学形式和重点教学内容，可见教材编写者十分重视通过组织参与课堂活动来让学生学习语言文字相关知识和技能。

作为高考重要考点，正确使用熟语是历年高考的必考内容，高考通常偏重于考查四字成语。

【亮点】

教学目标明确，以学生为目标主体，目标的设置符合新课标的精神和学科特点。

教案结构大体上能按照 MS–EEPO 板块结构Ⅱ型备课方式的要求设计，格式相对规范，流程描述清晰。

教学活动丰富，设计了“看图猜熟语”“填字游戏”“成语接龙”“成语吉尼斯”等课堂活动，预想在寓教于乐中实现教学任务达成。

设计的标准性平台，引导学生了解熟语的各种类型，提高课堂效率。

【不足及建议】

在教学目标设计上，未能体现“三性合一”的要求，未能很好地把知识性、个性和创造性的培养有机融合。在教学目标的表述上，缺少大目标，缺少对情感态度价值观的设计，对本节课所要培养或实现的知识、能力目标的描述也过于简单，缺少重难点的表述。

未能清楚标注时间、单位、学科、学段等概况。这些概况的欠缺，致使我们无法更准确地了解本节课的教学设计。在格式上，“内容提要”和“方法 & 策略”两栏的内容相互混淆，对“三测”的内容的理解不正确。

所设计的教学活动不能促进教学目标的达成，部分教学活动的先后顺序需要调整。

教学内容上，由于没有标明学段，无法判断该教案内容的难度水平是否符合学生的起点。对学得快、有特长的学生未安排有预留项。由于未标明关键项，无论是教案的阅读者，还是课堂的观课者，都无法对强化次数进行计算，因此无法准确地把握本教学设计的有效性。

平台互动课型的基本流程和操作步骤的设计表述混乱、不规范。

学习方式方面，能运用 5J 的单元组、板卡和 5F 组织调控课堂，未见使用 5J、5L，而 5J、5L 的使用是 MS–EEPO 操作系统第四套的重点之一。

有三测的设计，前测合理，但中测和后测表述不准确。

（点评人：柳州市高级中学　梁艳春）

教案（点评修改稿）

点评修改人：梁艳春

基本概况		时间：×× 年 ×× 月 ×× 日　执教者：××　单位：××　内容：中华文化的智慧之花——熟语 学科：语文　学段：高一　课型方式：平台互动方式　课形态：标准课（40+5 分钟）			
目标		1. 知道并能归纳出四种类型熟语的特点及类型。（重点） 2. 了解高中阶段熟语考查的方式。（难点） 3. 养成规范使用熟语的意识，感受母语的独特魅力，增强对民族文化的兴趣。			
检测		内容提要	时间	方法 & 策略	反思评价
前测	一、1 看图猜熟语，检测学生掌握情况。	一、导入新课 熟语的定义：人们在长期的生活中习用的固定词组或短句	 3 分钟 1 分钟	一、 1. 多媒体出示一组图片，学生看图猜熟语，教师视情况指名回答或集体回答。 2. 教师出示课题，简单讲解定义。	
中测	三、5 四、 随堂检测学生对本节课关键内容的把握情况。	二、感受熟语的魅力 通过朗读比较使用与不使用熟语差别；通过给漫画起名，感受熟语言简意赅的特点。 三、了解熟语的特点和类型。 向度一：成语 向度二：惯用语 向度三：歇后语 向度四：谚语	3 分钟 2 分钟 1 分钟 1 分钟 4 分钟 5 分钟 8 分钟 2 分钟	二、 1. 教师出示四段话，请四位学生朗读。（5S、5L：讲 400 字，防单一） 2. 出示两幅漫画，请学生用成语给漫画起名，感受使用熟语的形象生动。（5S、5L：6 人讲 200 字） 三、（标准性平台） 1. 教师出示关键项：熟语。 2. 教师出示多向度。 3. 学生个人选择 1~2 个向度，快速阅读教材，从特点、来源、分类几个方面进行思考，摘要写在微卡上（5S、5L：看 1000 字，写 20~30 字；检测：下位巡视，防假看） 4. 选择相同向度的学生迅速组成随机组（每个组不超过 8 人，超过 8 人的再分组）。交互汇集后把成果写在大卡上。（5S、5L：写 30~50 字，2 分钟；检测：下位巡视，防假合作） 5 . 根据学生汇集的情况，每个向度至少请 1 个小组展示汇报，其他小组质疑补充。（5S、5L：讲 50 字，4 人发言 + 预留质疑时间；检测：下位巡视，防假合作） 6. 教师点讲、精讲。	
后测	强化次数约 7 次，布置 5 道以上课后作业。	四、了解高中阶段熟语考查的方式 （下一课时将重点学习如何答好熟语题，此环节仅作为预测试） 五、小结 提出熟语学习的要求，布置作业。	5 分钟 +5 分钟 5 分钟	四、 教师出示 10 道熟语选择题，学生用手势判断正误。（检测：手势约定，防泡沫防敌） [预设] 正确率在 85% 以上，进入环节五；正确率低于 85%，阅读材料 “如何答好熟语题” 。 五、 1. 生讲，师写大板，适当补充。（防空、防花架子、防单一，防敌） 2. 布置作业。 [预设] 在环节四回答正确率在 85% 以上的学生，完成作业一（5 道较高难度题）；正确率在 85% 以下的学生，完成作业二（10 道较低难度题）。	
注释或总评：					

语文《我有一个梦想》

教案（原稿）

教学要素	导入（4分钟）	整体把握（14分钟）	鉴赏分析（18分钟）	拓展小结（4分钟）
日期：2014年7月1日 学校：来宾实验高中 授课人：×× 学科：语文 教材：高中语文必修2第四单元第12课 标题：我有一个梦想	3. 明确学习目标，提高学习效率。 2. 背景介绍为学习课文做准备。 1. 问题导入，激发学生学习兴趣。	3. 用本课的主要内容作为本课的学科文化约定，强化内容。 2. 多要素组合，动静转换，让学生动中学，提高学习效率。训练表达呈现方式。 1. 让学生整体把握课文内容，培养学生的概括能力。	2~5 培养学生朗读能力，交出主动权，让学生通过朗读和观看演讲视频，体会比喻、排比等修辞手法的运用，体会演讲辞的特点。 1. 激发学生探究问题的兴趣，小组合作，利用团队力量解决难点问题。	4. 学以致用，形成能力。 3. 巩固知识，要点强化。 1. 联系实际，拓展知识。
[教学目标] 1. 整体感知全文，理解概括文章内容。 2. 反复诵读，体会比喻、排比等修辞手法的运用，体会并学习全文激情飞扬、极富感召力的语言特点。 3. 体悟马丁·路德·金崇高的献身精神，树立远大的理想，为崇高而伟大的事业奋斗。 [教学重点] 通过朗读再现强烈的鼓动性和巨大的号召力。 [教学难点] 对非暴力斗争方式的理解和认识。 [课型方式] 要素组合。 [课时形态] 标准课。	1. 问题导入：美国现任总统是谁？1分钟。（想＋讲） 2. 出示课件（美国种族歧视的图片），介绍有关背景导入新课 。2分钟。（看＋想＋听） 3. 板书课题，出示目标。1分钟。（看）	1. 学生自读课文并思考问题，将答案写在小卡上。3分钟。 （1）“我有一个梦想”中的“梦想”包含哪些内容？试用自己的话加以概括。 （2）“我”为什么有这样一个“梦想”？ （3）“我”怎样实现这个“梦想”？（想＋做） 2. 六人小组相互交流，合作探究。选择喜欢的方式表达呈现，写在大板上，最后小组派代表发言。10分钟。（做＋看＋听＋讲＋动静转换） 3. 教师补充（出示答案课件）。1分 钟。（听＋看） 4. 约定：我有一个梦想——民主、自由、平等。	1. 质疑讨论（四人小组）：为什么马丁·路德·金要采取“非暴力不合作”方式进行斗争？ 3分钟。（想＋讲＋听＋动静转换） 2. 学生找出认为最精彩、最有感染力的一处进行朗读，并谈谈其运用了什么修辞手法，有什么表达效果。5分钟。（做＋想＋讲） 3. 请1~2名学生现场朗读，并进行指导和点评。3分钟。（做＋听＋想） 4. 听马丁·路德·金的演讲视频，感受演讲的魅力。4分钟 。（听＋看＋想） 5. 再进行朗读。3分钟。	1. 很多年过去了，同学们认为马丁·路德·金的梦想实现了吗？ 1分钟。（想＋讲） 2. 出示课件图片。1分钟。（看＋听） 3. 总结本课。1分钟。（听） 4. 布置课后作业：仿造“我有一个梦想，我梦想有一天……”句式，运用比喻和排比，写三个句子。1分钟。（做＋想）

教案总评

【概况】

《我有一个梦想》一文是美国黑人领袖马丁·路德·金在25万人的集会上发表的演说，文中使用了大量的比喻、排比等修辞，激情澎湃，文采斐然，表达了黑人争取公民权利的热烈情感，具有强烈的鼓动性和号召力，使之成为中外演讲史上的名篇之一。

作为高一语文必修教材中的一节阅读课，作为演讲辞的典范，这一课的教学本可以体现出语文学科的显著特点，在促进知识性、个性、创造性“三性合一”上也会有多种教学选择。可惜，由于演讲稿写作不是我国高考作文命题的重点（受点评者所知有限，目前了解到2009年只有一些地方的高考复习中涉及此类内容，反而在英语高考复习中对此类内容关注得较多），因此在平时的教学中老师们对此类内容往往思考探索不多，常常把此类课上得既不像知识新授课，也不像朗读训练课，既不像思想品德课，也不像政治教育课，而是上成了一节修辞手法复习课，白白浪费了一次知识拓展、兴趣培养、写作能力和表达能力提升的机会。这种情形是我国中小学教学效率低下的众多表现之一。

【亮点】

从EEPO体系的要求看，这是按MS–EEPO综合方式第一套的要求进行撰写的教案，目标明确，格式符合要求，流程清晰，层次分明，体现了要素组合课型方式的特点，学习方式5J的使用基本恰当合理，是一份在结构和表达上相对规范的MS–EEPO图文结构Ⅰ型备课方式教案。具体表现在：

1. 基本格式符合MS–EEPO图文结构Ⅰ型备课方式的基本要求，清楚标注了相关概况，时间轴明确标注教学时间，关键项的操作标明了具体的时间。

2. 能标注本课所使用的5J指标，如单元组的六人小组、四人小组，板卡之小卡、大板，使用学科文化约定“我有一个梦想”调控动静转换等。

3. 课型方式符合要素组合简单式的要求，轮换、组合使用七要素调控课堂，适时进行动静转换（设计了3次小动，动静转换基本合理）。

从学科性的要求上看，本课教案做到了：

1. 教学目标能以学生为表述主体，对学生的学习过程做了规定和描述。

2. 体现了一定程度的知识性，所确定的关键项为“用朗读再现强烈的鼓动性和巨大的号召力”，体现了语文学科的特点——演讲稿的特殊写作要求。

【存在问题】

1. 学科性分析。

本教案存在的最大问题，是教学目标不明确，没有把握好教学的重点。从本教案的设计思路看，教师把“用朗读再现强烈的鼓动性和巨大的号召力”确定为教学重点，据此理解，本文的教学目标既不是学习语文知识（演讲稿的写作方法、特点、要求和特有的修辞手法的运用技巧），也不是培养语文情感（让学生喜欢演讲或喜欢用演讲稿的特点去写作），而是要学生能够用“朗读”的形式表现出本文所蕴含的“强烈鼓动性和巨大的号召力”。这一重点，我们承认是十分明确的，但并不认为是恰当的。结合通篇设计来看，其还存在着一些需要商榷之处。

（1）教学目标设计以朗读训练为关键项，但教学过程设计并未体现，因为本教案安排的“导入”“整体把握”“鉴赏分析”“拓展小结”四个环节没有一个环节是关于“读”的训练的，最重要的两个环节“整体把握”和“鉴赏分析”都属于理解文章内容的范畴。以上是从大的流程安排来看，从具体活动设计来看，在“鉴赏分析”环节里，的确安排了朗读时间，但就算把学生听演讲视频的时间计算在内，也不足15分钟，也就是说，作为本节课教学重点的“读”的训练时间不到一节课的三分之一，这就是人们常说的“说起来重要，做起来不重要”的情形，目标设计与过程设计思路明显脱节，互不吻合。可以预测，如果教师在实际教学中不做调整的话，本节课所设计的重点教学目标极有可能会落空，而时间却花掉了，但这一堂课却是低效的。

（2）设计的活动不能很好地促进关键目标的达成，按照这些活动进行教学，既不能促成学生正确地“朗读”一篇演讲稿，更不能促成学生“读”出“强烈的鼓动性和巨大的号召力”。为什么？因为原教案所设计的、希望目标达成的活动（具体体现在“鉴赏分析”环节的第2、3、4、5点上）没有告知学生怎样才能“读”出“强烈的鼓动性和巨大的号召力”，也没有进行专项训练。

①对于怎样读才能读出“强烈的鼓动性和巨大的号召力”，应当有具体明确的要求。如果这不是本节课的教学重点，那是否告诉学生怎样“读”就没那么重要，但既然将本教案的重点定于此项，那么提出“读”的要求并根据这一要求进行至少20分钟的训练就是必不可少的。但原教案中没有一处明确提出“怎样读”的要求，只是通过听马丁·路德·金的演讲视频，极为间接地暗示了“读”的要求，但能领会到这种间接暗示的学生估计不会多。所以，这个活动安排，在提示学生了解“怎样读”这一点上几乎是没有作用的，无效的。

②对于怎样读没有进行明确提示的第二个表现，就是教师没有区分朗读和演讲的

区别，且几乎所有语文老师对此都不加区分，这说明了我国语文教师教育在这一细节上的缺失。因此，演讲训练课通常上成了朗读训练课，把演讲稿读成了普通文章或者散文、诗歌。比较马丁·路德·金的演讲视频和中央电视台著名播音员罗京先生的朗诵视频，我们会清晰地辨别出演讲与朗诵的区别，那不仅仅是因文体有别而不同，而更是因听众或读者对象有别而不同。演讲时的那种气势、那种情绪、那种语气、那种节奏、那种表情、那种肢体表现，都是那么特点鲜明、强烈，因此训练学生演讲的时候，把演讲的标准与朗读的标准区分开来，不仅是必须的，而且是可行的，而不做这样的处理，就不能实现读出“强烈的鼓动性和巨大的号召力”，最终沦为一般性的朗读训练，这也是“教学活动与教学目标相互脱节”的一种表现。

③“鉴赏分析”环节的第 2 点是对理解的深化，而非演讲训练，按照这项设计开展活动，学生只会加深对文章的理解，知道这篇演讲稿为什么那么精彩和震撼人心，但依然不会“读”出“强烈的鼓动性和巨大的号召力”，这样活动设计与目标预想就是不一致的。

因此，本节课的教学重点目标难以得到实现。

2.MS–EEPO 项目分析。

（1）“整体把握”环节时间安排不恰当。在本环节第 1 点，就三个问题设计了长达 14 分钟的六人小组合作探究，但实际上，如果只是对课文含义的基本把握，这三个问题只要阅读课文就可以直接找到答案，因此这样的问题并不需要设计小组合作来探究来解决，只需调控一个“看”的要素，辅以简单的“做”——运用阅读技术在课本上做标识、交换浏览，5~7 分钟足够完成。如果老师想要学生深度理解美国黑人运动的背景、在马丁·路德·金时代的发展状况和反种族歧视在当代美国的状况，从而真正理解马丁·路德·金为什么会发表那样的一个演说，那么这所要花费的时间就不是 14 分钟了，此外，还需要学生对此类内容保持高度兴趣，注意学科性，避免把语文课上成政治课或美国历史课。同时，要把本节课重点从“朗读”改为“理解”。

（2）针对关键项的要素调控不足。在与这个关键项有关的活动中，“学生找出认为最精彩、最有感染力的一处进行朗读，并谈谈其运用了什么修辞手法，有什么表达效果”的设计，调控了“做、想、讲”3 个要素；“请 1~2 名学生现场朗读，并进行指导和点评”，调控了“做”（辅以“听”“想”）的要素，但只安排了 1~2 名学生，“做”得不够；“听演讲视频”，调控“听”“看”和“想”。这些都不足以支撑起本节课的有效性。

（3）强化次数不够，强化效果存疑。从“鉴赏分析”环节的第 3 点“请 1~2 名学生现场朗读，并进行指导和点评”起，开始有纠正和强化，听原版演讲1次，最后3分钟四人小组朗读即便1人1次，总强化次数也只有6~7次。另外，如果把强化价值考虑在内，那么听原版演讲算是1次正强化，但教师若把演讲当作朗读来指导，那么这种指导就成为负强化，与原版演讲的正强化作用相反，负强化次数越多，离原定目标就越远，在这几次的强化过程中，正负强化不但会相互抵消，而且极可能造成学生理解和领会的混乱。

【修改建议】

1. 总体设计的调整建议。请首先思考本节课到底要教学生什么，即教学目标的定位是什么。关于本节课的教学目标定位，至少有三个方向可选择，一是以阅读理解为主，二是以演讲稿写作训练为主，三是像本教案这样以演讲训练为主。不同的目标定位决定了不同的教学方式，如本文后附图所示。

2. 按照“朗读再现强烈鼓动性和巨大的号召力”为关键项和教学重点目标的思路提出的修改建议。

在选择本教案的教学目标作为重点之前，我们强烈建议，除非条件具备，否则不要作此选择。要具备的条件有：一是授课教师自身有较强的演讲功底，因为如何“演讲”出“强烈鼓动性和巨大的号召力”很有讲究，并非一般朗读朗诵所能实现；二是要学生英语听力好，因为，如果授课教师的演讲功底不好，就需要更多的演讲示范素材，而马丁·路德·金的原版演讲视频是很好的示范，在这种情况下，好的英语听力是一种助力。

具体要做的有：

（1）教学目标。如教案修改稿所列，对目标做具体的规定。

（2）教学流程。重点应放在表达训练环节，一要保障时间投入量，二要利用七要素中至少5种要素的转换与组合来提升关键项的强化次数。

（3）关键项强化。本课的关键项属于技能掌握，其的要义是变式练习，因此需要各种变式多次练习且不让学生感到乏味和疲劳。

（4）利用课后作业来发展学生对演讲的兴趣，促进其演讲稿写作、实演以及合作能力的提升；发现在演讲方面有兴趣有特长的学生，逐步将应试型作业方式作业转化为EEPO新型作业方式。

（点评人：广西教育厅教师培训中心　韦昌勇；柳州市高级中学　梁艳春）

附图

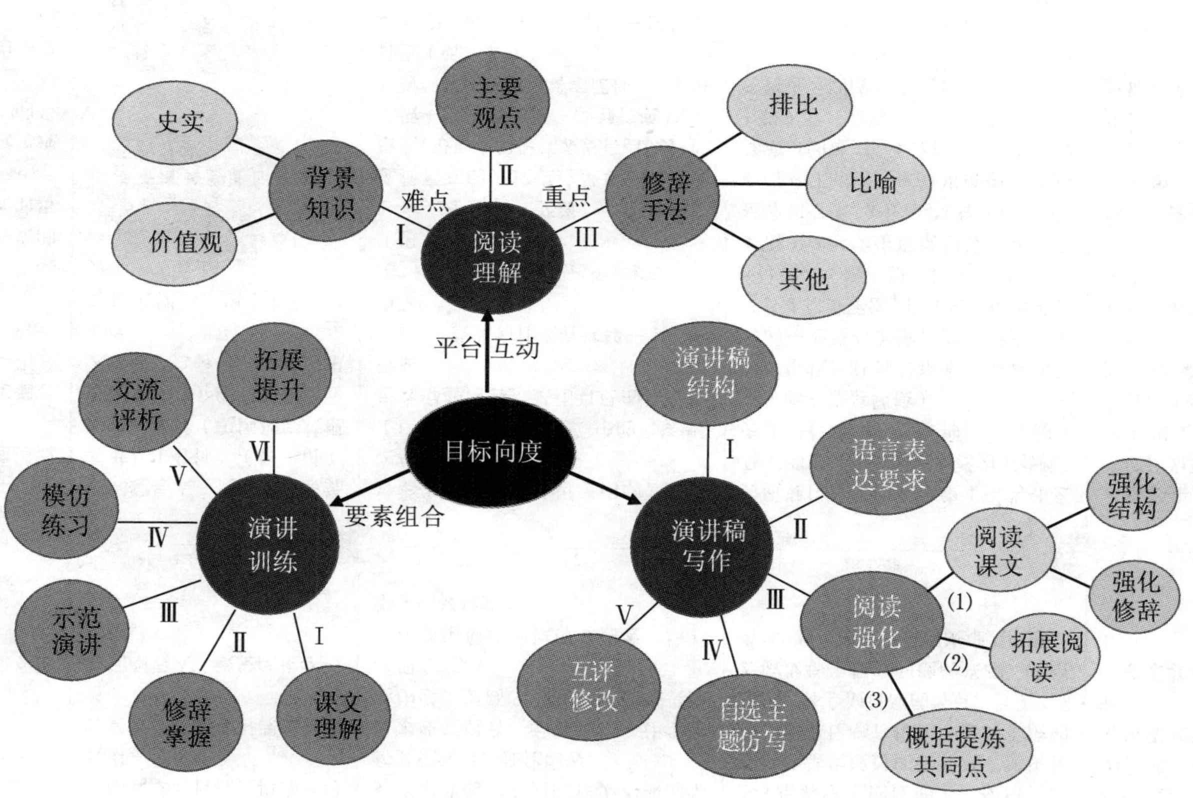
目标向度
平台 互动
要素组合
阅读理解
难点
重点
背景知识
史实
价值观
主要观点
修辞手法
排比
比喻
其他
演讲训练
课文理解
修辞掌握
示范演讲
模仿练习
交流评析
拓展提升
演讲稿写作
演讲稿结构
语言表达要求
阅读强化
阅读课文
强化结构
强化修辞
拓展阅读
概括提炼共同点
自选主题仿写
互评修改

教案（点评修改稿）

点评修改人：梁艳春

日期：2014 年 7 月 1 日 学校：来宾实验高中 授课人：× × 学科：语文 教材：高中语文必修 2 第四单元第 12 课 标题：我有一个梦想	3. 明确学习目标，提高学习效率。 2. 背景介绍为学习课文做准备。 2. 问题导入，激发学生学习兴趣。	3. 用本课的主要内容作为本课的学科文化约定，强化内容。 2. 多要素组合，动静转换，让学生动中学，提高学习效率。训练表达呈现方式。 1. 让学生整体把握课文内容，培养学生的概括能力。	2~5 培养学生朗读能力，交出主动权，让学生通过朗读和观看演讲视频，体会比喻、排比等修辞手法的运用，体会演讲辞的特点。 2. 激发学生探究问题的兴趣，小组合作，利用团队力量解决难点问题。	4. 学以致用，形成能力。 3. 巩固知识，要点强化。 1. 联系实际，拓展知识
教学要素	导入 4 分钟	整体把握 14 分钟	细读课文 18 分钟	拓展小结 4 分钟
[教学目标] 1. 整体感知全文，理解概括文章内容。 2. 反复诵读，体会比喻、排比等修辞手法的运用，体会并学习全文激情飞扬，极富感召力的语言特点。 3. 体悟马丁·路德·金的崇高献身精神，树立远大的理想，为崇高而伟大的事业奋斗。 [教学重点] 通过朗读再现强烈的鼓动性和巨大的号召力。 [教学难点] 对非暴力斗争方式的理解和认识。 [课型方式] 要素组合。 [课时形态] 标准课。	1. 问题导入：美国现任总统是谁？ 1 分钟。（想 + 讲） 2. 出示课件（美国种族歧视的图片），介绍有关背景导入新课。 2 分钟。（看 + 想 + 听） 3. 板书课题，出示目标。1 分钟。（看）	1. 学生自读课文并思考问题，将答案写在小卡上。3 分钟 （1）“我有一个梦想”中的“梦想”包含哪些内容？试用自己的话加以概括。 （2）“我”为什么有这样一个“梦想”？ （3）“我”怎样实现这个“梦想”？（想 + 做） 2. 六人小组相互交流，合作探究。选择喜欢的方式表达呈现，写在大板上，最后小组派代表发言。10 分钟。（做 + 看 + 听 + 讲 + 动静转换） 3. 教师补充（出示答案课件）。1 分钟。（听 + 看） 4. 约定：我有一个梦想——民主、自由、平等。	1. 质疑讨论（四人小组）：为什么马丁·路德·金要采取“非暴力不合作”方式进行斗争？ 3 分钟。（想 + 讲 + 听 + 动静转换） 2. 学生找出认为最精彩、最有感染力的一处进行朗读，并谈谈其运用了什么修辞手法，有什么表达效果。5 分钟。（做 + 想 + 讲） 3. 请 1~2 名学生现场朗读，并进行指导和点评。3 分钟。（做 + 听 + 想） 4. 听马丁·路德·金的演讲视频，感受演讲的魅力。4 分钟。（听 + 看 + 想） 5. 再进行朗读。3 分钟。	1. 很多年过去了，同学们认为马丁·路德·金的梦想实现了吗？ 1 分钟。（想 + 讲） 2. 出示课件图片。1 分钟。（看 + 听） 3. 总结本课。1 分钟。（听） 4. 布置课后作业：仿造“我有一个梦想，我梦想有一天……”句式，运用比喻和排比，写三个句子。1 分钟。（做 + 想）

课文中能找到答案的简单任务，是否有必要进行小组合作？

“教学重点”明确标示出本节课的关键项，但针对关键项的具体训练设计不足

排比句式的仿写练习有助于强化关键项，宜设计为课堂练习

语文《登岳阳楼》

教案（原稿）

概况	时间：2013 年 11 月 26 日　执教者：× ×　单位：梧州市藤县第二中学　内容：《登岳阳楼》 学科：语文　学段：高二　课型方式：要素组合 + 平台互动　课时形态：标准课			
目标	1. 学习通过把握古典诗歌中的意象来体会和品味诗歌的意境美。 2. 学会通过反复诵读、联想和想象置身诗境，缘景明情。 3. 背诵并默写诗歌。			
反思 / 评价	内容提要	时间	方法 & 策略	反思 / 评价
	一、了解诗题和杜甫 1、解读诗歌题目。 2、走近杜甫。 此刻，仿佛一个_______的杜甫浮现在眼前，因为他的诗篇《_____》告诉了我。 3、约定：杜甫呀，杜甫，忧国伤时。	10 分钟 3 分钟 6 分钟 1 分钟	一、 1. 学生自主搜集资料，同桌间互相交流，教师检查。（训练学生自主学习、讲、听的能力，防花架、防泡沫、防空讲） 2. 多媒体呈现问题，学生独立思考，把思考答案写在微卡上，老师请 3~5 个学生回答，教师作适当点评。（训练学生想、写、讲、听的能力，流程性检测，防花架、防泡沫、防空讲、防单一） 3. 诗词约定（本节课活动停止的约定）。	
	二、置身诗境，缘景明情 1. 听录音和朗读诗歌。 2. 把握意象，解读诗歌内容并概括情感。 首联：作者的心情怎样？ 颔联：作者看到了什么？ 颈联：作者感受到了什么？ 尾联：作者感叹什么？	13 分钟 3 分钟 10 分钟	二、 1. 学生听录音后集体朗读诗歌一次。 2. 构建平台（标准性平台）。 关键项：两个字概括诗歌每联中作者的情感。 出示平台：向度一，首联；向度二，颔联；向度三，颈联；向度四，尾联…… 学生任选至少两个向度分析。学生先独立思考，用微卡呈现结果，然后随机六人小组讨论，使用气泡图形式，大卡呈现成果，学生互览，请 3~5 个小组回答，老师作适当点评。（训练学生的书写速度、合作速度和强化停止约定、表达与倾听能力，流程性检测，防空讲、防花架、防泡沫、防单一，强化次数 12 次）	
	三、学生背诵诗文	7 分钟	三、学生自由读 3 分钟，然后请 5~10 位学生背诵。（训练学生的记忆速度、表达与倾听能力，流程性检测，防空讲、防泡沫、防花架，强化次数 14 次）	
	四、学生默写诗文	6 分钟	四、学生用微卡默写诗歌，同桌互改，并张贴在中卡上，学生互览，老师抽检。（训练学生的记忆速度、书写速度能力，流程性检测，防花架、防泡沫）	
	五、学生写学习此诗后的感受。 “男儿有泪不轻弹”，诗人已至垂暮之年，想起国事仍不能自已，让人动容。杜甫呀，杜甫！为什么你的眼里总含着泪水？ （1）梦回唐朝，杜甫，我想对你说。 （2）我读《登岳阳楼》，给 / 致杜甫（或诗或信）。 （要求：写一段学习此诗后的感受，150 字左右）。	9 分钟	五、学生用小卡写学习诗歌感受，学生四人小组顺时针互览，并推荐 3~6 名学生与同学分享自己的成果。（训练学生的思维扩张、书写速度和强化停止约定、表达与倾听能力，流程性检测，防空讲、防泡沫、防单一、防花架）	
注释或总评：				

教案总评

【概况】

《登岳阳楼》是杜甫逝世前一年的作品，当时杜甫沿江由江陵、公安一路漂泊，来到岳州（今属湖南），登上神往已久的岳阳楼。他凭轩远眺，面对烟波浩渺、壮阔无垠的洞庭湖，发出了由衷的礼赞，继而想到自己晚年飘泊无定，国家多灾多难，又不免感慨万千，于是挥笔写下这首蕴含着浩然胸怀和博大痛苦的名篇。诗歌写景气势恢宏，抒情深沉感人，是学生学习古代诗歌鉴赏的好题材。

《登岳阳楼》是高中语文选修教材《中国古代诗歌散文欣赏》第二单元“置身诗境，缘景明情”的内容。这个单元主要学习通过把握古典诗歌中的意象，发挥想象，体会和品味中国古典诗歌特有的意境美。

在学习这一单元时，要反复诵读，置身诗境，借助联想和想象，将作者所描绘的意象和画面一一再现，使整个心灵沉浸在一个想象的世界之中，得到审美享受。要缘景明情，根据作品中意象自身的特点、组合方式以及情景之间的关系，采取相应的欣赏方法，体会独特的意境。

【亮点】

从学科角度分析，本教案的教学目标很明确，抓住了本单元的学习重点，通过对意象的把握来体会和品味诗歌的意境美，通过反复诵读、联想、想象去置身诗境、缘景明情；而让学生谈读诗后的感受，体现了诗歌教学的特点。

从 MS–EEPO 有效教育项目的角度来分析，这是按 MS–EEPO 综合方式第三套的要求进行撰写的教案，结构和表达相对规范，流程清晰，层次分明，体现了要素组合课型方式的特点，同时使用平台互动方式进行辅助，学习方式的使用基本恰当合理。

时间轴明确标注教学时间，关键项（如教学设计的第二环节）还标明了具体的时间，这样明确而科学的教学时间设计方便教师在课堂教学中实施教学设计，使教学设计具有可操作性。

每一个教学活动，都能使用 5J、5F、5S 指标来设计，微卡、小卡、中卡等板卡交替使用；有个人完成的任务，也有四人小组、六人随机组合作完成教学活动，灵活丰富，使学生免于疲劳。

轮换、组合使用“看、听、讲、想、做、动、静”七要素调控课堂，适时进行动静转换，设计了 2 次小动（如环节二“随机六人小组讨论，使用气泡图形式，大卡呈现成果，学生互览”；环节四“学生用微卡默写诗歌，同桌互改，并张贴在中卡上，学生互览”），1 次大动（环节五“学生用小卡写学习诗歌感受，学生六人小组顺时针互览，并推荐 3~6 名学生与同学分享自己的成果），动静转换基本合理。

【不足及建议】

1. 标号的规范问题。大写的序号后的点顿应使用顿号；小写的序号后的点顿应使用圆点，示例如下：“一、”“1.”“2.”。

2. 第二环节标准性平台的各步骤表述不规范。建议修改为：

（1）教师提出关键项：通过意象把握情感。

（2）出示多向度平台：向度一，首联；向度二，颔联；向度三，颈联；向度四，尾联。

（3）学生个人任选至少两个向度进行分析，用两个字概括该联所表达的诗人情感，微卡呈现结果。

（4）团队合作，浏览交互。先在随机六人小组内交流微卡；讨论后使用气泡图形式，在大卡上呈现成果；请 3~5 个小组回答，老师作适当点评。

3. 约定“杜甫呀，杜甫，忧国伤时”尽管与本课内容相关，但确实读起来不上口，丝毫没有诗歌韵味，建议不用。

4. 整节课的活动设计过多，使得课堂容量过满，对关键项的学习不够充分和深入。建议环节一“了解诗题和杜甫”由教师直接导入，不再设计学生搜集资料、填写答案和回答的活动，把时间控制在 3 分钟之内，为第二环节的平台互动留出足够的教学时间；第三环节已经设计了学生背诵，建议取消第四环节“学生用微卡默写诗歌，同桌互改，并张贴在中卡上，学生互览，老师抽检”的内容，为学生写和分享学习感受留出时间。

（点评人：柳州市高级中学　梁艳春）

教案（点评修改稿）

点评修改人：梁艳春

概况	时间：2013 年 11 月 26 日　执教者：× ×　单位：梧州市藤县第二中学　内容：《登岳阳楼》 学科：语文选修　学段：高二　课型方式：要素组合 + 平台互动　课时形态：标准课			
目标	1. 学习如何通过对古典诗歌中的意象来体会和品味诗歌的意境美。 2. 学会通过反复诵读、联想和想象置身诗境，缘景明情。 3. 背诵并默写诗歌。			
反思 / 评价	内容提要	时间	方法 & 策略	反思 / 评价
应规范使用标号 约定的诗句不上口，无诗歌韵味	一、了解诗题和杜甫 1．解读诗歌题目 2．走近杜甫 此刻，仿佛一个________的杜甫浮现在眼前，因为他的诗篇《________》告诉了我。 3. 约定：杜甫呀，杜甫，忧国伤时。	10 分钟 3 分钟 6 分钟 1 分钟	一、 1. 学生自主搜集资料，同桌间互相交流，教师检查。（训练学生自主学习、讲、听的能力，防花架、防泡沫、防空讲） 2. 多媒体呈现问题，学生独立思考，把思考答案写在微卡上，老师请 3~5 个学生回答，教师作适当点评。（训练学生想、写、讲、听的能力，流程性检测，防花架、防泡沫、防空讲、防单一） 3. 诗词约定（本节课活动停止的约定）。	标准性平台的各步骤表述不规范
	二、置身诗境，缘景明情 1. 听录音和朗读诗歌。 2. 把握意象，解读诗歌内容并概括情感。 首联：作者的心情怎样？ 颔联：作者看到了什么？ 颈联：作者感受到了什么？ 尾联：作者感叹什么？	13 分钟 3 分钟 10 分钟	二、 1. 学生听录音后集体朗读诗歌一次。 2. 构建平台（标准性平台）。 关键项：两个字概括诗歌每联中作者的情感。 出示多向度平台：向度一，首联；向度二，颔联；向度三，颈联；向度四，尾联…… 学生任选至少两个向度分析。学生先独立思考，用微卡呈现结果，然后随机六人小组讨论，使用气泡图形式，大卡呈现成果，学生互览，请 3~5 个小组回答，老师作适当点评。（训练学生的书写速度、合作速度和强化停止约定、表达与倾听能力，流程性检测，防空讲、防花架、防泡沫、防单一，强化次数 12 次）	
	三、学生背诵诗文 四、学生默写诗文 五、学生写学习此诗后的感受。 “男儿有泪不轻弹”，诗人已至垂暮之年，想起国事仍不能自已，让人动容。杜甫呀，杜甫！为什么你的眼里总含着泪水？ （1）梦回唐朝，杜甫，我想对你说。 （2）我读《登岳阳楼》，给 / 致杜甫（或诗或信）。 （要求：写一段学习此诗后的感受，150 字左右）	7 分钟 6 分钟 9 分钟	三、学生自由读 3 分钟，然后请 5~10 位学生背诵。（训练学生的记忆速度、表达与倾听能力，流程性检测，防空讲、防泡沫、防花架，强化次数 14 次） 四、学生用微卡默写诗歌，同桌互改，并张贴在中卡上，学生互览，老师抽检。（训练学生的记忆速度、书写速度能力，流程性检测，防花架、防泡沫） 五、学生用小卡写学习诗歌感受，学生四人小组顺时针互览，并推荐 3~6 名学生的优秀成果与同学们分享自己的成果。（训练学生的思维扩张、书写速度和强化停止约定、表达与倾听能力，流程性检测，防空讲、防泡沫、防单一、防花架）	整节课的活动设计过多，使得课堂容量过满，建议取消第四环节
注释或总评				

政治《用发展的眼光看问题》

教案（原稿）

日期：2014年5月 学校：凭祥市高级中学 授课人：×× 班级：13-3班、13-4班 学科：高一政治 标题：用发展的眼光看问题				
教学素材	导入　5分钟	探究一：对手机的回顾和畅想　12分钟	探究二：中国出不了乔布斯的原因和对创新人才的培养　19+2分钟	小结　3分钟
[教学目标] 1.通过讨论手机的变化发展，提高学生分析和解决问题的能力；通过自主探究合作学习，培养学生独立思考和合作沟通的能力。 2.理解和运用发展的观点看问题的三个方面，以及培养创新意识和坚持可持续发展的重要性。 [重点]用发展的眼光看问题的三个方面要求。 [难点]与时俱进，培养创新精神，促进事物成长。 [课型方式]要素组合方式。 [课时]标准课（40分钟）。	1.1 情境导入：播放展示苹果手机Siri功能的视频，引入新课。（看+听）（1分钟） 1.2 提问：谁能告诉大家，苹果手机Siri都有哪些功能？（想+口头表达）（2分钟） 1.4 苹果手机Siri具有很多新功能，说明什么问题？（看+想+防假听+防假看）（2分钟）	2.1 个人思考：过去的手机是怎样的？未来的手机会是怎么样的？把思考的结果写在小卡上。（2分钟） 2.2 四人小组交流讨论，过去的手机和未来的手机在性能、形状、材质等方面的不同，并设计未来的手机样子，汇集在小卡上。（简单分工+小动+防空）（3分钟） 2.3 全班交流分享并互相补充，对用发展眼光看问题的三个点的内容进行归纳。（大动+学科文化约定）（4分钟） 2.4 教师对各组的展示进行点评、补充。（2分钟） 教师提出问题：我们为什么要去预见事物的未来？（1分钟）（听+想+做）	探究二：质疑释疑，拓展延伸。 3.1 个人思考：中国出不了乔布斯的原因和对创新人才的培养。（想） 3.2. 以点数的方式组成六人小组。（1~2分钟）（组合完成任务+小动） 3.3 六人组交互，把讨论结果写在大卡。（6~8分钟） 3.4 把大卡挂在容易看到的地方，全班顺时针浏览。（大动+学科文化约定）（3分钟） 3.5 请2~3个小组代表介绍自己讨论的结果。组间质疑、精讲、点讲、补讲。（听+讲+想+防假合作）（5分钟） 预留项：若学生讨论的结果不全面，教师可根据学生的讨论情况进行适当的质疑、追问。引导学生形成认识，得出培养创新意识的办法。（2分钟）	4.1 用自己喜欢的形式把本节课的知识要点梳理在小卡上，并张贴在本组的大卡上。（想+做+图文结构表达）（3分钟） 4.2 课后思考：应当怎样用发展的观点来看待凭祥的昨天、今天、明天。（想）

教案总评

【概况】

《用发展的眼光看问题》是高中政治学科《生活与哲学》第八课《唯物辩证法的发展观》的内容。这一课共设计了两框，第一框是“世界是永恒发展的”。这一课在“唯物辩证法的联系观”之后，这两课的内容是相互联系的，因为发展和联系是紧密联系在一起的一个概念，讲联系必然讲发展。世界是一个相互联系的总体，这个总体中的事物是相互作用的，正是这种相互作用构成了运动、变化和发展。在这一意义上，发展观点是联系观点的逻辑延伸。总之，发展的观点和联系的观点一起构成了唯物辩证法的总特征，二者都是我们认识和观察事物的基本方法。本课通过对物质世界发展本性的考察，让学生领悟发展的观点，学会用发展的观点看问题，牢固树立以人为本、全面协调可持续的科学发展观。

高中政治课程标准对本课的基本要求要点有三点：一是领会世界是永恒发展的，二是学会用发展的观点看问题，三是了解可持续发展和科学发展观的哲学依据。但是由于科学发展观的哲学基础涉及联系、发展、对立统一、整体与局部等唯物辩证法的基本原理，具有综合的性质，因此，我们建议把这一内容放到综合探究中学习。

【亮点】

从学科角度分析，该教案能根据课标精神、学科特点和学生实际确定教学目标，较好地体现了高中政治课程标准本课的基本要求——（内容目标）剖析自然界与社会生活中的实例，领会世界是永恒发展的，学会用发展的观点看问题。在教学活动上，设计了两个探究问题：“对手机的回顾和畅想”“中国出不了乔布斯的原因和对创新人才的培养”，通过综合探究，阐发可持续发展的哲学依据，学习唯物辩证法的发展观，使学生理解和运用发展观点看问题的三个方面，初步具有运用科学发展观观察、分析自然和社会现象的能力，使学生树立起发展的意识和观点，认同并自觉坚持科学发展观。

从 MS–EEPO 有效教育项目分析，这是按照 MS–EEPO 备课方式第一套的格式撰写的教案，但在内容上也体现了 MS–EEPO 综合方式第二套的要求，如 5F、核心要素“想”和“动中学”设计。总体上，该教案流程清晰完整，内容设计恰当合理，体现了要素组合课型方式的特点，运用学习方式 5J、5F 组织调控课堂的设计基本恰当合理。

1. 该教案的教学目标基本体现了知识性、个性和创造性三性合一的综合要求。有大目标“提高学生分析和解决问题的能力”“培养学生独立思考和合作沟通的能力”，也有小目标“理解和运用发展观点看问题的三个方面”。

2. 基本流程设计。本教案设计的教学活动能较好地促进教学目标达成，“探究一”“探究二”都针对关键项“用发展的眼光看问题的三个方面要求”的理解和运用进行设计，流程清楚，思路清晰，操作性强，对时间的设计使“想”这一要素得到了充分保证。

3. 教学内容设计恰当合理。在“探究二”设计了预留项：“若学生讨论的结果不全面，教师可根据学生的讨论情况进行适当的质疑、追问。”预留项的设计解决了教学设计和课堂生成的矛盾，不过如果能对学得快、有特长的学生有预设内容就更好了。

4. 课型方式设计符合要素组合简单式的要求。“导入”环节主要设计了“看、听、想”要素，“探究一”主要设计了“听、想、做”要素，“探究二”则是“看、想、讲”的组合，能更有效地调控课堂，提高教学效率。“探究一”“探究二”的活动设计，先是个人独立思考，然后到小组合作的小动学习，再到全班交互浏览大动学习，动静转换的安排合理，也体现了学习活动设计的梯度。

5. 学习方式设计合理。安排了 2 次单元组合作学习，分别是四人组和六人组，其中六人组是随机分组，使用合理且有变化。能使用学科文化约定调控课堂。

【不足及建议】

1. 教学目标描述的主体不是学生和其学习结果，这不符合新课标精神和 MS–EEPO 有效教育项目的要求。小目标为“理解和运用发展观点看问题的三个方面”，但要检测这个目标是否在本课达成，应当使用细化、量化的描述。

2. 该教案使用了 MS–EEPO 图文结构 I 型备课方式的模式，但表格格式不够规范，建议参考规范的图文结构 I 型模板进行设计。

3. 第二次大卡的使用（在小结环节）没有必要。如果学生写大卡之后，不再安排互动交流，写大卡就显得没有必要了，改为写小卡会更便于学生个人保存。表达呈现方式主要使用口头表达和图文结构表达，稍显单一。

（点评人：柳州市高级中学　梁艳春）

教案（点评修改稿）

点评修改人：梁艳春

日期：2014 年 5 月 学段：高一 学科：政治 课题：用发展的眼光看问题 执教：× × 单位：凭祥市高级中学		（此处写反思评价，写教案时留空）		
教学素材	导入 5 分钟	探究一：对手机的回顾和畅想 12 分钟	探究二：中国出不了乔布斯的原因和对创新人才的培养 19+2 分钟	小结 3 分钟
[教学目标] 1. 通过对手机变化发展的讨论，提高学生利用辩证唯物法分析和解决问题的能力；在自主探究合作学习中，培养独立思考和合作沟通的能力。 2. 能识记发展观点看问题的三个方面要求，能运用发展观点分析具体社会问题，至少说出一点以上的个人见解。 [重点] 用发展的眼光看问题的三个方面要求。 [难点] 与时俱进，培养创新精神，促进事物成长。 [课型方式] 要素组合方式。 [课时] 标准课（40 分钟）。	1.1 情境导入：播放展示苹果手机 Siri 功能展示的视频，引入新课。（看 + 听） 1.2 提问：谁能告诉大家，苹果手机 Siri 都有哪些功能？（想 + 口头表达）	2.1 个人思考：过去的手机是怎样的？未来的手机会是怎么样的？把思考的结果写在小卡上。 2 分钟 2.2 四人小组交流讨论，过去的手机和未来的手机在性能、形状、材质等方面的不同，并设计未来的手机样子，汇集在小卡上。（简单分工 + 小动 + 防空） 3 分钟 2.3 全班交流分享并互相补充，对用发展眼光看问题的三个点的内容进行归纳。（大动 + 学科文化约定）4 分钟 2.4 教师对各组的展示进行点评、补充。3 分钟 （听 + 想 + 做）	3.1 个人思考：中国出不了乔布斯的原因和对创新人才的培养。（想） 3.2 通过点数的方式组成六人小组。2 分钟（随机分组 + 小动） 3.3 六人组交互，把讨论结果写在大卡上。8 分钟 3.4 把大卡挂在容易看到的地方，全班按顺时针浏览。（大动 + 学科文化约定）3 分钟 3.5 请 2~3 个小组代表介绍自己讨论的结果。组间质疑、精讲、点讲、补讲。（听 + 讲 + 想 + 防假合作）5 分钟 预留项：若讨论不全面，教师可适当质疑、追问，引导学生形成认识，得出培养创新意识的见解。2 分钟	4.1 用自己喜欢的形式把本节课的知识要点梳理在小卡上（想 + 做 + 图文结构表达） 4.2 课后思考：应当怎样用发展的观点来看待凭祥的昨天、今天、明天。（想）